외국인 고용 매뉴얼

조 금 표 저

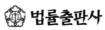 법률출판사

머리글

오늘날 글로벌 경제 환경의 변화와 기업의 다각화된 경영 전략에 따라 외국인 근로자의 고용이 점점 더 중요한 요소로 자리 잡고 있습니다. 특히 국내 체류 외국인의 수는 꾸준히 증가하고 있으며, 2024년 현재 약 261만 명으로 전체 인구의 약 5%를 차지하고 있습니다. 그중 장기체류자는 196만 명으로 전체 외국인 인구의 약 75%에 달하고 있습니다. 앞으로 5년 내에 국내 체류 외국인 숫자는 300만 명을 넘어설 것으로 예상됩니다. 이러한 통계는 외국인 근로자의 역할이 지속적으로 커지고 있음을 보여줍니다. 기업들은 이에 맞춰 외국인 고용 및 관리를 위한 체계적인 준비를 할 필요가 있습니다.

외국인 고용은 단순히 부족한 노동력을 보충하는 것이 아니라, 기업의 경쟁력을 강화하는 중요한 전략적 요소가 되고 있습니다. 그러나 외국인 근로자를 고용하는 과정에서 기업은 다양한 법적, 행정적 절차와 규정을 준수해야 하며, 이들의 안정적인 근무 환경을 보장하기 위한 체계적인 관리가 필요합니다.

이 책은 외국인 근로자를 채용하고 관리하려는 기업들에게 꼭 필요한 정보를 제공하기 위해 작성되었습니다. 외국인 고용과 관련된 법적 규정, 행정 절차, 그리고 고용 관리 전반에 대한 내용을 체계적으로 정리하여, 각 기업이 외국인 근로자를 효과적으로 고용하고 관리할 수 있도록 돕고자 합니다.

제1편에서는 외국인 고용과 관련된 주요 용어를 정리하여 이해를 돕고, 제2편과 제3편에서는 외국인의 입국 절차, 체류 자격 및 외국인 등록, 사증(비자) 발급에 관한 상세한 절차를 다룹니다. 이어 제4편에서는 외국인의 취업활동과 체류 자격에 대해 설명하고, 제5편과 제6편에서는 단순 외국인력(고용허가제 등)과 단기취업 사증에 대해 다룹니다. 또한, 제7편에서는 전문외국인력의 고용 절차를 상세히 다루며, 제8편에서는 기타 취업사증에 대한 내용을 포함하고 있습니다. 제9편에서는 외국인의 체류와 관련된 관리 방안을 설명하고, 마지막으로 제10편에서는 기업들이 참고할 수 있는 다양한 붙임자료를 제공합니다.

이 책이 출간되기까지 여러 도움을 받았습니다. 이 책은 참고문헌에서 밝힌 여러 저자들의 원고가 있어 작성될 수 있었습니다. 특별히 이 책의 원고를 작성하는 데에 필요한 많은 양의 인용을 허락해 주신 「한국이민법」의 저자 차용호 박사에게 감사의 표시를 전합니다. 또한 이 책을 출판하는 데 많은 도움을 주신 법률출판사 관계자 분들에게 감사의 뜻을 밝힙니다.

이 책이 외국인 고용 관리에 있어 기업들, 기업에 외국인 고용과 관련한 자문을 제공하는 공인노무사, 변호사, 행정사에게 유익한 가이드가 되어, 성공적인 고용 관리와 지속 가능한 성장에 도움이 되기를 기대합니다.

2024년 10월
조금표

차 례

제1편 용어 정리

제2편 외국인의 입국과 체류자격, 외국인등록

제3편 사증과 사증발급인정서의 발급

제4편 외국인의 취업활동과 체류자격

제6편 단기취업(C-4)

제7편 전문외국인력

제8편 기타 취업사증

제9편 외국인의 체류

제10편 붙임자료

제1편 용어 정리

외국인 고용과 관련한 실무를 수행하면서 알아두어야 할 용어를 정리한다.[1] 용어의 추가적인 설명이 필요한 경우 본문에서 다시 서술하기로 한다.

- '국민national'이란 대한민국의 국적을 가진 자를 말한다. 대한민국의 국적 보유 여부는 「국적법」에 따라 결정된다. 「국적법」에 따라 대한민국의 국적과 외국의 국적을 함께 가지고 있는 복수국적자도 '국민'이다.

- '고용허가제the system for employment permits for foreign workers'란 내국인을 구하지 못한 중소기업이 정부로부터 고용허가서를 발급받아 합법적으로 비전문 외국인력을 고용할 수 있도록 하는 제도이다.[2] 고용허가제의 적용 대상이 되는 사증은 비전문취업(E-9)[일반고용허가제]과 방문취업(H-2)[특례고용허가제] 2종류이다.

- '고용24(https://www.work24.go.kr/)는 한국고용정보원의 고용서비스 포탈사이트이다. '24.9월부터 외국인고용관리시스템(https://www.eps.go.kr/)의 서비스 중 '사업주서비스'[3]가 고용24로 이관된다. 기존에 외국인고용관리시스템(https://www.eps.go.kr/)의 '사업주서비스' 메뉴를 이용하던 사업주들은 '24.9월부터는 고용24(https://www.work24.go.kr/)를 이용해야 한다.

---

[1] 여기서 제시한 용어들은 출입국관리법 제2조(정의), 법무부 출입국 · 외국인정책본부, 「2011년 개정판 출입국관리법 해설」, 2011.01, 3면-25면을 참조하여 정리한 것이며, 그 밖에 용어들은 각주를 통해 출처를 밝혔다.

[2] 고용노동부, 「고용허가제 업무매뉴얼」, 2023, 2면.

[3] (24.08.01~) 1차 메뉴 이관 대상 메뉴 : 사업장 정보변동 신고서(정보변경) / 재고용 만료자 재입국 고용허가 신청서 / 취업기간 연장(재고용) 신청서 / 고용허가기간 연장신청서 / 특례외국인 근로개시 신고서 / 특례(외국국적동포) 고용가능확인서 발급 신청서 / 특례외국인 계약연장 신고서 / 특례고용가능 확인서 변경 신청서
(24.08.20~) 2차 메뉴 이관 대상 메뉴 : 고용허가서 발급 신청서 / 고용허가서 재발급 신청서 / 고용변동 등 신고서
(24.08.27~) 3차 메뉴 이관 대상 메뉴 : 사업주 조회 메뉴.
외국인고용관리시스템(https://www.eps.go.kr/), 고객센터〉공지사항(2024.7.26.), 'EPS 홈페이지 사업주 메뉴 고용24로 이관 알림' 참조.

- '국적Nationality'이란 개인이 어떤 나라의 국민이 되는 자격 또는 국민인 신분을 의미한다. 어떤 나라의 국적을 가진(취득한) 사람은 그 나라의 법률이 정한 국민등록 절차에 따라 등록을 하면 비로소 완전한 국민이 되게 되며, 이러한 의미에서 국적은 어떤 나라에서 그 나라의 국민으로 등록할 수 있는 자격이라고도 할 수 있다.[4][5]

- '난민Refugee'이란 인종, 종교, 국적, 특정 사회집단의 구성원인 신분 또는 정치적 견해를 이유로 박해를 받을 수 있다고 인정할 충분한 근거가 있는 공포로 인하여 국적국의 보호를 받을 수 없거나 보호받기를 원하지 아니하는 외국인 또는 그러한 공포로 인하여 대한민국에 입국하기 전에 거주한 국가(상주국)로 돌아갈 수 없거나 돌아가기를 원하지 아니하는 무국적자인 외국인을 말한다.[6]
  - '난민으로 인정된 사람Person recognized as a refugee'(난민인정자)이란 난민법에 따라 난민으로 인정을 받은 외국인을 말한다.[7]

- 대한민국 비자포털(https://www.visa.go.kr/)은 사증발급 관련 각종 업무를 온라인 처리할 수 있도록 하기 위해 만들어진 인터넷 사이트이다. 한국어뿐만 아니라 영어와 중국어 서비스도 제공하고 있다. 사이트 첫화면에는 "복잡한 사증업무에 대한 정확한 안내와 쉽고 간편한 신청·발급 서비스를 제공합니다."라고 소개되어 있다.[8]

- '보호detention'란 출입국관리공무원이 「출입국관리법」 제46조제1항 각 호에 따른 강제퇴거 대상에 해당된다고 의심할 만한 상당한 이유가 있는 사람을 출국시키기 위하여 외국인보호실, 외국인보호소 또는 그 밖에 법무부장관이 지정하는 장소에 인치(引致)하

---

4) 법무부 출입국 · 외국인정책본부, 「국적법 해설」, 2007, 5면.
5) "미국, 캐나다, 호주 등과 같은 영미계통의 나라에서는 시민권이라는 제도를 운영하고 있음. 시민권제도를 운영하는 나라에서는 시민권자가 현실적으로 그 나라의 공민 신분으로서 각종 권리와 의무의 주체가 됨.... 국적에 관한 법률문제에 있어서 시민권과 국적은 동일한 대등한 개념으로 취급되는 것임." 법무부 출입국 · 외국인정책본부, 「국적법 해설」, 2007, 8면.
6) 난민법 제2조 제1호.
7) 난민법 제2조 제2호.
8) 대한민국 비자포털(https://www.visa.go.kr/main/openMain.do)(접속일: 2024.7.7.)

고 수용하는 집행활동을 말한다. '보호'는 국내체류가 부적합하다고 판단된 보호대상 외국인을 적발하여 강제퇴거라는 행정목적을 달성하기 위해 이들을 인치한 후 외국인 보호시설까지 데려가 출국준비가 완료될 때까지 수용하고 관리하는 집행활동까지 포함하는 개념[9]이다.

- '비자'란 영어 'visa'의 한국어 표기로, '사증'과 동일한 의미로 사용된다. 「출입국관리법」에서는 '사증'이란 용어만 사용되나, 실생활에서는 '비자'라는 용어가 더 많이 사용되는 것으로 보인다.[10]

- '사증Visa'[11]이란 사증발급 신청인의 여권이 그 국적국가의 정부기관에서 합법적으로 발급된 유효한 여권임을 확인하고, 사증발급 신청의 사유와 사증발급에 요구되는 기준에 의해 입국하려는 국가에서 입국·체류하는 것이 상당함을 확인하여 입국항만에서 출입국 관리공무원이 입국심사를 받도록 허가한 문서를 말한다.[12]

- '사증발급신청서VISA APPLICATION FORM'란 '사증'을 받기 위해 제출하는 서류이다. '사증'을 발급 받기 위해서는 해외의 대한민국 재외공관에 '사증발급청서'를 제출해야 한다.

---

9) '보호'는 강제퇴거 대상자 여부에 대한 조사 및 강제송환 또는 강제퇴거 집행이라는 행정목적 달성을 위한 수단으로서, 그 대상자의 신병을 확보하기 위한 즉시강제에 해당된다. 이와 유사한 용어로 '수용' 있다. 수용은 「형의 집행 및 수용자의 처우에 관한 법률」에 따라 형이 확정되지 아니한 미결수나 형이 확정된 기결수의 신병을 구금하는 것을 말한다. 법무부 출입국·외국인정책본부, 「2011년 개정판 출입국관리법 해설」, (2011. 1.), 20면.
10) 찾기쉬운 생활법률 사이트 – 생활법령 – 책자형〉비자·여권〉비자〉비자 이해하기, "법령에서는 "사증"이란 용어를 사용하지만, 이 콘텐츠에서는 실생활에서 더 흔히 사용되는 "비자"라는 용어를 사용합니다." https://easylaw.go.kr/CSP/CnpClsMain.laf?popMenu=ov&csmSeq=1703&ccfNo=1&cciNo=1&cnpClsNo=1&search_put= 접속일: 2024. 7. 1.
11) 외국인이 입국할 때에는 출입국관리법에 따라 '여권'과 '사증'을 모두 가지고 있어야 한다. 출입국관리법 제7조 제1항 "외국인이 입국할 때에는 유효한 여권과 법무부장관이 발급한 사증(査證)을 가지고 있어야 한다."
12) 차용호, 「한국이민법」, 법문사, 2015.1

- '사증발급인정'이란 외국인의 입국에 관하여 직접적인 이해당사자인 초청인이 대한민국에서 직접 사증발급을 위한 절차를 주도적으로 처리하도록 함으로써 피초청인인 외국인이 외국에서 용이 신속하게 사증을 발급받아 입국할 수 있도록 하는 사증발급제도를 말한다.13) 이렇게 발급된 인정서를 '사증발급인정서CERTIFICATE OF VISA ELIGIBILITY14)'라고 한다.

- '사증발급인정신청서APPLICATION FOR CERTIFICATE OF VISA ELIGIBILITY'란 '사증발급인정서'를 받기 위해 제출하는 서류이다. '사증발급인정서'를 발급 받기 위해서는 대한민국 내의 출입국·외국인청(사무소·출장소)에 '사증발급인정신청서'를 제출해야 한다.

- '여권passport'15)이란 대한민국정부·외국정부 또는 권한 있는 국제기구에서 발급한 여권 또는 난민여행증명서나 그 밖에 여권을 갈음하는 증명서로서 대한민국정부가 유효하다고 인정하는 것을 말한다. 여권은 소지자의 국적 등 신원을 증명하고 그 소지자가 국외여행, 본국으로 귀국, 해외에서 체류할 때에 그 자가 외교적 보호를 받을 수 있도록 허가하는 국가의 발급권한 있는 부서에 의하여 발행된 공문서이다.16) 여권은 국제적으로 통용되는 신분증에 해당된다. 여권은 본국에서 발급하며, 비자는 방문하고자 하는 외국에서 발급한다. 대한민국에서 체류하고 있는 외국인이 본인의 여권을 재발급·갱신하기 위해서는 본국의 대사관이나 영사관을 직접 방문해서 신청해야 하고, 외국인이 본인의 비자발급·변경 등을 하기 위해서는 대한민국의 관할 출입국·외국인청을 방문해서 신청해야 한다.

---

13) 차용호, 「한국이민법」, 법문사, 2015.1,
14) 출입국관리법 시행규칙 [별지 제20호서식]
15) '여권'과 '비자'는 발행목적이 다른 별개의 증명으로 발행 주체가 다르다. 통상적으로 '여권'은 소속 국가에서 발행하며, '비자'는 입국하고자 하는 국가(재외공관)에서 발행한다.
16) 외교통상부, 「여권실무편람」, 2010, 8면.

- '영주권permanent residency'이란 국적과 상관없이 외국 정부로부터 그 나라에 영주(무기한 체류, 장기체류)할 수 있도록 부여받은 권리 또는 자격을 의미한다. 어떤 나라에서 영주권을 취득하였다 하더라도 본래의 국적은 계속 유지된다.[17]
  - "외국의 영주권을 취득한 자"란 거주국으로부터 영주권 또는 이에 준하는 거주목적의 장기체류자격을 취득한 자를 말하며, "영주할 목적으로 외국에 거주하고 있는 자"라 함은 「해외이주법」 제2조의 규정에 의한 해외이주자로서 거주국으로부터 영주권을 취득하지 아니한 자를 말한다.[18]

- '외국인alien'이란 대한민국의 국적을 가지지 아니한 자로서 외국국적을 소지한 자와 무국적자를 말한다. 「출입국관리법」에서 '국민'과 '외국인'의 법적 지위는 매우 다르므로 외국인의 범위를 명확히 확정하기 위해 동법에서 '외국인'에 대한 정의 규정을 두고 있다.

- 외국인고용관리시스템(https://www.eps.go.kr/)[19]은 고용허가제 관련 각종 업무를 온라인으로 처리할 수 있도록 하기 위해 만들어진 인터넷 사이트이다. 흔히 'EPS'(Employment Permit System)라고 불린다. 국내 거주 사업주와 외국인근로자에게 각종 민원신청 및 신청현황 조회 등 채용/취업지원서비스를 제공하고 있으며, 우리나라와 송출국가의 구직자 명부 전송 및 송출국가 구직자를 위한 구직상태조회 등의 서비스를 제공하고 있다.[20]

- '외국인보호소immigration detention center'란 외국인보호시설 중 출입국·외국인청, 출입국·외국인사무소, 출장소 이외의 장소에 설치된 외국인보호시설을 말하며, 화

---

17) 법무부 출입국·외국인정책본부, 「국적법 해설」, 2007, 9면.
18) 재외동포의 출입국과 법적 지위에 관한 법률 시행령 제2조.
19) 워크넷, 고용보험, HRD-net, 국민취업지원, 외국인고용(EPS) 등 5개 홈페이지의 사업주 서비스가 하나의 홈페이지 고용24(https://www.work24.go.kr/)로 통합 된다. 고용24는 '24.9월 정식서비스 된다. 외국인고용(EPS) 홈페이지의 '사업주 서비스'만 고용24로 이관되며, 나머지 '일반외국인서비스' 등은 EPS에 그대로 남게 된다. 외국인고용관리시스템(https://www.eps.go.kr/), 공지사항(2024.7. 25.), 'EPS 홈페이지 사업주 메뉴 고용24로 이관 알림' 참조.
20) 외국인고용관리시스템(https://www.eps.go.kr/)-사이트맵-EPS 소개(접속일: 2024.7.7.)

성외국인보호소, 청주외국인보호소 2개가 있다.

• '외국인보호실immigration detention unit'이란 「출입국관리법」에 따라 외국인을 보호할 목적으로 지방출입국·외국인관서에 설치한 장소를 말한다. 「출입국관리법」 상 입국불허자, 조건부 입국 허가를 받은 자 및 강제퇴거여부를 결정하기 위한 심사 및 강제퇴거가 결정된 자에 대한 송환에 이르기까지 해당 외국인의 신병을 일시 확보 등을 위한 시설이다.

• '외국인의 체류Stay of Aliens'란 대한민국 영역 내에서 외국인의 영구적 거주와 일시적 거주를 포괄하는 개념이다. 「출입국관리법」에서 '외국인의 체류관리'[21]라는 용어를 사용하는 것은 「출입국관리법」이 국민의 체류관리가 아닌 외국인의 체류관리를 규율하는 법률이기 때문이다.

• '입국entry'이란 대한민국 밖의 지역으로부터 대한민국 영역(영해, 영공, 영토)에 들어오는 것을 말한다. 반드시 대한민국 밖의 지역에서 출발하는 경우를 의미하며, '출국'의 의미와 대응하는 개념이다.

• '재외공관overseas diplomatic mission'이란 재외국민 보호업무를 수행하고, 외국에서 대한민국을 대표하여 각종 외교활동을 하는 관공서로 '대사관', '영사관', '대표부'로 구성되어 있다.[22][23] 2024년 2월 현재 대한민국 외교부는 총 167개(상주대사관 116개, 영사관 46개, 대표부 5개)[24]의 재외공관을 두고 있다. 참고로 한국에 설치되어 있는 외국

---

[21] 출입국관리법 제1조(목적) 이 법은 대한민국에 입국하거나 대한민국에서 출국하는 모든 국민 및 외국인의 출입국관리를 통한 안전한 국경관리, 대한민국에 체류하는 외국인의 체류관리와 사회통합 등에 관한 사항을 규정함을 목적으로 한다. 〈개정 2012. 1. 26., 2018. 3. 20.〉[전문개정 2010. 5. 14.]
[22] 대한민국 외교부 블로그, '대사관과 영사관, 무엇이 다를까'(2018. 5. 8.) 참조, https://blog.naver.com/mofakr/221270884873 접속일: 2024. 6. 27.
[23] 대한민국 재외공관 설치법 제2조(종류) 대한민국 재외공관(이하 "공관"이라 한다)의 종류는 대사관·대표부와 총영사관으로 한다.

의 공관을 주한 외국공관이라고 한다.

- '대사관'은 외국에서 대한민국을 대표하는 작은 정부 역할을 하며, 경제협력, 문화홍보, 정보수집 등 파견국과의 외교에서 주축을 맡고 있다. 대사관은 원칙적으로 주재국의 수도에 위치하지만, 해당 국가의 정치적 외교적 맥락에 따라 일부 예외가 있다.

- '분관'은 대사관의 관할구역 내에서 소관업무를 분장하기 위한 목적으로 별도로 설치한 공관을 말한다.

- '영사관'은 주로 재외국민 보호의 역할을 수행하며, 비자발급과 같은 영사 서비스 업무를 수행한다. 재외국민 보호란 외국에서 자국민이 범죄에 휘말리게 될 경우, 혹은 경찰서로 연행이 될 경우, 사고를 겪게 된 경우와 같이 위험 상황에 처하게 되었을 시 자국민을 보호하는 것을 말하며, 영사서비스란 비자발급부터 여권 혹은 증명서 발급 등 재외국민을 위한 행정 서비스를 말한다.

- '대표부'란 정식으로 국교를 맺지 아니한 국가나 국제기구에 설치한 재외공관으로서 UN과 OECD와 같은 국제기구에서 우리나라를 대표하고 있는 기관을 말한다.

• '재외국민Korean national residing abroad'이란 대한민국의 국민으로서 외국의 영주권(永住權)을 취득한 자 또는 영주할 목적으로 외국에 거주하고 있는 자를 말한다.25)

• '재외동포overseas Korean'란 해외동포라고도 말하며, 외국에서 체류 또는 거주하고 있는 한국인 또는 한국계 해외이주자를 말한다.26)「재외동포의 출입국과 법적 지위에

---

24) 외교부 홈페이지, 외교부소개-재외공관-재외공관설치현황, http://www.mofa.go.kr/www/wpge /m_4178/contents.do 접속일: 2024. 6. 27.
25) 재외동포의 출입국과 법적 지위에 관한 법률 제2조 제1호.
26) 차용호, 「한국이민법」, 법문사, 2015.1.

관한 법률 시행령」 제2조, 제3조에 따르면 재외동포는 '재외국민'과 '외국국적동포'로 구분된다. 즉 재외동포는 재외국민뿐만 아니라 과거 우리 국민이었다가 외국 국적이나 시민권을 취득하여 외국 국민이 된 사람(한국계 외국인)까지 포함하는 개념이다.[27]

- '접수제'란 고용허가제에서 사업장에 신규 외국인력(E-9)을 배정하는 방식을 말한다. 2013년[28]부터 고용노동부가 도입한 이 시스템은 고용허가 요건을 충족하는 사업장에 대해 점수를 부여하여 외국 인력을 배정한다. 배정 방식을 기존의 선착순 배정 방식에서 점수제로 전환한 것이다.[29]

- '지방출입국 · 외국인관서regional immigration service'[30]란 출입국 및 외국인의 체류 관리업무를 수행하기 위하여 법령에 따라 각 지역별로 설치된 관서와 외국인보호소 를 말한다.[31] 구체적으로는 출입국·외국인청, 출입국·외국인사무소, 외국인보호소, 출 입국·외국인지원센터가 있다.[32]

---

27) 법무부 출입국 · 외국인정책본부, 「국적법 해설」, 2007, 32면.
28) 농축산, 건설, 어업('12년 적용), 전 업종('13년 적용). 고용노동부, '고용허가제 업무매뉴얼', 2023, 33면 참조.
29) 고용노동부, 「고용허가제 업무매뉴얼」, 2023,
30) '재외공관'은 외국인의 본국에 설치되어 있는 대한민국의 기관이며, '출입국 · 외국인관서'는 대한민국 내에 설치되어 있는 대한민국의 기관이다.
31) 2018. 5. 8. 「법무부와 그 소속기관 직제」(대통령령) 개정으로 '출입국관리사무소'가 '출입국 · 외국인청', '출입국 · 외국인사무소'로, '출입국관리사무소 출장소'가 '출입국 · 외국인청 출장소', '출입국 · 외국인 사무소 출장소'로 변경되었음.(시행일: 2018. 5. 10.)
32) ■ 법무부와 그 소속기관 직제 [별표 5] 〈개정 2023. 12. 26.〉

출입국 · 외국인청, 출입국 · 외국인사무소, 외국인보호소 및
출입국 · 외국인지원센터의 명칭 및 위치(제49조 관련)

명칭	위치
인천공항출입국 · 외국인청	인천광역시
서울출입국 · 외국인청	서울특별시
부산출입국 · 외국인청	부산광역시
인천출입국 · 외국인청	인천광역시

- 체류기간이란 외국인이 대한민국에 입국하여 체류하여 머물 수 있는 기간을 말한다. 일반적으로 '체류기간의 상한'으로 체류기간이 부여된다. 체류기간의 상한을 초과해서 계속 대한민국에 체류하려면 그 체류기간의 만료 전에 체류기간 연장허가를 받아야 한다.

- '체류자격Status of Stay'이란 체류와 활동의 두 가지 요소를 결합하여 만들어진 개념으로 대한민국에 체류하고 있는 외국인의 일정 범위 내에서의 활동을 규율하고 있는 「출입국관리법」상의 자격을 말한다.[33]

수원출입국 · 외국인청	경기도 수원시
제주출입국 · 외국인청	제주특별자치도 제주시
서울남부출입국 · 외국인사무소	서울특별시
안산출입국 · 외국인사무소	경기도 안산시
김해공항출입국 · 외국인사무소	부산광역시
대구출입국 · 외국인사무소	대구광역시
대전출입국 · 외국인사무소	대전광역시
여수출입국 · 외국인사무소	전라남도 여수시
양주출입국 · 외국인사무소	경기도 양주시
울산출입국 · 외국인사무소	울산광역시
김포공항출입국 · 외국인사무소	서울특별시
광주출입국 · 외국인사무소	광주광역시
창원출입국 · 외국인사무소	경상남도 창원시
전주출입국 · 외국인사무소	전북특별자치도 전주시
춘천출입국 · 외국인사무소	강원특별자치도 춘천시
청주출입국 · 외국인사무소	충청북도 청주시
화성외국인보호소	경기도 화성시
청주외국인보호소	충청북도 청주시
출입국 · 외국인지원센터	인천광역시

[33] 법무부 출입국 · 외국인정책본부, 「2011년 개정판 출입국관리법 해설」, 2011.01, 86면.

- 체류자격은 크게는 '영주자격Status of permanent residency(대한민국에 영주(永住)할 수 있는 체류자격)'과 '일반체류자격Standard status of stay(대한민국에 체류할 수 있는 기간이 제한되는 체류자격)'으로 구분되며, '일반체류자격'은 다시 '단기체류자격Status of short-term stay(90일 이하의 기간 동안 머물 수 있는 체류자격)'과 '장기체류자격Status of long-term stay(90일을 초과하여 거주할 수 있는 체류자격)'으로 구분된다.34)

• 체류자격, 사증, 비자의 구분

- 체류자격과 사증은 엄밀히 따지면 서로 다른 개념이며, 사증과 비자는 동일한 개념으로 보면 된다. '체류자격'은 외국인이 국내에 입국 후 체류하면서 행할 수 있는 사회적인 활동이나 신분의 종류를 유형화한 것이며, '사증'은 입국허가신청에 대한 재외공관 영사의 '입국추천행위' 또는 그러한 추천행위를 했음을 확인하는 '문서'를 의미한다. '체류자격'은 사증에 표기되는 내용 중의 하나로 통상적으로 '체류자격'은 '사증'의 발급을 통해서 인정된다. 그러나 '체류자격'이 반드시 '사증'의 발급을 통해서만이 인정되는 것은 아니다. 예를들어 사증면제(B-1), 관광통과(B-2) 자격으로 입국한 외국인은 사증을 소지하지 않고 있으나, 일정한 범위 내에서 체류자격이 인정된다.

- '방문취업', '재외동포', '계절근로' 등은 '사증'에 표기되는 '체류자격' 중의 하나이나, 실생활에서는 이러한 '체류자격'을 '사증' 또는 '비자'라는 용어와 혼용해서 사용하는 경우가 많다. 즉, '사증', '비자', '체류자격'이란 용어는 실무에서는 사실상 동일한 의미로 사용된다.

- 'H-2', 'F-4', 'E-8'은 각각 방문취업, 재외동포, 계절근로를 나타내는 기호이다. 이러한 기호는 영문과 숫자의 조합으로 구성되어 있으며, 「출입국관리법 시행령」 별표1, 별표1의2, 별표1의3에서 각 체류자격 명칭과 함께 표기되어 있다. 통상적으로 체류자격은

---

34) 출입국관리법 제10조, 제10조의2

'체류자격(기호)'의 형태로 표기된다.

- '출국departure'이란 대한민국 안에 있는 사람이 대한민국 영역 밖의 지역에서 체류 또는 거주하기 위하여 대한민국 밖으로 나가는 것을 의미한다. 따라서 단순히 사람이 대한민국 영역 밖의 공해나 외국 영해에서의 작업, 관광 등을 위해 대한민국 밖으로 나가거 나 대한민국 영해나 공해에서 기상악화 등으로 부득이하게 대한민국 영역 밖으로 나가는 행위는 '출국'이라고 볼 수 없다.

- '출입국관리immigration control'란 대한민국에 입국하는 모든 사람에 대한 입국관리 와 대한민국에서 출국하는 모든 사람에 대한 출국관리를 의미한다. 「출입국관리법」 제1 조(목적)에는 "국민과 외국인에 대한 출입국관리"와 "외국인에 대한 체류관리"를 구분하 고 있으므로 '출입국관리'와 '체류관리'는 구분되는 개념이다.

- '출입국민원 대행기관'이란 출입국 관련 각종 허가의 신청 및 신고업무를 대행하기 위해 출입국·외국인청, 사무소 또는 출장소에 등록한 변호사, 행정사, 변호사 또는 행정사의 인력을 갖춘 법인, 행정사합동사무소를 말한다. 단, 행정사 중 기술행정사, 외국어번역행 정사는 제외된다.[35]

- '출입국사범immigration offender'이란 「출입국관리법」 제93조의2, 제93조의3, 제9 4조부터 제99조까지, 제99조의2, 제99조의3 및 제100조에 규정된 죄를 범하였다고 인정되는 자를 말한다. 행정형벌 뿐만 아니라 행정질서벌인 과태료 부과 대상자까지 사실 상 모든 「출입국관리법」 위반자를 포함하는 개념[36]이다.

---

35) '출입국민원 대행기관 관리지침' 개정(안)(법무부고시 제2021 - 447호, 2021.11.8.) 제2조 제1호.
36) 사법경찰관리의 직무를 수행할 자와 그 직무범위에 관한 법률 제3조(교도소장 등) 제5항에 규정된 "출입국관리에 관한 범죄"(「출입국관리법」 제93조의2, 제93조의3, 제94조부터 제99조까지, 제99조의 2, 제99조의3의 규정에 의해 죄를 범하였다고 인정되는 자가 이에 해당)보다 더 광의의 개념이다.

• '출입국항port of entry and departure'이란 출국하거나 입국할 수 있는 대한민국의 항구·공항과 그 밖의 장소로서 대통령령으로 정하는 곳(국제공항, 남북출입장소, 무역항, 도심공항터미널 등)을 말한다.

• 취업Employment이란 타인에 의해 고용되어 보수를 목적으로 수행하는 계속적·반복적인 활동으로 스스로 사업자가 되어 행하는 경영 활동이나 투자 활동을 포함하지 않는다.37)
 - 취업활동기간은 외국인이 합법적으로 대한민국에서 취업할 수 있는 기간으로 고용노동부에서 부여하며, 체류기간은 외국인이 국내에 머물 수 있는 기간으로 법무부 출입국·외국인청(사무소, 출장소)에서 부여한다. 취업 목적으로 입국한 외국인에 대해서는 취업활동기간을 근간으로 체류기간이 부여되며, 통상적으로 법무부 출입국·외국인청(사무소, 출장소)에서는 고용노동부의 취업활동기간보다 며칠 더 체류기간을 부여하고 있다. 취업활동기간은 만료되었으나, 외국인근로자가 부득이한 사유(임금체불, 산재치료, 소송 진행 등)로 출국할 수 없을 경우 관련 소명자료를 출입국·외국인청(사무소, 출장소)에 제출하여 체류기간을 연장받기도 한다.38)

• 하이코리아(https://www.hikorea.go.kr/)는 출입국 및 체류 관련 각종 신고, 관련 정보 조회, 출입국·외국인 사무소 방문 예약 등의 업무를 온라인 처리할 수 있도록 하기 위해 만들어진 인터넷 사이트이다. 한국어뿐만 아니라 영어와 중국어 서비스도 제공하고 있다.
 - EPS는 고용노동부에서 관리하는 사이트이며, 하이코리아는 법무부에서 관리하는 사이트이다. 고용노동부(고용센터)에 신고해야하는 사항들은 EPS를 이용하면 되며, 법무부(출입국·외국인사무소)에 신고해야하는 사항들은 하이코리아를 이용하면 된다. '고용변동[예: 사망, 5일 이상 무단결근 등] 등 신고'와 '근로개시신고'를 EPS에서 하게 되면 하이코리아(법무부)와 자동으로 연계되며, '근로개시신고'를 하이코리아에서 하

---

37) 법무부 출입국·외국인정책본부, 「2011년 개정판 출입국관리법 해설」, 2011.01, 241면-242면 참조.
38) 고용노동부, 「고용허가제 업무매뉴얼」, 2023, 245면 참조.

게 되면 EPS에 자동으로 연계된다.[39] 그 외의 사항은 EPS와 하이코리아에 각각 별도로 신고를 해야 하는 것으로 보인다.[40]

---

[39] "하이코리아와 연계되는 사항은 고용변동등 신고 및 근로개시신고에 관한 내용이며 여권정보와 같은 정보수정에 대하여는 연계되고 있지 않습니다." EPS-고객센터-Q&A(2019.7.4.답변)(https://www.eps.go.kr/eo/voc/VocQnaRecentlyView.eo)(접속일: 2021.8.4.)
[40] "저희 EPS시스템에는 신청해주시면 기간연장은 정상적으로 처리가 되셨을거고, 하이코리아에도 별도로 신청하셔야 하는것으로 알고 있습니다. 먼저, 법무부하이코리아와 고용부EPS시스템의 관리기관이 다르다보니 정확한 답변 알려드리기 힘든점 양해바랍니다."EPS-고객센터-Q&A(2021.5.25.답변)(https://www.eps.go.kr/eo/voc/VocQnaRecentlyView.eo?vocSeq=TCKT20210510900125)(접속일: 2021.8.4.)

제2편 외국인의 입국과 체류자격,

외국인등록

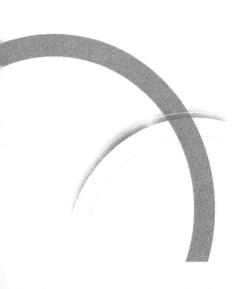

I. 외국인의 입국

1. 입국의 의미[41]

'외국인'이란 대한민국의 국적[42]을 가지지 아니한 사람을 말한다(출입국관리법 제2조 제2호). 출입국관리법에는 '입국'을 정의하는 명문 규정은 없다. 다만, 동법 제12조 입국심사에 관한 규정에 "외국인이 입국하려는 경우에는 입국하는 출입국항에서 대통령령으로 정하는 바에 따라 여권과 입국신고서를 출입국관리공무원에게 제출하여 입국심사를 받아야 한다"고 정하고 있어 문언상 출입국항에서 입국심사대를 통과하는 행위로 해석하고 있다(대법원 2014. 8. 25. 2014인마5[43] 등). 따라서 외국인의 입국이란 대한민국의 국적을 가지지 않은 사람이 출입국항에서 입국심사대를 통과하는 행위를 말한다고 할 수 있다.[44] 참고로, 외국인의 불법입국 등 벌칙 규정(출입국관리법 제93조의2)을 해석하는 경우에는

---

41) 서울지방변호사회, 「이주민사건 법률지원 매뉴얼」, 2018.11, 13면 참조.
42) 국적은 어떤 나라의 국민이 되는 신분 또는 자격을 뜻한다. 법무부 출입국·외국인정책본부, 「재외동포용: 법&생활」, 2009.12, 16면 참조. 각국은 고유한 법률과 원칙에 따라 어떤 개인에게 자국 국적을 부여하기도 하고 자국민의 국적을 상실시키기도 한다. 법무부 출입국·외국인정책본부, 「국적법 해설」, 2007, 6면 참조.
43) "신체의 자유는 모든 인간에게 그 주체성이 인정되는 기본권이고, 인신보호법은 인신의 자유를 부당하게 제한당하고 있는 개인에 대한 신속한 구제절차를 마련하기 위하여 제정된 법률이므로, 대한민국 입국이 불허된 결과 대한민국 공항에 머무르고 있는 외국인에게도 인신보호법상의 구제청구권은 인정된다. 또한, 대한민국 입국이 불허된 외국인이라 하더라도 외부와의 출입이 통제되는 한정된 공간에 장기간 머무르도록 강제하는 것은 법률상 근거 없이 인신의 자유를 제한하는 것으로서 인신보호법이 구제대상으로 삼고 있는 위법한 수용에 해당한다. 같은 취지에서 재항고인이 2013. 11. 20. 대한민국 입국이 불허된 구제청구자를 법률상 근거 없이 외부와의 출입이 통제되는 이 사건 송환대기실에 강제로 수용한 것은 위법한 수용에 해당한다고 보아 재항고인에게 구제청구자에 대한 수용을 즉시 해제할 것을 명한 원심의 조치는 정당하다."(대법원 2014. 8. 25.자 2014인마5 결정 [인신보호해제결정에대한재항고])
44) '외국인의 입국'의 개념과 관련하여, 외국인의 입국 행위가 종료되는 시점에 대하여 다음과 같이 구분하는 입장이 있다. '영역진입설'은 외국인의 입국이란 외국인이 대한민국의 공항만 또는 공항만 이외의 장소에 들어오는 모든 행위를 말한다는 입장이다. 외국인이 대한민국의 영토, 영해, 영공에 들어 온 것으로 곧바로 입국행위가 종료되어 불법입국의 기수가 되며, 외국인의 출입국관리공무원의 입국심사 또는 입국허가를 받았는지는 고려가 되지 않는다. '입국심사설'은 외국인의 입국이란 외국인이 출입국관리공무원의 입국심사를 받아 대한민국의 영역에 들어오는 것을 말한다는 입장이다. 이에 의하면, 외국인이 대한민국의 영역에 들어온 것뿐 아니라 출입국공무원의 입국심사를 받거나 받을 수 있는 상황에 이르러야 비로소 입국행위가 종료되며 불법입국의 기수가 된다. 이에 관한 상세한 내용은 차용호, 「한국이민법」, 법문사, 2015.1, 243면-244면 참조.

입국을 '대한민국의 영해, 영공 안의 지역에 진입하는 행위'로 넓게 해석하고 있다(대법원 2005. 1. 28. 2004도7401).

2. 입국자 수 통계

그동안 증가세를 이어오던 외국인 입국자 역시 코로나19 영향으로 2020년 입국자는 2,659,845명으로 전년 대비 85.1%(15,220,658명↓) 감소하였고, 코로나19 팬데믹 상황 지속으로 2021년에도 1,044,545명으로 전년 대비 60.7%(1,615,300명↓) 감소하였다. 이후 코로나19 상황이 점차 호전됨에 따라 2022년 외국인 입국자는 3,390,009명으로 전년 대비 224.5%(2,345,464명↑) 증가, 2023년 입국자는 전년 대비 239.3%(8,110,874명↑) 증가한 11,500,883명이며, 향후에도 외국인 입국자 증가 추세는 계속될 것으로 예상된다.[45] 2024년 6월 외국인 입국자는 1,461,674명으로 전월 (1,462,326명)보다 ▽652명(▽0.04%) 감소하였고, 전년 동월(998,859명)보다는 △ 462,815명(△46.3%) 증가하였다.[46]

3. 입국 요건

외국인이 입국할 때에는 유효한 여권과 법무부장관이 발급한 사증(査證)을 가지고 있어야 한다(출입국관리법 제7조제1항). 대한민국에 입국하고자 하는 외국인은 ① 유효한 여권의 소지(유효기간이 만료되거나, 위조 또는 변조된 여권으로는 입국할 수 없음), ② 유효한 비자의 소지[47](유효한 비자를 소지하여야 하므로, 비자 유효기간 내에 입국하여야 하며,

---

[45] 법무부 출입국·외국인정책본부, 「2023 출입국·외국인정책 통계연보」, 2024.06., 30면 참조.
[46] 법무부 출입국·외국인정책본부, 「출입국·외국인정책 통계월보 2024년 6월호」, 2024.7.19., 10면 참조.
[47] ※ 다만, 아래의 조건에 해당하는 경우 비자없이 입국할 수 있음.
 - 재입국허가를 받은 사람 또는 재입국허가가 면제된 사람으로서 그 허가 또는 면제받은 기간이 만료되기 전에 입국하는 자
 - 대한민국과 비자면제협정을 체결한 국가의 국민으로서 그 협정에 의하여 면제 대상이 되는 자
 - 국제친선,관광 또는 대한민국의 이익 등을 위하여 입국하는 자로서 대통령령이 정하는 바에 따라 따로 입국허가를 받은 사람
 - 난민여행증명서를 발급받고 출국하여 그 유효기간이 만료되기 전에 입국하는 사람

발급받은 비자와 방문목적이 일치하지 않을 경우 입국이 거부될 수 있음), ③ 출입국관리법

상 입국금지 사유48)에 해당되지 않음이라는 요건을 갖추어야 한다.49)

참조: 대한민국 비자포털, 입국 및 체류, 접속일: 2024. 6. 21.,
   https://www.visa.go.kr/openPage.do?MENU_ID=10107
48) 출입국관리법 제11조(입국의 금지 등) ① 법무부장관은 다음 각 호의 어느 하나에 해당하는 외국인에
   대하여는 입국을 금지할 수 있다. 〈개정 2015. 1. 6.〉
   1. 감염병환자, 마약류중독자, 그 밖에 공중위생상 위해를 끼칠 염려가 있다고 인정되는 사람
   2. 「총포·도검·화약류 등의 안전관리에 관한 법률」에서 정하는 총포·도검·화약류 등을 위법하게
      가지고 입국하려는 사람
   3. 대한민국의 이익이나 공공의 안전을 해치는 행동을 할 염려가 있다고 인정할 만한 상당한 이유가
      있는 사람
   4. 경제질서 또는 사회질서를 해치거나 선량한 풍속을 해치는 행동을 할 염려가 있다고 인정할 만한
      상당한 이유가 있는 사람
   5. 사리 분별력이 없고 국내에서 체류활동을 보조할 사람이 없는 정신장애인, 국내체류비용을 부담할
      능력이 없는 사람, 그 밖에 구호(救護)가 필요한 사람
   6. 강제퇴거명령을 받고 출국한 후 5년이 지나지 아니한 사람
   7. 1910년 8월 29일부터 1945년 8월 15일까지 사이에 다음 각 목의 어느 하나에 해당하는 정부의
      지시를 받거나 그 정부와 연계하여 인종, 민족, 종교, 국적, 정치적 견해 등을 이유로 사람을
      학살·학대하는 일에 관여한 사람
      가. 일본 정부
      나. 일본 정부와 동맹 관계에 있던 정부
      다. 일본 정부의 우월한 힘이 미치던 정부
   8. 제1호부터 제7호까지의 규정에 준하는 사람으로서 법무부장관이 그 입국이 적당하지 아니하다고
      인정하는 사람
   ② 법무부장관은 입국하려는 외국인의 본국(本國)이 제1항 각 호 외의 사유로 국민의 입국을 거부할
   때에는 그와 동일한 사유로 그 외국인의 입국을 거부할 수 있다.
49) 대한민국 비자포털, 입국 및 체류, 접속일: 2024. 6. 21., https://www.visa.go.kr/openPage.do?M
   ENU_ID=10107

II. 여권과 사증

1. 여권

'여권'이란 대한민국정부·외국정부 또는 권한 있는 국제기구에서 발급한 여권 또는 난민여행증명서나 그 밖에 여권을 갈음하는 증명서로서 대한민국정부가 유효하다고 인정하는 것을 말한다(출입국관리법 제2조제4호). 여권은 해외여행의 자유를 보장하기 위한 수단이되고 동시에 각 국가의 출입국 및 체류 관리의 편의를 도모하기 위한 수단으로 사용되는 문서로서, 국제적으로 통용되는 신분증에 해당된다.[50] 대한민국에 체류하는 17세 이상의 외국인은 항상 여권을 지니고 있어야 하며, 출입국관리공무원이나 권한 있는 공무원이 그 직무수행과 관련하여 여권의 제시를 요구하면 여권을 제시하여야 한다(출입국관리법제27조).[51]

2. 사증

(1) 사증(Visa비자)의 의미[52]

사증(Visa비자)[53]이란 라틴어의 'vise'가 어원이며, 이는 '배서하다, 보증하다, 확인하다, 인정하다, 증명하다' 등의 의미를 가지고 있다. 이러한 의미에서 사증은 "외국인에 대한 입국허가 증명"으로 "한 개인이 다른 나라에 입국하려고 할 때 주재국 영사 등으로부터 여권의 유효성을 검사받고 제출 서류의 진위 여부, 입국 목적의 정당성 등에 대한 증명과 확인을 받는 행위"를 의미한다고 할 수 있다. 그러나 사증은 입국을 위한 전제 조건일 뿐

---

50) 법무부 출입국·외국인정책본부, 「2011년 개정판 출입국관리법 해설」, 2011.01., 10면.
51) 서울지방변호사회, 「이주민사건 법률지원 매뉴얼」, 2018.11., 13면 참조.
52) 법무부 출입국·외국인정책본부, 「2011년 개정판 출입국관리법 해설」, 2011.01., 75-76면.
53) 비자는 영어 'visa'의 한국어 표기로, '사증'과 동일한 의미로 사용된다. 출입국관리법에서는 '사증'이라는 용어를 사용하나, 법무부에서 운영하는 대한민국 비자포털 사이트(https://www.visa.go.kr/)에서는 '사증'이 아닌 '비자'라는 용어를 주로 사용하고 있다. 본 책에서도 '비자'와 '사증'을 같은 의미로 사용한다.

다른 나라에 입국하기 위해서는 그 나라에서 입국심사를 통해 최종 입국허가를 받아야 한다. 즉 사증은 "입국허가"의 의미가 아닌 "입국추천행위"이며 사증을 발급받았다 하더라도 입국심사 과정에서 입국 목적과 부합하지 않는 경우에는 입국이 불허될 수 있다.[54]

---

[54] "유의사항 – 3. 사증을 발급받았더라도 대한민국 입국 시 입국거부 사유가 발견될 경우에는 대한민국으로의 입국이 허가되지 않을 수 있습니다." 출입국관리법 시행규칙 [별지 제17호서식] 사증발급신청서 〈개정 2022. 2. 7.〉

대한민국사증[55]
스티커사증

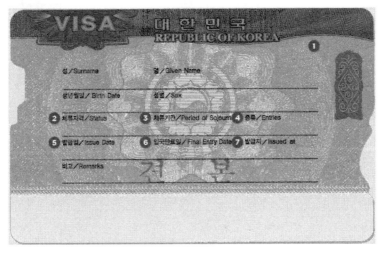

120mm × 80mm

① 비자번호: 비자발급 일련번호[56]
② 체류자격: 외국인이 국내에 체류하면서 행할 수 있는 사회적인 활동이나 신분의 종류
③ 체류기간: 대한민국 입국일로부터 기산하여 체류할 수 있는 기간
④ 종류: 비자의 종류(S:단수비자, D:더블비자, M:복수비자)
⑤ 발급일: 비자발급일자를 의미
⑥ 입국만료일: 비자유효기간을 의미(만료일까지 한국에 입국하여야 하며, 만료일이 지난 비자는 무효임)
⑦ 발급지: 비자를 발급한 재외공관에 대한 정보

---

55) 2020. 2. 24.부터 외국인의 여권에 부착하는 비자스티커가 폐지되었음. "1차적으로 2020년 2월 24일부터 미국, 일본 및 유럽 24개국 주재 우리 공관에서 비자스티커 부착을 중단하며, 2020년 7월 1일부터 전(全) 재외공관에서 비자스티커 부착을 전면 중단할 예정입니다. 우리나라에 입국하는 외국인은 비자발급확인서를 제시함으로써 비자 소지 여부를 증명할 수 있으며, 해당 서류는 재외공관(비자신청센터)에 직접 방문하거나 '대한민국 비자포털'(www.visa.go.kr)에 접속하여 횟수 제한 없이 발급받을 수 있습니다. 비자발급확인서의 유효성은 '대한민국 비자포털'의 '진행현황 조회 및 출력' 메뉴에서 여권번호·성명·생년월일을 입력하여 즉시 확인이 가능하므로 확인서 위조 또는 변조 여부를 쉽게 검증할 수 있습니다(PC·모바일 접속·조회 가능)." "비자스티커 부착 대신 '비자발급확인서'를 발급합니다", 법무부 보도자료(2020. 2. 21.)
56) 대한민국 비자포털, 입국 및 체류, 접속일: 2024. 7. 7., https://www.visa.go.kr/openPage.do?MENU_ID=10107

대 한 민 국 법 무 부
MINISTRY OF JUSTICE, THE REPUBLIC OF KOREA

VISA GRANT NOTICE
사 증 발 급 확 인 서

Visa No. (사증번호) : AB0000000

1. DETAILS OF APPLICANT 신청자 정보

Full Name 성명	KIM SAMPLE			
Date of Birth 생년월일	2019. 01. 01.	Gender 성별	male	
Nationality 국적	REPUBLIC OF KOREA			
Passport No. 여권번호	M15001234			
Passport Expiration Date 여권만료일	2022. 01. 01.			

2. VISA DETAILS 사증 사항

Status of Stay 체류자격	C-3-9	Period of Stay 체류기간	30 Days	Number of Entries 사증 종류	Multiple
Date of Issue 발급일	2019. 01. 01	Validity Period of Visa 사증 유효기간	2020. 01. 01	Issuing Authority 발급 기관	Korean Embassy in Vietnam
Remarks 비고					

This document confirms that the above applicant's Korean visa application has been approved and that the visa is currently valid in accordance with Article 7 (Issuance of Visa) of the Enforcement Decree of the Immigration Act.
대한민국 출입국관리법 시행령 제7조(사증발급)의 규정에 의하여 기재된 신청인에 대하여 사증 발급이 허가되었으며 해당 사증이 유효함을 확인합니다.

Minister of Justice, Republic of Korea
대한민국 법무부 장관

< NOTE 주의사항 >

1. 이 사증발급확인서는 신청인에 대하여 대한민국 사증이 유효하게 발급되었음을 증명하는 서류입니다. 이 확인서를 소지한 사람은, 본 서류에 사진이 인쇄되지 않았더라도, 대한민국 사증발급 여부를 확인받기 위한 공식 증명으로 활용할 수 있습니다. 본 서류의 유효성은 인터넷 비자포털(www.visa.go.kr)에서 확인할 수 있습니다.
This document is a proof that a valid visa of the Republic of Korea (ROK) has been issued to the above applicant. The holder of this document may use it as an official proof to verify the issuance of the ROK visa, even without a photo on it. The validity of this document can be verified on the KOREA VISA PORTAL web-site (www.visa.go.kr).

2. 이 확인서를 소지한 신청인은 위에 기재된 사증 유효기간 이전에 출입국관리공무원의 입국심사를 받은 후 대한민국에 입국하여 기재된 체류기간 동안 체류할 수 있습니다. 다만, 사증을 발급받았더라도 입국심사 과정에서 출입국관리법에 따라 대한민국 입국이 불허될 수 있으며, 체류기간이 변경될 수 있습니다.
The holder of this document may enter the ROK within the **Validity period of Visa** stipulated above after going through immigration inspection by Korean Immigration authorities, and may stay during the **Period of Stay**. Nevertheless, a visa holder may be denied entry into the ROK in the process of immigration inspection, and the Period of Stay can be changed by immigration authorities in accordance with the Immigration Act.

3. 본 서류를 위변조하거나, 허위의 사실을 제시하여 본 서류를 발급받은 경우 대한민국 관계법령에 의거하여 처벌받을 수 있으며, 향후 입국이 제한될 수 있습니다.
Forging or falsifying of this document, or stating false information to obtain this document is strictly prohibited and may result in punishment and entry denial under the relevant laws and regulations of the ROK.

4. 확인서에 기재된 여권의 정보(여권번호, 유효기간 등)가 변경되는 경우, 재외공관에 방문하여 여권 변경 사항을 신고하고 사증을 재발급 받아야 합니다.
In case the passport information (Passport Number, Date of Expiry, etc.) indicated in this document changes, applicants are required to visit Consular Offices of the ROK to report the changes and have a visa re-issued.

5. 이 확인서에 기재된 여권 정보와 소지한 여권의 정보가 다른 경우 대한민국 입국이 제한될 수 있습니다.
Entry may be denied should the passport information on this document differ from that shown on the applicant's passport.

---

57) "법무부(장관 : 추미애)는 비자전산시스템 고도화에 발맞추어, 외교부와 협업하여 외국인의 여권에 부착하는 비자스티커를 2020년 2월 24일부터 단계적으로 폐지하고, 비자발급확인서를 발급할 예정입니다.", 법무부 보도자료(2020. 2. 21.) 첨부 샘플.

(2) 비자의 종류와 유효기간[58]

비자의 종류는 입국 가능 횟수[59]에 따라 단수비자(Single), 더블비자(Double), 복수비자(Multiple) 3종류로 나뉜다. 단수비자는 유효기간 내에 1회에 한하여 입국할 수 있고, 더블비자는 유효기간(6개월) 내에 2회 입국할 수 있으며, 복수비자는 유효기간(1년, 3년, 5년) 내에 제한없이 입국할 수 있다.

(3) 사증 없이 입국할 수 있는 경우

1) 무사증 입국제도의 의미

국가 간 이동을 위해서는 원칙적으로 사증을 소지할 의무가 있는데, 이러한 사증을 발급받기 위해서는 상대국의 대사관이나 영사관을 방문하여 방문국가가 요청하는 서류를 제출하고 사증수수료를 지불해야 하며, 경우에 따라서는 영사인터뷰를 거치기도 한다.[60] 사증면제제도(무사증 입국제도)란 이러한 입국 허가의 번거로움을 없애기 위하여 국가 간 협정이나 일방 또는 상호 조치에 의하여 사증 없이 상대국에 입국할 수 있는 제도를 의미한다.[61] 출입국관리행정의 의미에서 볼 때, 외국인이 대한민국으로 입국할 때 거쳐야 하는 입국심사는 여권심사, 사증심사, 동일인심사, 서류심사, 면접심사 등이 있는데, 이 중에 '사증심사'가 생략된 형태라고 볼 수 있다.[62]

---

58) 법무부, 대한민국 비자포털, 비자안내, 입국 및 체류, 접속일: 2024. 6. 21, https://www.visa.go.kr/openPage.do?MENU_ID=10107

59) 출입국관리법 시행규칙 [별지 제18호의2서식] 〈개정 2023. 12. 14..〉은 '사증 종류'를 영문으로 'Number of Entries'로 표기하고 있고, '체류자격'을 영문으로 'Status of Stay'로 표기하고 있다. 사증 종류(Number of Entries)는 입국 가능 횟수에 따른 구분한 것이고, 체류자격(Status of Stay)은 대한민국에 머물면서 일정한 활동을 할 수 있는 법적 지위를 유형화한 것이다. 따라서 '사증 종류'와 '체류자격'은 서로 다른 개념이다. 그러나 실무에서는 '사증(비자) 종류'와 '체류 자격'을 같은 의미로 사용하는 경우가 많다. 위 대한민국 비자포털도 '입국목적별 비자 종류'라는 메뉴에서 '체류 자격'에 대해 설명하고 있다. 본 책에서는 특별한 언급이 없는 한 '비자 종류'를 '체류자격 종류'와 동일한 의미로 사용하고자 한다. '체류자격'의 정확한 의미에 대해서는 후술한다.

60) 유민이 외, 「무사증 입국제도의 현황과 개선방안」, 이민정책연구원, 2019, 10면 참조.

61) 외교부, 영사협정/사증(비자)〉영사협정〉사증면제, 접속일: 2024. 6. 21., https://www.0404.go.kr/consulate/visa.jsp

62) 유민이 외, 「무사증 입국제도의 현황과 개선방안」, 이민정책연구원, 2019, 10면-11면.

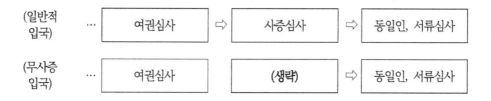

〈출입국행정에서 무사증 입국제도의 의미〉

| (일반적 입국) | ... | 여권심사 | ⇨ | 사증심사 | ⇨ | 동일인, 서류심사 |
| (무사증 입국) | ... | 여권심사 | | (생략) | ⇨ | 동일인, 서류심사 |

출처: 유민이 외, 「무사증 입국제도의 현황과 개선방안」, 이민정책연구원, (2019), 11면.

무사증 입국제도를 운영하는 이유는 국경관리에 대한 우려와 체류관리 비용을 지불하고서라도 관광, 방문 등 단기간 입국하려는 외국인에게 사증발급에 드는 비용과 시간을 절감해줌으로써 입국문호를 더욱 개방하고, 이를 통하여 교역 확대, 관광산업 육성, 문화 확산 등 결과적으로 국가와 국민에게 이익이 되기 때문이다.63)

2) 무사증 입국제도의 유형64)65)

---

63) "국가는 자기의 영토를 안전하게 보전하고 안전을 보장하기 위해서 국경을 통과하는 모든 외국인들에 대해서 국경관리 차원에서 사전에 위험요소에 대한 검증, 즉 사증을 발급하는 과정에서 해당 외국인이 국민의 안전과 국가이익에 위해가 될 수 있는지 여부를 판단한다. 따라서 국경관리에 관한 일반법인 출입국관리법에는 대한민국에 입국하거나 대한민국에서 출국하는 모든 국민 및 외국인의 출입국관리를 통한 안전한 국경관리를 위하여 외국인이 입국할 때에는 유효한 여권과 법무부장관이 발급한 사증(査證)을 가지고 있어야 한다고 규정하고 있다. 그럼에도 불구하고 출입국관리법 제7조제2항에는 사증 없이 입국할 수 있는 '무사증 입국제도'를 규정하고 있다." 유민이 외, 「무사증 입국제도의 현황과 개선방안」, 이민정책연구원, 2019, 11면.

64) 유민이 외, 「무사증 입국제도의 현황과 개선방안」, 이민정책연구원, 2019, 14면 참조.

65) "외국인 입국 규제 강화를 통해 코로나 19 역유입 · 확산 방지 도모하려는 목적으로 사증면제협정 및무사증입국 잠정 정지 조치가 2020. 4. 13. 0시부터부터 시행되었음. 우리 국민에 대하여 입국금지 조치를 취한 국가/지역에 대해서는 상호주의 차원에서 사증면제 · 무사증 입국이 제한됨. 대한민국 국민에 대하여 입국금지 조치를 취한 국가/지역(148개) 중, 우리나라와 사증면제협정을 체결하였거나 우리 정부가 무사증입국을 허용한 국가/지역(90개)에 대한 사증면제 조치를 잠정적으로 정지함. 사증면제협정 · 무사증입국 잠정 정지 대상: 90개 국가/지역(협정 체결 56개, 무사증입국 허용: 34개) (※ 일본은 2020. 3. 9. 부 입국제한조치 이미 시행 중)(2020. 4. 8. 기준, 세부사항 붙임 참조). 이에 따라, 2020.4.13.(월) 이후 관광 등 단기체류 목적으로 상기 국가를 방문하길 희망하는 우리 국민은 출국 전 해당국 사증(Visa)을 취득하여야 하며, 사증면제협정 정지는 상호 효력이 발생하기 때문에 상대국 국민의 우리나라 입국 시 우리나라 사증이 필요할 뿐만 아니라 우리 국민의 상대국 입국 시에도 상대국의 사증 필요함." 법무부 보도자료, 단기사증 효력정지 · 사증면제협정 및 무사증입국 잠정 정지 조치 시행, 2020. 4. 9.

무사증 입국제도는 출입국관리법 제7조 제2항을 근거로 한다. 무사증 입국허가는 i) 재입국허가자 또는 재입국허가 면제자로서 그 허가 또는 면제 기간이 끝나기 전에 입국하는 경우(재입국허가자 또는 재입국허가 면제자는 '등록외국인으로 체류기간 범위 내에서 출국 후 1년 내 재입국하고자 하는 경우'로서, 이 경우에는 재입국허가를 받지 않아도 된다.[66]), ii) 사증면제협정에 따라 면제대상이 되는 경우[67], iii) 국제친선, 관광 등을 위하여 대통령령으로 지정하는 경우[68], iv) 난민여행증명서를 발급받고 출국한 후 그 유효기간

---

[66] "재입국허가가 면제되는 경우를 구체적으로 보면 첫째, 등록외국인으로 체류기간 범위 내에서 출국 후 1년 내 재입국하고자 하는 경우(입국금지자 또는 사증발급규제자 제외), 둘째 수리남, 네덜란드, 노르웨이, 덴마크, 독일, 룩셈부르크, 벨기에, 스웨덴, 스위스, 리히텐슈타인, 프랑스, 핀란드 국민 및 칠레국민 중 주재(D-7), 기업투자(D-8), 무역경영(D-9)자는 체류기간 범위 내에서 재입국허가를 받지 않아도 된다. 셋째, 영주(F-5)자격 소지자의 경우 그자격이 유지되는 범위 내에서 출국 후 2년 이내 재입국하고자 하는 경우 재입 국허가를 받지 않아도 된다. 마지막으로 재외동포(F-4)의 경우 체류기간의 범위 내에서는 재입국허가를 받지 않아도 된다. 여기에 해당되는 경우에는 재입국시 별도의 사증없이 입국할 수 있다." 유민이 외, 「무사증 입국제도의 현황과 개선방안」, 이민정책연구원, 2019, 16면.

[67] 사증면제협정을 통한 무사증 입국제도는 취업·거주·유학 등의 특정 장기 체류자격의 활동목적으로 입국하는 것이 아니라 관광 또는 방문 등 단기체류 자격의 목적으로 입국하는 경우 사증없이 입국을 허용하는 제도로서, 일반여권 또는 여행증명서 소지자의 상대국 방문 시 일정기간 입국·체류·출국을 할수 있다. 비자면제협정을 체결한 국가는 2022. 9. 22. 기준으로 112개국(외교여권 기준)이다.

사증(비자)면제협정 체결국가 일람표(2022.9.22. 현재)

외교여권	관용여권	일반여권	선원수첩
112 / 111	110 / 109	70 / 67	21 / 19
* 발효 대기 포함 (에티오피아 '19.8.26 서명)	* 발효 대기 포함 (에티오피아 '19.8.26 서명)	* 일시정지 포함 (방글라데시, 파키스탄, 리아베리아)	* 일시정지 포함 (방글라데시, 라이베리아)

출처 : 하이코리아, 사증면제협정체결국가.
https://www.hikorea.go.kr/info/InfoDatail.pt?CAT_SEQ=161&PARENT_ID=135
접속일: 2024. 6. 21.

[68] 하이코리아(https://www.hikorea.go.kr/info/InfoDatail.pt?CAT_SEQ=161&PARENT_ID=135)(접속일:2024.7.17.)
- 외교, 관용, 일반여권 소지자 무사증 입국허가 대상국가·지역(2023.1.2.기준)

대륙구분	국가 및 체류지역(체류기간)
아시아	일본(90), 홍콩(90), 마카오(90), 타이완(90), 쿠웨이트(90), 브루나이(30), 사우디아라비아(30), 오만(30), 바레인(30)[9개국]
북아메리카	미국(90), 캐나다(6개월)[2개국]
남아메리카	아르헨티나(90), 온두라스(30), 파라과이(30), 에콰도르(90일), 가이아나(30)[5개국]
유럽	안도라(30), 모나코(30), 산마리노(30), 사이프러스(30), 알바니아(30), 크로아티아(90), 슬로베니아(90), 바티칸(30), 보스니아·헤르체고비나(30), 세르비아(90), 몬테네그로(30)[11개국]

내 입국하는 경우 등 4가지 유형으로 나뉜다.

오세아니아	호주(90), 괌(30), 피지(30), 나우라(30), 팔라우(30), 키리바시(30), 마샬제도(30), 솔로몬제도(30), 미크로네시아(30), 뉴칼레도니아(30), 사모아(30), 투발루(30), 통가(30) 〖13개국〗

-외교,관용여권 소지자 무사증 입국허가 대상국가(1개국)(2023.1.2.기준)

대륙구분	국 가 명
아시아	레바논

III. 외국인의 체류자격

1. 체류자격의 의미

대한민국에 입국하여 대한민국 영역 내에서 영구적 거주 또는 일시적 거주를 하는 것을 체류라고 한다. 외국인의 '체류'는 대한민국 영역 내에서 외국인의 영구적 거주(permanent residence)와 일시적 거주(temporary residence)를 포괄하는 개념으로 일시적 거주에는 장기 체류 및 단기 체류가 포함된다.[69] '체류자격'이란 체류와 활동의 두 가지 요소를 결합하여 만들어진 개념으로 대한민국에 체류하고 있는 외국인의 일정 범위 내에서의 활동을 규율하고 있는 출입국관리법 상의 자격을 말한다.[70] 법원은 체류자격을 "외국인이 국내에서 머물면서 일정한 활동을 할 수 있는 법적 지위를 유형화한 것으로, 그에 따라 일정한 권리를 부여받고 의무를 부담하는 출입국관리법에서 정한 자격"이라고 규정하고 있다(서울행정법원 2016. 9. 30. 선고 2015구합77189 판결).

대한민국에 체류하는 외국인은 그 체류자격에 해당하는 활동만을 할 수 있으며 그 활동을 변경하려고 하는 경우에는 체류자격 변경허가를 받아야 하고, 당해 활동을 하면서 다른 취업활동 또는 사업 활동을 하려고 하는 경우에는 체류자격외 활동허가를 받아야 한다. 이러한 허가를 받지 않고 다른 체류자격의 활동을 하거나 다른 체류자격의 활동을 병행하는 경우 해당 외국인은 강제퇴거 및 처벌의 대상이 된다.[71]

2. 체류 외국인 수 통계

2023년 말 기준 국내 체류외국인은 2,507,584명으로 2022년 대비 11.7%(261,672명) 증가하였고, 코로나19 발생 이전인 2019년(2,524,656명)과 비슷한 수준으로 회복하였다. 장기 체류외국인과 단기 체류외국인은 각각 1,881,921명과 625,663명으로 전년대비

---

69) 법무부 출입국·외국인정책본부, 「2011년 개정판 출입국관리법 해설」, 2011.01., 6면.
70) 법무부 출입국·외국인정책본부, 「2011년 개정판 출입국관리법 해설」, 2011.01., 86면.
71) 법무부 출입국·외국인정책본부, 「2011년 개정판 출입국관리법 해설」, 2011.01., 86면-87면 참조.

각각 11.4%, 12.3% 증가하였다. 전체 인구 대비 체류외국인 비율은 코로나19 영향으로 2020년과 2021년에 감소하였으나 2023년에는 4.89%로 다시 상승하였다.[72]

| 표 2-1 | 인구대비 체류외국인 현황 (단위 : 명)

구분＼연도	2019년	2020년	2021년	2022년	2023년
체류외국인	2,524,656	2,036,075	1,956,781	2,245,912	2,507,584
인 구	51,849,861	51,829,023	51,638,809	51,439,038	51,325,329
인구대비 체류외국인비율	4.87%	3.93%	3.79%	4.37%	4.89%

※ 인구는 통계청(KOSIS)의 "주민등록인구현황" 자료를 인용하였음.

| 표 2-2 | 장단기 체류외국인 현황 (단위 : 명)

구분＼연도	2019년	2020년	2021년	2022년	2023년
계	2,524,656	2,036,075	1,956,781	2,245,912	2,507,584
(전년대비)	(106.6%)	(80.6%)	(96.1%)	(114.8%)	(111.7%)
장기	1,731,803	1,610,323	1,569,836	1,688,855	1,881,921
단기	792,853	425,752	386,945	557,057	625,663

※ 장기체류외국인 수 : 등록외국인 수 + 외국국적동포 거소신고자 수

출처: 법무부 출입국.외국인정책본부, 2023 출입국.외국인정책 통계연보, 2024.6., 42면.

---

72) 법무부 출입국.외국인정책본부, 「2023 출입국 · 외국인정책 통계연보」, 2024.6, 42면.

3. 체류자격의 구분

(1) 체류기간에 따른 구분

외국인의 체류자격은 체류기간에 따라 '장기'[90일 초과 체류], '단기'[90일 이하 체류], '영주'[영구 체류]로 구분할 수 있다. 출입국관리법은 체류자격을 체류기간이 제한되는 일반체류자격과 영주할 수 있는 영주자격으로 대분류한 후, 일반체류자격을 관광, 방문 등의 목적으로 90일 이하의 기간 동안 머물 수 있는 단기체류자격과 유학, 연수, 투자 등의 목적으로 90일을 초과하여 거주할 수 있는 장기체류자격으로 구분하고 있다(출입국관리법 제10조, 제10조의2).

(2) 체류자격 기호에 따른 구분

출입국관리법 시행령 별표 1(단기체류자격)과 별표 1의2(장기체류자격), 별표 2(영주자격에 부합하는 사람)는 체류자격들을 기호로 구분하여 나열하고 있다. 각 체류자격에 알파벳과 숫자를 조합하여 기호를 부여하고 있으며, 그렇게 구분된 체류자격의 수는 총 37개이다. 'A' 사증의 실무상 명칭은 '공무사증', 'B' 사증은 '무사증', 'C' 사증은 단기사증, 'D' 사증은 '일반사증', 'E' 사증은 '취업사증', 'F' 사증은 '장기사증', 'G' 사증은 기타사증, 'H' 사증은 '취업사증'이라고 불린다.

체류자격 기호에 따른 구분

기호	구분	실무상 명칭	기호	구분	실무상 명칭
A	외교 · 공무 · 미군	공무사증	E	전문직 · 비전문직	취업사증
B	사증면제 · 무사증	무사증	F	거주 · 영주 · 동반자	장기사증
C	단기 방문 등	단기사증	G	기타 비자	기타
D	유학 · 투자 · 구직	일반사증	H	방문취업 · 관광취업	취업사증

위의 〈체류자격 기호에 따른 구분〉을 조금 더 상세하게 설명하면 아래73)와 같다.

A계열: 외교, 공무, 국가 간 협정에 따라 체류하는 사람

비 자	발급 대상	체류기간의 상한
A-1 (외교)	외국 정부의 외교사절단 또는 영사기관의 구성원과 그 가족	재임기간
A-2 (공무)	외국 정부 또는 국제기구의 공무 수행자와 그 가족	공무수행기간
A-3 (협정)	SOFA 협정에 따른 주한미군, 군속, 초청계약자 및 그 가족	신분존속기간

B계열: 사증면제협정, 상호주의 등에 따라 입국이 허용된 사람

비 자	발급 대상	체류기간의 상한
B-1 (사증면제)	대한민국과 사증면제협정을 체결한 국가의 국민	3개월
B-2 (관광 · 통과)	관광 · 통과 등의 목적으로 사증 없이 입국하는 사람 (법무부 장관이 그 대상을 정함)	

C계열: 90일 이내 일시 체류목적으로 입국하는 사람

비 자	발급 대상	체류기간의 상한
C-1 (일시취재)	일시적인 취재 또는 보도활동을 하는 사람	90일
C-3 (단기방문)	관광, 상용, 방문 등의 목적으로 단기간 체류하는 사람	
C-4 (단기취업)	단기간 취업 · 영리활동을 하는 사람	

---

73) 법무부 · 행정안전부, 「지방자치단체 공무원을 위한 외국인 업무 지침서」, 2024. 1, 55면 - 57면 참조.

D계열: 교육, 문화, 투자 관련 활동을 위해 체류하는 사람

비자	발급 대상	체류기간의 상한
D-1 (문화예술)	수익을 목적으로 하지 않는 문화·예술 활동을 하는 사람	2년
D-2 (유학)	전문대학 이상의 교육기관 등에서 정규 교육을 받는 사람	2년
D-3 (기술연수)	국내 산업체에서 연수를 받으려는 해외 법인 생산직 근로자	2년
D-4 (일반연수)	대학부설 어학원, 사설 교육기관 등에서 연수를 받는 사람	2년
D-5 (취재)	국내에 주재하면서 취재 또는 보도활동을 하는 사람	2년
D-6 (종교)	외국의 종교단체 등에서 파견되어 종교 활동을 하는 사람	2년
D-7 (주재)	외국 기업 등으로부터 국내 지점 등에 파견된 필수 인력	3년
D-8 (기업투자)	「외국인투자촉진법」에 따른 외투기업의 필수전문인력 및 벤처 기업·기술창업자	5년
D-9 (무역경영)	회사 설립 및 경영, 무역 또는 수입기계 등의 설치·산업설비 제작 등을 위해 파견되어 근무하는 사람	2년
D-10 (구직)	취업을 위한 구직활동, 기술창업 준비 또는 요건을 갖춘 기업에서 첨단기술 분야 인턴활동을 하는 사람	6개월

E계열 : 전문분야, 비전문분야 활동을 위해 체류하는 사람

비자	발급 대상	체류기간의 상한
E-1 (교수)	전문대학 이상의 교육기관 등에서 교육 등에 근무하는 사람	5년
E-2 (회화지도)	외국어전문학원 등에서 회화지도에 근무하는 사람	2년
E-3 (연구)	자연과학 또는 산업상 고도기술 분야의 연구원	5년
E-4 (기술지도)	산업상 특수한 분야 등에 속하는 기술을 보유한 사람	5년
E-5 (전문직업)	법률, 회계, 의료 등 전문 분야에 근무하는 사람	5년

E-6 (예술흥행)	수익을 목적으로 예술활동, 연예, 운동경기 등 활동을 하는 사람	2년
E-7 (특정활동)	특정 분야에서 전문, 준전문, 일반기능, 숙련기능인력으로 근무하는 사람	3년
E-8 (계절근로)	농작물 재배 · 수확, 수산물 원시가공 분야에서 근무하는 사람	5개월
E-9 (비전문취업)	「외국인근로자의 고용 등에 관한 법률」에 따라 16개 송출국가 국민으로서 제조업 등 단순노무 분야에서 근무하는 사람	3년
E-10 (선원취업)	선원근로계약을 체결하여 내항선원 등으로 근무하는 사람	3년
H-2 (방문취업)	18세 이상 7개 국적의 동포로서 모국 방문 또는 취업하려는 사람 (중국, 우즈베키스탄, 키르기즈, 카자흐스탄, 우크라이나, 타지키스탄, 투르크메니스탄)	3년

F계열 : 가족동반, 거주, 동포, 영주, 결혼이민 자격으로 체류하는 사람

비 자	발급 대상	체류기간의 상한
F-1 (방문동거)	친척방문, 가족 동거 등의 목적으로 체류하는 사람	2년
F-2 (거주)	생활근거가 국내에 있는 장기체류자, 난민인정자 또는 일정요건을 갖춘 투자자	5년
F-3 (동반)	문화예술(D-1)부터 특정활동(E-7) 자격자의 배우자 또는 미성년자녀	동반기간
F-4 (재외동포)	「재외동포의 출입국과 법적 지위에 관한 법률」 제2조 2호에 해당하는 외국국적동포	3년
F-5 (영주)	국내 영주할 목적으로 체류 중인 사람으로 국민에 준하는 대우를 받음	영구
F-6 (결혼이민)	국민과 혼인한 사람	3년

G계열 : 인도적 사유 등으로 체류하는 사람

비 자	발급 대상	체류기간의 상한
G-1 (기타)	산재 · 질병치료, 난민신청자 등 인도적 고려가 필요한 사람	1년

H계열 : 협정에 의한 취업

비 자	발급 대상	체류기간의 상한
H-1 (관광취업)	관광취업(working holiday) 협정 등이 체결된 국가의 국민	협정상 기간

출입국관리법 시행령은 체류자격을 '단기체류자격', '장기체류자격', '영주자격' 3가지로 분류하며, 그 내용은 아래와 같다.

■ 출입국관리법 시행령 [별표 1] 〈개정 2019. 6. 11.〉

단기체류자격(제12조 관련)

체류자격 (기호)	체류자격에 해당하는 사람 또는 활동범위
1. 사증면제 (B-1)	대한민국과 사증면제협정을 체결한 국가의 국민으로서 그 협정에 따른 활동을 하려는 사람
2. 관광·통과 (B-2)	관광·통과 등의 목적으로 대한민국에 사증 없이 입국하려는 사람
3. 일시취재 (C-1)	일시적인 취재 또는 보도활동을 하려는 사람
4. 단기방문 (C-3)	시장조사, 업무 연락, 상담, 계약 등의 상용(商用)활동과 관광, 통과, 요양, 친지방문, 친선경기, 각종 행사나 회의 참가 또는 참관, 문화예술, 일반연수, 강습, 종교의식 참석, 학술자료 수집, 그 밖에 이와 유사한 목적으로 90일을 넘지 않는 기간 동안 체류하려는 사람(영리를 목적으로 하는 사람은 제외한다)
5. 단기취업 (C-4)	가. 일시 흥행, 광고·패션 모델, 강의·강연, 연구, 기술지도 등 별표 1의2 중 14. 교수(E-1)부터 20. 특정활동(E-7)까지의 체류자격에 해당하는 분야에 수익을 목적으로 단기간 취업활동을 하려는 사람 나. 각종 용역계약 등에 의하여 기계류 등의 설치·유지·보수, 조선 및 산업설비 제작·감독 등을 목적으로 국내 공공기관·민간단체에 파견되어 단기간 영리활동을 하려는 사람 다. 법무부장관이 관계 중앙행정기관의 장과 협의하여 정하는 농작물 재배·수확(재배·수확과 연계된 원시가공 분야를 포함한다) 및 수산물 원시가공 분야에서 단기간 취업 활동을 하려는 사람으로서 법무부장관이 인정하는 사람

■ 출입국관리법 시행령 [별표 1의2] 〈개정 2024. 7. 2.〉

장기체류자격(제12조 관련)

체류자격 (기호)	체류자격에 해당하는 사람 또는 활동범위
1. 외교 (A-1)	대한민국정부가 접수한 외국정부의 외교사절단이나 영사기관의 구성원, 조약 또는 국제관행에 따라 외교사절과 동등한 특권과 면제를 받는 사람과 그 가족
2. 공무 (A-2)	대한민국정부가 승인한 외국정부 또는 국제기구의 공무를 수행하는 사람과 그 가족
3. 협정 (A-3)	대한민국정부와의 협정에 따라 외국인등록이 면제되거나 면제할 필요가 있다고 인정되는 사람과 그 가족
4. 문화예술 (D-1)	수익을 목적으로 하지 않는 문화 또는 예술 관련 활동을 하려는 사람(대한민국의 전통문화 또는 예술에 대하여 전문적인 연구를 하거나 전문가의 지도를 받으려는 사람을 포함한다)
5. 유학 (D-2)	전문대학 이상의 교육기관 또는 학술연구기관에서 정규과정의 교육을 받거나 특정 연구를 하려는 사람
6. 기술연수 (D-3)	법무부장관이 정하는 연수조건을 갖춘 사람으로서 국내의 산업체에서 연수를 받으려는 사람
7. 일반연수 (D-4)	법무부장관이 정하는 요건을 갖춘 교육기관이나 기업체, 단체 등에서 교육 또는 연수를 받거나 연구활동에 종사하려는 사람[연수기관으로부터 체재비를 초과하는 보수(報酬)를 받거나 유학(D-2)·기술연수(D-3) 체류자격에 해당하는 사람은 제외한다]
8. 취재 (D-5)	외국의 신문사, 방송사, 잡지사 또는 그 밖의 보도기관으로부터 파견되거나 외국 보도기관과의 계약에 따라 국내에 주재하면서 취재 또는 보도활동을 하려는 사람
9. 종교 (D-6)	가. 외국의 종교단체 또는 사회복지단체로부터 파견되어 대한민국에 있는 지부 또는 유관 종교단체에서 종교활동을 하려는 사람 나. 대한민국 내의 종교단체 또는 사회복지단체의 초청을 받아 사회복지활동을 하려는 사람 다. 그 밖에 법무부장관이 인정하는 종교활동 또는 사회복지활동에 종사하려는 사람
10. 주재 (D-7)	가. 외국의 공공기관·단체 또는 회사의 본사, 지사, 그 밖의 사업소 등에서 1년 이상 근무한 사람으로서 대한민국에 있는 그 계열회사, 자회사, 지점 또는 사무소 등에 필수 전문인력으로 파견되어 근무하려는 사람[기업투자(D-8) 체류자격에 해당하는 사람은 제외하며, 국가기간산업 또는 국책사업에 종사하려는 경우나 그 밖에 법무부장관이 필요하다고 인정하는 경우에는 1년 이상의 근무요건을 적용하지 않는다] 나. 「자본시장과 금융투자업에 관한 법률」 제9조제15항제1호에 따른 상장법인 또는 「공공기관의 운영에 관한 법률」 제4조제1항에 따른 공공기관이 설립한 해외 현지법

	인이나 해외지점에서 1년 이상 근무한 사람으로서 대한민국에 있는 그 본사나 본점에 파견되어 전문적인 지식·기술 또는 기능을 제공하거나 전수받으려는 사람(상장법인의 해외 현지법인이나 해외지점 중 본사의 투자금액이 미화 50만 달러 미만인 경우는 제외한다)
11. 기업투자 (D-8)	가. 「외국인투자 촉진법」에 따른 외국인투자기업의 경영·관리 또는 생산·기술 분야에 종사하려는 필수전문인력으로서 법무부장관이 인정하는 사람[외국인이 경영하는 기업(법인은 제외한다)에 투자한 사람 및 국내에서 채용된 사람은 제외한다] 나. 지식재산권을 보유하는 등 우수한 기술력으로 「벤처기업육성에 관한 특별법」 제2조의2제1항제2호다목에 따른 벤처기업을 설립한 사람 중 같은 법 제25조에 따라 벤처기업 확인을 받은 사람 또는 이에 준하는 사람으로서 법무부장관이 인정하는 사람 다. 다음의 어느 하나에 해당하는 사람으로서 지식재산권을 보유하거나 이에 준하는 기술력 등을 가진 사람 중 법무부장관이 인정한 법인 창업자 　1) 국내에서 전문학사 이상의 학위를 취득한 사람 　2) 외국에서 학사 이상의 학위를 취득한 사람 　3) 관계 중앙행정기관의 장이 지식재산권 보유 등 우수한 기술력을 보유한 사람으로 인정하여 추천한 사람
12. 무역경영 (D-9)	대한민국에 회사를 설립하여 경영하거나 무역, 그 밖의 영리사업을 위한 활동을 하려는 사람으로서 필수 전문인력에 해당하는 사람[수입기계 등의 설치, 보수, 조선 및 산업설비 제작·감독 등을 위하여 대한민국 내의 공공기관·민간단체에 파견되어 근무하려는 사람을 포함하되, 국내에서 채용하는 사람과 기업투자(D-8) 체류자격에 해당하는 사람은 제외한다]
13. 구직 (D-10)	가. 교수(E-1)부터 특정활동(E-7)까지의 체류자격[예술흥행(E-6) 체류자격 중 법무부장관이 정하는 공연업소의 종사자는 제외한다]에 해당하는 분야에 취업하기 위하여 연수나 구직활동 등을 하려는 사람으로서 법무부장관이 인정하는 사람 나. 기업투자(D-8) 다목에 해당하는 법인의 창업 준비 등을 하려는 사람으로서 법무부장관이 인정하는 사람
14. 교수 (E-1)	「고등교육법」 제14조제1항·제2항 또는 제17조에 따른 자격요건을 갖춘 외국인으로서 전문대학 이상의 교육기관이나 이에 준하는 기관에서 전문 분야의 교육 또는 연구·지도 활동에 종사하려는 사람
15. 회화지도 (E-2)	법무부장관이 정하는 자격요건을 갖춘 외국인으로서 외국어전문학원, 초등학교 이상의 교육기관 및 부설어학연구소, 방송사 및 기업체 부설 어학연수원, 그 밖에 이에 준하는 기관 또는 단체에서 외국어 회화지도에 종사하려는 사람
16. 연구 (E-3)	대한민국 내 공공기관·민간단체으로부터 초청을 받아 각종 연구소에서 자연과학 분야의 연구, 사회과학·인문학·예체능 분야의 연구 또는 산업상 고도기술의 연구·개발에 종사하려는 사람[교수(E-1) 체류자격에 해당하는 사람은 제외한다]
17. 기술지도 (E-4)	자연과학 분야의 전문지식 또는 산업상 특수한 분야에 속하는 기술을 제공하기 위하여 대한민국 내 공공기관·민간단체로부터 초청을 받아 종사하려는 사람
18. 전문직업	대한민국 법률에 따라 자격이 인정된 외국의 변호사, 공인회계사, 의사, 그 밖에 국가공

(E-5)	인 자격이 있는 사람으로서 대한민국 법률에 따라 할 수 있도록 되어 있는 법률, 회계, 의료 등의 전문업무에 종사하려는 사람[교수(E-1) 체류자격에 해당하는 사람은 제외한다]
19. 예술흥행 (E-6)	수익이 따르는 음악, 미술, 문학 등의 예술활동과 수익을 목적으로 하는 연예, 연주, 연극, 운동경기, 광고·패션 모델, 그 밖에 이에 준하는 활동을 하려는 사람
20. 특정활동 (E-7)	대한민국 내의 공공기관·민간단체 등과의 계약에 따라 법무부장관이 특별히 지정하는 활동에 종사하려는 사람
20의2. 계절근로 (E-8)	법무부장관이 관계 중앙행정기관의 장과 협의하여 정하는 농작물 재배·수확(재배·수확과 연계된 원시가공 분야를 포함한다) 및 수산물 원시가공 분야에서 취업 활동을 하려는 사람으로서 법무부장관이 인정하는 사람
21. 비전문취업 (E-9)	「외국인근로자의 고용 등에 관한 법률」에 따른 국내 취업요건을 갖춘 사람(일정 자격이나 경력 등이 필요한 전문직종에 종사하려는 사람은 제외한다)
22. 선원취업 (E-10)	다음 각 목에 해당하는 사람과 그 사업체에서 6개월 이상 노무를 제공할 것을 조건으로 선원근로계약을 체결한 외국인으로서 「선원법」 제2조제6호에 따른 부원(部員)에 해당하는 사람 가. 「해운법」 제3조제1호·제2호·제5호 또는 제23조제1호에 따른 사업을 경영하는 사람 나. 「수산업법」 제7조제1항제1호, 제40조제1항 또는 제51조제1항에 따른 사업을 경영하는 사람 다. 「크루즈산업의 육성 및 지원에 관한 법률」 제2조제7호에 따른 국적 크루즈사업자로서 같은 조 제4호에 따른 국제순항 크루즈선을 이용하여 사업을 경영하는 사람
23. 방문동거 (F-1)	가. 친척 방문, 가족 동거, 피부양(被扶養), 가사정리, 그 밖에 이와 유사한 목적으로 체류하려는 사람으로서 법무부장관이 인정하는 사람 나. 다음의 어느 하나에 해당하는 사람의 가사보조인 　1) 외교(A-1), 공무(A-2) 체류자격에 해당하는 사람 　2) 미화 50만 달러 이상을 투자한 외국투자가(법인인 경우 그 임직원을 포함한다)로서 기업투자(D-8), 거주(F-2), 영주(F-5), 결혼이민(F-6) 체류자격에 해당하는 사람 　3) 인공지능(AI), 정보기술(IT), 전자상거래 등 기업정보화(e-business), 생물산업(BT), 나노기술(NT) 분야 등 법무부장관이 정하는 첨단·정보기술 업체에 투자한 외국투자가(법인인 경우 그 임직원을 포함한다)로서 기업투자(D-8), 거주(F-2), 영주(F-5), 결혼이민(F-6) 체류자격에 해당하는 사람 　4) 취재(D-5), 주재(D-7), 무역경영(D-9), 교수(E-1)부터 특정활동(E-7)까지의 체류자격에 해당하거나 그 체류자격에서 거주(F-2) 바목 또는 별표 1의3 영주(F-5) 제1호의 체류자격으로 변경한 전문인력으로서 법무부장관이 인정하는 사람 다. 외교(A-1)부터 협정(A-3)까지의 체류자격에 해당하는 사람의 동일한 세대에 속하지 않는 동거인으로서 그 체류의 필요성을 법무부장관이 인정하는 사람 라. 그 밖에 부득이한 사유로 직업활동에 종사하지 않고 대한민국에 장기간 체류하여야 할 사정이 있다고 인정되는 사람

24. 거주 (F-2)	가. 국민의 미성년 외국인 자녀 또는 별표 1의3 영주(F-5) 체류자격을 가지고 있는 사람의 배우자 및 그의 미성년 자녀 나. 국민과 혼인관계(사실상의 혼인관계를 포함한다)에서 출생한 사람으로서 법무부장관이 인정하는 사람 다. 난민의 인정을 받은 사람 라. 「외국인투자 촉진법」에 따른 외국투자가 등으로 다음의 어느 하나에 해당하는 사람 　1) 미화 50만 달러 이상을 투자한 외국인으로서 기업투자(D-8) 체류자격으로 3년 이상 계속 체류하고 있는 사람 　2) 미화 50만 달러 이상을 투자한 외국법인이 「외국인투자 촉진법」에 따른 국내 외국인투자기업에 파견한 임직원으로서 3년 이상 계속 체류하고 있는 사람 　3) 미화 30만 달러 이상을 투자한 외국인으로서 2명 이상의 국민을 고용하고 있는 사람 마. 별표 1의3 영주(F-5) 체류자격을 상실한 사람 중 국내 생활관계의 권익보호 등을 고려하여 법무부장관이 국내에서 계속 체류하여야 할 필요가 있다고 인정하는 사람(강제퇴거된 사람은 제외한다) 바. 외교(A-1)부터 협정(A-3)까지의 체류자격 외의 체류자격으로 대한민국에 5년 이상 계속 체류하여 생활 근거지가 국내에 있는 사람으로서 법무부장관이 인정하는 사람 사. 삭제 〈2022. 12. 27.〉 아. 「국가공무원법」 또는 「지방공무원법」에 따라 공무원으로 임용된 사람으로서 법무부장관이 인정하는 사람 자. 나이, 학력, 소득 등이 법무부장관이 정하여 고시하는 기준에 해당하는 사람 차. 투자지역, 투자대상, 투자금액 등 법무부장관이 정하여 고시하는 기준에 따라 부동산 등 자산에 투자한 사람 또는 법인의 임원, 주주 등으로서 법무부장관이 인정하는 외국인. 이 경우 법인에 대해서는 법무부장관이 투자금액 등을 고려하여 체류자격 부여인원을 정한다. 카. 법무부장관이 대한민국에 특별한 기여를 했거나 공익의 증진에 이바지했다고 인정하는 사람 타. 자목부터 카목까지의 규정에 해당하는 사람의 배우자 및 자녀(법무부장관이 정하는 요건을 갖춘 자녀만 해당한다) 파. 「지방자치분권 및 지역균형발전에 관한 특별법」 제2조제12호에 따른 인구감소지역 등에서의 인력 수급과 지역 활력 회복을 지원하기 위하여 법무부장관이 대상 업종·지역, 해당 지역 거주·취업 여부 및 그 기간 등을 고려하여 고시하는 기준에 해당하는 사람
25. 동반 (F-3)	문화예술(D-1), 유학(D-2), 일반연수(D-4)부터 특정활동(E-7)까지, 거주(F-2), 재외동포(F-4) 및 방문취업(H-2)의 체류자격에 해당하는 사람의 배우자 및 미성년 자녀로서 배우자가 없는 사람. 다만, 거주(F-2)의 체류자격 중 타목의 체류자격에 해당하는 사람은 제외한다.
26. 재외동포 (F-4)	「재외동포의 출입국과 법적 지위에 관한 법률」 제2조제2호에 해당하는 사람
27. 결혼이민 (F-6)	가. 국민의 배우자 나. 국민과 혼인관계(사실상의 혼인관계를 포함한다)에서 출생한 자녀를 양육하고 있는 부 또는 모로서 법무부장관이 인정하는 사람

	다. 국민인 배우자와 혼인한 상태로 국내에 체류하던 중 그 배우자의 사망이나 실종, 그 밖에 자신에게 책임이 없는 사유로 정상적인 혼인관계를 유지할 수 없는 사람으로서 법무부장관이 인정하는 사람
28. 관광취업 (H-1)	대한민국과 "관광취업"에 관한 협정이나 양해각서 등을 체결한 국가의 국민으로서 협정 등의 내용에 따라 관광과 취업활동을 하려는 사람(협정 등의 취지에 반하는 업종이나 국내법에 따라 일정한 자격요건을 갖추어야 하는 직종에 취업하려는 사람은 제외한다)
29. 방문취업 (H-2)	가. 체류자격에 해당하는 사람: 「재외동포의 출입국과 법적 지위에 관한 법률」 제2조제2호에 따른 외국국적동포(이하 "외국국적동포"라 한다)에 해당하고, 다음의 어느 하나에 해당하는 18세 이상인 사람 중에서 나목의 활동범위 내에서 체류하려는 사람으로서 법무부장관이 인정하는 사람[재외동포(F-4) 체류자격에 해당하는 사람은 제외한다] 　　1) 출생 당시에 대한민국 국민이었던 사람으로서 가족관계등록부, 폐쇄등록부 또는 제적부에 등재되어 있는 사람 및 그 직계비속 　　2) 국내에 주소를 둔 대한민국 국민 또는 별표 1의3 영주(F-5) 제5호에 해당하는 사람의 8촌 이내의 혈족 또는 4촌 이내의 인척으로부터 초청을 받은 사람 　　3) 「국가유공자 등 예우 및 지원에 관한 법률」 제4조에 따른 국가유공자와 그 유족 등에 해당하거나 「독립유공자예우에 관한 법률」 제4조에 따른 독립유공자와 그 유족 또는 그 가족에 해당하는 사람 　　4) 대한민국에 특별한 공로가 있거나 대한민국의 국익 증진에 기여한 사람 　　5) 유학(D-2) 체류자격으로 1학기 이상 재학 중인 사람의 부모 및 배우자 　　6) 국내 외국인의 체류질서 유지를 위하여 법무부장관이 정하는 기준 및 절차에 따라 자진하여 출국한 사람 　　7) 1)부터 6)까지의 규정에 준하는 사람으로서 나목의 활동범위 내에서 체류할 필요가 있다고 법무부장관이 정하여 고시하는 사람 나. 활동범위 　　1) 방문, 친척과의 일시 동거, 관광, 요양, 견학, 친선경기, 비영리 문화예술활동, 회의 참석, 학술자료 수집, 시장조사·업무연락·계약 등 상업적 용무, 그 밖에 이와 유사한 목적의 활동 　　2) 「통계법」 제22조에 따라 통계청장이 작성·고시하는 한국표준산업분류[대분류 E 및 대분류G부터 대분류U까지의 산업분류(이하 이 표에서 "서비스업분류"라 한다)는 제외한다]에 따른 다음 산업 분야에서의 활동 　　　가) 작물 재배업(011) 　　　나) 축산업(012) 　　　다) 작물재배 및 축산 관련 서비스업(014) 　　　라) 연근해 어업(03112) 　　　마) 양식 어업(0321) 　　　바) 금속 광업(06) 　　　사) 연료용을 제외한 비금속광물 광업(07) 　　　아) 삭제 〈2022. 12. 27.〉 　　　자) 광업 지원 서비스업(08) 　　　차) 제조업(10 ~ 34). 다만, 상시 사용하는 근로자 수가 300명 미만이거나 자본금이 80억원 이하인 업체에 취업하는 경우로 한정한다. 　　　카) 삭제 〈2022. 12. 27.〉 　　　타) 삭제 〈2022. 12. 27.〉

파) 건설업(41 ~ 42). 다만, 발전소·제철소·석유화학 건설현장의 건설업체 중 업종이 산업·환경설비 공사인 업체에 취업하는 경우는 제외한다.
하) 삭제 〈2022. 12. 27.〉
거) 삭제 〈2022. 12. 27.〉
너) 삭제 〈2022. 12. 27.〉
더) 삭제 〈2022. 12. 27.〉
러) 삭제 〈2022. 12. 27.〉
머) 삭제 〈2022. 12. 27.〉
버) 삭제 〈2022. 12. 27.〉
서) 삭제 〈2022. 12. 27.〉
어) 삭제 〈2022. 12. 27.〉
저) 삭제 〈2022. 12. 27.〉
처) 삭제 〈2022. 12. 27.〉
커) 삭제 〈2022. 12. 27.〉
터) 삭제 〈2022. 12. 27.〉
퍼) 삭제 〈2022. 12. 27.〉
허) 삭제 〈2022. 12. 27.〉
고) 삭제 〈2022. 12. 27.〉
노) 삭제 〈2022. 12. 27.〉
도) 삭제 〈2022. 12. 27.〉
로) 삭제 〈2022. 12. 27.〉
모) 삭제 〈2022. 12. 27.〉
보) 삭제 〈2022. 12. 27.〉
소) 삭제 〈2022. 12. 27.〉
오) 삭제 〈2022. 12. 27.〉
조) 삭제 〈2022. 12. 27.〉
초) 삭제 〈2022. 12. 27.〉
코) 삭제 〈2022. 12. 27.〉
토) 삭제 〈2022. 12. 27.〉
포) 삭제 〈2022. 12. 27.〉
호) 삭제 〈2022. 12. 27.〉
구) 삭제 〈2022. 12. 27.〉
누) 삭제 〈2022. 12. 27.〉
두) 삭제 〈2022. 12. 27.〉
루) 삭제 〈2022. 12. 27.〉

3) 「통계법」제22조에 따라 통계청장이 작성·고시하는 한국표준산업분류 중 서비스업분류에 따른 산업 분야에서의 활동. 다만, 다음의 산업분야에서의 활동은 제외한다.
가) 수도업(36)
나) 환경 정화 및 복원업(39)
다) 자동차 및 부품 판매업(45)
라) 육상 운송 및 파이프라인 운송업(49). 다만, 육상 여객 운송업(492)은 허용한다.
마) 수상 운송업(50)
바) 항공 운송업(51)

사) 창고 및 운송 관련 서비스업(52). 다만, 다음의 산업분야는 허용한다.
  (1) 냉장·냉동창고업(52102). 다만, 내륙에 위치한 업체에 취업하는 경우로 한정한다.
  (2) 물류 터미널 운영업(52913). 다만, 「통계법」 제22조에 따라 통계청장이 작성·고시하는 한국표준직업분류에 따른 하역 및 적재 관련 단순 종사원(92101)으로 취업하는 경우로 한정한다.
  (3) 항공 및 육상 화물 취급업(52941). 다만, 다음의 경우로 한정한다.
    (가) 「축산물 위생관리법」 제2조제3호에 따른 식육을 운반하는 업체에 취업하는 경우
    (나) 「생활물류서비스산업발전법」 제2조제3호가목에 따른 택배서비스사업을 하는 업체에 통계청장이 작성·고시하는 한국표준직업분류에 따른 하역 및 적재 관련 단순 종사원(92101)으로 취업하는 경우
아) 출판업(58). 다만, 서적, 잡지 및 기타 인쇄물 출판업(581)은 허용한다.
자) 우편 및 통신업(61)
차) 컴퓨터 프로그래밍, 시스템 통합 및 관리업(62)
카) 정보서비스업(63)
타) 금융업(64)
파) 보험 및 연금업(65)
하) 금융 및 보험 관련 서비스업(66)
거) 부동산업(68)
너) 연구개발업(70)
더) 전문 서비스업(71)
러) 건축기술, 엔지니어링 및 기타 과학기술 서비스업(72)
머) 사업시설 관리 및 조경 서비스업(74). 다만, 사업시설 유지관리 서비스업(741)과 건물 및 산업설비 청소업(7421)은 허용한다.
버) 고용 알선 및 인력 공급업(751). 다만, 「가사근로자의 고용개선 등에 관한 법률」 제2조제2호에 따른 가사서비스 제공기관에 취업하는 경우는 허용한다.
서) 공공행정, 국방 및 사회보장행정(84)
어) 교육 서비스업(85)
저) 국제 및 외국기관(99)

30. 기타 (G-1)	별표 1, 이 표 중 외교(A-1)부터 방문취업(H-2)까지 또는 별표 1의3의 체류자격에 해당하지 않는 사람으로서 법무부장관이 인정하는 사람

영주자격에 부합하는 사람(제12조의2제1항 관련)

체류자격 (기호)	영주자격에 부합하는 사람의 범위
영주 (F-5)	법 제46조제1항 각 호의 어느 하나에 해당하지 않는 사람으로서 다음 각 호의 어느 하나에 해당하는 사람 1. 대한민국 「민법」에 따른 성년으로서 별표 1의2 중 10. 주재(D-7)부터 20. 특정활동(E-7)까지의 체류자격이나 별표 1의2 중 24. 거주(F-2) 체류자격으로 5년 이상 대한민국에 체류하고 있는 사람 2. 국민 또는 영주자격(F-5)을 가진 사람의 배우자 또는 미성년 자녀로서 대한민국에 2년 이상 체류하고 있는 사람 및 대한민국에서 출생한 것을 이유로 법 제23조에 따라 체류자격 부여 신청을 한 사람으로서 출생 당시 그의 부 또는 모가 영주자격(F-5)으로 대한민국에 체류하고 있는 사람 중 법무부장관이 인정하는 사람 3. 「외국인투자 촉진법」에 따라 미화 50만 달러를 투자한 외국인투자가로서 5명 이상의 국민을 고용하고 있는 사람 4. 별표 1의2 중 26. 재외동포(F-4) 체류자격으로 대한민국에 2년 이상 계속 체류하고 있는 사람으로서 대한민국에 계속 거주할 필요가 있다고 법무부장관이 인정하는 사람 5. 「재외동포의 출입국과 법적 지위에 관한 법률」 제2조제2호의 외국국적동포로서 「국적법」에 따른 국적 취득 요건(같은 법 제5조제1호의2에 따른 요건은 제외한다)을 갖춘 사람 6. 종전 「출입국관리법 시행령」(대통령령 제17579호로 일부개정되어 2002. 4. 18. 공포·시행되기 이전의 것을 말한다) 별표 1 제27호란의 거주(F-2) 체류자격(이에 해당되는 종전의 체류자격을 가진 적이 있는 사람을 포함한다)이 있었던 사람으로서 대한민국에 계속 거주할 필요가 있다고 법무부장관이 인정하는 사람 7. 다음 각 목의 어느 하나에 해당하는 사람으로서 법무부장관이 인정하는 사람 　가. 국외에서 일정 분야의 박사 학위를 취득한 사람으로서 영주자격(F-5) 신청 시 국내 기업 등에 고용된 사람 　나. 국내 대학원에서 정규과정을 마치고 박사학위를 취득한 사람 8. 법무부장관이 정하는 분야의 학사 학위 이상의 학위증 또는 법무부장관이 정하는 기술자격증이 있는 사람으로서 국내 체류기간이 3년 이상이고, 영주자격(F-5) 신청 시 국내기업에 고용되어 법무부장관이 정하는 금액 이상의 임금을 받는 사람 9. 과학·경영·교육·문화예술·체육 등 특정 분야에서 탁월한 능력이 있는 사람 중 법무부장관이 인정하는 사람 10. 대한민국에 특별한 공로가 있다고 법무부장관이 인정하는 사람 11. 60세 이상으로서 법무부장관이 정하는 금액 이상의 연금을 국외로부터 받고 있는 사람 12. 별표 1의2 중 29. 방문취업(H-2) 체류자격으로 취업활동을 하고 있는 사람으로서 근속기간이나 취업지역, 산업 분야의 특성, 인력 부족 상황 및 국민의 취업 선호도 등을 고려하여 법무부장관이 인정하는 사람 13. 별표 1의2 중 24. 거주(F-2) 자목에 해당하는 체류자격으로 대한민국에서 3년

이상 체류하고 있는 사람으로서 대한민국에 계속 거주할 필요가 있다고 법무부장관이 인정하는 사람

14. 별표 1의2 중 24. 거주(F-2) 차목에 해당하는 체류자격을 받은 후 5년 이상 계속 투자 상태를 유지하고 있는 사람으로서 대한민국에 계속 거주할 필요가 있다고 법무부장관이 인정하는 사람과 그 배우자 및 자녀(법무부장관이 정하는 요건을 갖춘 자녀만 해당한다)

15. 별표 1의2 중 11. 기업투자(D-8) 다목에 해당하는 체류자격으로 대한민국에 3년 이상 계속 체류하고 있는 사람으로서 투자자로부터 3억원 이상의 투자금을 유치하고 2명 이상의 국민을 고용하는 등 법무부장관이 정하는 요건을 갖춘 사람

16. 5년 이상 투자 상태를 유지할 것을 조건으로 법무부장관이 정하여 고시하는 금액 이상을 투자한 사람과 그 배우자 및 자녀로서 법무부장관이 정하는 요건을 갖춘 사람

17. 별표 1의2 중 11. 기업투자(D-8) 가목에 해당하는 체류자격을 가지고 「외국인투자촉진법 시행령」 제25조제1항제4호에 따른 연구개발시설의 필수전문인력으로 대한민국에 3년 이상 계속 체류하고 있는 사람으로서 법무부장관이 인정하는 사람

18. 별표 1의2 중 24. 거주(F-2) 다목에 해당하는 체류자격으로 2년 이상 대한민국에 체류하고 있는 사람

19. 별표 1의2 중 24. 거주(F-2) 카목에 해당하는 체류자격으로 2년 이상 대한민국에 체류하고 있는 사람

Ⅳ. 외국인등록[74]

1. 외국인등록 개요

(1) 외국인등록의 의의

대한민국은 국내에 장기체류 중인 외국인 현황을 파악하고 여러 가지 편의를 제공하기 위해 외국인등록제도를 실시하고 있다. 이에 따라 국내에 90일을 초과해서 체류하는 외국인은 외국인등록을 한 후 외국인등록증을 발급받아야 한다. 외국인등록증은 대한민국에서 신분증명서로 사용할 수 있다.

(2) 외국인등록의 대상

1) 90일을 초과해서 체류하고자 하는 외국인

입국한 날부터 90일[75]을 초과[76]해서 대한민국에 체류하고자 하는 외국인은 입국한 날부터 90일 이내에 관할 출입국·외국인청(이하 "청장"이라 함), 출입국·외국인사무소(이하 "사무소장"이라 함), 출입국·외국인청 출장소장 또는 출입국·외국인사무소 출장소장(이하 "청장·사무소장 또는 출장소장"이라 함)에게 외국인등록을 해서 외국인등록증을 발급[77] 받아야 한다(「출입국관리법」 제31조제1항 및 제33조제1항 본문).

2) 외국인등록 의무의 예외가 되는 외국인[78]

다음의 어느 하나에 해당하는 외국인은 입국한 날로부터 90일을 초과하여 체류하려고 하

---

74) 찾기쉬운생활법령정보, 생활법령-외국인유학생-입국-외국인등록(https://easylaw.go.kr/CSP/CnpClsMain.laf?popMenu=ov&csmSeq=508&ccfNo=2&cciNo=3&cnpClsNo=1)["이 정보는 2024년 2월 15일 기준으로 작성된 것임."](접속일: 2024. 3. 14.) 참조.
75) 출입국관리법령에서는 단기 체류와 장기 체류라는 용어를 규정하고 있지 아니 하나, 실무상 관행으로 외국인등록의 기준이 되는 90일을 기준으로 장·단기를 구분하고 있다.
76) 90일 이내의 범위 내에서 대한민국에 거주하는 외국인은 외국인 등록 의무를 부담하지 않는다.
77) 외국인이 17세 미만인 경우에는 외국인등록증이 발급되지 않을 수 있다. 이 경우에는 17세가 되면 외국인등록증발급신청을 할 수 있다(「출입국관리법」 제33조제1항 단서).
78) 출입국관리법 제31조 제1항, 제2항.

는 경우라고 해도 외국인등록을 하지 않아도 된다. 다만, 외국인 본인이 원하는 경우 체류기간 내에 외국인등록을 할 수 있다.

① 주한외국공관(대사관과 영사관을 포함한다)과 국제기구의 직원 및 그의 가족

② 대한민국정부와의 협정에 따라 외교관 또는 영사와 유사한 특권 및 면제를 누리는 사람과 그의 가족

③ 대한민국정부가 초청한 사람 등으로서 법무부령79)으로 정하는 사람

3) 입국한 날로부터 90일 이내에 외국인등록을 해야하는 의무의 예외의 예외 1 : 출생 외국인, 대한민국 국적상실 외국인80)

출입국관리법 제23조에 따라 체류자격을 받는 사람으로서 그 날부터 90일을 초과하여 체류하게 되는 사람은 체류자격을 받는 때에 외국인등록을 하여야 한다.

출입국관리법

제23조(체류자격 부여) ① 다음 각 호의 어느 하나에 해당하는 외국인이 제10조에 따른 체류자격을 가지지 못하고 대한민국에 체류하게 되는 경우에는 다음 각 호의 구분에 따른 기간 이내에 대통령령으로 정하는 바에 따라 체류자격을 받아야 한다.

1. 대한민국에서 출생한 외국인: 출생한 날부터 90일

2. 대한민국에서 체류 중 대한민국의 국적을 상실하거나 이탈하는 등 그 밖의 사유가 발생한 외국인: 그 사유가 발생한 날부터 60일

② 제1항에 따른 체류자격 부여의 심사기준은 법무부령으로 정한다.

- 외국인 사이에 출생한 자녀81)는 출생한 날부터 90일 이내에 체류자격을 받아야 하고,

---

79) 출입국관리법 시행규칙 제45조(외국인등록의 예외) ①법 제31조제1항제3호에 해당하는 자는 외교·산업·국방상 중요한 업무에 종사하는 자 및 그의 가족 기타 법무부장관이 특별히 외국인등록을 면제할 필요가 있다고 인정하는 자로 한다. ②법무부장관이 제1항에 따라 외국인등록을 면제하기로 결정한 때에는 이를 체류지를 관할하는 청장·사무소장 또는 출장소장(이하 "체류지 관할 청장·사무소장 또는 출장소장"이라 한다)에게 통보한다. 〈개정 2018. 5. 15.〉

80) '2) 외국인등록 의무의 예외가 되는 외국인'임에도 불구하고 출입국관리법 제31조(외국인등록) 제3항에 따라 외국인 등록을 해야 함.

체류자격을 받는 날부터 90일을 초과해서 대한민국에 체류하려는 경우에는 체류자격을 받을 때 외국인등록을 함께 하여야 한다(「출입국관리법」 제23조제1항제1호 및 제31조 제3항).

- 대한민국에서 체류 중 대한민국의 국적을 상실하거나 이탈하는 등 그 밖의 사유가 발생한 외국인은 그 사유가 발생한 날부터 60일 이내에 체류자격을 받아야 하며, 체류자격을 받는 날부터 90일을 초과하여 체류하려는 경우에는 체류자격을 부여 받은 때에 외국인등록을 함께 하여야 한다.

4) 입국한 날로부터 90일 이내에 외국인등록을 해야하는 의무의 예외의 예외 2 : 체류자격이 변경된 외국인[82]

출입국관리법 제24조[83])에 따라 체류자격 변경허가를 받는 사람으로서 입국한 날부터 90일을 초과하여 체류하게 되는 사람은 체류자격 변경허가를 받는 때에 외국인등록을 하여야 한다.

(3) 외국인등록을 하지 않은 경우의 벌칙

위 사항을 위반해서 외국인등록을 하지 않으면 대한민국 밖으로 강제퇴거될 수 있으며, 1년 이하의 징역 또는 1천만원 이하의 벌금에 처해진다(「출입국관리법」 제46조제1항제12호 및 제95조제7호).

---

81) 외국인과 외국인 사이에 출생한 자녀는 그 부모의 국적에 따라 국적이 결정된다(「국제사법」 제40조제1항 및 제41조제1항). 출생 당시에 부(父) 또는 모(母) 중 어느 한명이 대한민국 국민인 경우에 그 자녀는 출생과 동시에 대한민국의 국적을 취득한다(국적법 제2조제1항제1호).

82) 출입국관리법 제31조(외국인등록) 제4항.

83) 출입국관리법 제24조(체류자격 변경허가) ① 대한민국에 체류하는 외국인이 그 체류자격과 다른 체류자격에 해당하는 활동을 하려면 대통령령으로 정하는 바에 따라 미리 법무부장관의 체류자격 변경허가를 받아야 한다. 〈개정 2020. 6. 9.〉

② 제31조제1항 각 호의 어느 하나에 해당하는 사람으로서 그 신분이 변경되어 체류자격을 변경하려는 사람은 신분이 변경된 날부터 30일 이내에 법무부장관의 체류자격 변경허가를 받아야 한다.

③ 제1항에 따른 체류자격 변경허가의 심사기준은 법무부령으로 정한다. 〈신설 2020. 6. 9.〉

(4) 외국인등록사항

외국인등록사항은 다음과 같다(「출입국관리법」 제32조 및 「출입국관리법 시행규칙」 제47조).

① 성명·성별·생년월일 및 국적

② 여권의 번호·발급일자 및 유효기간

③ 근무처와 직위 또는 담당업무

④ 본국의 주소와 국내체류지

⑤ 체류자격과 체류기간

⑥ 입국일자 및 입국항

⑦ 사증(VISA)에 관한 사항

⑧ 동반자(「민법」 제779조에 따른 가족의 관계에 있는 사람으로서 동거하는 사람을 말한다)에 관한 사항

⑨ 사업자 등록번호

⑩ 「초·중등교육법」 제2조(학교의 종류) 각 호의 어느 하나에 해당하는 학교에의 재학 여부

⑪ 직업 및 연간소득금액[출입국관리법시행령 제23조제1항부터 제3항까지에 따른 체류 자격을 가진 사람 또는 출입국관리법시행령 별표 1의2 중 10. 주재(D-7)부터 12. 무역 경영(D-9)까지의 체류자격을 가진 사람에 한정한다]

(5) 지문 및 얼굴에 관한 정보의 제공 등

외국인등록을 하여야 하는 사람(「출입국관리법」 제38조제2항에 따라 외국인등록을 하려는 사람은 제외) 및 「재외동포의 출입국과 법적 지위에 관한 법률」에 따라 국내거소신고를 하려는 사람은 외국인등록 또는 국내거소신고를 하는 때에 출입국관리공무원이 지정하는 정보화기기를 통하여 본인 일치 여부 확인 등에 활용되는 사람의 지문·얼굴·홍채 및 손바닥 정맥 등의 개인정보(이하 "생체정보"라고 함)를 제공해야 한다. 다만, 17세가 되기 전에

외국인등록 또는 국내거소신고를 한 사람은 17세가 된 날부터 90일 이내에 지문 및 얼굴에 관한 정보를 제공해야 한다(「출입국관리법」 제38조제1항제1호, 「출입국관리법 시행규칙」 제50조제1호). 생체정보의 제공을 거부하는 외국인에게는 지방출입국·외국인관서의 장이 체류기간 연장허가 등 「출입국관리법」에 따른 허가를 하지 않을 수 있다(「출입국관리법」 제38조제2항).

2. 외국인등록 절차

(1) 신청인

외국인등록신청은 외국인 본인이 직접해야하며, 원칙적으로 대리인을 통해서 할 수 없다.[84] 외국인등록시 지문과 얼굴정보 등의 생체정보를 제공해야하기 때문이다. 다만, 외국인이 17세 미만인 경우에는 본인 외에도 부모·사실상의 부양자·형제자매·신원보증인이나 그 밖의 동거인이 할 수 있다(「출입국관리법」 제79조제5호 및 「출입국관리법 시행령」 제89조). 17세 미만인 외국인이 외국인등록을 하는 경우에는 지문과 얼굴정보 등의 생체정보가 불필요하기 때문이다.

(2) 신청 기관 및 제출 서류

외국인등록을 하기 위해서는 관할 청장·사무소장 또는 출장소장에게 신청서와 함께 다음의 서류를 제출해야 한다(「출입국관리법」 제31조, 「출입국관리법 시행령」 제40조, 「출입국관리법 시행규칙」 제76조제2항제7호, 별표 5의2 및 별지 제34호서식).

○ 출입국관리법 시행규칙 [별지 제34호서식] 통합신청서 (신고서) APPLICATION FORM (REPORT FORM)

---

[84] 단, 출입국관리법 시행규칙 제34조(각종 허가등의 신청 및 수령) 제1항 제3호에 따라 '발급된 외국인등록증의 수령' 및 '외국인등록증 재발급의 신청과 수령', '영주자격을 가진 외국인에게 발급하는 외국인등록증(영주증) 재발급의 신청과 수령'은 대리인이 할 수 있다.

○ 여권, 외국인등록증, 재학 증명서

※ 외국인등록증은 외국인등록을 한 경우에만 제출하고, 재학증명서는「초・중등교육법」제2조 각 호의 어느 하나에 해당하는 학교를 재학하고 있는 경우에만 제출한다.

○ 여권용 사진(3.5cm×4.5cm) 1장

[외국인등록용 표준사진규격]

- 여권용 사진(3.5cm×4.5cm)으로 얼굴 길이가 2.5cm ~ 3.5cm 사이일 것
- 무배경 또는 흰색배경에 테두리가 없을 것
- 외국인등록증 신청일 전 6개월 이내에 촬영되고 정면을 응시하고 있을 것
- 색안경, 모자 등 얼굴 일부가 가려지는 장식용 물품을 착용하지 아니할 것. 다만, 시각장애인 등이 의료목적으로 착용하는 경우는 제외한다.

○ 체류지 입증서류

체류지 입증서류 예시[85]

거주방법	증명서류	체크사항
학교기숙사	· 기숙사거주증명서	· 학교장 또는 기숙사장의 도장 필수 · 기숙사 주소와 거주기간 명시
(본인 명의) 월세	· 부동산계약서	· 부동산 주소 명시 · 월세 계약 기간 명시 · 계약서 상 계약자 본인(외국인)의 여권번호 혹은 외국인 등록번호 명시
(본인 명의) 고시원	· 고시원 입실원서 혹은 거주숙소 제공확인서 · 고시원사업자등록증 · 월세 납부 영수증	· 고시원 주소 명시 · 입실/퇴실 기간 명시
(본인 명의) airBnB	· 거주숙소제공확인서[86] · airBnB 요금영수증	· 영수증상 부동산 주소 명시 · 거주기간 명시 · 계약자(외국인) 정보 영수증에 명시
(타인 명의) 친구 집	· 거주숙소제공확인서 · 부동산계약서 · 친구의 외국인등록증 앞/뒤 사본	· 거주숙소제공확인서 상 거주시작일 명시 · 친구의 외국인등록증 뒷면 주소와 거주숙소제공확인서의 주소가 일치해야함

○ 기타 체류자격(비자)에 따라 별도로 필요한 서류는 '출입국관리법 시행규칙 [별표 5의2] 체류자격 외 활동허가 신청 등 첨부서류(제76조제2항 관련)' 참조.

※ 유의사항

1. 위의 제출 서류 중 「전자정부법」 제36조제1항에 따라 행정정보의 공동이용을 통해 제출 서류에 대한 정보를 확인할 수 있는 경우에는 해당 서류를 따로 제출하지 않아도 된다(「출입국관리법 시행규칙」 제76조제3항).

2. 청장·사무소장 또는 출장소장이 특히 필요하다고 인정하는 경우에는 제출 서류의 일부를 가감할 수 있다(「출입국관리법 시행규칙」 별표 5의2).

3. 신원보증서를 제출해야 하는 경우 외국인유학생의 신원보증인은 특별한 사유가 없는 한 소속 기관 또는 단체의 장이 되며, 그 신원보증기간은 4년을 한도로 한다(「출입국관리법」 제90조 및 「출입국관리법 시행규칙」 제77조제3항·제7항).[87]

---

(3) 수수료

외국인등록신청을 할 때는 그에 대한 수수료로 3만원을 납부해야 한다(「출입국관리법 시행규칙」 제72조제10호).

---

85) 이화여자대학교 국제학생팀 홈페이지, 자료실〉체류지 입증 서류 예시(2019.8.20.). http://rwcms.ewha.ac.kr/oisa/1093/subview.do;jsessionid=nR2pkr9tUHypcQRPjBT30Lp575Vb4tv4ZNEeJ3IdKiiuTW8w74zawP26OL6gfhbb.hcyber1_servlet_ewhacms70?enc=Zm5jdDF8QEB8JTJGYmJzJTJGb2lzYSUyRjE3NyUyRjEzMjY5JTJGYXJ0Y2xWV3LmRvJTNG (접속일: 2024.6.27.)
86) 하이코리아 홈페이지, 뉴스·공지〉민원서식 게시판에서 다운로드 가능함. 파일명: 거주숙소제공사실확인서(영문병기).hwp https://www.hikorea.go.kr/board/BoardApplicationListR.pt#this (접속일: 2024.6.27.)
87) 출입국관리법 시행규칙 [별표 5의2] '체류자격 외 활동허가 신청 등 첨부서류(제76조제2항 관련)'에는 외국인의 비자의 종류와 관계없이 외국인등록 시 필요한 서류에 '신원보증서'를 제시하고 있지 않다.

(4) 외국인등록증의 발급

1) 외국인등록증의 발급

외국인등록을 하면 지방출입국·외국인관서의 장은 그 외국인에게 개인별 외국인등록번호를 부여하고 외국인등록증을 발급해 준다(「출입국관리법」 제31조제5항, 제33조제1항 및 「출입국관리법 시행령」 제41조).

2) 모바일외국인등록증의 발급

외국인등록증을 발급받은 외국인은 외국인등록증과 동일한 효력을 가진 모바일외국인등록증을 지방출입국·외국인관서의 장에게 발급받을 수 있다(「출입국관리법」 제33조제6항). 모바일외국인등록증을 발급받으려는 사람은 체류지를 관할하는 청장·사무소장 또는 출장소장에게 모바일외국인등록증 신규 발급 신청서(「출입국관리법 시행규칙」 별지 제34호의9서식)의 신청서를 제출하고 여권 또는 외국인등록증(영주증을 포함함)을 제시해야 한다(「출입국관리법 시행규칙」 제48조의2제1항 본문). 모바일외국인등록증의 유효기간은 체류기간 만료일(영주증을 모바일로 발급받은 경우에는 영주증 유효기간 만료일)까지로 한다. 또한 외국인 본인이 사용하고 있는 이동통신단말장치 중 1대에만 발급받을 수 있고, 외국인등록증과 동일한 내용의 정보를 수록한다(「출입국관리법 시행규칙」 제48조의2제2항·제3항).

(5) 외국인등록증의 효력

1) 금지행위

외국인등록증과 관련해서 누구든지 다음의 어느 하나에 해당하는 행위를 해서는 안 된다(「출입국관리법」 제33조의3). 이를 위반하는 경우에는 3년 이하의 징역 또는 3천만원 이하의 벌금에 처해진다(「출입국관리법」 제94조제19호).

① 외국인의 여권 또는 외국인등록증을 취업에 따른 계약 또는 채무이행의 확보수단으로 제공받거나 그 제공을 강요 또는 알선하는 행위

② 외국인등록번호를 거짓으로 생성하여 자기 또는 다른 사람의 재물이나 재산상의 이익을 위해 이를 사용하거나 이를 알선하는 행위

③ 외국인등록번호나 모바일외국인등록증을 거짓으로 만드는 프로그램을 다른 사람에게 전달하거나 유포 또는 이를 알선하는 행위

④ 다른 사람의 외국인등록증이나 모바일외국인등록증을 부정하게 사용하거나 자기의 외국인등록증이나 모바일외국인등록증을 부정하게 사용한다는 사정을 알면서 다른 사람에게 제공하는 행위 또는 이를 각각 알선하는 행위

⑤ 다른 사람의 외국인등록번호를 자기 또는 다른 사람의 재물이나 재산상의 이익을 위해 부정하게 사용하거나 이를 알선하는 행위

2) 외국인등록증의 반납

외국인등록증은 외국인이 ①출국하거나 ②대한민국 국민으로 되거나 ③사망한 때에 반납한다. 외국인등록증반납의무를 위반하는 경우에는 100만원 이하의 과태료가 부과된다(「출입국관리법」 제100조제2항제1호, 「출입국관리법 시행령」 제102조 및 별표 2 제4호).

다만, 다음의 어느 하나에 해당하는 경우에는 외국인등록증을 반납하지 않는다(「출입국관리법」 제37조제1항·제2항 및 「출입국관리법 시행령」 제46조제2항).

① 재입국허가를 받고 일시출국했다가 그 허가기간 내에 다시 입국하려는 경우

② 복수사증 소지자 또는 재입국허가 면제대상국가 국민으로서 일시출국했다가 허가된 체류기간 내에 다시 입국하려는 경우

3) 외국인등록증 등의 휴대의무

대한민국에 체류하는 외국인은 항상 외국인등록증·여권·외국인입국허가서를 지니고 있어야 하며(단, 17세 미만인 경우는 제외), 출입국관리공무원 또는 권한 있는 공무원이 그 직무를 수행함에 있어 외국인등록증 등의 제시를 요구하는 때에는 이에 응해야 한다(「출입국관리법」 제27조). 이를 위반하는 경우에는 100만원 이하의 벌금에 처해진다(「출입국관리법」 제98조제2호).

3. 변경사항의 신고

(1) 외국인등록사항변경신고

1) 외국인등록사항 변경신고

외국인은 다음의 어느 하나에 해당하는 사항이 변경되었을 때에는 15일 이내에 외국인등록사항 변경신고서에 외국인등록증과 여권을 첨부하여 체류지 관할 청장·사무소장 또는 출장소장에게 외국인등록사항 변경신고를 해야 한다(「출입국관리법」 제35조, 「출입국관리법 시행령」 제44조제1항 및 「출입국관리법 시행규칙」 제49조의2).

① 성명·성별·생년월일 및 국적

② 여권의 번호·발급일자 및 유효기간

③ 소속기관 또는 단체의 변경(명칭변경을 포함함)

④ 출입국관리법 시행령 별표 1의2 중 4. 문화예술(D-1), 5. 유학(D-2) 및 7. 일반연수 (D-4)부터 12. 무역경영(D-9)까지 중 어느 하나에 해당하는 자격을 가지고 있는 사람의 경우에는 소속기관 또는 단체의 변경(명칭변경을 포함한다)이나 추가

⑤ 출입국관리법 시행규칙 제47조제4호에 따른 재학 여부의 변경

⑥ 출입국관리법 시행령 별표 1의2 중 체류자격 13. 구직(D-10)의 자격에 해당하는 사람의 경우에는 연수개시 사실 또는 연수기관의 변경(명칭변경을 포함한다)

⑦ 출입국관리법 시행령 별표 1의2 중 29. 방문취업(H-2)의 자격에 해당하는 사람으로서 개인·기관·단체 또는 업체에 최초로 고용된 경우에는 그 취업개시 사실

⑧ 출입국관리법 시행령 별표 1의2 중 29. 방문취업(H-2)의 자격에 해당하는 사람으로서 개인·기관·단체 또는 업체에 이미 고용되어 있는 경우에는 그 개인·기관·단체 또는 업체의 변경(명칭변경을 포함한다)

⑨ 직업 또는 연간소득금액의 변경[출입국관리법 시행령 제23조제1항부터 제3항까지에 따른 체류자격을 가진 사람 또는 출입국관리법 시행령 별표 1의2 중 10. 주재(D-7)부터 12. 무역경영(D-9)까지의 체류자격을 가진 사람에 한정한다]

외국인등록사항변경신고가 접수되면 청장·사무소장 또는 출장소장은 등록외국인기록표를 정리하여 외국인등록증을 재발급하고 외국인등록사항 변경 사실을 그 외국인이 체류하는 시·군·구 및 읍·면·동의 장에게 통보하여야 한다(「출입국관리법 시행령」 제44조제2항).

2) 외국인등록증 재발급
외국인등록증은 다음의 어느 하나에 해당하는 경우에는 재발급 받을 수 있다(「출입국관리법 시행령」 제42조제1항).
① 외국인등록증을 분실한 경우
② 외국인등록증이 헐어서 못 쓰게 된 경우
③ 외국인등록증의 적는 난이 부족한 경우
④ 체류자격 변경허가를 받은 경우
⑤ 성명, 성별, 생년월일 및 국적 사항에 대한 외국인등록사항 변경신고를 받은 경우
⑥ 위조방지 등을 위하여 외국인등록증을 한꺼번에 갱신할 필요가 있는 경우

외국인등록증을 재발급받으려는 외국인은 외국인등록증 재발급 신청서에 사진 1장을 첨부하여 체류지 관할 청장·사무소장 또는 출장소장에게 제출해야 하며, 3만원의 외국인등록증 재발급 수수료를 지불해야 한다(「출입국관리법 시행령」 제42제1항·제2항 및 「출입국관리법 시행규칙」 제72조제10호)

(2) 체류지 변경신고

외국인이 체류지를 변경하는 경우에는 외국인등록을 한 외국인 또는 외국인을 대리해서 외국인등록을 할 수 있는 사람은 전입한 날부터 15일 이내에 새로운 체류지의 시·군·구 또는 읍·면·동의 장이나 새로운 체류지를 관할하는 청장·사무소장 또는 출장소장에게 체류지 변경신고서와 임대차계약서, 매매계약서, 그 밖에 체류지를 이전한 사실을 확인할 수 있는 서류로서 법무부장관이 정하는 서류와 함께 외국인등록증을 제출해서 전입신고를

해야 한다(「출입국관리법」 제36조제1항·제2항, 제79조제7호, 「출입국관리법 시행령」 제45조제1항 전단 및 제89조). 이 경우 전입신고는 법무부장관이 정하는 정보통신망을 이용하여 할 수 있다(「출입국관리법 시행령」 제45조제1항 후단).

전입신고를 받으면 시·군·구 또는 읍·면·동의 장이나 청장·사무소장 또는 출장소장은 외국인등록증에 그 변경사항을 기재한 후 체류지 변경신고필인을 찍어 이를 신고인에게 돌려주어야 한다(「출입국관리법」 제36조제2항 및 「출입국관리법 시행령」 제45조제2항). 체류지 변경신고의무를 위반하면 100만원 이하의 벌금에 처해진다(「출입국관리법」 제98조제2호).

모바일외국인등록증을 발급받은 외국인은 「민원 처리에 관한 법률」 제12조의2에 따라 전자민원창구를 이용하는 경우에는 체류지 변경사항을 모바일외국인등록증에 수록하는 것으로 외국인등록증에 변경사항을 기재하는 것을 갈음할 수 있다(「출입국관리법」 제36조제8항).

4. 외국인등록사항의 말소

(1) 외국인등록사항의 말소

지방출입국·외국인관서의 장은 외국인등록을 한 외국인이 다음의 어느 하나에 해당하는 경우에는 외국인등록사항을 말소할 수 있다(「출입국관리법」 제37조의2제1항).

① 외국인등록증을 반납한 경우

② 출국 후 재입국허가기간(재입국허가를 면제받은 경우에는 면제받은 기간 또는 체류허가기간) 내에 입국하지 않은 경우

③ 그 밖에 출입국관리공무원이 직무수행 중 위의 어느 하나에 준하는 말소 사유를 발견한 경우

(2) 외국인등록사항의 말소 절차

청장·사무소장 또는 출장소장은 다음의 구분에 따른 시기에 외국인등록사항을 말소할 수 있다(「출입국관리법」 제37조의2제2항, 「출입국관리법 시행령」 제47조제1항 및 「출입국관리법 시행규칙」 제49조의3).

① 외국인이 출국을 할 때 외국인등록증을 반납한 경우: 외국인등록증을 반납받은 때

② 등록외국인이 국민이 된 경우: 등록외국인의 대한민국 국적 취득 사실을 확인한 때

③ 등록외국인이 사망한 경우: 진단서 또는 검안서 등을 통하여 등록외국인의 사망 사실을 확인한 때

④ 다음의 어느 하나에 해당하게 된 경우: 외교(A-1)·공무(A-2)·협정(A-3) 체류자격 등 해당 체류자격으로 체류자격 변경허가를 받은 사실을 확인한 때

  - 주한외국공관(대사관과 영사관을 포함한다)과 국제기구의 직원 및 그의 가족

  - 대한민국정부와의 협정에 따라 외교관 또는 영사와 유사한 특권 및 면제를 누리는 사람과 그의 가족

  - 대한민국정부가 초청한 사람 등으로서 외교·산업·국방상 중요한 업무에 종사하는 사람 및 그의 가족 그 밖에 법무부장관이 특별히 외국인등록을 면제할 필요가 있다고 인정하는 사람

⑤ 등록외국인이 출국 후 재입국허가기간(재입국허가를 면제받은 경우에는 면제받은 기간 또는 체류허가기간) 내에 입국하지 않은 경우: 재입국허가기간(면제받은 기간 또는 체류허가기간)이 지난 때

⑥ 「재외동포의 출입국과 법적 지위에 관한 법률」 제6조에 따라 국내거소신고를 하거나 「국적법」 제20조에 따라 대한민국 국민으로 확인된 경우: 그 사유를 확인한 때

청장·사무소장 또는 출장소장은 위에 따라 외국인등록사항이 말소된 외국인이 새로 외국인등록을 하는 경우에는 말소되기 전에 해당 외국인에게 부여하였던 외국인등록번호와 같은 외국인등록번호를 부여한다(「출입국관리법 시행령」 제47조제4항).

제3편

사증과 사증발급인정서의 발급

I. 사증의 발급[88]

1. 개요

외국인이 입국할 때에는 유효한 여권과 법무부장관이 발급한 사증을 가지고 있어야 한다 (출입국관리법 제7조 제1항). 따라서 무사증 입국을 제외하고는 대한민국 재외공관으로부터 사증을 사전에 발급받아야만 입국이 가능하다.

2. 발급 기관

대한민국 비자는 각국에 주재하는 대한민국 재외공관에서 발급받을 수 있다(「출입국관리법」 제8조, 「출입국관리법 시행령」 제11조, 「출입국관리법 시행규칙」 제8조 제1항 및 제9조).

3. 비자 발급 절차

(1) 비자 발급 신청

대한민국 비자를 발급받고자 하는 외국인은 여권과 함께 비자발급신청서에 각 체류자격별로 필요한 서류를 첨부하여 재외공관의 장에게 제출해야 한다(「출입국관리법 시행령」 제7조제1항). 비자 발급 신청 시 체류자격별 첨부서류는 「출입국관리법 시행규칙」 별표 5에서 정하고 있다.

(2) 심사수수료 납부

① 비자발급신청에 대한 심사수수료(단체비자의 경우에는 개인별로 납부하는 수수료액을 말함)는 다음과 같다(「출입국관리법」 제87조제1항 및 「출입국관리법 시행규칙」 제71조제1항).

---

[88] 찾기쉬운 생활법령정보, 책자형-비자 · 여권-비자(https://www.easylaw.go.kr/CSP/CnpClsMain.laf?popMenu=ov&csmSeq=1703&ccfNo=1&cciNo=1&cnpClsNo=1&search_put=)["이 정보는 2024년 6월 15일 기준으로 작성된 것임."] 참조.(접속일: 2024. 7. 7.)

체류기간 90일 이하의 단수비자: 미합중국통화(이하 '미화'라 함) 40달러 상당의 금액

체류기간 91일 이상의 단수비자: 미화 60달러 상당의 금액

2회까지 입국할 수 있는 복수비자: 미화 70달러 상당의 금액

횟수에 제한 없이 입국할 수 있는 복수비자: 미화 90달러 상당의 금액

② 수수료는 해당 수수료 금액에 상당하는 수입인지·현금 또는 현금의 납입을 증명하는 증표로 납부한다(「출입국관리법 시행규칙」 제73조제3호).

③ 다음의 어느 하나에 해당하는 사유에 따라 법무부장관이 필요하다고 인정할 때에는 수수료가 면제될 수 있다(「출입국관리법 시행규칙」 제74조제1항).[89]

- 국제협력사업 등을 수행하는 대한민국의 기관 또는 단체중 법무부장관이 지정하는 기관 또는 단체가 항공료 및 국내체재비를 부담하기로 하거나 인도주의적 차원에서 초청한 외국인으로서 그의 입국허가 또는 사증발급에 관한 수수료의 면제가 특히 필요하다고 인정되는 경우
- 대한민국정부, 정부출연연구기관, 과학기술분야 정부출연연구기관 또는 특정연구기관 등이 학비 등 국내체재비를 부담하기로 하고 초청한 외국인이 「출입국관리법 시행령」 별표 1의2 중 4. 문화예술(D-1), 5. 유학(D-2) 또는 7. 일반연수(D-4)에 해당하는 체류활동을 하기 위하여 체류자격변경허가·체류기간연장허가 또는 재입국허가를 신청하는 경우
- 「출입국관리법 시행령」 별표 1의2 중 체류자격 외교(A-1), 공무(A-2), 협정(A-3) 또는 기업투자(D-8)의 자격에 해당하는 사람
- 전자문서로 「출입국관리법 시행규칙」 제72조(각종 허가 등에 관한 수수료) 제11호·제12호의 증명을 열람하게 하거나 교부하는 경우

---

[89] 비자발급신청에 따른 구체적인 수수료 및 수수료 면제국가에 대해서는 〈대한민국 비자포털-비자안내-수수료〉(https://www.visa.go.kr/openPage.do?MENU_ID=10103#this)에서 확인할 수 있다. (접속일 : 2024. 7. 3.)

- 국가이익이나 인도적 사유 등을 고려하여 수수료 면제가 필요하다고 법무부장관이 인정하는 경우

다음의 어느 하나에 해당하는 자가 출입국에 관한 사실증명을 신청하는 경우
- 독립유공자와 그 유족(선순위자만 해당)
- 국가유공자와 그 유족(선순위자만 해당)
- 고엽제후유증환자, 고엽제후유의증환자 또는 고엽제후유증 2세환자
- 참전유공자
- 5·18민주유공자와 그 유족(선순위자만 해당)
- 특수임무유공자와 그 유족(선순위자만 해당)

(3) 접수 및 심사

법무부장관이 비자의 발급을 승인하거나 법무부장관의 위임에 따라 재외공관의 장이 비자를 발급하는 경우 비자발급을 신청한 외국인이 다음의 요건을 갖추었는지 여부를 심사·확인한다(「출입국관리법 시행규칙」 제9조의2).
 ① 유효한 여권을 소지하고 있는지 여부
 ②「출입국관리법」 제11조에 따른 입국의 금지 또는 거부의 대상이 아닌지 여부
 ③「출입국관리법 시행령」 별표 1부터 별표 1의3까지에서 정하는 체류자격에 해당하는지 여부
 ④「출입국관리법 시행령」 별표 1부터 별표 1의3까지에서 정하는 체류자격에 부합한 입국목적을 소명하는지 여부
 ⑤ 해당 체류자격별로 허가된 체류기간 내에 본국으로 귀국할 것이 인정되는지 여부
 ⑥ 그 밖에 「출입국관리법 시행령」 별표 1부터 별표 1의3까지에서 정하는 체류자격별로 법무부장관이 따로 정하는 기준에 해당하는지 여부

(4) 비자 발급

법무부장관은 비자를 발급함에 있어 필요하다고 인정하는 때에는 비자를 발급받고자 하는 사람에게 관계중앙행정기관의 장으로부터 추천서를 발부받아 제출하게 하거나 관계중앙행정기관의 장에게 의견을 물을 수 있다(「출입국관리법 시행령」 제7조제5항). 법무부장관이 취업활동을 할 수 있는 체류자격에 해당하는 비자를 발급하는 경우에는 국내의 고용사정을 고려한다(「출입국관리법 시행령」 제7조제7항). 비자를 발급하는 경우 그 비자에는 체류자격과 체류기간 등 필요한 사항이 기재되고, 그 비자는 여권에 부착되어 신청인에게 교부된다(「출입국관리법 시행령」 제7조제2항). 비자를 발급받은 외국인은 필요한 경우 그 사실을 확인할 수 있는 서류를 발급받을 수 있다(「출입국관리법 시행령」 제7조제2항). 법무부장관은 비자를 발급하는 경우 전자통신매체를 이용할 수 있다(「출입국관리법 시행령」 제7조제3항).

(5) 비자발급의 취소 · 변경

1) 비자발급의 취소 또는 변경처분을 받는자

다음의 어느 하나에 해당하는 외국인은 법무부장관으로부터 비자발급의 취소 또는 변경처분을 받을 수 있다(「출입국관리법」 제89조제1항).

- 신원보증인이 보증을 철회하거나 신원보증인이 없게 된 때
- 거짓이나 그 밖에 부정한 방법으로 허가를 받은 것이 밝혀진 때
- 허가조건을 위반한 때
- 사정변경으로 허가상태를 더 이상 유지시킬 수 없는 중대한 사유가 발생한 때
- 그 밖에 「출입국관리법」 또는 다른 법을 위반한 정도가 중대하거나 출입국관리공무원의 정당한 직무명령을 위반한 때

2) 의견의 청취

법무부장관이 비자발급의 취소 또는 변경에 관하여 필요하다고 인정할 때에는 그 외국인

또는 「출입국관리법」 제79조에 따른 신청인을 출석하게 하여 의견을 들을 수 있다(「출입국관리법」 제89조제2항). 의견을 듣고자 하는 경우 법무부장관은 비자발급허가를 취소 또는 변경하려는 사유·출석일시와 장소를 출석일 7일전까지 그 외국인 또는 신청인에게 통지해야 한다(규제「출입국관리법」 제89조제3항).

(6) 부정한 비자발급신청 등의 금지 및 위반 시 제재

1) 거짓신청 및 알선 금지

누구든지 외국인을 입국시키기 위해 거짓으로 비자를 신청하거나 또는 이를 알선하는 행위를 해서는 안 된다(「출입국관리법」 제7조의2 제2호).

2) 처벌

외국인을 입국시키기 위해 거짓으로 비자를 신청하거나 또는 이를 알선하는 행위를 한 사람은 3년 이하의 징역 또는 3천만원 이하의 벌금에 처해진다(「출입국관리법」 제94조제3호).[90]

---

[90] 대법원은 범죄행위로 인하여 강제출국당한 전력이 있는 사람이 중국 선양 주재 대한민국 총영사관의 비자발급 업무담당자에게 허위의 주장을 하면서 외국인등록신청서 등을 제출하여 사증 및 외국인등록증을 발급받은 사안에서, 업무담당자가 관계 규정이 정한 바에 따라 그 요건의 존부에 관하여 나름대로 충분히 심사를 하였으나 신청사유 및 소명자료가 허위임을 발견하지 못하여 그 신청을 수리하게 될 정도에 이르렀다면, 이는 업무담당자의 불충분한 심사가 아니라 신청인의 위계행위에 의한 것으로서 「형법」 제137조의 위계에 의한 공무집행방해죄가 성립한다고 판시 하였다(대법원 2009. 2. 26. 선고 2008도11862 판결).

II. 사증발급인정서의 발급

1. 개요

'사증발급인정'이란 외국인의 입국에 관하여 직접적인 이해당사자인 초청인이 대한민국에서 직접 사증발급을 위한 절차를 주도적으로 처리하도록 함으로써 피초청인인 외국인이 외국에서 용이 신속하게 사증을 발급받아 입국할 수 있도록 하는 사증발급제도를 말한다.[91] 외국인이 재외공관에서 사증발급을 신청하는 경우에는 체류자격 확인과 입국목적 소명 등을 위해 장기간 번거로운 절차를 거쳐야 하는데, 이러한 번거로운 절차를 간소화하고 발급기간도 단축할 수 있도록 하기 위하여 도입된 제도이다.[92]

2. 발급대상자 및 신청권자

(1) 발급대상자

사증발급인정서의 발급대상자는 ① 미수교국가 또는 특정국가의 국민, ② 문화예술(D-1), 유학(D-2), 기술연수(D-3), 일반연수(D-4), 취재(D-5), 종교(D-6), 주재(D-7), 기업투자(D-8), 무역경영(D-9), 구직(D-10), 교수(E-1), 회화지도(E-2), 연구(E-3), 기술지도(E-4), 전문직업(E-5), 예술흥행(E-6), 특정활동(E-7), 계절근로(E-8), 비전문취업(E-9), 선원취업(E-10), 방문동거(F-1), 거주(F-2), 동반(F-3), 재외동포(F-4), 결혼이민(F-6), 방문취업(H-2), 기타(G-1), 영주(F-5)의 자격에 해당하는 사람, ③ 기타 법무부장관이 특히 필요하다고 인정하는 자이다.[93][94] ②의 사증발급인정서 발급대상이 되는 체류자격을 표로 정리하면 아래와 같다.

---

91) 차용호, 「한국이민법」, 법문사, 2015.1, 73면.
92) 제주지법 2006. 6. 7. 선고 2005구합733 판결
93) 출입국관리법 시행규칙 제17조(사증발급인정서의 발급절차 등) 제1항
94) 거주(F-2) 가목 또는 결혼이민(F-6) 가목에 해당하는 결혼동거 목적의 사증발급인정서 발급 신청에 관하여는 출입국관리법 시행규칙 제9조의4(결혼동거 목적의 외국인 초청절차 등)를 준용한다.(출입국관리법 시행규칙 제17조 제3항)

유형	체류자격				
D	문화예술(D-1)	유학(D-2)	기술연수(D-3)	일반연수(D-4)	취재(D-5)
	종교(D-6)	주재(D-7)	기업투자(D-8)	무역경영(D-9)	구직(D-10)
E	교수(E-1)	회화지도(E-2)	연구(E-3)	기술지도(E-4)	전문직업(E-5)
	예술흥행(E-6)	특정활동(E-7)	계절근로(E-8)	비전문취업(E-9)	선원취업(E-10)
F	방문동거(F-1)	거주(F-2)	동반(F-3)	재외동포(F-4)	영주(F-5)
	결혼이민(F-6)				
H	방문취업(H-2)				
G	기타(G-1)				

(2) 신청권자[95]

사증발급인정서의 발급 신청은 대한민국에 입국하려는 발급대상자에 해당하는 외국인인 신청하여야 한다(출입국관리법 제9조 제1항 참고). 또한 그 외국인을 초청하려는 자(국내에 체류하는 외국인도 포함될 수 있다)가 발급 신청을 대리할 수 있다(출입국관리법 제9조 제2항).

3. 발급 절차[96]

(1) 신청

사증발급인정서를 발급받고자 하는 자는 사증발급인정서에 출입국관리법 시행규칙 제76조(사증발급 등 신청시의 첨부서류)에 의한 체류자격별 서류[97]를 첨부하여 그 외국인을 초청하려는 자의 주소지를 관할하는 출입국외국인청장・사무소장 또는 출장소장에게 제출하여야 한다(출입국관리법 시행규칙 제17조 제2항, 별표5).

---

95) 차용호, 「한국이민법」, 법문사, 2015.1, 74면. 출입국관리법 제9조 제1항, 제2항.
96) 차용호, 「한국이민법」, 법문사, 2015.1, 법문사, 74면-75면 참조.
97) 출입국관리법 시행규칙 [별표 5](사증발급 신청 등 첨부서류(제76조제1항 관련)). 뒤에 표 붙임 1.

(2) 송부

외국인을 초청하려는 자의 주소지를 관할하는 출입국외국인청장·사무소장 또는 출장소장은 사증발급인정신청서(출입국관리법 시행규칙 [별지 제21호서식])를 제출받은 때에는 발급기준을 확인하고 의견을 붙여 이를 법무부장관에게 송부하여야 한다(출입국관리법 시행규칙 제17조 제4항).

(3) 통지·교부

법무부장관은 신청서류를 심사한 결과 사증발급이 타당하다고 인정하는 때에는 「전자정부법」의 규정에 의한 전자문서로 사증발급인정서를 발급하여 이를 재외공관의 장에게 송신하고, 초청자에게는 사증발급인정번호를 포함한 사증발급인정내용을 지체없이 통지하여야 한다(출입국관리법 시행규칙 제17조 제5항). 법무부장관은 재외공관에 출입국관리정보시스템이 개설되어 있지 아니하는 등 전자문서에 의한 사증발급인정서를 송신할 수 없는 부득이한 사유가 있는 경우에는 초청자에게 직접 사증발급인정서를 교부할 수 있다(출입국관리법 시행규칙 제17조 제6항). 법무부장관은 초청인이 동시에 신청한 사증발급인정서 발급대상자가 2인 이상일 경우에는 그 대표자의 사증발급인정서에 사증발급대상자 명단을 첨부하여 사증발급인정서를 발급할 수 있다(출입국관리법 시행규칙 제17조 제7항).

사증발급 인정서 발급절차 흐름도

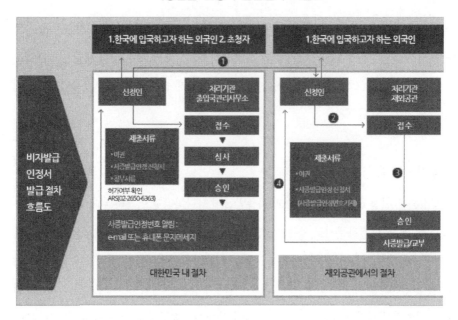

(출처: 한국유학종합시스템(스터디인코리아)(https://www.studyinkorea.go.kr/ko/overseas_info/
allnew_visaApplication.do)(접속일: 2021. 7. 19.)

4. 발급기준[98]

(1) 외국인에 대한 발급기준 및 발급불허 기준

외국인을 초청하려는 자의 주소지 관할 출입국·외국인청장·사무소장 또는 출장소장은 사
증발급인정신청서를 제출받은 때에는 출입국관리법 시행규칙 제17조의3(사증발급인정
서 발급의 기준)에 따른 발급기준을 확인하여야 한다(출입국관리법 시행규칙 제17조 제4
항). 사증발급인정서 발급의 기준에 관하여는 출입국관리법 시행규칙 제9조의2(사증 등
발급의 기준)의 규정을 준용한다(출입국관리법 시행규칙 제17조의3 제1항).

---

[98] 차용호, 「한국이민법」, 법문사, 2015.1, 75면-77면 참조. 개정된 출입국관리법을 반영하여 수정함.

1) 발급기준

외국인에 대한 사증발급인정서 발급기준으로는 6가지가 있다. 사증발급을 신청한 외국인이 ① 유효한 여권을 소지하고 있는지 여부, ② 출입국관리법 제11조(입국의 금지 등)의 규정에 의한 입국의 금지 또는 거부의 대상이 아닌지 여부, ③ 출입국관리법 시행령 별표 1(단기체류자격)부터 별표 1의3(영주자격에 부합하는 사람)까지에서 정하는 체류자격에 해당하는지 여부, ④ 출입국관리법 시행령 별표 1(단기체류작격)부터 별표 1의3(영주자격에 부합하는 사람)까지에서 정하는 체류자격에 부합한 입국목적을 소명하는지 여부, ⑤ 해당 체류자격별로 허가된 체류기간 내에 본국으로 귀국할 것이 인정되는지 여부, ⑥ 그 밖에 출입국관리법 시행령 별표 1(단기체류작격)부터 별표 1의3(영주자격에 부합하는 사람)까지의 체류자격별로 법무부장관이 따로 정하는 기준에 해당하는지 여부 등 이 6가지 요건을 모두 갖추었는지를 법무부장관이 또는 재외공관의 장은 심사·확인하여야 한다(출입국관리법 시행규칙 제9조의2, 제17조의3 제1항).

2) 발급불허 기준

법무부장관은 출입국관리법 시행령 별표 1의2(장기체류자격) 중 체류자격 비전문취업(E-9) 또는 선원취업(E-10)에 해당하는 사증발급인정서를 발급받으려는 외국인이 다음의 어느 하나에 해당하는 경우에는 사증발급인정서를 발급하지 않는다(출입국관리법 시행규칙 제17조의3 제3항).

i) 비전문취업(E-9) 체류자격으로 국내에 5년(「외국인근로자의 고용 등에 관한 법률」 제18조의2제2항에 따라 취업활동 기간이 연장된 경우에는 6년) 이상 체류한 사실이 있는 경우

ii) 선원취업(E-10) 체류자격으로 국내에 5년 이상 체류한 사실이 있는 경우

iii) 비전문취업(E-9) 또는 선원취업(E-10) 체류자격으로 국내에 체류한 기간을 합산한 기간이 5년(「외국인근로자의 고용 등에 관한 법률」 제18조의2제2항에 따라 취업활동 기간이 연장된 경우에는 6년) 이상인 경우

(2) 초청인에 대한 발급불허의 기준

법무부장관은 「파견근로자보호 등에 관한 법률」에 따라 피초청 외국인을 사용하려는 사용사업주 또는 출입국관리법 제9조(사증발급인정서) 제2항에 따라 외국인을 초청하는 사람이 다음의 어느 하나에 해당하는 경우에는 피초청 외국인에 대한 사증발급인정서를 발급하지 않을 수 있다(출입국관리법 시행규칙 제17조의3 제2항).

① 출입국관리법 제7조의2(허위초청 등의 금지), 출입국관리법 제12조의3(선박등의 제공금지), 출입국관리법 제18조(외국인 고용의 제한) 제3항부터 제5항까지, 출입국관리법 제21조(근무처의 변경·추가) 제2항 또는 출입국관리법 제33조의3(근무처의 변경·추가) 제1호의 규정을 위반하여 다음의 어느 하나에 해당하는 날부터 3년(다만, 법무부장관은 재범의 위험성, 법 위반의 동기와 결과, 그 밖의 정상을 고려하여 3년 미만의 기간으로 정할 수 있다)이 경과되지 않은 사람(출입국관리법 시행규칙 제17조의3 제2항 제1호)

  i) 금고 이상의 형의 선고를 받고 그 형의 집행이 종료되거나 집행을 받지 않기로 한 날

  ii) 금고 이상의 형의 집행유예를 선고받고 그 판결이 확정된 날

  iii) 500만원 이상의 벌금형의 선고를 받거나 500만원 이상의 범칙금의 통고처분을 받고 벌금 또는 범칙금을 납부한 날

② 출입국관리법 제7조의2(허위초청 등의 금지), 출입국관리법 제12조의3(선박등의 제공금지), 출입국관리법 제18조(외국인 고용의 제한) 제3항부터 제5항까지, 출입국관리법 제21조(근무처의 변경·추가) 제2항 또는 출입국관리법 제33조의3(근무처의 변경·추가) 제1호의 규정을 위반하여 500만원 미만의 벌금형의 선고를 받거나 500만원 미만의 범칙금의 통고처분을 받고 벌금 또는 범칙금을 납부한 날부터 1년(다만, 법무부장관은 재범의 위험성, 법 위반의 동기와 결과, 그 밖의 정상을 고려하여 1년 미만의 기간으로 정할 수 있다)이 경과되지 않은 사람

> **참고[99]**
>
> 판례는 외국인을 고용한 혐의로 통고처분을 받은 초청인이 범칙금을 납부하지 않고 불복하여 기소유예 처분을 받은 사안에서, 비자발급인정서 발급 여부를 심사할 때 초청인이 범칙금 500만원 이상의 통고처분을 받은 것만으로 결격사유가 있다고 볼 수는 없고, 적어도 초청인이 이를 받아들여 위 범칙금을 납부한 경우 또는 불복하여 다툰 결과 500만원 이상의 벌금형의 선고를 받아 벌금을 납부한 경우에 한하여 비자발급인정신청을 불허할 수 있다고 판시하여, 출입국관리사무소장이 통고처분이 있었다는 사실만을 고려하여 비자발급인정불허처분을 한 것은 위법하다고 하였다(제주지방법원 2006. 6. 7. 선고 2005구합733 판결).

③「성매매알선 등 행위의 처벌에 관한 법률」,「사행행위 등 규제 및 처벌특례법」및「마약류 관리에 관한 법률」등을 위반하여 다음 각 목의 어느 하나에 해당하는 날부터 3년이 경과되지 않은 사람

  i) 금고 이상의 형의 선고를 받고 그 형의 집행이 종료되거나 집행을 받지 않기로 한 날

  ii) 금고 이상의 형의 집행유예를 선고받고 그 판결이 확정된 날

④「근로기준법」을 위반하여 다음 각 목의 어느 하나에 해당하는 날부터 3년이 경과되지 않은 사람

  i) 금고 이상의 형의 선고를 받고 그 형의 집행이 종료되거나 집행을 받지 않기로 한 날

  ii) 금고 이상의 형의 집행유예를 선고받고 그 판결이 확정된 날

⑤ 신청일부터 최근 1년간 출입국관리법 제9조(사증발급인정서) 제2항에 따라 10인 이상의 외국인을 초청한 자로서 피초청 외국인의 과반수가 불법체류 중인 사람

---

99) 찾기쉬운 생활법령-비자,여권,국적-비자발급인정서에 의한 비자발급(https://easylaw.go.kr/CSP/CnpClsMainBtr.laf?popMenu=ov&csmSeq=548&ccfNo=2&cciNo=2&cnpClsNo=7)(접속일: 2021. 7. 23)

⑥ 신청일부터 최근 1개월간 출입국관리법 제19조(외국인을 고용한 자 등의 신고의무) 또는 출입국관리법 제19조의4(외국인유학생의 관리 등)의 규정에 의한 신고의무를 2회 이상 게을리한 사람

⑦ 「성폭력범죄의 처벌 등에 관한 특례법」 또는 「성폭력방지 및 피해자보호 등에 관한 법률」 제8조를 위반하여 다음 각 목의 어느 하나에 해당하는 날부터 5년이 경과되지 않은 사람
i) 금고 이상의 형의 선고를 받고 그 형의 집행이 종료되거나 집행을 받지 않기로 한 날
ii) 금고 이상의 형의 집행유예를 선고받고 그 판결이 확정된 날

⑧ 그 밖에 위의 7가지의 규정에 준하는 사유에 해당하는 자로서 법무부장관이 따로 정하는 사람

(3) 결혼동거 목적에 대한 발급의 기준

출입국관리법 시행령 별표 1의2(장기체류자격) 중 체류자격 거주(F-2) 가목(국민의 미성년 외국인 자녀 또는 별표 1의3(영주자격에 부합하는 사람) 영주(F-5) 체류자격을 가지고 있는 사람의 배우자 및 그의 미성년 자녀) 또는 결혼이민(F-6) 가목(국민의 배우자)에 해당하는 결혼동거 목적의 사증발급인정서 발급 기준 등에 관하여는 출입국관리법 시행규칙 제9조의5 (결혼동거 목적의 사증 발급 기준 등)를 준용한다(출입국관리법 시행규칙 제17조의3 제4항).

5. 권한의 위임

(1) 법적 근거

법무부장관은 출입국관리법에 따른 권한의 일부를 대통령령으로 정하는 바에 따라 지방출입국·외국인관서의 장에게 위임할 수 있다(출입국관리법 제92조 제1항, 시행령 제96조 제1항). 이에 따라 법무부장관은 출입국관리법 제9조(사증발급인정서)에 따른 그의 권한을 법무부령(출입국관리법 시행규칙 제78조 제4항)이 정하는 바에 따라 출입국외국인청장·

사무소장·출장소장 또는 보호소장에게 위임한다(출입국관리법 시행령 제96조 제1항).

(2) 내용

법무부장관은 출입국관리법 시행령 제96조(권한의 위임) 제1항에 따라 출입국관리법 제9조(사증발급인정서)에 따른 권한 중 다음의 어느 하나에 해당하는 자에 대한 사증발급인정서의 발급권한을 출입국외국인사무소장 또는 출장소장에게 위임한다(출입국관리법 시행규칙 제78조 제4항)

① 출입국관리법 시행규칙 제17조(사증발급인정서의 발급절차 등) 제1항 제1호(미수교국가 또는 특정국가의 국민) 및 제3호(기타 법무부장관이 특히 필요하다고 인정하는 자)에 해당하는 사람으로서 체류기간 90일 이하의 출입국관리법 시행령 별표 1(단기체류자격) 중 일시취재(C-1)·단기방문(C-3)·단기취업(C-4), 출입국관리법 시행령 별표 1의2(장기체류자격) 중 방문동거(F-1)의 체류자격에 해당하거나 체류기간 2년 이하의 출입국관리법 시행령 별표 1의2(장기체류자격) 중 기술연수(D-3)의 체류자격에 해당하는 사람(출입국관리법 시행규칙 제78조 제4항 제1호)

② 출입국관리법 시행규칙 제17조(사증발급인정서의 발급절차 등) 제1항 제2호[100])에 해당하는 사람으로서 출입국관리법 시행규칙 별표 1의 체류자격별 체류기간의 상한 이내의 출입국관리법 시행령 별표 1의2(장기체류자격) 중 문화예술(D-1)부터 결혼이민(F-6)까지[101]), 방문취업(H-2) 또는 기타(G-1)의 체류자격에 해당하는 사람(출입국관

---

100) 문화예술(D-1), 유학(D-2), 기술연수(D-3), 일반연수(D-4), 취재(D-5), 종교(D-6), 주재(D-7), 기업투자(D-8), 무역경영(D-9), 구직(D-10), 교수(E-1), 회화지도(E-2), 연구(E-3), 기술지도(E-4), 전문직업(E-5), 예술흥행(E-6), 특정활동(E-7), 계절근로(E-8), 비전문취업(E-9), 선원취업(E-10), 방문동거(F-1), 거주(F-2), 동반(F-3), 재외동포(F-4), 결혼이민(F-6), 방문취업(H-2), 기타(G-1), 영주(F-5)를 말한다.
101) 문화예술(D-1), 유학(D-2), 기술연수(D-3), 일반연수(D-4), 취재(D-5), 종교(D-6), 주재(D-7), 기업투자(D-8), 무역경영(D-9), 구직(D-10), 교수(E-1), 회화지도(E-2), 연구(E-3), 기술지도(E-4), 전문직업(E-5), 예술흥행(E-6), 특정활동(E-7), 계절근로(E-8), 비전문취업(E-9), 선원취업(E-10), 방문동거(F-1), 거주(F-2), 동반(F-3), 재외동포(F-4), 결혼이민(F-6)

리법 시행규칙 제78조 제4항 제2호)

6. 사증발급인정서의 발급[102]

(1) 사증발급인정서의 교부방법

법무부장관은 신청서류를 심사한 결과 비자발급이 타당하다고 인정하는 때에는 「전자정부법」에 따른 전자문서로 비자발급인정서를 발급하여 이를 재외공관의 장에게 송신하고, 초청자는 비자발급인정번호를 포함한 비자발급인정내용을 지체 없이 통지받게 된다(「출입국관리법 시행규칙」 제17조제5항).

- 다만, 재외공관에 출입국관리정보시스템이 개설되어 있지 않은 등 전자문서로 비자발급인정서를 송신할 수 없는 부득이한 사유가 있는 경우 초청자는 법무부장관으로부터 직접 비자발급인정서를 교부받을 수 있다(「출입국관리법 시행규칙」 제17조제6항).

(2) 발급거부 시의 통지

법무부장관은 신청서류를 심사한 결과 법에서 정하는 발급 거부 대상에 해당하여 사증발급인정서를 발급하지 않는 경우에는 발급거부 사실 및 그 사유를 포함한 발급거부통지서를 법무부장관이 정하는 정보통신망을 통해 사증발급인정서를 신청한 사람이나 이를 대리한 사람에게 통지할 수 있다(「출입국관리법 시행규칙」 제17조의4제1항).

- 다만, 사증발급인정서를 신청한 사람이나 이를 대리한 사람이 출입국·외국인청, 출입국·외국인사무소, 출입국·외국인청 또는 출입국·외국인사무소의 출장소에 방문하여 직접 발급거부통지서의 교부를 요청하는 경우 이를 지체 없이 교부해야 한다(출입국관리법 시행규칙」 제17조의4제2항).

---

[102] 찾기쉬운 생활법령-비자, 여권, 국적-비자발급인정서에 의한 비자발급(https://easylaw.go.kr/CSP/CnpClsMainBtr.laf?popMenu=ov&csmSeq=548&ccfNo=2&cciNo=2&cnpClsNo=7) (접속일: 2021. 7. 23)

(3) 발급대상자가 복수인 경우

법무부장관은 초청인이 동시에 신청한 비자발급인정서 발급대상자가 2인 이상일 경우에는 그 대표자의 비자발급인정서에 비자발급대상자 명단을 첨부하여 비자발급인정서를 발급할 수 있다(「출입국관리법 시행규칙」 제17조제7항).

7. 사증발급인정서의 효력

사증발급인정서의 유효기간은 3개월로 하고, 한번의 사증발급에 한하여 그 효력을 가진다. 다만, 법무부장관은 특히 필요하다고 인정되는 경우에는 사증발급인정서의 유효기간을 달리 정할 수 있다(출입국관리법 시행규칙 제18조).

8. 사증발급인정서에 의한 사증신청 및 사증발급

참고: 사증발급인정서 발급 결과 조회 방법[103]

사증 발급인정서 결과조회 안내

사증발급인정서는 사증의 발급절차 간소화와 발급기간 단축을 위하여 재외공관장의 사증발급에 앞서 입국하고자 하는 외국인 또는 초청자의 신청에 의하여 출입국관리사무소장 또는 출장소장이 사증발급대상자에 대하여 사전심사를 한 후 사증의 발급여부를 결정하여 발급하는 공문서로서 일종의 사증발급을 확인하여 주는 문서입니다.

사증발급인정서를 받은 자는 여권과 사증발급인정서만을 재외공관장에게 제출하여 사증발급신청을 하고, 재외공관장은 특별한 사유가 없는 한 별도의 심사없이 사증발급인정서의 내용에 따라 사증을 발급하게 되므로 사증발급 기간이 단축될 수 있습니다.

사증발급인정서의 유효기간은 3개월이며, 사증발급인정서에 의해 사증을 발급받으면 그 효력은 사라집니다.

사증발급인정서 결과조회 이용대상
사증발급인정서를 신청한 후 결과를 확인하고자 하는 경우

이용방법
외국인을 위한 전자정부 홈페이지(http://www.hikorea.go.kr)를 통해 사증발급인정서 발급신청 및 결과조회가 가능합니다.
사증발급인정서 결과 조회는 ARS 전화로 확인이 가능합니다.
ARS 번호 02-2650-6363
기타 궁금한 사항은 외국인종합안내센터(국번 없이 1345, 외국에서는 82*1345)로 문의하시기 바랍니다.

(1) 사증신청

대한민국에 입국하려는 외국인 등은 초청인으로부터 사증발급인정서를 송부받아 이를 재외공관의 장에게 제출하여야 한다. 즉 사증발급인증번호 등 사증발급인정내용을 통보받은 자(대한민국에 입국하려는 외국인 또는 초청자를 말한다)는 사증발급신청서에 사증발급인정번호를 기재하여 재외공관의 장에게 사증발급을 신청할 수 있다(출입국관리법 시행규칙 제17조의2 제1항). 사증발급인정서를 교부받은 자는 사증발급신청서에 사증발급인정서를 첨부하여 재외공관의 장에게 사증발급을 신청할 수 있다(출입국관리법 시행규칙 제17조의2 제1항).

---

103) 법무부 온라인민원서비스(https://minwon.moj.go.kr/minwon/2007/subview.do)(접속일: 2024. 7. 7.)

(2) 재외공관의 사증발급

재외공관의 장은 사증발급을 신청하는 자에 대하여는 제8조(사증등 발급의 승인)의 규정에 불구하고 사증발급인정번호 등 사증발급인정내용 또는 사증발급인정서의 내용에 따라 사증을 발급하여야 한다(출입국관리법 시행규칙 제17조의2 제3항). 재외공관의 장은 그 사증발급인정내용 또는 사증발급인정서의 내용에 따라 사증을 발급할 의무가 있다.[104] 이때에 재외공관의 장은 사증발급을 신청하는 자에 대하여 사증을 발급한 때에는 사증발급 인정서를 회수하여야 한다(출입국관리법 시행규칙 제17조의2 제4항).

9. 사증발급인정서에 의한 사증 발급의 취소 · 변경[105]

(1) 비자발급인정서 발급의 취소, 변경

다음의 어느 하나에 해당하는 외국인은 법무부장관으로부터 비자발급인정서에 의한 비자 발급의 취소 또는 변경처분을 받을 수 있다(「출입국관리법」 제89조제1항).
 - 신원보증인이 보증을 철회하거나 신원보증인이 없게 된 때
 - 거짓이나 그 밖에 부정한 방법으로 허가를 받은 것이 밝혀진 때
 - 허가조건을 위반한 때
 - 사정변경으로 허가상태를 더 이상 유지시킬 수 없는 중대한 사유가 발생한 때
 - 그 밖에 「출입국관리법」 또는 다른 법을 위반한 정도가 중대하거나 출입국관리공무원의
   정당한 직무명령을 위반한 때

(2) 의견청취

법무부장관이 비자발급인정서에 의한 비자 발급의 취소 또는 변경에 관하여 필요하다고 인정할 때에는 그 외국인 또는 「출입국관리법」 제79조에 따른 신청인을 출석하게 하여

---

104) 제주지방법원 2006. 6. 7.선고, 2005구합733.
105) 찾기쉬운 생활법령-비자,여권,국적-비자발급인정서에 의한 비자발급(https://easylaw.go.kr/CS
P/CnpClsMainBtr.laf?popMenu=ov&csmSeq=548&ccfNo=2&cciNo=2&cnpClsNo=7)
(접속일: 2021. 7. 23)

의견을 들을 수 있다(「출입국관리법」 제89조제2항). 이에 따라 의견을 듣고자 하는 경우 법무부장관은 비자발급인정서에 의한 비자 발급을 취소 또는 변경하려는 사유·출석일시와 장소를 출석일 7일 전까지 그 외국인 또는 신청인에게 통지해야 한다(규제「출입국관리법」 제89조제3항).

제4편

외국인의 취업활동과 체류자격

I. 외국인의 취업활동[106)

취업이란 타인에 의해 고용되어 보수를 목적으로 수행하는 계속적·반복적인 활동을 말한다. 스스로 사업자가 되어 행하는 경영 활동이나 투자 활동은 취업으로 보지 않는다. 통상적으로 일회적인 강의나 방송 출연 등은 반복성이 없어 취업활동으로 보지 않으나, 1회를 하더라도 반복할 의사로 보수를 수반하는 활동을 하는 경우에는 취업 활동으로 볼 수 있다. 외국인이 취업활동을 하기 위해서는 반드시 취업활동을 할 수 있는 체류자격을 가지고 있어야 하고 지정된 근무처에서만 근무를 해야한다(출입국관리법 제18조). 또한, 취업활동은 필연적으로 그 고용을 전제로 하고 있으므로 고용주에게 외국인의 취업활동과 관련하여 일정한 의무를 부과하고 있다(출입국관리법 제18조).

※참고: 취업할 수 있는 체류 외국인의 직업 및 연간소득금액 신고 의무[107)

◾ 출입국관리법 시행규칙 제47조[108), 제49조의2[109)에 따라 취업할 수 있는 체류자격을 가진 외국인은 외국인등록 및 각종 체류허가 신청 시에 본인의 직업 및 연간 소득금액을 아래와 같이 관할 출입국 · 외국인관서에 신고하여야 한다.

① 신고대상
  • 취업이 가능한 체류자격*을 가진 외국인
   * 주재(D-7), 기업투자(D-8), 무역경영(D-9), 교수(E-1)~선원취업(E-10), 거주(F-2), 재외동포(F-4), 결혼이민(F-6), 방문취업(H-2)

② 신고시기

---

106) 법무부 출입국 · 외국인정책본부, 「2011년 개정판 출입국관리법 해설」, 2011.01., 241면-242면 참조.
107) 법무부 출입국 · 외국인정책본부, 「외국인체류 안내매뉴얼」, 2024.7.26, 7면 참조.
108) 출입국관리법 시행규칙 제47조(외국인등록사항) 법 제32조제6호의 규정에 의한 외국인등록사항은

- 외국인등록 시

- 체류자격 변경허가, 체류자격외 활동허가, 근무처변경·추가허가(신고), 체류자격 부여허가, 체류기간 연장허가 신청 시

- 직업 변경 시

3 신고방법

- 직업 : 각종 체류허가 신청 시 「외국인 직업 신고서」작성하여 제출

- 연간 소득금액 : 각종 체류허가 신청 시 「통합신청서(신고서)」[110]'연 소득금액'란에 연 소득금액 작성하여 제출 (단, 재외동포(F-4) 자격은 연 소득금액 기재 불요)

※ 국세청과 정보연계를 통해 소득금액증명 제출 생략[111]

다음과 같다.

1.-5.〈생략〉 6. 직업 및 연간소득금액[영 제23조제1항부터 제3항까지에 따른 체류자격을 가진 사람 또는 영 별표 1의2 중 10. 주재(D-7)부터 12. 무역경영(D-9)까지의 체류자격을 가진 사람에 한정한다]

109) 출입국관리법 시행규칙 제49조의2(외국인등록사항변경의 신고) 법 제35조제3호에서 "법무부령으로 정하는 사항"이라 함은 다음 각 호의 어느 하나에 해당하는 사항을 말한다.

1.-5.〈생략〉, 6. 직업 또는 연간소득금액의 변경[영 제23조제1항부터 제3항까지에 따른 체류자격을 가진 사람 또는 영 별표 1의2 중 10. 주재(D-7)부터 12. 무역경영(D-9)까지의 체류자격을 가진 사람에 한정한다]

110) 출입국관리법 시행규칙 [별지 제34호서식]

111) 단, 법 위반 사실 확인 등 필요 시 상세 내역을 요청할 수 있음.

외국인 직업 신고서112)
FOREIGNER OCCUPATION REPORT FORM

〈신청서 작성방법〉

▶〈직업〉은 ①직업 괄호안에 본인의 현재 직업을 직접 기재하고, 그 아래의 직업분류표에서 본인의 직업에 해당하는 항목의 □안에 V표시하여야 합니다.

〈How to Fill in the Form〉

▶ Occupation: Please write your current occupation in the blank ①, and check the box of your occupation in the classified list of occupations below.

성 명 Name In Full	성 Surname	명 Given names		漢字姓名
생년월일 Date of Birth	년 yy	월 mm	일 dd	성 별 Sex [ ]남 M [ ]여 F	국 적 Nationality/ Others
외국인등록번호 Alien Registration No. (If any)					

① 직업 / OCCUPATION	( )
0 □	무직 No occupation
1	관리자 Managers
□	공공 기관 및 기업 고위직 Senior Public Officials and Senior Corporate Officials
□	행정 · 경영 지원 및 마케팅 관리직 Public, Business Administration, Marketing Management Occupations
□	전문 서비스 관리직 Professional Services Management Occupations
□	건설 · 전기 및 생산 관련 관리직 Construction, Electricity and Production Related Managers
□	판매 및 고객 서비스 관리직 Sales and Customer Service Managers
2	전문가 및 관련 종사자 Professionals and Related Workers
□	과학 전문가 및 관련직

		Science Professionals and Related Occupations
	☐	정보 통신 전문가 및 기술직 Information and Communication Professionals and Technical Occupations
	☐	공학 전문가 및 기술직 Engineering Professionals and Technical Occupations
	☐	보건 · 사회복지 및 종교 관련직 Health, Social Welfare and Religion Related Occupations
	☐	교육 전문가 및 관련직 Education Professionals and Related Occupations
	☐	법률 및 행정 전문직 Legal and Administrative Occupations
	☐	경영 · 금융전문가 및 관련직 Business and Finance Professionals and Related Occupations
	☐	문화 · 예술 · 스포츠 전문가 및 관련직 Culture, Arts and Sports Professionals and Related Occupations
3		사무 종사자 Clerks
	☐	경영 및 회계 관련 사무직 Administration and Accounting Related Occupations
	☐	금융 사무직 Financial Clerical Occupations
	☐	법률 및 감사 사무직 Legal and Inspection Occupations
	☐	상담 · 안내 · 통계 및 기타 사무직 Customer Service, Information Desk, Statistical Survey and Other Clerical Occupations
4		서비스 종사자 Service Workers
	☐	경찰 · 소방 및 보안 관련 서비스직 Police, Fire Fighting and Security Related Service Occupations
	☐	돌봄 · 보건 및 개인 생활 서비스직 Caregiving, Health and Personal Service Workers
	☐	운송 및 여가 서비스직 Transport and Leisure Services Occupations
	☐	조리 및 음식 서비스직 Cooking and Food Service Occupations
5		판매 종사자 Sales Workers
	☐	영업직 Sales Occupations

	☐	매장 판매 및 상품 대여직 Store Sales and Rental Sales Occupations
	☐	통신 및 방문 · 노점 판매 관련직 Mobile, Door to Door and Street Sales Related Occupations
6		**농림 · 어업 숙련 종사자 Skilled Agricultural, Forestry and Fishery Workers**
	☐	농 · 축산 숙련직 Agricultural, Livestock Related Skilled Occupations
	☐	임업 숙련직 Skilled Forestry Occupations
	☐	어업 숙련직 Skilled Fishery Occupations
7		**기능원 및 관련 기능 종사자 Craft and Related Trades Workers**
	☐	식품가공 관련 기능직 Food Processing Related Trades Occupations
	☐	섬유 · 의복 및 가죽 관련 기능직 Textile, Clothing and Leather Related Trade occupations
	☐	목재 · 가구 · 악기 및 간판 관련 기능직 Wood and Furniture, Musical Instrument and Signboard Related Trade Occupations
	☐	금속 성형 관련 기능직 Metal Coremakers Related Trade Occupations
	☐	운송 및 기계 관련 기능직 Transport and Machine Related Trade Occupations
	☐	전기 및 전자 관련 기능직 Electric and Electronic Related Trade Occupations
	☐	정보 통신 및 방송장비 관련 기능직 Information and Communications Technology Related Occupations
	☐	건설 및 채굴 관련 기능직 Construction and Mining Related Trade Occupations
	☐	기타 기능 관련직 Other Technical Occupations
8		**장치 · 기계 조작 및 조립 종사자 Equipment, Machine Operating and Assembling Workers**
	☐	식품가공 관련 기계 조작직 Food Processing Related Machine Operating Occupations
	☐	섬유 및 신발 관련 기계 조작직 Textile and Shoe Related Machine Operating Occupations
	☐	화학 관련 기계 조작직

		Chemical Related Machine Operating Occupations
	☐	금속 및 비금속 관련 기계 조작직 Metal and Nonmetal Related Machine Operating Occupations
	☐	기계 제조 및 관련 기계 조작직 Machine Production and Related Machine Operating Occupation
	☐	전기 및 전자 관련 기계 조작직 Electrical and Electronic Related Machine Operating Occupations
	☐	운전 및 운송 관련직 Driving and Transport Related Occupations
	☐	상하수도 및 재활용 처리 관련 기계 조작직 Water Treatment and Recycling Related Operating Occupation
	☐	목재 · 인쇄 및 기타 기계 조작직 Wood, Printing and Other Machine Operating Occupations
9		단순노무 종사자 Elementary Workers
	☐	건설 및 광업 관련 단순 노무직 Construction and Mining Related Elementary Occupations
	☐	운송 관련 단순 노무직 Transport Related Elementary Occupations
	☐	제조 관련 단순 노무직 Production Related Elementary Occupations
	☐	청소 및 경비 관련 단순 노무직 Cleaning and Guard Related Elementary Occupations
	☐	가사 · 음식 및 판매 관련 단순 노무직 Household Helpers, Cooking Attendants and Sales Related Elementary Workers
	☐	농림 · 어업 및 기타 서비스 단순 노무직 Agriculture, Forestry, Fishery and Other Service Elementary Occupations

「출입국관리법 시행규칙」 제47조, 제49조의2, 제76조에 따라 위와 같이 신고합니다.
I hereby report as above in accordance with Articles 47, 49(2) and 76 of Enforcement Rule of the Immigration Act.

신청일 (Date of Application)	년 월 일 (year) (month) (day)
신청인 (Applicant)	(서명 또는 인) (signature or seal)
대리인 (By proxy)	(서명 또는 인) (signature or seal)

※참고: 취업할 수 있는 체류 외국인의 직업 및 연간소득금액 신고 의무

---

112) 법무부 출입국 · 외국인정책본부, 「외국인체류 안내매뉴얼」, 2024.7.26, 9면-11면.

II. 취업활동을 할 수 있는 체류자격

출입국관리법 제18조 제1항은 출입국관리법 제17조 제1항의 "외국인은 그 체류자격과 체류기간의 범위 내에서 대한민국에 체류할 수 있다"는 일반원칙을 구체화하여 외국인이 대한민국에서 취업하고자 할 때에는 대통령령이 정하는 바에 따라 취업활동을 할 수 있는 체류자격을 받도록 규정하고 있다. 이 규정을 위반한 자에 대하여는 3년 이하의 징역이나 금고 또는 3천만원 이하의 벌금에 처하고(출입국관리법 제94조 제8호), 출입국관리법 제46조 제1항 제8호에 따라 강제퇴거대상자에 해당된다.

취업활동이 가능한 체류자격은 영주(F-5), 단기취업(C-4), 교수(E-1), 회화지도(E-2), 연구(E-3), 기술지도(E-4), 전문직업(E-5), 예술흥행(E-6), 특정활동(E-7), 계절근로(E-8), 비전문취업(E-9), 선원취업(E-10), 거주(F-2), 재외동포(F-4), 결혼이민(F-6), 관광취업(H-1), 방문취업(H-2)으로 총 17종류이다. 나머지 20종류의 체류자격은 체류자격외 활동 허가를 받지 않고서는 취업이 불가능하다. 각 체류자격별 취업활동 가능여부 및 취업활동 범위제한 여부, 체류자의 수 현황을 표로 정리하면 아래와 같다.

〈체류자격별 취업활동 가능여부〉[113]

구분		계열	체류자격(기호)	취업활동 가능여부[114]	취업활동 범위	체류자 수[115] (2023년)
영주자격		F(장기사증)	영주(F-5)	○	제한 ×	185,441
일반 체류 자격	단기 체류 자격	B(무사증)	사증면제(B-1)	×		223,851
			관광・통과(B-2)			137,116
		C(단기사증)	일시취재(C-1)			

---

113) 출입국관리법 시행령 제23조, 동 시행령 [별표 1]〈개정 2019. 6. 11.〉, [별표 1의2]〈개정 2024. 7. 2.〉, [별표 1의3]〈개정 2023. 12. 12.〉을 재정리함.

구분		계열	체류자격(기호)	취업활동 가능여부[114]	취업활동 범위	체류자 수[115] (2023년)
			단기방문(C-3)			176,235
			단기취업(C-4)	○	제한 ○	2,196
장기 체류 자격		A(공무사증)	외교(A-1)			
			공무(A-2)			
			협정(A-3)			
		D(일반사증)	문화예술(D-1)			
			유학(D-2)			152,094
			기술연수(D-3)			1,828
			일반연수(D-4)	×		76,644
			취재(D-5)			
			종교(D-6)			1,128
			주재(D-7)			1,148
			기업투자(D-8)			7,565
			무역경영(D-9)			2,512
			구직(D-10)			
		E(취업사증)	교수(E-1)	○		1,897
			회화지도(E-2)	○		14,005
			연구(E-3)	○		3,916
			기술지도(E-4)	○		
			전문직업(E-5)	○	제한 ○	
			예술흥행(E-6)	○		4,711
			특정활동(E-7)	○		44,993
			계절근로(E-8)	○		14,143
			비전문취업(E-9)	○		310,825
			선원취업(E-10)	○		21,476
		F(장기사증)	방문동거(F-1)	×		112,260

구분	계열	체류자격(기호)	취업활동 가능여부[114]	취업활동 범위	체류자 수[115] (2023년)
		거주(F-2)	○	제한 ○	53,325
		동반(F-3)	×		30,613
		재외동포(F-4)	○	제한 ○	536,374
		결혼이민(F-6)	○	제한 ×	
	H(취업사증)	관광취업(H-1)	○	제한 ○	
		방문취업(H-2)	○	제한 ○	103,981
	G(기타)	기타(G-1)	×		46,961

※참고 1 : 「2011년 개정판 출입국관리법 해설」에 따른 취업가능 자격 구분

취업 가능 여부에 따른 체류자격 구분[116]

비취업 자격 (17)[117]	A계열 (3)	① 외교(A-1), ② 공무(A-2), ③ 협정(A-3)
	B계열 (2)	① 사증면제(B-1), ② 관광·통과(B-2)
	C계열[118] (2)	① 일시취재(C-1), ② 단기방문(C-3)
	D계열 (10)	① 문화예술(D-1), ② 유학(D-2), ③ 기술연수(D-3), ④ 일반연수(D-4), ⑤ 취재(D-5), ⑥ 종교(D-6), ⑦ 주재(D-7), ⑧ 기업투자(D-8), ⑨ 무역경영(D-9), ⑩ 구직(D-10)

취업가능자격 (17)	C계열 일부 (1)	① 단기취업(C-4)
	E계열 (10)	① 교수(E-1), ② 회화지도(E-2), ③ 연구(E-3), ④ 기술지도(E-4), ⑤ 전문직업(E-5), ⑥ 예술흥행(E-6), ⑦ 특정활동(E-7), ⑧ 계절근로(E-8)[119], ⑨ 비전문취업(E-9), ⑩ 선원취업(E-10)
	F계열 일부 (4)	① 거주(F-2), ② 재외동포(F-4), ③ 영주(F-5), ④ 결혼이민(F-6)[120]

---

114) '체류자격외 활동' 허가를 얻어 취업하게 되는 경우는 고려하지 않았음.
115) 법무부 출입국·외국인정책본부, 「2023 출입국·외국인정책 통계연보」, 2024.6, 43면.
116) 법무부 출입국·외국인정책본부, 「2011년 개정판 출입국관리법 해설」, 2011.1, 96면을 개정된 출입국관리법령을 반영하여 수정함.

	H계열 일부 (2)	① 관광취업(H-1), ② 방문취업(H-2)

기타 (3)	F계열 일부 (2)	① 방문동거(F-1), ② 동반(F-3)
	G계열 (1)	① 기타(G-1)

※참고 2 : 취업가능 자격의 체류기간 상한과 체류기간 연장허가에 대한 정리

	계열	구분	체류기간의 상한[121]	체류기간 연장허가[122]
취업가능자격 (17)	C계열 일부 (1)	① 단기취업(C-4)	90일[123]	원칙적 불가, 예외적으로 가능[124]
	E계열 (10)	① 교수(E-1)	5년	가능
		② 회화지도(E-2)	2년	가능
		③ 연구(E-3)	5년	가능
		④ 기술지도(E-4)	5년	가능
		⑤ 전문직업(E-5)	5년	가능
		⑥ 예술흥행(E-6)	2년	가능 E-6-1, E-6-3: 1회 근로계약기간+1개월(최대 2년) E-6-2: 1회 최대 1년
		⑦ 특정활동(E-7)	3년	가능
		⑧ 계절근로(E-8)	5개월	불가
		⑨ 비전문취업(E-9)	3년	가능 1년 10개월

---

117) 체류자격 외 활동의 허가를 통해 취업활동이 가능한 체류자격도 있으나, 여기서는 이를 고려하지 않고 본래의 체류자격 범위에 따라 비취업자격으로 구분하였음.

118) 단기상용(C-2)계열은 2011. 11. 1. 출입국관리법 시행령 개정으로 삭제되고, 단기방문(C-3)으로 통합되었음.(시행일: 2011. 12. 15.)

119) 2019. 12. 24. 출입국관리법 시행령 개정으로 신설되었음(시행일: 2019. 12. 24.). "현재 계절근로 체류자격은 단기취업(C-4)으로 운영되고 있으나, 농·어촌 인력 부족 현상을 해결하기 위하여 농·어업 분야에서 장기간 취업이 가능한 계절근로(E-8) 자격을 장기체류자격으로 신설함."(개정이유(법제처))

120) 2011. 11. 1. 출입국관리법 시행령 개정으로 신설되었음(시행일: 2011. 12. 15.). "국내 결혼이민자가 급증함에 따라 국민의 배우자, 국민과 혼인관계에서 출산한 자녀를 양육하고 있는 부모 등에 대해서는 종전의 거주(F-2) 체류자격이 아닌 결혼이민(F-6) 체류자격으로 구분하여 지원 및 관리하도록 함. 결혼이민자들에 대하여 보다 체계적인 지원과 관리가 이루어질 수 있을 것으로 기대됨."(개정이유(법제처))

	⑩ 선원취업(E-10)	3년	가능
F계열 일부 (4)	① 거주(F-2)	5년	가능
	② 재외동포(F-4)	3년	가능 1회에 최대 3년
	③ 영주(F-5)	해당없음	해당없음
	④ 결혼이민(F-6)	3년	가능 국민의 배우자(F-6-1): 1회에 1년(자녀 양육시 3년) 자녀양육자(F-6-2): 최초 신청 시 1년, 재신청 시 3년
H계열 일부 (2)	① 관광취업(H-1)	협정 상의 체류기간	가능 입국한 날로부터 1년 범위 내에서 연장 – 단, 협정에 따라 미국 1년 6개월, 영국 · 캐나다는 2년까지 연장 가능
	② 방문취업(H-2)	3년	가능 1년 10개월[125]

※참고 3 : 외국인 취업 및 고용가능여부 조회하기(하이코리아)

아래 사이트에 접속하여, '외국인등록번호'와 '발급일자'를 입력하면, 해당 외국인 근로자의 ① 합법체류자 여부, ② 취업가능 범위, ③ 취업 또는 고용절차, ④ 고용변동신고절차 안내 등을 알아 볼 수 있다.

사이트 주소 : https://www.hikorea.go.kr/info/InfoFrnJobIdentityPageR.pt?locale=kr

---

[121] 출입국관리법 시행규칙 [별표 1] 체류자격별 체류기간의 상한(제18조의3 관련) 〈개정 2019. 12. 24.〉 "위 별표에도 불구하고 법무부장관은 필요하다고 인정하는 경우 법 제25조에 따라 체류기간의 상한을 초과하여 체류를 허가할 수 있음[계절근로(E-8)는 제외한다]"

[122] 법무부 출입국 · 외국인정책본부, 「외국인체류 안내매뉴얼」 2024. 7. 26. 각 비자 항목의 '체류기간 연장허가'란 참조.

[123] 법무부 출입국 · 외국인정책본부, 「외국인체류 안내매뉴얼」 2024. 7. 26., 29면.

[124] 출국할 선박 등이 없거나 그 밖에 부득이한 사유로 출국할 수 없는 경우에 한하여 출국을 위한 체류기간 연장 가능. 통상적으로 30일~60일 정도 연장됨.

[125] "고용부에서 "취업기간 만료자 취업활동 기간연장 확인서"를 받은 경우 입국일(또는 체류자격변경허가일)로부터 4년 10개월 내에서 허가" 가능. 법무부 출입국 · 외국인정책본부, 「알기쉬운 외국국적동포 업무 매뉴얼」 2024. 7., 13면.

❙ 외국인 취업 및 고용가능여부 조회하기

▣ 외국인 취업 및 고용가능 여부 확인서비스

> 외국인취업 및 고용가능 여부 확인 서비스는 국내에 취업하고자 하는 외국인과 외국인을 고용하고자하는
>
> 고용주에게 합법체류자여부, 취업가능여부, 취업가능 범위, 취업 및 고용절차, 고용변동신고 등을 안내하는
>
> 서비스입니다.
> 서비스 제공범위
>
> - 합법체류자 여부(불법체류자여부 확인 불가)
>
> - 취업가능 범위
>
> - 취업 또는 고용절차
>
> - 고용변동신고절차 안내 등

① 외국인정보 조회 시 해당 외국인이 불법체류자 인지 여부를 확인하여 드리지는 않으며, 피조회 대상자의 인정사항은 개인정보보호법에 저장
및 보호됩니다.

② 합법체류자도 취업 제한이 있을 수 있으므로 동 서비스로 조회가 되지 않는 경우가 있습니다. 따라서 동 서비스에 조회되지 않는다는 사실만
으로는 불법체류자 여부를 판단할 수 없음을 반드시 유념하여 주시기 바랍니다.

▣ 외국인 취업 및 고용가능여부 조회하기

> 외국인/거소등록정보를 입력하여 외국인 취업 및 고용가능여부 정보를 조회할 수 있습니다.
>
> 하단 견본을 참조하여 등록증의 등록번호와 발급일자를 입력하여 주시기 바랍니다.
>
> ※ 등록번호 입력 시 "-"는 생략하고 숫자만 입력하십시오.
>
> 외국인등록증 및 거소등록증 신분증 견본은 하단 "신분증 종류" 메뉴를 참고하시기 바랍니다.

III. 취업활동이 가능한 사증의 취업 가능 업종 및 체류기간

1. 원칙

출입국관리법 제18조 제1항에서의 "취업활동을 할 수 있는 체류자격"이란 출입국관리법 시행령 별표 1 중 단기취업(C-4), 별표 1의 2 중 교수(E-1)부터 선원취업(E-10) 및 방문취업(H-2)의 체류자격을 말하며, 이 경우 "취업활동"은 해당 체류자격의 범위에 속하는 활동을 말한다(출입국관리법 시행령 제23조 제1항).

2. 예외

(1) 거주(F-2) 및 결혼이민(F-6)

다음 어느 하나에 해당하는 사람은 출입국관리법 시행령 제23조 제1항에도 불구하고 별표 1[단기체류자격] 및 별표 1의2[장기제류자격]의 체류자격 구분에 따른 취업활동의 제한을 받지 않는다(출입국관리법 시행령 제23조 제2항).

① 출입국관리법 시행령 별표 1의2[장기제류자격] 중 24. 거주(F-2)의 가목부터 다목까지 및 자목부터 파목까지의 어느 하나에 해당하는 체류자격을 가지고 있는 사람,

24. 거주 (F-2)	가. 국민의 미성년 외국인 자녀 또는 별표 1의3 영주(F-5) 체류자격을 가지고 있는 사람의 배우자 및 그의 미성년 자녀 나. 국민과 혼인관계(사실상의 혼인관계를 포함한다)에서 출생한 사람으로서 법무부장관이 인정하는 사람 다. 난민의 인정을 받은 사람

<삭제>

자. 나이, 학력, 소득 등이 법무부장관이 정하여 고시하는 기준에 해당하는 사람

차. 투자지역, 투자대상, 투자금액 등 법무부장관이 정하여 고시하는 기준에 따라 부동산 등 자산에 투자한 사람 또는 법인의 임원, 주주 등으로서 법무부장관이 인정하는 외국인. 이 경우 법인에 대해서는 법무부장관이 투자금액 등을 고려하여 체류자격 부여인원을 정한다.

카. 법무부장관이 대한민국에 특별한 기여를 했거나 공익의 증진에 이바지했다고 인정하는 사람

타. 자목부터 카목까지의 규정에 해당하는 사람의 배우자 및 자녀(법무부장관이 정하는 요건을 갖춘 자녀만 해당한다)

파. 「지방자치분권 및 지역균형발전에 관한 특별법」 제2조제12호에 따른 인구감소지역 등에서의 인력 수급과 지역 활력 회복을 지원하기 위하여 법무부장관이 대상 업종·지역, 해당 지역 거주·취업 여부 및 그 기간 등을 고려하여 고시하는 기준에 해당하는 사람

② 별표 1의2[장기체류자격] 중 24. 거주(F-2)의 라목 또는 바목의 체류자격을 가지고 있는 사람으로서 그의 종전 체류자격에 해당하는 분야에서 활동을 계속하고 있는 사람,

24. 거주 (F-2)	라. 「외국인투자 촉진법」에 따른 외국투자가 등으로 다음의 어느 하나에 해당하는 사람 1) 미화 50만 달러 이상을 투자한 외국인으로서 기업투자(D-8) 체류자격으로 3년 이상 계속 체류하고 있는 사람 2) 미화 50만 달러 이상을 투자한 외국법인이 「외국인투자 촉진법」에 따른 국내 외국인투자기업에 파견한 임직원으로서 3년 이상 계속

	체류하고 있는 사람
	3) 미화 30만 달러 이상을 투자한 외국인으로서 2명 이상의 국민을 고용하고 있는 사람
	〈삭제〉
	바. 외교(A-1)부터 협정(A-3)까지의 체류자격 외의 체류자격으로 대한민국에 5년 이상 계속 체류하여 생활 근거지가 국내에 있는 사람으로서 법무부장관이 인정하는 사람
	〈삭제〉

③ 출입국관리법 시행령 별표 1의2[장기체류자격] 중 27. 결혼이민(F-6)의 체류자격을 가지고 있는 사람

27. 결혼이민 (F-6)	가. 국민의 배우자
	나. 국민과 혼인관계(사실상의 혼인관계를 포함한다)에서 출생한 자녀를 양육하고 있는 부 또는 모로서 법무부장관이 인정하는 사람
	다. 국민인 배우자와 혼인한 상태로 국내에 체류하던 중 그 배우자의 사망이나 실종, 그 밖에 자신에게 책임이 없는 사유로 정상적인 혼인관계를 유지할 수 없는 사람으로서 법무부장관이 인정하는 사람

(2) 재외동포(F-4)

재외동포(F-4) 체류자격을 가지고 있는 사람은 출입국관리법 시행령 제23조 제1항에도 불구하고 다음 어느 하나에 해당하는 경우를 제외하고는 별표 1[단기체류자격] 및 별표 1의2[장기체류자격]의 체류자격 구분에 따른 활동의 제한을 받지 않는다.

① 단순노무행위를 하는 경우. 다만, 「지방자치분권 및 지역균형발전에 관한 특별법」 제2조제12호에 따른 인구감소지역에서 거주하거나 취업하려는 사람으로서 법무부장관이

인정하는 사람은 제외한다.

② 선량한 풍속이나 그 밖의 사회질서에 반하는 행위를 하는 경우

③ 그 밖에 공공의 이익이나 국내 취업질서 등을 유지하기 위하여 그 취업을 제한할 필요가 있다고 인정되는 경우

출입국관리법 시행규칙

[시행 2023. 12. 14.] [법무부령 제1063호, 2023. 12. 14., 일부개정]

제27조의2(재외동포의 취업활동 제한) ① 영 제23조제3항제1호의 "단순노무행위"라 함은 단순하고 일상적인 육체노동을 요하는 업무로서 한국표준직업분류(통계청고시)에 의한 단순노무직 근로자의 취업분야를 말한다.

② 영 제23조제3항제2호의 "선량한 풍속이나 그 밖의 사회질서에 반하는 행위"라 함은 다음 각 호의 어느 하나에 해당하는 행위를 말한다. 〈개정 2002. 4. 27., 2005. 7. 8., 2010. 11. 16., 2013. 5. 31., 2023. 12. 14.〉

  1. 「사행행위 등 규제 및 처벌특례법」 제2조제1항제1호 및 동법 시행령 제1조의2등에서 규정하고 있는 사행행위 영업장소등에 취업하는 행위

  2. 「식품위생법」 제36조제3항 및 같은 법 시행령 제21조제8호 등에서 규정하고 있는 유흥주점등에서 유흥종사자로 근무하는 행위

  3. 「풍속영업의 규제에 관한 법률」 제2조 및 동법 시행령 제2조등에서 규정하고 있는 풍속영업중 선량한 풍속에 반하는 영업장소등에 취업하는 행위

③ 법무부장관은 제1항 및 제2항과 영 제23조제3항제3호에 따른 재외동포의 취업활동 제한에 관한 구체적 범위를 지정하여 고시한다. 〈개정 2009. 4. 3.〉

[본조신설 1999. 12. 2.]

---

(3) 관광취업(H-1)

관광취업(H-1) 체류자격을 가지고 있는 사람이 취업활동을 하는 경우에는 취업활동을 할 수 있는 체류자격에 해당하는 것으로 본다(출입국관리법 시행령 제23조 제5항).

3. 취업활동이 가능한 17개 체류자격의 취업가능업종과 1회에 부여할 수 있는 체류기간의 상한

취업활동이 가능한 17개 체류자격의 취업가능업종과 1회에 부여할 수 있는 체류기간의 상한을 정리하면 아래와 같다. 법무부장관의 허가를 미리 받으면 본래 자신에게 부여된 체류자격에 해당하는 활동과 병행하여 부수적으로 다른 체류자격에 해당하는 활동을 할 수 있으며 이를 '체류자격외 활동허가'라고 한다. 본 매뉴얼에서는 체류자격 내의 활동에 대해서만 설명하는 것을 원칙으로 한다.

구분	비자	취업가능업종	체류기간 상한 (1회)	체류자수 126)(명)
단기취업	단기취업(C-4)[127]	농작물 재배 · 수확 및 수산물 원시가공 (C-4-1~4),[128] 일시흥행, 광고 · 패션모델, 강의 · 강연, 연구, 기술지도 등(C-4-5)[129], 단순노무 직종은 단기취업(C-4-5) 자격에 해당되지 않음.[130]	90일	3,758
고용허가제	비전문취업(E-9)	제조업(E-9-1), 건설업(E-9-2), 농축산업(E-9-3), 어업(E-9-4), 임업(E-9-9), 광업(E-9-8) 서비스업(E-9-5)[131]	3년[132]	326,855
	방문취업(H-2)	작물재배업, 축산업, 제조업 등 한국표준산업분류에 의한 39개 업종.[133][134]	3년[135]	97,650
계절근로	계절근로(E-8)	농작물 재배 · 수확(재배 · 수확과 연계된 원시가공 분야를 포함한다) 및 수산물 원시가공[136]	5개월	39,411
전문 외국인력	교수(E-1)	-한국과학기술원 등 학술기관 교수 -전문대학 이상의 교육기관에서 임용하는 조교수 이상의 교수 -대학 또는 대학부설연구소의 특수분야 연구교수[137]	5년	1,888

	회화지도(E-2)	−외국어전문학원, 초등학교 이상의 교육기관 및 부설어학연구소, 방송사 및 기업체부설 어학 연수원 기타 이에 준하는 기관 또는 단체에서 외국어 회화지도[138]	2년	13,609
	연구(E-3)	−자연과학분야의 연구 또는 산업상 고도기술의 연구개발 종사 −고급과학기술인력 −사회과학 · 인문학 · 예체능 분야의 연구 인력[139]	5년	3,535
	기술지도(E-4)	−공 · 사기관에서 자연과학분야의 전문지식 또는 산업상의 특수분야에 속하는 기술 제공[140]	5년	205
	전문직업(E-5)	−대한민국의 법률에 의하여 인정된 외국의 국가 공인자격증을 소지한 자로서 대한민국의 법률에 의하여 행할 수 있도록 되어 있는 전문업무 종사[141]	5년	216[142]
	예술흥행(E-6)	−수익이 따르는 음악, 미술, 문학 등의 예술활동 −수익을 목적으로 하는 연예, 연주, 연극, 운동경기, 광고, 패션모델 등으로 출연하는 흥행활동[143]	2년	4,500
	특정활동(E-7)	−대한민국 내의 공 · 사기관 등과의 계약에 따라 법무부장관이 특별히 지정 하는 활동에 종사하려고 하는 사람 −'22. 11. 현재 87개 직종(278개 세부분류) 선정: 관리 · 전문직종(67개), 사무 및 서비스종사자, 판매종사자 직종(10개), 일반기능직종(9개), 숙련기능인력(점수제)직종(3개)[144]	3년[145]	53,594
	선원취업(E-10)	−선원근로계약을 체결하고 선원법상 부원(部員)에 해당하는 자[146]	3년	21,637
기타	거주(F-2)	−영주자격을 부여받기 위하여 국내 장기체류하려는 자[147] −취업 활동 제한 없음.[148] −우수인재 점수제 비자(F-2-7)[149] : 우수인재를 대상으로 나이와 학력, 소득, 한국어 능력 등 각 항목을 점수화하여 일정 점수 이상자에게 체류자격 부여	5년/ 1년~5년[150]	56,608
	재외동포(F-4)	−단순노무행위, 반사회질서행위, 국내 취업질서 유지를 위해 취업 제한이 필요한 경우 등을 제외하고는 자유로운 취업활동 가능[151]	3년	547,932
	영주(F-5)	−체류자격의 구분에 따른 활동의 제한을 받지 않음[152]	상한 없음	192,801
	결혼이민(F-6)	−체류자격 구분에 따른 취업활동의 제한을 받지 않음[153]	3년	145,310

관광취업(H-1)		−대한민국과 관광취업에 관한 협정이나 양해각서를 체결한 국가의 국민으로서 관광을 주된 목적으로 하면서 이에 수반되는 관광경비 충당을 위하여 이루어지는 단기간의 취업 활동[154]	협정상의 체류 기간	3,706[155]

126) 2024. 6. 30.기준. 출입국 · 외국인정책본부, 「출입국 · 외국인정책 통계월보 2024년 6월호」, 2024.7. 19, 21면 참조.

127) 단기취업(C-4)는 계절근로 단기취업(C-4-1~4)과 계절근로외 단기취업(C-4-5)으로 구분됨. 법무부 출입국 · 외국인정책본부, 「외국인체류 안내매뉴얼」, 2024.7.26, 29면 참조.

128) 법무부 출입국 · 외국인정책본부, 「외국인체류 안내매뉴얼」, 2024.7.26, 29면 참조.

129) 법무부 출입국 · 외국인정책본부, 「외국인체류 안내매뉴얼」, 2024.7.26, 29면 참조.

130) 법무부 출입국 · 외국인정책본부, 「사증발급 안내매뉴얼」, 2024.7.26, 51면 참조.

131) 법무부 출입국 · 외국인정책본부, 「사증발급 안내매뉴얼」, 2024.7.26, 213면-214면 참조.

132) 재고용에 의한 취업기간 연장 허가를 통해 입국일로부터 4년 10개월 체류 가능. 법무부 출입국 · 외국인정책본부, 「사증발급 안내매뉴얼」, 2024.7.26, 281면 참조.

133) 외국인근로자의 고용 등에 관한 법률 제12조(외국인근로자 고용의 특례) 제1항. 고용노동부는 "H-2 허용 업종을 일일이 열거하는 포지티브 방식에서 허용제외 업종을 결정하는 네거티브 방식으로 전환"하는 정책을 2021년 하반기에 추진하기로 하였음. 법무부 보도자료, '인국감소시대, 외국인 역량을 국가 성장동력으로'-범부처 인구정책 TF 외국인정책반 과제-, 2021. 7.7. 5면.

134) 출입국관리법 시행령 별표 1의2〈장기체류자격〉에 29. 방문취업(H-2) 체류자격에 해당하는 사람 또는 활동범위란 중 "나. 활동범위 2) 한국표준산업분류표에 따른 다음의 산업 분야에서의 활동." 참조. 이에 관한 상세한 업종 설명은, 법무부 출입국 · 외국인정책본부, 「알기쉬운 외국국적동포 업무 매뉴얼」, 2024.7, 44면-53면 참조.

135) 3년 만기 전에 고용주가 고용노동부에서 취업활동 기간 연장 확인서를 받은 경우(재고용된 경우) 1년 10개월 범위 내에서 체류기간연장허가를 받을 수 있음. 법무부 출입국 · 외국인정책본부, 「알기쉬운 외국국적동포 업무 매뉴얼」, 2024.7, 1면 참조.

136) 법무부 출입국 · 외국인정책본부, 「사증발급 안내매뉴얼」, 2024.7.26, 240면 참조.

137) 법무부 출입국 · 외국인정책본부, 「외국인체류 안내매뉴얼」, 2024.7.26, 149면 참조.

138) 법무부 출입국 · 외국인정책본부, 「외국인체류 안내매뉴얼」, 2024.7.26, 157면 참조.

139) 법무부 출입국 · 외국인정책본부, 「외국인체류 안내매뉴얼」, 2024.7.26, 168면 참조.

140) 법무부 출입국 · 외국인정책본부, 「외국인체류 안내매뉴얼」, 2024.7.26, 179면 참조.

141) 법무부 출입국 · 외국인정책본부, 「외국인체류 안내매뉴얼」, 2024.7.26, 184면 참조.

142) 2024. 6. 30.기준. 출입국 · 외국인정책본부, 「출입국 · 외국인정책 통계월보 2024년 6월호」, 2024.7. 19, 34면 참조. 34면 참조.

143) 법무부 출입국 · 외국인정책본부, 「외국인체류 안내매뉴얼」, 2024.7.26, 189면 참조.

144) 법무부 출입국 · 외국인정책본부, 「외국인체류 안내매뉴얼」, 2024.7.26, 196면-197면 참조.

145) 주무부처 추천 우수인재, 지역특화발전특구 및 첨단의료복합단지 내 E-7 직종 종사자, 경제자유구역 내 의료연구개발기관의 연구원에 대해서는 5년. 법무부 출입국 · 외국인정책본부, 「외국인체류 안내매뉴얼」, 2024.7.26, 196면 참조.

146) 고용노동부, 「고용허가제 업무매뉴얼」 2023, 620면.

※ 고용노동부가 '고용허가제 업무매뉴얼'에서 정리하는 취업활동 가능 체류자격은 아래와 같으므로 참고할 수 있다.[156]

체류자격 (기호)		체류기간	체류자격 해당자 또는 활동범위
전문인력	교수 (E-1)	5년	전문대 이상의 교육기관 등에서 교육·연구 활동에 종사
	회화지도 (E-2)	2년	외국어학원, 학교 등에서 외국어 회화지도에 종사
	연구 (E-3)	5년	자연과학이나 산업상의 고도기술 연구·개발에 종사
	기술지도 (E-4)	5년	자연과학 분야의 전문지식 또는 산업 상 특수 기술 제공
	전문직업 (E-5)	5년	외국 변호사, CPA, 의사 등 법률, 회계, 의료분야 등에 종사
	예술흥행 (E-6)	1년	예술활동, 연예, 연주, 운동경기, 광고·모델 등에 종사
	특정활동 (E-7)	2년	공·사 기관과 계약에 따라 법무부장관이 지정한 활동에 종사
비전문인력	비전문취업 (E-9)	3년	제조, 농축산, 어업, 건설, 일부 서비스업 등에 종사
	방문취업 (H-2)	3년	만 25세 이상의 중국·구소련 국적의 동포에게 부여하며, E-9과 같은 분야 취업허용(단 서비스분야 넓게 허용)
	선원취업 (E-10)	1년	선원근로계약을 체결하고 선원법상 부원(部員)에 해당하는 자
기타	거주 (F-2)	3년	국민·영주(F-5) 자격자의 미성년 자녀, 고액투자자, 전문인력·비전문인력으로 일정기간 이상 체류자 등(취업활동에 제한 없음)
	재외동포 (F-4)	3년	본인·부모·조부모 일방이 대한민국 국민이었거나, 방문취업으로 2년 이상 동일사업장 근속자 등(단순노무 외에 취업활동 허용)
	영주 (F-5)	없음	특정활동·거주 등으로 5년 이상 체류하고 일정요건 충족자, 국민이나 영주 자격자의 배우자·미성년 자녀로서 2년 이상 체류자,

147) 법무부 출입국·외국인정책본부, 「외국인체류 안내매뉴얼」, 2024.7.26, 307면 참조.
148) "국내에서 장기체류가 가능하고 취업활동에 제한을 받지 않는 등 경제활동이 자유롭기 때문에 영주(F-5) 자격에 준하는 체류자격이라 할 수 있다." 정봉수 외, 「알기쉬운 외국인고용과 비자 실무 가이드(제2개정판)」, 강남 노무법인, 2020. 110면 참조. 출입국관리법 시행령 제23조 제2항 제1호, 제2호.
149) 출입국관리법시행령 별표 1의2 중 24. 거주(F-2)자목에 해당하는 자의 연령, 학력, 소득 등에 관한 기준 고시 [시행 2021. 12. 8.] [법무부고시 제2021-494호, 2021. 12. 8., 일부개정] 참조.
150) 우수인재 점수제 비자의 경우 취득 점수에 따라 1년에서 5년 사이에서 다르게 부여. [법무부고시 제2021-494호, 2021. 12. 8., 일부개정] 참조.
151) 재외동포(F-4) 자격의 취업활동 제한범위 고시[시행 2023. 5. 1.] [법무부고시 제2023-187호, 2023. 5. 1., 폐지제정]
152) 법무부 출입국·외국인정책본부, 「외국인체류 안내매뉴얼」, 2024.7.26, 371면 참조.
153) 법무부 출입국·외국인정책본부, 「외국인체류 안내매뉴얼」, 2024.7.26, 420면 참조.
154) 법무부 출입국·외국인정책본부, 「사증발급 안내매뉴얼」, 2024.7.26. 266면 참조.
155) 2024. 6. 30.기준. 출입국·외국인정책본부, 「출입국·외국인정책 통계월보 2024년 6월호」, 2024.7. 34면 참조.
156) 고용노동부, 고용허가제 업무매뉴얼, 2023, 620면. 고용허가제 업무매뉴얼 상의 '취업활동이 허용되는 체류자격'에는 계절근로(E-8) 자격이 빠져있음.

			재외동포 2년 이상 체류 및 일정요건 충족자 등
결혼이민	(F-6)	3년	국민의 배우자 등
단기취업	(C-4)	90일	일시 흥행, 광고·모델, 강의·강연 등 단기 취업활동에 종사
관광취업	(H-1)	협정	협정이나 양해각서 체결 국가의 국민으로 관광을 주된 목적으로 하면서 경비충당을 위해 단기 취업활동 종사자

제5편

단순 외국인력

제1장 고용허가제

제1절 의의

I. 의의

고용허가제는 내국인을 구하지 못한 중소기업이 정부로부터 허가를 받아 비전문 외국인력을 합법적으로 고용할 수 있도록 허가해 주는 제도이다. 고용허가제는 단순노무에 종사하는 인력을 도입하기 위한 제도로, 전문외국인력의 고용절차와 완전히 구분되는 제도이다. 고용허가제의 근거법률은 '외국인근로자의 고용 등에 관한 법률'이며, 고용허가제 대상이 되는 체류자격은 비전문취업(E-9)과 방문취업(H-2) 2종류이다. 고용허가제는 동남아 지역 등 16개국에서 외국인력(비자종류:E-9)을 도입하는 일반 고용허가제와 중국·구소련 국적의 동포(비자종류:H-2)를 도입하는 특례 고용허가제[157]로 구분된다. 외국인에게 입국일로부터 3년간 취업활동기간을 부여하고, 사업주에게 재고용되어 취업활동기간을 연장하는 경우(1회만 가능)에는 추가로 1년 10개월간 근무 가능하여 총 4년 10개월간 근무할 수 있다.

II. 고용허가제 개요

1. 고용허가제의 기본 원칙[158] 및 송출국가

내국인 일자리 잠식 등의 부작용을 유발하지 않도록 내국인을 고용하지 못한 사업장에 외국인 고용이 허용된다(보충성). 인력송출 비리가 없도록 공공부문이 직접 관리한다(투명성). 시장 수요에 맞는 외국인력 선발·도입을 지향한다(시장수요 존중 원칙). 외국인근로자들의 국내 정주화 방지를 위해 근무 기간을 일정하게 제한한다(단기순환). 노동관계법령

---

157) 이를 H-2 비자의 명칭을 따서, '방문취업제'라고 부르기도 함.
158) 고용노동부, 「2019 알기쉬운 고용허가제」 2019, 1면.

등이 내국인근로자와 동등하게 적용된다(차별금지).

일반고용허가제 외국인력 송출국가(17개국)[159]

① 필리핀, ② 몽골, ③ 스리랑카, ④ 베트남, ⑤ 태국, ⑥ 인도네시아, ⑦ 우즈베키스탄,

⑧ 파키스탄, ⑨ 캄보디아, ⑩ 중국, ⑪ 방글라데시, ⑫ 네팔, ⑬ 키르기즈, ⑭ 미얀마,

⑮ 동티모르, ⑯라오스(MOU 체결 순), ⑰ 타지키스탄[160]

---

2. 고용허용 업종

외국인력정책위원회(총 13명. 위원장: 국무조정실장, 위원: 12개 부처 차관)에서 매년 외국인력의 도입규모, 업종 및 송출국가 선정 등 주요 정책을 심의·결정한다. 고용허가제의 고용허용 업종은 E-9 비자의 경우 제조업, 건설업, 농축산업, 어업, 임업, 광업, 서비스업, 호텔·콘도업[161], H-2 비자의 경우 제조업, 건설업, 농축산업, 어업, 임업, 광업, 서비스업(허용제외 업종이 아닌 경우 모두 허용)[162]이다.

---

159) 고용노동부, 「2019 알기쉬운 고용허가제」 2019, 1면.
160) 현지조사 등 송출국 적합성 평가를 거쳐 타지키스탄을 17번째 고용허가제(E-9) 송출국으로 지정. 정부 간 고용허가제 MOU 체결 및 현지 EPS센터 설치 등 절차를 거쳐 '25년부터 타지키스탄 외국인력(E-9) 도입 추진. 고용노동부, 제41차 외국인력정책위원회 결정사항 공고(공고 제2024-2호), 2024. 1. 5. 참조.
161) 호텔·콘도업의 경우 '24년 2회차 고용허가서 발급 신청('24.4월 경) 시부터 적용 추진. ❶서울·부산·강원·제주 內 ❷호텔·콘도업체에서 직접 고용하는 ❸청소원, 주방 보조원 직종에 비전문취업(E-9) 신규 시범 도입. 고용노동부 제41차 외국인력정책위원회 결정사항 공고(공고 제2024-2호), 2024. 1. 5. 참조.
162) 농업, 어업, 광업, 제조업, 건설업은 '허용업종 지정(포지티브)' 방식, 서비스업은 '허용 제외업종 지정(네거티브)' 방식.

2024년 일반 외국인근로자(E-9) 고용허용 업종[163]

구 분	일반고용허가제(E-9)
제조업 (E-9-1)	− 상시근로자 300인 미만 또는 자본금 80억원 이하 ※ 단, 상기 기준에 충족하지 않더라도 아래 증빙서류 제출 시 인정 ■ 중소기업 (지방중소기업청에서 발급한 '중소기업확인서') ■ 비수도권 소재 뿌리산업 중견기업 (한국생산기술연구원에서 발급한 '뿌리기업 확인서' 및 한국중견기업연합회에서 발급한 '중견기업 확인서')
건설업 (E-9-2)	− 모든 건설공사 ※ 발전소 · 제철소 · 석유화학 건설현장의 건설업체 중 건설면허가 산업환경설비인 경우에 는 적용 제외
농축산업 (E-9-3)	− 작물재배업(011), 축산업(012), 작물재배 및 축산 관련 서비스업(014)
어업 (E-9-4)	− 연근해어업(03112), 양식어업(0321), 천일염 생산 및 암염 채취업(07220)

임업
(E-9-9)[164]
	− 임업 종묘 생산업(02011), 육림업(02012), 벌목업(02020), 임업 관련
	  서비스업(02040)
	※ 위 업종 중 「산림기술 진흥 및 관리에 관한 법률」 제2조제7호에 따른 '산림사업시행업자'
	  중 법인 및 「산림자원의 조성 및 관리에 관한 법률」 제16조에 따른 '종묘생산업자' 중
	  법인에 한함
	※ 표준직업분류상 '임업 단순 종사원(99102)' 고용에 한함

광업 (E-9-10) [165]	− 금속 광업(06), 비금속광물 광업(07) ※ 위 업종 중 연간 생산량 15만톤 이상의 「광업법」 제3조제3 · 4호에 따른 '채굴권' 또는 '조광권'이 설정된 업체에 한함 ※ 표준직업분류상 '광업 단순 종사원(91002)' 고용에 한함

서비스업
(E-9-5)
	− 건설폐기물처리업(3823)
	− 재생용 재료수집 및 판매업(46791)
	− 냉장 · 냉동 창고업(52102) (내륙에 위치한 업체)
	− 호텔업(55101), 휴양콘도 운영업(55103), 기타 일반 및 생활 숙박시설 운영업(55109)
	  중 호스텔업
	※ 위 업종 중 서울특별시 · 부산광역시 · 강원특별자치도 · 제주특별자치도 소재 업체에
	  한함
	※ 표준직업분류상 '건물 청소원(94111)', '주방 보조원(95220)' 고용에 한함
	− 한식 음식점업(5611), 외국식 음식점업(5612)
	※ '5년 이상 영업을 유지'하고 있는 업체에 한함
	※ 표준직업분류상 '주방 보조원(95220)' 고용에 한함
	− 서적, 잡지 및 기타 인쇄물 출판업(581)
	− 음악 및 기타 오디오물 출판업(59201)
	− 건축물일반청소업(74211)

---

163) 고용노동부 제43차 외국인력정책위원회 결정사항 공고(공고 제2024-333호), 2024.7.25. 참조.

※ 위 업종 중 서울특별시 · 부산광역시 · 강원특별자치도 · 제주특별자치도에 소재한 '호텔업(55101), 휴양콘도 운영업(55103), 기타 일반 및 생활 숙박시설 운영업(55109) 중 호스텔업' 등과 1:1 전속계약(청소 등 위탁)을 체결한 경우만 해당
※ 표준직업분류상 '건물 청소원(94111)' 고용에 한함

◆ 아래 업종의 표준직업분류상 하역 및 적재 단순종사자(92101)
– 폐기물 수집, 운반, 처리 및 원료 재생업(38)
※ 단, 「폐기물 수집, 운반, 처리 및 원료 재생업」의 경우는 폐기물 분류 업무도 포함
– 음식료품 및 담배 중개업(46102)
– 기타 신선 식품 및 단순 가공식품 도매업(46319)
– 택배업(49401)
– 기타 항공 운송지원 서비스업(52939)
※ 「항공사업법」 시행규칙 제5조제2호에 따른 항공기하역업체
– 항공 및 육상화물취급업(52941)
※ 「축산물 위생관리법」 제2조제3호에 따른 식육을 운반하는 업체 및 「생활물류서비스산업 발전법」 제2조제3호가목에 따른 택배서비스업체

※ 음식점업 고용허가제 시범사업 개선(고용노동부 제43차 외국인력정책위원회 결정사항 공고(공고 제2024-333호), 2024.7.25. 참조)

1. E-9비자 음식점업 고용허가제 시범사업 개선

☐ ❶ 전국 ❷ 한식업+외국식업 중 ❸ 업력(業歷) 5년 이상 업체의 ❹ 주방 보조원 직종으로 비전문취업(E-9) 신청 범위 확대

※ 음식점업 사업주의 고용허가제 이해 도모 및 근로자 채용 시 정확한 정보 제공 등을 위해 농식품부 · 외식업 협회 주관 무료 사전 교육 신설 · 제공

❶ (지역) 전국
❷ (세부업종) 한국표준산업분류상 '음식점업'(561) 중 '한식 음식점업'(5611), '외국식 음식점업'(5612)
└ 고용보험 가입시 신고된 한국표준산업분류상 업종 코드 기준으로 판단

---

164) 법무부 출입국 · 외국인정책본부, 「사증발급 안내매뉴얼」, 2024.7.26. 213면 참조.
165) 법무부 출입국 · 외국인정책본부, 「사증발급 안내매뉴얼」, 2024.7.26. 214면 참조.

┗실제 영업을 하고 있는지 여부는 **사업자등록증상** 관련 **종목** 또는 관할 지자체에서 발급하는 **영업신고증** 등을 통해 확인

┗ 위탁업체 또는 가맹점인 경우 **위탁계약서 · 가맹계약서**로 확인 추가

❸ **(업력)** 5년 이상인 경우

┗**부가가치세 과세표준증명원상 '과세기간'** 또는 **사업자등록증상 '개업 년 · 월 · 일'**로 확인

❹ **(직종)** 한국표준직업분류 상 **'주방 보조원'**(95220)

┗주방보조원의 직무범위: 식재료 준비, 설거지, 주방 청소, <u>조리사의 지시에 따라 음식을 운반하거나 그릇을 치움</u> 등

※ **(사전교육)** 법정 근무시간과 휴일 · 휴게시간, 음식점업에 특화된 산업재해 예방 방법 등

사업주가 근로자를 사용하기 위해 알아야 할 기본 규칙에 대한 교육 신설

– 한국외식산업협회, 한국외식업중앙회, 한국프랜차이즈산업협회 홈페이지(PC, 모바일)에서 무료 교육 수강

시범사업 요건 비교

	기 존	개 선
지역	주요 100개 지역	전국
업종	한식	한식 + **외국식(중식, 일식, 서양식 등)**
업력	5년(5인 이상), 7년(5인 미만) 이상	**5년 이상**
직종		주방보조 유지
사 전 교육	없음	고용 허가를 처음 신청하는 음식점업 사업주를 위한 **사전교육 제공** *음식점업 고용 허가旣신청 사업주도 수강 가능

※ **(시행시기)** '24년 3회차 고용허가서 발급 신청('24.8.5.~) 시부터 적용 추진

2024년 방문취업동포(H-2) 고용허용 업종[166]

1. 제조업, 건설업, 농축산업, 어업, 임업

구 분	특례고용허가제(H-2)
제조업	상시근로자 300인 미만 또는 자본금 80억원 이하 ※ 단, 상기 기준에 충족하지 않더라도 아래 증빙서류 제출 시 인정 ▪ 중소기업 (지방중소기업청에서 발급한 '중소기업확인서') ▪ 비수도권 소재 뿌리산업 중견기업 (한국생산기술연구원에서 발급한 '뿌리기업 확인서' 및 한국중견기업연합회에서 발급한 '중견기업 확인서')
건설업	모든 건설공사 ※ 발전소·제철소·석유화학 건설현장의 건설업체 중 건설면허가 산업환경설비인 경우에는 적용 제외
농축산업	작물재배업(011), 축산업(012), 작물재배 및 축산 관련 서비스업(014)
어업	연근해어업(03112), 양식어업(0321), 천일염 생산 및 암염 채취업(07220)
임업	임업 종묘 생산업(02011), 육림업(02012), 벌목업(02020), 임업 관련 서비스업(02040) ※ 위 업종 중 「산림기술 진흥 및 관리에 관한 법률」 제2조제7호에 따른 '산림사업시행업자' 중 법인 및 「산림자원의 조성 및 관리에 관한 법률」 제16조에 따른 '종묘생산업자' 중 법인에 한함

※ 단, '비수도권 소재 뿌리산업 중견기업' 및 '임업'의 허용은 「출입국관리법 시행령」 개정 이후 시행

2. 광업, 서비스업(허용제외 업종이 아닌 경우 모두 허용)

〈H-2 허용제외 업종〉

코드	업종명	코드	업종명
05	석탄, 원유 및 천연가스 광업	63	정보서비스업
35	전기, 가스, 증기 및 공기조절 공급업	64	금융업
		65	보험 및 연금업
36	수도업	66	금융 및 보험 관련 서비스업
39	환경 정화 및 복원업	68	부동산업
45	자동차 및 부품 판매업	70	연구개발업
49	육상 운송 및 파이프라인 운송업	71	전문 서비스업
		72	건축기술, 엔지니어링 및 기타 과학기술 서비스업
50	수상 운송업	74	사업시설 관리 및 조경 서비스업

---

166) 고용노동부 제40차 외국인력정책위원회 결정사항 공고(공고 제2023-552호), 2023.12.1. 참조.

51	항공 운송업		
52	창고 및 운송관련 서비스업	751	고용 알선 및 인력 공급업 ※ 단, 「가사근로자의 고용개선 등에 관한 법률」에 따른 가사서비스 제공기관은 제외
58	출판업	84	공공행정, 국방 및 사회보장행정
61	우편 및 통신업	85	교육 서비스업
62	컴퓨터 프로그래밍, 시스템 통합 및 관리업	99	국제 및 외국기관

※ 서비스업: 한국표준산업분류 중 대분류 E, G~U (서비스업 분류고시(통계청고시 제2018-390호, '18.9.21)에 따름)
※ 단, '공공행정, 국방 및 사회보장행정', '국제 및 외국기관' 업종의 허용 제외는 「출입국관리법 시행령」 개정 이후 시행

▣ 산업 중분류 단위에서 허용제외 업종에 해당하더라도 아래 업종은 허용

- 육상여객 운송업(492)

- 냉장 · 냉동 창고업(52102)

  ※ 내륙에 위치한 업체

- 항공 및 육상화물취급업(52941)

  ※ 「축산물 위생관리법」 제2조제3호에 따른 식육 운송업체

- 서적, 잡지 및 기타 인쇄물 출판업(581)

- 사업시설 유지관리 서비스업(7410), 건물 및 산업설비 청소업(7421)

◆ 아래 업종의 표준직업분류상 하역 및 적재 단순종사자(92101)

- 택배업(49401), 물류터미널 운영업(52913)

- 기타 항공 운송지원 서비스업(52939)

  ※ 「항공사업법」 시행규칙 제5조제2호에 따른 항공기하역업체

- 항공 및 육상화물취급업(52941)

  ※ 「생활물류서비스산업발전법」 제2조제3호가목에 따른 택배서비스업체

※ 단, '택배업'(49401) 및 '기타 항공 운송지원 서비스업'(52939)의 허용은 「출입국관리법 시행령」 개정 이후 시행

3. 소수업종 특화국가 운영[167]

소수업종이란 제조업을 제외한 업종을 말하며, 소수업종의 경우 도입규모가 작다는 점, 업종 특성을 고려해야 하는 점, 국가별로 사업주 선호도 차이가 큰 점 등을 고려하여 특화국가를 운영하고 있다. 소수업종 특화국가를 운영한다는 것은 특정 국가 출신 노동자를 특정 직종에만 배치하는 것을 말한다.[168]

소수업종 특화국가 지정 현황[169]

업종	기존	추가지정
농축산업 (6개국→12개국)	베트남, 태국, 캄보디아, 네팔, 미얀마, 중국	우즈베키스탄, 파키스탄, 키르기스스탄, 동티모르, 몽골, 라오스
어업 (5개국→9개국)	인도네시아, 베트남, 스리랑카, 중국, 동티모르	파키스탄, 방글라데시, 태국, 필리핀
서비스업 (3개국→11개국)	몽골, 우즈베키스탄, 중국	인도네시아, 베트남, 스리랑카, 네팔, 키르기스스탄, 미얀마, 태국, 필리핀
건설업 (6개국→10개국)	스리랑카, 베트남, 태국, 캄보디아, 미얀마, 중국	우즈베키스탄, 파키스탄, 방글라데시, 몽골,
임업 (신규 6개국)	-	인도네시아, 베트남, 우즈베키스탄, 네팔, 미얀마, 몽골
광업 (신규 4개국)	-	우즈베키스탄, 키르기스스탄, 중국, 몽골

---

167) 「고용허가제 업무매뉴얼」 2023, 10면.
168) 이러한 소수업종 특화국가 지정에 대해 "소수업종 특화국가' 운영은 특정 국가(지역) 출신 노동자를 특정 직종에 배치한다는 점에서 인종주의적 고정관념을 강화시킨다고 볼 수 있"다는 비판이 있음. 이에 대해서는 윤자호, 「한국 이주노동자 실태와 고용허가제의 현황 −비전문취업자(E−9), 방문취업자 (H−2)를 중심으로−」, 한국노동사회연구소, 2021, 10면 참조.
169) 고용노동부, 「사업장변경분쟁 공인노무사지원단 교육 자료」, 2024.9, 2면.

4. 외국인력 도입규모[170]

2024년의 경우 일반 외국인근로자(E-9)의 총 도입규모는 16만 5천명으로 결정됐다.

'24년 E-9 외국인력 도입인원 배분

(단위: 명)

합 계	제조업	조선업	농축산업	어업	건설업	서비스업	탄력배정
165,000	95,000	5,000	16,000	10,000	6,000	13,000	20,000

※ 탄력배정분: 업종 구분 없이 연내 업종별 인력수요에 따라 탄력 배분
※ 제조업: 광업 포함, 농축산업: 임업 포함, 서비스업: 음식점업 포함
※ 도입규모 소진 현황에 따라 소진 업종에 탄력배정분을 신속히 배정·활용하고, 필요시 업종 간 배분인원을 조정하여 운영
※ 신규·재입국 인원을 포함한 수치임

업종별 규모를 별도로 정하지 않고 총 체류인원으로 관리하고 있는 방문취업 동포(H-2)는 '23년과 같이 '24년 총 체류 인원을 25만명으로 결정했다. 방문취업 동포(H-2)는 취업 허용업종 내 사업장 이동이 자유롭기 때문에 업종별 규모를 별도로 정하지 않는다.

5. 고용허용 인원(사업장 신규고용 한도)

사업장의 업종 및 규모에 따라 외국인력 고용허용 인원수가 다르다. 구체적인 내용은 아래 표와 같다.

---

170) 고용노동부, 제40차 외국인력정책위원회 결정사항 공고(공고 제2023-552호), 2023.12.1.

2024년 외국인력 고용허용 인원[171]

□ 광업 및 제조업(조선업 포함)

내국인 피보험자 수	고용한도
1명 이상 10명 이하	내국인 피보험자수 + 10명
11명 이상 50명 이하	30명(단, 내국인 피보험자 수의 2배를 초과하지 못함)
51명 이상 100명 이하	35명
101명 이상 150명 이하	40명
151명 이상 200명 이하	50명
201명 이상 300명 이하	60명
301명 이상	80명

※ 내국인 고용기회 보호를 위해 내국인(3개월 평균)이 1명 이상 고용되어 있어야 함
※ 뿌리산업(뿌리산업진흥센터에서 발급하는 뿌리산업증명서 제출 시)은 총 고용허용인원의 20%까지 추가 고용 허용

□ 건설업

연평균 공사금액	고용한도
15억원 미만	10명(계수 미적용)
15억원 이상	공사금액 × 0.8

※ 공사금액 1억원당 0.8명 (소수점 이하는 내림)

□ 서비스업

내국인 피보험자수	고용한도	
	일반	택배
5명 이하	4명	12명
6명 이상 10명 이하	6명	18명
11명 이상 15명 이하	10명	30명

---

171) 고용노동부, 제40차 외국인력정책위원회 결정사항 공고(공고 제2023-552호), 2023.12.1.

16명 이상 20명 이하	14명	42명
21명 이상 100명 이하	20명	60명
101명 이상	25명	75명

※ 개인 간병인, 가구 내 고용활동은 가구당 1명으로 한정
※ 음식점업은 세부 업종별, 일반 외국인근로자(E-9)와 특례 외국인 근로자(H-2)의 고용허용 인원 상이
  – (E-9) 내국인 피보험자 수 5인 미만인 경우 1명, 내국인 피보험자 수 5인 이상인 경우 2명까지 고용
    가능 〈한식 음식점 한정〉
  – (H-2) 상기 표 기준에 따르되, 내국인 피보험자 수 6~10명인 경우 8명까지 고용 가능
※ 택배분야 허용업종은 물류터미널 운영업, 육상화물취급업에 해당

□ 농림축산업

규모 업종		영농규모별 (단위 : ㎡)				
작물 재배업 (011)	시설원예 · 특작	4,000~6,499	6,500~11,499	11,500~16,499	16,500~21,499	21,500 이상
	시설버섯	1,000~1,699	1,700~3,099	3,100~4,499	4,500~5,899	5,900 이상
	과 수	20,000~39,999	40,000~79,999	80,000~119,999	120,000~159,999	160,000 이상
	인삼, 일반채소	16,000~29,999	30,000~49,999	50,000~69,999	70,000~89,999	90,000 이상
	콩나물 · 종묘재배	200~349	350~649	650~949	950~1,249	1,250 이상
	기타원예 · 특작	12,000~19,499	19,500~34,499	34,500~49,499	49,500~64,499	64,500 이상
축산업 (012)	젖 소	1,400~2,399	2,400~4,399	4,400~6,399	6,400~8,399	8,400 이상
	한육우	3,000~4,999	5,000~8,999	9,000~12,999	13,000~16,999	17,000 이상
	돼 지	1,000~1,999	2,000~3,999	4,000~5,999	6,000~7,999	8,000 이상
	말 · 엘크	250~499	500~999	1,000~1,499	1,500~1,999	2,000 이상
	양계	2,000~3,499	3,500~6,499	6,500~9,499	9,500~12,499	12,500 이상
	양봉	100~199군	200~299군	300~399군	400~999군	1,000군 이상
	기타축산	700~1,699	1,700~3,699	3,700~5,699	5,700~7,699	7,700 이상
작물 재배 및 축산 관련 서비스업 (014)		내국인 피보험자 수 1~10명	–	내국인 피보험자 수 11~50명	내국인 피보험자 수 51~100명	내국인 피보험자 수 100명 이상
임업 종묘 생산업(02011) 육림업(02012) 벌목업(02020) 임업 관련 서비스업(02040)		내국인 피보험자 수 1~10명	내국인 피보험자 수 11~50명	내국인 피보험자 수 51~100명	내국인 피보험자 수 100명 이상	–
고용한도		15명	20명	25명	30명	40명

※ 영농규모는 국립농산물품질관리원장이 발급한 「농업경영체 등록(변경등록) 확인서」로 확인함
  – 고용허가 허용업종 중 「농업경영체 등록 확인서」 발급대상이 아닌 법인인 경우, 「축산업」에 따른
    축산업(가축사육업) 허가증, 가축사육업 등록증으로 확인할 수 있음
  – 다만, 상기 방법으로 영농규모 확인이 불가능한 법인은 "작물재배 및 축산 관련 서비스업" 기준 준용

※ 젖소 900~1,400㎡ 미만의 경우 고용한도 8명 인정
※ 한육우 1,500~3,000㎡ 미만의 경우 고용한도 8명 인정
※ 시설원예・특작 2,000~4,000㎡ 미만의 경우 고용한도 8명 인정
※ 작물재배업은 재배면적, 축산업은 축사면적(부화장과 방사면적 포함) 기준임
※ 버섯이나 양계(산란계, 부화장) 등과 같이 여러 층으로 재배・사육하는 경우 각 층의 면적을 합산한 면적으로 함
※ 작물재배 및 축산 관련 서비스업의 사업장별 상시 근로자 수는 고용보험 피보험자 수로 판단
※ 양계 1,000~2,000㎡ 미만의 경우 고용한도 8명 인정
※ 양돈 500~1,000㎡ 미만의 경우 고용한도 8명 인정
※ 시설원예・특작 중 파프리카의 경우 고용한도 50명 인정

□ 연근해어업: 어선수 기준

연근해 어업의 종류	고용한도
소형선망어업, 근해채낚기어업, 근해자망어업, 근해안강망어업, 근해봉수망어업, 근해자리돔들망어업, 근해장수통발어업, 근해문어단지어업, 근해통발어업, 근해연승어업, 근해형망어업, 연안선인망어업, 연안통발어업, 연안자망어업, 연안복합어업	척당 7명으로 하되, 전체 어선원의 70%를 초과할 수 없음
기선권현망어업, 정치망어업	척당 7명으로 하되, 전체 어선원의 70% 초과 불가 다만, 어장막 근무자의 경우 1개 사업장당 기선권현망어업은 16명, 정치망어업은 6명
연안개량안강망어업, 연안선망어업, 연안들망어업, 연안조망어업, 잠수기어업, 구획어업	척당 7명으로 하되, 전체 어선원의 70%를 초과할 수 없음

□ **양식어업: 면적 기준**

면허(허가,신고) 종 류	양식어업의 종 류	고용한도	10명	15명	
양식산업발전법 제10조제1항 1호 (해조류양식업)	수하식양식업	면적	199,999㎡ 이하	200,000 ~ 299,999㎡	300,000㎡ 이상
	바닥식양식업	면적	99,999㎡ 이하	100,000 ~ 199,999㎡	200,000㎡ 이상
양식산업발전법 제10조제1항 2~5호 (패류양식업) (어류등양식업) (복합양식업) (협동양식업)	수하식양식업 혼합식양식업	면적	19,999㎡ 이하	20,000 ~ 39,999㎡	40,000㎡ 이상
	바닥식양식업	면적	99,999㎡ 이하	100,000 ~ 199,999㎡	200,000㎡ 이상
	가두리식양식업 축제식양식업	면적	9,999㎡ 이하	10,000 ~ 14,999㎡	15,000㎡ 이상
양식산업발전법 제41조제1항 1호 (육상해수양식업)	육상수조식해수양식업	면적	6,600㎡ 이하	6,601 ~ 8,250㎡	8,251㎡ 이상
	육상축제식양식업	면적	9,999㎡ 이하	10,000 ~ 14,999㎡	15,000㎡ 이상
수산종자산업 육성법 제21조 (수산종자생산업)	육상종자생산업	면적	990㎡ 이하	991 ~ 1,652㎡	1,653㎡ 이상
	해상종자생산업	면적	59,999㎡ 이하	60,000 ~ 99,999㎡	100,000㎡ 이상
양식산업발전법 제10조제1항 7호 및 제43조제1항 2호	육상양식업	면적	6,600㎡ 이하	6,601 ~ 8,250㎡	8,251㎡ 이상

※ 육상(해수)양식업 중 수조식, 지수식 양식업의 면적은 수조면적 기준임
※ 종자생산업 중 육상종자생산업의 면적은 수조면적 기준임

□ **천일염 생산 및 암염 채취업**

염전 면적 (단위: ㎡)	고용한도
37,000 이하	4명
37,000 초과	8명

□ (공통) 신규 고용허가서 발급한도 예외

○ ① 특별한국어시험 제도에 따라 도입되는 인력 중 출국 전 근무하던 사업장에 다시 근무하는 경우(지정알선)와 ②「외국인근로자의 고용 등에 관한 법률」제18조의4(재입국 특례)에 따라 도입되는 경우에는 신규고용허가서 발급으로 보지 않음

　　* 다만, 출국 전과 다른 사업장에서 근무하는 경우에는 사업장별 신규고용허가서 발급에 포함

제2절 사업장의 일반고용허가제(E-9) 도입 절차

I. 개요

1. 의의

국내에서 단순기능 업무에 합법적으로 취업할 수 있는 외국인근로자가, 국내에 입국하기 전에 근로계약을 체결하고 출입국관리법에 따라 비전문취업(E-9) 사증을 발급받아 외국 인력정책위원회에서 인력수급 상황 등을 고려하여 심의·의결한 업종에서 근로하게 하면 된다.[172]

2. 일반고용허가제 외국인 근로자 채용절차 개요도

①	내국인 구인노력	사업주↔워크넷(https://www.work.go.kr/)
②	고용허가서 신청	사업주↔고용센터
③	고용허가서 발급	사업주↔고용센터
④	근로계약서 체결	사업주↔외국인근로자:산업인력공단이 대행[173]
⑤	사증발급인정서 발급신청	사업주↔출입국외국인사무소
⑥	외국인근로자 입국 및 취업교육	한국산업인력공단 및 취업교육기관

---

172) 차용호, 「한국이민법」, 법문사, 2015.1, 1004면.
173) "고용허가서 발급과 동시에 표준근로계약서가 작성되어 한국산업인력공단으로 송부되며 공단은 동 계약서를 송출국가로 송부합니다. 송출국가에서 해당 근로자의 근로계약 체결 의사를 확인한 후 표준근로계약서를 최종확정하여 근로계약이 체결됩니다.." EPS외국인고용지원-

3. 점수제에 따른 외국인력 배정[174]

점수제란 외국인력이 필요한 정도, 모범적인 외국인 고용의 징표 등을 점수항목으로 높은 점수를 받은 사업장부터 신규 외국인력을 먼저 배정하는 제도를 말한다. 기본항목을 100점 만점으로 하여 가점 및 감점항목 적용하여 점수를 부여한다. 매년 점수제 항목이 변경되므로 최신 내용은 www.eps.go.kr 점수제 평가지표를 참조하면 된다. 사업장 변경[175]자 채용 시에는 상시 고용허가 신청이 가능하며 점수제 적용을 받지 않는다(내국인 구인노력 후 관할 고용센터에 신청).

4. 대행기관을 통한 외국인 근로자 고용 업무의 대행

(1) 개요

사용자는 고용허가서 발급 신청 등 외국인근로자의 고용 등에 관한 복잡한 업무를 직접 수행할 수도 있지만, 고용노동부장관이 지정하는 자(이하 "대행기관")에게 대행하게 할 수도 있다. ① (도입위탁) 사용자는 고용허가서 발급과 관련하여, 근로계약 체결 및 출입국 지원 등 도입에 관련된 업무는 한국산업인력공단에 필수적으로 위탁하여야 한다(필수). ② (대행 신청) 고용허가서 발급 신청 등 그 밖의 외국인근로자 고용에 관한 업무는 고용노동부장관이 지정하는 자(대행기관)에게 대행하게 할 수 있다(선택). 일반적으로 고용허가서 발급 후 대행 신청을 하게 되나, 고용허가서 발급 전에도 대행 신청을 할 수 있다.

업종별 대행기관 및 역락처

대행기관	업종	연락처
중소기업중앙회	제조업, 서비스업(냉장 · 냉동창고업 제외)	1666-5916

외국인근로자고용절차(https://eps.hrdkorea.or.kr/e9/user/employment/employment.do?method=employProcessCompany)(접속일: 2024. 6. 22.)

[174] 고용노동부, 「외국인근로자 고용관리 가이드」 2020, 7면.

[175] 사업장 변경이란 외국인근로자가 근무하는 사업장에서 다른 사업장으로 변경하는 것을 말한다. 일반고용허가제(E-9)는 사업장 변경이 제한되지만, 특례고용허가제(H-2)는 사업장 변경에 아무런 제한이 없다.

농협중앙회	농축산업	02-2080-5598
수협중앙회	어업(소금채취업 포함), 냉장·냉동창고업	02-2240-3138~39
대한건설협회	건설업	02-3485-8304

(2) 대행 범위의 선택[176]

사용자는 고용허가서 발급시 고용센터로부터 사용자에게 '도입위탁' 및 '외국인근로자 취업교육'은 필수사항이며, '각종 신청 대행' 및 '편의 제공'은 선택사항임을 안내받을 수 있다. 고용센터는 사용자 선택에 따라 전산에 입력(사업주 직접수행/해당업종 대행기관)하게 된다.

1) 사용자가 필수 업무만 위탁하는 경우
- 사용자가 한국산업인력공단에 도입위탁 등을 신청하여 접수되면, 가상계좌가 발급된다 (문자 안내).
- 수수료를 납부하면 한국산업인력공단이 근로계약체결을 진행하며, 사용자는 근로계약 체결 후 출입국·외국인청(사무소, 출장소)에 사증발급인정서를 신청해야 한다. 사증발급인정서 신청에 필요한 구비서류는 한국산업인력공단에서 사용자 요청에 따라 제공한다.

2) 사용자가 선택 업무까지 위탁하는 경우
- 사용자가 대행기관에 대행 신청하여 접수되면, 가상 계좌가 발급된다(문자 안내).
- 수수료를 납부하면 한국산업인력공단이 근로계약체결을 진행하며, 대행 기관은 근로계약 체결 후 출입국·외국인청(사무소, 출장소)에 사증발급 인정서를 신청해야 한다.

---

176) 고용노동부, 「고용허가제 업무매뉴얼」, 2023, 23면.

수수료 납부를 위해 발급되는 가상계좌의 유효기간
▷ 가상계좌의 납입기한은 3일임. 초일 불산입하며, 근무일만 산정하므로 토·일·공휴일은 3일에 포함되지 않음 (예시) 2022.12.16.(금) 발급되는 가상계좌의 납부 유효기간은 2022.12.21.(수)까지임 ▷ 납입기간 내 미입금시 최초 가상계좌 발급일로부터 7일내에 재신청 및 입금하여야 하며, 입금하지 않을 시 도입중단(최초 가상계좌 발급 후 미납시 독촉 SMS 발송)
Tip. 대행 수수료 납부를 위한 가상계좌 발급시 사용자 편의를 위해 취업교육비용도 포함하여 발급 (예시) 제조업 사업장을 기준으로, − 필수사항만 위탁하는 경우: 255,000원(도입위탁 60,000원+취업교육195,000원) − 선택사항(대행신청)도 신청하는 경우: 341,000원(도입위탁 60,000원+취업교육 195,000원+각종신청대행 86,000원)

(3) 지정 대행기관이 아닌 자의 업무 대행[177]

지정 대행기관이 아닌 변호사, 공인노무사, 행정사 등의 자격을 가진 자가 대행 의뢰를 받아 대행 행위를 하고자 할 경우, 접수·처리가 거부된다. 고용센터는 이러한 사실을 당해 사용자 또는 외국인 근로자에게 통보하여 직접 신청 또는 지정 대행기관을 통하여 접수토록 지도하게 된다.

외국인근로자의 고용 등에 관한 법률 제27조의2에 따른 지정기관이 아닌 자의 대행행위로서 같은 법 제27조 제4항 위반이 의심되는 경우 금품 수수여부에 대하여 조사 후 고발 또는 수사의뢰 등 조치가 행해진다(외국인력정책과–974, '10.10.5.). 신청 사업장의 직원이거나 대표자의 가족이 대행하는 경우에는 고용보험 피보험 자격, 가족관계증명원 등을 이용하여 사업주와의 관계를 확인한 후 접수·처리된다.

---

177) 고용노동부, 「고용허가제 업무매뉴얼」 2023, 24면–25면.

변호사 등의 대행행위에 대한 법률검토 결과〈2010.10.5., 외국인력정책과-974〉

○ **주요 쟁점**

① 변호사, 공인노무사, 행정사 등 관련 자격자(이하 '관련 자격자'라 함)가 대행 업무를 수행하고 금품을 수수할 수 있는지?

② 금품을 수수할 수 없다면 포괄 자문회사에 대한 무료 대행이나, 고용허가제 업무만을 무료로 대행하는 형태는 가능한지?

③ 관련 자격자가 제출한 대행서류의 접수·처리를 거부할 수 있는지?

○ **법률검토 결과**

- 위 ①에 대하여: 법상의 대행업무 수행자격에 관한 사항은 변호사법 등의 특별법적 성격으로서 대행 불가

- 위 ②에 대하여: 법 제8조 제6항에서 외국인근로자의 채용에 관하여 제3자의 개입을 포괄적으로 금지한 후 일정한 요건을 갖춘 기관에 대해서만 대행행위를 할 수 있도록 허가해 줌으로써 해당 업무처리의 공공성과 투명성을 높이고자 한 법률개정취지에 비추어볼 때, 포괄자문 대행은 물론 관련 자격자가 무보수의 형식으로 하는 임의대행 역시 허용될 수 없음

- 위 ③에 대하여: 행정청이 행하는 제반 행정작용은 적법·타당하게 행하여질 것이 요구되므로 불법대행행위에 의한 신청서류에 대해서는 그 수리를 적법하게 거절할 수 있음

○ **결론**

- 대행기관 지정제도의 운영취지에 비추어 지정대행기관이 아닌 관련 자격자의 대행행위는 유·무급 여부를 불문하고 불허함
  그럼에도 불구하고 만약 관련 자격자가 대행 업무를 수행하고 금품을 수수하였다면 법 제27조 제4항 위반에 해당함

- 또한, 행정행위의 절차상 적법성 확보를 위하여 지정기관이 아닌 관련 자격자의 대행 신청서는 그 수리를 거부할 수 있음

(4) 업무대행 계약서 및 수수료

<일반 외국인근로자(E-9) 고용지원신청 등 업무대행 계약서>[178]

[별지 제3호 서식]

일반 외국인근로자(E-9) 고용지원신청 등 업무대행 계약서

□ **사용자(이하 "갑"이라 한다)**
- 사업장 명칭 및 업종 :   • 사업주 성명:
- 연락처 : (사무실)   (휴대전화)
  (팩스)   (E-mail)   @

  * 귀하의 휴대전화번호 및 E-mail은 수수료 입금용 가상계좌 등 각종 안내사항을 통지하는
  데 사용합니다.

- 소재지 :

□ **대행기관(이하 "을"이라 한다)**
- 명 칭: • 대표자 성명:
- 연락처 : (사무실)   (팩스)
- 소재지:

"갑"은 「외국인근로자의 고용 등에 관한 법률」에 따른 외국인근로자 고용지원을 신청하
기 위하여 "을"에게 소정의 구비서류를 제출하고, 다음과 같이 업무대행계약을 체결한
다.

제1조(대행수수료) 사용자는 제2조의 대행업무 신청에 대한 수수료(   )를 대행기관에
납부한다.

---

178) 고용허가제 고용업무 대행기관 운영에 관한 규정[시행 2019. 10. 1.] [고용노동부고시 제2019-50호,
2019. 9. 30., 일부개정] [별지 3]

제2조(대행업무 범위) 별지와 같다.

제3조(수수료 납부) "갑"은 제1조에서 정한 대행수수료를 계약체결 후 3일 이내에 "을"에게 납부하여야 하며, "갑"이 대행계약 전에 일부 업무를 직접 수행한 경우라도 각종 신청대행수수료(86,000원)는 전액 납부하여야 한다.

제4조(수수료환불) "을"은 사용자의 책임이 없음에도 외국인근로자를 인수받지 못하거나 인수 후 14일 이내(마약 반응검사 소요기간 등으로 14일 이내에 고용변동신고를 할 수 없는 특별한 사정이 있는 경우에는 고용변동신고가 가능한 날로부터 14일 이내)에 고용변동신고를 한 경우에는 수수료 등을 환불하여야 한다. "갑"의 귀책사유가 있는 경우에는 계약취소시점에 따라 환불되지 아니할 수 있으며, 사유발생 또는 사유발생사실을 통보받은 날부터 7일 이내에 고용허가서 재발급을 신청한 경우에는 다른 근로자로 대체를 허용한다.

〈수수료 환불계좌 정보〉

예금주	계좌번호	은행명	비고

제5조(계약서 효력 등) ① 이 계약서의 효력 발생일은 대행업무 수수료 수납일로 한다. ② 제3조에 정한 기한 내에 대행수수료를 "을"에게 납부하지 않을 경우에 이 계약서 효력은 자동 상실된다.

위 계약을 증명하기 위하여 계약서 2통을 작성하여 각자 서명·날인하고 1부씩 보관한다.

년   월   일

사 용 자 (갑)   (인)

대행기관 (을)   (인)

210mm×297mm(일반용지 60g/㎡(재활용품))

〈업무대행 수수료〉[179]

[제3호 서식 별지]

□ **신규입국자**

대행업무		대행 세부업무		1인당 수수료		신청여부 (√)
필수	근로자 도입 위탁	• 근로계약 체결 및 출입국 지원		60,000원		
	취업교육	• 외국인 취업교육	건설업	224,000원		
			농업·축산업·어업	210,000원		
			제조업·서비스업	195,000원		
선택	각종 신청 대행	• 내국인 구인신청, 고용허가서 발급 신청 (이하 수령 포함) • 사증발급인정서 신청	신규 입국자 고용 시	43,000원 입국 전	86,000원	
		• 고용변동신고 • 고용허가기간 연장신청 • 외국인근로자 업무상 재해 시 산재·사망신고 등	신규 입국자 고용 시	43,000원 (3년) 입국 후		
			사업장 변경자	1,200원×잔여체류 기간(월)		
	편의 제공	• 통·번역지원 및 사용자의 고충상담 • 전용보험 등 가입 및 보험금 등 신청 지원 • 외국인근로자의 업무 외 질병 및 상해 수습지원 • 사업장 요청에 따른 방문서비스, 외국인근로자 관리실무매뉴얼, 생활용어집 제공 • 그 밖에 고용노동부장관이 인정하는 업무 등	신규 입국자 고용 시	76,000원(3년)		
			사업장 변경자	2,100원×잔여체류 기간(월)		

* 근로계약해지 등에 따른 수수료 환불 또는 사업장변경자 고용에 따른 수수료 수수는 입국 후 각종 신청대행 수수료의 경우, 1,200원×잔여체류기간(월)으로 계산하며 편의제공 수수료의 경우, 2,100원×잔여체류 기간(월)으로 계산

---

179) 고용허가제 고용업무 대행기관 운영에 관한 규정[시행 2019. 10. 1.] [고용노동부고시 제2019-50호, 2019. 9. 30., 일부개정] [별지 3]〈일반 외국인근로자(E-9) 고용지원신청 등 업무대행 계약서〉 별지.

□ 재입국자

대행업무		대행 세부업무		1인당 수수료		신청여부 (√)
필수	근로자 도입 위탁	• 출입국지원, 건강진단, 사업주 인도 ---------------------------------- * 인도장소 : 경인지역[ ] 대전지역[ ]		119,000원		
선택	각종 신청 대행	• 고용허가서 발급 신청 (이하 수령 포함) • 사증발급인정서 신청	재입국자 고용 시	43,000원 입국 전	86,000원	
		• 고용변동신고 • 고용허가기간 연장신청 • 외국인근로자업무상 재해 시 산재·사망 신고 등	재입국자 고용 시	43,000원 (3년) 입국 후		
			사업장 변경자	1,200원×잔여체류 기간(월)		
	편의 제공	• 통·번역지원 및 사용자의 고충상담 • 전용보험 등 가입 및 보험금 등 신청 지원 • 외국인근로자의 업무 외 질병 및 상해 수습지원 • 사업장 요청에 따른 방문서비스, 외국인 근로자 관리실무매뉴얼, 생활용어집 제공 • 그 밖에 고용노동부장관이 인정하는 업무 등	신규 입국자 고용 시	76,000원(3년)		
			사업장 변경자	2,100원×잔여체류 기간(월)		

* 근로계약해지 등에 따른 수수료 환불 또는 사업장변경자 고용에 따른 수수료 수수는 입국 후 각종 신청대행 수수료의 경우, 1,200원×잔여체류기간(월)으로 계산하며 편의제공 수수료의 경우, 2,100원×잔여체류 기간(월)으로 계산

□ 재고용자

대행업무		대행 세부업무		1인당 수수료	신청여부 (√)
선택	각종 신청 대행	• 취업기간 만료자 취업활동기간 연장확인서 발급 신청 • 고용변동신고 – 이탈, 사망, 출국, 근무처변경, 근로계약 종료, 사업장정보(소재지, 대표자 등)변동, 각종 신고 대행 • 고용허가기간 연장 신청 • 외국인근로자 업무상 재해 시 산재신고, 사망신고 등	재고용된 자	28,000원 (2년 미만)	
			재고용 후 사업장 변경자	1,200원×잔여체류 기간(월)	

편의 제공	• 통·번역지원, 고충상담 및 처리 • 외국인근로자의 업무 외 질병 및 상해 수습 지원 등 • 전용보험 등 가입 및 보험금 등 지급신청 • 사업장 요청에 따른 방문서비스, 외국인 근로자 관리실무매뉴얼, 생활용어집 제공	재고용된 자	50,000원 (2년 미만)	
		재고용 후 사업장 변경자	2,100원×잔여체류기 간(월)	

* 재고용 시 근로계약해지 등에 따른 수수료의 환불 또는 사업장변경자 고용에 따른 수수료 수수는 각종 신청대행 수수료의 경우, 1,200원×잔여체류기간(월)으로 계산하며 편의제공 수수료의 경우, 2,100원× 잔여체류기간(월)으로 계산

(5) 사증발급인정서 발급(법무부 소관)[180]

1) 개요

외국인근로자가 사용자의 근로계약 체결 제의를 수락하면, 사용자는 관할 출입국·외국인 청(사무소, 출장소)에서 사증발급인정서[181]를 발급 받아야한다(대행을 맡긴 경우에는 대행기관에서 수행). 사증발급인정서가 발급되면 외국인근로자는 이를 근거로 사증(비자)을 발급 받고, 송출기관과 한국산업인력공단은 입국계획을 수립한다.

2) 신청대상, 접수기관, 신청서류

-신청대상: 외국인근로자와 근로계약을 체결한 사용자(또는 대행기관)

-접수기관: 사증발급인정서를 발급받고자 하는 자의 사업장 소재지를 관할하는 출입국·외 국인청(사무소, 출장소)(출입국관리법 제9조, 시행규칙 제17조제2항)

-신청서류: 사증발급인정서 신청서, 표준근로계약서 사본, 사업자등록증, 등기부등본 등 사업 또는 사업장관련 입증서류, 신원보증서, 그 밖에 법무부장관이 필요하다

---

[180] 고용노동부, 「고용허가제 업무매뉴얼」 2023, 25-26면.
[181] 사증발급인정서 제도는 사증의 발급절차 간소화 및 발급기간 단축 등을 위하여 사증발급에 앞서 국내에 있는 초청자의 신청에 따라 법무부장관, 출입국·외국인청(사무소, 출장소)장이 사증발급대상 자에 대하여 사전심사를 한 후 사증발급인정서를 교부, 재외 공관장이 그 인정서에 따라 사증을 발급하게 하는 제도이다.

고 인정하는 서류

3) 신청방법

관할 출입국·외국인청(사무소, 출장소)에 방문하여 신청하거나, 온라인으로 신청할 수 있다(http://www.hikorea.go.kr 에 접속하여 회원가입 후 신청 가능).

4) 심사결과

관할 출입국·외국인청(사무소, 출장소)의 심사결과에 따라 사증발급인정서가 발급된 외국인의 경우 한국산업인력공단에서 송출기관을 통하여 사증을 신청토록 하고, 입국일자를 지정하여 송출기관에 통보된다.

(6) 외국인근로자 입국 및 교육[182]

1) 입국 전 취업교육

근로계약을 체결한 외국인근로자는 입국 전에 45시간 이상의 취업교육을 이수해야 한다. 교육 과목은 한국어(38시간), 한국문화(4시간), 근로기준법 및 고충처리(성희롱 예방 포함)(2시간), 산업안전(1시간)이다. 농축산업 분야 근로자에게는 가축전염병 예방교육 및 방역을 실시한다.

2) 한국 입국

한국산업인력공단은 사증발급인정서가 발급된 외국인근로자의 입국일자를 지정하는 등 입국계획을 수립하여 송출기관에 통보한다. 한국산업인력공단의 입국계획에 따라 출국 전 취업교육, 사증발급 등의 절차를 마친 외국인은 송출기관에서 일괄 항공편 예약 등 송출업무 매뉴얼에 따라 한국에 입국한다. 국내에 입국하여 입국심사를 마친 외국인근로자는 공항에서 한국산업인력 공단을 통하여 취업교육기관에게 인계되어 해당 교육기관으로

---

182) 고용노동부, 「고용허가제 업무매뉴얼」 2023, 26-28면 참조.

이동한다.

3) 입국 후 취업교육

외국인 근로자는 한국문화 이해, 고용허가제, 근로기준법 등 노동관계법령 등에 대하여 16시간 이상(2박 3일) 교육을 실시한다. 외국인근로자가 입국하여 취업교육을 받기 시작한 날부터 근로를 제공한 것으로 보아 사용자는 취업교육 시작일부터 기산하여 임금을 지급하여야 한다(취업교육은 직업능력개발 사업의 재직자 대상 훈련으로 간주). 취업교육 기간 중에 건강진단을 실시하며 이상이 있는 경우 귀국조치된다. 교육 1일차에 외국인근로자는 보험가입, 임금수령 등을 위해 통장을 개설한다.

〈취업교육기관 및 비용〉

구분		취업교육기관	비용
외국국적동포(H-2)		한국산업인력공단	합숙: 148,000원 비합숙: 102,000원
일반 외국인 (E-9)	제조업, 서비스업. 단, 베트남, 몽골, 태국, 라오스 제외	중소기업중앙회	234,000원
	제조업, 서비스업. 베트남, 몽골, 태국, 라오스	노사발전재단	
	농축산업	농협중앙회	260,000원
	어업	수협중앙회	258,000원
	건설업	대한건설협회	280,000원

※참고: 취업교육비 환급[183]

① 개요 : 일반 외국인근로자(E-9)를 고용한 사용자는 해당 외국인근로자가 이수한 취업교

---

[183] 고용허가제 홈페이지(https://www.eps.go.kr/), 자료실〉업무별서식(2012.04.23.), '외국인근로자(E-9) 취업교육비 환급 절차 및 사업주 직업능력개발훈련 지원 신청서' 참조.

육의 비용 일부를 환급받을 수 있다.

② 신청 대상 : 고용보험에 가입된 모든 사업주

③ 환급 금액 : 10만원 ~ 전액

④ 신청 시기 : 외국인근로자 취업교육 수료 후 3년 이내(법무부 출입국·외국인청에 외국인 등록증 발급 후 신청 가능)

⑤ 신청 서류 : 사업주 직업능력개발 훈련비용 지원 신청서[184], 직업능력개발훈련 수료자 명부(2명이상일 경우), 교육수료증 사본, 교육비 납입 영수증 사본, 사업주 명의 통장 사본

⑥ 신청 방법 : 사업장 관할 산업인력공단 지부·지사 방문 or 우편 신청

⑦ 문의처 : 대표번호 1899-4001 or 사업장 관할 공단 지부·지사

⑧ 참고 : 외국인근로자의 취업교육을 대행하고 있는 기관 중 하나인 중소기업중앙회는 사업주들이 취업교육비 환급을 보다 쉽게 받을 수 있도록 환급 절차 간소화 서비스를 2016.3.21.부터 운영하고 있다.[185]

〈중소기업중앙회 취업교육비 환급〉[186]
○ 개 요 　- 외국인근로자를 인수한 업체는 해당 외국인근로자가 이수한 취업교육비(195,000원) 중에서 일부를 환급 ○ 환급 금액 : 10만원 ~ 19만5천원 ○ 환급 시기 : 외국인근로자 입국후 3~4개월 ○ 환급 근거 　- 외국인근로자 취업교육은 사용자 부담으로 실시되어 근로자직업능력개발법 제28조의 근로자에 대한 직업능력개발 훈련에 해당

---

184) 고용보험법 시행규칙[별지 제58호서식] 사업주 직업능력개발 훈련비용 지원 신청서
185) 중소기업중앙회 보도자료(2016.3.17.), '외국인근로자 취업교육비 환급 절차 대폭 간소화!!' 참조.

– 고용보험에 가입된 모든 사용자는 고용보험법 제22조 및 동법 시행령 제27조의 직업능력개발사업을 통해 훈련비용으로 지원 가능하므로 취업교육비 중일부금액 환급 가능

○ 환급기관 : 해당 교육기관

– 중소기업중앙회의 경우 2017. 3. 28일 이후 인도·인수한 외국인근로자 취업 교육에 대해 사업주에게 환급금 지급 (2017. 3. 28일 이전 외국인근로자 취업 교육비 환급은 산업인력공단 각 지사에서 수행)

○ 훈련비 납부 및 환급절차

① 사업주와 취업교육기관 간 교육훈련위탁계약 체결

② 사업주가 취업교육기관(중소기업중앙회)에서 교육훈련비 납부

③ 취업교육기관이 산업인력공단에 정부지원금 신청 및 수령

④ 취업교육기관에서 사업주(회사) 계좌로 환급비용 입금

○ 본회 제출 서류

– 통장 사본, 외국인근로자 인수확인서(통장계좌번호 기재)

* 본회가 외국인근로자 인수일 통보시 해당서류 징구(예정)

※ 일반적으로 외국인근로자 업체 배정후 환급은 3~4개월 소요

4) 외국인 전용보험 가입 및 사용자 인도

취업교육 마지막 날, 외국인근로자는 귀국비용보험과 상해보험에 가입한다. 취업교육기관을 방문한 사용자 또는 사용자로부터 위임받은 대리인(소속직원과 사용자의 가족관계증명서에 기재된 가족, 지정 대행기관에 한정하며, 이 경우 신분증, 가족관계증명서, 재직증명서 등의 신분을 증명할 수있는 서류와 위임장 제출)은 출국 만기보험 및 보증보험에 가입한 후 외국인근로자를 직접 인수하고 인수 확인서에 서명 날인한다. 취업교육기관은 사용자에게 외국인근로자를 인계하고, 사용자는 외국인 근로자를 인수하여 사업장으로 이동한다.

---

186) 중소기업중앙회, 「중소기업을 위한 2021년 외국인근로자 관리실무」 2021, 37면.

사용자는 외국인근로자 인수 전 출국만기보험 및 보증보험에 가입하여야 하고, 교육기관이 실시하는 사용자 교육을 받아야 한다. 사용자 교육 내용(외국인근로자 취업교육기관 운영에 관한 규정 제13조) "1. 외국인근로자의 불법체류 방지 및 고용관리에 필요한 사항 및 유의사항 2. 표준근로계약서의 이행 등 사용자 의무사항 3. 고용허가제, 출입국관리법, 근로기준법 및 산업안전보건법상 주요 내용 등 4. 교육 수료 후 30일 이내 직업능력개발훈련비용 지원신청 안내"이다.

외국인근로자를 사용자가 인수 시 준비할 사항은 ① 법인인감(또는 대표자 인감), ② 사용자 또는 소속 직원의 도장과 신분증, ③ 위임장(대리인인 경우), ④ 통장사본(법인 또는 대표자 명의 통장)이다.

5) 인도되지 않은 외국인근로자에 대한 조치[187]

고용허가서가 발급되어 근로계약이 체결된 이후 신규 입국한 외국인근로자와 근로계약을 해지하고 외국인근로자를 인도하지 않은 사업주는 향후 3년간 외국인 고용이 제한된다(사업규모의 축소, 사업의 폐업 또는 전환과 같은 불가피한 사유는 제외).

사용자의 고용거부, 사업장의 휴·폐업, 연락두절 등으로 취업교육 수료 후에 사용자에게 인도되지 않은 외국인근로자(외국인 근로자 고용등에 관한 법률 제25조제1항제2호에 따른 고용노동부 고시 제2019-7호에 따라 인도되지 않은 외국인 근로자의 사업장 변경은 횟수 미산입 처리)는 다음과 같은 절차에 따라 조치된다.

① 미인도 근로자 발생 신고 및 사업장 변경신청 (취업교육기관, 공단)

   - 미인도 근로자가 발생할 경우에는 취업교육기관에서 관련사항을 전산 시스템에 입력, 사업장 변경을 신청한다.

   - 사용자 또는 대행기관은 고용변동 등 신고 서류를 고용센터에 제출한다.

② 취업알선 실시 (고용센터)

   - 고용센터에서는 사업장 변경신청을 승인하고, 적격 사업장을 추천하여 추천받은 사업

---

187) 고용노동부, 「고용허가제 업무매뉴얼」, 2023, 28-29면 참조.

장이 미인도 근로자를 선정한다(우선알선).

③ 고용허가서 발급 (고용센터)

   - 고용허가서 발급 및 적격 사업장과 외국인 근로자가 채용될 수 있도록 처리한다.

④ 외국인근로자 인도 (취업교육기관)

   - 취업교육기관으로부터 사업주가 외국인근로자를 인수한다.

II. 외국인력 고용절차

1. 일반고용허가제 고용 절차 개요

일반고용허가제 고용 절차 개요[188)]

내국인 구인노력	• 관할 고용센터에 구인신청 • 워크넷(www.work.go.kr) 사이트에 신청 〈구인노력기간〉 • 원칙 7일, 예외 3일[189)] • 예외 적용 : 워크넷 + 신문 · 방송 · 생활정보지 등		
고용허가서 신청 및 발급	• 국내 인력을 채용하지 못한 경우, 관할 고용센터에 외국인고용허가 신청 • 점수제에 따른 발표 및 고용허가서 발급 • 신청기한 : 내국인 구인노력기간이 지난 후 3개월 이내, 배정공고에 따른 신청시기 내 • 구비서류 : 외국인근로자 고용허가서 발급신청서, 발급요건 입증서류(사업자등록증 사본 등)		
근로자 도입위탁 신청	• 사업주는 고용허가서 발급 신청 등 외국인근로자의 고용에 관한 업무를 대행기관에 대행하게할 수 있음 · 대행기관 연락처		
	대행기관	업종	연락처
	중소기업중앙회	제조업, 서비스업(냉장·냉동창고 업 제외)	1666-5916

농협중앙회	농축산업	02-2080-5598
수협중앙회	어업(소금채취업 포함), 냉장·냉동창고업	02-2240-3138~39
대한건설협회	건설업	02-3485-8304

근로계약 체결	한국산업인력공단에서 근로자의 출신국 송출기관에 근로계약서 전송 → 체결	
사증발급인정 서 발급신청	• 사업주(대행기관)가 관할 출입국관리사무소에 사증 발급인정서 발급 • 비자포털(www.visa.go.kr)로 온라인 신청가능	• 근로계약 체결 후, 공단에서 필요서류 등을 안내받은 즉시 신청
외국인근로자 입국 및 취업교육	• 근로자 입국일 7~10일 전에 한국산업인력공단에서 입국 예상 날짜 및 근로자 명단을 사업주에게 팩스로 통보 • 외국인근로자 취업교육 종료일에 근로자 인도(취업교육기관에서 인도 일시 등 안내)	

2. 절차별 상세 내용

(1) 내국인 구인 노력[190]

1) 구인신청 방법

① Work-Net 등록

내국인 구인신청은 반드시 워크넷(https://www.work.go.kr/)을 통해 직업안정기관의 장(고용센터)에게 하여야 한다. 지방자치단체의 취업알선센터를 이용하여 고용노동부 워크넷에 구인 신청한 경우에도 직업안정기관의 장에게 구인 신청을 한 것으로 간주된다.

② 모집직종

구인신청 시 모집직종은 반드시 외국인력 고용가능 직종에 적합한 경우여야 한다. 사무직

---

[188] 고용노동부, 「외국인근로자 고용관리 가이드」 2020, 9면.
[189] 기존에는 제조업 · 건설업 · 서비스업의 경우 원칙 14일, 예외 7일이었으나, 외국인근로자의 고용등에 관한 법률 시행규칙 제5조의2 제1항, 제2항의 개정으로 업종에 관계없이 원칙 7일, 예외 3일로 변경되었음(시행일: 2024.1.10.).
[190] 고용노동부, 「고용허가제 업무매뉴얼」 2023, 91면-93면 참조.

이나 관리직 등으로 구인 신청한 경우에는 법상의 내국인 노력으로 인정되지 않는다.

2) 구인노력 방법

① 구인노력기간

업종 무관: 원칙 7일, 예외 3일

(원칙) 구인노력기간은 원칙적으로 7일 이상이어야 한다. '18.1.1.에 구인신청을 하였다면, '18.1.8.부터 4.7.까지 고용허가서 발급신청이 가능하다.

예시) '18.8.1.에 10명의 내국인 구인신청을 하였으나, '18. 8. 8.까지 1명의 내국인도 채용하지 못하였다면, '18.8.9.부터 '18.11.8.까지 10명에 대한 고용허가서 발급 신청을 할 수 있으며, 8.9. 2명, 9.9. 2명 등 여러 번 신청도 가능하다.

(예외) 다만, 아래 사실에 해당하는 경우에는 구인노력기간을 3일로 단축할 수 있다.

 i) 소재지 관할 직업안정기관의 장이 사용자가 제출한 '외국인근로자의 고용 등에 관한 법률 시행규칙' 별지 제5호의2서식(내국인 구인노력 증명서)의 내국인 구인노력 증명서를 검토한 결과, 사용자의 적극적인 내국인 채용 노력 사실을 인정하는 경우(아래 각목에 해당)

> 가. 고용센터에서 개최한 '구인구직 만남의 날'에 참석(2개월 이내)
> 나. 고용센터, 지자체 등을 통해 알선을 받은 경우
> 다. 구인공고(인터넷 공고 포함) 등을 통해 직접 면접을 한 경우로서 이력서, 면접장소, 면접일시, 연락처 등이 확인된 경우

 ii) 사용자가 소재지 관할 직업안정기관을 통한 구인노력을 하면서 다음 각목의 어느 하나에 해당하는 매체를 통하여 3일 이상 내국인 구인 사실을 알리는 구인노력을 한 경우(최근 2개월 내로 제한)

* 아래 가, 나, 다에 해당되는 매체 외의 인터넷사이트는 불허
* 매체 공고 내용에 구인인원, 모집직종, 직무내용 등이 명확해야 함

　가. 신 문: 신문에 게재된 광고내용 사본 제출

　　- 조선일보, 한겨레, 매일경제 등 종합/경제 일간신문 및 무가지 (생활정보지 등)

　나. 잡 지: 잡지에 게재된 광고내용 사본 제출

　　- 문화체육관광부 홈페이지(http: //mcst.go.kr) 〉 실국마당 〉 문화 콘텐츠산업

　　〉 정기간행물 〉 '법인명 검색'을 통하여 간행물의 종류 확인

　다. 방 송: 계약서 또는 영수증 서류

　　- 텔레비전, 라디오 방송 및 데이터방송 및 이동 멀티미디어 방송 등

② 구인노력의무 충족여부의 판단

구인 신청한 내국인 근로자의 전부 또는 일부를 채용하지 못한 경우 구인노력의무를 충족한 것으로 인정된다. 그러나 직업안정기관의 장의 알선에도 불구하고 정당한 이유 없이 2회 이상 채용을 거부한 경우는 구인노력의무를 충족한 것으로 인정되지 않는다.

내국인 구인노력 활성화 방안(외국인력정책과-2253호, 2012.7.19.)

– 외국인을 고용하고자 하는 50인 이상 사업장을 중심으로 집중적인 알선 서비스를 제공하고, 내국인 미채용 시 취업알선 부서(취업지원과)에서 정당한 이유 유무를 판단

* 정당한 이유 없는 채용거부 기준

① (알선거부) 고용센터의 내국인 알선 자체를 거절하는 경우

② (채용절차 미진행) 고용센터에서 내국인을 알선 받고도 특별한 사유 없이 채용절차를 진행하지 않는 경우(면접을 보지 않았다면 채용절차 미진행으로 판단)

※ 특별한 사유: 구직자의 면접 거절, 연락두절, 사업주의 폐업·휴업이나 천재지변 등으로 근로자 채용이 사실상 불가능하다고 인정되는 경우 등

---

③ (합리적 이유 없는 채용거부) 구인자가 제시한 채용요건을 갖추고, 근로조건을 수용하는 내국인 구직자에 대하여 합리적 이유 없이 채용을 거부하는 경우
- 정당한 이유 없는 미채용 사업장은 채용거부로 처리하고, 구인노력 실적은 점수제 등과 연계, 인센티브 제공

(2) 고용허가서 발급 신청[191]

1) 개요

외국인 근로자를 사용하기 위해서는 고용허가서를 발급받아야 한다. 외국인을 고용하려는 사용자는 내국인 구인노력을 하고도 미채용된 인원에 대하여 고용허가 신청을 할 수 있다. 고용허가서의 발급 신청자는 외국인근로자를 고용하고자 하는 사용자이며, 신청기관은 사업장 소재지 관할 고용센터이다.

고용센터는 고용허가를 신청한 사업장에 대하여 요건 검토 및 허가 대상 사업장 확정 후('12년부터 점수제 실시) 구직자 명부에 있는 외국인근로자를 사용자에게 추천한다. 사용자가 적합한 외국인근로자를 선택하면 고용센터에서 고용허가서가 발급된다.

- 신청방법: 고용센터에 직접 방문하거나, 온라인으로 신청할 수 있다. 고용센터 방문하여 '외국인근로자의 고용 등에 관한 법률 시행규칙 [별지 제4호서식] 외국인근로자 고용허가서 (발급, 재발급)신청서'를 첨부서류와 함께 제출하거나, 외국인고용관리시스템 (https://www.eps.go.kr/)[192][사업주서비스〉민원신청/안내〉외국인근로자 고용허가발급/재발급 신청]에서 온라인으로 신청할 수 있다.

---

191) 고용노동부, 「고용허가제 업무매뉴얼」 2023, 32면-34면 참조.
192) 2024.9.부터는 고용24(https://www.work24.go.kr/)를 통해 이용이 가능하다.

- 신청기한: 내국인 구인노력기간이 지난 후 3개월 이내(외국인근로자의 고용 등에 관한
  법률 시행규칙 제5조제1항)에 신청해야 한다.

  * 예시) 내국인 구인노력 기간이 7일인 경우 '18.5.1.에 구인신청한 자는 5.8.부터 8.7.까
  지 3개월간 고용허가서 발급을 신청할 수 있으며, '18.8.8. 부터는 신청이 불가능 하다.

■ 외국인근로자의 고용 등에 관한 법률 시행규칙 [별지 제4   EPS시스템(www.eps.go.kr)에서도
  호서식] 〈개정 2024. 1. 10.〉   신청할 수 있습니다

외국인근로자 고용허가서 ([ ]발급[ ]재발급)신청서

* 표시란은 기입하지 않습니다.   (앞쪽)

*접수	접수번호	접수일	처리부서	*선결	청장(지청장)	과장	팀장	담당

※ [ ]에는 해당되는 곳에 √표를 합니다.

주된 사업장 (예: 본사)	※사업장이 1개인 경우 1-① ~1-④는 작성하지 않고 2-① ~ 2-⑧을 작성	
	1-①고용보험사업장 관리번호	1-②사업자등록번호
	1-③사업장명	1-④대표자

사업장 개요	※ 사업장이 본사와 구분된 지사 혹은 건설현장의 경우, 각 지사와 현장의 사업장 정보를 기재해주시기 바랍니다.		
	2-①고용보험사업장 관리번호	2-②사업자등록번호 (주민등록번호)	
	2-③사업장명	2-④대표자	
	2-⑤소재지 주소	2-⑥ 연락처	전화번호
			휴대전화번호
			팩스
			전자우편(이메일)
	2-⑦업종	2-⑧사업내용	

⑨ 대행 기관	※ 대행기관 명칭을 기재합니다.			

구인 사항	※ 직무수행상 필요한 사항을 적되, 특별한 요건이 필요 없는 경우에는 '관계없음'으로 적습니다.			
	⑩구인직종	직종 ( ), 직무내용( ) ※ 외국인근로자가 사업장에서 실제 수행하게 될 업무를 반드시 상세하게 기재합니다. (예시 : 딸기 재배, 돼지사육 및 축사관리, 어로작업 및 굴양식 등)		
	⑪모집인원	명	⑫국 적	1) 2)
	⑬학 력	최저: 최고:	⑮자격면허	1)
	⑭전 공			2)
	⑯연 령	만 세 ~ 세		
	⑰한국어 능력	[ ]상 , [ ]중 , [ ]하 , [ ]관계없음		
	⑱모집 외국인 구분	[ ]신규입국자 [ ]사업장 변경자 [ ]재입국자([ ]지정알선 [ ]일반알선)		
	⑲기타 (경력 등)			

※ 고용허가서 발급신청인의 경우 뒤쪽의 '근로조건'을 적으십시오

210mm×297mm[백상지 80g/㎡]

외국인근로자 구인 조건

※ 표준근로계약서에 동일하게 표기되므로 최대한 자세하게 적기 바랍니다.

(뒤쪽)

근로 조건	⑳근로 시간	제조업, 건설업, 서비스업	시 분 ~ 시 분 (8시간 기준) * 1일 평균 시간외(연장) 근로시간: ( )시간 * 교대제([ ]2조2교대, [ ]3조3교대, [ ]4조3교대, [ ]기타)
		농업·축산업·어업	시 분 ~ 시 분, 월 ( )시간 * 농번기, 농한기(어업의 경우 성어기, 휴어기), 계절·기상 요인에 따라 ( )시간 내에서 변경 가능
	㉑근로계약 기간	신규·(또는 재)입국자	( )개월, * 신규(또는 재)입국자의 근로계약기간은 입국일부터 기산함
		사업장변경자	년 월 일 ~ 년 월 일
	㉒휴일	제조업, 건설업, 서비스업	[ ]일요일, [ ]공휴일([ ]유급, [ ]무급), [ ]매주 토요일, [ ] 격주 토요일, [ ] 기타
		농업·축산업·어업	[ ] 주1회, [ ] 월1회, [ ] 월2회, [ ] 월3회, [ ] 기타( ) 농번기(성어기): [ ]주1회, [ ]월1회, [ ]월2회, [ ]월3회,

			[ ]기타( )			
㉓휴게 시간	1일 (분)		* 농업·축산업·어업: 1일 ( )회, ( )시간 ( )분			
㉔임금 및 지급방법	기본급		월(시간, 일, 주)급: ( )원			
	고정적 수당	(수당: 원), (수당: 원)		상여금	(원)	
	수습기간 중 임금	월(시간, 일, 주)급: ( )원, 수습시작일부터 3개월 이내 근무기간 ( )원 (수습기간: [ ]1개월, [ ]2개월, [ ]3개월, [ ] 개월)				
	월 통상임금	( )만원 (시간외 수당 등 제외) * 매월 정기적으로 지급하는 기본급 및 고정적인 수당				
	지급방법	[ ]직접 지급, [ ]통장 입금		지급일	매월 ( )일	
㉕ 숙식 제공 여부	숙 박	[ ] 제공	숙박시설 유형	[ ]주택, [ ]고시원, [ ]오피스텔, [ ]숙박시설(여관, 호스텔, 펜션 등), [ ]컨테이너, [ ]조립식 패널, [ ]사업장 건물, 기타 주택형태 시설( )		
			숙박비용 근로자 부담 여부	[ ] 부 담 (부담금액: 매월 원)		
				[ ] 미부담		
		[ ] 미제공				
	식 사	[ ] 제공	제공 시	[ ]조식, [ ]중식, [ ]석식		
			식사비용 근로자 부담 여부	[ ] 부 담 (부담금액: 매월 원)		
				[ ] 미부담		
		[ ] 미제공				
㉖기타						

「외국인근로자의 고용 등에 관한 법률」 제8조제1항 및 같은 법 시행규칙 제5조제1항(같은 법 시행령 제14조제2항 및 같은 법 시행규칙 제6조)에 따라 위와 같이 고용허가서의 발급(재발급)을 신청합니다.

년 월 일

신청인 (서명 또는 인)

○○지방고용노동청(○○지청)장 귀하

첨부 서류	1. 외국인근로자 고용허가서 원본(외국인근로자 고용허가서 재발급 신청의 경우에만 제출함) 2. 외국인근로자의 도입 업종 및 외국인근로자를 고용할 수 있는 사업 또는 사업장에 해당함을 증명할 수 있는 서류(외국인근로자 고용허가서 재발급 신청의 경우 고용허가서 발급시와 사업 또는 사업장의 업종 및 규모가 다른 경우에만 제출함)	수수료 없 음

유 의 사 항

1. 신청서 제출 후 내국인근로자 채용 또는 사정변경 등으로 신청내용을 취소하거나 변경하려는 경우에는 즉시 신청기관으로 통지하기 바랍니다.
2. 거짓이나 그 밖의 부정한 방법으로 고용허가서를 발급받아 외국인근로자를 고용하는 경우 「외국인근로자의 고용 등에 관한 법률」 제19조제1항제1호에 따라 외국인근로자 고용허가가 취소될 수 있으며, 같은 법 제20조제1항제2호에 따라 3년간 외국인근로자의 고용이 제한될 수 있습니다.
3. 모집직종이 2개 이상일 때에는 직종별로 고용허가서 발급신청서를 따로 작성해야 합니다.

4. 고용허가서 재발급 신청을 하는 경우 이미 발급받은 고용허가서상의 외국인근로자 구인조건 등이 변경되지 않은 경우에는 2-①~④란과 신청인 성명만 작성하여 제출하면 됩니다.

2) 고용허가서 발급 요건(사업장 자격 요건)

고용허가 신청서 접수시에는 고용허가 발급요건에 해당하는지를 먼저 검토해야 한다. 발급요건에 적합하지 않거나 고용제한 사업장인 경우에는 즉시 거부처분[외국인근로자 고용허가서 미발급 통지서 발급]이 된다.

고용허가서 발급요건[193]

- 내국인 구인노력(워크넷 등록 필수) : 업종 무관하게 7일 이상
- 외국인력도입 업종에 해당될 것
- 외국인 구인신청 2개월 전부터 고용허가서 발급일까지 고용조정으로 내국인 근로자를 이직시키지 않았을 것
  - '고용조정으로 내국인근로자를 이직한 경우'는 일반적으로 '경영상의 이유등 회사사정으로 인해 근로자를 퇴직시키는 것'으로 해석하여야 하며, 고용 보험 전산망을 통하여 확인
  - 고용조정이란 고용보험 상실 사유 코드 "23. 경영상 필요 및회사 불황으로 인원감축 등에 의한 퇴사(해고·권고사직·명예 퇴직 포함)[⑦은 제외]" 또는 "26. 근로자의 귀책사유에 의한 징계해고 및 권고사직[①, ②은 제외]"를 말함. 여기에 해당되는 경우 '1차적'으로 고용제한 사유에 해당되는 것으로 보되, 사용자에게 사실관계 확인(경영상의 이유 등 회사사정에 의한 퇴사 여부) 후 해당 여부를 최종적으로 판단[194]

고용조정으로 내국인근로자를 이직한 경우의 판단

---

193) 고용노동부, 「외국인근로자 고용관리 가이드」 2020, 8면.
194) 고용노동부, 「고용허가제 업무매뉴얼」 2023, 98-99면.

- 임금체불 사실이 없을 것(확인 기간: 체불 확정일을 기준으로 내국인 구인신청일로부터 3년간 검색). 단, 체불된 임금을 지급하여 사건이 종결된 경우 허가서 발급가능
  - '미청산(일부청산)'이나 '기소(일부기소)'의 경우에는 입금증, 취하서 등 사용자에게 청산하였음을 확인할 수 있는 자료를 요구하여 사실관계를 확인하여, 청산 사실 확인 후에 고용허가 가능. 벌금의 납부는 체불 임금을 청산한 것으로 볼 수 없음.[195]
  - 고용센터 담당자는 EPS나 노사누리 시스템을 통해서 해당 사업장의 임금체불 사건 진정여부 등을 확인할 수 있음. 담당자는 조회화면 에서 임금체불사건이 나타난 경우 반드시 사업주에게 체불임금 청산여부를 확인해야 함.[196]

- 고용보험 및 산재보험에 가입하고 있을 것. 단, 미적용 사업장은 제외
  - 고용보험 : EPS 전산 및 고용보험 전산에서 확인[197]

(원칙) 근로자를 사용하는 모든 사업 또는 사업장

(예외)
  ① 농업·임업·어업 또는 수렵업 중 법인이 아닌 자가 상시 4명 이하의 근로자를 사용하는 사업
  ② 다음 각 목의 어느 하나에 해당하는 공사. 다만, 법 제15조제2항 각 호에 해당하는 자가 시공하는 공사는 제외한다.
    가. 「고용보험 및 산업재해보상보험의 보험료징수 등에 관한 법률 시행령」 제2조제1항 제2호에 따른 총공사금액(이하 이 조에서 "총공사금액"이라 한다)이 2천만원 미만인 공사
    나. 연면적이 100제곱미터 이하인 건축물의 건축 또는 연면적이 200제곱미터 이하인 건축물의 대수선에 관한 공사
  ③ 가사서비스업

– 산재보험 : EPS 전산 및 고용보험 전산에서 확인

근로자를 한 명도 채용하지 않아 고용·산재 보험적용제외 사업장으로 분류된 사업주
가 외국인근로자를 채용할 경우에는 산재보험에 가입해야 함[198]

(원칙) 근로자를 사용하는 모든 사업 또는 사업장

(예외)

① 「공무원연금법」 또는 「군인연금법」에 따라 재해보상이 되는 사업, 다만, 「공무원
　재해 보상법」 제60조에 따라 순직유족급여 또는 위험직무순직유족급여에 관한
　규정을 적용받은 경우는 제외한다.

② 「선원법」, 「어선원 및 어선 재해보상보험법」 또는 「사립학교교직원 연금법」에
　따라 재해보상이 되는 사업

③ 가구내 고용활동

④ 농업, 임업(벌목업은 제외한다), 어업 및 수렵업 중 법인이 아닌 자의 사업으로서
　상시 근로자 수가 5명 미만인 사업

– 「산업재해보상보험법」 미적용 사업장(5인 미만 농어업)

• 「어선원 및 어선 재해보상보험법」 제16조 제1항에 따른 어선원 등의 재해보상보험에
　가입하거나, 외국인근로자가 근로를 시작한 날부터 3개월 이내에 해당 외국인 근로
　자를 피보험자로 하여 「농어업인의 안전보험 및 안전재해예방에 관한 법률」에 따른
　농어업인안전보험에 가입할 것을 내용으로 하는 확약서(시행규칙 제5조 제1항 제2
　호 및 시행규칙 별지 제4호의2 서식)를 제출하여야 함('23.2.3. 시행)

산재보험, 어선인재해보험, 농어업인안전보험 내용[199]

구분	산재보험	어선원재해보험	농어업인안전보험

근거 법령	산재보상보험법	어선원 및 어선 재해보상보험법	농어업인의 안전보험 및 안전재해예방에 관한 법률
사업자	근로복지공단	수협중앙회	NH농협생명, 수협중앙회
의무 가입	모든 사업장	3톤 이상 선주	–
임의 가입	5인 미만 농어업사업장	3톤 미만 선주 (원양어선 제외)	농어업 5인 미만 개인 사업장 (근로자 단위 가입)
정부 지원	–	20~70% (선박 규모(톤)별 상이)	국고보조금 50%(기초생활수급자 및차상위계층은 70%) 및 지자체 지원금
보험금 종류	요양급여	요양급여	간병급여급
	상병보상연금	상병급여	상해·질병 치료급여금
	장해급여	장해급여	장해급여금
	휴업급여	일시보상급여	휴업급여금
	유족급여	유족급여	유족급여금
	장의비(葬儀費)	장례비(葬禮費)	장례비
	직업재활급여	행방불명급여	행방불명급여금 (어업인안전보험 해당)
	간병급여	소지품 유실급여	직업재활급여금
			특정질병 수술급여금 특정감염병 진단급여금 등

- 출국만기보험 및 보증보험에 가입하고 있을 것(외국인근로자를 고용하고 있는 사업장인 경우)

  - EPS전산망에서 확인

  - EPS에는 미가입으로 표시되나 사용자는 가입했다고 주장하는 경우, 사용자에게 가입을 증명할 수 있는 서류를 제시하도록 요구

  - 보험약관상 초회 보험료 납부가 되어야 가입으로 봄. 보험료 연체는 고용허가서 발급 불허요건이 아님.[200]

---

195) 고용노동부, 「고용허가제 업무매뉴얼」 2023, 100면.
196) 고용노동부, 「고용허가제 업무매뉴얼」 2023, 101면.
197) 고용노동부, 「고용허가제 업무매뉴얼」 2023, 102면.
198) 고용노동부, 「고용허가제 업무매뉴얼」 2023, 103면.
199) 고용노동부, 「고용허가제 업무매뉴얼」 2023, 104면.
200) 고용노동부, 「고용허가제 업무매뉴얼」 2023, 105면.

(3) 근로계약 체결 및 입국[201]

사업주는 송출국가에 있는 외국인구직자와의 직접 근로계약체결을 할 수 없으므로 외국인 근로자 고용 등에 관한 법률 제9조에 따라 산업인력공단에 근로자 도입을 위탁해야 한다. 산업인력공단에서 사용자의 도입위탁 및 대행신청에 따른 수수료 납부를 확인한 즉시 근로 계약서를 EPS 전산상으로 송출기관에 전송한다. 표준근로계약서는 사용자가 외국인근 로자 고용허가 신청 시 제출한 고용허가서 내용에 따라 자동적으로 생성된다. 송출기관에 서는 선정된 외국인근로자에게 근로계약 내용을 상세히 설명하고 근로계약 체결의사 유 무 확인 후 그 결과를 전산처리(미체결자는 사유 표시)하고, 송출기관은 근로계약서를 외국인근로자에게 교부한다. 체결된 근로계약서는 다시 산업인력공단을 통해 사용자에 게 전달된다.

사용자는 근로계약서를 첨부하여 해당 외국인근로자에 대해 관할 출입국·외국인청에 사증 발급인정서 신청하고, 출입국·외국인청에서 사증발급인정서가 발급되면 산업인력공단에 서 입국계획을 수립하여 외국인근로자가 국내에 입국하게 된다. 국내 입국 후 취업교육장 으로 이동하여 2박3일의 취업교육을 수료하고 건강검진 후 사업주에게 인도된다(근로계 약은 입국일부터 효력발생).

■ 외국인근로자의 고용 등에 관한 법률 시행규칙 [별지 제6호서식] 〈개정 2020. 1. 10.〉

표준근로계약서
Standard Labor Contract

(앞쪽)

아래 당사자는 다음과 같이 근로계약을 체결하고 이를 성실히 이행할 것을 약정한다.
The following parties to the contract agree to fully comply with the terms of the contract stated hereinafter.

사용자 Employer	업체명 Name of the enterprise	전화번호 Phone number
	소재지 Location of the enterprise	
	성명 Name of the employer	사업자등록번호(주민등록번호) Identification number

---

201) 고용노동부, 「고용허가제 업무매뉴얼」 2023, 113면 참조.

근로자 Employee	성명 Name of the employee	생년월일 Birthdate
	본국주소 Address(Home Country)	

1. 근로계약기간	– 신규 또는 재입국자: ( ) 개월 – 사업장변경자: 년 월 일 ~ 년 월 일 * 수습기간: [ ]활용(입국일부터 [ ]1개월 [ ]2개월 [ ]3개월 [ ]개월) [ ]미활용 ※ 신규 또는 재입국자의 근로계약기간은 입국일부터 기산함(다만,「외국인근로자의 고용 등에 관한 법률」제18조의4제1항에 따라 재입국(성실재입국)한 경우는 입국하여 근로 를 시작한 날부터 기산함).
1. Term of Labor contract	– Newcomer or Re-entering employee: ( ) month(s) – Employee who changed workplace: from (YY/MM/DD) to (YY/MM/DD) * Probation period: [ ] Included (for [ ] 1 month [ ] 2 months [ ] 3 months from entry date – or specify other: .), [ ] Not included ※ The employment term for newcomers and re-entering employees will begin on their date of arrival in Korea, while the employment of those who re-entered through the committed workers' system will commence on their first day of work as stipulated in Article 18-4 (1) of Act on Foreign Workers' Employment, etc.
2. 근로장소	※ 근로자를 이 계약서에서 정한 장소 외에서 근로하게 해서는 안 됨.
2. Place of employment	※ The undersigned employee is not allowed to work apart from the contract enterprise.
3. 업무내용	– 업종: – 사업내용: – 직무내용: ※ 외국인근로자가 사업장에서 수행할 구체적인 업무를 반드시 기재
3. Description of work	– Industry: – Business description: – Job description: ※ Detailed duties and responsibilities of the employee must be stated

4. 근로시간	시 분 ~ 시 분 – 1일 평균 시간외 근로시간: 시간 (사업장 사정에 따라 변동 가능: 시간 이내) – 교대제 ([ ]2조2교대, [ ]3조3교대, [ ]4조3교대, [ ]기타)	※ 가사사용인, 개인간병인의 경우에 는 기재를 생략할 수 있음.
4. Working hours	from ( ) to ( ) – average daily over time: hours (changeable depending on the condition of a company): up to hour(s)) – shift system ([ ]2groups 2shifts, [ ]3groups 3shifts, [ ]4groups 3shifts, [ ]etc.)	※ Employers of workers in domes tic help, nursing can omit the working hours.

5. 휴게시간	1일 분
5. Recess hours	( ) minutes per day
6. 휴일	[ ]일요일 [ ]공휴일([ ]유급 [ ]무급) [ ]매주 토요일 [ ]격주 토요일, [ ]기타( )
6. Holidays	[ ]Sunday [ ]Legal holiday([ ]Paid [ ]Unpaid) [ ]Every saturday [ ]Every other Saturday [ ]etc.( )

210mm×297mm[백상지(80g/㎡) 또는 중질지(80g/㎡)]

(뒤쪽)

7. 임금	1) 월 통상임금 ( )원 – 기본급[(월, 시간, 일, 주)급] ( )원 – 고정적 수당: (수당 : 원), (수당: 원) – 상여금 (원) * 수습기간 중 임금 ( )원, 수습시작일부터 3개월 이내 근무기간 ( )원 2) 연장, 야간, 휴일근로에 대해서는 통상임금의 50%를 가산하여 수당 지급(상시근로자 4인 이하 사업장에는 해당되지 않음)
7. Payment	1) Monthly Normal wages ( )won – Basic pay[(Monthly, hourly, daily, weekly) wage] ( )won – Fixed benefits: (benefits :)won, (benefits :)won – Bonus: ( )won * Wage during probation ( ) won, but for up to the first 3 months of probation period: ( ) won 2) Overtime, night shift or holiday will be paid 50% more than the employee's regular rate of pay(This is not applicable to business with 4 or less employees).
8. 임금지급일	매월 ( )일 또는 매주 ( )요일. 다만, 임금 지급일이 공휴일인 경우에는 전날에 지급함.
8. Payment date	Every ( )th day of the month or every (day) of the week. If the payment date falls on a holiday, the payment will be made on the day before the holiday.
9. 지급방법	[ ]직접 지급, [ ]통장 입금 ※ 사용자는 근로자 명의로 된 예금통장 및 도장을 관리해서는 안 됨.
9. Payment methods	[ ]In person, [ ]By direct deposit transfer into the employee's account ※ The employer must not keep the bankbook and the seal of the employee.
10. 숙식제공	1) 숙박시설 제공 – 숙박시설 제공 여부: [ ]제공 [ ]미제공 제공 시, 숙박시설의 유형([ ]주택, [ ]고시원, [ ]오피스텔, [ ]숙박시설(여관, 호스텔, 펜션 등), [ ]컨테이너, [ ]조립식 패널, [ ]사업장 건물, 기타 주택형태 시설( ) – 숙박시설 제공 시 근로자 부담금액: 매월 원 2) 식사 제공 – 식사 제공 여부: 제공([ ]조식, [ ]중식, [ ]석식) [ ]미제공 – 식사 제공 시 근로자 부담금액: 매월 원

	※ 근로자의 비용 부담 수준은 사용자와 근로자 간 협의(신규 또는 재입국자의 경우 입국 이후)에 따라 별도로 결정.

10. Accommo
-dations
and Meals
	1) Provision of accommodations
	  – Provision of accommodations: [　]Provided, [　]Not provided
	  (If provided, accommodation types: [　]Detached houses, [　]Goshiwans, [　]Studio
	-flats, [　]Lodging facilities(such as motels, hostels and pension hotels, etc.), [　]Container
	boxes, [　]SIP panel constructions, [　]Rooms within the business building – or specify
	other housing or boarding facilities .)
	  – Cost of accommodation paid by employee: won/month
	2) Provision of meals
	  – Provision of meals: [　]Provided([　]breakfast, [　]lunch, [　]dinner), [　] Not provided
	  – Cost of meals paid by employee: won/month

	※ The amount of costs paid by employee, will be determined by mutual consultation between the employer and employee (Newcomers and re-entering employees will consult with their employers after arrival in Korea).

11. 사용자와 근로자는 각자가 근로계약, 취업규칙, 단체협약을 지키고 성실하게 이행해야 한다.

11. Both employees and employers shall comply with collective agreements, rules of employment, and terms of labor contracts and be obliged to fulfill them in good faith.

12. 이 계약에서 정하지 않은 사항은 「근로기준법」에서 정하는 바에 따른다.
  ※ 가사서비스업 및 개인간병인에 종사하는 외국인근로자의 경우 근로시간, 휴일·휴가, 그 밖에 모든 근로조건에 대해 사용자와 자유롭게 계약을 체결하는 것이 가능합니다.

12. Other matters not regulated in this contract will follow provisions of the Labor Standards Act.
  ※ The terms and conditions of the labor contract for employees in domestic help and nursing can be freely decided through the agreement between an employer and an employee.

년　　　월　　　일
_____ (YY/MM/DD)

사용자:　　　　　　(서명 또는 인)
Employer:　　　　　(signature)

근로자:　　　　　　(서명 또는 인)
Employee:　　　　　(signature)

(4) 취업기간 만료 외국인 근로자에 대한 대체인력 고용허가 신청

사업장에서 근무하는 외국인근로자 취업활동 기간 만료일 '6개월 이전'부터 대체할 인력에 대한 고용허가 신청이 가능하다. 취업활동 기간 만료로 출국하는 외국인근로자로 인한 사업장의 인력공백을 최소화하기 위한 제도이다. 대체인력 신청 방법은 일반 고용허가서에 발급 절차와 동일하다. 대체인력 제도는 신규 인력배정 시에만 적용되며(점수제 시행에 따라 신규인력 신청기간이 정해짐), 신규 쿼터 마감시에는 적용될 수 없다.

대체인력 신청 절차(외국인력정책과-4238, '11. 12. 29.)

- 취업기간 만료 외국인근로자 출국 6개월 전에 '외국인근로자 출국예정신고서'를 고용허가신청서와 함께 고용센터에 제출

  * 출국예정신고/확인은 원칙적으로 취업기간만료일로부터 1개월 이내에 할 수 있으나 대체 인력을 신청할 경우에는 예외적으로 6개월 전부터 가능

- 내국인구인노력 등 다른 절차는 일반적인 고용허가서 발급 절차와 동일

- 대체인력 신청에 따른 고용허가서 발급은 신규 고용허가서 발급한도 내에서 가능

출 국 예 정 신 고 서202)

※ [ ]에는 해당되는 곳에 √표를 합니다.

①성명(영어)	②성별 남 [ ] 여[[ ]
③국적	④입국일
⑤외국인등록번호	⑥여권번호(여권만료일)
⑦체류자격 E-9 [ ] H-2[ ]	⑧체류기간 만료일

⑨연락처	한국 내 주소	
	한국 내 전화번호(필수기재)	E-mail
	모국 주소	모국 연락처(필수기재)
⑩최종 사업장	사업장명	전화번호

⑪출국예정일	년 월 일
⑫출국사유	[ ]취업활동 기간 만료 ([ ]대체인력 신청 여부) [ ]개인사정(일시출국 제외) [ ]자진출국 [ ]강제퇴거 [ )　　　　　　　　　　　　　　　　　　　　]기타(
⑬출국예정 교통편	[ ]항공기　　　　 [ ]여객선　　 [ ]기타

◀ 작성 요령 ▶
①∼⑧인적사항은 여권과 외국인등록증에 기재된 사항과 동일하게 기재합니다.
⑨한국 내 주소는 현재 본인이 거주하는 곳의 주소를 정확하게 기재하고 전화번호는 직접 연락가능
　한 번호로 기재하며, 모국 주소는 현재 자신의 가족이 거주하는 곳의 주소를 기재하며
⑩현재 재직하고 있는 사업장 혹은 마지막으로 근무한 사업장의 명칭과 연락처를 기재합니다.
⑪출국예정일을 기재합니다.
⑫출국사유에는 예시된 사유 중 하나를 선택합니다.
⑬출국시 이용할 교통편 유형을 표시합니다.

　　　외국인근로자의 고용 등에 관한 법률 제13조, 제15조 및 동법 시행령 제21조제2항, 제
　　22조제2항의 출국만기보험(신탁) 및 귀국보험(신탁) 등의 수령을 위하여 위와 같이 출국예
　　정신고서를 제출합니다.

　　　　　　　　　　　　　　　　　　　　　　　　　　　　　年　　　月　　　日

　　　　　　신청인 　　　　　　　　　　　　　　　　　(서명 또는 인)

○○지방고용노동청(○○지청)장 귀하

* 표시란은 기입하지 않습니다.

* 접수	접수연월일	접수번호	처리부서	선결	청장(지청장)	과장	팀장	담당

210mm×297mm(일반용지 60g/㎡(재활용품))

(5) 민원 대리인 지정

1) 민원대리인의 지정

사업주는 대리인을 선임하여 사업주가 신청/신고할 사항을 직원 등의 대리인에게 하게 할 수 있다.

2) 민원대리인의 신청

사업주는 대리인을 선임하거나 해임하고자 할 경우 민원대리인 신청서식을 작성하여 고용센터에 방문하여 제출해야 하거나, EPS(https://www.eps.go.kr/)에 접속하여 온라인으로 신청(사업주서비스〉민원신청안내〉민원대리인(선임/해임)신청)할 수 있다.

---

202) 고용허가제 홈페이지(https://www.eps.go.kr/), 자료실〉업무별서식(2019.10.30.), '출국예정신고서(2019년도 개정서식)'

필요서류 및 신청 방법

◇ 민원대리인 신청서, 위임자의 신분증 사본, 위임을 받은 대리인의 신분증명서 필요

◇ 대리인의 범위는 사업주의 직계가족 및 사업장의 고용보험에 가입된 직원(고용보험피
　보험 자격 확인, 가족관계임을 입증 할 수 있는 가족관계증명서, 주민등록등본 등)

　* 직계가족이란 배우자, 8촌 이내의 혈족, 4촌 이내의 인척(혈족의 배우자, 배우자의
　혈족, 배우자의 혈족의 배우자)를 의미 (민법 제779조)

　* 동일 법인이 각각의 고용보험이 성립된 다수의 사업장 운영 시에는 각 사업장 별
　고용보험 취득자일 경우에만 대리인 지정 가능(단, 인사노무관리를 본사에서 하는
　경우 본사 소속 직원을 대리인으로 지정가능)

◇ 민원대리인에 등록된 대리인은 대리인으로 지정된 날부터 사업주를 대신하여 고용
　허가제 관련 업무를 수행할 수 있으며, 외부홈페이지(www.eps.go.kr)에 로그인하
　여 전산으로 민원신청서를 접수할 수 있음

◇ 변호사, 공인노무사, 행정사 등의 자격을 가진 자라 하더라도 사업주의 직계가족이나
　고용보험에 가입된 직원이 아니면 고용허가제 업무를 대행할 수 없음[203]

　* 외고법 제27조의2에 따른 지정 대행기관이 아닌 자가 대행행위를 할 경우 외고법
　제27조제4항위반으로 고발 또는 수사의뢰 등 조치될 수 있음(외고법 제29조제5호에
　따라 1년 이하의 징역·금고 또는 1천만원 이하의 벌금)

---

[203] 고용노동부, 「2019 알기쉬운 고용허가제」 2019, 9면.

민원대리인신청서(□ 선임 □ 해임)[204]	

①사 업 자 등 록 번 호 (사 업 장 관 리 번 호)			
사 업 주 (사 업 장)	③사 업 장 명		
	④소 재 지	□□□-□□□	
	⑤전 화 번 호	⑥휴 대 폰 번 호	
	⑦대 표 자	⑧주 민 등 록 번 호	-
대 리 인	⑨성 명	⑩주 민 등 록 번 호	-
	⑪전 화 번 호	⑫휴 대 폰 번 호	
	⑬직 책 (사 업 주 와 의 관 계)	⑭선 임 일 (해 임 일)	

상기인을 외국인근로자 고용허가민원업무를 수행함에 있어 본인의 대리권자로 위임합니다.

년   월   일
사업주   (서명 또는 인)
대리인   (서명 또는 인)

고용노동부 ○○고용노동청장 귀하

---

204) 고용허가제 홈페이지(https://www.eps.go.kr/), 자료실〉업무별서식(2021.12.30.), '민원대리인
신청서 서식'

(6) 최초 외국인근로자 고용허가 사용자교육 의무화[205][206]

외국인근로자 고용허가를 최초로 받은 사용자는 고용허가서 발급일로부터 6개월 이내에 노동관계법령·인권 등에 관한 교육을 의무적으로 이수해야 한다. '외국인근로자 고용등에 관한 법률' 제11조의2(사용자 교육)[시행일: 2021. 10. 14.] 해당 교육은 한국산업인력공단에서 무료로 제공하며, 집체 또는 온라인 학습(PC 또는 모바일)으로 6시간 동안 진행된다. 교육을 미이수한 사용자에게는 과태료 300만원이 부과된다.

1) 교육대상 및 교육시기

2021. 10. 14. 이후 최초로 외국인근로자 고용허가서를 발급받은 사용자는 허가서 최초 발급일로부터 6개월 이내에 한국산업인력공단의 사용자 교육을 이수하여야 함.[207]

2) 교육 취지

노동관계 법령 및 인권 등에 관한 의무교육을 통해 외국인근로자의 노동인권에 대한 사용자의 인식개선을 도모하고 외국인근로자를 두텁게 보호

3) 교육 신청(선택)

- 집체교육 : 사업장 관할 한국산업인력공단 지부·지사로 방문, 우편, 팩스, 전자우편 접수
- E-러닝 : EPS홈페이지(www.eps.gop.kr) 및 EPS어플(외국인고용관리) 접속 후 사용자 교육 온라인교육 신청

---

205) 고용노동부 보도자료(2021.10.14.), '외국인근로자 재입국 특례 시 재입국 제한기간 단축 및 대상 확대'
206) 고용허가제 홈페이지(https://www.eps.go.kr/), 고객센터〉공지사항(2021.10.13.), '[공지] '21.1 0.14.~ 최초 고용허가서 발급 사용자 대상 교육 의무화 시행 안내' 참조.
207) 외국인근로자의 고용 등에 관한 법률 제11조의2, 제28조, 제32조, 시행령 제31조, 제32조, 시행규칙 제11조의2.

4) 교육 수강 절차

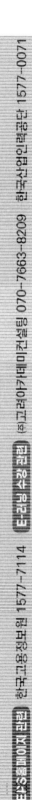

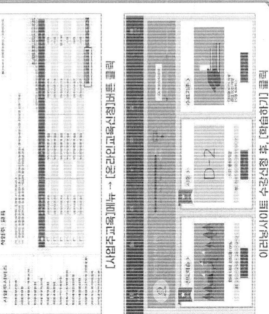

5) 교육 내용 : 노동관계법령·인권 등에 대한 6개 교과목

교 과 목	교 육 내 용
고용허가제의 이해 및 바람직한 고용관계	o 고용허가제 주요내용(외고법, 외국인 고용절차, 상담 등) o 국가별 문화특성, 근로자 관리 성공사례, 성폭력·성희롱 예방 등
외국인근로자 노무관리	o 근로계약, 퇴직금, 인사 및 노무관리 등
외국인근로자 산업재해예방	o 외국인근로자 산업재해 사례 및 발생 형태별 안전 대책 등
외국인근로자 보건관리	o 외국인근로자 질병예방 및 정신건강증진 등
출입국관리법	o 출입국관리법 주요내용(출입국관리법 상 신고사항, 상담 등) o 불법체류자 고용 방지
외국인근로자 인권보호	o 외국인근로자 인권보호에 관한 사항

6) 학습 시 유의사항

E-러닝 수료기준 : 학습기간(수강신청 월) 동안 진도 100% 이상 및 시험 60점 이상 모두 충족

3. 업종별 고용허가서 발급 상세 요건

(1) 허용업종

106페이지의 '2024년 일반 외국인근로자(E-9) 고용허용 업종' 참조

1) 사업자등록증의 업종이 복수업종으로 되어 있는 경우

사업자등록증의 업종이 복수업종일 경우 '주된 업종'이 허용업종인 경우일 때에만 고용허가서 발급이 가능하다. 주된 업종 여부는 우선 고용보험·산재보험의 가입업종으로 판단하되, 사업주가 이의를 제기할 경우에는 다음 순서에 따라 주된 사업을 판단한다.

  ① 근로자 수가 많은 사업

② 근로자 수가 동일하거나 그 수를 알 수 없는 경우는 임금총액이 많은 사업

③ 상기 방법에 의하여 주된 사업을 결정할 수 없는 경우에는 매출액이 많은 사업

(2) 제조업[208]

> – 상시근로자 300인 미만 또는 자본금 80억원 이하
>
> ※ 상기 기준에 충족하지 않더라도 지방중소기업청에서 발급한 '중소기업확인서' 제출
> 시 인정

1) 제조업의 정의

원재료(물질 또는 구성요소)에 물리적·화학적 작용을 가하여 투입된 원재료를 성질이 다른 새로운 제품으로 전환시키는 산업활동을 말한다. 실제 영위하는 사업의 내용에 따라 판단하되, '고용보험 및 산재보험 가입업종', '사업자등록증의 업종'을 참고하여 판단한다.

2) 상시근로자 수 및 자본금의 확인

고용보험 전산망(사업장 상세조회 등)을 통하여 고용허가 신청 기업의 상시 근로자 수가 300인 미만인지가 확인된다. 상시근로자 수가 300인 이상이면 사용자는 자본금이 80억원 이하임을 입증해야 한다(결산내역서 등).

그러나 상시근로자 300인 이상 또는 자본금 80억 이상 사업장이라도 매출액 기준 중소기업에 해당되는 경우 '중소기업 확인서'(근거: 「중소기업기본법 시행령(제10조)」 개정('15. 1. 1.)) 제출시 고용허가서 발급이 가능하다(확인서 유효 기간까지). 제조업의 경우 중소기업의 인력난 해소를 위해 예외적으로 '중소기업 확인서'가 있는 경우 고용허가제를 허용하는 것으로 볼 수 있다.

---

[208] 고용노동부, 「고용허가제 업무매뉴얼」, 2023, 48면~50면 참조.

3) 필요서류

제조업 고용허가 신청 시 구비서류	비 고
사업자등록증 사본	업종 및 휴폐업 여부 확인
(필요시) 본사–지사간 근무중 외국인력현황표	본사–지사 관계에 있는 사업장이 고용 보험에 일괄가입되어 있는 경우에만 제출
(필요시) 공장등록증 사본	공장등록증이 없는 경우에는 공장임대차 계약서 및 건축물 대장을 제출
(필요시) 결산서, 원가계약서, 매입매출 신고서류 등	제조업임을 판단하는 추가서류
(필요시) 국세(지방) 납세증명서	지방우대기업 확인 필요시 제출

(3) 건설업[209]

> – 모든 건설공사
>
> ※ 발전소·제철소·석유화학 건설현장의 건설업체 중 건설면허가 산업환경설비인 경우에는 적용 제외

1) 건설업의 외국인력 허용업종

일반적인 건설공사에서 외국인력 고용이 가능하나, 고용보험에 신고 된 사업장에 대해서만 고용허가서 발급이 가능하다(사업개시 신고(근로복지공단, 11자리), 미승인 하수급 신고(근로복지공단, 15자리)). 다만, 발전소·제철소·석유화학 건설현장의 건설업체 중 건설면허가 산업환경 설비인 경우에는 고용허가서 발급이 불가능하다.

---

209) 고용노동부, 「고용허가제 업무매뉴얼」, 2023, 53면~60면 참조.

산업환경설비 건설에 대한 고용허가 여부(외국인력정책과-2204, '08.10.10.)

▷ 건설업에 있어 고용허용 가능한 사업장인지 여부는 원청업체(책임건설업체)를 기준으로 판단하여야 할 것으로, 원청업체가 고용가능 기준에 해당되지 않는다면 해당 건설현장 전체(하청업체 포함)에서 외국인력 고용은 불가

▷ 따라서 원청업체가 '발전소·제철소·석유화학 건설공사'를 도급받은 경우에는 해당 건설현장 내에 토공사 등이 포함되어 있더라도, 원·하청업체 모두 외국인력을 고용할 수 없음

▷ 다만, 발주처에서 '발전소·제철소·석유화학 건설공사'와 토공사 등을 분리하여 발주하는 경우(즉, 각각의 원도급계약이 존재할 때)는 토공사 등에서 외국인력 고용 가능

* 세부 판단 기준

① 건설업체의 고용허가신청시 '원도급계약서' 확인을 통해 발전소·제철소·석유 화학 건설공사 여부 판단

② 원도급계약서를 통한 판단이 곤란할 시에는 고용허가신청 업체에 해당 원도급공사의 '입찰 공고문' 제출 요구 또는 확인 ➡ 공고문상 입찰자격으로 건설업체의 '산업환경설비등록(면허)'가 요구되는 경우 외국인력 고용 불가)

〈지침〉 건설업·제조업 등 겸업(복수업종)시 외국인 고용(외국인력담당관-2751, '19.9.25.)

❍ 복수업종을 겸업하는 경우 외국인노동자 고용

− 사업자등록증상 업종이 복수인 경우 원칙적으로 주된 업종을 판단하여 고용허가를 하되,

• 사업특성 등에 따라 사업주가 주된 업종이 아닌 업종을 신청하는 경우에도 고용허가 요건 충족 시 외국인 고용을 허가

* 단, 주된 업종이 허용업종이 아닌 경우 부수업종에 대한 고용허가 불가

– 사업주는 허가받은 업종에서만 외국인노동자를 사용하여야 하고, 고용허가 업종이
아닌 다른 업종에서는 사용 불가

• 앞으로, 철골 제작과 설치를 겸업하는 경우 제작현장을 건설현장으로 보고 건설업으로
분류하도록 한 현행 지침(외국인력정책과–1513, '10.11.5)은 폐기 * 건설업과 제조
업을 겸업하는 사업주가 제조업이 주된 업종임에도 건설업으로 신청하는 경우는 건설
업으로 고용허가를 하되, 제조업에서 외국인 사용시 제재

❍ 제조사업장이 제품설치까지 하는 경우 외국인노동자 고용

– 제조업 사업장이 완성된 제품을 현장에 설치도 하는 경우 다음과 같이 일정 요건 충족
시 설치작업 시에도 외국인 사용을 허용

• 제작이 주된 작업이고 부수적으로 설치가 불가피하며, 설치공사를 포함하여 계약이
체결됨

* (「산업재해보상보험법 시행규칙」 제4조) 사업주가 상시적으로 고용제품을 생산하여
그 제품 구매자와의 계약에 따라 직접 설치하는 경우 그 설치공사는 그 제품의 제조업에
포함되는 것으로 본다.(→ 동 규정을 준용)

– 외국인뿐만 아니라 내국인노동자도 제작 및 설치작업을 수행함

❍ (시행일) '19.9.30.

* 동 지침 중 항목 〈1〉은 시행일 고용허가 신청 시부터 적용(단, 신규 신청하는 경우는 '20.1분기
신청 시부터 적용)
** 변경지침 시행 이전에 고용허가를 받아 사용 중인 외국인에 대해서는 취업활동기간 만료시까지
고용(재고용) 허용

2) 제출 서류

입증서류	비고 (용도 등)
• 사업자등록증 • 건설업등록증 (또는 건설업등록수첩) * 주택건설의 경우에는 주택건설 사업자등록증	건설업인지 여부 확인, 2차·3차 불법 하도급 사업장이 아닌지 여부 확인
• 공사금액이 명시된 도급계약서 – 원도급업체는 도급계약서 사본 – 하도급업체는 원도급계약서 및 하도급 계약서 사본을 모두 제출 (원본대조필) * 도급계약서상 착공일이 없는 경우 착공신고필증 (건축법)을 확인 ** 자체공사(발주자=시행사)인 경우에는 원하도급 계약서가 없으므로, 건축허가서(건축법) 혹은 주택건설 사업 승인서(주택법)를 확인	허용인원 산정을 위한 공사금액 확인, 공사중단 및 공사연장, 사업장명 등 사실관계 확인
• 건설현장에 대한 근무중 외국인력현황표	불법고용 여부 확인, 책임건설업체에서 하도급업체에 승인한 외국인력 배분 확인

건설현장에 대한 근무 중 외국인력 현황표[210]

건설현장명		책임건설업체 (원도급업체)	
외국인력 고용허가 신청업체		신청업체 배정인원	

구분		외국인력 배정현황		합계
		일반고용허가 (E-9)	특례고용허가 (H-2)	
원청				
협력업체				

외국인력 총계			

* 현재 외국인을 고용하고 있는 모든 협력업체의 현황을 작성

위에 기재한 사항은 사실과 틀림이 없음을 확인하고,

해당 업체의 (고용허가 신청, 사업장변경 신청)을 승인합니다.

년   월   일

책임건설업체(원도급업체)   (서명 또는 인)

---

210) 고용허가제 홈페이지(https://www.eps.go.kr/eo/FormDataR.eo?bbswSn=913), 자료실〉업무
별서식, '건설현장에 대한 근무중 외국인력 현황표 서식'

3) 업무처리 관할(외국인력고용팀-1259, '07. 4. 20.)

① 고용허가서 신청 및 발급 관할

사용자 또는 건설업 대행기관(대한건설협회)의 신청이 있는 경우 일반 외국인 근로자에 한하여 「내국인구인신청 → 고용허가 신청 → 알선 → 고용허가서 발급」에 관한 업무처리를 '현장 관할 고용센터' 뿐만 아니라 '건설업 본사·대행기관 소재지 관할' 고용센터에서도 처리할 수 있다.

② 사업장 및 외국인근로자에 대한 고용관리 관할

사업장 및 외국인근로자에 대한 고용관리는 현행과 같이 일반 외국인 근로자가 실제 근로를 제공하는 각 건설현장 소재지 관할 고용센터에서 수행한다.

건설근로자의 현장이동에 대한 지침
동일 공사현장 내에서 다른 업체로 이동하는 경우 - 공사종료로 사업장 변경이 필요한 경우에는 일반적인 사업장 변경 절차에 따라 공사현장 내 다른 업체로 이동 가능 * 공사종료의 경우 사업장 변경 횟수 미산입(지정알선은 불가하나 해당 근로자 알선시 현장 내 다른 업체에 적극 알선) - 도산·폐업으로 인한 영업의 양도·양수 시에는 일반적인 고용승계(고용변동신고) 절차에 따름 * 사업장 정보변동 신고서 및 인력현황표 등을 확인하여 처리
동일한 업체의 다른 공사현장으로 이동하는 경우(외국인력담당관-4127, 2022.12.9.) - 공사현장 종료 혹은 특정한 공정기간 만료, 발주처 및 원청의 사정 등*으로 불가피하게 공사가 중단(일시적 중단 포함)된 경우** 전후에 동일한 사업주의 다른 공사 현장으로 근무처를 이동하고자 하는 경우 '지사간 이동'***으로 처리

* ① 자재가격 급등 등 자재수급 차질, ② 선행 또는 동시 진행 공정의 지연·변경, ③ 천재지변, 계절적 요인, ④ 법원 가처분 결정, 각종 민원 발생(단, 중대재해 발생 등에 따른 산업안전보건법 상 작업 중지로 인한 중단은 제외)

** 하도급 계약서, 공정표, 공사 중단(일시적 중단 포함)을 증빙할 수 있는 서류 등의 확인을 통해 공정기간 만료 또는 공사 중단 여부를 확인

*** 사업장 변경의 특례(내국인 구인노력 생략, 지정알선)로 이동현장의 고용허가 요건 을 확인하여 이동 가능여부 판단(이동 외국인근로자와 새로운 근로계약 체결 필요)

- 이동예정 현장의 고용허용인원을 초과하여 이동하는 것은 불가하므로 반드시 총 고용 허용 인원을 확인

- 사업장 고용정보변동(지사간 이동)으로 신고하되, 이동예정 현장이 고용제한 중인 경우 지사 간 이동 불가

건설근로자 현장 이동 신고(사업장정보 변동 신고) 시 구비서류

구 분	구 비 서 류
현장이동시, 이동 후 고용하게 되는 업체에서 외국인력을 고용하고 있지 않은 경우	① 외국인근로자 고용사업장 정보변동 신고서 ② 인력현황표 (사업장의 인력 배정 현황 확인) ③ 사업자등록증 (사업자등록번호 확인) ④ 원도급계약서 및 하도급계약서 사본 원도급계약서: 건설현장 규모(공사금액), 공사기간 확인하여 인력산정(필요시 착공신고필증) 하도급계약서: 계약관계 및 현장 확인 ⑤ 건설업등록증 또는 건설업면허증 (허용업종 확인) ⑥ 해당외국인근로자의 여권 사본 및 외국인등록증 사본 ⑦ 새로운 표준근로약서 사본(근로자 인지 여부 확인)

현장이동시, 이동 후 고용하게 되는 업체에서 외국인력을 고용 중인 경우	① 외국인근로자 고용사업장 정보변동 신고서 ② 인력현황표 ③ 사업자등록증 ④ 하도급계약서 사본 ⑤ 해당외국인근로자의 여권 사본 및 외국인등록증 사본 ⑥ 새로운 표준근로약서 사본(근로자인지 여부 확인)

※ 원도급계약서: 고용보험시스템에서 확인
※ 사업자등록증: 행정정보공동이용시스템에서 확인
 – 업무처리 시 필요하다고 판단될 경우에 한하여 제출요구 가능

(4) 농축산업[211]

◇ 작물재배업(011): 노지 또는 특정 시설 내에서 작물 및 종자를 재배·생산하는 산업활동

◇ 축산업(012): 식용, 관상용, 애완용, 실험용 및 기타 특수 목적용으로 판매하거나 털, 젖, 모피 등을 획득하기 위하여 육지동물을 번식, 증식, 사육하는 산업활동

◇ 작물재배 및 축산관련 서비스업(014): 수수료 또는 계약에 의하여 작물재배 및 축산활동에 관련된 서비스를 제공하는 산업활동

1) 허용업종 여부 판단

국립농산물품질관리원장이 발급한 '농업경영체 등록(변경등록) 확인서'(「농어업경영체 육성 및 지원에 관한 법률」 시행규칙 제3조 개정('14.8.7.)에 따름)로 고용허용 업종 및 규모를 확인한다. 동 증명서의 유효기간은 발급일로부터 1년간으로 하며, 공부상 면적과

---
211) 고용노동부, 「고용허가제 업무매뉴얼」, 2023, 61면~66면 참조.

실제 관리면적이 상이할 경우 실제관리면적에 의하여 허가서가 발급된다.

고용허가 허용업종 중 「농업경영체 등록 확인서」 발급대상이 아닌 법인인 경우, 「축산법」에 따른 '축산업(가축사육업) 허가증', '가축사육업 등록증'으로도 영농규모를 확인할 수 있다. 다만, 상기 방법으로 영농규모 확인이 불가능한 법인인 경우에는 '작물재배및 축산 관련 서비스업'의 기준을 준용한다.

> * 개사육(외국인력정책과-235, 2010.7.25), 지렁이사육은 기타축산(01299)에 포함됨
> * 임업(02)은 외국인력 고용허용 업종이 아님

2) 입증서류

농축산업 고용허가 신청시 구비서류	비고 (용도 등)
• 사업자등록증 사본(개인인 경우 제외)	
• 농업경영체등록(변경등록) 확인서 (국립농산물품질관리원장이 발급)	• 허용업종 여부 확인, 허용인원 산정을 위한 영농 규모 등 확인 ※ 농업경영체등록 확인서 유효기간: 1년

◆ 농업경영체등록확인서 확인 요령

1. 등록번호: 농산물품질관리원 홈페이지(http://www.naqs.go.kr) '농업경영정보 확인 및 변경'에서 진위 여부 확인 가능

2. 고용허가서는 경영주에게만 발급(경영주 이외의 농업인에게는 발급 불가)

3. 도로명 주소가 없는 경우 인접 도로명 주소 선택 후 상세주소 삭제하고 지번 주소 입력하여 등록

4. 재배품목: 한국표준산업분류 참조(통계분류포털 http://kssc.kostat.go.kr)

5. 작물의 재배장소에 따라 작물재배업의 종류가 달라짐 – 일반채소를 노지에 재배 시 '인삼, 일반채소'에 해당하나, 시설재배 시 '시설원예, 특작'에 해당

3) 농업분야 외국인근로자 고용 관련 「근무처추가 제도」(2009. 7. 1. 시행)

① 도입배경

일부 농업분야의 경우 계절적으로 업무량 차이가 커서, 업무량 증가기간 동안만 단기 고용 후 다른 사업장으로 이동할 필요가 있으나 외국인 사업장 변경 횟수 제한(3회) 등으로 효율적인 외국인력 활용이 곤란한 점이 있으므로, 일부 농업분야 외국인근로자의 사업장 변경 제한 완화 및 신속한 고용 지원서비스 제공을 위해 마련된 제도이다(외국인근로자 농업분야 '근무처 추가 제도' 시행 계획〈외국인력정책과-1926, ('09.6.26.)〉).

② 정의

'계절적 농업' 분야에 근로 중인 외국인근로자(E-9)가 원사업장과의 근로계약은 유지하면서(무급휴직 처리) 일정기간 동안 다른 사업주와 근로계약을 체결하여 근무한 후, 근로계약기간이 만료되면 원사업장으로 자동복귀하는 제도이다.

③ 허용업종: 농업분야 중 '작물재배업'(계절적 농업)

작물재배업의 대부분이 작업 일정이 비슷하여(농한기: 11월 ~ 익년 2월) 작물재배업 간 근무처추가 수요는 적으므로 같은 작물재배업 외에도 축산업, 농업관련 서비스업 등으로 근무처추가가 가능하다.

* '작물재배업' → '작물재배업' '축산업', '농산물 선별·건조 및 처리장의 운영업', '농업관련 서비스업' 등으로 근무처 추가 가능
* 농업분야 중 '축산업', '농산물 선별·건조 및 처리장의 운영업', '농업관련 서비스업'은 연중 계속 업무 성격이므로 다른 농업분야로 근무처추가 불허, 축산업도 근무처추가 불허

④ 신청대상

외국인근로자(E-9) 중 신청일 현재 '작물재배업' 분야에 근무 중인 자

⑤ 추가 근무처에서의 근로계약 기간: 2개월 이상 ~ 4개월 이하

작물재배업의 평균 농한기가 4개월(11월 ~ 익년 2월)이고 지나치게 단기간 근로계약 시 근로자의 사업장 부적응 등을 고려, 추가 근무처에서의 근로계약 기간을 2개월 이상 ~ 4개월 이하로 설정하여야 한다. 단, 체류허가 기간을 초과하지 않는 범위 내에서 허용되며, 추가 근무처에서의 근로계약 연장은 불가능하다.

⑥ 추가근무처 허용 지역

장거리 이동으로 인한 이탈 가능성, 거주환경 변화로 인한 근로자의 부적응을 방지하기 위해 최대한 광역단위 내에서 알선되나, 지역적으로 농한기가 겹쳐 알선이 어려운 경우 등 사정이 있는 경우에는 광역단위 외의 지역으로도 알선이 된다.

⑦ 근로자 인수인계

'추가 근무처'의 사업주(또는 대리인)가 원사업장에 가서 근로자를 인수하고, 근로계약 기간 만료 후에도 '추가 근무처'의 사업주가 원사업장까지 인계해야 한다.

⑧ 외국인근로자 전용보험

원 근무처의 사업주가 출국만기보험 가입대상인 경우, '추가 근무처'의 사업주는 추가 근무처에서의 근로계약기간 동안 '출국만기보험료'를 납부해야 한다.

* '추가 근무처의 사업주'와 '근로자' 간 체결하는 근로계약서에 추가 근무처 사업주가 근로계약 기간 동안 출국만기보험료를 납부한다는 내용을 명시해야 한다.

* 원 근무처 사업주의 '근무처 추가' 동의서상에 '퇴직금 산정시 추가 근무처에서의 근로기간 (무급휴직)을 포함하여 산정한다'는 내용을 명시해야 한다.

- 임금체불보증보험: 원 근무처 사업주가 가입한 임금체불보증보험은 그대로 유지하고, 추가 근무처 사업주도 해당 기간 동안 임금체불보증보험 가입을 해야한다.

⑨ 기 타

- 근무처 추가는 「외국인고용법」 제25조상 '사업장 변경' 횟수에 미산입된다.

- 근로계약 기간이 만료되면 별도의 조치 없이 원 사업장으로 자동 복귀된다.
- 해당 근로자의 '체류기간 연장' 및 '재고용 관련 신청'은 원 근무처에서만 가능하다.

⑩ 세부 절차

근무처 추가를 원하는 '외국인근로자'가 농협중앙회에 「근무처추가 신청서」를 제출한다. '근무처추가 신청서' 제출시 반드시 원 근무처 사용자의 동의서를 첨부해야 한다.

- 근무처추가 신청 시 원 사업장의 근로계약기간은 최소 3개월 이상 남아 있어야 함
- 근무처추가 신청 취소 시 고용센터는 근무처추가 신청 '근로자취소' 사유로 마감처리
- 근무처추가 신청서의 유효기간은 2개월
- 원 근무처 사용자 '동의서'에는 추가 근무처에서의 근로계약 기간 동안 무급휴직으로 처리한다는 것과 퇴직금 지급 시 동 기간을 계속 근로계약 기간에 포함한다는 내용 포함

- 근무처추가 외국인근로자를 고용하고자 하는 사용자는 농협중앙회에 「고용 허가신청서」를 제출한다.
- 근무처추가자 고용허가 신청 취소 시 고용센터에서는 고용허가신청 '사업주 취소' 사유로 마감처리
- '고용허가신청서' 기타란 에 '근무처추가자 고용 희망' 명기

- 대행기관(농협)이 근무처추가 신청 근로자 및 사용자 현황을 외국인고용관리 시스템 (EPS)을 통해 확인 후 고용센터에 알선을 추천한다.
- 농협은 '근무처 추가자 신청 사업장'과 '사업장 변경(근무처추가)신청한 근로자'를 조회 하여 사업장 관할 고용센터에 외국인고용관리시스템(EPS) 에서 알선 추천하여 자동 통보
- 근로자와 사용자가 대행기관 또는 센터를 통하지 않고 임의적으로 지정 알선하는 것은 불법브로커 개입 우려가 있으므로 불허

- 고용센터는 고용허가서 발급요건 및 작물재배업(계절적 농업) 여부를 판단하고, 고용허가서 발급한다.

  • 알선 → 채용처리 → 고용허가서 발급(고용허가서 발급 시 자동으로 원사업장의 고용변동등신고(근무처변경신청) 자동처리(사유: 근무처 추가신청)

근무처추가에 대한 고용허가서 발급기준
▷ 추가되는 근무처의 근로계약기간이 원근무처와 고용허가기간 내(체류기간 내)에 있을 것
▷ 추가되는 근무처가 고용허가서 발급 허용기준에 해당될 것
▷ 추가되는 근무처에서의 근로계약 기간은 2개월 이상 ~ 4개월 이하 범위내일 것

- 근무처 추가 허가 신청 및 허가(출입국관리법 제21조)
  • 외국인근로자는 근무처추가허가 신청서, 원 근무처 고용주의 동의서, 고용 허가서를 첨부하여 출입국·외국인청(사무소, 출장소)에 신청(대행기관 대행 가능)
  • 출입국·외국인청(사무소, 출장소)는 사증발급인정서 발급 요건에 해당되는지 여부를 심사하여 요건 충족 시 근무처 추가 허가
  • 근무처 추가 허가를 받기 전에 미리 근로를 개시할 경우 고용주 및 근로자에게 불이익 조치
  * 고용주: 통고처분 및 사증발급 제한(출입국관리법 제95조, 시행규칙 제17조의 3)
  * 근로자: 통고처분 또는 강제퇴거(출입국관리법 제95조, 제46조)

- 근무처 추가에 따른 각종 행정상 신고 의무
  • 원 근무처 사업주와 추가 근무처 사업주는 각각 관할 출입국·외국인청 (사무소, 출장소)에 근무처 변경일로부터 15일 이내에 「고용연수외국인변동 사유발생신고서」를 제출

(출입국관리법 제19조 및 같은 법 시행령 제24조)

＊ 계약기간 중 신고사유 발생시(고용변동 신고) 원 근무처 및 추가 근무처 고용주가 각각 관할 출입국·외국인청(사무소, 출장소)에 신고

＊ 계약기간 중 고용변동 신고 사유 발생시 추가 근무처 고용주는 고용노동부 고용센터에도 신고(법 시행령 제23조 제1항 1, 2, 3, 8, 9호의 변동사유 발생시)

- 근로자는 근무처추가 고용허가기간 만료시에 원 근무처로 자동 복귀된다.

  • '추가 근무처 사용주'는 고용노동부 고용센터에 복귀일로부터 15일 이내에 외국인근로자「고용변동신고」

  • 복귀일로부터 15일 이내에 출입국·외국인청(사무소, 출장소)에 「고용연수 외국인변동 사유발생신고서」를 제출

  ＊ 원 근무처 고용주: 정상복귀시에는 고용변동신고 생략, 미 복귀시에는 관할 출입국·외국인청(사무소, 출장소)에 고용변동신고(법 제19조)

  ＊ 추가 근무처 고용주: 출입국·외국인청(사무소, 출장소)에 고용변동신고(법 제19조)

4) 업무대행
- 대행기관: 농협중앙회
- 대행수수료: 2만원
- 대행수수료 납부: 근무처 추가 근로자를 고용하는 사업주가 납부
- 대행업무 범위

  • 근무처 추가 외국인에 대한 고용허가서 발급 신청

  • 근로계약 체결을 위한 각종 지원

  • 외국인근로자 고용변동신고(고용노동부, 법무부) 등 각종 행정상 신고 안내 및 신청 대행 가능한 경우 대행

  • 출입국·외국인청(사무소, 출장소)에 '근무처 추가 허가 신청'

  • 근무처 추가 관련 고충상담 및 고충처리

- 외국인근로자 업무상 재해 시 산재신고, 사망신고 등

- 외국인근로자의 업무 외 질병 및 상해 수습 지원 등

- 전용보험(출국만기, 임금체불보증 등) 가입 및 지급신청 지원

- 사업주 및 외국인근로자 알선 추천

- 기타 외국인근로자 및 사용주의 편의제공을 위한 지원 등

세부 절차도

| ① 사업주 : 근무처추가자 고용허가 신청
(사업주 ⇒ 농협중앙회))
　○ 기존 고용허가제 발급기준을 충족하여야 함 – 단, 내국인 구인노력은 생략
　○ 농협중앙회 입력=>고용센터 승인 (추가 근무처) | ① 근로자 : 근무처추가 신청
(외국인근로자 ⇒ 농협중앙회))
　○ 작물재배업에 종사중인 자
　○ 신청시 원근무처 사업주의 동의서 첨부
　○ 농협중앙회 입력=>고용센터 승인 (원근무처) |

↓

② 농협 : 알선 추천
- 알선 추천 : 사업주와 근로자의 요구사항을 반영하여 농협이 고용지원센터에 알선 추천
- 지역제한 : 지역제한 없으나 가능한 광역 단위 내에서 이동할 수 있도록 알선
- 근로계약기간 : 2개월 이상 ~ 4개월 이하(원근무처에서의 근로계약 기간 범위 내에서 근로계약 가능)

↓

③ 고용지원센터 : 고용허가서 발급(추가근무처 관할 고용센터)
- 농협에서 알선 추천한 고용허가서 발급 신청건에 대해 검토하여 고용허가서 발급

↓

④ 근로계약 체결 등(대행기관 대행)
- 추가 근무처 사업주와 근로자간 근로계약 체결
- 각종 외국인근로자 전용보험 신청

↓

┌───┐
⑤ 근로자 : 근무처 추가 허가 신청(대행기관 대행)

  ○ 제출서류 : 근무처추가허가 신청서, 고용허가서, 원 근무처 고용주의 동의서

  ○ 신청장소: 원 근무처 관할 출입국·외국인청(사무소, 출장소)

  ○ 근무처 추가 허가를 받기 전에 근로를 개시할 경우 출입국관리법 위반으로 불이익조치
└───┘

↓

┌───┐
⑥ 출입국·외국인청(사무소, 출장소): 근무처 추가 허가

  ○ 근무처추가허가 신청건을 심사, 요건 충족시 근무처 추가 허가

  ○ 허가를 받은 후 추가 근무처 사업주가 원 사업장에 와서 근로자 인수
└───┘

↓

┌───┐
⑦ 각종 행정 신고

  ○ 법무부에 고용연수외국인변동사유발생신고 등 각종 행정신고

  ○ 대행기관에서 추가 근무처 사업장에서 발생하는 애로사항 등에 대해 사후서비스 제공
└───┘

↓

┌───┐
⑧ 원사업장으로 복귀

  ○ 근무처 추가 사업체와 근로계약 만료시 원사업장으로 자동 복귀

  ○ 추가 근무처 사업주가 원사업장으로 근로자 인계
└───┘

(5) 어업[212]

어업	- 연근해어업(03112)
	- 양식어업(0321)
	- 천일염 생산 및 암염 채취업(07220)

1) 개요

① 어업의 정의

---

212) 고용노동부, 「고용허가제 업무매뉴얼」, 2023, 68면~73면 참조.

어업이란 '바다, 강, 호수, 하천 등에서 어류, 갑각류, 연체동물, 해조류 및 기타 수산 동식물을 채취·포획하거나 증식 또는 양식하는 산업활동과 이에 관련된 서비스를 제공하는 산업활동'을 말한다.

② 어업의 유형

어업은 어로어업(031), 양식어업(0321), 어업 관련 서비스업(0322)으로 구분된다. 어로어업은 자연적으로 번식되는 각종 자연수산 동식물을 채취 또는 포획하는 것이고, 양식어업은 각종 수산 동식물을 증식 또는 양식하는 것을 말한다.

양식어업에는 해수면 양식어업과 내수면 양식어업이 있다. 어로어업은 해면어업(0311)과 내수면어업(0312)으로 분류되며, 해면 어업은 원양어업과 연근해어업(03112)으로 분류된다. 해면어업은 원양, 근해 및 연안 해역에서 각종 자연수산 동식물을 채취 또는 포획하는 것이고, 내수면어업은 강, 호수, 하천 등의 내수면에서 각종 자연수산 동식물을 채취 또는 포획하는 것이다.

③ 고용허가 가능 업종

어업의 허용업종은 연근해어업과 양식어업이므로, 어로어업 중 내수면어업(강, 호수 등)과 원양어업, 어업 관련 서비스업은 고용허가서 발급이 불가능하다. 또한, 선원법의 적용을 받는 선박에 승무하려는 선원을 고용하려는 자에 대해서는 고용허가서 발급이 불가능하다[213](외국인근로자의 고용 등에 관한 법률 제3조).

 * 각각의 면허/허가증을 개별적인 사업장으로 간주하여 고용허용인원 및 신규고용허가서 발급한도를 설정하고 고용허가서가 발급된다(허가기간은 면허 등의 유효기간을 적용).

---

[213] 20톤 미만의 어선에 대해서만 고용허가제(E-9) 적용(20톤 이상 어선의 경우 외국인선원제 (E-10) 적용).

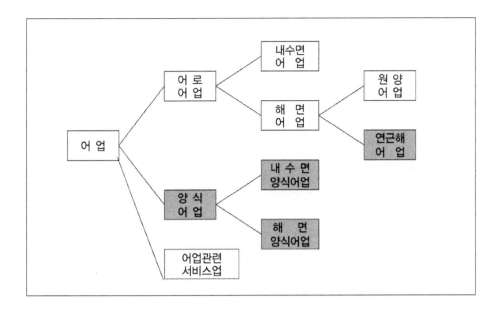

2) 연근해 어업(03112)

① 연근해 어업의 정의

연근해 어업이란 연안 및 근해에서 어류, 갑각류, 연체동물, 해조류 및 기타 수산 동·식물을 채취 또는 포획하는 산업활동을 말한다.

- 예시: 물고기 포획, 수산 무척추동물 포획, 진주조개 채취, 산호 채취

② (허가) 연근해어업, 구획어업

수산업법 제41조에 따르면 근해어업*은 해양수산부장관의 허가를, 연안어업**은 시도지사의 허가를, 구획어업은 시장·군수·구청장의 허가를 받아야 한다.

 * 근해어업: 소형선망어업, 근해채낚기어업, 근해자망어업, 근해안강망어업, 근해봉수망어업, 근해자리돔들망어업, 근해장어통발어업, 근해문어단지어업, 근해통발어업, 근해연승어업, 근해형망어업, 기선권현망어업, 잠수기어업

 ** 연안어업: 연안개량안강망어업, 연안선망어업, 연안통발어업, 연안조망어업, 연안선인망어업, 연안자망어업, 연안들망어업, 연안복합어업

사업주가 제출한 어업허가증의 어업종류와 허가기간 및 사용어선을 확인하여 고용허가서 발급여부가 결정된다. 특히 선박안전법 제8조에 의해 선박검사기술 협회에서 발급한 선박(어선)검사증서상 최대승선인원이 3명 이상 되어야 한다.

③ (면허) 정치망어업

수산업법 제8조에 따르면 정치망어업은 시장·군수·구청장의 면허를 받아야 하며, 어선 사용을 위해서는 시장·군수·구청장의 지정을 받아야 한다. 사업주가 제출한 어업면허증 및 관리선사용지정(어선사용승인)증의 어업 종류와 면허기간 및 사용어선을 확인하여 고용허가서 발급여부가 결정된다.

④ 고용허가서 발급기준

여러 시·군·구에 거쳐 조업이 이루어지는 경우 사업자등록지 기준으로 고용 허가서가 발급된다.

⑤ 입증서류

구 분	입증서류
공 통	사업자등록증(개인인 경우 제외), 선박(어선)검사증서
연안어업, 근해어업, 구획어업	어업허가증
정치망어업	어업면허증 및 관리선사용지정(어선사용승인)증

3) 양식어업(0512)

① 양식어업의 정의

양식어업이란 바다, 강, 호수, 하천 등에서 어류, 갑각류 및 연체동물 또는 해조류 등의 각종 수산 동식물을 증식 또는 양식하는 산업활동을 말한다.
- 예시: 수산동물 양식, 수산식물 양식, 진주 양식, 해산물 양식

② (면허) 양식어업

수산업법 제8조에 따르면 해조류 양식어업, 패류 양식어업, 어류 등 양식어업, 복합양식어업, 협동양식어업 등은 시장·군수·구청장의 면허를 받아야 한다. 사업주가 제출한 어업면허증의 어업종류와 면허기간 및 면적을 확인하여 고용허가서 발급여부가 결정된다.

③ (허가) 양식어업

수산업법 제41조에 따른 육상해수양식어업 및 수산종자산업육성법 제21조에 따른 수산종자생산업은 시장·군수·구청장의 허가를 받아야 한다. 사업주가 제출한 허가증의 어업종류와 허가기간 및 면적을 확인하여 고용허가서 발급여부가 결정된다.

④ (면허) 내수면 양식어업

내수면어업법 제6조 및 제11조에 따라 내수면 양식어업 등은 특별자치도지사·시장·군수·구청장의 면허 또는 신고증을 받아야 한다. 사업주가 제출한 내수면어업면허증 또는 신고증(양식어업)의 어업종류와 허가기간 및 면적을 확인하여 고용허가서 발급여부가 결정된다.

  * 우렁이 양식은 내수면 양식 어업에 해당(외국인력정책과-514, '10. 8. 20.)
  ** 내수면 어업 중 정치망어업은 허용업종이 아님에 유의

⑤ 입증서류

구 분	입증서류
공 통	사업자등록증, 선박(어선)검사증서
면허 양식어업	어업면허증
육상해수양식어업 육	육상해수양식어업 허가증
수산종자생산업	수산종자생산업 허가증

내수면 양식어업	내수면어업면허증 또는 신고증(양식어업)
(필요시)	어업권 행사 계약서, 어업권 행사자 내역, 어업권 원부

4) 천일염 생산 및 암염 채취업(07220): 제13차 외국인력정책위원회(2010.12.24.) 결정에 따라 고용허용업종으로 추가

① 입증서류

사업자등록증 사본 및 염제조업허가증 사본으로 판단, 다만, 염전 임차인의 경우에는 시장·군수가 발급하는 염제조업 확인서와 임대차계약서, 임대인의 염제조업허가증으로 판단한다.

5) 선주가 동일한 경우 어선 간 이동 허용(외국인력담당관-4125, 2022.12.8.)

◉ 외국인근로자 고용허가를 받은 어선에서 조업하는 어종이 금어기, 휴어기에 해당하거나, 어선법 제21조에서 정해진 선박검사로 인해 어선 운항이 중단되는 휴항기의 경우 동일 선주의 타 어선으로 이동하여 근무 가능

- 단, 동일한 선주라고 하더라도 E-9 비자 적용 대상이 아닌 선박과의 교차 승선은 불가하며, 선박별 내외국인 혼승 비율(참고2)은 유지

- 이동 예정 어선의 고용 허용인원을 초과하여 이동하는 것은 불가하므로 반드시 총 고용허용 인원*을 확인

* 이동할 선박의 고용허가 요건을 확인하여 이동 가능 여부 판단

◉ (조치기준) 고용사업장 정보변동 신고*(지사 간 이동)로 처리하되, 이동 예정 어선이 고용제한 중인 경우 이동 불가

* 금어기·휴어기의 경우 수산업법 시행령 별표 제3의2에 따른 어업의 종류 및 금지기간, 사용 금지 구역에 해당하는지 여부 확인, 선박검사의 경우 어선법 시행규칙 별지 제40호 서식 어선검사신청서 접수 내역, 별지 제61호 서식어선검사증서 검사기준일 등을 확인하여 처리

- 근로개시(사유발생일) 전* 지방관서로 신고토록 조치

* '고용사업장 정보변동 신고'는 근로개시 후 15일 이내에 신고하도록 규정되어 있으나 선상에서 장시간 근무하는 어업의 특성을 고려, 신속한 승선 확인 등을 위해 근로개시 전 신고하고, 지방 관서는 이동 현장의 고용허가 요건을 확인하여 이동 가능 여부 신속 판단

- 근무처(선박) 이동 시, 변경된 근무처에 해당하는 근로계약 체결 필요

* 근무지 이동으로 인해 외국인근로자의 근로조건의 변동이 발생할 수 있으므로 이동할 선박에서의 근로계약 별도 체결 필요

- 금어기·휴어기·휴항기 종료 후 기존 선박으로 복귀(정보변경 신고 필요)하여야 하며, 금어기·휴어기·휴항기 종료 후 변경된 선박에서 계속 근무를 원하는 경우는 기존 선박으로 복귀 후 사업장변경을 통해 근무지를 변경하여야 함

선주가 동일한 경우 어선 간 이동 신고(사업장정보 변동 신고)시 구비서류

구분	구비서류
금어기·휴어기 (수산업법 시행령 별표 제3의2에 따른 어업의 종류별 어구사용의 금지구역 및 기간에 해당되는지 여부 확인)	① 외국인근로자 고용사업장 정보변동 신고서 ② 사업자등록증 (사업자등록번호 등 확인) ③ 어업허가증, 어업면허증, 관리선사용지정증 등 ④ 해당외국인근로자의 여권 사본 및 외국인등록증 사본 ⑤ 새로운 표준근로약서 사본(근로자 인지 여부 확인)
선박검사 (어선법 제21조에 따른 검사 여부 및 검사 시기 등 확인하여 처리)	① 외국인근로자 고용사업장 정보변동 신고서 ② 사업자등록증 (사업자등록번호 등 확인) ③ 어업허가증, 어업면허증, 관리선사용지정증 등 ④ 해당외국인근로자의 여권 사본 및 외국인등록증 사본 ⑤ 어선검사신청서 및 접수내역(접수증 등) ⑥ 어선검사증서 ⑦ 새로운 표준근로약서 사본(근로자 인지 여부 확인)

(6) 서비스업[214]

서 비 스 업	– 건설폐기물처리업(3823) – 재생용 재료수집 및 판매업(46791) – 냉장・냉동 창고업(52102) (내륙에 위치한 업체) – 서적, 잡지 및 기타 인쇄물 출판업(581) – 음악 및 기타 오디오물 출판업(59201)

① 건설폐기물 처리업(38230)

건설 폐기물(건물 해체물 등) 처리업이란 건설관련 폐기물(건물 해체물 등)의 처리시설을 운영하는 산업활동을 말하며, 처리과정에서 재활용이 가능한 골재를 부수적으로 얻을 수 있다(광재 및 폐주물사를 처리하는 산업활동도 포함). 공사장에서 배출되는 지정폐기물 처리업(38220)은 제외된다.

건설폐기물 처리업을 하려는 자는 건설폐기물의 재활용촉진에 관한 법률에 따라 '건설폐기물 수집・운반업 허가증[215]' 또는 건설폐기물 중간처리업 허가증[216]을 발급 받아야 한다. 건설폐기물 수집・운반업(또는 중간처리업) 허가증, 사업자등록증, 고용보험 및 산재보험 전산망을 통해 허용업종 여부가 판단된다.

② 재생용 재료수집 및 판매업(46791)

재생용 재료수집 및 판매업이란 재생할 수 있는 고물 및 스크랩을 수집・판매 하는 산업활동을 말한다. 사업자등록증과 고용보험 및 산재보험 전산망을 통해 허용업종 여부 판단

  * 예시: 재생용 금속 수집판매, 재생용 플라스틱 수집판매, 재생용 고무 수집판매, 재생용 비금속 수집판매, 고섬유 재생재료 수집판매, 고지 수집판매

  * 제외: 연속라인에 의한 재생원료 선별 활동

---

214) 고용노동부, 「고용허가제 업무매뉴얼」, 2023, 73면~76면 참조.
215) 건설폐기물의 재활용촉진에 관한 법률 시행규칙 [별지 제12호서식](건설폐기물 수집・운반업허가증)
216) 건설폐기물의 재활용촉진에 관한 법률 시행규칙 [별지 제13호서식](건설폐기물 중간처리업허가증)

- 사업자등록증과 고용보험 및 산재보험 전산망을 통해 허용업종 여부 판단

③ 냉장 및 냉동창고업(52102)
냉장 및 냉동 창고업이란 상온에서 부패될 수 있는 물품을 보관하기 위하여 인공적으로 저온을 유지하여 물품을 보관하는 산업활동을 말하며, 이 중 내륙에 위치한 업체만 외국인력 고용 가능
  * 예시: 냉장창고 운영, 얼음보관소 운영, 냉동식품 보관, 냉동물품 보관, 모피 보관(냉동), 농산물 보관(냉동)
  * 제외: 일반 농산물 보관(52103)

냉동·냉장업을 하고자 하는 자는 「물류시설의 개발 및 운영에 관한 법률」 제21조의2제1항에 따라 물류창고업을 등록하거나, 제4항과 같이 관련 법률(관세법, 식품위생법, 축산물위생관리법, 수산물품질관리법(식품산업진흥법 으로 이관))상 영업허가, 등록, 신고한 경우 물류창고업 등록으로 보아 고용 허가서 발급 신청이 가능한 것으로 판단된다. 다만, 물류시설의 개발 및 운영에 관한 법률 제21조의2제4항의 영업허가, 등록, 신고가 물류창고업 등록으로 간주하기 위해서는 법이 정한 요건을 모두 준수하여야 한다.

물류창고업 등록 간주요건 (물류시설의 개발 및 운영에 관한 법률 제21조의2제4항)
① 전체 바닥면적의 합계가 1천 제곱미터 이상인 보관시설 또는 전체 면적의 합계가 4천500 제곱미터 이상인 보관장소 일 것
② ①의 조건을 갖추고 그 전부를 법 제21조의2제4항제3호의 어느 하나의 용도로만 사용할 것
* 「관세법」에 따른 보세창고의 설치·운영(냉동냉장 창고에 한함), 「식품위생법」에 따른 식품보존업 중 식품냉동·냉장업, 「축산물 위생관리법」에 따른 축산물보관업 및 「수산물 품질관리법」(「식품산업진흥법」)에 따른 냉동·냉장업
③ 법 제21조의2제4항제3호 해당 법률(관세법, 식품위생법, 축산물위생관리법, 수산물

품질 관리법(식품산업진흥법으로 이관))에 따라 영업의 허가·변경허가, 등록·변경등록 또는 신고·변경신고 할 것

내륙에 위치한 업체란 항만법에서 정의한 항만과 어촌항만법에서 정하는 어항을 접하고 있지 않는 동·리에 소재*하는 업체를 말하므로, 국토교통부 장관이 고시하는 육상항만구역에 해당할 경우에는 고용허가가 불가능하다.
* 부산, 인천지역에 소재하는 업체는 고용허가 가능

물류창고업등록증, 물류창고업 등록간주 서류(해당법률에 의한 영업허가, 등록, 신고증, 면적 확인 서류 등), 사업자등록증, 고용보험 및 산재보험 전산망, 기타 입증 서류를 통하여 허용업종 여부가 판단된다.

④ 서적, 잡지 및 기타 인쇄물 출판업(581)
출판사 신고확인증, 사업자등록증, 고용보험 및 산재보험 전산망을 통해 허용업종 여부가 판단된다. 서적, 잡지 및 기타 인쇄물 출판업이란 서적, 사전류, 지도, 인명 및 주소, 신문, 잡지, 연하장 등의 각종 인쇄물을 출판하는 산업활동을 말한다. 하위분류로 서적출판업(5811), 신문, 잡지 및 정기간행물 출판업(5812)이 있다. 출판사를 경영하려는 자는 출판문화산업 진흥법에 따라 시·군·구청장에게 출판사 신고확인증[217] 발급 받아야 한다. 잡지의 경우에는 잡지사업 등록증(잡지 등 정기간행물의 진흥에 관한 법령)을 신문의 경우에는 신문사업 등록증(신문 등의 진흥에 관한 법령)을 확인한다.
- 출판사 신고확인증, 사업자등록증, 고용보험 및 산재보험 전산망을 통해 허용업종 여부를 판단

---

217) 출판문화산업 진흥법 시행규칙 [별지 제2호서식](출판사 신고확인증)

⑤ 음악 및 기타 오디오물 출판업(59201)

사업자등록증과 고용보험 및 산재보험 전산망을 통해 허용업종 여부가 판단된다. 음악 및 기타 오디오물 출판업이란 '음악 및 기타 소리를 기록한 레코드, 테이프 및 기타 오디오기록물을 기획·제작하거나 제작한 것을 직접 출판하는 산업활동을 말한다.

* 예시: 레코드 출판, 오디오테이프 출판, 음악 기록매체 출판, 음성 기록매체 출판

* 제외: 음악 및 기타 오디오물 기록매체 복제시비스(18200)

- 사업자등록증과 고용보험 및 산재보험 전산망을 통해 허용업종 여부 판단

⑥ 일부 서비스업의 상·하차 직종('23.1.3.시행)

상하차 직종 허용 서비스업

업종코드	업종명	업종코드	업종명
38	폐기물 수집, 운반, 처리 및 원료 재생업	46319	기타 신선 식품 및 단순 가공식품 도매업
46102	음식료품 및 담배 중개업	52941	항공 및 육상화물취급업 (「축산물위생관리법」 제2조에 따른 식육을 운반하는 업체에 한함)

* 위 업종 종사자 중 표준직업분류상 '하역 및 적재 단순종사자(92101)'에 한정 (다만, 「폐기물 수집, 운반, 처리 및 원료 재생업」의 경우는 폐기물 분류 업무도 포함)

⑦ 구비서류

구 분	입증서류
공 통	사업자등록증
건설폐기물 처리업	건설폐기물 수집·운반업(중간처리업) 허가증
냉장·냉동창고업	물류창고업등록증, 수산물가공업(냉동·냉장업) 등록증
음악 및 기타 오디오물 출판업	출판사 신고확인증

4. 점수제 외국인력 배정

외국인근로자의 신규인력 배정 시 다른 사업장보다 먼저 인력을 배정받기 위해 장시간 사전대기 하는 등의 불편을 예방하기 위해 마련된 제도이다. 신규 외국인력은 「점수제」 방식으로 배정되므로 고용허가 요건을 충족하는 사업장에 대하여 점수제 배점 기준에 따라 높은 점수를 부여받은 사업장부터 외국인력이 배정되며, 낮은 점수를 받은 사업장은 대기 번호를 부여받게 된다.

과정별 흐름도

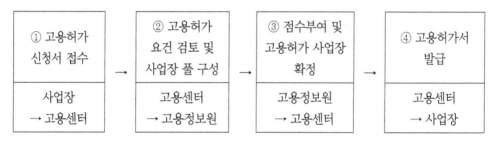

참고: '24년 3회차 신규 고용허가 신청 안내[218]

'24년 3회차 신규 고용허가 신청 안내

○ '24년 3회차 신규 고용허가를 신청하고자 하는 사업주께서는 사전 **내국인구인노력(모든 업종 7일*)**을 거친 후, '**24.8.5.(월)~ 8.16(금)** 기간 중 **관할 지방관서 직접방문 또는 홈페이지****(www.work24.go.kr 또는 www.eps.go.kr)를 통해 **고용허가서 발급 신청서를 제출**하여 주시기 바랍니다.

  * 제조 · 조선 · 건설 · 서비스업에 대해서도 고용허가 신청 전 반드시 거쳐야 하는 **내국 인구인노력 기간이 14일에서 7일로 단축**(외고법 시행규칙 개정, '24.1.10.자)

  ** 고용24 전산망 구축에 따라 홈페이지를 통한 고용허가 신청 시 **기존 회원도 신규 회원가입 절차를 거쳐 고용허가 신청** 가능(상세한 사항은 www.eps.go.kr 공지란 참고)

  – '24.8.16.(금)까지 모든 서류가 제출(보완 포함) 완료되어야 하오니, 서류제출 시 누락되는 자료가 없도록 준비해 주시고, **서류제출이 늦어져 불이익을 당하는 일이**

없도록 조기에 신청 바랍니다.

○ 신규 외국인력은 「점수제」 방식으로 배정되므로 고용허가 요건을 충족하는 사업장에 대하여, 점수제 배점 기준에 따라 높은 점수를 부여받은 사업장부터 외국인력이 배정되며, 낮은 점수를 받은 사업장은 대기번호를 부여받게 됩니다.

○ 결과발표는 9.2(월) 14:00, 16:00 2회 휴대폰 문자메시지로 안내해 드리고, 고용허가제 홈페이지(www.work24.go.kr 또는 www.eps.go.kr)에서 확인 가능합니다.

 – 고용허가서를 발급받게 되는 사업장에 대해서는 지방관서 방문일자 및 시간도 지정해 드리니, 지정된 일시에 지방관서를 방문하시거나 EPS홈페이지(직접선택방식을 체크 한 사업장에 한함)를 통하여 고용허가서를 발급 받으시면 됩니다.

 * 고용허가서 발급일자: 제조업, 조선업, 광업 9.3(화)~9.6(금)

  농축산업, 어업, 임업, 건설업, 서비스업 9.9(월)~9.13(금)

○ 상세 일정, 점수제 관련 세부사항은 붙임 「24년 3회차 신규 외국인력 배정 세부일정」을 참조하시기 바랍니다.

고 용 노 동 부

붙임1 '24년 3회차 신규 외국인력 배정 세부 일정

▢ 해당업종 : 제조업, 조선업, 광업, 농축산업, 어업, 임업, 건설업, 서비스업

▢ 고용허가서 발급 신청서 접수: '24.8.5(월)~8.16(금)

○ 고용허가서 발급 신청서를 접수하기 전에 반드시 내국인 구인노력(모든 업종: 7일*)을 거쳐야 합니다.

 * 기존 내국인구인노력 기간 14일이 적용되던 제조업, 조선업, 건설업, 서비스업에 대해서도 금번부터 7일 적용(외국인고용법 시행규칙 개정, '2024.1.10.)

○ 고용허가서 발급 신청서는 관할 지방관서에 직접 방문하여 제출하거나, 홈페이지(www.work24.go.kr 또는 www.eps.go.kr로 제출하실 수 있습니다.

---

218) 고용허가제 홈페이지(https://www.eps.go.kr/)고객센터〉공지사항〉2024년 3회차 신규 외국인력 배정계획 안내(2024.7.24.)

☞ 유의사항

① 내국인구인노력을 위한 **구인신청은 지방관서(워크넷)를 통해 하셔야** 내국인 채용 시 **가점혜택**을 받을 수 있습니다.

② 고용허가서 발급 신청서는 신청기간 중 언제든지 제출하면 되므로 미리 **줄서기를 할 필요가 없습니다.**

③ 사업장 변경자를 고용하기 위하여 고용허가신청을 하였다가 신규 인력 고용으로 전환하고자 할 경우에는 **반드시 접수기간 중 관할 지방관서에 전환신청을 하여야** 합니다.
　– 다만, 고용허가 신청의 유효기간이 3개월이므로 대기기간이 길어지는 경우에 대비하여 가급적 신청기간 중에 고용허가신청을 새로 하시는 것이 안전합니다.

④ 뿌리산업으로 상향된 고용허용인원을 추가로 신청할 경우 한국생산기술연구원에서 발급한 뿌리기업확인서를 지방관서에 제출하셔야 합니다.

○ 고용허가서 발급 및 외국인근로자 고용관리 등을 위해 임금체불 등 노동관계법 위반 여부를 확인하는 용도로 **개인정보 수집·이용동의서(사업주용)**를 제출하셔야 합니다.

○ 외국인근로자를 '**지방관서 알선**' 또는 '**직접 선택**'할 수 있으니 고용허가신청 시에 알선방식을 **선택하여 주시기 바랍니다.**

– **직접선택 방식을 선택**한 경우 **EPS홈페이지**(www.work24.go.kr 또는 www.eps.go.kr)에 접속하여 근로자를 선택한 후 **2시간 내에 채용처리를 완료**하셔야 합니다.

– 지정된 시간 내에 채용 및 발급 처리가 안 된 경우 지연 사업장 발급 시에 허가서 발급을 받을 수 있으며, 지방관서 알선 방식으로 전환하고자 하는 경우 지방관서 담당자에게 요청하시기 바랍니다.

○ **고용허가서 발급 신청 시 주거시설표·사업장시설(업무내용) 확인 및 증빙서류를 제출하셔야 합니다.**

① (기숙사 시설표) 고용허가 신청 시 '**외국인 기숙사 시설표***'와 함께 증빙자료(사진 또는 동영상)**를 제출(또는 EPS홈페이지 입력)

* 미제출시 점수제 감점(전 업종 적용)

** (사업장 직접입력) EPS홈페이지 – 고용허가 신청 – 기숙사 시설표

– 기숙사 시설을 가설건축물, 사업장 건물, 기타 등으로 체크한 경우 "**가설건축물 신고필증**" 또는 "**건축물대장**" 등을 제출

– 주거시설 정보가 **지자체에 임시숙소로 신고된 가설 건축물**인 경우 주거시설 현장 점검을 통해 시설기준 확인하여 **충족 시에 근로자 배정**

② **(사업장 시설)** 사업장 전경, 외국인근로자가 근무할 장소 및 업무 내용의 시각자료(사진 또는 동영상)를 제출(또는 EPS홈페이지에 입력*)

   * **(사업장 직접입력)** EPS홈페이지 - 고용허가 신청 - 사업장 시설 및 업무내용
   ** 위 사진자료는 근로계약서와 같이 외국인근로자에게 송부됨

□ **고용허가서 발급대상 사업장 확정: 8.19(월)~8.30(금)**
○ 지방관서에서는 접수된 사업장에 대해 고용허가서 발급요건 및 결격사유 등을 검토하게 됩니다.
   * 발급요건 미충족 또는 결격사유 해당 시 고용허가 불허
○ 발급요건을 충족하고 결격사유가 없는 사업장에 대해서는 점수제 점수항목 기준에 따라 전산 시스템을 통해 점수를 산정하고,
  - 점수가 높은 사업장부터 고용허가서를 발급하게 되며, 점수가 낮은 사업장에는 대기번호를 부여합니다.
○ 고용허가서 발급대상 사업장에 대해서는 점수 순에 따라 지방관서 방문 일자 및 시간을 지정해 드립니다.

□ **고용허가서 발급 대상 사업장 안내: 9.2(월) 14:00, 16:00**
○ 점수가 높은 사업장에는 고용허가서를 발급받기 위해 지방관서 또는 EPS홈페이지(직접선택한 경우)에 방문해야 하는 일자 및 시간을 안내해 드리고, 대기 사업장에는 대기번호를 안내해 드립니다.
   * 안내 방법: SMS 문자 및 EPS 홈페이지(www.work24.go.kr 또는 www.eps.go.kr)

□ **고용허가서 발급: 제조업, 조선업, 광업 9.3(화)~9.6(금)**
                    농축산업, 어업, 임업, 건설업, 서비스업 9.9(월)~9.13(금)

○ 고용허가서를 발급받는 사업장에서는 반드시 지정된 일자 및 시간에 지방관서 또는 EPS홈페이지(직접선택한 경우)를 방문하여 고용허가서를 발급 받으시기 바랍니다.
○ 지정된 시간 이후에만 고용허가서 발급이 가능하므로 미리 오실 필요가 없으며, 지정시간보다 늦게 오시면 순서가 밀릴 수 있고,
  - 당일 방문하지 않으시면 고용허가서 발급이 안 될 수 있으니 반드시 지정된 일자·시간에 방문하시기 바랍니다.

□ 대기순번 처리

○ 고용허가서 취소·포기 사업장 등이 있어 잔여인원이 발생하는 경우에는 대기 순번에 따라 미리 문자로 안내하고 고용허가서를 발급합니다.

○ 정해진 발급 인원보다 신청사업장이 많을 경우 점수 순번에 따라 고용허가서를 발급하여 배정인원이 모두 소진되면 대기사업장 중에는 고용허가서 발급이 불가할 수 있습니다.

점수항목 및 동점자 우선선발 기준

□ 기본 항목 (4개) ① 외국인고용 허용인원 대비 실제 고용하고 있는 외국인이 적을수록(22.4~30점) ② 외국인 고용인원 대비 재고용 만료자('23.12월~'24.5월 까지 6개월간)가 많을수록(22.4~30점) ③ 신규 고용 신청 인원이 적을수록(제조업: 19~20점, 소수업종: 15~20점) ④ 내국인 구인노력 기간 중 고용센터 알선자(내국인)를 많이 고용할수록(제조업: 14~20점, 소수업종: 18~20점) 높은 점수 부여

□ 가점 항목 (6개) ① 농축산업·어업분야 표준근로계약서 가이드라인 준수 사업장(0.5~2.5점), ② 우수 기숙사 설치·운영 사업장(지방관서 지도점검 결과 우수기숙사로 인정된 경우 또는 농업 사업장에서 우수기숙사 신청하여 우수기숙사로 등록된 경우 최대 2년간 5점), ③ 사업주 교육 이수 사업장(산업인력공단이 전년도에 실시한 사업주 교육을 이수한 경우 2점), ④ 귀국비용보험, 상해보험 전원 가입 및 보험료 완납 사업장(1.5점), ⑤ 위험성 평가 인정 또는 안전보건경영시스템(KOSHA18001) 인증 사업장(각 3점)

□ 감점 항목 (9개) ① 안전보건상 조치 의무 위반으로 사망재해 발생사업장(10점) ② 성폭행, 폭행, 폭언, 성희롱, 임금체불 등 노동관계법 위반사업장(성폭행 10점, 성희롱 10점, 폭언·폭행 6점, 임금체불·근로조건 위반 5점), ③ 사업주 귀책사유로 인한 사업장 변경자가 있는 사업장 (성폭행 10점, 성희롱 5점, 폭언·폭행 6점, 임금체불·근로조건위반 기타 사업주 귀책사유 5점), ④ 관할 고용센터가 전년도에 실시한 사업장 지도·점검 결과 위반 지적사항이 있는 사업장(건당 0.5~5점, 상해보험 미가입건 감점 제외), ⑤ 출국만기보험료 2회 이상 연체한 사업장(1인당 1~5점), ⑥ 기숙사 시설기준을 미달한 사업장 항목별 1점(최대 10점, 1년간 감점), ⑦ 기숙사 정보 미제공(미제출) 및 허위정보 제공사업장(각 3점, 1년간 감점), ⑧ 최근 2년간 산재은폐 또는 보고의무 위반 사업장(각 5점), ⑨ 가축전염병 예방법 위반사업장(1~5점)

□ 동점 사업장 중 우선 배정 사업장 선정 기준: ① 내국인 구인노력 점수가 높은 사업장
② 외국인 고용허용인원 대비 실제 고용인원이 적은 사업장 ③ 감점항목에 감점이
없는 사업장 ④ 외국인 고용인원 대비 재고용만료자가 많은 사업장 ⑤ 전산추첨

붙임 5

외국인 기숙사 시설표

❖ 작성방법

■ 외국인근로자에게 **기숙사를 제공하는 경우 기숙사시설표를 작성**하여 근로
계약 시 외국인근로자에게 제공하여야 합니다.(「외국인근로자의 고용 등에
관한 법률」 제22조의2 제2항)

■ 기숙사 내 시설을 **해당 항목별**로 **기재 또는 ☑로 표시**하여 주십시오.
(화장실, 세면·목욕시설, 난방시설, 냉방시설, 채광·환기시설의 **종류는
중복 체크** 가능)

■ **기숙사를 제공하지 않는 경우 기숙사시설표를 작성·제출하실 필요가 없습
니다.**

❖ 유의사항

■ 상기 제출자료에 대해 현장점검 결과 **허위 기재**가 있을 경우 근로자의 **사업장
변경** 및 고용허가제 외국인 배정 시 점수제 기준에 따라 **1년간 감점**을 적용합
니다.

■ 사용자 등이 근로자가 거주하는 **기숙사 내부에 들어갈 때**는 반드시 **해당
근로자의 동의**를 받아야 하는 등 기숙사 이용 **근로자의 사생활을 침해하지
않아야** 합니다.

■ 「근로기준법」 시행령 제55조부터 제58조의2까지 규정을 위반할 경우 고용
허가 취소 및 제한처분을 받을 수 있습니다.

❖ 사업주 준수사항(「근로기준법」 시행령 제55조부터 제58조의2까지 규정)

① **(기숙사 설치 장소)** 소음이나 진동이 심한 장소, **산사태나 눈사태 등 자연재해**
우려, **습기가 많거나 침수 위험, 오물이나 폐기물로 인한 오염의 우려**가 현저
한 장소를 피하여 설치

② (침실의 구분) 여성과 남성, 근무시간이 다른 근무조 간에 서로 다른 침실을 제공

③ (침실의 기준) 개인당 2.5㎡ 이상의 넓이 보장, 1실의 거주인원은 8명 이하

④ (필수 시설) 화장실 및 세면 · 목욕시설, 적절한 냉 · 난방 설비 또는 기구, 채광 · 환기를 위한 적절한 설비, 「소방법」 및 관계법령에 따른 화재예방 등 설비 또는 장치, 수납시설 설치

⑤ (잠금 장치) 기숙사의 침실, 화장실 및 목욕시설 등에 적절한 잠금장치를 설치

① 사업체	사업장명		업종	
	대표자		소재지	
	사업장등록번호 (생 년 월 일)			

② 주거시설	□ 주택(단독, 연립, 아파트, 원룸형 주택 등) □ 고시원 □ 오피스텔
	□ 숙박시설(여관, 호스텔, 펜션 등)
	□ 가설 건축물(□ 컨테이너 □ 조립식 패널)
	□ 사업장 건물 □ 기타 ( )

❖ 세부 작성방법

■ 건축물대장 상에 등기된 건축물의 용도와 동일한 종류에 ☑표시하되, 아파트 등 공동주택도 주택에 ☑표시(예: 단독주택, 연립주택, 아파트, 원룸형 주택 → 주택)

③ 설치금지 장소	□ 소음이나 진동이 심한 장소
	□ 산사태, 눈사태 등 자연재해의 우려가 현저한 장소
	□ 습기가 많거나 침수의 위험이 있는 장소
	□ 오물이나 폐기물로 인한 오염의 우려가 현저한 장소

❖ 세부 작성방법

■ 근로기준법 시행령 제56조 규정에 따른 근로자의 안전하고 쾌적한 거주가 어려운 환경의 장소에 기숙사를 설치한 경우 해당 장소에 ☑표시하되, 해당 없는 경우 미표시

	①	남녀구분	☐ 남녀 구분		☐ 남녀 미구분	
	②	근무조	☐ 근무조 있음 (☐ 조별 구분 ☐ 미구분) ☐ 근무조 없음			
	③	침실면적	☐ 1인별 2.5㎡ 이상		☐ 1인별 2.5㎡ 미만	
④ 침실	④	침실높이	☐ 2m 이상 ☐ 1.5m~2m ☐ 1m~1.5m ☐ 1m 미만			
	⑤	거주인원	침실 1개 당 ( )명			
	⑥	수납공간	☐ 있음		☐ 없음	
	⑦	잠금장치	☐ 있음		☐ 없음	

❖ 세부 작성방법

■ 침실구분: 층 또는 벽으로 별개의 공간으로 나누어져 있을 것

■ 근무조: 근무시간이 서로 다른 근로자

⑤화장실	①유 무	☐ 있음	☐ 없음
	②종 류	☐ 수세식	☐ 재래식
	③위 치	☐ 숙소 내부	☐ 숙소 외부
	④ 잠금장치	☐ 있음	☐ 없음

⑥세면 및 목욕시설	①유 무	☐ 있음		☐ 없음
	②종 류	☐ 입식세면대 ☐ 샤워시설 ☐ 욕조 ☐ 기타( )		
	③위 치	☐ 숙소 내부		☐ 숙소 외부
	④온 수	☐ 온수 사용가능		☐ 온수 사용불가
	⑤ 잠금장치	☐ 있음		☐ 없음

⑦난방시설	①유무	☐ 있음	☐ 없음
	②종류	☐ 보일러 난방(건식온수난방 포함)	☐ 전기필름 · 전기패널
		☐ 연탄보일러	☐ 재래식 온돌

❖ 세부 작성방법

■ 난방시설은 난방을 위해 건물에 설치된 시설을 말하며 **전기장판, 난로 등 난방기구는 미포함**

⑧냉방시설	①유무	☐ 있음	☐ 없음
	②종류	☐ 선풍기 ☐ 에어컨 ☐ 기타( )	

⑨채광 및 환기시설	①유무	□ 있음		□ 없음
	②종류	□ 개폐형 창문	□ 폐쇄형 창문(환풍기 설치)	□ 기타( )

⑩ 소방시설	□ 소방시설 설치(소화기와 화재감지기 모두 설치)	□ 소방시설 미설치

❖ 세부 작성방법

■ 소화기와 화재감지기 모두 설치한 경우에만 설치에 표시, 하나라도 없으면 미설치 에 표시

20 . . .

대 표 자 성 명: (인)

개인정보 수집 · 이용에 대한 동의서(사업주용)

(사업주) 성   명 :

생년월일 :

고용노동부에서는 고용허가제 업무의 효율적인 운영을 위해아래와 같이 귀하의 개인정보를 수집 · 이용하기 위해『개인정보보호법』제15조 규정에 따라 동의를 구합니다.

수집 · 이용 목적	수집 · 이용 항목	수집정보 보유 및 이용기간
고용허가서 발급 및 고용관리 등 고용허가제 운영에 따른 적격여부 확인	성명(사업장명)	고용허가 신청시점으로부터 5년
	주민등록번호(사업자등록번호)	
	· 임금체불 등『근로기준법』위반 여부 ·『남녀고용평등과 일 · 가정 양립 지원에 관한 법률』위반 여부 ·『산업안전보건법』위반 여부 등 노동관계법 위반 내용	

귀하께서는 귀하의 개인정보 수집 · 이용에 동의하지 않을 수 있으며, 이 경우 고용허가서 발급 등의 서비스 제공이 제한될 수 있습니다.

본인은 위 사항을 숙지하고 고용허가제 업무 처리를 위해 본인에 대한 개인정보 수집 · 이용에 ▢동의합니다 / ▢동의하지 않습니다.

20   년   월   일

사업장명: 동의자(사업주):   (서명 또는 인)

○○지방고용노동청(○○지청)장 귀하

III. 일반 외국인근로자(E-9) 고용관리[219]

1. 고용허가기간 연장[220]

외국인근로자를 고용한 사업주가 외국인근로자가 입국한 후 근로계약기간이 만료되어 근로계약을 갱신하면서 기 발급된 외국인 근로자 고용허가기간을 연장하고자 하는 경우 신청하는 민원사무이다. 사용자는 외국인근로자의 취업활동기간 내에서 당사자 합의에 따라 기간을 설정하여 고용허가기간 연장을 신청할 수 있다.

① 신청기간: 고용허가 만료일 60일전부터 고용허가기간 만료일까지

② 연장가능 기간 : 외국인근로자의 취업활동기간 이내에서 당사자 간의 합의에 따라 설정

③ 제출서류 : 외국인근로자 고용허가기간 연장 신청서, 갱신된 근로계약서 사본, 외국인등 록증, 여권, 기타 필요한 서류(사업자등록증과 외국인등록증(외국인등록 사실증명)은 행정정보공동이용시스템에서 확인이 가능하므로 제출하지 않아도 됨)

④ 기타 사항

　i) 고용허가기간 연장 허가를 받은 사업주는 임금체불 보증보험료를 보증보험 회사에 추가 납입하여야 하며, 출국만기보험은 자동으로 갱신됨.

　ii) 고용허가기간 연장허가를 받은 외국인근로자는 체류기간 연장허가를 받아야 함(자세한 사항은 출입국·외국인청(사무소, 출장소에 문의))(외국인종합안내센터(법무부): 국번없이 1345).

　iii) 거짓이나 그 밖의 부정한 방법으로 고용허가를 받은 경우 『외국인근로자의 고용 등에 관한 법률』 제19조 제1항 제1호에따라 외국인근로자 고용허가가 취소될 수 있으며, 동법 제20조 제1항 제2호에 따라 3년간 외국인근로자의 고용이 제한될 수 있음.

　iv) 허가기간 종료일이 휴일인 경우 다음 근무일에 관련 민원 처리 가능

---

219) 고용노동부, 「고용허가제 업무매뉴얼」, 2023, 162면-269면. 고용노동부, 「2019 알기쉬운 고용허가 제」, 17-19면 참조.
220) 고용노동부, 「고용허가제 업무매뉴얼」, 2023, 163면-164면 참조.

2. 외국인근로자 고용변동 신고 및 고용사업장 정보변동 신고[221)

(1) 개요

① 신고대상 : 외국인근로자와의 고용과 관련된 중요사항이 변경된 사용자

② 신고기한 : 사용자는 고용변동 사유가 발생하거나 발생한 사실을 안 날부터 15일 이내에 관할 고용센터에 신고하여야 함. 예) 22.4.15.까지 근로를 제공하고 퇴사한 경우 사유발생일은 '22.4.16.임

③ 제출서류

외국인근로자 고용변동 등 신고서[222) 혹은 외국인근로자 고용사업장 정보변동 신고서[223). 기타 신고사유의 확인을 위하여 필요한 첨부 서류. 사업주가 제출하는 고용변동 신고서는 추후 사업장 변경사유 등을 판단하는 기초 자료가 되므로 가능한 구체적으로 기재하여야 함.

- 고용부·법무부 고용변동신고 일원화 : 고용부(고용센터) 또는 법무부(출입국·외국인(청)사무소) 중 어느 한 곳만 방문해서 고용변동신고를 하면 됨.(고용부·법무부 고용변동신고 일원화 관련 업무처리(외국인력담당관-1784, '14. 6. 27.)

④ 과태료

신고를 하지 아니하거나 거짓으로 신고한 사용자에게는 500만원 이하의 과태료가 부과됨. 과태료 처분의 위반사항 중 허위신고한 사실을 확인한 경우 허위신고 적발내용은 법무부에 통보됨. 법무부에서 보낸 자료가 기존 고용노동부 자료와 내용이 다를 경우 사업장에 사실 확인 후 처리됨(미 접수·반려 불가).

---

221) 고용노동부, 「고용허가제 업무매뉴얼」, 2023, 167-175면.
222) 외국인근로자의 고용 등에 관한 법률 시행규칙 [별지 제12호서식] 외국인근로자 고용변동 등 신고서
223) 외국인근로자의 고용 등에 관한 법률시행규칙 [별지 제12호의2서식] 외국인근로자 고용사업장 정보변동 신고서(사업장정보, 지사 간 이동, 고용 승계)

(2) 신고사유

1) '외국인근로자'에 관한 고용변동 신고

① 외국인근로자가 사망한 경우(사망)

 - 추가 제출서류: 사망진단서 등

 * 고용변동신고 전산입력시 사유란에 구체적인 사망사유 기재(예시: OO작업중 산업재해, OO을 사유로 자살, 동료간 폭행으로 인한 사망, 사업장외 교통사고, 여행중 사고사 등)

② 외국인근로자가 부상 등으로 해당 사업에서 계속 근무하는 것이 부적합한 경우(기타)

 - 추가 제출서류: 재해·질병 진단서, 사업장 변경 사유 확인서(사업주용) 등

 * 사업장 변경 사유에 해당하므로 외국인근로자가 사업장 변경 신청을 할 수 있도록 안내

③ 외국인근로자가 사용자의 승인을 받는 등 '정당한 절차 없이 5일 이상 결근' 하거나 '그 소재를 알 수 없는' 경우(이탈)

 - 유선 연락, 사업장 방문 등으로 사실관계를 확인한 후에 처리

 * 외국인근로자의 소재 확인을 위해 휴대전화나 SMS로 연락을 시도하고, 동료근로자 등을 상대로 실제 이탈여부를 확인, 이탈 신고 된 외국인근로자가 임금체불 등 진정을 제기하였는지 근로개선지도과에 조회 등 이탈이 맞는지에 대한 사실관계 확인 필요

 - '5일 이상의 (무단) 결근'이 근무지시 불이행, 근무해태 등 사업주의 귀책 사유 없이 발생할 경우에만 처리(사유 발생일은 무단결근 5일이 경과한 날로 처리)

 * 5일 이상 결근하였으나 사용자가 외국인의 소재를 알고 있는 경우에는 문서 등으로 "지정한 날까지 업무복귀를 하지 않을 경우 무단결근을 사유로 고용변동신고(이탈)를 하겠음"을 알리고(통역원 활용하여 모국어 안내 및 서면 고지) 이에 응하지 않을 경우에 신고하도록 사용자에게 안내

 - 추가 제출서류: 업무복귀 통지서 등

④ 외국인근로자와의 근로계약을 해지하는 경우(근로계약 중도 해지)

- 추가 제출서류: 사업장 변경 사유 확인서(사업주용)224), 해고통지서 등

　* 사업장 변경 사유에 해당하므로 외국인근로자가 사업장 변경신청을 할 수 있도록 안내

　* 사용자가 신고하기 이전에 외국인이 사업장 변경신청을 한 경우에는 신청서 접수 후
　즉시 사업주에게 고용변동신고를 하도록 촉구하고, 제출기한 내에 제출하지 않을 경
　우 과태료 부과됨(외국인근로자 고용등에 관한 법률 제32조 제1항 제7호). 고용센터
　는 사실관계 확인을 통해 실제 근로계약 종료일 등을 확인하여 직권으로 고용변동사항
　을 전산입력(근로계약 종료일이 '사유발생일'이 됨)하고 신속히 사업장 변경 처리절차
　진행해야 함.

사유발생일의 판단

▷ 외국인근로자가 A사업장에서 '21.7.1 ~ '22.6.30.까지 근로계약을 체결하여 근무하
　고 있는 경우

① A사업장에서 근로계약 기간이 만료된 후 재고용을 하지 않고, 고용변동신고를 하는
　경우 "사유발생일"은 근로계약 기간이 만료되는 '22.7.1.이 됨

② A사업장에서 근로계약 기간 중 '22.2.1.자로 해고하는 경우(1.31.까지 근무) "사유
　발생일"은 근로계약을 해지하는 '22.2.1.이 됨

---

2) 외국인근로자를 고용한 '사업장'의 정보변동 신고

① 사용자 또는 근무처의 명칭이 변경된 경우 및 사용자 변경 없이 근무장소가 변경된 경우

고용승계

- 영업의 양도·양수, 법인사업체로의 전환(개인사업장 폐업 확인) 등으로 인한 사용자의
　변경

- 폐업사실을 확인하기 어려운 농축산의 경우 이전 사업주의 사망 등으로 직계존비속이

---

224) 고용허가제 홈페이지(https://www.eps.go.kr/), 업무별서식〉자료실(2023.8.7.), '(개정)사업장변
　경 사유 확인서(사업주용, 외국인근로자용)' 참조.

해당 사업을 승계하여 운영하는 경우 고용승계 인정(사망 증명서류, 가족관계 확인서류)

사업장 합병 후 외국인근로자 초과 시 계속 고용 여부

▷ 외국인근로자를 고용하고 있는 서로 다른 각각의 사업장이 합병하면서 외국인근로자
수가 합병된 후의 내국인 피보험자 수에 따른 외국인 고용허용인원보다 초과될 경우,
초과된 인원에 대하여 계속 고용은 가능(기 고용 외국인에 대한 고용허가기간 연장은
가능, 재고용은 불가 / 외국인력정책과-437, '06. 2. 3.)

- 추가 제출서류: 영업의 양도·양수를 증명할 수 있는 서류 등

사업장 정보
- 사용자의 변동 없이 근무처 상호변경, 사업자등록번호 변경, 사업장이 이전하는 경우
  등
- 농축산업의 경우 기존에 허가 받은 농지 외에 땅을 추가적으로 임대 또는 매입하여 면적이
  늘어난 경우 포함(농업경영체등록확인서 필요)
- 추가 제출서류: 사업자등록증, 법인등기부등본, 공장등록증, 건축물 대장 등 정보변동사
  항을 증명할 수 있는 서류 등
  * 사업주는 사업장 정보변동을 신고하는 경우 외국인근로자에게 반드시 변동 사실을
    통보해야함

지사 간 이동
- 동일한 사업장 내에서 근무처를 이전하는 경우를 말하며, 동일 기업의 다른 사업장으로의
  이동은 불가
- 동일 사업장 여부는 고용보험관리번호가 동일한 경우만 인정하되, 사업자등록증이본·
  지사간 각각 존재해도 인정
- 단, 본·지사는 동일한 사업장으로 보아 전체 사업장을 기준으로 고용허용인원을 관리
- 추가 제출서류: 본·지사 관계임을 증명할 수 있는 서류

- 동일 사업주 다른 공사현장 간 이동(건설업), 동일 선주 어선 간 이동(어업)의 경우도 '지사 간 이동'으로 처리

* 건설근로자의 현장 내 / 현장 간 이동은 '제2절 일반고용허가제(E-9), Ⅱ. 외국인력 고용 절차, 3. 업종별 고용허가서 발급 상세 요건, (3) 건설업' 부분 참조

사업장 정보변동 신고사항이 아닌 경우

▷ 동일한 사업체에서 지사별로 고용보험 사업장관리번호가 개별적으로 부여되어 있다면 각 지사는 별개의 사업장으로 보아 다른 지사로 근무장소를 이동하는 것(지사 간 이동 등)은 단순한 사업장정보변동사항이 아니라 법 제25조의 사업장 변경신청 사항임

- 본사와 지사가 분리되어 고용보험 사업장관리번호가 다른 경우 별개의 사업장으로 파악하여 각각 사업장 쿼터를 배분하고, 고용허가서 발급 및 고용변동신고 등 고용관리도 사업장 단위로 운영(지사 간 이동은 금지)

* 다만, 외국인근로자 고용 허용업종 여부 및 임금체불 여부 등의 판단은 사업장 단위가 아닌 법인 사업체 전체로 판단함

- 단, 외국인근로자의 고용 허용인원을 늘리기 위하여 하나의 사업장을 수개로 분사하여 사업자등록증, 고용보험 및 산재보험 가입 등 외국인근로자의 고용을 위한 형식적인 사업장 요건을 갖추었다 하더라도(형식적 분사 사업장), 장소적으로 분리되지 않은 상태에서 인적·물적 자원 및 노무관리 등 사업장 별로 경영상 독립성이 유지되지 못하는 경우 이는 기존의 하나의 사업장으로 보아 처리〈외국인력정책과-85('05.11.21.)〉

참고:선박매각에 따른 외국인근로자 고용승계 처리지침
(2016.9.28. 외국인력담당관-2325)

❍ 민법상 통상적으로 양도·양수도 계약, 자산매각 계약이 모두 인정되고 있는데도 불구하고,
- 연근해어업의 경우 선박을 사업장으로 간주하고 선박 단위로 외국인근로자 고용을 허가하면서, 해당 근로자의 고용안정을 이유로

· 매매 당사자의 의사에 관계없이 물적 시설(선박)과 근로자 일체를 매각하는 형태 (양도·양수도 계약)로 선박을 매입한 사업주(양수인)에 대해서만 외국인근로자 고용승계를 허용하고 있음
· 자산매각 형태로 기존 선박을 처분하고 새로운 선박을 구입하는 사업주에 대해서는 기존 외국인근로자의 계속 고용을 인정하지 않음

❍ 자산매각 형태로 선박을 매각한 사업주의 경우 내국인 구인노력 등 제반 절차를 다시 거친 후 외국인근로자를 신규로 고용하여야 하는 등 문제점 발생
◇ 선박을 매각하고 새로운 선박을 매입하여 영업을 계속하고자 하는 사업주에 대해서도 매매 당사자의 의사를 반영하여 기존 외국인근로자를 계속 고용할 수 있도록 개선 – 아울러, 계약 내용(자산매각인지 여부 확인)과 외국인근로자의 의사를 정확히 확인하여 해당 근로자의 고용안정성이 훼손되지 않도록 처리

자산매각 계약 여부 등 확인
① 계약의 내용이 자산(선박)매각 또는 양도양수도 계약 인지 여부를 우선적으로 확인
② 기존 선박을 매각한 사업주가 새로운 선박을 매입하여 외국인근로자가 실제로 근무할 사업장이 존재하는지 여부를 추가로 확인('선박등록증', '매매계약서' 등)
③ 당사자 간 분쟁 예방을 위해 해당 근로자가 기존 사업주에 계속 고용됨을 인지하고 있는지 여부 확인
⇒ 사업주가 제출한 증빙자료를 통해 ①, ②, ③ 모두 확인된 경우 해당 외국인근로자의 계속 고용 가능 여부를 결정

❍ 처리 방법
– 선박 매각과 관련하여 외국인근로자 계속 고용여부를 EPS시스템상 '사업장 정보 변동 신고' 형태로 처리
* EPS로그인 → 해당 사업장 조회 → 사업장 정보변동 신고 항목 선택 → 조치 결과 입력 → 사업장 정보변동 신고 처리 결과 통보
– 사업장 정보변동 신고는 15일 이내 처리. 다만, 기존 사업주와 체결된 근로 계약 기간에는 단절이 없도록 조치

3. 사업장 변경 신청[225]

고용허가제(E-9)에서 외국인근로자는 '국내 사업주와의 근로계약'을 전제로 한국에 입국하는 것이므로 원칙적으로 도입 당시에 근로계약을 체결한 사업장에서 근로를 지속해야 한다. 다만, 특정한 사유로 인하여 해당 사업장에서 근로관계를 지속하기 곤란한 때에는 사업장 변경이 가능하다. 이 경우 해당 외국인근로자는 사업장 변경신청서를 제출해야 한다.

(1) 개요

신청은 외국인근로자가 한다. 외국인근로자는 입국 당시에 근로계약을 체결한 사업장에서 근로를 지속하는 것이 원칙이나, 법에서 정한 사유로 해당 사업장에서 근로관계를 지속하기 곤란한 때에는 사업장 변경이 가능하다. 사업장 변경사유 발생 시 외국인근로자는 최초 입국 후 허용된 취업활동 기간 내에는 3회까지 사업장을 변경할 수 있고, 재고용 취업활동기간이 연장된 경우에는 연장기간 중 최대 2회까지 변경이 가능하다.

(2) 사업장 변경 업무 흐름도

사업장 변경 신청 (외국인근로자)	• 고용센터를 방문하여 사업장 변경을 신청
↓	
사업장 변경 신청 접수 (고용센터)	• 외국인근로자 근로관계 종료 여부 확인 (근로관계 종료 사실관계 확인 및 근로관계가 종료된 경우는 종료일부터 1개월 이내 여부 확인) • 사업장 변경 사유의 판단(외국인근로자 고용등에 관한 법률 제25조제1항 각 호)
↓	

---

225) 고용노동부, 「고용허가제 업무매뉴얼」, 2023, 176면-227면 참조.

사업장 변경 여부 판단 (고용센터)	• 증빙자료 등이 있는 경우 이를 토대로 사유를 판단 (근로관계가 종료되지 않은 경우 고용변동신고 제출을 기다리지 말고 증빙자료 등을 통해 절차를 진행) • 증빙자료가 없는 경우 사실관계 확인을 통해 판단(다만, 처리에 30일 이상 소요될 것으로 예상되는 경우 우선 사업장 변경 허용) • 사업장 변경 횟수의 판단(3년간 3회/1년 10개월 간 2회)

↓

구직등록필증 발급 (고용센터) (외국인근로자)	• 구직등록필증 발급(유효기간 3개월) (출입국·외국인청(사무소, 출장소)에 체류기간 연장허가 신청)

↓

적격 사업장/ 외국인 추천 (지정알선 금지) (고용센터)	• 사업장에는 적격 외국인을 추천(임시 사업장 변경사실 안내) • 외국인에게는 사업장에 추천된 내용을 안내 • 사용자와 외국인구직자는 면접 등을 통하여 고용/근로 의사 확인

↓

사업장 변경 처리 (고용허가서의 발급) (고용센터)	• 사업장 변경 신청일로부터 3개월 이내에 사업장 변경 가능 • 고용센터에 방문하여 고용허가서를 발급받아 근로계약을 체결 • 출입국·외국인청(사무소, 출장소)에 근무처 변경 허가 신청

↓

출국대상자 통보 (고용센터)	• 타기관(부서)의 조사결과 사업장 변경사유가 아닌 것으로 확인된 경우 외국인을 출입국·외국인청(사무소, 출장소)에 통보

(3) 신청 기간

사용자와 근로계약이 종료된 날부터 1개월 이내에 해야한다. 1개월 경과 시 출국대상이 된다.

> * '18.3.21. 근로계약이 종료된 경우 '18.4.21.까지 신청이 가능하며, 신청 기간 마지막 날이 관공서 공휴일이면 다음날까지 신청이 가능하다.

업무상 재해, 질병, 임신, 출산 등의 사유로 근무처 변경(사업장 변경) 허가를 받을 수 없거나 근무처 변경신청을 할 수 없는 경우에는 그 기간만큼 신청 기간이 연장된다(외국인근로자 고용 등에 관한 법률 제25조제3항 단서). 이 경우 외국인근로자는 '사업장 변경 신청기간 연장 신청서'226)를 작성하여 제출해야 하며 취업활동 기간 범위에서 연장이 가능하다.

- 산재는 요양기간과 산재근로자 직업훈련기간, 질병은 진단일로부터 안정가료 만료일까지, 임신·출산은 출산 후 90일까지의 기간 동안 연장 가능

* 유·사산한 경우 임신기간이 16주 이상 21주 이내면 유·사산일로부터 30일, 22주 이상 27주 이내면 유·사산한 날로부터 60일, 28주 이상이면 유·사산일로부터 90일

(4) 사업장 변경 횟수의 판단

1) 사업장 변경 횟수의 제한

사업장 변경은 입국한 날부터 3년의 범위 내에서는 최대 3회까지만 가능하며, 재고용 허가로 취업활동 기간이 연장된 경우에는 연장기간 내에서 최대 2회까지만 사업장 변경이 가능하다. 즉, 재고용 전 사업장 변경 횟수와 재고용 후 사업장 변경 횟수는 구분하여 산정된다.

* 예) '23.1.20. 최초 입국한 후 3차례 사업장 변경을 한 외국인근로자가 재고용 허가로 취업기간이 연장되면 1년 10개월 동안('23.1.20. ~ '24.11.19.) 2회의 사업장 변경이 가능

---

226) 외국인근로자의 고용 등에 관한 법률 시행규칙 [별지 제13호의3서식] 사업장 변경 신청기간 연장신청서

2) 사업장 변경 횟수 미산입 사유

외국인근로자 고용 등에 관한 법률 제25조제1항제2호에 따라 '외국인근로자의 책임이
아닌 사유'로 그 사업장에서 근로를 계속할 수 없게 되었다고 인정하여 고용노동부장관이
고시한 경우는 사업장 변경 횟수에 산입하지 않는다.

외국인근로자의 책임이 아닌 사업장변경 사유
[시행 2021. 4. 1.] [고용노동부고시 제2021-30호, 2021. 4. 1., 일부개정]

제1조(목적) 이 고시는 「외국인근로자의 고용 등에 관한 법률」 제25조제1항제2호에서 정한
"외국인근로자의 책임이 아닌 사유로 사회통념상 그 사업 또는 사업장에서 근로를 계속 할
수 없게 되었다고 인정하는 경우"에 대해 구체적으로 정함을 목적으로 한다.

제2조(휴업·폐업 등) 「외국인근로자의 고용 등에 관한 법률」(이하 "법" 이라 한다) 제25조제
1항제2호에 따라 사업 또는 사업장(이하 "사업장"이라 한다) 변경이 허용되는 휴업·폐업
등에 해당하는 사유는 다음 각 호와 같다.
  1. 사업장 사정으로 휴업·휴직 등이 발생하여 외국인근로자의 임금 감소가 다음 각
     목의 어느 하나에 해당하는 경우(이 경우, 외국인근로자는 휴업 또는 휴직 중이거나,
     휴업 또는 휴직이 종료된 날부터 4개월이 경과하기 전에 사업장 변경을 신청 하여야
     한다)
     가. 근로기준법 제2조제1항제6호에 따른 평균임금(이하 "평균임금"이라 한다)의 70
        퍼센트에 해당하는 금액보다 적은 기간이 사업장 변경 신청일 이전 1년 동안 2개월
        이상인 경우
     나. 평균임금의 90퍼센트에 해당하는 금액보다 적은 기간이 사업장 변경 신청일 이전
        1년 동안 4개월 이상인 경우
  2. 사업장의 폐업, 도산 등 다음 각 목과 같이 사실상 사업이 종료한 경우
     가. 폐업 신고한 경우
     나. 파산 신청을 하거나 청산절차가 개시된 경우
     다. 부도어음 발생으로 금융기관과 거래가 정지되는 등 도산이 확실한 경우
     라. 공사 종료 또는 사업이 완료된 경우
     마. 사업이 중단되어 재개될 전망이 없는 경우
  3. 경영상 이유 등 다음 각 목과 같은 사유로 사용자(근로기준법 제2조제2항제2호의

"사용자"를 의미한다. 이하 같다)로부터 권고 등을 받아 퇴사하게 되는 경우

　가. 사업의 양도 · 양수 · 합병

　나. 일부 사업 폐지 또는 업종전환, 직제개편에 따른 조직의 폐지 · 축소

　다. 신기술(기계) 도입이나 기술혁신에 따른 작업형태 변경

　라. 그 밖에 가목부터 다목까지에 준하는 경영상 이유

4. 사용자가 법에 따라 자신과 근로계약을 체결하고 입국한 외국인근로자의 귀책사유가 없음에도 불구하고 인수하지 않거나 사업장에 배치하지 않은 경우

5. 농한기 및 금어기 등으로 임금 지급이 어렵거나 기타 근로자의 귀책사유로 볼 수 없는 사유로 사용자로부터 권고 등을 받아 퇴사하게 되는 경우

제3조(고용허가의 취소 · 제한) 법 제25조제1항제2호에 따라 사업장 변경이 허용되는 고용허가의 취소 또는 제한 등에 해당하는 사유는 다음 각 호와 같다.

1. 사용자가 거짓이나 그 밖의 부정한 방법으로 고용허가를 받은 경우, 사용자가 입국 전에 계약한 임금 또는 그 밖의 근로조건을 위반하는 경우, 사용자의 임금체불 또는 그 밖의 노동관계법 위반 등으로 근로계약을 유지하기 어렵다고 인정되는 경우에 해당되어 법 제19조제1항에 따라 고용허가가 취소됨으로써 사용자가 해당 외국인근로자와의 근로계약을 종료하여야 하는 경우

2. 사용자가 외국인근로자로 하여금 근로계약에 명시된 사업장 외에서 근로를 제공하게 하여「외국인근로자의 고용 등에 관한 법률 시행령」(이하 "시행령"이라 한다) 제25조제2호에 따라 외국인근로자의 고용이 제한된 경우로써 해당 외국인근로자가 사업장 변경을 희망하는 경우(이 경우 직업안정기관의 장은 해당 외국인근로자에게 사업장 변경을 할 수 있다고 알려야 한다)

3. 법 제9조제1항에 따른 근로계약이 체결된 이후부터 제11조에 따른 외국인 취업교육을 마칠 때까지의 기간 동안 경기의 변동, 산업구조의 변화 등에 따른 사업규모의 축소, 사업의 폐업 또는 전환과 같은 불가피한 사유가 없음에도 불구하고 사용자가 근로계약을 해지함으로써 시행령 제25조제3호에 따라 고용이 제한된 경우(이 경우 직업안정기관의 장은 해당 외국인근로자에게 사업장 변경을 할 수 있다고 알려야 한다)

제4조(근로조건 위반) 법 제25조제1항제2호에 따라 사업장 변경이 허용되는 근로조건 위반 등에 해당하는 사유는 다음 각 호와 같다.

1. 사용자가 다음 각 목과 같이 임금체불 등을 한 경우(이 경우 임금체불 또는 지급 지연 중이거나, 임금체불 또는 지급 지연이 종료된 날부터 4개월이 경과하기 전에 사업장 변경을 신청하여야 하며, 사용자의 단순 계산착오로 인한 경우는 제외한다)

가. 월 임금의 30퍼센트 이상의 금액을 2개월이 지나도록 지급하지 않거나 지연하여 지급한 경우

나. 월 임금의 30퍼센트 이상의 금액을 2회 이상 지급하지 않거나 지연하여 지급한 경우

다. 월 임금의 10퍼센트 이상의 금액을 4개월이 지나도록 지급하지 않거나 지연하여 지급한 경우

라. 월 임금의 10퍼센트 이상의 금액을 4회 이상 지급하지 않거나 지연하여 지급한 경우

마. 「최저임금법」에 따른 최저임금액에 미달하여 지급한 경우

2. 사용자가 채용할 때 제시하였거나, 채용한 후에 일반적으로 적용하던 임금 또는 근로시간을 20퍼센트 이상 감축한 기간이 사업장 변경 신청일 이전 1년 동안 2개월 이상인 경우(이 경우 해당 임금 또는 근로시간이 감축되고 있는 중이거나, 해당 임금 또는 근로시간 감축이 종료된 날부터 4개월이 경과하기 전에 사업장 변경을 신청하여야 한다)

3. 사용자가 채용할 때 제시하였거나, 채용한 후에 일반적으로 적용하던 근로시간대를 외국인근로자의 동의 없이 2시간 이상 앞당기거나 늦춘 사실이 사업장 변경 신청일 이전 1년 동안 1개월 이상 지속된 경우

4. 사용자의 「산업안전보건법」위반으로 인해 다음 각 목의 사유가 발생한 경우

가. 「산업안전보건법」제2조의 중대재해가 발생한 경우(이 경우 중대재해가 발생한 날로부터 4개월이 경과하기 전에 사업장 변경을 신청하여야 한다.)

나. 외국인 근로자가 3개월 이상의 요양이 필요한 신체적·정신적 부상이나 질병이 발생한 경우(이 경우 외국인 근로자가 사업장에 복귀한 날로부터 4개월이 경과하기 전에 사업장 변경을 신청하여야 한다.)

다. 외국인근로자가 3개월 미만의 휴업이 필요한 부상 또는 질병이 발생한 경우에 사용자가 해당 부상 또는 질병 발생일로부터 1개월이 경과하는 시점까지 「산업안전보건법」에 따른 안전·보건상의 조치를 하지 아니한 경우

제5조(부당한 처우 등) 법 제25조제1항제2호에 따라 사업장 변경이 허용되는 부당한 처우 등에 해당하는 사유는 다음 각 호와 같다.

1. 외국인근로자가 사용자, 직장동료, 사업주의 배우자(사실혼 관계에 있는 사람을 포함한다) 또는 직계존비속으로부터의 성폭행 피해를 이유로 사업장 변경을 신청한 경우로써 긴급하게 사업장 변경이 필요하다고 인정되는 경우

2. 외국인근로자가 사용자로부터 성희롱, 성폭력, 폭행, 상습적 폭언 등을 당하여 그

사업장에서 근로를 계속할 수 없게 되었다고 인정되는 경우

3. 외국인근로자가 사업장 등 사용자의 관리가 미치는 범위 내에서 직장 동료, 사업주의 배우자 또는 직계존비속으로부터 성희롱, 성폭력, 폭행, 상습적 폭언 등을 당함으로써 그 사업장에서 근로를 계속할 수 없게 되었다고 인정되는 경우

4. 외국인근로자가 사용자로부터 국적, 종교, 성별, 신체장애 등을 이유로 불합리한 차별 대우를 받음으로써 그 사업장에서 근로를 계속할 수 없게 되었다고 인정되는 경우

5. 사용자가 외국인근로자에게 비닐하우스 또는 건축법 제20조, 농지법 제34조 등을 위반한 가설 건축물을 숙소로 제공한 경우

6. 사용자가 임금 또는 휴업수당을 지급하지 않으면서 외국인근로자의 근로제공을 5일 이상 거부하는 경우

7. 사용자가 「외국인근로자 고용 등에 관한 법률」에 따라 가입해야 할 보험과 가입의무가 있는 사회보험에 미가입하거나 체납한 기간이 3개월 이상으로 직업안정기관의 장으로부터 시정할 것을 요구받았음에도 불구하고 정당한 사유 없이 시정기간 내에 이행하지 아니한 경우

제5조의2(기숙사의 제공 등) 법 제25조제1항제2호에서 "법 제22조의2를 위반한 기숙사의 제공"에 해당하는 사유는 다음 각 호와 같다.

1. 사용자가 「근로기준법 시행령」 제55조부터 제58조의2까지의 사항에 위반하는 기숙사를 제공한 것을 이유로 직업안정기관의 장으로부터 시정할 것을 요구받았음에도 불구하고 정당한 사유 없이 시정 기간 내에 이행하지 아니한 경우

2. 사용자가 영 제26조의2에 따라 기숙사 정보를 제공하는 경우 「외국인근로자 기숙사 정보 제공에 관한 규정(고용노동부 고시)」에 따른 정보를 제공하지 않거나, 실제 제공된 기숙사와 다른 내용의 정보를 제공(이 경우 근로계약 체결할 때 제공된 기숙사 정보 중 변경된 사항을 포함한다)한 것을 이유로 직업안정기관의 장으로부터 시정할 것을 요구받았음에도 불구하고 정당한 사유 없이 시정 기간 내에 이행하지 아니한 경우

제6조(권익보호협의회의 인정) ① 사용자와 외국인근로자의 주장이 일치하지 않거나, 입증 자료의 부족 등으로 제2조부터 제5조의2까지 열거된 사유에 해당하는지 판단하기 곤란한 경우에는 외국인근로자 권익보호협의회(소위원회)에서 사업장 변경 허용을 인정할 수 있다.
② 외국인근로자 권익보호협의회(소위원회)는 제2조부터 제5조까지에 준하는 사유에 해당되어 외국인근로자가 더 이상 그 사업장에서 근로를 계속할 수 없게 되었다고 인정되는 경우에는 사업장 변경 허용을 인정할 수 있다.

제7조(재검토기한) 고용노동부장관은 「훈령·예규 등의 발령 및 관리에 관한 규정」에 따라 이 고시에 대하여 2019년 7월 1일 기준으로 매 3년이 되는 시점(매 3년째의 6월 30일까지를 말한다)마다 그 타당성을 검토하여 개선 등의 조치를 하여야 한다.

부칙 〈제2021-30호, 2021. 04. 01.〉
제1조(시행일) 이 고시는 공포한 날부터 시행한다.

(5) 신청 사유

- 근로계약기간 만료
- 근로계약 해지
- 휴업·폐업, 고용허가의 취소 또는 고용의 제한 등 고용노동부장관이 고시한 사유
- 상해 등

(6) 처리 관할

기존 사업장 소재지 관할 고용센터에 신청한다. 단, 사업장 변경 사유가 명확하고 사용자와 외국인근로자 간에도 이견이 없을 시 예외적으로 외국인근로자의 거주지 관할 고용센터에 신청할 수 있다.

(7) 구비 서류

- 사업장 변경 신청서[227]
- 사업장 변경 사유 확인서

---

227) 외국인근로자의 고용 등에 관한 법률 시행규칙 [별지 제13호서식] 사업장 변경신청서

> ▷ 근로계약해지 – 사실확인서(전화 등), 동료직원 진술서 등
> ▷ 계약기간만료 – 전산상 표준근로계약서의 근로계약기간 확인 등
> ▷ 휴업·폐업 등 – 전산(4대 보험 시스템, 국세청 홈페이지 등)상 사실 확인 또는 세무서에서 발급하는 '휴·폐업 사실증명서' 등
> ▷ 기타 노동관계법 위반 – 사용자의 진술 및 사실확인서(전화 등), 동료직원진술서, 진정이 제기되어 법 위반이 확인된 경우(근로개선지도과 등 유선 확인 또는 사업장 정보시스템상의 임금체불, 근로조건 위반, 폭행여부 확인 등)
> ▷ 부상, 질병 – 의사의 진단서 등

- 여권, 외국인등록증(행정정보 공동이용을 통해 확인됨)
- 기타 사업장 변경 사유에 해당함을 증명할 수 있는 서류

Tip. 체류기간 만료일이 도래하는 외국인근로자는 고용센터에 사업장 변경 신청 후 발급받은 '사업장변경 신청 외국인구직등록필증'을 소지하고 「출입국관리법」 제25조 및 같은 법 시행령 제31조에 따라 출입국·외국인청(사무소, 출장소)에 체류기간의 연장을 신청하여야 함. 이를 이행하지 않을 경우 불법체류 상태가 될 수 있음.

Tip. 외국인근로자가 증빙자료를 제출하지 못하고 고용센터 자체 확인으로도 해당 증거를 찾을 수 없거나 타 기관 진정·소송 등을 통해서 사실관계를 확인해야 하는 상황임에도 외국인근로자가 진정 등을 제기하지 않는 경우 사업장 변경 요건을 갖추지 못한 것으로 처리됨.

(8) 구직등록필증 발급 및 근무처 변경 허가 신청

1) 구직등록필증 발급(구직자 명부 등재)

사업장 변경 요건이 충족되면 고용센터는 구직자명부에 등재하고(사업장 변경 횟수 산입), 「사업장 변경 신청 외국인 구직등록필증」을 교부하며, 외국인근로자를 적합한 사업장에

추천하는 등 사업장 변경 절차를 진행한다.

2) 사업장 변경 기간의 부여(구직등록 유효기간)

사업장 변경 기간은 사업장 변경 신청일로부터 3개월까지이나 기간 종료일이 토·일·공휴일인 경우에는 다음 근무일까지 사업장 변경이 가능하다.

* 구직등록필증의 유효기간 만료일이 설연휴 첫날인 '18.2.18.(수)인 경우 설연휴 기간('18.2.18.~ 2.20.) 및 토(2.21.), 일(2.22.) 다음 근무일인 2.23.(월)까지 사업장 변경 가능.

업무상 재해, 질병, 임신, 출산 등의 사유로 근무처 변경(사업장 변경) 허가를 받을 수 없거나 근무처 변경신청을 할 수 없는 경우에는 그 기간[228]만큼 신청 기간이 연장된다(외국인근로자 고용등에 관한 법률 제25조제3항 단서). 이 경우 외국인근로자는 '사업장 변경 신청기간 연장 신청서'[229]를 작성하여 제출해야 하며 취업활동 기간 범위에서 연장이 가능하다.

3) 근무처 변경 허가 신청

외국인근로자는 새로 근무하게 될 사업장이 정해지면 사업장 변경 기간 내에 출입국·외국인관서에 근무처 변경 허가 신청을 해야 한다. 근무처 변경 허가 신청은 출입국·외국인관서를 방문해서 신고서[230]를 제출하는 방법으로도 가능하고, 하이코리아(https://www.hikorea.go.kr/)사이트에서 온라인으로도 가능하다.

(9) 사업장 알선

사업장 변경 요건을 갖춘 외국인은 고용센터의 알선을 통하여 사업장을 변경할 수 있다.

---

228) 산재는 요양기간과 산재근로자 직업훈련기간, 질병은 진단일로부터 안정가료 만료일까지, 임신·출산은 출산 후 90일까지의 기간 동안 연장이 가능하다. 고용노동부, 고용허가제 업무매뉴얼, 2023, 180면 참조.
229) 외국인근로자의 고용 등에 관한 법률 시행규칙 [별지 제13호의3서식] 사업장 변경 신청기간 연장신청서
230) 출입국관리법 시행규칙 [별지 제34호서식] 통합신청서 (신고서)

불법 브로커 개입을 막기 위하여 원칙적으로 구인사업장 명단 제공과 지정 알선은 금지된다.(사업장 변경제도 운영개선〈외국인력정책과-2375,'12. 7. 31.〉).

1) 구인 사용자에 대한 알선

고용센터는 사용자에게 1회에 구인 인원의 3배수 외국인을 추천하며, 추천받은 사용자는 알선 유효기간 3일내 채용여부를 결정한 후 고용센터에 회신해야 한다. 알선받은 외국인에 대한 정보는 고용허가제 홈페이지(eps.go.kr)에 접속하여 알선자 선정화면에서 확인할 수 있다. 고용센터는 구직자의 근무이력 및 근무하고자 하는 희망 직종, 희망 근무지역 등을 감안하여 적합한 구직자를 관내 구인 사용자에게 추천한다.

2) 구직 외국인에 대한 알선

고용센터는 사업장 변경 과정에서의 브로커 개입 여지 차단 등을 위하여 법령에 근거 없는 구직 외국인에 대한 구인 사업장 명단 제공은 하지 않는다. 사업장 추천 시 외국인구직자에게 추천 사실을 문자(SMS)로 통보한다.

3) 업종 간 이동의 제한

업종별 정원관리, 외국인근로자의 기능숙련 및 국내 취약업종 보호 등을 위하여 업종 간 이동은 원칙적으로 불가하며, 기존 사업장의 업종과 동일한 업종으로 사업장 변경을 신청하는 경우에만 사업장 변경을 허용하되, 그 사유가 합리적이고 타당한 경우에 한하여 업종 간 이동이 허용된다.

4) 지역

관련 지침 변경(시행: 2016.10.28.)[231]으로 해당 근로자의 취업희망지역에 해당하는 광역자치단체 소재 지방관서에서 알선할 수 있도록 허용되었다. 예) 서울 서초 고용센터에서

---

231) 고용노동부, 「고용허가제 업무매뉴얼」, 2023, 217면-218면 참조.

사업장 변경을 신청하는 경우, 기존 서울 서초 고용센터 관할 지역의 사업장으로만 취업이 알선됐지만, 지침 변경으로 서울권역(광역단위)으로 사업장 알선 범위가 확대되었다.

(10) 사업장 변경 처리(고용허가서 발급)

고용센터는 사업장 알선이 완료되면, 발급요건 및 구직등록 유효기간을 재확인한 후에 사용자에게 고용허가서를 발급하고, 표준근로계약서에 서명하여 제출할 것을 요구한다. 취업알선과 고용허가서 발급은 원칙적으로 동일한 센터에서 처리하되, 광역 취업알선의 경우에는 해당 사업장 관할 센터에서 고용허가서가 발급된다. 외국인근로자는 근로를 제공하기 전에 반드시 관할 출입국·외국인청(사무소, 출장소)에서 근무처 변경 허가 및 체류기간 연장허가를 받아야 한다.

(11) 사업장 변경 미신청자 및 근무처 변경 미허가자 조치

다른 사업(장)으로의 변경을 신청한 날부터 3개월 이내에 「출입국관리법」 제21조에 따른 근무처 변경 허가를 받지 못하거나, 사용자와 근로계약이 종료된 날부터 1개월 이내에 다른 사업(장)으로의 변경을 신청하지 아니한 외국인근로자는 출국해야 한다. 고용센터는 외국인근로자 고용 등에 관한 법률 시행령 제30조제3항에 따라 출국대상자 명단을 관할 출입국·외국인청(사무소, 출장소)장에게 통보(EPS전산 연계)한다.

4. 취업기간(3년) 만료 외국인근로자 재고용[232]

(1) 재고용허가 개요

정주화 방지의 원칙에 따라 외국인근로자 고용 등에 관한 법률 제18조 제1항은 외국인근로자의 취업활동 기간을 '입국일로부터 3년'으로 제한[233]하고 있다. 그러나 예외적으로 3년의 취업활동기간에도 불구하고 사용자의 재고용허가 요청이 있는 경우에는 1회에 한하여

---

[232] 고용노동부, 「고용허가제 업무매뉴얼」, 2023, 228면-232면 참조.
[233] 단기취업임을 감안하여 가족동반은 금지된다.

2년 미만의 범위(1년 10개월)에서 취업활동기간을 연장하는 것이 가능하다(외국인근로자 고용등에 관한 법률 제18조의2 제1항).

① 고용센터에 재고용(취업기간 만료자 취업활동기간 연장) 신청(사용자→고용센터)

↓

② 취업기간 만료자 취업활동 기간 연장 확인서 발급(고용센터→사용자)

↓

③ 비자 및 체류기간 연장허가(외국인→출입국·외국인청(사무소, 출장소))

(2) 재고용허가 신청

1) 재고용허가 신청 신청기간

취업활동기간 만료일 60일전부터 7일전까지 신청하는 것이 원칙이나, 실제 업무 처리는 '7일전'을 훈시규정으로 해석하여 취업활동 기간 만료일까지 재고용을 신청하더라도 인정된다. 허가기간 종료일이 공휴일인 경우 다음 근무일에 관련 민원 처리가 가능하다.

2) 신청대상

① 합법적으로 고용허가서를 발급 받아 60일 이내에 3년의 취업활동 기간이 만료되는 외국인근로자를 고용하고 있는 사용자

② 취업활동 기간 만료일까지의 해당 외국인근로자와의 근로계약 기간이 1개월 이상 유지되는 경우에 한하여 허용

* (예시) 취업활동 만료일이 '21.12.20.인 경우, 근로계약 기간은 '21.11.21.~'21.12.20. (1개월) 이상이어야 하며, 재고용 신청은 '21.9.21.(90일 전)~'21.12.20.(훈시규정 해석) 사이에 가능

3) 허가 요건 확인(신규 고용허가 요건과 동일)

① 외국인근로자 고용가능 사업장(업종 및 허용인원)

② 고용조정으로 인한 내국인근로자 이직이 없을 것(신청일로부터 2개월 이내)

③ 임금체불이 없을 것(신청일로부터 5개월 이내)

④ 고용보험 및 산재보험 가입

⑤ 외국인근로자 전용보험 가입

※ 고용제한 중인 사업장에 대해서도 재고용허가는 허용됨.

4) 제출서류

- 취업기간 만료자 취업활동 기간 연장신청서[234], 표준근로계약서 사본

- 외국인등록증, 여권

- 기타 필요한 서류

(3) 재고용허가 처리

재고용허가 신청의 처리기간은 신청일로부터 7일이다. 허가되면 '1년 10개월' 동안의 취업활동 기간이 연장되고, 사용자와 외국인근로자에게 고용허가서 및 표준근로계약서가 발급된다.

* 근로계약 효력 발생시기: 취업만료기간의 다음날 (재고용 신청 시 제출하는 표준근로계약서의 근로계약 시작 일을 외국인근로자의 취업만료기간의 다음날부터 하며 1년 10개월 안에서 자유롭게 근로계약 설정)

(4) 기타 사항

① 외국인근로자는 취업기간만료자 취업활동 기간 연장신청 처리 완료 후, 출입국·외국인청(사무소, 출장소)에 외국인근로자의 체류기간 연장허가를 받아야 한다. 이 경우 출입국·외국인청(사무소, 출장소)에 '취업기간 만료자 취업활동 기간 연장 확인서'[고용센

---

234) 외국인근로자의 고용 등에 관한 법률 시행규칙 [별지 제12호의3서식] 취업기간 만료자 취업활동 기간 연장신청서

터 발급], 고용허가서, 표준근로계약서를 제출해야 한다. 참고로 출입국·외국인청에 체류기간연장허가 신청은 외국인 근로자가 직접 하거나 사업주가 대리 신고할 수 있다.

② 근로계약기간이 취업활동 기간 만료일에 끝나지 않고 그 이전에 종료되는 경우에는 '고용허가기간 연장신청' 처리를 한 다음에 재고용을 신청하여야 한다.

③ 출국만기보험·보증보험·귀국비용보험은 기존 보험가입기간을 연장조치하고, 상해보험은 연장기간 동안 신규 가입하여야 한다.

④ 연장된 취업활동기간 만료 시 외국인근로자는 반드시 귀국해야 한다.

⑤ 재고용허가(취업활동기간 연장확인)를 받았더라도 3년의 취업활동기간 만료 이전에 근로계약이 해지되는 경우에는 재고용허가가 취소된다.

5. 재입국 취업 특례 제도[235]

국내에서 취업한 후 취업활동기간이 만료하여 출국한 외국인근로자는 출국한 날부터 6개월이 지나지 아니하면 고용허가제로 다시 취업할 수 없는 것이 원칙이다(외국인근로자의 고용 등에 관한 법률 제18조의3). 이에 따라 취업활동기간이 만료되어 출국한 근로자는 6개월이 경과해야 다시 고용허가제를 통해 취업이 가능하다. 이 경우 고용허가제로 최초 취업할 당시의 모든 절차를 다시 밟아야 한다. 재입국 취업 특례 제도는 일정한 요건을 갖춘 외국인근로자의 재입국 취업 절차를 간소화해주는 제도이다.

(1) 재입국 취업 특례 제도

1) 개요

취업활동기간(4년 10개월)이 만료되어 출국한 외국인근로자(E-9)가 출국 1개월[236] 후 재입국하여 다시 근무할 수 있게 하는 제도이다('12.7.2. 시행).

---

235) 고용노동부, 「고용허가제 업무매뉴얼」, 2023, 233면-243면 참조.
236) 외국인근로자의 고용 등에 관한 법률 제18조의4(재입국 취업 제한의 특례) 제1항 개정으로 기존 '3개월'에서 '1개월'로 단축되었다.[시행일 : 2021. 10. 14.]

2) 절차

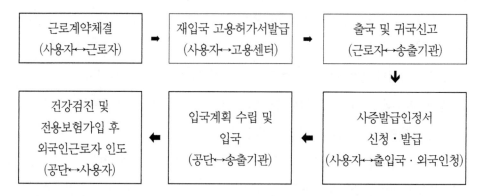

3) 요건

고용허가제(E-9)로 입국하여 취업활동 기간(외국인고용법 제18조 및 제18조의2에 따른)
중에 사업장을 변경하지 아니하거나, 사업장 변경을 한 경우라도 아래의 요건을 충족한
경우〈2021.10.14.부터 적용〉

〈1〉 외국인고용법 제25조제1항제1호 또는 제3호에 따른 사업장 변경
- 재입국 후의 고용허가를 신청하는 사용자와 취업활동기간 종료일까지의 근로 계약기간
  이 1년 이상인 자로서 동일 업종 내 근속기간 등 외국인근로자가 입국하여 최초 근무한
  업종에서 4년 10개월 간 근속한 경우(다만, 외국인고용법 제25조에 따른 사업 또는 사업
  장 변경에 소요된 기간은 근속기간에 포함된 것으로 본다)

고용노동부 고시 제2021-73호

「외국인근로자의 고용 등에 관한 법률(이하 '법'이라 한다)」 제18조의4제1항제1호나목의 법
제25조제1항제1호 또는 제3호에 해당하는 사유로 사업 또는 사업장을 변경한 외국인근로자
에 대한 동일업종 내 근속기간 등 재입국 취업 제한의 특례 인정기준을 다음과 같이 고시합니다.

2021년 10월 14일

고용노동부장관

사업 또는 사업장 변경자에 대한 재입국 취업 제한의 특례 인정기준

Ⅰ. 기본 요건: 재입국 후의 고용허가를 신청하는 사용자와 취업활동 기간 종료일까지의 근로계약 기간이 1년 이상일 것

Ⅱ. 동일업종 내 근속기간: <u>외국인근로자가 입국하여 최초 근무한 업종(제조업, 서비스업, 농축산업, 어업)에서 4년 10개월간 근속(다만, 법 제25조에 따른 사업 또는 사업장 변경에 소요된 기간은 근속기간에 포함된 것으로 본다)</u>.

Ⅲ. 행정사항
 1. (시행일) 이 고시는 2021년 10월 14일부터 시행한다.
 2. (적용례) 이 고시 시행 전에 입국하여 취업활동을 하고 있는 외국인근로자에 대해서도 적용한다.
 3. (재검토기한) 고용노동부장관은 「훈령·예규 등의 발령 및 관리에 관한 규정」에 따라 이 고시에 대하여 2022년 1월 1일을 기준으로 매 3년이 되는 시점(매 3년째의 12월 31일까지를 말한다)마다 그 타당성을 검토하여 개선 등의 조치를 하여야 한다.

(유의 사례) 기존 고용된 사업장이 제조업에서 서비스업 등으로 업종이 변경된 경우에는 제조업으로 인정

* 예시) '17.9.3. 제조업 A사업장으로 입국하여 근로하다 퇴사후, '20.9.10. 제조업 B사업장에 고용되었으나 12.10. 서비스업으로 업종 변경, '21.10.1. B사업장과 자율합의로 계약 해지 후 희망 업종을 제조업으로 사업장 변경 신청 이후 제조업체인 C사업장에 고용되어 근무중인 경우 C사업장에서 재입국특례고용허가 가능
** 예시) A제조업 → B제조업〈→서비스 변경〉 → C 제조업 가능 A제조업 → B제조업〈→서비스 변경〉 → C 서비스업 불가
- 제조업 분야에 최초 근로하던 외국인근로자가 농업으로 이동하여 근로 후 다시 제조업으로 복귀하는 경우에는 재입국특례 대상 불가
- 어업으로 근로 중인 근로자가 피부염 등으로 진단을 받고 계속 근로 시 악화될 수 있다는 의사 소견에 따라 농축산업으로 변경 후 재입국특례고용허가 요건에 부합한 경우 가능

〈2〉 법 제25조제1항제2호에 따른 사업장 변경

- 재입국 후의 고용허가를 신청하는 사용자와 취업활동기간 종료일까지의 근로 계약기간이 1년 이상인 자

- 단, 법 제25조제1항제2호의 사유로 사업장을 변경하고 재입국 후의 고용허가를 신청하는 사용자와 취업활동기간 종료일까지의 근로계약기간이 1년 미만인 경우에도 개별 사례별로 권익보호협의회*의 의견을 들어 재입국특례고용허가 하는 것이 타당하다고 인정하는 경우 허용

* 권익보호협의회: 노동자 단체, 사용자 단체, 외국인근로자 단체 등 참여(「외국인고용법」 제24조의 2에 규정)

- 이는 잔여 근로계약기간이 1년 미만인 경우 폭행, 성희롱 등 부당한 처우를 받더라도 재입국특례를 인정받기 위해 사업장 변경을 못하는 등의 사례를 방지하기 위함임

잔여 근로계약기간 1년 미만인 경우 권익보호협의회 처리절차

* (사업장) 재입국특례고용허가 신청시 권익보호협의회를 통한 고용허가를 요구 * (지방관서) 해당 외국인근로자 사업장 변경 사유 및 고용허가기간을 확인 → 권익보호협의회 개최(가급적 신청일로부터 3일 이내) → 재입국특례고용허가 여부 결정 및 권익보호협의회 결정 내용 전산입력 → 고용허가서 발급 또는 불허 통보(신청일로부터 7일 이내)

❍ E-9 또는 E-10(선원취업) 비자로 국내 총 체류기간이 5년(「외국인근로자의 고용 등에 관한 법률」 제18조의2제2항에 따라 취업활동 기간이 연장된 경우에는 6년) 미만일 것

❍ 농축산업, 어업, 제조업, 서비스업일 것

❍ 재입국하여 근로를 시작하는 날부터 효력이 발생하는 1년 이상의 근로계약을 체결 하고 있을 것

❍ 사업장별 외국인 고용한도 등 고용허가서 발급요건을 갖추고 있을 것 (다만 내국인 구인 노력은 요하지 않음)

4) 우대 내용

○ 사업주

- 고용허가서 발급 시 사업주의 내국인 구인노력이 필요하지 않으며, 한 사업장에서 장기
  근속하여 숙련도가 향상된 외국인근로자를 단기 출국시킨 후 재고용 가능

○ 외국인근로자

- 재입국 취업제한의 특례 대상 외국인근로자는 귀국 후 한국어 능력시험 및 입국전·후
  취업교육이 면제되며, 다른 외국인근로자(재입국 제한기간 6개월)와는 달리 1개월이
  경과하면 재입국하여 종전 사업장에서 근무

5) 재입국 고용허가 신청

○ 신청 대상

- 법 제18조의4제1항 각 호의 요건을 갖춘 외국인근로자를 고용하고, 내국인 구인노력을
  제외한 고용허가서 발급요건을 모두 갖추고 있는 사용자
* 신규 입국자와 동일한 방법으로 대행기관을 통한 신청도 가능

○ 신청 기간

- 입국 취업제한의 특례(이하 '재입국 특례자 취업'이라 함) 대상자의 취업활동기간 (재고
  용) 만료일 90일 전부터 7일 전까지 관할 지방고용노동관서에 신청
- 「90일 ~ 7일전」을 준수하도록 안내하되, 실제 업무처리는 '7일전'을 훈시 규정으로 해석
  하여 취업활동 기간 만료일까지 재고용을 신청하더라도 인정
- 재고용 만료자 재입국 고용허가 신청서(시행규칙 별지 제12호의5) 상 기재된 출국예정일
  을 확인하여 처리
- 외국인근로자의 동의하에 이루어질 수 있도록 재고용만료자 재입국 고용허가 신청서
  상 외국인근로자 서명 및 날인 확인

○ 제출 서류

- 재고용만료자 재입국 고용허가 신청서(시행규칙 별지 제12호의5서식)

- 표준근로계약서 사본(사용자·외국인근로자의 서명 필요)

- 외국인등록증사본 및 여권 사본

- 출국예정 신고서

* 지방고용노동관서 담당자 확인 서류: 사업자등록증(행정정보 공동이용을 통한 확인)

6) 재입국 고용허가 처리

❍ 처리 기한: 신청서를 접수한 날부터 7일 이내

재입국 고용허가신청서 처리 시 유의사항

▷ 고용한도: 총 고용허용인원을 초과할 수 없음

▷ 재고용만료자에 대한 대체인력 신청 시 재고용만료자가 재입국 특례자 취업 대상인지
　여부를 확인하고, 대체인력고용으로 총 고용허용인원을 초과하게 되면 나중에 재입국
　특례자 재입국 고용허가 신청이 불허될 수 있음을 반드시 안내

– 다만, 대체인력 신청으로 총 고용허용인원을 초과했다 하더라도 이후 다른 근로자가 사업장
　을 변경하는 등 다시 총 고용허용한도를 초과하지 않게 되면, 재입국 특례자 고용허가
　신청 가능

▷ 고용허가서 발급요건 중 고용조정으로 인한 내국인근로자 이직 여부 및 임금체불 유무에
　대한 판단기준일은 '내국인 구인신청일'이 아닌 '재입국 고용허가 신청일'임(시행규칙
　별지 제12호의5서식 참조)

▷ 총 국내 체류기간은 E-9, E-10(선원취업)의 체류기간을 합산한 기간으로 5년 미만인
　경우를 확인

▷ 재입국 고용허가서 발급 후라도 출국 전에 외국인근로자가 사업장 변경을 하면 재입국고용
　허가는 취소됨(외국인근로자는 재입국 불허)

▷ 외국인근로자의 나이에 대한 제한이 없음

▷ 재입국 후의 취업활동기간, 사업장 변경 등에 대해서는 최초 입국자와 동일하게 적용됨

---

7) 재입국 고용허가서 발급 이후 절차

❍ 이후 진행 절차

- 재입국 취업 대상 외국인근로자는 외국인등록증을 반납하고 체류기간 만료일 전에 반드

시 출국, 본국에 돌아간 후 7일 이내 송출기관에 귀국신고를 하고 재입국 전 건강진단도 실시

- 사업주는 산업인력공단에 도입위탁 대행에 대한 수수료를 납부하고, 관할 출입국·외국인청(사무소, 출장소)에 사증발급인정서를 신청함

- 산업인력공단은 사증발급인정서(CCVI)가 발급되고, 송출기관으로부터 건강진단 결과를 제출받은 외국인근로자를 대상으로 1개월 후 재입국이 가능하도록 입국계획 수립, 입국 1주일 전에 사업주에게 통보함

- 단체 입국 후 건강진단 실시, 외국인 전용보험에 가입 후 사업주에게 인도

- 입국 후 미인도자(외국인근로자 귀책사유 없는 경우) 발생 시 인력공단은 관할 지방고용노동관서에 통보하여 사업장 변경절차를 통해 취업할 수 있도록 안내

* 사업주 변심으로 재입국고용허가서 취소한 경우 재입국 불가

- 재입국 후 근로개시일은 외국인근로자를 사업주에게 인도한 다음날부터 기산

○ 재입국 고용허가 사업장이 소멸된 경우 처리

- 재입국 특례 외국인근로자가 출국한 후 근로계약을 체결한 사업장의 합병 (양도양수)으로 새로운 사업장이 설립된 경우,

• 기존 사업장 근로자의 고용관계는 합병회사(양수회사)에 승계되고, 기 체결된 근로계약도 승계되는 것으로 보아 입국 전인 재입국특례자가 합병회사 (양수 회사)에 계속 근로가 가능하도록 절차 진행(신규 입국자의 경우 고용승계 불가 → 사업장변경절차 통해 취업알선)

* 합병회사(양수회사)가 외국인근로자 고용사업장 정보변동 신고시 근로계약서 및 재입국고용 허가서를 발급하여 사증발급인정신청을 할 수 있도록 안내

- 입국 전 기존 사업장이 폐업 등으로 소멸하고 없는 경우, 우선 취업알선을 통해 신속하게 입국·재취업이 가능하도록 지원(선발포인트제 면제, 입국 전 취업교육 면제)

6. 특별한국어시험 합격자 재입국 절차[237]

1) 개요

법상 재입국취업 제한기간(6개월)은 유지하되, 동 제한기간 동안 한국어시험 등 필요한 절차를 신속히 진행하여 총 도입기간을 줄이고, 지정알선을 허용함으로써 종전의 숙련기능인력을 활용할 수 있도록 「자진귀국자 재입국 우대 방안」(외국인력정책과-3523, '11. 11. 3.)에 따라 마련된 제도이다.

2) 절차

```
┌─────────────────────────────────────────────────────────┐
│           ① 체류기간 만료 전 출국(구직자)                  │
└─────────────────────────────────────────────────────────┘
                              ↓
┌─────────────────────────────────────────────────────────┐
│     ② 특별 한국어시험 응시 및 합격(구직자⇔공단, 송출기관)    │
└─────────────────────────────────────────────────────────┘
                              ↓
┌─────────────────────────────────────────────────────────┐
│      ③ 재입국자 구직자 명부 작성(공단⇔송출기관)            │
└─────────────────────────────────────────────────────────┘
                              ↓
┌─────────────────────────────────────────────────────────┐
│  ④ 재입국자 지정알선 대상자 문자 및 전화 안내(고용센터⇒사용자)  │
└─────────────────────────────────────────────────────────┘
                              ↓
┌─────────────────────────────────────────────────────────┐
│  ⑤ 재입국자에 대한 고용허가서 신청 및 발급(사용자⇔고용센터)   │
└─────────────────────────────────────────────────────────┘
                              ↓
┌─────────────────────────────────────────────────────────┐
│      ⑥ 재입국자의 송출 및 도입(공단⇔송출기관)              │
└─────────────────────────────────────────────────────────┘
```

* 재입국 지정알선 대상자가 아닌 특별한국어시험 합격자는 일반 한국어 시험 합격자와 동일하게 입국절차가 진행되나, 신규 쿼터 발급 시 일반 한국어시험 합격자보다 우선하여 사용자에게 추천됨.

---

[237] 고용노동부, 「고용허가제 업무매뉴얼」, 2023, 244면-246면 참조.

3) 세부 내용

i) '특별 한국어시험' 응시 자격

① 응시가능 연령: 만18세 이상 39세 이하인 자(필리핀, 만18세이상 38세 이하)(시험접수 기간 첫날 기준 39세(필리핀 38세)를 넘지 않는 자), ② 재고용되어 근무하다가 체류기간 만료이전에 자진귀국한 자(단, '10. 1. 1 이후 출국자로만 한정), ③ E-9 또는 E-10 체류 자격으로 한국 체류기간을 합산한 기간이 5년 미만인 자

※ 다른 응시자격은 신규 입국자와 같고, 응시횟수의 제한은 없음

ii) 시험 방법

CBT(Computer Based Test) 방법으로 특별 한국어시험을 실시하며, 시행시기는 탄력적 으로 운영된다.

iii) '재입국자 구직자명부' 작성

특별 한국어시험 합격자는 송출국의 송출기관에 구직신청을 하고, 송출기관과 인력 공단 은 '재입국자 구직자명부'를 작성한다.

① 합격자가 최종 사업장에서 1년 이상 근무하였고, 최종 사업장의 업종과 동일한 업종으로 응시한 자는 '재입국자 지정알선 구직자명부'에 포함
② '재입국자 지정알선 구직자 명부'에 포함되지 않은 자는 임의알선 대상자로 분류되어 일반 '신규입국자 구직자 명부'에 포함

iv) 지정알선

특별 한국어시험 합격자는 신규 입국자와 동일하게 구직 신청 및 사업주 알선 등의 과정을 거쳐 입국하게 된다. 출국 전 사업장 1년 이상 근무자는 출국 전 사업장에 우선 알선하여 신속한 입국과 함께 종전 사업장에서 다시 근무할 기회가 부여된다(사업주와 외국인 모두 종전 사업장 근무에 근로계약에 동의하는 경우에만 지정알선을 통한 신속 재입국 가능).238)

---

238) 고용노동부, 「2019 알기쉬운 고용허가제」, 16면.

지정알선의 경우 외국인근로자가 재입국하게 되면 고용센터는 사용자에게 유선 및 문자 (SMS)로 안내한다.

v) '재입국자 지정알선 대상자'에 대한 고용허가서 신청 및 발급

사용자는 고용센터에서 안내를 받은 날로부터 25일 이내에 '해당 근로자를 지정하여 고용 허가서를 발급' 받아야 한다. 고용허가서 발급 및 대행 절차는 일반외국인근로자 도입과정 과 동일하다. 단, 특별 한국어 시험 합격자를 고용할 경우 신규 고용허가서 발급한도의 제한을 받지 않는다. 사용자가 안내일로부터 25일 이내에 고용허가서를 발급 받지 않았거 나 사용자의 근로계약 체결 제의를 구직자(외국인근로자)가 거부한 경우, 일반 '신규입국 자 구직자 명부'로 재분류된다.

vi) 재입국자의 송출 및 도입

사용자와 재입국자와의 근로계약이 체결되면, 사용자는 출입국·외국인청(사무소, 출장 소)에 사증발급인정서(CCVI)를 신청하고 공단은 입국계획을 수립한다. 출입국·외국인청 은 출국일로부터 6개월이 경과되지 않은 자에 대해서도 사증발급인정서(CCVI)를 발급할 수 있다. 재입국자는 출국 전 취업교육을 받지 않고 한국에 입국하며, 입국 후 취업 교육을 이수한 후에 사용자에게 인계된다.

성실근로자 및 특별한국어시험 근로자 비교[239]

구분	재입국특례자 (구 성실근로자)	특별한국어시험 근로자
적용대상자	① 재고용되어 근무하다가 취업기간이 만료되는 자 ② 100인 미만 제조업에 근무한 자 ③ 사업장 변경 없이 성실히 근무한	재고용되어 근무하다가 취업기간 내 자발적으로 귀국한 자

---

239) 중소기업중앙회, 「중소기업을 위한 2022년 외국인근로자 관리실무」, 2022.2, 53면.
240) 외국인근로자 고용등에 관한 법률 개정(2021.10.14.시행)으로 다소 완화되었음. 사업장 변경이

	자240)	
실시대상 사업장	100인 미만 제조업	제한 없음
한국어시험	면제	분기별 1회 이상 시행되는 한국어 시험에 합격
취업교육	입국 전·후 취업교육 면제	입국 전 취업교육 면제
재입국 제한기간	출국일로부터 1개월 법개정(2021.10.14.시행)으로 3개월 →1개월로 단축	출국일로부터 6개월
종전 사업장 재근무 여부	반드시 출국 전 근무사업장에서 다시 근 무해야함	출국 전 최종근무 사업장 근무기간 이 1년 이상일 경우, 최종근무 사업 장 근무 가능
사용자의 사전신청	필요	불필요
사용자의 내국인 구인노력	불필요	필요
실시대상 국가	제한 없음	한국어시험 컴퓨터 시험장이 설치 된 송출국가 중 특별한국어시험에 동의한 국가
시행시기	2012. 7. 2.부터 시행 중	2011. 12월부터 시행중

있었더라도, ①마지막 사업주와의 근로계약 기간이 1년 이상이며, 동일업종 내 근속기간 등 고용노동부
장관이 정하여 고시하는 기준을 충족하는 경우 대상이 되며, ②외국인근로자의 책임이 아닌 사유('21.4.
1., 고용노동부 고시 제2021-30호))로 사업장 변경을 한 경우로 마지막 사업주와의 근로계약 기간이
1년 이상인 경우, ③외국인근로자의 책임이 아닌 사유('21.4.1., 고용노동부 고시 제2021-30호)로
사업장 변경을 한 경우로 마지막 사업주와의 근로계약기간이 1년 미만이나, 고용센터가 외국인근로자
권익보호협의회의 의견을 들어 재입국 후의 고용허가를 하는 것이 타당하다고 인정한 경우에는
재입국특례 대상이 됨.

제3절 특례고용허가제(H-2)

※참고: 방문취업(H-2) 비자 일반241)

I. 대상
○ 방문취업제 적용 대상국가는 중국 및 구소련(CIS) 6개 국가*의 국적을 보유한 18세 이상
외국국적동포로서 아래 해당자가 대상입니다.
  * 구소련지역(CIS) 6개 국가 : 우즈베키스탄, 카자흐스탄, 우크라이나, 키르기즈(舊키르키
    스스탄), 타지키스탄, 투르크메니스탄

(기본대상) 출생에 의하여 대한민국의 국적을 보유하였던 사람(대한민국 정부수립 이전
에 국외로 이주한 동포를 포함) 또는 그 직계비속으로서 외국국적을 취득한 사람으로서
  ○ 국내에 주소를 둔 대한민국 국민 또는 영주자격(F-5) 마목에 해당하는 사람인 8촌
    이내의 혈족 또는 4촌 이내의 인척으로부터 초청을 받은 사람
  ○ 「국가유공자 등 예우 및 지원에 관한 법률」 규정에 따른 국가유공자와 그 유족등에
    해당하거나 「독립유공자 예우에 관한 법률」 규정에 따른 독립유공자와 그 유족 또는
    그 가족에 해당하는 사람
  ○ 대한민국에 특별한 공로가 있거나 대한민국의 국익증진에 기여한 사람
  ○ 유학(D-2) 자격으로 1학기 이상 재학 중인 자의 부·모 및 배우자
  ○ 국내 외국인의 체류질서 유지를 위하여 법무부장관이 정하는 기준 및 절차에 따라
    자진하여 출국한 사람
  ○ 기타 위에 해당하지 않는 자로서 법무부장관이 정하여 고시하는 절차에 의하여 선정된
    사람
    ※ 방문취업 만기출국자의 경우 만기자 재입국 절차에 따른 사증발급만 허용

II. 방문취업(H-2) 사증발급 절차242)
□ 세부자격 대상별 제출 서류
  ○ [재외공관 사증 발급] 재외공관 사증발급 신청 대상 및 제출서류는 다음과 같습니다.
① 연고 동포

대 상	제출서류
○ 출생 당시에 대한민국 국민이었던 자로서 가족관계등록부 · 폐쇄등록부 또는 제적부에 등재되어 있는 사람	• 가족관계기록사항에 관한 증명서 · 제적등본
○ 국민 초청자와의 친족관계가 부모 및 형제자매 등 2촌 이내인 사람	• 친족관계가 국내 호적(제적)으로 확인하는 경우 친척관계 입증에 필요한 한국의 가족관계 기록사항에 관한 증명서 (가족관계증명서, 기본증명서, 혼인관계증명서) 또는 제적등본 • 친족관계가 국내 호적(제적)으로 확인 되지 않는 경우 출생증명서 또는 호구부 원본(사본) 및 거민증, 초청자의 친족관계 진술서 및 신원보증서, 피초청자의 친족관계 확인서
○ 영주자격(F-5-7)소지 초청자와의 친족 관계가 부모 및 형제자매 등 2촌 이내인 사람	• 출생증명서 또는 호구부 원본(사본) 및 거민증, 외국인등록증 사본, 초청자와의 친족관계 진술서 및 신원보증서, 피초청자의 친족관계 확인서
○ 대한민국에 특별한 공로가 있거나 대한민국의 국익증진에 기여한 사람	• 훈 · 포장 증서 또는 중앙행정기관의 장이 수여한 표창장, 동포임을 증명하는 국적국의 공적 서류
○ 「국가유공자 등 예우 및 지원에 관한 법률」 규정에 의한 '국가유공자와 그 유족 등'에 해당하거나 「독립유공자 예우에 관한 법률」 규정에 의한 '독립유공자와 그 유족 또는 가족'에 해당하는 사람	• 국가유공자증 · 독립유공자증 또는 국가유공자유족증 · 독립유공자유족증 등 국가(독립)유공자 또는 그 유족임을 증명하는 서류, 동포임을 증명하는 국적국의 공적 서류
○ 방문취업 사증발급인정서를 제출하여 사증발급을 신청하는 사람	• 방문취업 사증발급인정서 번호

② 무연고 동포

대 상	제출서류
○ 동포방문(C-3-8) 사증이 있는 중국 동포 〈연도별 방문취업(H-2) 사증 신청대상〉　(18세 미만 제외) 2024년 신청 대상 1분기: 2023. 3. 31. 이전에 발급된 C-3-8 사증 소지자 2분기: 2023. 6. 30. 이전에 발급된 C-3-8 사증 소지자 3분기: 2023. 9. 30. 이전에 발급된 C-3-8 사증 소지자 4분기: 2023. 12. 31. 이전에 발급된 C-3-8 사증 소지자 – 방문취업(H-2) 총 정원 (250,000명, '22. 1월부터 변경 시행)내에서 국내 노동시장, 사회통합프로그램, 조기 적응프로그램 등을 고려하여 방문취업(H-2) 사증 신청 대상자를 연도별로 조정하여 시행(향후 H-2 증가 추이를 고려하여 조정 가능) ○ 방문취업(H-2) 자격으로 체류하다가 감염병, 천재지변 등으로 체류기간을 도과(위반기간 3개월 이내)하여 자진 출국(출국권고, 출국명령)한 사람 ※ (주의) 무연고 중국동포가 최초로 방문취업(H-2) 사증을 신청하는 경우에는 동포방문(C-3-8) 사증 발급 후 연도별 방문취업(H-2) 사증 기준에 따라 신청	• 동포임을 증명하는 공적 서류
○ 구소련 지역(CIS) 동포	• 동포임을 증명하는 공적 서류

③ 만기출국 후 재입국 동포

대 상	제출서류
○ 국내 외국인의 체류질서 유지를 위하여 법무부장관이 정하는 기준 및 절차에 따라 자진하여 출국한 자로서 완전출국일 기준 60세 이하로서 1개월이 경과한 사람	• 동포임을 증명하는 국적국의 공적 서류

※ 만기 재입국 방문취업(H-2-7) 사증은 거주지 관할 재외공관에서도 발급가능
   (재외공관장의 재량에 따라 관할구역 제한 없이 접수 가능)

○ [국내 사증발급인증서 발급] 청(사무소 · 출장소) 사증발급인정서 발급 신청 대상 및 제출서류
   입니다.

대 상	제출서류
○ 국내 주소를 둔 대한민국 국민으로부터 초청을 받는 3촌 이상 8촌 이내의 혈족 또는 3촌 이상 4촌 이내의 인척	• 친족관계가 국내 호적(제적)으로 확인되는 경우 친척관계 입증에 필요한 한국의 가족관계 기록사항에 관한 증명서 (가족관계증명서, 기본증명서, 혼인관계증명서) 또는 제적등본 • 친족관계가 국내 호적(제적)으로 확인되지 않는 경우 출생증명서 또는 호구부 원본(사본) 및 거민증, 초청자의 친족관계 진술서 및 신원보증서, 피초청자의 친족관계 확인서
○ 국내 주소를 둔 영주자격자(F-5-7)로부터 초청을 받는 3촌 이상 8촌 이내의 혈족 또는 3촌 이상 4촌 이내의 인척	• 출생증명서 또는 호구부 원본(사본) 및 거민증, 외국인등록증 사본, 초청자와의 친족관계 진술서 및 신원보증서, 피초청자의 친족관계 확인서
○ 대한민국에 특별한 공로가 있거나 대한민국의 국익증진에 기여한 사람	• 훈 · 포장 증서 또는 중앙행정기관의 장이 수여한 표창장, 동포임을 증명하는 국적국의 공적 서류
○ 유학(D-2) 자격으로 1학기 이상 재학 중인 자로부터 초청을 받은 부 · 모 또는 배우자	• 유학 중인 자와의 가족관계 입증서류, 피초청자가 동포임을 입증하는 국적국의 공적 서류

□ 공통 제출서류
① 한국어능력 입증서류
 ○ 한국어능력 입증서류 제출기준 참조 〈알기쉬운 외국국적동포 업무 매뉴얼 별첨 2〉
② 해외 범죄경력증명서
 ○ 해외 범죄경력증명서 제출기준 참조 〈알기쉬운 외국국적동포 업무 매뉴얼 별첨 1〉

□ 건강상태 확인
 ○ 제출대상

– 외국국적동포로서 출입국관리법 시행령에 따른 방문취업(H-2) 자격으로 입국하려는 사람

○ 확인서류

– 재외공관 사증 신청시 신청인이 자필 기재한 건강상태 확인서 제출 〈별첨 4〉

　• 확인서에는 결핵·B형간염·매독 등의 감염 여부 및 마약복용 경험, 정신질환으로 인한 치료경험 등에 관한 사실을 본인이 기재

III. 방문취업(H-2) 자격 체류관리 절차

□ **공통 제출서류**

① 한국어능력 입증서류

○ **한국어능력 입증서류 제출기준 참조 〈알기 쉬운 외국국적동포 업무 매뉴얼 별첨 2〉**

② 해외 범죄경력증명서

○ **해외 범죄경력증명서 제출기준 참조 〈알기쉬운 외국국적동포 업무 매뉴얼 별첨 1〉**

□ **먼저 외국인등록을 하여야 합니다.**

○ 방문취업 사증으로 입국한 동포는 **입국일로부터 90일 이내에** 체류지 관할 출입국·외국인청(사무소·출장소)에 아래 서류를 준비하여 외국인등록을 신고하시면 됩니다.

　⇒ 여권, 천연색 사진 1매(6개월 이내 촬영), 외국인등록신청서, 수수료, 조기 적응프로그램 교육 이수증

　　⇒ 유학생 부모의 경우 : 상기 서류 외에 유학자격 소지자의 재학증명서 및 외국인등록증 사본(유학생과 동반신청시 제출생략)

○ 건강상태 확인

– 방문취업(H-2) 자격자가 외국인등록 시 법무부 지정 병원에서 발급한 〈별첨 5〉 양식의 건강진단서를 제출

　※ 종전, 취업희망 방문취업자가 취업교육 시 받았던 건강진단은 생략(중복 방지)

□ **방문취업 자격 소지자의 취업 활동 범위는 다음과 같습니다.**

○ 방문취업(H-2) 취업 활동범위는 후술한 '방문취업제 취업 활동범위' 참조.

○ 허용업종 내 취업 절차

– 방문취업(H-2) 사증으로 입국하여 취업교육 및 구직신청* 후 취업을 알선받거나 동포 스스로 직장을 구하여 취업할 수 있음.

　* 구직신청은 한국산업인력공단에서 취업교육 시 일괄접수

○ 사용자의 동포고용 절차

- 사용자는 내국인 구인노력(7일간) 등을 하였음에도 인력을 채용하지 못한 경우, 고용노동부 고용지원센터에 "특례고용가능확인서" 발급 신청
- 사용자는 고용지원센터의 "외국인구직자 명부"에 등재된 자 중에서 "특례고용가능확인서"에 기재된 허용인원의 범위 내에서 동포 고용

□ **방문취업 동포는 취업개시 신고를 하여야 함**
  ○ 신고대상
  - 방문취업 허용업종에 최초 취업을 개시한 방문취업 (H-2) 자격 소지자
  - 최초 취업개시 후 근무처를 변경한 방문취업 (H-2) 자격 소지자
  ○ 신고시기
  - 최초로 취업을 개시한 경우 ⇒ **취업을 개시한 날로부터 15일 이내**
  - 근무처를 변경한 경우 ⇒ **근무처를 변경한 날로부터 15일 이내**
  ○ 신고방법
  - 사전예약, 인터넷 신고 또는 팩스신고, 대행신고가 가능.
    • 인터넷 신고 :【Hi-korea】전자민원 〉 민원사무명【H-2의 취업개시신고 또는 근무처변경신고】를 선택하여 필수 기재사항 입력 등
      ⇒ 인터넷 상 필수기재사항 입력만으로 가능
      ※ 인터넷 접근 편의 제공 및 창구 혼잡 해소 등을 위해 지인 등에 의한 인터넷 신고 허용
    • 팩스 신고 : 방문취업 동포 취업개시 등 신고서를 작성, 대표 팩스번호(☎ 지역번호 없이 1577-1346)로 송부
      ⇒ 방문취업 동포 취업개시 등 신고서 및 외국인등록증 사본
    • 대행신고 : 청(사무소·출장소)에 등록된 대행사를 통해 신청
      ※ '14.10.13. 이후 법무부와 고용노동부의 취업개시 및 근로개시 신고방식 일원화에 따라 고용노동부에서 전송된 취업개시신고 인정
  ○ 첨부서류
  - 특례고용가능확인서 사본, 표준근로계약서 사본, 사업자등록증 사본
  ○ 신고의무를 위반한 자는 다음과 같이 처벌을 받습니다.
  - 출입국관리법 제100조제2항에 의거 **100만원 이하 과태료 부과대상임**

□ **방문취업 자격으로 변경허가**[243]
  ○ **구체적인 허가 대상은 아래와 같다.**
  - 방문취업 자격으로 체류하다가 산재 또는 질병 등 인도적 사유로 기타(G-1) 자격으로

변경한 자 중 최초입국일(변경일)로부터 4년 10개월이 도과되지 않은 사람
- 국적신청 후 3개월이 경과한 방문동거(F-1) 자격을 소지한 사람
 다만, 방문취업(H-2) 만기예정자, 국적신청 관련 소송을 제기하여 기타(G-1) 자격으로 변경한 경우나 혼인 단절된 자 등 국내 체류 목적으로 국적을 신청한 자 등은 제외
- '04. 4. 1. 이전[한·중수교('92.8.24) 이전 입국자 포함]합법적으로 입국하여 불법체류하다 국적신청 접수 후 기타(G-1) 자격으로 변경한 사람
- 18세 이상 방문동거(F-1-9, F-1-11) 자격으로 체류 중인 외국국적동포
- 중국국적 동포방문(C-3-8) 사증을 소지한 사람으로서 사회통합 프로그램 사전평가 점수가 41점 이상인 사람
- 기타 국내에 합법체류 중인 외국국적동포로서 국익에 기여한 사람 및 인도적 체류가 불가피하다고 청(사무소·출장소)장이 판단하는 사람
 ※ 방문취업(H-2) 체류자격으로 체류하다 출국하지 않고 방문동거(F-1) 체류자격으로 변경하여 계속 체류 중인 자의 방문취업(H-2) 체류자격으로 변경 제한. 다만, 방문취업 자격으로 체류한 기간이 3년이 넘지 않는 경우에는 변경 가능하며 고용부에서 "취업기간 만료자 취업활동 기간연장 확인서"를 받은 경우 4년 10개월 이내에서 허가
○ **제출서류**는 다음과 같다.
- 신청서, 여권, 외국국적동포입증서류 및 대상별 소명자료, 3년을 초과하여 체류하고자 하는 경우 "취업기간 만료자 취업활동 기간연장 확인서"(고용노동부 발급), 체류지 입증서류, 수수료
 ※ 국·내외 범죄경력 등이 있는 경우 심사 결과 자격 변경이 불허될 수 있습니다.

□ **체류기간 연장허가**
○ (취업 목적) 고용부에서 "취업기간 만료자 취업활동 기간연장 확인서"를 받은 경우 입국일(또는 체류자격변경허가일)로부터 4년 10개월 내에서 허가
 (감염병 확산, 천재지변 등의 사유로 체류기간 직권 연장 시 6년 이내 연장 가능)
○ (취업 외 목적) 취업 외 목적으로 국내에 체류하고자 하는 방문취업 체류자격 소지자는 1회 1년씩 체류기간연장 허가를 받을 수 있습니다.
 ※ 이는 한시적 정책으로 추후 변경될 수 있습니다.
○ (건강상태에 따른 처리기준) 결핵(결핵의심 포함)등 진단을 받았지만, 외국인등록을 하고 체류기간 연장허가를 신청할 경우에는 "외국인 결핵환자 사증발급 및 체류관리 지침"에 따라 처리받습니다.
○ (외국인등록 시) 방문취업 사증으로 최초 입국하여 외국인등록 신청 시 체류기간은 최대 3년을 부여받을 수 있습니다.

※ 한국어능력 입증서류를 제출한 경우에 한하여 체류기간 3년을 부여하고, 한국어능력 입증서류를 제출하지 않는 경우 체류기간 1년 부여

['취업 외 목적' 방문취업(H-2) 체류기간 연장 허가 안내]

◦ 코로나19로 출국이 어려운 상황을 고려하여 '20. 12월부터 체류기간이 만료된 방문취업(H-2) 동포가 가족동거 등 취업 외 목적으로 체류하고자 하는 경우, **한시적으로 「취업 외 목적*」 체류기간 연장을 허용**하고 있습니다.

* 취업이 가능한 방문취업(H-2) 체류기간이 만료되어 출국해야 하는 동포에게 코로나19 등 출국의 어려움을 고려하여, 국내에서 취업하지 않으면서 가족방문 동거, 자녀양육, 학업 등 목적으로 체류하고자 할 경우 '취업 외 목적'으로 1회 1년의 체류기간 연장 허가 부여

□ 대상
  ○ 방문취업(H-2) 체류기간(3년, 4년10월)이 만료되는 사람 중, 대한민국에서 가족방문 및 동거, 자녀양육, 학업 등 취업 외 목적으로 체류하려는 사람

□ 신청방법
  ○ 기존의 체류기간연장 신청방법과 동일, 추가로 「취업 외 목적, 방문취업(H-2) 체류자격 소지자 안내 및 유의사항」(별첨11)을 제출해야 함

□ 체류기간연장
  ○ 1회, 1년
     (본인 희망 시 추가 연장 가능하나 취업활동 시 범칙금 부과 및 체류기간연장 제한)

□ 취업 외 목적 연장 여부 확인방법
  ○ ① 하이코리아(www.hikorea.go.kr) 접속 ② 정보조회 → ③ 외국인 취업 및 고용가능여부 조회 메뉴 선택 → ④ 인적사항 입력 후 '조회' 선택
  – (취업 가능 H-2) "취업 가능" 문구 표출
  – (취업 외 목적 H-2) "취업 불가" 문구 표출

□ **방문취업 자격자의 법 위반 시 처리기준은 다음과 같다.**

○ (원칙적 기준) 초범은 범칙금 500만 원 이상, 재범은 최근 3년 이내 합산 금액이 700만원 이상이면 체류 불허 후 출국조치

- 최근 3년 이내에 3회 이상 범칙금 처분을 받은 경우 금액에 관계없이 체류불허 후 출국조치

○ 취업 목적 외 방문취업 자격 소지자가 취업 활동을 한 경우 출입국관리법에 따라 범칙금이 부과될 수 있음

IV. 기타

□ 중국 및 CIS 지역 동포들에 대한 자유왕래 및 취업활동 범위 확대

○ 18세 이상 중국·구소련지역 동포에 대해 3년간 유효한 복수사증 (H-2)을 발급하여 사증의 유효기간 범위 내에서 자유로운 출입국을 보장하고, 방문취업(H-2) 자격으로 외국인 등록을 하면 체류기간 최대 3년이 부여되며, 일정한 요건*을 충족할 경우 허용범위 내에서 체류기간 연장이 가능하다.

* (취업 목적) 고용부 "취업기간 만료자 취업활동 기간연장" 확인서를 받은 경우 추가 1년 10개월 연장

 (취업 외 목적) 1년씩 연장 가능하나, 취업 외 목적으로 연장 후 취업활동에 종사할 경우 범칙금 부과

○ 또한, 국내 취업을 원할 경우 외국인 등록 후에 취업교육 및 구직신청 등 절차를 거쳐 출입국관리법 시행령에서 정한 단순노무 분야 허용업종에서 취업활동이 가능하다.

□ 연고와 무연고동포 등 대상별 사증발급 절차를 다르게 적용

○ 국내 친족 등이 있는 연고동포와 유학생 부모 등 사증발급 특례대상은 초청 허용인원의 범위 내에서 국민 등의 초청을 받아 입국하게 된다.

○ 무연고동포는 국내 노동시장 상황을 고려하여 순차적으로 입국을 허용한다.

---

241) 특례고용허가제로서의 H-2 비자에 대해 설명하기 이전에, 방문취업(H-2) 비자의 일반적인 내용에 대해 설명함. 법무부 출입국·외국인정책본부, 알기쉬운 외국국적동포 업무 매뉴얼(2024.7.) 참조.

242) 방문취업 친족초청 관련, 2촌 이내 혈족 또는 인척은 재외공관에서, 3촌~8촌 이내 혈족 또는 3촌~4촌 이내 인척은 초청자 관할 출입국·외국인청(사무소·출장소)에 신청한다.

243) 방문취업(H-2)으로 체류자격변경은 원칙적으로 불허되나, 아래 대상자는 심사 후 방문취업(H-2) 자격으로 변경 받을 수 있다.

I. 개요

1. 개요

특례고용허가제도란 건설업, 서비스업, 제조업, 농업, 어업으로서 외국인력정책위원회에서 정한 사업장의 사용자가 이미 입국한 '외국국적동포'를 고용할 수 있도록 허용하는 제도를 말한다(외국인근로자의 고용 등에 관한 법률 제12조 제1항). 외국인근로자의 고용 등에 관한 법률에서는 사용자가 건설업, 서비스업, 제조업, 농업, 어업에 취업하려는 이미 입국한 '외국국적동포'를 고용할 수 있는 외국인근로자 고용의 특례를 인정하고 있다.[244] 특례고용허가제도에 의해 입국하는 외국인(외국국적동포)은 방문취업(H-2)의 체류자격에 해당하는 자이다(외국인근로자의 고용 등에 관한 법률 시행령 제19조).[245]

특례고용허가제는 고용허가제의 일종으로 실무에서는 '방문취업제', '외국국적동포 고용제' 등으로도 불린다. 중국, 구소련 지역에 거주하는 외국국적 동포가 방문취업(H-2) 비자를 발급받고 입국한 후에 외국인력정책위원회에서 정하는 업종인 광업·제조업·건설업·서비스업·어업·농축산업의 사용자에게 고용되는 제도이다. 특례고용허가제는 일반고용허가제(E-9)에 비해 취업절차가 비교적 용이하며, 고용허용 업종의 범위도 일반고용허가제보다 넓다.

2. 방문취업(H-2)제 대상[246]

방문취업제 적용 대상자는 중국이나 구소련 지역 6개 국가(우즈베키스탄, 카자흐스탄, 우크라이나, 키르기스스탄, 타지키스탄, 투르크메니스탄)에 거주하는 18세 이상 외국국적동포로서 아래에 해당되는 사람이다.

---

244) 차용호, 「한국이민법」, 법문사, 2015.1, 1045면.
245) 차용호, 「한국이민법」, 법문사, 2015.1, 1045면.
246) 법무부 출입국 · 외국인정책본부, 「알기쉬운 외국국적동포 업무 매뉴얼」, 2024.7, 4면-5면 참조.

(기본대상) 출생에 의하여 대한민국의 국적을 보유하였던 사람(대한민국 정부수립 이전에 국외로 이주한 동포를 포함) 또는 그 직계비속으로서 외국국적을 취득한 사람으로서

○ 국내에 주소를 둔 대한민국 국민 또는 영주자격(F-5) 마목에 해당하는 사람인 8촌 이내의 혈족 또는 4촌 이내의 인척으로부터 초청을 받은 사람

○ 「국가유공자 등 예우 및 지원에 관한 법률」 규정에 따른 국가유공자와 그 유족 등에 해당하거나 「독립유공자 예우에 관한 법률」 규정에 따른 독립유공자와 그 유족 또는 그 가족에 해당하는 사람

○ 대한민국에 특별한 공로가 있거나 대한민국의 국익증진에 기여한 사람

○ 유학(D-2) 자격으로 1학기 이상 재학 중인 자의 부·모 및 배우자

○ 국내 외국인의 체류질서 유지를 위하여 법무부장관이 정하는 기준 및 절차에 따라 자진하여 출국한 사람

○ 기타 위에 해당하지 않는 자로서 법무부장관이 정하여 고시하는 절차에 의하여 선정된 사람

※ 방문취업 만기출국자의 경우 만기자 재입국 절차에 따른 사증발급만 허용

3. 일반고용허가제와 특례고용허가제의 비교[247]

구분	일반고용허가제	특례고용허가제
① 체류 (취업기간)	3년 ※ 비전문취업비자(E-9)로 입국 후 입국일로부터 3년간 취업 〈사업주 요청 시 재고용 가능〉	3년 ※ 방문취업비자(H-2)로 입국 후 입국일로부터 3년간 취업 〈사업주 요청 시 재고용 가능〉
② 대상 요건	한국어시험 및 건강진단 등 절차를 거쳐 구직등록한 자	중국, 구소련 지역에 거주하는 외국 국적 동포
③ 취업허용 업종	제조업, 건설업, 서비스업, 농축산업, 어업으로서 외국인력 정책위원회에서 정하는 업종	일반고용허가제 허용업종에 일부 광업[248], 일부 서비스업종 추가
④ 취업절차	한국어시험 → 근로계약 → 비전문 취업비자(E-9)로 입국 → 취업 교육 → 사업장배치	방문취업비자로 입국 → 취업 교육 → 구직등록 → 고용센터 알선 혹은

---

247) 고용노동부, 「고용허가제 업무매뉴얼」, 2023, 303면.

	※ 사업장 변경 제한	자유구직 → 근로계약 후 취업 ※ 사업장 변경 제한 없음
⑤ 사용자의 고용절차	내국인구인노력 →고용센터에 고용 허가 신청 → 고용허가서 발급 → 근로계약 → 입국 후 근무시작 ※ 근로개시 신고 불요	내국인구인노력 →고용센터에 특례 고용 가능 확인서 발급→근로계 약 → 근무시작 및 근로개시 신고 ※ 근로개시 신고 필요
⑥ 사업장별 고용 허용인원	사업장 규모별로 외국인 근로자 고용허용 상한 설정	제조업, 농축산업, 어업의 경우 일반 외국인근로자 고용허용인원만 큼 외국국적동포 추가 고용가능 건설업, 서비스업은 일반 외국인과 외국국적 동포의 합이 고용허용 인원을 넘을 수 없음

4. 특례 외국인근로자(H-2) 고용 대행 신청[249]

(1) 개요 및 대행업무의 범위

1) 개요

사용자는 특례고용가능확인서 발급 신청 등 외국인근로자의 고용에 관한 업무를 고용노동부장관이 지정하는 자(대행기관)에게 대행하게 할 수 있다.

* 업종별 대행기관: 중소기업중앙회(제조업, 서비스업), 농협중앙회(농축산업), 수협중앙회 (어업), 대한건설협회(건설업)

---

248) 인력부족이 심각한 광업['금속광업(06), 비금속광물 광업;연료용 제외(07), 광업 지원 서비스업(08)']이 특례고용허가제 고용 허용 업종으로 추가됨(외국인력정책위원회 결정사항 공고(고용노동부 공고 제2020-532호)(2020.12.30.)). 시행일은 '외국인근로자 고용 등에 관한 법률' 개정안이 시행되는 2021.10.14.임.
249) 고용노동부, 「고용허가제 업무매뉴얼」, 2023, 349면-352면 참조.

2) 대행업무의 범위 및 수수료[250)

[별지 제4호 서식]

특례 외국인근로자(H-2) 고용지원 신청 등 업무대행 계약서

□ **사용자(이하 "갑"이라 한다)**
- 사업장 명칭 및 업종: • 사업주 성명:
- 연락처: (사무실)   (휴대전화)
  (팩스)   (이메일)   @
  * 귀하의 휴대폰 및 이메일은 수수료 입금용 가상계좌 등 각종 안내사항을 통지하는 데
사용합니다.
- 소재지:

□ **대행기관(이하 "을"이라 한다)**
- 명 칭:
- 연락처 : (사무실)   (팩스)
- 소재지:

"갑"은 **「외국인근로자의 고용 등에 관한 법률」**에 따른 외국인근로자 고용지원을 신청하기 위하여
"을"에게 소정의 구비서류를 제출하고, 다음과 같이 업무대행계약을 체결한다.

제1조(수수료의 납부) 사용자는 제2조의 대행업무 신청에 대한 수수료(원)을
계약체결일로부터 3일 이내에 "을"에게 납부한다.

제2조(대행업무 범위)

구 분	대 행 업 무	수수료	신청여부(√)
특례고용가능확인 신청	•내국인 구인신청 및 특례고용가능확인서 (재)발급 신청	사업장당 20,000원	

---

250) 고용허가제 고용업무 대행기관 운영에 관한 규정[시행 2019. 10. 1.] [고용노동부고시 제2019-50호,
  2019. 9. 30., 일부개정] [별지 4] '특례 외국인근로자(H-2) 고용지원 신청 등 업무대행 계약서'
  참조.

	(사업장당 20,000원)	•특례고용가능확인서 변경 신청		
고용 관리	신규고용 동포 (3년) (근로자당 30,000원)	•근로개시신고 등 •근로계약기간 갱신 신고 •고용변동신고 •외국인근로자 업무상 재해 시 산재신고 지원	근로자당 30,000원	(명)
	재고용 동포 (2년) (근로자당 20,000원)	•재고용(취업활동기간 연장) 신청 •근로개시신고 등 •근로계약기간 갱신 신고 •고용변동신고 •외국인근로자 업무상 재해 시 산재신고 지원	근로자당 20,000원	(명)

제3조(수수료의 환불) 특례고용가능확인서의 발급/변경이 거부된 경우에는 "을"은 "갑"에게 수수료 전액을 환불하고, 특례고용가능확인서의 발급일로부터 2개월 이내에 구인인원의 일부 또는 전부에 대해 근로개시신고를 하지 못한 경우에는 "을"은 "갑"에게 고용관리 수수료의 전액 또는 일부를 환불하며, 근로개시신고를 하였으나, 3년 혹은 2년의 대행계약기간이 만료되기 이전에 근로관계가 종료된 경우에는 고용관리 수수료의 일부를 환불한다.

〈수수료 환불계좌 정보〉

예금주	계좌번호	은행명	비고

제4조(계약서의 효력 등) ① 이 계약서의 효력 발생일은 대행업무 수수료 수납일로 한다. ② "갑"이 제1조에 정한 기한 내에 수수료를 "을"에게 납부하지 않으면 이 계약서 효력은 자동 상실된다.

위 계약을 증명하기 위하여 계약서 2통을 작성하여 각자 서명·날인하고 1부씩 보관한다.

년   월   일

사 용 자 (갑)   (인)
대행기관 (을)   (인)

210mm × 297mm(일반용지 60g/㎡(재활용품))

3) 동포 대행업무 세부절차

① 대행업무의 신청(사용자 → 대행기관)

특례고용가능확인서 신청 등 동포 고용 관련 업무의 대행을 원하는 사용자가 업종별 대행기관에 신청한다.

동포 대행업무 범위 선택방법

▷ (특례확인서) ① 유효한 특례확인서가 없거나*, ② 유효한 특례확인서의 변경이 필요한 사업장에 대해서는 '특례고용가능 확인 신청' 업무를 수행
* 특례고용가능확인서는 발급일로부터 3년간 유효
– 유효한 특례확인서가 있고 특례확인서의 변경 없이 동포를 고용할 수 있는 경우에는 불요

▷ (고용관리) 고용하려는 동포의 재고용(취업기간 연장) 여부*를 확인하여, 재고용되지 않았다면 '신규고용 동포(3년)'를 선택하고, 재고용되었다면 '재고용 동포(2년)'를 선택
– 고용을 희망하는 동포의 수를 반드시 확인
* 동포는 입국 후 3년의 취업기간을 부여 받고, 재고용허가 시 추가로 2년의 취업기간을 부여받음(전산 자동 확인)

---

② 대행계약의 체결 및 수수료 납부(사용자 ↔ 대행기관)

대행기관은 사용자가 요청한 대행업무의 세부사항 확인 후 사용자와 대행 계약을 체결하고 수수료 납부방법을 사용자에게 안내한다. 사용자는 대행계약 체결일로부터 7일 이내에(초일불산입, 공휴일 미포함) 대행 수수료를 납부한다(납부하지 않을 경우에는 계약 무효 처리).

동포 대행업무 수수료 산정방법

▷ 사용자가 대행기관에 신청한 동포 대행업무 범위에 따라 대행 수수료를 산정
▷ '특례고용가능확인 신청' 대행은 사업장 단위, '고용관리 대행'은 근로자 단위로 수수료 산정

---

③ 특례고용가능확인서 (재)발급 신청(대행기관 ↔ 고용센터)

대행기관은 내국인 구인노력 후 특례확인서를 (재)발급 신청한다. 수수료 납부 후 특례고용 가능확인서 발급 신청이 진행이 가능하며, 특례확인서 발급이 불가한 사업장에게는 수수료 전액을 환불한다.

특례확인서의 재발급과 변경 확인

▷ (유효기간) 특례고용가능확인서 재발급 시에는 유효기간 3년이 새로이 부여(재발급일로부터 3년)
 - 변경확인 시에는 기 발급받은 특례고용가능확인서의 유효기간이 그대로 유지(최초 발급일로부터 3년)

▷ (내국인 구인노력) 특례고용가능확인서 재발급 시에는 내국인 구인노력 등 최초 발급 시와 동일하게 발급요건을 심사
 - 변경확인 시에는 발급요건을 심사하지 않음(다만, 특례고용가능인원의 확대시에는 증가 인원에 대한 내국인 구인노력 필요)

---

④ 근로계약(사용자 ↔ 동포) 및 근로개시신고(대행기관 ↔ 고용센터)

근로계약은 사용자와 동포가 직접 체결한다(표준근로계약서 이용). 대행기관은 근로계약 체결을 지원한다. 대행기관은 근로개시일로부터 14일 이내에 고용센터에 근로개시신고를 한다.

⑤ 근로계약 갱신 신고(대행기관 ↔ 고용센터)

근로계약기간이 만료될 예정이나, 사용자와 동포가 근로계약기간 연장을 원할 경우, 대행기관은 '근로계약 만료일 60일 전부터 근로계약기간 만료일' 까지 고용센터에 근로계약 갱신을 신고한다.

⑥ 근로관계의 종료(사용자 / 대행기관 ↔ 고용부)

사용자와 동포 간의 근로계약이 종료되면, 고용센터에 고용변동 사실을 신고한다. 대행계약기간(3년 혹은 1년 10개월) 만료 이전에 근로관계가 종료되면 대행기관은 사용자에게 고용관리 수수료 일부를 환불한다.

II. 특례고용허가제 외국인력 고용절차

1. 특례고용허가제 선정 · 취업절차[251]

1. 도입업종·규모 등 주요정책결정	외국인력정책위원회에서 심의·의결 – 도입업종·규모 등 외국인력 관련 주요사항
2. 방문취업(H-2) 사증발급, 입국 (재외공관 ↔ 외국국적동포)	재외공관은 요건을 갖춘 외국국적 동포에게 방문 취업(H-2) 사증 발급
3. 입국 및 외국인 취업 교육 이수 (외국국적동포 ↔ 교육기관)	취업하고자 하는 특례외국인근로자는 입국 후 외국인 취업 교육을 사전에 이수
4. 특례외국인근로자의 구직신청 (외국국적동포 ↔ 고용노동부)	특례외국인근로자가 고용센터에 구직신청 ※ 취업교육시 취업교육기관을 통하여 일괄 신청
5. 특례고용가능확인서 발급 (사용자 ↔ 고용노동부)	내국인 고용기회 보호를 위해 외국인근로자를 고용하려는 사용자는 고용센터를 통해 내국인 구인노력(원칙: 7일, 예외: 3일) 등을 하였음에도 채용하지 못한 경우 특례 고용가능확인서 발급

---

251) 「고용허가제 업무매뉴얼」, 2023, 302면.

6. 외국국적동포 선정 및 근로계약 체결 (사용자 ↔ 특례 외국인근로자)	– 사용자는 고용센터에서 알선을 받거나 또는 자율 구인으로 표준근로계약서 체결 – 특례외국인근로자는 고용센터의 알선 또는 자율 구직으로 표준근로계약서 체결

7. 근로개시 신고 (사용자 ↔ 고용노동부)	사용자는 특례외국인근로자의 근로개시일로부터 1 4일 이내에 고용센터에 근로개시 신고

2. 특례 외국인근로자 고용허용 업종

(1) 일반고용허가제 고용허용 업종과의 관계

일반 외국인근로자(E-9)를 고용할 수 있는 모든 업종은 특례 외국인근로자(H-2)도 고용할 수 있다. 일반 외국인근로자(E-9)를 고용할 수 있는 제조업, 건설업, 어업, 농축산업, 일부 서비스업(3823, 46791, 52102, 581, 59201)의 모든 업종에 특례 외국인근로자(H-2)를 고용할 수 있다.

(2) 허용업종 판단의 원칙

특례 외국인근로자 고용허용업종에 해당하는지 여부는 한국표준산업분류를 참고하여 판단한다.

- 해당 사업 또는 사업장의 사업자등록증, 고용보험 및 산재보험 신고 업종 코드, 영업신고
  증(해당되는 경우에만), 실제 해당 사업(장)에서 수행하는 업무의 내용을 종합적으로 검
  토하여 한국표준산업분류의 어느 업종에 해당하는지를 판단

(3) 특례 외국인근로자 고용허용 업종[252]

그간 방문취업 동포(H-2 비자)를 고용할 수 있는 업종은 제조업, 건설업, 농축산어업과 서비스업의 일부 업종에 한정되었는데, 2023.1.1.부터 내국인 일자리의 보호 등을 위해 일부 서비스 업종을 제외하고 모든 업종에 허용되고 있다. 이는 방문취업 동포(H-2) 고용 허용업종 결정 방식을 지정·나열방식(포지티브 방식)에서 제외업종 외에는 모두 허용하는 방식(네거티브 방식)으로 변경되었기 때문이다.[253]

※참고	방문취업제 취업 활동범위[254]

가. 법적 근거

○ 출입국관리법 시행령 제23조제1항

○ 출입국관리법 시행령 별표 1의2 제29호 방문취업(H-2) 나. 활동범위

나. 지정 방식

○ **농업, 어업, 광업, 제조업, 건설업 : 허용업종 지정·나열(포지티브) 방식**

○ **서비스업* : 허용제외업종 지정·나열(네거티브) 방식**

　*「서비스업 분류 고시」(통계청고시 제2018-390호, '18.9.21.)에 따라 서비스업이란「한국표준산업분류」(통계청고시 제2017-13호, '17.7.1.)에서 16개 대분류(E, G~U)를 말함

---

252) '22.12.27. 출입국관리법 시행령 개정으로 '23.1.1.부터 방문취업(H-2) 활동범위 지정 방식이 포지티브 방식에서 네거티브 방식으로 변경되었고, 취업가능범위가 확대되었음.

> 〈방문취업동포(H-2) 허용업종 네거티브 방식 전환〉(고용노동부 보도자료(2022.11.15., 방문취업동포(H-2) 허용 업종 최소 규제 방식으로 전환)
> ◦ 현행: 포지티브방식(도입허용 업종 규정, 제조업·광업·농어업·건설업 및 34개 서비스업종)
> → 개선: 네거티브 방식(도입제외 업종 규정, 정보서비스업 등 22개 중분류 제외업종)

253) 농업, 어업, 광업, 제조업, 건설업 : 허용업종 지정 · 나열(포지티브) 방식 / 서비스업 : 허용제외업종 지정 · 나열(네거티브) 방식

254) 법무부 출입국·외국인정책본부, 알기쉬운 외국국적동포 업무 매뉴얼(2024.7.) 44면~53면 참조.

다. 활동범위 기준

○ **농업, 어업, 광업, 제조업, 건설업** : 한국산업분류 중 시행령 별표 1의2 제29호 방문취업(H-2) 나. 활동범위 2)에서 지정 · 나열한 산업 분야 허용

☞ 농업(소분류 3개), 어업(세분류 1개, 세세분류 1개), 광업(중분류 3개), 제조업(全업종, 단, 상시근로자 수 300명 미만 또는 자본금 80억원 이하인 경우에 한함), 건설업(전 업종, 단, 발전소·제철소·석유화학 건설현장 업체 중 산업·환경설비 공사업체에 취업하는 경우는 제외)

○ **서비스업** : 한국산업분류 중 시행령 별표 1의2 제29호 방문취업(H-2) 나. 활동범위 3)에서 지정 · 나열한 산업 분야에서의 활동을 제외하고 허용

※ 단, 중분류 또는 소분류 단위에서 제외업종에 속하더라도 예외로 허용하는 경우 있음

「표준직업분류표」 산업분류체계는 대분류(알파벳 코드) → 중분류(2자리코드) → 소분류(3자리코드) → 세분류(4자리코드) → 세세분류(5자리코드)로 구성되어 있어, **허용이나 제외로 지정된 업종의 하위 분류에 속하는 모든 업종이 허용되거나 제외됨**

(예시①) 소분류 업종인 **'축산업'(012)**이 허용업종이므로, 하위 세분류 업종인 '소 사육업'(0121)이나 '양돈업'(0122) 등도 허용되며, **하위 세세분류 업종**인 '젖소 사육업'(01211), '육우 사육업')01212) 등도 **모두 허용**

(예시②) 중분류 업종인 **'수상 운송업'(50)**이 허용 제외업종이므로, 하위 소분류 업종인 '해상 운송업'(501)이나 '내륙 수상 및 항만 내 운송업'(502) 뿐만 아니라 **세분류, 세세분류에 속하는 모든 업종이 허용 제외됨**

라. 활동범위 세부내용

1. 농업, 어업, 광업, 제조업, 건설업 (허용업종 지정)

○ 다음 산업 분야에서의 활동을 **허용**

허용 업종					상 세 설 명
대분류	중분류	소분류	세분류	세세분류	
A. 농업, 임업 및 어업 (01~ 03)	01. 농업	① 작물 재배업 (011)			**1. 업종 설명** (소분류) 노지 또는 특정 시설 내에서 식량작물, 과실, 음료용 및 향신용 작물, 채소 및 화훼작물, 공예작물 등의 각종 농작물을 재배하여 생산하는 산업활동을 말한다. 여기에는 임업 이외의 수목 재배활동 및 산림용 이외의 묘목·종자생산과 버섯재배, 콩나물 재배활동을 포함한다. **2. 하위 업종** 곡물 및 기타 식량작물 재배업(0111), 채소, 화훼작물 및 종묘 재배업(0112), 과실, 음료용 및 향신용 작물 재배업(0113), 기타 작물 재배업(0114), 시설작물 재배업(0115)의 5개 세분류 업종과 그의 하위 세세분류 업종을 포함한다.
		② 축산업 (012)			**1. 업종 설명** (소분류) 식용, 관상용, 애완용, 실험용 및 기타 특수 목적용으로 판매하거나 털, 젖, 모피 등을 획득하기 위하여 육지동물을 번식, 증식, 사육하는 산업활동을 말한다. 각종 동물의 번식 및 부화, 정액생산, 종축장(소, 돼지 등) 또는 종금장(닭 및 기타 가금류)의 운영은 그 동물의 종류에 따라 각각 분류된다. 육지동물을 여객·화물 운송용, 경기 및 오락용, 실험용으로 사용하는 과정에서 사용하거나 구입한 육지동물을 판매과정에서 사육 관리하는 경우는 제외한다. **2. 하위 업종** 소 사육업(0121), 양돈업(0122), 가금류 및 조류 사육업(0123), 기타 축산업(0129)의 4개 세분류 업종과 그의 하위 세세분류 업종을 포함한다.
		③ 작물재배 및 축산 관련 서비스업 (014)			**1. 업종 설명** (소분류) 수수료 또는 계약에 의하여 작물재배 및 축산활동에 관련된 서비스를 제공하는 산업활동을 말한다. **2. 하위 업종** 작물재배 관련 서비스업(0141), 축산 관련 서비스업(0142)의 2개 세분류 업종과 그의 하위 세세분류 업종을 포함한다.

허용업종					상세 설명
대분류	중분류	소분류	세분류	세세분류	
		☞ 농업(01)의 하위 소분류 업종 중 '작물재배 및 축산 복합농업'(013)과 '수렵 및 관련 서비스업'(015)은 허용업종에 포함되지 않음			
		☞ 대분류 A의 하위 중분류 업종 중 '**임업**'(02)은 허용업종에 포함되지 않음			
		※ 다만, 임업(020) 중 임업용 종묘 생산업(02011), 육림업(02012), 벌목업(02020), 임업 관련 서비스업(02040) 중 산림기술 진흥 및 관리에 관한 법률 제2조제7호에 따른 산림사업시행업자 중 법인사업체와 산림자원의 조성 및 관리에 관한 법률 제16조에 따른 종묘생산업자 중 법인사업체에 임업 단순 종사원(99102)으로 취업하는 경우 허용 예정 (출입국관리법 시행령 개정 이후 시행)			
	03. 어업	031. 어로 어업	0311. 해수면 어업	④ 연근해 어업 (03112)	1. 업종 설명 (세세분류) 연안 및 근해에서 어류, 갑각류, 연체동물, 해조류 및 기타 수산 동·식물을 채취 또는 포획하는 산업활동을 말한다. 2. 하위 업종 없음
		032. 양식어업 및 어업 관련 서비스업		⑤ 양식 어업 (0321)	1. 업종 설명 (세분류) 바다, 강, 호수, 하천 등에서 어류, 갑각류 및 연체동물 또는 해조류 등의 각종 수산 동·식물을 증식 또는 양식하는 산업활동을 말한다. 진주양식 활동도 포함한다. 2. 하위 업종 해수면 양식 어업(03211), 내수면 양식 어업(03212)
		☞ 어업(03)의 하위 업종 중 '연근해 어업'(03112), '어업 관련 서비스업'(0322)는 허용업종에 포함되지 않음			
B. 광업 (05~ 08)	⑥ 금속 광업 (06)	1. 업종 설명 (중분류) 철 및 철 이외의 금속(비철금속)을 함유한 금속광물을 채굴하는 산업활동을 말한다. 통상적으로 금속광물 채광활동에 부수되는 광물의 파쇄, 마쇄, 자성 및 중력에 의한 분리, 선별, 체질, 부유, 분말의 응집처리(입상, 구형상, 원통상 등), 건조, 배소, 자화 또는 산화하기 위한 하소 등과 같이 기본적인 화학적 구조를 변화시키지 않는 범위 내에서 수행되는 각종 금속광물의 정광활동은 채광활동과의 결합여부를 불문하고 여기에 포함된다. 우라늄 및 토륨 채굴 활동도 포함한다. 2. 하위 업종 철 광업(061), 비광철금속 광업(062)의 2개 소분류 업종과 그의 하위 세분류 및 세세분류 업종을 포함한다.			
	⑦ 비금	1. 업종 설명 (소분류) 석탄, 석유 및 천연가스, 금속광물을 제외한 비금속광물의 채굴 또는 채취활동과 채광활동			

허용업종					상 세 설 명
대분류	중분류	소분류	세분류	세세분류	

허용업종					상 세 설 명
	속광물공업; 연료용 제외 (07)				에 부수되는 파쇄, 마쇄, 절단, 세척, 건조, 분리, 혼합 등의 활동을 포함한다. 토탄 채굴 활동도 포함한다. 2. 하위 업종 토사석 광업(071), 기타 비금속광물 광업(072)의 2개 소분류 업종과 그의 하위 세분류 및 세세분류 업종을 포함한다.
	⑧ 광업 지원 서비스업 (08)				1. 업종 설명 (소분류) 수수료 또는 계약에 의하여 광물 탐사, 지질 조사 및 표본 채취, 채굴, 천공, 채취, 추출, 광산 배수 및 양수, 관련 장치물 설치·수리·폐기 등의 광업 지원 서비스를 제공하는 활동을 말한다. 2. 하위 업종 철 광업(061), 비광철금속 광업(062)의 2개 세분류 업종과 그의 하위 세세분류 업종을 포함한다.
					☞ 대분류 B의 하위 중분류 업종 중 '석탄, 원유 및 천연가스 광업'(05)은 허용업종에 포함되지 않음
⑨ C. 제조업 (중분류 10~34) ※ 단, 상시 사용 근로자 수가 300인 미만이거나, 자본금이 80억 원 이하인 경우에 한함 ※ 비수도권 소재 뿌리산업 중 중견기업에 취업하는 경우도 허용 예정(출입국관리법 시행령 개정 이후 시행)					1. 업종 설명 (대분류) 원재료(물질 또는 구성요소)에 물리적, 화학적 작용을 가하여 투입된 원재료를 성질이 다른 새로운 제품으로 전환시키는 산업활동을 말한다. 따라서 단순히 상품을 선별·정리·분할·포장·재포장하는 경우 등과 같이 그 상품의 본질적 성질을 변화시키지 않는 처리활동은 제조활동으로 보지 않는다. 이러한 제조활동은 공장이나 가내에서 동력기계 및 수공으로 이루어질 수 있으며, 생산된 제품은 도매나 소매 형태로 판매될 수도 있다. 2. 하위 업종 제조업(대분류 C)의 하위 중분류(10~34) 및 그의 하위 세분류, 세세분류 모든 업종을 포함한다.
					☞ 대분류 D 및 중분류 35(전기, 가스, 증기 및 공기 조절 공급업)의 전 업종은 허용업종에 포함되지 않음

허 용 업 종					상 세 설 명
대분류	중분류	소분류	세분류	세세분류	
⑩ F. 건설업 (중분류 41~42) ※ 단, 발전 소·제 철 소·석유화 학 건설현 장의 건설 업체 중 업 종이 산 업·환경 설비인 경 우는 제외					**1. 업종 설명** (대분류) 계약 또는 자기계정에 의하여 지반조성을 위한 발파·시굴·굴착·정지 등의 지반공사, 건설용지에 각종 건물 및 구축물을 신축 및 설치, 증축·재축·개축·수리 및 보수·해체 등을 수행하는 산업활동으로서 임시건물, 조립식 건물 및 구축물을 설치하는 활동도 포함한다. 이러한 건설활동은 도급·자영 건설업자, 종합 또는 전문 건설업자에 의하여 수행된다. 직접 건설활동을 수행하지 않더라도 건설공사에 대한 총괄적인 책임을 지면서 건설공사 분야별로 도급 또는 하도급을 주어 전체적으로 건설공사를 관리하는 경우에도 건설활동으로 본다. **2. 하위 업종** 건설업(대분류 F)의 하위 중분류(41, 42) 및 그의 하위 세분류, 세세분류 모든 업종을 포함한다.

2. 서비스업 (허용 제외업종 지정)

○ 다음 산업 분야에서의 활동을 **제외**

제외 업종					상 세 설 명
대분류	중분류	소분류	세분류	세세분류	
E. 수도, 하수 및 폐기물 처리, 원료 재생업 (36~39)	① 수도업 (36)				**1. 업종 설명 (중분류)** 수요자에게 생활용수 및 공업용수를 공급하기 위하여 취수, 집수, 정수하고 이를 배관시설에 의하여 급수하는 산업활동을 말한다. **2. 하위 업종** 소분류 업종인 수도업(360)과 그의 하위 세분류 및 세세분류 업종인 생활용수 공급업(3601/36010), 산업용수 공급업(3602/36020)을 포함한다.
	② 환경 정화 및 복원업 (39)				**1. 업종 설명 (중분류)** 오염된 건물, 토양, 지하수, 강, 바다, 호수, 대기 등을 정화하여 복원하는 산업활동을 말한다. **2. 하위 업종** 소분류 업종인 환경 정화 및 복원업(390)과 그의 하위 세분류 및 세세분류 업종을 포함한다.
	☞ 대분류 E의 하위 업종 중 '<u>하수, 폐수 및 분뇨 처리업</u>'(37)과 '<u>폐기물 수집, 운반, 처리 및 원료 재생업</u>'(38)은 제외업종에 포함되어 있지 않음				
G. 도매 및 소매업 (45~47)	③ 자동차 및 부품 판매업 (45)				**1. 업종 설명 (중분류)** 신품 또는 중고 자동차, 모터사이클 및 이들의 부품과 부속품을 판매하는 산업활동으로서 자동차 매매 중개활동을 포함한다. **2. 하위 업종** 자동차 판매업(451), 자동차 부품 및 내장품 판매업(452), 모터사이클 및 부품 판매업(453)의 3개 소분류 업종 및 그의 하위 세분류 및 세세분류 업종을 포함한다.
	☞ 대분류 G의 하위 업종 중 '<u>도매 및 상품 중개업</u>'(46)과 '<u>소매업; 자동차 제외</u>'(47)은 제외업종에 포함되어 있지 않음				
H. 운수 및 창고업 (49~5	④ 육상운송 및 파이프				**1. 업종 설명 (소분류)** 노선 또는 정기 운송여부를 불문하고 육상 운송장비로 여객 및 화물을 운송하는 산업활동을 말한다. 원유, 천연가스, 정제석유제품 및 유사제품을 관로(파이프라인)로 운송

		제 외 업 종			상 세 설 명
대분류	중분류	소분류	세분류	세세분류	
2)	라인 운송업 (49)				하는 산업활동을 포함한다. 2. 하위 업종 소분류 업종(491~495)과 그의 하위 세분류 및 세세분류 업종을 포함한다. ☞ 단, '육상 여객 운송업'(492)은 허용한다. ※ 택배업(49401) 중 생활물류서비스산업발전법 제2조제3호가목에 따른 택배서비스업체에 하역 및 적재 관련 단순 종사원(92101)으로 취업하는 경우도 허용 예정 (출입국관리법 시행령 개정 이후 시행)
	⑤ 수상 운송업 (50)				1. 업종 설명 (중분류) 노선 또는 정기 운송여부를 불문하고 수상 운송장비로 여객 및 화물을 운송하는 산업활동을 말한다. 2. 하위 업종 해상 운송업(501), 내륙 수상 및 항만 내 운송업(502)의 2개 소분류 업종과 그의 하위 세분류 및 세세분류 업종을 포함한다.
	⑥ 항공 운송업 (51)				1. 업종 설명 (중분류) 항공기 또는 우주선 등에 의하여 여객 및 화물을 운송하는 산업활동을 말한다. 2. 하위 업종 항공 여객 운송업(511), 항공 화물 운송업(512)의 2개 소분류 업종과 그의 하위 세분류 및 세세분류 업종을 포함한다.
	⑦ 창고 및 운송 관련 서비스업 (52)				1. 업종 설명 (중분류) 항공기 또는 우주선 등에 의하여 여객 및 화물을 운송하는 산업활동을 말한다. 2. 하위 업종 보관 및 창고업(521), 기타 운송 관련 서비스업(529)의 2개 소분류 업종과 그의 하위 세분류 및 세세분류 업종을 포함한다. ☞ 단, 다음의 산업분야는 허용한다. (1) 냉장·냉동창고업(52102), 다만, 내륙에 위치한 업체에 취업하는 경우로 한정한다. (2) 물류 터미널 운영업(52913), 다만, 「통계법」 제22조에 따라 통계청장이 작성·고시하는 한국표준직업분류에 따른 하역 및 적재 관련 단순 종사원(92101)으로 취업하는 경우로 한정한다.

제 외 업 종					상 세 설 명
대분류	중분류	소분류	세분류	세세분류	

<table>

대분류	중분류	상 세 설 명

		(3) 항공 및 육상 화물 취급업(52941). 다만, 다음의 경우로 한정한다.
		  (가) 「축산물 위생관리법」 제2조제3호에 따른 식육을 운반하는 업체에 취업하는 경우
		  (나) 「생활물류서비스산업발전법」 제2조제3호가목에 따른 택배서비스사업을 하는 업체에 통계청장이 작성·고시하는 한국표준직업분류에 따른 하역 및 적재 관련 단순 종사원(92101)으로 취업하는 경우
		※ 기타 항공 운송지원 서비스업(52939) 중 항공사업법 시행규칙 제5조제2호에 따른 항공기하역업체에 하역 및 적재 관련 단순 종사원(92101)으로 취업하는 경우도 허용 예정 (출입국관리법 시행령 개정 이후 시행)

		☞ 대분류 I (숙박 및 음식점업, 중분류 55~56)는 제외업종에 포함되어 있지 않음
J. 정보 통신업 (58~ 63)	⑧ 출판업 (58)	1. 업종 설명 (중분류) 서적, 정기 및 부정기 간행물 등의 인쇄물을 발간하거나 소프트웨어를 출판하는 산업활동으로서 출판에 관련된 법적, 재정적, 기술적, 예술적 수행 활동과 판매에 관한 활동이 포함된다. 출판물은 자사에서 직접 창작되거나 다른 사람에 의하여 제작된 창작물을 구입 또는 계약에 의하여 출판되며, 제공방식은 전통적인 인쇄물 방법 또는 전자매체 등에 의하여 이루어 질수 있다. 2. 하위 업종 서적, 잡지 및 기타 인쇄물 출판업(581)과 소프트웨어 개발 및 공급업(582)의 2개 소분류 업종과 그의 하위 세분류 및 세세분류 업종을 포함한다. ☞ 단, '서적, 잡지 및 기타 인쇄물 출판업'(581)은 허용한다.
	⑨ 우편 및 통신업 (61)	1. 업종 설명 (중분류) 일반대중이나 다른 사업체를 위하여 국내·외에 송달되는 우편물을 수집 및 배달하는 우편사업과 전신, 전화 및 기타 통신시설에 의하여 음성 또는 비음성 전달요소를 전기식 또는 전자식 방법에 의하여 송달하는 전기통신업을 말한다. 2. 하위 업종 공영 우편업(611)과 전기통신업(612)의 2개 소분류 업종과 그의 하위 세분류 및 세세분류 업종을 포함한다.
	⑩ 컴퓨터 프로 그래밍, 시스템 통합 및 관리업	1. 업종 설명 (중분류) 주문형 소프트웨어를 개발, 수정 및 시험하거나 컴퓨터 시스템을 통합 구축하는 산업활동과 고객의 사업장에서 컴퓨터시스템의 관리 및 운영관련 전문적·기술적 서비스를 제공하는 산업활동을 말한다.. 2. 하위 업종

</table>

제 외 업 종					상 세 설 명
대분류	중분류	소분류	세분류	세세분류	
	(62)				소분류 업종인 컴퓨터 프로그래밍, 시스템 통합 및 관리업(620)과 그의 하위 세분류 및 세세분류 업종을 포함한다.
	⑪ 정보 서비스업 (63)				**1. 업종 설명** (중분류) 자료처리 및 데이터베이스 구축, 웹 및 서버 호스팅, 스트리밍 서비스를 제공하거나 인터넷 정보매개 서비스 및 기타 방식의 정보제공 서비스활동을 말한다. **2. 하위 업종** 자료처리, 호스팅, 포털 및 기타 인터넷 정보매개 서비스업(631), 기타 정보 서비스업 (639)의 2개 소분류 업종과 그의 하위 세분류 및 세세분류 업종을 포함한다.
	☞ 대분류 G의 하위 업종 중 '영상 · 오디오 기록물 제작 및 배급업'(59)과 '방송업'(60)은 제외업종에 포함되어 있지 않음				
K. 금융 및 보험업 (64~ 66)	⑫ 금융업 (64)				**1. 업종 설명** (중분류) 자금 여 · 수신 활동을 수행하는 각종 은행 및 저축기관, 모집 자금을 유가증권 및 기타 금융자산에 투자하는 기관, 여신 전문 금융기관, 그 외 공공기금 관리 · 운용기관과 지주회사 등이 수행하는 산업활동을 포함한다. **2. 하위 업종** 은행 및 저축기관(641), 신탁업 및 집합투자업(642), 기타 금융업(649)의 3개 소분류 업종과 그의 하위 세분류 및 세세분류 업종을 포함한다.
	⑬ 보험 및 연금업 (65)				**1. 업종 설명** (중분류) 장 · 단기에 발생할 수 있는 위험을 분산시킬 목적으로 하는 보험 또는 연금기금을 모금, 운영하는 산업활동을 말한다. **2. 하위 업종** 보험업(651), 재 보험업(652), 연금 및 공제업(653)의 3개 소분류 업종과 그의 하위 세분류 및 세세분류 업종을 포함한다.
	⑭ 금융 및 보험 관련 서비스업 (66)				**1. 업종 설명** (중분류) 금융 또는 보험 및 연금활동에 밀접히 관련되는 서비스를 제공하는 산업활동을 말한다. **2. 하위 업종** 금융지원 서비스업(661), 보험 및 연금 관련 서비스업(662)의 2개 소분류 업종과 그의 하위 세분류 및 세세분류 업종을 포함한다.

제 외 업 종					상 세 설 명
대분류	중분류	소분류	세분류	세세분류	
L. 부동산 업 (68)	⑮ 부동산업 (68)				**1. 업종 설명** (중분류) 부동산의 임대, 구매, 판매에 관련되는 산업활동으로서, 직접 건설한 주거용 및 비주거용 건물의 임대활동과 토지 및 기타 부동산의 개발·분양, 임대 활동이 포함된다. **2. 하위 업종** 부동산 임대 및 공급업(681), 부동산 관련 서비스업(682)의 2개 소분류 업종과 그의 하위 세분류 및 세세분류 업종을 포함한다.
M. 전문, 과학 및 기술 서비스 업 (70~ 73)	⑯ 연구 개발업 (70)				**1. 업종 설명** (중분류) 연구개발 활동은 자연과학, 공학, 인문학 및 사회과학 등을 대상으로 지식 축적을 증가하거나 이용 가능한 지식을 통해 새로운 응용부문에 적용하기 위한 창조적이고 체계적으로 수행하는 활동으로 정의되며(Frascati manual, OECD) 기초연구, 응용연구, 실험개발 활동으로 분류된다. **2. 하위 업종** 자연과학 및 공학 연구개발업(701), 인문 및 사회과학 연구개발업(702)의 2개 소분류 업종과 그의 하위 세분류 및 세세분류 업종을 포함한다.
	⑰ 전문 서비스업 (71)				**1. 업종 설명** (중분류) 법률 자문 및 대리, 회계기록 및 감사, 광고대행, 시장 및 여론조사, 경영관련 계획 수립, 자문 및 관련 컨설팅 제공 등과 같은 전문적 서비스를 제공하는 산업활동을 말한다. 이러한 산업활동은 전문지식을 갖춘 인적자본이 주요 요소로서 투입된다. **2. 하위 업종** 법무 관련 서비스업(711), 회계 및 세무 관련 서비스업(712), 광고업(713), 시장조사 및 여론조사업(714), 회사본부, 경영컨설팅 서비스업(715), 기타 전문서비스업(716)의 6개 소분류 업종과 그의 하위 세분류 및 세세분류 업종을 포함한다.
	⑱ 건축기술, 엔지니어 링 및 기타 과학기술 서비스업 (72)				**1. 업종 설명** (중분류) 연구개발 활동은 자연과학, 공학, 인문학 및 사회과학 등을 대상으로 지식 축적을 증가하거나 이용 가능한 지식을 통해 새로운 응용부문에 적용하기 위한 창조적이고 체계적으로 수행하는 활동으로 정의되며(Frascati manual, OECD) 기초연구, 응용연구, 실험개발 활동으로 분류된다. **2. 하위 업종** 건축기술, 엔지니어링 및 관련 기술서비스업(721), 기타 과학기술서비스업(729)의 2개 소분류 업종과 그의 하위 세분류 및 세세분류 업종을 포함한다.

제 외 업 종					상 세 설 명
대분류	중분류	소분류	세분류	세세분류	

	☞ 대분류 G의 하위 업종 중 '기타 전문, 과학 및 기술 서비스업(73)'은 제외업종에 포함되어 있지 않음				
N. 사업시설 관리, 사업 지원 및 임대 서비스업 (74~76)	⑲ 사업시설 관리 및 조경 서비스업 (74)				**1. 업종 설명 (중분류)** 고객의 사업시설을 관리 또는 청소, 소독 및 방제 서비스를 수행하거나 산업장비 및 용품을 물리적, 화학적으로 세척하는 산업활동을 말한다. 조경관리 및 유지 서비스활동도 여기에 분류한다. **2. 하위 업종** 사업시설 유지관리 서비스업(741), 건물·산업설비 청소 및 방제 서비스업(742), 조경관리 및 유지 서비스업(743)의 3개 소분류 업종과 그의 하위 세분류 및 세세분류 업종을 포함한다.
					☞ 단, '사업시설 유지관리 서비스업'(741)과 '건물 및 산업설비 청소업'(7421)은 허용한다.
	75. 사업지원 서비스업	⑳ 고용 알선 및 인력 공급업 (751)			**1. 업종 설명 (소분류)** 고용주와 구직자를 대리하여 고용에 관련된 인적사항 조사, 구인 조회 등 알선활동을 수행하거나 자기관리 아래 노동인력을 확보하고 특정인력을 일시적으로 사용하기를 원하는 사업자 또는 개인과 고용계약을 체결, 그 인력을 제공하고 그 대가를 직접 받아 그 피고용자에게 자기가 직접 급료를 지불하는 형태의 인력을 공급하는 산업활동이 포함된다. **2. 하위 업종** 고용 알선업(7511), 인력 공급업(7512)의 2개 세분류 업종과 그의 하위 세세분류 업종을 포함한다.
					☞ 단, 「가사근로자의 고용 개선 등에 관한 법률」 제2조제2호에 따른 가사서비스 제공기관에 취업하는 경우는 허용한다.
					☞ 중분류 75의 하위 업종 중 '여행사 및 기타 여행보조 서비스업'(752), '경비, 경호 및 탐정업'(75), '기타 사업지원 서비스업'(759)은 제외업종에 포함되어 있지 않음
	☞ 대분류 N의 하위 업종 중 '임대업; 부동산 제외(76)'은 제외업종에 포함되어 있지 않음				
O. 공공 행정, 국방 및 사회보장 행정 (84)	㉑ 공공행정, 국방 및 사회보장 행정 (84)				**1. 업종 설명 (대분류)** 국가 및 지방 행정기관이 일반 대중에게 제공하는 공공 행정, 국방·산업 및 사회보장 행정 업무를 포함한다. **2. 하위 업종** 입법 및 일반 정부 행정(841), 사회 및 산업정책 행정(842), 외무 및 국방 행정(843), 사법 및 공공 질서 행정(844), 사회보장 행정(845)의 5개 소분류 업종과 그의 하위

제 외 업 종					상 세 설 명
대분류	중분류	소분류	세분류	세세분류	
		세분류 및 세세분류 업종을 포함한다.			
p. 교육 서비스 업 (85)	㉒ 교육 서비스업 (85)	1. 업종 설명 (중분류) 교육수준에 따른 초등(학령전 유아 교육기관 포함), 중등 및 고등 교육수준의 정규교육기관, 특수학교, 외국인학교, 대안학교, 일반 교습학원, 스포츠 및 레크리에이션 등 기타 교육기관, 직원훈련기관, 직업 및 기술훈련학원, 성인교육 기관 및 기타 교육기관과 교육지원 서비스업이 포함된다. 2. 하위 업종 초등 교육기관(851), 중등 교육기관(852), 고등 교육기관(853), 특수학교, 외국인학교 및 대안학교(854), 일반 교습학원(855), 기타 교육기관(856), 교육지원 서비스업(857)의 7개 소분류 업종과 그의 하위 세분류 및 세세분류 업종을 포함한다.			
U. 국제 및 외국 기관 (99)	㉓ 국제 및 외국기관 (99)	1. 업종 설명 (대분류) 국제연합 및 전문기구, 아주기구, 구주기구, 경제협력개발기구, 유럽공동체, 국제대사관 및 기타 외국 지역 단체 등의 공무를 수행하는 국제 및 외국기관을 포함한다. 2. 하위 업종 국제 및 외국기관(990)의 1개 소분류 업종과 그의 하위 세분류 및 세세분류 업종을 포함한다.			

☞ 대분류 Q(보건업 및 사회복지 서비스업)(86~87) , 대분류 R(예술, 스포츠 및 여가관련 서비스업)(90~91), 대분류 S(협회 및 단체, 수리 및 기타 개인 서비스업)(94~96), 대분류 T(가구 내 고용활동 및 달리 분류되지 않은 자가소비 생산활동)(97~98)는 제외업종에 포함되어 있지 않음

【주의】방문취업(H-2)의 취업활동은 가능업종의 고용주가「외국인근로자의 고용에 관한 법률」 제12조에 따라 내국인 구인노력을 하고 특례고용가능확인을 받아 방문취업(H-2) 동포를 고용한 경우에 한하며, 취업개시일로부터 15일 이내 방문취업(H-2) 자격자가 취업개시신고를 하거나 고용주가 근로개시신고를 하여야 함

※ 세분류 이하 업종은 통계분류포털(kssc.kostat.go.kr)의 KSIC 한국표준산업분류에서 확인

(4) 허용 업종 관련 몇 가지 알아둘 점

① 여관업(55102) - 종전 출입국관리법 시행령 별표2에는 여관업에 취업할 수 있는 동포 연령을 45세 이상으로 한정하고 있었으나, '10.11월 동 제한이 폐지되었음[255]

② 음식점업(5611, 5612, 5619)

- 주방장 및 조리사는 준전문인력(E-7)에 해당하여 허용 불가[256].

- 사업자등록 및 영업신고(허가)증상 일반 음식점업으로 신고되어 있더라도 주로 '술과 이에 따른 요리를 판매하는 주점업(562)의 경우에는 외국인력 고용이 불가'

- 일반음식점에서도 부수적으로 주류를 판매하고 있어 단순 주류 판매를 이유로 주점업 이라고 단정할 수는 없음

- 다만, 주된 매출품목이 주류 및 안주이고 식사 매출이 현저히 적다면 일반음식점으로 보기는 어려움(안주와 식사의 구분이 어려울 경우, 식사 범주에 포함)

- 주점업 의심 사업장에 대해 판단 시 일차적으로 일반음식점 여부에 대해 제출서류로 판단 하고 주점업으로 의심될 경우, 고용센터 직원이 현지 출장 및 추가 제출 자료를 통해 판단

③ 건물 및 산업설비 청소업(7421: 74211, 74212)[257]

고용 알선업(75110) 및 인력 공급업(75120)은 특례 고용가능확인서 발급 불가

타업체와의 용역계약을 체결하여 이루어지는 청소업의 경우, 허용사업장 소재지와 특례 외국인 근로자의 근무지가 불일치할 수 있는 바, 고용센터는 용역계약서와 근로계약서상 근무지가 일치하는 지 여부를 확인하므로 근로계약서의 근무장소 작성 시 주의 필요

④ 산업용 세탁업(96911) - 가정용 세탁업(96912), 세탁물 공급업(96913)은 허용업종이 아님[258]

---

255) 고용노동부, 「고용허가제 업무매뉴얼」, 2023, 313면 참조.
256) 고용노동부, 「고용허가제 업무매뉴얼」, 2023, 314면 참조.
257) 고용노동부, 「고용허가제 업무매뉴얼」, 2023, 316면 참조.
258) 고용노동부, 「고용허가제 업무매뉴얼」, 2023, 320면 참조.

⑤ 개인 간병(96993), 가구 내 고용활동(97)[259]

i) 개인 간병(96993)

'개인 간병 및 유사 서비스업(96993)'이란 거동이 불편한 사람에게 비의료적 보조서비스를 제공하는 간병인 등의 산업활동을 말하며, 이 중 '개인 간병'에 대해서만 가구당 1인 고용이 가능하다('산후조리원 등 유사서비스업'은 고용 불가).

- ① 치매 등으로 거동이 불편한 환자를 두고 있거나 ② 80세 이상의 노인을 두고 있는 경우에 한하여 허용(세대주만 가능)
- 병원에 입원중인 자의 간병을 위해 개인이 고용하는 경우에도 가능. 병원에 입원중인 자의 간병을 위해 개인이 고용하는 경우에도 특례고용가능확인서의 신청은 세대주가 기준이므로 세대주의 주소지 관할 센터에서 처리

구분	확인서류
치매 등으로 거동이 불편한 환자를 두고 있는 경우 (장애인 포함)	건강진단서 또는 입원확인서, 주민등록등본 또는 가족관계증명원, 장애인수첩, 장기요양인정서(1, 2,3급) 등
80세 이상의 노인을 두고 있는 경우	주민등록등본 또는 가족관계증명원

고용주 또는 구직자를 대리하여 일자리 및 구직자 정보를 기초로 인력을 선발, 알선 및 배치하는 산업활동(예시: 간호인력 알선)을 할 경우 고용알선업(75110)[고용 허용업종이 아님]에 해당할 수 있으며, 외국인근로자(동포 포함)의 선발, 알선, 그 밖의 채용에 직업안정기관(고용센터)이 아닌 자가 개입하는 것은 금지되어 있음. 고용센터는 개인이 간병인으로 고용하였는지 철저하게 확인하므로 주의 필요.

---

259) 고용노동부, 「고용허가제 업무매뉴얼」, 2023, 321면-322면 참조.

ii) 가구 내 고용활동(97)

가구 내 고용활동이란 요리사, 가정부, 세탁부, 보모, 유모, 개인비서, 집사, 운전사, 정원관리원, 가정교사 등을 고용한 가구의 활동을 말한다. 인력을 공급, 감독하는 사업체(75120)에 소속되어 특정 가구에 가사서비스를 제공하는 것은 허용되지 않는다.

세대주에 대해서만 특례 고용가능확인서 발급(가구당 1인)이 가능하며, 세대주 여부는 주민등록등본을 통하여 확인된다. 외국인이 가사사용인을 고용하는 것도 가능하다. 다만, 부정소지를 방지하기 위해 3개월 미만 단기 체류자, 연수취업(E-8), 비전문 취업(E-9), 방문취업(H-2) 체류자격을 가진 외국인이 가사사용인을 고용하는 것은 제한된다.

가사사용인에 대한 구인신청 등록

▷ 가정부, 간병인 등 가사사용인을 고용하고자 하는 개인이(방문, Fax 접수만 가능) 고용센터에 구인신청서를 제출하고 센터 담당자가 Work-Net에 입력(개인은 Work-Net 온라인 신청 불가)
- 이 경우 구인등록시 ① 「사업장명」, 「지사명」에는 구인자 성명을, ② 「사업자등록번호」에는 구인자(세대주)의 주민등록번호를 입력
* 구인신청서에도 동일한 방식으로 기재
* 사업자등록번호 입력란에 13자리 숫자까지 입력할 수 있도록 한 것은 개인의 구인신청을 등록할 수있도록 하기 위한 것임(사업자등록번호 12자리, 주민등록번호 13자리)

▷ 고용센터에 내국인 가사사용인에 대한 구인등록을 하고 14일간 구인 노력을 하였음에도 채용하지 못한 경우 개인(세대주)은 외국국적동포 고용 가능(이 경우 외국인고용관리시스템에 입력하는 방식은 위와 동일)

---

3. 특례고용가능확인서 발급 및 변경[260)

(1) 내국인 구인노력

일반 외국인근로자(E-9)와 동일

> 제5편 단순 외국인력
>
> 제1장 고용허가제
>
> 제2절 일반고용허가제(E-9)
>
> II. 외국인력 고용절차
>
> 2. 절차별 상세 내용
>
> **(1) 내국인 구인 노력**

(2) 특례고용가능확인서의 발급 신청

1) 신청방법

① 신청자: 특례 외국인근로자를 고용하고자 하는 사용자로서 특례고용가능확인서의 발급

  요건을 충족하는 자

② 신청기관: 사업장 소재지 관할 고용센터

- 원칙적으로 특례 외국인근로자가 근무하여야 할 사업장 소재지 관할 고용 센터에 특례고

  용가능확인서 발급을 신청

  고용센터를 방문하지 않고, 고용허가제 홈페이지(https://www.eps.go.kr/)에서 온라

  인 신청도 가능

③ 신청기한: 내국인 구인노력기간이 경과한 후 3개월 이내

- 경기변동에 따른 인력부족 상황의 변화 등이 있을 수 있으므로 신청기한을 제한(외국인근

---

260) 고용노동부, 「고용허가제 업무매뉴얼」, 2023, 323-328면 참조.

로자의 고용 등에 관한 법률 시행규칙 제5조)

④ 신청 서류(법 시행규칙 제12조의 2)

- 특례고용가능확인서 발급 신청서[261]

- 발급요건 입증서류: 정책위원회에서 정한 외국인근로자의 도입업종, 외국인 근로자를
  고용할 수 있는 사업 또는 사업장을 입증할 수 있는 서류

■ 외국인근로자의 고용 등에 관한 법률 시행규칙 [별지 제10호서식] 〈개정   EPS시스템(www.eps.go.kr)
  2024. 1. 10.〉   에서도 신청할 수 있습니다

특례(외국국적동포) 고용가능확인서([ ]발급 [ ]변경)신청서

※ 뒤쪽의 유의사항 및 작성방법을 읽고 작성하여 주시기 바라며, [ ]에는 해당되는 곳에 √표를
합니다.   (앞쪽)

접수번호		접수일	처리기간	7일
주된 사업장 (사업주)	①고용보험사업장 관리번호		②사업자등록번호	
	③사업장명		④대표자	
사업장 개요	고용보험사업장 관리번호		⑤사업자등록번호(주민등록번호)	
	⑥사업장명		⑦대표자	
	소재지 □□□-□□□		연락처	전화번호
				휴대전화번호
				팩스
				전자우편
	⑧업종		사업내용	

---

261) 외국인근로자의 고용 등에 관한 법률 시행규칙 [별지 제10호서식] 특례(외국국적동포) 고용가능확인서(발급,
    변경)신청서

상시 근로자 수		내국인근로자 / 외국인근로자	
	총 명		명 / 명
가입 보험	[ ]고용 [ ]산재 [ ]건강 [ ]국민		

신청 내용 (최초 신청시)	내국인 구인노력	구인 인원	명	
		구인 직종	직종( ) 직무내용( ) ※구체적으로 적을 것	
		구인 기간	( )일 (~)	
		지방고용 노동관서 알선자 면접이력	면접 일시	
			면접 대상자	
			채용하지 않은 사유	
	내국인 구인노력 외 발급요건 충족 여부	[ ]외국인근로자 도입 업종에 해당 [ ]내국인 구인신청일 2개월 전부터 고용허가서 발급일까지 내국인근로자를 　　　고용조정으로 이직시키지 않았음 [ ]내국인 구인신청일 5개월 전부터 고용허가서 발급일까지 임금체불이 없음 [ ]고용보험 및 산업재해보상보험 가입 [ ]이미 고용한 외국인근로자에 대한 출국만기보험등 및 보증보험 가입		

구인 사항	모집 인원	명	국적	1) 2)
	학력	최저: 최고:	자격면허	1)
	전공			2)
	연령	만 세 ~ 세	한국어 능력	[ ]상 [ ]중 [ ]하 [ ]관계없음
	기타 (경력 등)			

210mm×297mm[백상지 80g/㎡(재활용품)]

외국인근로자 구인 조건

근로 조건	근로 시간	제조업, 건설업, 서비스업	시 분 ~ 시 분 (8시간 기준) * 1일 평균 시간외 근로시간: 시간, 교대제([ ]2조2교대, [ ]3조3교대, [ ]4조3교대, [ ]기타)			
		농업 · 축산업	시 분 ~ 시 분, 월 ( )시간 * 농번기 (월 일~ 월 일): 시 분 ~ 시 분, 월 ( )시간			
		어업	월 ( )시간			
	근로 계약 기간		( )개월			
	휴일 및 휴게 시간		휴일: [ ]일요일 [ ]공휴일([ ]유급 [ ]무급) [ ]매주 토요일 [ ]격주 토요일 [ ]기타( ) * 농업 · 축산업 농번기(월 일~ 월 일): [ ]일요일 [ ]공휴일([ ]유급 [ ]무급) [ ]매주 토요일 [ ]격주 토요일 [ ]기타( ) 휴게시간: 1일 (분) * 농업 · 축산업: 근로시간 중 식사시간을 포함하여 1일 ( )시간 ( )분을 휴게시간으로 함			
	임금 및 지급 방법	기본급	월(시간, 일, 주)급: ( )원 * 농업 · 축산업 농번기(월 일~ 월 일): 원			
		고정적 수당	(수당: 원), (수당: 원)		상여금	(원)
		수습기간 중 임금	월(시간, 일, 주)급: ( )원, (수습기간: [ ]1개월, [ ]2개월, [ ]3개월)			
		월 통상임금	( )만원(시간외 수당 등 제외) * 매월 정기적으로 지급하는 기본급 및 고정적인 수당			
		지급방법	[ ]직접 지급, [ ]통장 입금		지급일	매월 일
	숙식 제공 여부		**숙 박** 숙박시설 제공 여부: [ ]제공, [ ]미제공 * 제공 시, 숙박시설 유형([ ]아파트, [ ]단독주택, [ ]연립 · 다세대주택, [ ]아파트 또는 주택에 준하는 시설, [ ]그 밖의 임시 주거시설) 숙박비용 근로자 부담 여부: [ ]부담(부담금액: 원), [ ]미부담		**식 사** 식사 제공 여부: 제공([ ]조식, [ ]중식, [ ]석식), [ ]미제공 식사비용 근로자 부담: [ ]부담 (부담금액: 원), [ ]미부담	
	기타					

「외국인근로자의 고용 등에 관한 법률」 제12조제3항 및 같은 법 시행규칙 제12조의2제1항(같은 법 시행령 제20조의2제1항 및 같은 법 시행규칙 제13조제2항)에 따라 위와 같이 특례고용가능확인서의 발급(변경)을 신청합니다.

년 월 일

신청인 (서명 또는 인)

○○지방고용노동청(○○지청)장 귀하

첨부 서류	1. 외국인근로자를 고용할 수 있는 사업 또는 사업장에 해당함을 증명할 수 있는 서류 2. 외국인근로자 특례고용가능확인서 원본(특례고용가능확인서 변경 신청의 경우에만 제출합니다) 3. 고용할 수 있는 외국인근로자 수, 사업 또는 사업장의 업종·규모 등을 변경할 필요가 있음을 증명하는 서류(특례고용가능확인서 변경 신청의 경우에만 제출합니다)	수수료 없 음

유의사항

1. 신청서 제출 후 내국인근로자 채용 또는 사정 변경 등으로 신청내용을 취소하거나 변경하려는 경우에는 즉시 신청기관으로 통지하기 바랍니다.
2. 거짓이나 그 밖의 부정한 방법으로 특례고용가능확인서를 발급받아 동포를 고용하는 경우에는 「외국인근로자의 고용 등에 관한 법률」 제19조제1항제1호에 따라 특례고용가능확인서 발급이 취소될 수 있으며, 같은 법 제20조제1항제2호에 따라 3년간 외국인근로자의 고용이 제한될 수 있습니다.

작성방법

1. ①~④란은 사업장이 1개인 경우에는 작성하지 않아도 됩니다. 특히 가사사용인이 특례고용가능확인서의 발급을 신청하는 경우에는 사업장 개요에서 ⑤란에는 세대주의 주민등록번호를, ⑥란의 사업장명 및 ⑦란의 대표자는 세대주 성명을 적기 바랍니다.
2. ⑧란의 업종은 업종코드설명집을 참고하여 적되, 그 업종의 세세분류까지 적어야 하고 업종 선택이 어려운 경우에는 담당자와 상담 후 적습니다.

2) 발급요건 및 특례고용가능인원의 확인

① 발급요건

- 내국인 구인노력, 내국인근로자 고용조정, 임금체불, 고용·산재보험, 출국 만기보험 및 보증보험 등의 요건은 일반 외국인근로자(E-9)와 동일

> 제5편 단순 외국인력
>
> 제1장 고용허가제
>
> 제2절 일반고용허가제(E-9)
>
> II. 외국인력 고용절차
>
> 2. 절차별 상세 내용
>
> (2) 고용허가서 발급 신청
>
> 2) 고용허가서 발급 요건(사업장 자격 요건)

- 일반 외국인근로자(E-9) 허용업종에 모두 발급 가능하며, 특례 외국인 근로자(H-2)만 허용되는 서비스업 세부 업종, 광업 세부 업종이 별도로 있음[262]

② 업종별 외국인력 고용허용인원

- 광업, 제조업, 건설업, 농축산업, 어업: E-9 외국인력 고용허용 인원 참고

* 광업은 제조업 고용허용인원과 같음.

```
제5편 단순 외국인력
제1절 의의
Ⅱ. 고용허가제 개요
5. 고용허용 인원(사업장 신규고용 한도)
```

- 서비스업

□ **서비스업**263)

내국인 피보험자수	고용한도	
	일반	택배
5명 이하	4명	12명
6명 이상 10명 이하	6명	18명
11명 이상 15명 이하	10명	30명
16명 이상 20명 이하	14명	42명
21명 이상 100명 이하	20명	60명
101명 이상	25명	75명

※ 개인 간병인, 가구 내 고용활동은 가구당 1명으로 한정

※ 음식점업은 세부 업종별, 일반 외국인근로자(E-9)와 특례 외국인 근로자(H-2)의 고
  용허용 인원 상이

---

262) 고용노동부, 「고용허가제 업무편람」, 2019, 305면 참조.
263) 고용노동부, 제40차 외국인력정책위원회 결정사항 공고(공고 제2023-552호), 2023.12.1.

- (E-9) 내국인 피보험자 수 5인 미만인 경우 1명, 내국인 피보험자 수 5인 이상인 경우 2명까지 고용 가능 〈한식 음식점 한정〉
- (H-2) 상기 표 기준에 따르되, **내국인 피보험자 수 6~10명인 경우 8명까지 고용 가능**

※ 택배분야 허용업종은 물류터미널 운영업, 육상화물취급업에 해당

③ 특례고용가능인원의 상한
- 내국인구인 신청 시 부족인원 중 특례고용가능확인서 발급 신청일 전까지 채용하지 못한 인원을 특례고용가능인원의 상한으로 함
* 특례고용가능인원 = 내국인 구인신청서 상의 부족인원 - 특례고용가능확인서 발급 신청일 전까지 신규채용 내국인근로자 수

예시) A직종으로 4명의 내국인구인신청 후 1명의 내국인을 채용하였을 경우 특례고용가능확인서발급 신청서의 부족인원은 3명이 되며, 이후 내국인 근로자를 특례 고용가능확인서 발급 신청일 전까지 내국인을 1명도 채용하지 못하였다면 3명에 대해 특례고용 가능확인서 발급

④ 특례 외국인근로자(H-2)의 추가고용 허용
- (제조업·농축산업·어업)
사업장 규모별 고용허용인원만큼 특례 외국인의 추가고용 허용(제7차 외국인력정책위원회 결정)
* (예시) 외국인근로자 고용허용인원이 5명인 제조업 사업장의 경우, E-9 근로자 5명 외에도 H-2 근로자 5명을 추가로 고용할 수 있음

- (건설업·서비스업)

  일반 외국인근로자(E-9) 고용허가서 발급 건수와 특례 외국인근로자(H-2) 근로개시신고 건수의 합계가 사업장 규모별 고용허용 인원을 넘을 수 없음(일반 외국인근로자(E-9)와 특례 외국인근로자(H-2)의 합이 고용허용인원을 넘을 수 없음)

3) 특례고용가능확인서의 발급

① 특례고용가능확인서의 발급

- 발급요건이 충족되는 경우에는 '특례고용가능확인서'264)를 발급

- 특례 고용가능확인서의 유효기간은 3년(외국인근로자의 고용 등에 관한 법률 제12조제5항)

- 특례확인서의 유효기간 내에서 근로계약체결 및 근로계약기간 설정이 가능

② 특례고용가능확인서의 재발급

- 사용자는 필요하면 기 발급받은 특례고용가능확인서의 유효기간 내에 언제든지 특례고용가능확인서를 재발급 받을 수 있으며, 이 경우 새 특례고용 가능확인서의 유효기간은 다시 3년이 됨

- 다만, 사용자가 특례고용가능확인서를 재발급 받기 위해서는 반드시 내국인 구인노력 등 발급요건을 갖추어야 함

(3) 특례고용가능확인서의 변경

1) 변경사유

특례고용가능확인서를 발급받은 후 해당 사업장의 업종 또는 규모 등의 변화로 특례고용가능확인서의 중요 내용을 변경하여야 하는 경우에는 특례고용가능확서의 변경을 신청해야 한다.

---

264) 외국인근로자의 고용 등에 관한 법률 시행규칙 [별지 제10호의2서식] 특례(외국국적 동포)고용가능(변경)확인서

- 구체적인 변경 사유는 특례고용가능확인서의 내용 중에 ① 사업 또는 사업장에서 고용할 수 있는 외국인근로자의 수, ② 사업 또는 사업장의 업종·규모를 변경할 필요가 있는 경우

2) 변경 신청방법

사용자는 변경사유 발생일로부터 7일 이내에 특례고용가능확인서 변경 신청을 해야한다.
사용자는 고용허용인원 변경 시 특례외국인근로자를 추가 고용하고자 할 경우에는 특례고용가능확인서 변경 신청 전 고용센터에 추가 고용하고자 하는 인원에 대한 내국인 구인노력을 하여야 한다.

3) 제출서류

- 특례고용가능확인서 변경 신청서[265]
- 정책위원회에서 정한 외국인근로자의 도입업종, 외국인근로자를 고용할 수 있는 사업 또는 사업장을 입증할 수 있는 서류(당초 발급받은 특례 고용가능 확인서 발급 신청시와 사업 또는 사업장의 업종 및 규모가 다른 경우에 한함)

4) 특례고용가능 변경확인서의 발급

고용센터는 동 변경 신청서가 접수된 경우 특례고용가능확인서 발급절차에 따라 변경된 '특례고용가능확인서'[266]를 발급한다.
다만, 고용가능인원 변경으로 내국인 구인노력 기간 중일 경우에는 동 기간 종료일부터 7일 이내에 발급한다.

---

[265] 외국인근로자의 고용 등에 관한 법률 시행규칙 [별지 제10호서식] 특례(외국국적동포) 고용가능확인서 (발급, 변경)신청서
[266] 외국인근로자의 고용 등에 관한 법률 시행규칙 [별지 제10호의2서식] 특례(외국국적 동포)고용가능 (변경)확인서

5) 특례고용가능 변경확인서의 효력

새로 발급하는 '특례고용가능 변경확인서'의 효력은 기 발급된 특례고용가능 확인서의 유효기간까지이다. 사용자는 특례외국인근로자를 계속 고용하려면, 위 유효기간이 만료되기 전에 특례고용가능확인서 재발급 신청 절차를 밟아 새로 발급받아야 한다.

특례고용가능확인서 재발급과 변경확인의 차이

▷ 특례고용가능확인서 변경확인 시에는 기 발급받은 특례고용가능확인서의 유효기간이 그대로 유지되는 반면, 재발급 시에는 새로 3년이 시작되는 것임

▷ 다만, 변경확인에는 원칙적으로 내국인 구인노력이 필요하지 않고(단, 사업장별 고용허용 한도 내에서 해당 사업장에서 고용하려는 특례외국인의 수를 늘릴 때에는 늘어나는 인원에 대한 내국인 구인노력 필요), 변경요건을 갖추어 변경절차를 거치면 되나,

– 재발급의 경우에는 해당 사업장에서 고용하려는 특례외국인 전체에 대한 내국인 구인노력을 다시 거쳐야 하며, 최초에 특례고용가능확인서를 발급받는 것과 같이 발급요건 충족 및 검토를 받아야 하는 것임

---

(4) 최초 외국인근로자 고용허가 사용자교육 의무화[267][268]

외국인근로자 고용허가를 최초로 받은 사용자는 고용허가서 발급일로부터 6개월 이내에 노동관계법령·인권 등에 관한 교육을 의무적으로 이수해야 한다. '외국인근로자 고용 등에 관한 법률' 제11조의2(사용자 교육)[시행일: 2021. 10. 14.] 해당 교육은 한국산업인력공단에서 무료로 제공하며, 집체 또는 온라인 학습(PC 또는 모바일)으로 6시간 동안 진행된다. 교육을 미이수한 사용자에게는 과태료 300만원이 부과된다.

1) 교육대상 및 교육시기

2021. 10. 14. 이후 최초로 외국인근로자 고용허가서를 발급받은 사용자는 허가서 최초 발급일로부터 6개월 이내에 한국산업인력공단의 사용자 교육을 이수하여야 함.[269]

---

267) 고용노동부 보도자료(2021.10.14.), '외국인근로자 재입국 특례 시 재입국 제한기간 단축 및 대상 확대'
268) 고용허가제 홈페이지(https://www.eps.go.kr/), 고객센터〉공지사항(2021.10.13.), '[공지] '21.10.14.~ 최초 고용허가서 발급 사용자 대상 교육 의무화 시행 안내' 참조.

2) 교육 취지

노동관계 법령 및 인권 등에 관한 의무교육을 통해 외국인근로자의 노동인권에 대한 사용자
의 인식개선을 도모하고 외국인근로자를 두텁게 보호

3) 교육 신청(선택)

- 집체교육 : 사업장 관할 한국산업인력공단 지부·지사로 방문, 우편, 팩스, 전자우편 접수
- E-러닝 : EPS홈페이지(www.eps.gop.kr) 및 EPS어플(외국인고용관리) 접속 후 사용자
  교육 온라인교육 신청

4) 교육 수강 절차

---

269) 외국인근로자의 고용 등에 관한 법률 제11조의2, 제28조, 제32조, 시행령 제31조, 제32조, 시행규칙
    제11조의2.

5) 교육 내용 : 노동관계법령·인권 등에 대한 6개 교과목

교 과 목	교 육 내 용
고용허가제의 이해 및 바람직한 고용관계	o 고용허가제 주요내용(외고법, 외국인 고용절차, 상담 등) o 국가별 문화특성, 근로자 관리 성공사례, 성폭력·성희롱 예방 등
외국인근로자 노무관리	o 근로계약, 퇴직금, 인사 및 노무관리 등
외국인근로자 산업재해예방	o 외국인근로자 산업재해 사례 및 발생 형태별 안전 대책 등
외국인근로자 보건관리	o 외국인근로자 질병예방 및 정신건강증진 등
출입국관리법	o 출입국관리법 주요내용(출입국관리법 상 신고사항, 상담 등) o 불법체류자 고용 방지
외국인근로자 인권보호	o 외국인근로자 인권보호에 관한 사항

6) 학습 시 유의사항

E-러닝 수료기준 : 학습기간(수강신청 월) 동안 진도 100% 이상 및 시험 60점 이상 모두
충족

4. 취업교육 및 건강진단(외국인근로자)[270]

(1) 취업교육

특례 외국인근로자(H-2)가 서비스업 등 허용업종에 해당하는 사업 또는 사업장에 취업하
고자 하는 경우 구직신청 이전에 외국인 취업교육 기관(한국산업인력공단)에서 취업활동
에 필요한 취업교육을 받아야 한다. 취업교육 시, 외국인고용법·근로기준법·산업안전보
건법·출입국관리법 등에 대한 교육, 각종 보험가입 안내를 실시한다. 특례 외국인근로자의
취업교육시간은 사용자와의 사용종속관계 하에서 이루어진 교육이 아니므로 근로기준법
상의 근로제공으로 볼 수 없다.[271]

---

270) 고용노동부, 「고용허가제 업무매뉴얼」, 2023, 329면-331면.
271) 일반국인근로자(E-9)는 입국하여 취업교육을 받기 시작한 날부터 근로를 제공한 것으로 보아 사용자는
취업교육 시작일부터 기산하여 임금을 지급하여야 함(취업교육은 직업능력개발 사업의 재직자 대상
훈련으로 간주).

(2) 취업교육 신청

H-2 비자를 받고 입국하여(또는 국내에서 H-2 비자를 받은 경우 포함) 취업활동을 하려는 특례 외국인근로자가 외국국적동포 취업교육 홈페이지(http://eps.hrdkorea.or.kr)를 통하여 인터넷으로 신청한다.

(3) 취업교육비용

- 합숙(신규) 1인당 185,000원, 비합숙(신규) 1인당 127,500원, 재입국 75,000원
- 온라인 신규교육 27,000원, 온라인 재교육 12,000원
* '12.8월부터 법무부에서 모든 동포에 대해 외국인등록 시 건강진단을 실시함에 따라, 동포 취업 교육 시 건강진단 폐지 및 취업교육비 조정
- 교육비용은 본인부담(인터넷 접수시 신용〈체크〉카드 또는 가상계좌 입금)

(4) 특례 외국인근로자 취업교육기관

: 한국산업인력공단

(5) 교육 내용

16시간(집체교육의 경우 2박 3일) 교육을 실시한다. 교육내용은 '한국문화 이해, 고용허가제, 근로기준법 등 노동관계법령, 기초기능 등 한국생활 적응을 위해 필요한 사항'이다.

(6) 교육 완료 후 제출 서류[272]

① 외국인등록증 앞, 뒷면 사본
② 여권 여권번호 기재면, 사증(비자)면
③ 출입국에 관한 사실증명서[273]

---

[272] 외국국적동포 취업교육 홈페이지(http://eps.hrdkorea.or.kr), 알림마당〉공지사항(2021.2.26.), '동포 취업교육 온라인 운영 매뉴얼(수정본)' 참조. (접속일: 2024.6.22.)
[273] 외국국적동포 취업교육 홈페이지(http://eps.hrdkorea.or.kr), 알림마당〉자료실(2021.6.28.), '출

(조회기간-가장 최근 발급된 비자의 발급일부터 현재까지로 설정)

 * 예시) 비자발급일이 20.1.1.이면 출입국에 관한 사실증명서 출력 시 기간조건을
 20.1.1.~수강 시작일(또는 이후/반드시 수강 시작일 포함/신규교육은 소양 교과 시
 작일 반드시 포함)로 설정하여 출력

④ 증명사진 사본

⑤ 구직신청서274)

- '20.6.1.이후 출국하여 서류제출일 기준 입국하지 않은 동포는 재입국 허가서 추가 제출

5. 구직신청, 취업알선, 근로계약 체결275)

(1) 구직신청

1) 구직신청 방법

대한민국에서 취업하고자 하는 특례 외국인근로자(H-2)는 취업 전에 반드시 관할276) 고용
센터에 구직신청을 하여야 한다. 다만, 특례 외국인근로자가 취업교육 시 취업교육기관(산
업인력공단)에 구직신청서를 제출한 경우에는 고용센터에 구직 신청한 것으로 간주한다.

2) 제출서류

- 구직신청서277)(법 시행규칙 별지 제9호 서식)

- 외국인등록증 사본 및 여권 사본(갱신한 경우 갱신된 여권과 비자유효기간 확인이 가능한
 구여권 지참)

- 출입국관리법 시행령에 따른 방문취업(H-2) 체류자격에 해당하는 사증 사본

입국에 관한 사실확인서, 비자(사증)발급 확인서 발급 방법 및 유의사항' 참조. (접속일: 2024.6.22.)
274) "구직신청서 양식_특례외국인근로자 구직신청서 및 구직정보 공개동의서.hwp"로 구글에서 검색하면
 양식을 구할 수 있음.
275) 고용노동부, 「고용허가제 업무매뉴얼」, 2023, 332면-337면 참조.
276) 주소지로 등록되어 있는 소재지 관할 고용센터에 구직 신청하는 것이 원칙이나, 필요한 경우에는
 타 지역 관할 고용센터에도 구직 신청이 가능함.
277) 외국인근로자의 고용 등에 관한 법률 시행규칙 [별지 제9호서식] 특례외국인근로자(외국국적 동포)
 구직신청서

3) 고용센터 확인사항

고용센터는 신청 당시 외국인근로자의 현재 연령이 만 18세 이상인지 여부를 확인한다. 만 18세 미만인 자는 취업대상이 아니므로 관할 출입국·외국인청(사무소, 출장소)에 방문하여 안내를 받아야 한다. 또한 유효한 체류자격(H-2) 및 체류기간, 취업교육 이수 여부(전산상 확인)를 확인한다.

4) 취업활동 기간의 부여

신규 입국한 특례 외국인근로자는 '입국일'로부터 3년간 취업활동이 가능하다. 방문취업(H-2) 사증의 유효기간 중에 외국인등록증을 반납하고 출국(소위 "완전출국")했다가, 다시 기존의 방문취업(H-2) 사증을 그대로 가지고 입국한 경우에도 그 입국일로부터 3년간의 취업활동 기간이 새롭게 부여된다.

국내 입국 후에 체류자격이 방문취업(H-2)으로 변경된 경우에는 체류자격 변경일로부터 3년간 취업활동이 가능하다. 단기방문(C-3) 비자로 입국하여 동포기술연수과정을 이수하고 방문취업(H-2)으로 변경된 경우 여권 또는 외국인등록증 앞면의 체류자격 및 뒷면의 허가일자(H-2 사증으로 변경된 날짜임)를 확인하여 취업활동 기간이 부여된다.

5) 구직등록필증의 발급 및 구직자명부 등록

구직신청 자격에 문제가 없는 경우에는 구직등록필증이 발급된다. 결격 사유가 있는 경우, 고용센터는 보완을 요청하거나 거부 사유를 명시하여 '구직 신청 처리결과 통지서'를 발급한다. 구직등록필증은 구직 시까지(근로개시신고) 유효하며, 사업장 변경 시에는 다시 구직신청을 해야 한다. 구직신청한 특례 외국인근로자는 고용센터의 외국인 구직자명부에 등록되어 관리된다. 사용자는 고용센터 구직자 명부에 등록된 자 중에서만 채용이 가능하다.

(2) 취업알선

1) 고용센터를 통한 취업알선

특례고용가능확인서를 발급받은 사업주가 고용센터에 특례 외국인근로자 알선요청을 한 경우, 고용센터는 해당 사업주의 구인조건에 따라 검색하여 적합한 구직자 명단(3배수)을 출력, 사용자에게 알선하고, 사용자는 3일 이내 채용여부 결과를 고용센터에 통보해야 한다. 사업장 규모별 고용 허용인원 범위 내에서 특례 외국인근로자를 고용할 수 있으므로 고용센터에서는 이를 감안하여 취업알선을 한다.

고용센터가 아닌 자는 취업알선을 할 수 없다. 직업안정기관(고용센터)이 아닌 자가 외국인 또는 사업주에게 취업을 알선하는 일이 발견되는 경우 관할 경찰서에 통보(외국인근로자의 고용 등에 관한 법률 제8제6항)한다.

2) 자율 구인·구직

특례 외국인근로자와 특례고용가능확인서를 받은 사용자는 고용센터 알선이 아닌 자율 구인·구직을 통해서도 근로계약체결이 가능하다. 일반 고용허가제(E-9) 외국인근로자는 반드시 고용센터 알선을 통해서만 취업해야하며, 자율 구인·구직을 통한 취업은 불가능하다.

3) 근로계약의 체결

사용자와 특례 외국인근로자는 근로를 제공하기 전에 반드시 근로계약을 체결해야 한다. 자율 구인·구직으로 취업하게 된 경우에는 반드시 표준근로계약서[278]를 사용하여 근로계약을 체결해야 한다. 체결당사자는 특례고용가능확인서를 발급받은 사용자와 특례외국인근로자이다.

사용자가 고용센터를 통한 구인으로 취업알선이 이루어진 경우에는 특례고용가능확인서

---

[278] 외국인근로자의 고용 등에 관한 법률 시행규칙 [별지 제6호서식] 표준근로계약서(Standard Labor Contract)

발급 신청 시 제출한 특례고용가능확인서 내용을 기반으로 자동 생성된 표준근로계약서를 고용센터에서 교부한다.

근로계약기간 및 근로계약 효력 발생시기

- 근로계약기간은 해당 특례 외국인근로자의 취업활동기간 내에서 당사자 간 합의에 따라 결정
- 근로계약 효력 발생시기는 특례 외국인근로자가 사업 또는 사업장에 취업하여 근로를 개시한 날
- 근로계약기간을 변경(연장)하는 경우에는 새로운 근로계약으로 보아 근로개시 신고를 하도록 함
* 다만, 구직신청 시 취업활동기간 입력착오 등에 따라 근로계약기간(만료일)이 잘못 입력되어 있어 변경이 필요한 경우에는 고용센터 담당자가 사유를 입력하고 수정할 수 있음

III. 특례 외국인근로자 고용관리[279]

1. 근로개시신고

특례 외국인근로자를 고용한 사용자는 외국인근로자가 근로를 시작한 날부터 14일 이내에 고용센터에 근로개시 신고를 하여야 한다. 일반 외국인근로자(E-9)에게는 적용되지 않는 내용이다.

(1) 신고자

신고의무자는 특례고용가능확인서를 발급받아 특례 외국인근로자를 고용한 사용자(특례 외국인근로자와의 근로계약을 갱신·연장하는 경우에도 동일함)이다. 고용부·법무부 근로개시신고 일원화 시행(2014.10.13.)과 동시에 외국인근로자가 근로개시신고하는 것도 사업주 신고와 동일하게 접수 처리되나, 이 경우에는 사업주 위임장을 함께 제출해야 한다.

---

[279] 고용노동부, 「고용허가제 업무매뉴얼」, 338면-352면 참조.

(2) 신고기한

근로계약 체결(연장·갱신)에 따라 특례외국인근로자가 근로를 시작한 날부터 14일 이내[280]에 신고를 해야 한다. 근로개시신고를 하지 않을 경우 500만 원 이하의 과태료가 부과될 수 있다.

(3) 신고요건

신고가 수리되는 요건은 다음 2가지이다. ① 유효한 특례고용가능 확인서를 발급받았을 것, ② 신규·연장·갱신된 근로계약의 기간이 특례고용가능 확인서 유효기간 및 해당 외국인근로자의 취업활동기간 이내일 것.

(4) 제출서류

① 외국인근로자 근로개시 신고서[281], ② 표준근로계약서 사본, ③ 외국인등록증 및 여권 사본

(5) 신고의 접수

'특례외국인근로자 근로개시신고서'는 원칙적으로 사업장 관할 고용센터에서 접수·처리한다. 고용센터에서는 근로개시신고서의 근로개시일자를 전산입력하며, 사용자가 제출한 표준근로계약서에 보완할 내용이 있는 경우, 이를 안내하고 보완된 표준근로계약서를 제출받아 처리한다.

(6) 출입국 · 외국인청에도 별도 근로개시 신고를 해야하는지 여부

방문취업(H-2) 비자를 소지한 동포근로자가 취업하여 근로를 시작할 경우, 사업주는 근로개시일로부터 10일 이내에 관할 고용센터에 '근로개시신고'를, 외국인근로자는 근로개시

---

280) 근로계약 효력 발생일은 근로개시신고일이 아닌 실제 근로를 개시한 날이다.
281) 외국인근로자의 고용 등에 관한 법률 시행규칙 [별지 제11호서식] 특례고용외국인근로자(외국국적동포) 근로개시 신고서

일로부터 14일 이내에 관할 출입국관리사무소에 '취업개시신고'를 이중으로 신고해야 하는 불편이 있었다. 그러나 2014.10.13.부터 고용부·법무부 근로개시신고가 일원화(2014.10.13., 외국인력담당관-2788호)됨에 따라 사업주 또는 동포근로자는 고용센터나 출입국·외국인청 중 어느 한 기관만 방문하여 신고하면 되고, 신고를 접수한 기관에서 신고내용을 다른 부처로 전송하여 나머지 신고를 처리하게 된다.

또한 온라인을 통한 신고도 함께 일원화하여, 사업주 또는 동포근로자는 고용허가제 홈페이지(www.eps.go.kr)나 법무부 하이코리아 홈페이지(www.hikorea.go.kr) 중 한 곳에만 접속하여 신고하면 다른 신고도 처리할 수 있게 되었다.[282]

(7) 처리결과 통지

고용센터는 사업주로부터 '특례외국인근로자 근로개시신고서'를 접수한 후, '특례외국인근로자 근로개시신고에 대한 처리결과 통지서' 및 EPS상에 입력된 '표준근로 계약서'를 출력하여 교부한다. 해당 사업주가 고용하고 있는 외국인근로자에 대하여 출국만기보험, 보증 보험(사용자) 및 귀국비용보험, 상해보험(외국인)을 가입하지 않은 것이 발견될 경우에는 처벌될 수 있음을 알리고 가입하도록 안내한다.

2. 고용변동 등 신고

(1) 개 요

사용자는 특례 외국인근로자의 근로계약 중도해지, 사망, 소재불명, 사업장정보변동 등 사유가 발생할 경우, 고용센터에 고용변동신고를 하여야 한다. 특례 외국인근로자의 경우에는 일반 외국인근로자(E-9)에게 적용되는 외국인근로자의 고용 등에 관한 법률 제25조의 사업장 변경절차가 준용되지 않는다(특례 외국인근로자는 자유롭게 사업장 변경이 가능함).

---

[282] 대한민국 정책브리핑(https://www.korea.kr/news/pressReleaseView.do?newsId=155999968 3), 뉴스〉브리핑룸〉보도자료(2014.10.13.), '동포근로자 근로개시 · 취업개시신고, 한 곳에서 OK! – 고용부, 법무부 어느 곳이든 한쪽에만 신고하면 양쪽에 신고한 것으로 처리' 참조.

(2) 제출서류

① 고용변동신고서283) 혹은 사업장 정보변동 신고서284), ② 고용변동신고 사유 발생사실을 증명할 수 있는 서류

(3) 처리결과 통지

고용센터는 접수된 고용변동신고서를 전산입력하고 사용자에게 처리결과를 통지한다.

(4) 처리 관할 고용센터

원칙적으로 사업장 관할 고용센터에서 접수·처리한다. 지사 간 이동 등으로 근무처가 바뀌는 경우에는 변경된 사업장 관할 고용센터에서 접수·처리한다.

3. 근로계약의 갱신

① 신고자 : 특례외국인근로자와 근로계약을 갱신하고자 하는 사용자

② 신고기간 : 근로계약기간 만료일 60일 전부터 근로계약기간 만료일까지

③ 구비서류: 특례외국인근로자 근로계약기간 연장신고서285), 갱신된 근로계약서 사본, 외국인근로자 여권 사본, 외국인등록증 사본

④ 처리결과 통지

사업주로부터 '특례외국인근로자 근로계약기간 연장신고서'를 접수한 후 고용센터는 '특례외국인근로자 근로개시(근로계약기간 연장)신고 통지서' 와 '표준근로계약서'를 출력

---

283) 외국인근로자의 고용 등에 관한 법률 시행규칙 [별지 제12호서식] 외국인근로자 고용변동 등 신고서
284) 외국인근로자의 고용 등에 관한 법률시행규칙 [별지 제12호의2서식] 외국인근로자 고용사업장 정보변동 신고서(사업장정보, 지사 간 이동, 고용 승계)
285) 고용허가제 홈페이지(https://www.eps.go.kr/), 자료실〉업무별서식(2019.10.30.), '특례외국인근로자 근로계약기간 연장신고서(2019년도 개정서식)'

하여 발급한다. 고용센터는 근로계약기간 갱신 처리 전 외국인관련전용보험 가입여부를 확인하여 미가입 시 보완된 후에 처리하며, 근로계약기간 갱신 처리 후 사업주에 보증보험료가 추가 납입됨을 안내한다.

⑤ 유의사항

근로계약기간 연장 신고 전 특례고용가능확인서의 유효기간이 만료되지 않았는지 확인을 해야 한다. 특례외국인근로자를 특례고용가능확인서의 유효기간 이후에도 계속 고용하려면, 특례고용가능확인서의 유효기간이 만료되기 전에 재발급 받고, 특례외국인근로자 근로계약기간 연장신고를 해야 한다. 특례고용가능확인서의 재발급을 신청하는 경우에도, 사용자는 내국인 구인노력 등 기존의 특례고용가능확인서 발급 요건을 갖추어야 한다.

4. 특례고용가능확인의 취소[286]

(1) 의의

거짓이나 부정한 방법으로 특례고용가능확인을 받는 경우 특례고용가능 확인서 발급이 취소된다.

(2) 취소사유

① 거짓이나 부정한 방법으로 특례고용허가를 받는 경우, ② 사용자가 계약한 임금 또는 그 밖의 근로조건을 위반하는 경우, ③ 사용자가 임금체불 또는 그 밖의 노동관계법 위반 등으로 근로계약을 유지하기 어렵다고 인정되는 경우

(3) 특례고용가능확인의 취소

특례고용가능확인서를 발급받는 경우에도 위의 일정한 사유가 발생하면 특례 고용가능확인서 발급이 취소될 수 있다(일반 외국인근로자(E-9) 고용허가서 취소와 동일). 고용센터

---

286) 고용노동부, 「고용허가제 업무편람」, 2019, 323면 참조.

는 특례고용가능확인서를 취소하기 전에 취업 중인 외국인근로자와의 근로관계를 종료하고, 고용변동신고를 하도록 안내한다. 사용자가 15일 이내에 고용변동신고를 접수하지 않을 경우 고용센터는 직권으로 퇴사처리 및 특례고용 가능확인서 취소 처분을 할 수 있다.

5. 특례 외국인근로자 고용 제한 사유[287]

고용제한 사유에 해당되는 사용자는 3년의 범위 내에서 외국인근로자 고용을 제한을 받게 된다. 고용제한 사유는 아래와 같다.

① 허가 없이 외국인근로자를 고용한 경우

② 고용허가나 특례고용가능확인이 취소된 경우로서 고용센터의 장이 고용을 제한할 필요가 있다고 판단하는 경우

③ 외국인근로자의 고용 등에 관한 법률을 위반하여 처벌을 받은 경우

④ 출입국관리법을 위반하여 처벌을 받은 경우

⑤ 6개월 이내에 내국인 근로자를 고용조정으로 이직시킨 경우

⑥ 근로계약에 명시된 사업장 외에서 근로를 제공하게 한 경우

6. 방문취업(H-2) 동포 건설업종 취업등록제[288]

(1) 개요

1) 추진배경

방문취업제 시행('07. 3.) 이후, 건설업종에 취업한 동포의 내국인 일자리 대체 문제가 제기됨에 따라 건설업에 취업할 수 있는 동포의 수를 제한하기 위하여 도입('09. 3. 19., 외국인력정책위원회)되었다. '09. 5. 1.부터 「건설업종 동포 취업등록제」를 시행하여, 매년 건설업에 취업할 수 있는 동포의 적정규모를 산정하고 그 범위 내에서 건설업 취업교육을 이수한 동포에 대해 건설업 취업인정증 발급을 통해 관리하고 있다.

---

287) 고용노동부, 「고용허가제 업무편람」, 2019, 324면 참조.
288) 고용노동부, 「고용허가제 업무매뉴얼」, 2023, 344면-348면 참조.

2) 주요내용

건설업에 취업하려면 『건설업 취업인정증(카드)』을 발급 받아야 한다. 방문취업(H-2) 건설업 취업교육은 '20년부터 건설업 기초안전·보건교육에 통합되어 운영되고 있다. '20년부터 일반취업교육을 받은 H-2외국인근로자가 건설업에 취업하고자 할 경우 건설업 기초안전보건교육을 수료하여야 한다. 단, '20년 이전 건설업 취업교육 이수자는 건설업 취업인정증 유효기간 범위 내에서 「산업안전 보건법」 제31조의2제1항의 건설업 기초안전·보건교육을 이수한 것으로 인정된다.

(2) 「건설업 취업 인정증」 발급 절차

「건설업 취업 인정증」 발급 대상자는 취업교육 이수 후 국내 체류 중인 방문취업(H-2) 자격 동포이다. 대상자는 아래 절차에 따라 「건설업 취업 인정증」을 발급받아서 건설업 취업이 가능하다.

---

① 취업교육 신청
- 접수기관: 한국산업인력공단
- 접수방법: 온라인 (인터넷 접수, 외국국적동포 취업교육 홈페이지: http://eps.hrdkorea.or.kr)

↓

---

② '건설업 취업인정증명서' 발급
- 취업교육 수료 후 신청자에 한하여 발급
- 유효기간: 1년(지방고용노동관서에서 연장 가능)
- '20년 이전 이수자의 경우 「산안법」 제31조의2제1항에 의한 건설업 기초안전·보건 교육 이수한 것으로 인정하되, 2020.1.1.부터는 건설업 취업인정증 유효기간이 경과한 자는 건설업 기초안전보건교육을 이수하여야 함

↓

---

③ 알선·자율구직
- 건설업 취업인정증을 발급받은 동포(H-2) 근로자는 직업안정기관의 장에게 구직신청

후, 지방고용노동관서 알선 또는 자율 구직을 통해 취업

↓

④ 근로개시신고: 고용노동부, 법무부 신고 일원화 • 외국국적동포를 고용한 사용자는 근로개시 14일 이내에 지방고용노동관서에 '근로개시 신고' * 건설업에 취업한 동포(H-2) 근로자는 출입국·외국인청(사무소, 출장소)에 14일 이내에 취업 신고(하이코리아 전자민원으로도 신고가능)

(3) 건설업 취업등록제 운영 방안

1) 입국후 취업(신규/재입국)교육 실시

- 건설업 취업을 희망하는 동포의 신청을 받아서 매월(필요시 분기별 교육) 취업 교육 실시 (취업 인정증 발급 신청해야 함)

- 온라인을 통해 신청 접수(한국산업인력공단 외국국적동포 취업교육 홈페이지 http://eps.hrdkorea.or.kr, 1577-0071)하고 교육일자, 장소를 자율적으로 선택

2) 건설업 취업인정증 발급 및 유효기간

- 취업교육 이수자에 대해 취업교육 종료와 함께 『건설업 취업인정증』발급

- 상기 인정증의 유효기간은 1년임. 다만, 잔여 취업활동기간이 1년 미만인 경우에는 인정증의 유효기간도 잔여 취업활동기간까지만 부여

3) 건설업 취업인정증 발급 한도(폐지)

- '22.12.28. 외국인력정책위원회에서 건설업 취업인정증 발급한도 폐지(시행일:'2023. 1.1.)

(4) 「건설업 취업 인정증」 연장 절차

1) 연장 신청기간

인정증 연장 신청은 효력 만료일 60일 전부터 효력 만료일*까지 가능하다.

*'18.5.1.부터 건설업 취업교육을 받은 자부터 적용하고 '18.5.1.이전 교육자는 기존 지침
　에 따라 효력만료일 60일전부터 효력만료일 1개월까지 적용

다만, 연장 신청기간 동안 다음 어느 하나의 사유로 신청하지 못한 경우에도 신청할 수
있다. 이 경우 출국 또는 불가피한 사유가 해소된 날부터 60일 이내에 신청하여야 하며,
효력만료일부터 1년이 경과된 때에는 연장 신청을 할 수 없다.

1. 출국하여 국내에 없는 경우: 「출입국사실증명원」 제출
2. 질병이나 부상으로 신청할 수 없을 경우: 병원진단서 제출
3. 천재지변이나 그 밖의 부득이한 사유로 연장 신청이 사실상 어려운 경우: 사유를 증명할
　수 있는 객관적 자료 제출

2) 신청기관 및 방법

인정증 연장은 고용센터에서 신청할 수 있다(건설업 취업교육 등 불필요). 특례 외국인근로
자(H-2)가 유효기간이 만료되는 취업인정증과 외국인등록증, 여권을 지참하고 고용센터
에 '건설업 취업 인정증 유효기간 연장 신청서'[289]를 제출하면, '건설업 취업 인정증의
유효기간'을 연장받을 수 있다.

3) 연장 유효기간

연장된 인정증의 유효기간은 종전 효력만료일부터 1년이다. 신규발급 또는 연장 모두 유효
기간은 1년이지만, 신규발급 또는 연장 시 모두 잔여 취업활동 기간이 1년 이내인 경우에는
취업활동 기간 만료일까지만 유효기간이 인정된다. 재고용 등에 따라 취업활동 기간이

---

[289] 고용허가제 홈페이지(https://www.eps.go.kr/), 자료실〉업무별서식(2022.4.18.), '건설업취업인
　　정증명서 유효기간 연장 신청서 서식'

연장되는 경우에는 연장 절차에 따라 유효기간 연장이 가능하다.

4) 「산업안전 · 보건교육 규정」관련

건설업 취업인정증을 발급받은 경우 인정증유효기간에 한정하여 건설업 기초교육을 이수한 것으로 보나,

- 2020.1.1. 건설업취업교육의 폐지로 유효기간이 경과한자는 건설업 기초안전 보건교육을 이수하여야 한다.

* '20년 이전 이수자의 경우 산안법 제31조의2제1항에 의한 건설업 기초안전·보건교육 이수한 것으로 인정된다.

(5) 「건설업 취업 인정증」(카드) 발급

증명서는 플라스틱 카드 형태로 발급된다.(소지하기 편리하고 불법취업 여부 점검 시 확인하기도 용이하도록 개선-「2011년도 동포 건설업 취업등록제 운용지침 시달」외국인력정책과-425('11. 2. 14.)) 또한, 특례 외국인근로자의 체류기간, 건설업 취업교육 이수 여부 등 체류정보가 연계된 「건설근로자 퇴직공제부금 전자카드」도 발급된다('18.5.31.).

7. 재외동포(F-4) 자격으로 변경 가능:건설업 이외 업종 취업동포에 대한 혜택부여

방문취업(H-2)자격자 중 농축산업·어업(양식업 포함)·지방 소재 제조업의 동일 사업장에서 일정기간(2년) 이상 근속한 사람은 재외동포(F-4) 자격으로 변경허가가 가능하다.

* 재외동포(F-4) 소지자는 단순노무행위 등을 할 수 없음(법무부 고시 제 2015-29호, '15.1.21.) → 고시 개정을 통해 재외동포(F-4) 자격의 동포도 제조업, 농축산업 및 어업 사업장에서 다음 종류의 업무는 단순노무직임에도 수행 가능290)

---

290) 재외동포(F-4) 자격의 취업활동 제한범위 고시[시행 2010. 4. 26.] [법무부고시 제2010-297호,

- 제조업: 제품 단순 선별원(93003), 그 외 제조관련단순종사원(93009)

- 농림축산업: 농(축산)업 단순 종사원(99101), 임업 단순 종사원(99102)

- 어 업: 어업 단순 종사원(99103)

2010. 4. 26., 폐지제정]에서 취업활동이 제한되는 분야의 세부직업[별지]에 포함되어있었으나, 고시 개정('15.1.21.)으로 '단순노무행위에 해당하는 세부 직업'에서 삭제되었음.

제4절 숙련기능인력(E-7-4) 체류자격
전환제도[291]

I. 개요[292]

1. 의의

기초 산업 분야(제조업, 어업, 농업 등)에 종사하는 외국인 근로자(E-9, H-2, E-10)의 숙련도 등을 평가하여 장기체류가 가능한 비자(E-7-4)로 변경해주는 제도를 말한다. 일반고용허가제(E-9), 특례고용허가제(H-2) 비자로 입국한 외국인 근로자는 최대 4년 10개월간 근무한 뒤 반드시 귀국해야 하며, 재입국을 하더라도 최대 9년 8개월(기존 4년 10개월 포함)까지만 체류가 가능하다. 그러나 숙련기능인력(E-7-4) 비자로 전환하면 체류자격을 변경하여 2년마다 체류를 연장하고, 귀국 없이 지속적으로 국내에서 일할 수 있게 된다.

주요 비자의 체류기간 비교

비자	고용허가제(E-9)	숙련기능인력(E-7-4)
체류기간	3년(최대 4년 10개월)	최초 2년
체류관리	체류기간 종료 시 반드시 귀국 (고용주 요청 시 재입국 가능)	매2년마다 체류 연장 허가 후 지속 체류 가능(귀국 불필요)

2. 대상

(1) 신청 대상 외국인 요건

가. 기본 요건(필수사항) : 아래 요건 모두 충족(①~④)

---

[291] 법무부 하이코리아(https://www.hikorea.go.kr/), 뉴스 · 공지〉공지사항(2024.5.30.), '24년 숙련기능인력 운영계획('24. 5. 30. 기준 업데이트)' 참조.
[292] 해양수산부, 보도자료(2019.3.7.), '수산업종에 숙련된 외국인력의 국내 체류가 쉬워집니다.' 1면 참조.

① 최근 10년간 E-9, E-10, H-2 자격으로 4년 이상 체류한 現 등록외국인으로 현재 근무처
  에서 정상 근로 중인 자
- 신청 당시 현재 근무처에서 외국인등록을 하고 합법적으로 근무 중일 것

② 현재 근무처에서 연봉 2,600만원 이상으로 향후 2년 이상 E-7-4 고용계약
- E-7-4로 자격변경이 되면 신청 당시 근무처에서 2년 이상 계속 근무하는 것으로 고용계
약이 되어 있을 것
- E-7-4로 자격변경이 되면 지급 예정 연봉이 2,600만 원 이상이 되는 것으로 고용계약이
  되어 있을 것(다만, 농·축산업, 어업·내항상선 종사자는 연봉 요건을 2,500만원 이상
  으로 완화하여 적용)

③ 현재 1년 이상 근무 중인 기업의 추천을 받은 자

고용기업 추천 제도

○ (개요) 해당 외국인이 현재 1년 이상 근무 중인 기업의 대표가 추천(붙임5 추천서
  발급) → "고용기업 추천"은 K-point E74 전환 시 필수요건이면서 가점 항목임
○ (추천 기준) 상시근로자* 수의 20% 범위 내 ** 에서 추천 가능
  * 고용보험 가입자명부에 최저임금을 충족하는 3개월 이상 등재된 국민과 취업할
    수 있는 체류자격을 가진 외국인근로자
  ** 허용 계산값의 소수점 이하는 올림하며, 현재 E-9 및 E-10 외국인 근로자를
    고용하고 있는 기업의 경우 최소 1명 추천 가능
 - (추천범위 예시) 상시근로자 100명인 사업장은 최대 20개(20명)의 추천권 행사 가능
○ (추천 제한) 시행 이후 임금 체불, 폭행 등 인권침해 발생 또는 외국인 불법 고용 시
  해당 기업은 즉시 추천권 박탈 및 향후 5년간 추천 불허

---

④ 점수제 총점 300점에서 가점 포함 최소 200점 이상자[기본항목의 평균소득과 한국어능

력이 각각 최소 점수(50점) 이상인 자에 한함] : 붙임1 점수표 참고

- 최근 2년 연간 평균소득*이 2,500만원 ** 이상이고, 한국어능력이 TOPIK 2급 또는 사회통합프로그램 2단계 이수완료 또는 사회통합 프로그램 사전평가 3단계 배정(41점) 이상일 것

* 단, 재입국 공백 등으로 최근 2년 간 소득입증이 불가능한 경우, '19년~'23년 중연간 단위로 소득금액이 높은 2개년의 소득금액으로 대체 가능

** 최근 2년간의 소득의 합을 2로 나눈 값을 말하며, 농·축산업 또는 어업·내항 상선 종사자는 2,400만원 이상으로 완화 적용

나. 가점 및 감점 내용

㉠ (가점 항목) 추천, 현 근무처 장기근속, 인구감소지역 장기근무 등으로 구성되며, 각 가점 간 합산 가능

- (추천) 추천은 중앙부처, 광역지자체 * , 고용기업 추천으로 구분, 고용기업 추천은 기본 요건(필수)이며, 중앙부처 추천과 광역지자체 추천은 선택사항으로 서로 중복되면 하나만 인정

* 17개 광역지자체에 한하며, 기초지자체는 광역지자체를 통해 추천 계속 근무하고 있는 경우만 해당

- (인구감소지역 등 근무경력) 과거 10년 이내에 국내에서 3개 체류자격(E-9·E-10·H-2) 중 어느 하나 또는 자격 간 합산하여 인구 감소지역 또는 읍면지역에서 3년 이상 합법적으로 정상 근무한 경력을 말함(인구감소지역과 읍면지역 근무 경력 간 합산 가능)

- (자격증 소지) 기사, 산업기사, 기능사 중 하나 이상의 국내 자격증 * 을 소지하면 해당

* 신청일 현재 근무 중인 분야와 관련된 국내 자격증

- (국내대학 학위) 국내대학에서 수학하고 전문학사 이상의 학위를 소지하면 해당

- (국내 운전면허증) 국내 경찰청 발급 운전면허증 중 제2종 보통면허 이상만 인정

㉡ (감점 항목) 최대 50점 이내에서 감점 적용(신청일 기준 10년 이내의 건만 적용) : 붙임1

점수표 참고 - (벌금 100만원 미만의 형) 벌금 100만원 미만의 형을 받은 자에게 횟수에 따라 최대 20점의 감점 적용

- (조세 체납으로 체류 허가를 제한받은 사실이 있는 자) 조세 체납으로 체류 허가가 제한된 횟수에 따라 최대 15점 감점 적용

- (출입국관리법 3회 이하 위반자로 행정처분을 받은 자) 출입국 관리법 위반으로 인한 사범처리 횟수에 따라 최대 15점까지 감점 적용

다. 제외 대상 : 아래 항목 중 하나라도 해당하면 불가(①,③,④는 최근 10년 이내 사항만 해당)

① 벌금 100만원 이상의 형을 받은 자

② 조세 체납자(완납 시 신청 가능)

③ 출입국관리법 4회 이상 위반자

④ 불법체류 경력 3개월 이상

⑤ 대한민국의 이익이나 공공의 안전 등을 해치는 행동을 할 염려가 있다고 인정할 만한 자

⑥ 경제질서 또는 사회질서를 해치거나 선량한 풍속 등을 해치는 행동을 할 염려가 있다고 인정할 만한 자

(2) 고용기업(사업장) 요건

가. 기본 요건 : 현재 E-9·E-10·H-2를 1명 이상 정상적으로 고용하고 있는 기존 숙련기능 점수제 적용 사업장 → 3개 체류자격(E-9·E-10·H-2) 중 어느 하나에 해당되는 외국인을 현재 고용하고 있는 사업장일 것

나. 허용 인원 : 현재 해당 사업장 국민고용* 인원의 30% 이내

 * 고용보험가입자명부에 최저임금을 충족하는 3개월 이상 등재된 인원을 말하며, 3개월 이상 고용보험 가입자 명부를 제출해야 하므로 원칙적으로 개업 후 최소 3개월 이후 신청 가능

- (특례) 인구감소지역, 뿌리산업은 국민고용 인원의 50% 이내
- (다른 자격 외국인 고용인원 포함 여부) E-7-4 이외의 E-7· E-9·E-10·H-2 및 F-2, F-4, F-5, F-6는 외국인 고용인원에서 제외

※ 허용 계산값의 소수점 이하는 올림 하며, 현재 E-9 및 E-10 외국인 근로자를 고용하고 있는 기업의 경우 최소 1명(인구감소지역, 뿌리산업은 2명) 고용 가능

　　☞ 건설업의 경우 '연평균 공사금액×0.1(1억당 0.1명 고용, 소수점 이하는 올림)' 내에서 고용가능

다. 제외 대상 : 세금(국세, 지방세) 체납 사실이 있는 업체는 제외

(3) 행정 사항

○ 허가 내용 : 체류자격 변경만 허용(신규 비자발급 대상 아님) – (허가 기간) 1회 부여 체류 기간 2년 이내(고용계약 범위 내)
○ 수수료 : 일반적인 자격변경 수수료 적용(전자민원 감면 포함)

(4) 시행 일자 등

○ 시행 일자 : '24. 2. 1.(목)
○ 경과 조치 등
- 「K-point E74」 시행 이전에 이미 숙련기능인력(E-7-4) 자격을 취득하여 체류 중인 자의 체류자격 변경, 체류기간 연장 등은 종전 E-7-4 기준 적용
- 「K-point E74」 제도를 통해 숙련기능인력(E-7-4) 자격으로 변경한 자의 체류 기간 연장 등 체류 관리기준은 별도로 마련해 공지할 예정

II. 신청절차

하이코리아(www.hikorea.go.kr)에 해당 조건의 외국인 근로자가 접속하여 직접 신청함

○ (일정) '24. 2. 1.(목) ~ '24. 12. 20.(금), 쿼터 마감 전까지 상시 접수

○ (방법) 하이코리아 전자민원을 통한 온라인 접수 원칙

- (신청 5부제) 신청인의 출생 연도 끝자리에 따른 신청 요일 지정

  (예: 1990년생→금요일, 1993년생→수요일, 1987년생→화요일 · · · · · ·)

신청 가능 요일	월	화	수	목	금
출생 연도 끝자리	1, 6	2, 7	3, 8	4, 9	5, 0

* 고령자, 격오지, 첨부서류 과다자 등 관할기관장이 판단해 대면 접수가 불가피한 경우에

  만 예외적으로 대면 접수 허용

❶ 로그인

1) www.hikorea.go.kr 접속
2) 홈화면 우측 상단의 '로그인' 클릭

출생연도 5부제 신청

신청인의 **출생 연도 끝자리**에 따른 신청 5부제 적용
(예: 1990년생-)금요일, 1993년생-)수요일, 1987년생-)화요일 … …)

신청가능 요일	월	화	수	목	금
출생연도 끝자리	1, 6	2, 7	3, 8	4, 9	5, 0

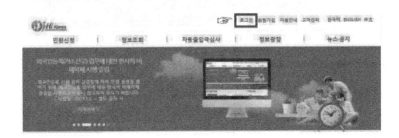

❷ 민원신청

- 홈화면의 **민원신청 신청하기** 클릭

❸ 민원선택

1) 민원선택 목록 중 **'등록외국인의 체류자격변경'** 허가 체크
2) 맨 하단의 **'행정공동이용 등의 여부 확인'** 체크
3) 다음 클릭

④ 민원선택-직업변경신고 선택

-선택 항목없이 <u>바로 다음 단계</u>로 진행

(체류자격변경 시 직업·소득 변경 신고는 의무적 신고사항)

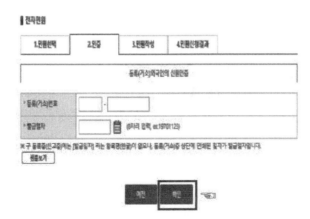

⑤ 인증단계 (대행기관만 해당)

1) 외국인 등록번호 및 발급일자 입력
2) 확인 클릭

❻ 민원작성

1) ***(별표시)**는 필수 입력
2) 첨부파일의 파일명은 각각 다르게 해야 업로드 가능
3) **2MB(2,048KB)** 이하의 **jpg, bmp, png, gif, tif, pdf** 파일만 첨부
   가능
   (증명사진은 95KB이하의 jpg 파일만 가능)
4) 한 개의 항목에 업로드 할 파일이 여러 개인 경우 **'추가'** 버튼 클릭 후
   항목을 추가하여 업로드 가능
   - 또는 여러 장의 스캔본을 하나의 파일로 합쳐서 업로드 가능
5) 모든 항목 입력 후 다음 클릭

❼ 직업변경신고 입력

1) 직업 항목의 직업란 선택 클릭 후

2) 신청 외국인 직업을 선택

3) 상세 직업란에 신청 외국인의 현재 직업 입력

4) 소득항목의 소득란 선택 클릭 후,
   신청 외국인의 연간 소득 또는 소득없음 선택

❽ 민원신청 결과

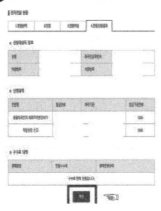

-확인 클릭 후 민원신청 완료

수고하셨습니다.

사업주가 관련 증빙서류를 갖추어 법무부 출입국·외국인청에 신청하고, 점수제 평가 항목에 따른 기준 통과 시 체류자격이 변경된다.

'고용추천제도'를 통해 신청하는 것도 가능하다, '고용추천제도'는 신청 분야의 소관 중앙부처에서 고용추천을 받게 되면 최대 10점의 가산점을 부여받을 수 있는 제도이다. 고용추천 기준은 부처별 자율적으로 운영된다. 고용추천을 하는 부처는 고용노동부(일반 제조업), 산업통상자원부(뿌리산업), 농림축산식품부(농축업), 해양수산부(어업)이다.

III. 2024년 숙련기능인력(E-7-4) 점수제 선발 계획 안내[293]

1. 연간 선발인원 : 총 35,000명

(단위:명)

구분	전체	기업 추천 개인 트랙	중앙부처 추천						광역 지자체 추천 (17개 시도)	탄력 배정 쿼터
			고용부	산업부	농림부	산업부	해수부	국토부		
			제조업	뿌리산업	농축 산업	조선업	어업 · 내항 상선	건설업		
K-point E74	35,000	12,000	3,650	1,900	1,600	1,600	600	300	5,500	7,850
비율 (%)	100	34	28						16	22
			10	5	5	5	2	1		

(1) 쿼터 유형별 설명

○ 기업 추천 개인트랙 : 현재 1년 이상 근무 중인 기업의 추천을 받은 자로써 중앙부처·지자

---

293) 법무부 하이코리아(https://www.hikorea.go.kr/), 뉴스·공지〉공지사항(2024.5.30.), '24년 숙련기능인력 운영계획('24. 5. 30. 기준 업데이트)' 참조.

체 추천 없이 전환요건 점수 이상이면 신청 가능

○ 추천 쿼터 : 현재 1년 이상 근무 중인 기업의 추천을 받은 자로써 중앙부처, 광역지자
체294) 추천을 받으면 신청 가능

- (중앙부처 추천) 고용부(제조업)295), 산업부(뿌리산업)296), 산업부(조선업)297), 농림축
산식품부(농축산업)298), 해수부(어업·내항상선)299), 국토부(건설업)300)에서 추천

- (광역지자체 추천) 1년 이상 해당 광역지자체 소재 기업에서 근무 중인 자 중 추천을 희망
하는 각 광역지자체에서 추천(E-7-4 전환 후 2년 이상 해당 광역지자체에 체류지(주소)
를 계속 두고 있어야 함)

- (탄력 배정 쿼터) 탄력적인 쿼터 운영을 위해 별도로 마련된 쿼터로 향후 추가 배정이
필요한 분야에 탄력적 운영 예정

2. 자주 묻는 질문 및 답변301)

[기본 요건]

1. 최근 10년 이내 4년 이상 체류에 대한 기준

⇒ '17년~'19년 E-9으로 체류 후 '22년 E-9으로 재입국하여 현재 2년 동안 근무 중인
경우 4년 이상 체류로 보아 적용 대상이 됩니다.

---

294) 지자체 예시: 경기도청 홈페이지(https://www.gg.go.kr/), 뉴스〉공고·입법예고〉고시·공고(202
4.2.14.), '2024년 외국인 숙련기능인력(E74) 경기도 추천계획 공고' 참조.
295) 고용노동부, 고용노동부 홈페이지(http://www.moel.go.kr/), 뉴스·소식〉공지사항(2024.3.5.),
'24년 고용부 숙련기능인력(E-7-4) 전환 추천서 발급 안내' 참조.
296) 산업통상자원부, 홈페이지(http://www.motie.go.kr/), 예산·법령〉고시·공고〉공고(2024.2.1
4.), '2024년도 뿌리산업 외국인 숙련기능인력 부처추천 절차 공고' 참조.
297) 산업통상자원부, 홈페이지(http://www.motie.go.kr/), 예산·법령〉고시·공고〉공고(2024.2.1
.), '조선업 E-7-4 고용추천 계획 공고' 참조.
298) 농림축산식품부, 홈페이지(https://www.mafra.go.kr/), 알림소식〉공지·공고(2024.2.1.), '농축
산분야 숙련기능인력(E-7-4) 고용추천 운영방안' 참조.
299) 해양수산부, 홈페이지(https://www.mof.go.kr/), 알림·뉴스〉알림〉공지사항(2024.2.6.) '2024
년도 어업 분야 숙련기능인력 고용추천제도 운영 방안' 참조.
300) 국토교통부, 홈페이지(https://www.molit.go.kr/), 뉴스·소식〉공지사항(2024.2.22.) '2024년도
건설업분야 숙련기능인력(E-7-4) 추천 운영방안 공고' 참조.
301) 이하 '붙임 파일'은 법무부 하이코리아(https://www.hikorea.go.kr/), 뉴스·공지〉공지사항(2024.
5.30.), '24년 숙련기능인력 운영계획('24. 5. 30. 기준 업데이트)' 참조.

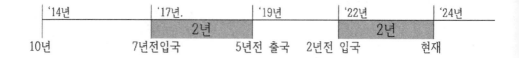

'14년	'17년.	'19년	'22년	'24년
10년	7년전입국	5년전 출국	2년전 입국	현재

(그 사이: '17년~'19년 2년, '22년~'24년 2년)

[근무 조건]

2. 고용계약서 양식은 별도의 기준이 없나요?

⇒ 붙임9의 고용계약서 견본을 참고하여서 작성하시면 됩니다. 단, K-point E74 전환 조건인 ① 향후 2년간 근무 예정 및 ② 연봉 2,600만원 이상 수령 조건은 명시되어야 합니다.

2-1. 임금요건 중'연봉 2,600만원 이상'의 의미는 무엇인가요?

[2024년 최저임금 기준, 월 2,060,740 × 12개월 = 연 24,728,880]

⇒ 연봉 2,600만원은 근로기준법 상 '통상임금'에 해당합니다. 통상임금이란, 근로자에게 정기적, 일률적, 고정적으로 소정 근로 또는 총 근로에 해당하는 시간급·주급·월급·도급 금액을 의미합니다.

아래의 표로 임금 유형별 통상임금에 포함 여부를 확인하시기 바랍니다.

임금명목	임금의 특징	통상임금 해당 여부
상여금	정기상여금 : 정기 지급이 확정되어 있는 상여금	O(정기성 인정)
	기업실적에 따라 부정기적 재량에 따라 지급되는 상여금(경영성과 분배금, 격려금, 인센티브 등)	X (사전 미확정 고정성 인정 X)
성과급	근무실적을 평가해 지급 여부, 금액이 결정되는 임금	X (고정성 인정 X)
	최소한도가 보장되는 성과급	O (최소한도의 일률적 · 고정적 지급인 경우)
각종 수당	기술수당 : 기술 · 자격 보유자에게 지급되는 수당(자격 · 면허 수당 등)	O

	근속수당 : 근속기간에 따라 지급 여부, 금액이 달라지는 임금	O
특정 시점 재직 시 지급되는 금품	재직자에게만 지급되는 금품(명절 귀향비, 휴가비 등)	X (근로의 대가가 아니며, 고정성 인정X)
	퇴직자에게도 근무일 수에 비례하여 지급되는 금품	O (고정성 인정)

2-2. 계약기간은 어떻게 작성하나요?

⇒ K-point E74의 기본 요건은 향후 2년 이상 E-7-4 고용계약이 되어 있어야 합니다. 계약 기간은 고용주와 외국인 간의 자율사항이나 계약일로부터 2년 이상은 체결되어 있어야 K-point E74의 기본 요건을 충족합니다. 계약 시작일은 신청일 기준으로 작성 하시면 됩니다. 붙임9의 고용계약서 견본을 참고하시기를 바랍니다.

[평균 소득]

3. '최근 2년간 평균소득'의 의미는 무엇인가요?

⇒ 신청 당시 가장 최근 2년간의 소득의 합을 2로 나눈 값을 말하며, 농·축산업 또는 어업·내 항 상선 종사자는 2,400만원 이상으로 완화 적용합니다. 단, 재입국 공백 등 부득이한 사유로 최근 2년간의 소득 입증이 불가능한 경우, '19년~'23년 중 연간 단위로 소득금액 이 가장 높은 2개년의 소득금액으로 제출 가능합니다.

3-1. 평균 소득 입증서류로 국세청 발급 소득금액증명원만 인정하는지?

⇒ 원칙적으로 국세청 발급 소득금액증명원만 인정합니다. 다만, 종합소득세 신고가 완료 되는 5월까지는 전년도 소득금액증명원 발급이 불가하므로 24년 5월까지는 '21 년~'22년 소득금액증명원도 인정하되, 24년 5월 이후로는 '22년~'23년 소득금액증명 원을 제출해야 합니다.

[한국어]

4. 사전평가 성적이 41점 이상이나 구술 점수가 3점 미만으로 0단계 배정된 경우?

⇒ 점수 불인정, K-point E74의 한국어 능력 최소점(50점)은 사회통합프로그램 사전평가 3단계 배정 이상을 기준으로 책정된 것이기 때문에 위의 경우 한국어 능력 기준에 부합하지 않아 점수를 인정하지 않습니다.

4-1. 사회통합프로그램 사전평가 성적 유효기간?

⇒ 사회통합프로그램 사전평가 결과일로부터 2년이 지나면 평과결과는 무효가 됩니다. 따라서 사전평가 결과일로부터 2년이 지났다면 아무리 점수가 높아도 K-point E74 한국어 능력으로 인정할 수 없습니다.

4-2. 사회통합프로그램 사전평가 후 점수가 낮아서 재시험 보고 싶은데 가능한가요?

⇒ 네, 가능합니다. 붙임8의 사회통합프로그램 사전평가 일정을 확인하셔서 신청하시기를 바랍니다. 특히 광명, 대전 CBT 센터에서는 매주 4회씩(월, 화, 수, 금) 평가가 진행되고 있으니 응시자는 이 점 참고하시기를 바랍니다.

[기업체 추천]

5. 고용 보험 가입자명부가 발급되지 않는 농업, 어업 같은 경우에는 기타 서류 제출로 상시근로자 입증하여 추천 가능한가요?

⇒ 원칙적으로 고용보험 가입자명부를 제출해야 합니다.

5-1. '현재 1년 이상 근무 중인 기업의 추천을 받은 자'에서 '1년 이상'의 의미는?

⟨K씨는 '20년 A업체에서 6개월 근무 후 B업체로 근무처 변경 허가를 받았다. 이후 다시 A 업체로 근무처 변경 허가받아 K-pointE74 신청 당시 현재 6개월째 근무 중이다. 기업체 추천 요건 상 현재 1년 이상 근무 중으로 인정받아 A업체의 추천을 받을 수 있는지?⟩ ⇒ 비록 중간에 다른 업체에 근무해 공백이 있다고 해도 과거와 현재 근무 중인 업체가 동일 업체라면

실제 근무한 기간(과거+현재)을 합산 가능, 이렇게 합산이 1년 이상이면 해당합니다.

5-2. 기업추천 허용인원 및 업체별 고용허용인원 산정 시 기준이 되는 상시근로자와 국민고용인원의 의미는?

⇒ 상시근로자는 고용보험가입자명부에 3개월 이상 등재되어 있고 법정 최저임금 이상의 월급여를 받는 내·외국인 근로자, 국민고용인원은 고용보험가입자명부에 3개월 이상 등재되어 있고 법정 최저임금 이상의 월급여를 받는 내국인 근로자를 의미합니다.

[국내대학 학위]

6. 원격대학(방송통신대, 사이버대 등)들도 가능한지?

⇒「고등교육법」제2조제5호에 따라 방송대학·통신대학·방송통신대학 및 사이버대학 (이하 "원격대학") 학위 또한 인정됩니다.

6-1. 독학사, 학점은행제로 취득한 학위도 인정되나요?

⇒「독학위법」제6조 제1항 및 「학점인정등에 관한 법률」제8조 제1항에 따라 독학사, 학점은행제로 취득한 학위 또한 인정됩니다.

[현근무처 근속]

7. 근속의 의미?

〈K씨는 20년도에 A 근무처에서 1년간 근무하다가 A근무처의 휴업 등 사유(본인의 귀책사유가 아님)로 B근무처로 이직하였다. 이후 22년도에 A근무처의 상황이 좋아져 K씨를 재고용하였고, K씨는 현재 A근무처에서 2년째 근무중이다. 이 경우 K씨는 20년도 기록을 합산하여 현 근무처 근속 3년 이상 가점을 취득할 수 있는지?〉

⇒ 비록 중간에 다른 업체에 근무해 공백이 있다고 해도 과거와 현재 근무 중인 업체가 동일 업체라면 실제 근무한 기간(과거+현재)을 합산 가능, 이렇게 합산이 3년 이상이면 해당합니다.

[읍면지역 · 인구감소지역]

8. 직전 근무처가 읍면지역 (인구감소지역)인 경우 가점 적용되는지?

〈예〉 A씨는 직전에 읍면지역이 아닌 근무처에서 1년 근무했고, 읍면지역에 해당하는 전전
   근무처에서 2년간 근무했다. 현재 읍면지역에 해당하는 근무처에서 1년간 근무 중일
   경우 전전 근무처의 2년을 합산하여 3년 읍면지역 가점으로 인정할 수 있는지?〉

⇒ 전전 근무 기간의 2년과 현재 근무 기간의 1년 합산하여 3년으로 가점 취득 가능합니다.

8-1. 인구감소지역 및 읍면지역 근무경력 간 합산 가능의 의미?

⇒ 인구감소지역에서 3년, 읍면지역에서 3년 근무한 경우 근무경력 간 합산하여 총 6년
   근무로 가점 영역에서 '인구감소지역 및 읍면지역 3년 이상 근무'에 해당하여 총 20점
   한 번만 부여할수 있습니다. 각각 20점씩 총 40점 부여를 의미하는 것이 아닙니다.

8-2. 근무지역이 인구감소지역이면서 동시에 읍면지역인 곳에서 2년을 근무한 경우, 인구
   감소지역 해당 2년과 읍면지역 해당 2년을 따로 계산해 합산할 경우 4년으로 인정 가능한지?

〈K씨는 전남 곡성군 삼기면 소재 A업체에서 22년부터 현재까지 2년을 근무해 왔으며,
해당업체 소재지는 읍면지역이면서 동시에 인구감소지역에 해당〉

⇒ 근무 지역이 읍면지역이면서 동시에 인구감소지역인 경우 근무기간을 중복해서 가산할
   수 없습니다. (질문의 경우 2년 근무로 인정)

[체류 일반]

9. 잔여 여권 유효기간이 짧은 경우 어떻게 해야 하나요?

⇒ 잔여 여권 유효기간이 6개월 미만인 경우, 1회에 한하여 붙임10의 확인서 징구 후 여권
   유효기간을 6개월로 간주하여 체류기간을 부여합니다. (단, 고용계약기간은 2년이상
   되어있어야 함). 붙임10의 확인서는 전자민원 신청의 필요증빙서류 목록 중 21.기타
   항목에 첨부하시기를 바랍니다.

9-1. K-point E74 시행일 이전 발급받은 부처 추천서도 유효한가요?

⇒ 시행일 이전 발급받은 부처 추천서는 유효하지 않습니다. 붙임7의 추천 소관 부서 연락처를 확인하시어 해당 부처에 재발급 문의하시기를 바랍니다.

9-2. 신원보증서 작성시 유의사항

⇒ 붙임12의 신원보증서 작성시 '신원보증기간'을 유의하여 작성해 주시기를 바랍니다. K-point E74 규정상 체류 기간은 1회 최대 2년까지(고용계약 범위 내) 부여할 수 있으나 신원보증기간이 2년보다 짧으면 체류기간을 2년 부여받으실 수 없습니다. 이는 고용계약 기간이 2년이라 하더라도 동일하게 적용됩니다.

[하이코리아]

10. 하이코리아 전자민원 신청 가능 시간이 어떻게 되나요?

⇒ 하이코리아 전자민원 신청 가능 시간은 평일 오전 7시~오후 10시까지입니다. 하이코리아 시스템관련 문의는 국번없이 1345로 문의하시기를 바랍니다.

10-1. 전자민원 신청 시 업로드할 수 있는 파일 형식은?

⇒ 2MB(2,048KB) 이하의 jpg, bmp, png, tif, pdf 파일만 첨부 가능합니다. 증명사진은 95KB 이하의 jpg 파일만 가능합니다.

제5절 고용허가제 외국인근로자 전용보험[302]

I. 개요

1. 의의

'외국인근로자 전용보험'이란 외국인근로자 또는 외국인근로자를 고용한 사용자가 외국인근로자의 고용 등에 관한 법률에 따라 의무적으로 가입하여야 하는 4가지 보험(출국만기보험, 보증보험, 귀국비용보험, 상해보험)을 말한다. 한국산업인력공단이 민간보험사(삼성화재, 서울보증보험)에 위탁하여 운영되고 있다.

2. 도입 배경

고용허가제로 입국한 외국인근로자의 대부분이 상시근로자 30인 미만 영세 사업장에 취업하고 있어, 자본과 영업환경이 열악한 사업주로부터 임금, 퇴직금 등의 체불금액을 적기에 보호받을 수 있도록 할 필요가 있어서 도입되었다. 또한 업무 이외의 상해로 사망 또는 질병 발생 시 적절한 보상 및 체류기간 만료시 귀국비용의 부담완화를 통해 안정적인 체류지원과 귀국을 보장하기 위한 목적으로 되었다.

3. 4대 사회보험과의 차이점

내국인 근로자가 가입하여야 하는 일반적인 4대 사회보험과 외국인근로자 전용보험은 가입대상과 강제성여부, 관련 법적근거, 산출내역, 보험료부담주체 등이 다른 별개의 보험이다.

---

[302] 고용노동부, 「고용허가제 업무매뉴얼」, 2023, 404면-409면 참조.

II. 전용보험의 종류

1. 출국만기보험·신탁

외국인근로자를 고용한 사업 또는 사업장의 사용자가 외국인근로자의 출국 등에 따른 퇴직금 지급을 위하여 외국인근로자를 피보험자 또는 수익자로 하여 가입하여야 하는 보험 또는 신탁이다(외국인근로자의 고용 등에 관한 법률 제13조, 시행령 제21조).

2. 보증보험

외국인근로자를 고용한 사업 또는 사업장의 사용자가 임금체불에 대비하여 그가 고용하는 외국인근로자를 위해 가입하여야 하는 보험이다(외국인근로자의 고용 등에 관한 법률 제23조, 시행령 제27조).

3. 귀국비용보험·신탁

외국인근로자가 귀국 시 필요한 비용에 충당하기 위해 가입하여야 하는 보험 또는 신탁이다(외국인근로자의 고용 등에 관한 법률 제15조, 시행령 제22조).

4. 상해보험

외국인근로자가 업무상 재해 이외의 사망 또는 질병에 대비하여 가입하여야 하는 보험이다(외국인근로자의 고용 등에 관한 법률 제23조, 시행령 제28조).

〈외국인근로자 전용보험 개요〉

구분	출국만기보험	보증보험	귀국비용보험	상해보험
도입목적	불법체류 예방 및 사용자의 퇴직금 일시 지급에 따른 부담 완화	외국인근로자의 임금체불에 대비	귀국 시 필요한 비용에 충당	업무상재해 이외의 사망·질병에 대비
근거	법제13조·동법	법제23조·동법	법제15조·동법	법제23조·동법시행령

(외국인근로자의 고용 등에 관한 법률)	시행령 제21조	시행령 제27조	시행령 제22조	제28조
가입대상	사용자	사용자	외국인근로자	외국인근로자
적용 사업장	– 상시 1인 이상·4인이하 사업장은 '11.8.1.부터 적용 · 1년 이상303) 취업활동 기간이 남은 외국인 근로자를 고용한 사용자	– 각 호중 하나 · 임금채권보장법이 적용되지 아니하는 사업장 · 상시 300인 미만 근로자 사용 사업장	–중국, 필리핀, 인도네시아, 태국, 베트남:40만원 –몽골,기타:50만원 –스리랑카:60만원	외국인근로자를 고용한 사업 또는 사업장
적용제외 사업장	외국인근로자 고용특례 적용 건설업(동법제12조 제1항제1호)	외국인근로자 고용 특례 적용 건설업(동법제12조 제1항 제1호)	–	–
피보험자 또는 수익자	외국인근로자	외국인근로자	외국인근로자	외국인근로자
가입시기 및 벌칙규정	근로계약 효력발생일 부터 15일 이내 – 500만원이하 벌금	근로계약 효력발생일 부터 15일 이내 – 500만원 이하 벌금	근로계약 효력발생일 부터 3개월 이내 – 500만원 이하 과태료	근로계약 효력발생일 부터 15일 이내 – 500만원 이하 벌금
보험금 납부방법	월 통상임금의 8.3% 매월적립	일시금, 근로자 1인당:1년/15,000원 (보험료율:연0.343%)	일시금 또는 3회 이내 분할납부 국가별 40~60만원	일시금 3년/약20,000원 (성별, 연령에 따라 차등)
보험금 지급사유	사업장에서 1년 이상 근무한 외국인근로자의 출국(일시적 출국 제외), 체류자격 변경	사용자의 체불임금 발생 시 지급 원칙	외국인근로자 출국 (일시적 출국 제외)	외국인근로자의 업무상 재해 이외의 사망 또는 후유장애 발생
지급금액	1년 이상 근무하고 최초 납입일로부터 12개월 이상 경과 시 원금의	고용노동부장관 고시 금액 400만원 한도 (근로자 1인당)	최초 납입일로부터 12개월 이상 경과 시원금의 101%~107.6%	– 상해사망, 후유장해:최대 3천만원 – 질병사망, 고도장해:1천5백만원

	100.5%~102.4 % 지급		지급	
청구서류	(사업주) 보험금신청서, 통장사본, 고용변동신고 처리결과 사본 (외국인근로자) 보험금신청서, 출국예정 사실확인서, 통장사본, 신분증, 거래외국환지정 확인서	(외국인근로자) 보험금신청서, 통장사본, 신분증, 체불금품 확인원	(외국인근로자) 보험금신청서, 출국예정 사실확인서, 통장사본, 신분증, 거래외국환지정 확인서	(후유장해시) 보험금신청서, 통장사본, 신분증, 후유장해진단서, 사고조사위임장 (사망시) 보험금신청서, 유족명의 통장사본, 유족확인서류, 사망진단서, 사고조사 위임장
문의처 (보험사업자)	삼성화재보험 02)2261-8400	서울보증보험(주) 02)777-6689	삼성화재보험 02)2261-8400	삼성화재보험 02)2261-8400

III. 전용보험의 가입대상

1. 외국인근로자

대한민국의 국적을 가지지 아니한 자로서 국내에 소재하고 있는 사업장에서 임금을 목적으로 근로를 제공하고 있거나 제공하려는 자로서, 비전문취업(E-9) 또는 방문취업(H-2) 체류자격의 외국인근로자

2. 사용자

외국인근로자의 고용 등에 관한 법률에 따라 비전문취업(E-9) 또는 방문취업(H-2) 체류자격의 외국인근로자를 고용한 사용자

---

303) 취업활동 기간이 1년 미만 남은 근로자를 고용한 사용자는 적용 제외 사용자임. 고용노동부, 고용허가제 업무매뉴얼, 2023, 414면 참조.

IV. 보험금 지급액

종류	보험가입자	지급사유	보상금액
출국 만기 보험	사용자	1년 미만 근무 시(사업주에게 환급)	납입 원금
		동일사업장에서 1년 이상 근무하고 최초 보험료 납입 일로부터 1년 이상 시	납입원금
		동일사업장에서 1년 이상 근무하고 최초 보험료 납입 일로부터 2년 이상 시	납입원금
		동일사업장에서 1년 이상 근무하고 최초 보험료 납입 일로부터 3년 이상 시	납입원금의 101.1%
		동일사업장에서 1년 이상 근무하고 최초 보험료 납입 일로부터 4년 이상 시	납입원금의 102.4%
보증 보험	사용자	임금체불 발생 시	근로자 1인당 / 400만원 한도
귀국 비용 보험	외국인 근로자	최초 납입일로부터 1년 미만 시	납입 원금
		최초 납입일로부터 1년 이상 시	납입원금
		최초 납입일로부터 2년 이상 시	납입원금의 102.2%
		최초 납입일로부터 3년 이상 시	납입원금의 104.8%
		최초 납입일로부터 4년 이상 시	납입원금의 107.6%
상해 보험	외국인 근로자	상해로 인한 사망 또는 후유장해	최대 3천만원
		질병으로 인한 사망 또는 고도후유장해	1천5백만원

V. 외국인근로자 전용보험 업무흐름도

출국만기보험(사용자 가입)

보험가입
(사용자 → 보험사업자)
	• 최초 E-9 입국자 고용사용자: 취업교육 종료 후 외국인
	  근로자 인도 시 일괄가입
	• 고용특례자(H-2) 및 사업장 변경 외국인근로자(H-2,
	  E-9) 고용사용자: 보험사업자에게 직접 개별 가입(직
	  접방문, 우편, Fax)

↓	
보험금신청 (사용자/외국인근로자 → 보험사업자)	• 보험금 지급사유가 발생 시 사용자 또는 외국인근로자는 보험 사업자에게 보험금 신청
↓	

보험금 지급
(보험사업자 →
사용자/외국인근로자)
	• 보험사업자가 외국인근로자 또는 사용자에게 직접 보험
	  금 지급
	- 동일 사업장에서 1년 이상 근무한 경우에는 외국인근로
	  자에게 지급
	- 1년 미만 근무 시에는 사용자에게 지급
	※ '14.7.29. 법 시행 이전 가입한 경우로서 외국인근로자
	  이탈 시 사용자에게 지급

보증보험(사용자 가입)

보험가입
(사용자 → 보증보험회사)
	• 최초 E-9 입국자 고용사용자: 취업교육 종료 후 외국인
	  근로자 인도 시 일괄가입
	• 고용특례자(H-2) 및 사업장 변경 외국인근로자(H-2,
	  E-9) 고용사용자:
	  서울보증보험회사 지점을 통해 개별 가입

↓	

보험금신청 (외국인근로자 → 보증보험회사)	• 임금체불 사실을 확인받은 외국인근로자는 보증보험회사로 보험금 신청

↓

보험금 지급 (보증보험회사 → 외국인근로자)	• 보증보험회사는 사용자의 임금체불사실 확인을 한 후 – 보증금액 범위 내에서 외국인근로자에게 체불임금 직접 지급

귀국비용보험·상해보험(외국인근로자 가입)

보험가입 (외국인근로자 → 보험사업자)	• 최초 E-9 입국자 및 고용특례자(H-2) 취업교육기간 중 보험 일괄가입

↓

보험금 신청 (외국인근로자 → 보험사업자)	• 보험금 지급사유가 발생한 경우 외국인근로자는 보험사업자에게 보험금 신청

↓

보험금 지급 (보험사업자 → 외국인근로자)	• 보험사업자는 보험사고를 조사한 후 외국인근로자(또는 유족)에게 직접 보험금 지급

VI. 외국인근로자 전용보험 가입 절차

1. 출국만기보험[304](사업주 가입)

상시근로자 1인 이상 사업장에서 퇴직 금일시지급에 따른 부담을 완화하기 위하여 근로계약 효력발생일부터 15일 이내에 가입해야 하는 보험이다. 사업주는 취업교육기관 또는 삼성화재해상보험(주)를 통해 가입할 수 있다. 사업주를 가입대상으로 하며 외국인근로자를 피보험자로 한다.

---

[304] 한국산업인력공단, 「외국인근로자 전용보험 안내서」, 7-8면 참조. 고용노동부, 「고용허가제 업무매뉴얼」, 2023, 411-422면 참조.

* 근로계약 효력발생일이란 'E-9 체류자격 최초 입국자'는 입국일을 말하며, 'H-2 방문취업자 및 E-9 사업장 변경자'는 근로계약개시일을 말함.

(1) 적용대상 및 적용제외

1) 적용대상

근로자를 사용하는 모든 사업 또는 사업장의 사용자 중에서 외국인근로자의 고용 등에 관한 법률 제18조(3년) 또는 제18조의2(1년 10개월)에 따른 취업활동 기간이 1년 이상 남은 외국인 근로자를 고용한 사용자는 출국만기보험에 가입하여야 한다.

최초 입국한 외국인근로자의 경우 사용자와 근로계약을 체결한 후 '입국한 날부터 15일 이내'에 출국만기보험에 가입하여야 한다. 사업장 변경으로 인해 새롭게 근로계약을 체결하고 잔여 취업활동기간이 1년 이상인 경우에는 '근로계약의 효력발생일'부터 15일 이내에 출국만기보험에 가입하여야 한다.

2) 적용제외[305]

- 연장(재고용) 등을 합산하여 전체 취업활동기간이 1년 미만인 외국인근로자를 고용한 사업장
- 건설업에 종사하는 특례 외국인근로자(H-2)
- 동거의 친족만을 사용하는 사업 및 가사사용인

벌칙 및 과태료
출국만기보험 미가입 시 500만원 이하의 벌금부과〈외국인근로자 고용 등에 관한 법률 제30조〉
- 출국만기보험료를 3회 이상 연체한 자에 대하여는 1차(3회 이상): 80만원, 2차(3회 이상): 160만원, 3차(3회 이상): 320만원의 과태료부과

---

305) 해당 외국인근로자에 대해서만 적용제외.

(2) 비전문 취업(E-9) 입국자 고용시

비전문취업(E-9) 체류자격으로 입국한 외국인근로자를 고용한 사업주가 취업교육기관 또는 삼성화재해상보험(주)에 「보험약정서」를 작성하여 제출

- 약정 체결시 제출서류 : 보험약정서 1부(법인 또는 대표자 인감 날인), 출국만기약 정리스트 1부, 통장사본 1부(법인 또는 대표자명의 통장), 사업자등록증 사본 1부,
- 보험약정서와 출국만기약정리스트는 취업교육기관에서 제공한다.
- 통장사본은 보험료 자동이체계좌와 동일하여야 하며, 자동이체계좌 변경시 삼성화재 (ARS: 02-2119-2400, 팩스: 0505-161-1420~2)로 지체없이 변경 통보하여야 한다.
- 초회보험료는 자동이체신청 후 3~4일 이내에 자동출금되며, 2회분 이후 보험료 는 사업주가 지정한 날에 매월 자동출금 된다.

(3) 사업장 변경자(E-9) / 방문취업자(H-2)고용시

사업장 변경자(E-9) 또는 방문취업자(H-2)를 고용한 사업주는 삼성화재해상보험(주)를 통해 가입한다.

- 전용보험 웹페이지(www.samsungfire.com/eps), 우편, 팩스, 직접방문을 통해 가입 가능
- 약정 체결시 제출서류 : 보험약정서 1부(법인 또는 대표자 인감 날인), 출국만기 약정리스트 1부, 통장사본 1부(법인 또는 대표자명의 통장), 사업자등록증사본 1부, 보험금 자동지급 계좌 통장사본 1부(사업주 귀속분 자동지급 신청 시), 계약체 결·이행 등을 위한 필수동의서 1부
- 표준근로계약서의 근로계약 효력발생일부터 15일이내에 약정 체결 및 초회보험 료를 납입하여야 보험가입효력이 발생한다.
- 보험약정서와 자동이체신청서는 고용센터 비치용 또는 홈페이지 게재 서식(한국 산업인력공단, 삼성화재)을 이용할 수 있다.
- 방문취업자(H-2)의 경우는 반드시 고용센터에 고용사실을 신고한 후, 가입 절차 를 밟아야 한다.

(4) 보험가입 사실의 근로자 안내

사업주는 보험가입 시 교부받은 약정서의 사본 2매 중 사업주용 1매를 보험 가입 확인증으로 보관하고, 초회보험료 납입 후 삼성화재해상보험(주)에서 보내는 약정체결확인서를 통해 보험가입사실을 해당 근로자에게 안내해주어야 한다.

(5) 보험금 지급사유 및 신청절차

1) 개요

출국(일시적 출국 제외)등 고용변동 사항이 발생한 경우 외국인근로자 또는 사용자는 보험금을 신청할 수 있다(사업장 이탈의 경우 '14.7.29. 법 시행 이전 가입한 경우는 사용자에게 지급됨). 외국인근로자가 사망한 경우에는 송출국가에서 확인한 유족확인서 및 유족 명의의 통장사본을 구비하여 유족이 보험금을 청구한다.

2) 사용자 지급사유 및 제출서류

외국인근로자가 1년 미만 근무한 경우에는 사용자에게 보험금을 지급한다(고용변동신고 이후).

제출서류는 ① 보험금 신청서306) 1부(고용변동신고 처리결과 통지서 첨부), ② 통장 사본 1부(법인기업-법인통장, 개인기업-대표자 명의 통장), ③ 사업자등록증사본 1부이다.

3) 외국인근로자 지급사유 및 제출서류

외국인근로자가 1년 이상 근무하고 출국(일시적 출국은 제외) 또는 사망하거나 체류자격이 변경된 경우에는 외국인근로자에게 보험금을 지급한다.

제출서류는 ① 보험금 신청서 1부(출국예정사실 확인서307) 첨부), ② 외국인근로자 본인

---

306) '외국인근로자 전용보험 보험금 신청서'는 고용센터 비치용 또는 삼성화재 홈페이지 게재 서식을 활용.

307) '출국예정사실 확인서'는 외국인근로자 본인이 고용센터에 출국예정신고서, 여권, 외국인등록증사본, 비행기티켓(E-티켓)을 제출하여 발급 받을 수 있음. '출국예정사실 확인서' 신청 접수는 출국예정 1개월 전부터 받으며, 출국예정이 1개월을 초과하여 남은 시점에는 발급되지 않음.

명의 통장 사본 1부, ③ 신분증(여권 또는 외국인등록증) 사본 1부, ④ 거래외국환지정 확인서(은행발급)이다.

출국예정신고 관련 유의사항[308]

‒ 외국인근로자가 취업기간 및 체류기간 만료일 도래 등에 따라 출국하고자 하는 경우 출국예정일의 1개월 전이 되는 날부터 고용센터에 '출국예정신고서'의 제출 및 '출국예정사실 확인서' 발급이 가능하며, 출국예정일의 판단기준은 다음과 같음

① 출국예정사유가 취업활동기간 종료일 경우: 취업활동기간 만료일
② 출국예정사유가 자진출국 등 개인사정일 경우: 출국예정일
* 출국예정신고는 출국만기보험, 귀국비용보험의 수령에 이용됨

‒ 고용센터에서는 외국인근로자가 출국예정일부터 소급하여 1개월 이내가 아닌 기간에 출국예정신고를 하는 경우 이를 수리하지 말 것(불법체류 방지)
* 다만, 대체인력신청으로 인한 출국예정신고에 해당하는 경우에는 출국예정일 6개월 전부터 출국예정사실 확인서 발급가능

‒ 근로자의 개인적인 사유로 일시적인 귀국을 하는 경우에는 보험금 지급사유가 아니므로 사업주에게 반드시 확인하여 이에 해당되는 경우에는 '출국예정사실 확인서'를 발급하지 말 것

‒ 근로자의 출국예정신고는 고용변동신고가 아니며, 동 신고만으로 고용관계가 변동되지 않음
* 출국예정신고 시 사업주에게 신고사실을 고지하고 신고사유(근로관계 종료 예정)를 확인하여 처리(외국인근로자의 무단 출국에 따른 분쟁 방지)

---

308) 고용노동부, 「고용허가제 업무매뉴얼」, 2023, 417면–418면 참조.

4) 보험금 지급사유별 신청절차

신청권자	지급사유	신청절차
사용자	1년 미만 근무	사용자가 고용센터에 「외국인근로자 고용변동 등 신고서」를 제출하고 '외국인근로자 고용변동신고 처리결과 통지서'를 발급받은 후 「보험금신청서」에 첨부하여 보험사업자(삼성화재)에게 송부(전용보험 웹페이지, 우편, 팩스, 직접방문 모두가능) ※ 사용자 청구 시 제출서류 포함
외국인근로자 (동일 사업장 1년 이상 근무한 자만 해당)	출국	외국인근로자가 '출국예정신고서'를 출국예정일부터 소급하여 1개월 전부터 고용센터에 제출하고 '출국예정사실 확인서'를 발급 받아 「보험금신청서」에 첨부한 후 보험 사업자(삼성화재)에게 송부(전용보험 모바일 앱, 팩스, 직접방문 모두 가능) ※ 근로자 청구 시 제출서류 포함

(6) 보험금 지급

보험사업자(삼성화재)는 보험금 지급사유 및 수령인 등을 확인하여 외국인근로자 또는 사업주의 계좌로 보험금을 지급한다. 외국인근로자는 해외송금, 공항지급 방식 중 하나의 방식을 선택하여 지급받을 수 있다(보험금 신청 시 해외송금, 공항지급 방식 중 본인이 원하는 방식을 선택).

구분		지급방식
본국 귀국 후 해외 수령 방식	본인해외계좌입금	본인의 현지 계좌로 송금
	해외송금전용계좌 *본인의 해외계좌가 없어도 가능	현지계좌(가족, 제3자)와 연결된 해외송금전용계좌 (국내계좌)로 송금
	현지은행직접송금 *본인의 해외계좌가 없거나, 해외송금전용 계좌가 없어도 가능	보험금 신청 시 은행사에서 부여받은 고유번호로 본국 귀국 후 지정된 현지은행에서 본인이 수령
출국 당일 공항 수령 방식	공항 지급	출국 당일 공항의 입점은행에 방문하여 '보험금 지급지시서'를 제출하고 '수령증'을 받은 후, 출국 심사를 마치고 환전소에서 수령증 제시 후 보험금 수령

보험금

지급사유	보상금액
1년 미만 근무 시(사업주에게 환급)	납입 원금
동일사업장에서 1년 이상 근무하고 최초 보험료 납입일로부터 1년 이상 시	납입원금
동일사업장에서 1년 이상 근무하고 최초 보험료 납입일로부터 2년 이상 시	납입원금
동일사업장에서 1년 이상 근무하고 최초 보험료 납입일로부터 3년 이상 시	납입원금의 101.1%
동일사업장에서 1년 이상 근무하고 최초 보험료 납입일로부터 4년 이상 시	납입원금의 102.4%

※ 출국만기보험 일시금 금액 서면확인제

사용자 및 외국인근로자는 출국만기보험 등 일시금의 금액과 퇴직금 금액의 차액 확인을 위해 보험사업자에게 일시금 금액의 확인을 요청할 수 있고, 보험사업자는 지체 없이 해당 일시금을 서면(전자문서를 포함한다)으로 확인해주어야 한다. 차액 확인은 별도 서식 없이 보험사업자에게로 유선, 공문 등의 방법으로 요청하여 확인할 수 있으며, 전용보험 웹페이지 (www.samsungfire.com/eps)에서 출국만기보험 예상 수령액 조회도 가능하다.

※ 출국만기보험금수령액과 법정 퇴직금의 차액

출국만기보험금이 법정퇴직금에 미달하는 경우 사용자는 그 퇴직금 차액을 추가로 지급해야 한다. 퇴직금보다 출국만기보험금이 적을 경우 그 차액은 출국 여부와 관계없이 출국 또는 사업장 변경 등 근로관계 종료 시 외국인근로자가 사용자에게 직접 청구하여 국내에서 지급받을 수 있다.

법정퇴직금 − 출국만기보험수령액 = 추가로 지급해야 할 차액

(7) 보험금 대출 사유 및 대출절차[309]

1) 개요

적립 보험료의 50% 내에서 외국인근로자 고용 등에 관한 법률 시행령 제21조 제2항 제3호에 따른 사유에 해당할 경우 외국인근로자에게 담보 대출이 가능하다.

2) 사유[310]

근로계약 종료 후 질병 등으로 4주 이상 요양이 필요한 경우, 근로자 귀책이 아닌 사유로 사업장 변경한 경우, 상해 등으로 계속 근무가 부적합하나 다른 사업장 근무는 가능한 경우

3) 대출 이자

대출 이자는 연 3%[사업장 변경(또는 퇴직)후 계속 적립 시 보험사에서 적립이율 1.5%를 지급하므로 실 대출이자는 1.5%] 고정금리로 매월 대출이자 납입 없이 대출기간 만료일[대출기간은 외국인의 출국일까지(출국만기보험 지급사유 발생(출국)시, 최대1년)]에 원리금을 일시 상환한다.

4) 신청 절차

 - 사업장 변경 시 사용자가 고용센터에 고용변동 신고
 - 외국인근로자는 보험사업자(삼성화재)에게 담보대출 신청
 - 보험사업자는 담보대출 신청 접수 및 대출심사 후 담보대출금 지급

---

309) 고용노동부 서울관악고용노동지청 홈페이지(http://www.moel.go.kr/local/seoulgwanak/index.do), 뉴스·공지〉알림(2020.8.19.), '외국인근로자 출국만기보험 담보대출 지원사업 안내' 참조.
310) 이 사유 외에 "20.2.1.이후 취업활동기간이 만료되고 항공기 감편 등으로 출국이 어려워 법무부로부터 「출국기간 유예」를 받은 외국인 근로자(E-9, H-2)" 경우 한시적('20.8.19.(수) ~ 별도 통지 시까지)으로 담보 대출이 가능함. 고용노동부 서울관악고용노동지청 홈페이지(http://www.moel.go.kr/local/seoulgwanak/index.do), 뉴스·공지〉알림(2020.8.19.), '외국인근로자 출국만기보험 담보대출 지원사업 안내' 참조.

고용변동신고 (사업장 변경)		담보대출 신청 안내문 발송		담보대출 신청		신청서 접수 및심사, 지급
사용자	→	보험사업자	→	외국인근로자	→	보험사업자
사업장 변경 후 1개월 이내						신청 접수 후 7영업일 이내

5) 제출서류

① 담보대출 신청서 1부(고용변동신고 확인서)

② 외국인근로자 본인 명의 통장 사본 1부

③ 신분증(여권 또는 외국인등록증) 사본 1부

④ 의사 소견서(4주 이상의 요양이 필요하게 된 경우) 1부

2. 보증보험[311](사업주 가입)

(1) 의의

외국인근로자를 고용한 사업장의 사업주가 임금체불에 대비하여 고용된 외국인근로자를 위해 근로계약 효력발생일부터 15일 이내에 가입해야 하는 보험이다. 사업주를 가입대상으로 하며 외국인근로자를 피보험자로 한다.

* 근로계약 효력발생일이란 'E-9 체류자격 최초 입국자'는 입국일을 말하며, 'H-2 방문취업자 및 E-9 사업장 변경자'는 근로계약개시일을 말함.

(2) 가입대상자

① 상시 300인 미만의 근로자를 사용하는 외국인고용 사업(장)의 사용자

---

311) 한국산업인력공단, 「외국인근로자 전용보험 안내서」, 11-12면 참조. 고용노동부, 「고용허가제 업무매뉴얼」, 2023, 423면-427면 참조.

② 임금채권보장법이 적용되지 아니하는 외국인고용 사업(장)의 사용자

임금채권보장법 적용 제외 사업장

▷ 총 공사금액 2천만원 미만인 공사 또는 연면적 100제곱미터 이하인 건축물 건축 또는 연면적 200제곱미터 이하인 건축물의 대수선에 관한 공사로 주택법에 따른 주택건설업자, 전기공 사업법에 따른 공사업자, 정보통신공사업법에 따른 정보통신공사업자, 소방시설공사업법에 따른 소방시설업자, 문화재보호법에 따른 문화재수리업자가 아닌 자가 시공하는 공사

▷ 가구 내 고용활동

▷ 상시근로자수가 1인 미만인 사업

▷ 농업·어업·임업(벌목업 제외)·수렵업 중 법인이 아닌 자의 사업으로서 상시근로자 수가 5인 미만인 사업

벌 칙

– 보증보험 미가입 시 500만원 이하의 벌금부과〈외국인근로자 고용 등에 관한 법률 제30조〉

---

(3) 적용 제외 사업장(보증보험을 가입하지 않아도 되는 사업장)

① 상시 300인 이상의 근로자를 사용하는 외국인고용 사업(장)의 사용자

② 외국인근로자 고용특례자(방문 취업(H-2)의 자격에 해당하는 자)를 고용한 건설업 공사 업체〈외국인근로자 고용 등에 관한 법률 제12조1항1호 및 제23조1항, 시행령 제27조〉

(4) 납입보험료[312]

1) 개요

고용노동부장관이 고시하는 보증금액[313]에 보험요율을 적용하여 산정한다.

---

[312] 한국산업인력공단 경북서부지사 홈페이지(http://hrdc.hrdkorea.or.kr/hrdc/180555), 중소기업/근로자지원〉외국인고용지원(2021.2.1.), '보증금액 인상 및 보험요율 인하에 따른 납입보험료 변경 안내' 참조. (접속일: 2021.9.25.)

[313] 고용노동부 고시 개정(고시 제2021-15호, 2021.2.1.)으로 1인당 보증금액이 200만원에서 400만원으로 100% 인상되었음. 시행시기는 2021년 2월 1일 이후 근로계약효력이 발생한 경우부터 적용됨.

* 보험요율(Rate of Premium) : 보증금액에 대한 보험료의 비율로, 보험계약을 체결할

  때 보험료를 결정하는 비율

* 납입보험료=보험가입금액 × 가입기간의 보험요율

▷ 납입보험료 산정례(보증금액 400만원, 보험요율 연 0.343% 기준)

  * 금융감독원에서 최저보험료를 15,000원으로 인가

– [가입기간 1년] 400만원×연 0.343%=13,720원 ⇒ 15,000원(최저보험료 적용)

– [가입기간 2년] 400만원×연 0.343%×730일/365일=27,440원

– [가입기간 3년] 400만원×연 0.343%×1,095일/365일=41,160원

---

2) 보증금액 인상 및 보험요율 인하에 따른 납입보험료 변경내역

○ (보증금액 인상) 기존 200만원 → 변경 400만원 ['21.2.1. 이후]

○ (보험요율 인하) 기존 0.365% → 변경 0.343% ['21.2.1. 이후]

○ 사업주 납입보험료 변경내역

(단위: 원)

가입 기간	기 존 ① 보증금액 200만원 ② 보험요율 연 0.365%	변 경('21.2.1.이후) ① 보증금액 400만원 ② 보험요율 연 0.343%	증감내역
1년	15,000	15,000	–
2년	15,000	27,440	증 12,440
3년	21,900	41,160	증 19,260

※ 산출된 보험료가 최저보험료(15,000원) 이하인 경우에는 15,000원을 납입해야 함

※ 위 표는 통상의 가입기간(근로계약기간) 기준으로 작성

  ↳실제 납부보험료는 신용평가결과, 재무상태 등에 따라 할인혜택 적용 등 다소 변경(하

  향)될 수 있으므로 전용보험사(서울보증, ☎02-777-6689) 문의 요망

(5) 보험가입절차

1) 가입창구

사용자는 취업교육기관 또는 서울보증보험주식회사 전국 지점을 통해 가입할 수 있다.

> **가입방법**
> ① 전자서명(사업장 공인인증서를 사용 SGI서울보증 홈페이지(https://www.sgic.co.kr
>   /) 가입)
> ② 서면서명(인허가보증보험 청약서 회사 도장 날인) : 우편, 팩스, 직접방문 모두 가능

2) 비전문취업(E-9) 입국자 고용 시

비전문취업(E-9) 체류자격으로 입국한 외국인근로자를 고용한 사용자는 취업교육기관에서 외국인근로자 인수 시 가입할 수 있다.

제출서류: 인허가 보증보험청약서 1부 (법인 인감 또는 사용 인감 날인)

3) 사업장 변경자(E-9)/방문취업자(H-2) 고용 시

사업장 변경자(E-9) 또는 방문취업자(H-2)를 고용한 사용자는 서울보증보험 주식회사 전국지점에서 가입할 수 있다.

제출서류: 인허가 보증보험청약서 1부 (법인 인감 또는 사용 인감 날인)

(6) 보험금 지급사유 및 청구절차

1) 지급사유

외국인근로자는 사업장에서 임금체불이 발생할 경우 고용노동부 근로개선 지도과에 임금체불 사실을 신고하여 확인받아야 한다.

2) 청구절차

① 외국인근로자의 임금체불사실 신고(고용노동부 근로개선지도과)

② 임금체불확인원 발급(고용노동부 근로개선지도과)

③ SGI서울보증에 보험금 청구

제출서류는 ① 보험금청구서 1부, 통장사본(본인명의) 1부, ② 신분증(여권 또는 외국인등록증) 사본 1부, ③ 체불금품확인원(고용노동부 발행) 1부이다.

* 체불 퇴직금 청구 시에는 삼성화재 지급안내문 및 퇴직금 산정서가 필요하다.

(7) 보험금 지급 및 환급

1) 보험금 지급

보증보험회사는 임금체불사실 및 체불금액을 확인조사한 후 보증금액의 한도 내에서 외국인근로자에게 체불임금을 지급한다.[314] 보증보험회사가 외국인근로자에게 보험금을 지급한 때에는 사용자에 대해 구상권을 행사한다.

지급사유	보상금액
임금체불 발생 시	근로자 1인당 / 200만원 한도

2) 보험료 환급

사용자는 임금체불이 아닌 기타사유(이탈, 출국 등)로 해당 외국인근로자에 대한 고용허가가 종료된 경우에는 납입한 보험료 중 경과보험료(또는 최저 보험료)를 제외한 미경과 보험료에 대한 환급을 받을 수 있다.

사용자는 고용센터에서 당해 근로자에 대한 고용변동신고를 하여 "외국인근로자 고용 변동신고 처리결과 통지서"를 발급받고 보험해지신청서에 첨부한 후 서울보증보험(주)로 환급 청구를 하면 된다.

---

[314] 사용자의 임금체불액이 보증보험의 보험금액을 초과하는 경우, 나머지 체불액은 사용자에게 직접 청구하거나 사업장 관할 고용노동부 근로개선지도과로 문의해야 한다.

구분	1년	2년	3년
납입보험료	15,000원	15,000원	21,900원
보험가입기간 중 중도퇴사 시 환급액	2년 미만 근무 후 퇴사 : 환급액 없음(최저보험료)		남은기간× (21,900원/1,095일)

예시) 3년 기간으로 보험을 가입한 자가 34개월 후 퇴사한 경우 환급액은 1,200원 * 산출방
법 : 60일 × (21,900원/1,095일) = 1,200원(10원미만 절사)
 - 제출서류 : ① 보험해지 신청서(환급 청구서)[315](인감날인) 1부[316], ② 외국인근로
자 고용변동 등 확인서(고용변동신고 처리결과 통지서) 1부, 사업자 통장사본 1부

3. 귀국비용보험[317](외국인근로자 가입)

(1) 의의

귀국비용보험이란 외국인근로자가 귀국 시 필요한 비용에 충당하기 위하여 근로계약의
효력발생일부터 3개월 이내에 가입하여야 하는 보험을 말한다(외국인근로자 고용등에
관한 법률 제15조, 시행령 제22조). 외국인근로자를 가입대상으로하며 외국인근로자를
피보험자로 한다.
* 근로계약 효력발생일이란 'E-9 체류자격 최초 입국자'는 입국일을 말하며, 'H-2 방문취
업자 및 E-9 사업장 변경자'는 근로계약개시일을 말함.

(2) 적용대상

대한민국의 국적을 가지지 아니한 자로서 국내에 소재하고 있는 사업장에서 임금을 목적으
로 근로를 제공하고 있거나 제공하고자 하는 아래의 외국인 근로자는 의무적으로 가입하여
야 한다.

---

315) 환급청구서는 서울보증보험 전국 지점 또는 홈페이지(www.sgic.co.kr) 게재 서식을 이용
316) 공인인증서를 통한 전자서명으로 진행할 경우 환급청구서 제출 생략.
317) 외국인근로자 전용보험 안내서, 13-14면 참조. 고용노동부, 「고용허가제 업무매뉴얼」, 2023, 428면-
431면 참조.

- 비전문취업(E-9) 체류자격 외국인근로자
- 방문취업(H-2) 체류자격으로 입국하여 취업교육을 이수하고, 구직등록을 거쳐 취업한 후 근로개시신고를 마친 외국인근로자

과태료
- 귀국비용보험 미가입 시 500만원 이하의 과태료 부과(외국인근로자 고용 등에 관한 법률 제32조제1항제6호)
* 과태료: (1차) 80만원, (2차) 160만원, (3차) 320만원 부과

---

(3) 납입보험료

외국인근로자는 아래의 국가별 납부금액을 일시금 또는 3회 이내로 나누어 납입하여야 한다.

국가별 납부금액

구분	국가명	납부금액
제1군	중국, 필리핀, 인도네시아, 태국, 베트남	40만원
제2군	몽골, 기타국가	50만원
제3군	스리랑카	60만원

※ 제1군부터 제3군 이외의 국가출신 외국인근로자의 귀국비용보험 납부금액은 50만원 임.

(4) 보험가입절차

외국인근로자는 보험사업자(삼성화재)와 보험약정체결 및 통장을 개설하여야 한다.
 * 약정 체결 시 제출서류: 보험약정서 1부, 통장사본(외국인근로자 본인명의 통장) 1부, 신분증 사본(여권 또는 외국인등록증) 1부, 계약체결 이행 등을 위한 필수동의서 1부
 취업교육 중 개설한 통장으로 귀국비용보험료에 해당하는 금액을 납입기한 내 예

치시키면 보험료가 3개월 동안 3회로 나누어 자동이체되어 보험이 가입된다.(일시납, 2회납은 별도 요청 필요)

- 체류자격별 납부방법

체류자격	납입기한	납부방법
비전문취업(E-9)	입국일로부터 3개월 이내	취업교육 중 개설한 통장으로 귀국비용보험료를 예치시키면 보험료가 3개월동안 3회로 나누어서 자동이체
방문취업(H-2)	근로계약 효력발생일부터 3개월 이내	

(5) 보험금 지급사유 및 신청절차

1) 보험금 지급사유[318]

외국인근로자가 체류기간 만료, 개인사정(일시적 출국 제외), 자진출국, 강제 퇴거 등의 출국사유가 발생한 경우 보험금을 지급한다.

2) 보험금 신청절차

외국인근로자는 가까운 고용센터를 통해 출국예정신고 후, 발급받은 「출국 예정사실 확인서」와 함께 「보험금 신청서」를 작성하여 보험사업자(삼성화재)에게 보험금을 신청한다. 국내에 체류 중인 외국인근로자는 대리인을 통하여 보험금을 청구할 수 없다.[319]

제출서류는 ① 보험금 신청서 1부, ② 출국예정사실 확인서 1부, ③ 본인명의의 통장 사본 1부, ④ 신분증(여권 또는 외국인등록증) 사본 1부이다. 송금전용계좌로 지급받을 경우에는 ⑤ 여권, ⑥ 거래외국환지정 확인서(은행발급) 1부가 추가로 필요하다.

---

318) 외국인근로자가 고용센터에 하는 '출국예정 신고'를 통해 출국사유가 확인된다. 고용센터는 외국인근로자의 '출국예정 신고' 시 신고한 사유가 맞는지 사업주를 통해 확인한다.
319) 출국 후에는 우편 등을 통하여 외국인근로자 본인이 직접 청구하거나, 국내에 거주하는 대리인에게 본인의 여권사본, 위임장을 주어 청구하는 것이 가능하다.

(6) 보험금 지급

보험금 신청서와 고용센터에서 발행한 '출국 예정사실 확인서'가 접수되면 보험사업자는 보험금 지급사유를 확인하여 출국예정일 이전에 외국인근로자 본인 명의의 국내 계좌로 보험금을 지급한다. 본국 수령을 원할 경우 외국인근로자 본인명의의 현지 계좌 또는 송금 전용계좌, 현지 은행의 수령 방식 중 본인이 희망하는 방식을 신청하여, 출국 후 수령 가능하다. 보험금은 체류기간에 따라 상이하며 아래와 같다.[320]

경과시간	보상금액
최초 납입일로부터 1년 미만 시	납입 원금
최초 납입일로부터 1년 이상 시	납입원금
최초 납입일로부터 2년 이상 시	납입원금의 102.2%
최초 납입일로부터 3년 이상 시	납입원금의 104.8%
최초 납입일로부터 4년 이상 시	납입원금의 107.6%

4. 상해보험[321](외국인근로자 가입)

(1) 의의

상해보험이란 외국인근로자가 업무상 재해 이외의 사망 또는 질병 등에 대비하여 근로계약의 효력발생일부터 15일 이내에 가입해야 하는 보험을 말한다.(외국인근로자 고용등에 관한 법률 제23조, 시행령 제28조)

 * 근로계약 효력발생일이란 'E-9 체류자격 최초 입국자'는 입국일을 말하며, 'H-2 방문취업자 및 E-9 사업장 변경자'는 근로계약개시일을 말함.

(2) 가입대상

대한민국의 국적을 가지지 아니한 자로서 국내에 소재하고 있는 사업장에서 임금을 목적으

---

320) 외국인근로자 사망 시 유족에게 해당보험금을 지급한다.
321) 한국산업인력공단, 「외국인근로자 전용보험 안내서」, 15-17면 참조. 고용노동부, 「고용허가제 업무매뉴얼」, 2023, 432면-436면 참조.

로 근로를 제공하고 있거나 제공하고자 하는 아래의 외국인 근로자는 의무적으로 가입하여야 한다.

 - 비전문취업(E-9) 체류자격 외국인근로자
 - 방문취업(H-2) 체류자격으로 입국하여 취업교육을 이수하고, 구직등록을 거쳐 취업한 후 근로개시신고를 마친 외국인근로자

> **벌 칙**
> – 보험 미가입시 500만 원 이하의 벌금 부과 〈외국인근로자 고용 등에 관한 법률 제30조〉

(3) 납입보험료 및 보험가입금액

① 납입보험료 : 외국인근로자는 아래의 보험가입금액을 보장하는 보험에 가입해야 하며, 납입보험료는 개인별 연령, 성별 또는 보험기간에 따라 다르다.[322]

② 보험가입금액

보장영역	보상금액
상해로 인한 사망 또는 후유장해	최대 3천만원
질병으로 인한 사망 또는 고도후유장해	1천5백만원

(4) 보험가입절차

외국인근로자는 보험사업자(삼성화재)와 보험약정체결 및 통장을 개설하여야 한다. 취업교육기간 중 개설한 통장으로 상해 보험료에 해당하는 금액을 납입기한 내 예치시키면 보험료가 자동 이체되어 보험가입이 완료된다. 상해 보험료는 근로계약기간(최대 3년)을 보험기간으로 하여 일시금을 원화로 납입하여야 한다.[323] 재고용시에는 다시 상해보험에

---

322) 개인별 보험료는 약정서에 기재되어 있다.
323) 납입기한 : 입국일(E-9 체류자격입국자) 또는 근로계약개시일(H-2 방문취업자)로부터 15일 이내.

가입하여야 하며, 보험기간 내에 출국 시에는 잔여 상해 보험료가 환급된다.

약정 체결 시 제출서류는 ① 보험약정서 1부, ② 통장(외국인근로자 본인명의 통장) 사본 1부, ③ 신분증(여권 또는 외국인등록증) 사본 1부, ④ 계약체결 이행 등을 위한 필수동의서 1부이다.

(5) 보험금 지급사유 및 신청절차

① 보험금 지급사유

외국인근로자가 업무상 재해 이외의 사유로 사망하거나 후유장해 상태가 된 경우 외국인근로자 또는 유족은 보험금 신청을 할 수 있다.[324]

보상하는 주요 손해

◇ 상해(업무상 재해 이외의 사유에 한함)
- 보험기간 중 업무상의 사유 이외의 상해(보험기간 중에 발생한 급격하고도 우연한 외래의 사고로 신체에 입은 상해)의 직접결과로써 사망 또는 후유장해 상태가 되었을 때

◇ 질병(업무상 재해 이외의 사유에 한함)
- 사망한 경우(보험기간 이전에 알고 있었던 질병으로 사망한 경우에도 포함)
- 두 눈의 시력, 씹거나 말하는 기능을 완전 영구히 상실한 경우
- 중추신경계 또는 정신에 뚜렷한 장해를 남겨서 일생동안 항상 간호를 받아야 할 때
- 흉·복부, 장기에 뚜렷한 장해로 평생 간호를 받아야 할 때
- 두 팔의 손목 이상을 잃었거나 완전 영구히 사용하지 못하게 되었을 때
- 두 다리의 발목 이상을 잃었거나 완전 영구히 사용하지 못하게 되었을 때
- 한 팔의 손목 이상을 잃고, 한 다리의 발목 이상을 잃었을 때
- 한 팔의 손목 이상을 잃고, 한 다리를 완전 영구히 사용하지 못하게 되었을 때
- 한 다리의 발목 이상을 잃고, 한 팔을 완전 영구히 사용하지 못하게 되었을 때
* 다만, 위 장해상태가 확정되지 아니한 경우에는 사고일로부터 180일이 지난날 현재의 장해상태의 진단을 기준으로 함

---

[324] 단순한 상해로 인한 통원·입원치료비용은 보상하지 않는다.

보상하지 않는 주요 손해

◇ 피보험자(보험대상자)의 고의. 다만, 피보험자(보험대상자)가 심신상실 등으로 자유로운
　의사 결정을 할 수 없는 상태에서 자신을 해친 경우에는 보험금을 지급
◇ 수익자, 계약자의 고의
◇ 피보험자(보험대상자)의 임신, 출산(제왕절개 포함), 산후기. 그러나 보험회사가 보장하
는 보험금 지급사유로 인한 경우에는 보험금을 지급
◇ 전쟁, 외국의 무력행사, 혁명, 내란, 사변, 폭동
◇ 피보험자가 직업, 직무 또는 동호회 활동 목적으로 전반등반, 글라이더 조종, 스카이다이
　빙, 스쿠버다이빙, 행글라이딩, 모터보트 등 위험한 활동으로 생긴 상해 등
* 외국인근로자전용보험은 치료비를 보상하는 보험이 아님.
* 기타 '후유장해지급율'을 포함한 보험약관에 대한 상세사항은 삼성화재(주)의 홈페이지를
　참조.

---

② 외국인근로자 후유장해 발생 시 보험금 신청절차

업무상 재해 이외의 사유로 인해 후유장해가 발생한 경우 외국인근로자는 보험사업자(삼
성화재)에게 보험금을 신청한다. 보험금 신청 시 제출서류는 ① 보험금신청서 1부, ② 신분
증(여권 또는 외국인등록증) 사본 1부, ③ 후유장해진단서 1부, ④ 본인명의의 통장사본
1부, ⑤ 사고조사 위임장(보험금 신청 시 보험사 제공)이다.

③ 외국인근로자 사망 시 보험금 신청절차

업무상 재해 이외의 사유로 외국인근로자가 사망한 경우 외국인근로자의 유족이 보험사업
자에게 보험금을 신청한다.[325] 보험금 신청 시 제출서류는 ① 보험금신청서 1부, ② 유족확
인서류(신분증 사본 등) 1부, ③ 사망진단서 1부, ④ 유족명의의 통장사본 1부, ⑤ 사고조사
위임장(보험금 신청 시 보험사 제공)이다.

④ 보험료 환급 청구 시

---

[325] 외국인근로자 사망 시 유족에게 해당보험금을 지급하며, 유족이란 보험수익자 또는 피보험자의
　　본국 정부기관이 인정한 상속인을 말한다.

외국인근로자는 출국 또는 체류자격 변경 시 납입한 보험료 중 경과 보험료를 제외한 미경과 보험료에 대한 환급을 받을 수 있다.[326] 고용센터에 외국인근로자가 '출국예정사실신고'를 하거나 사용자가 '고용 변동신고'를 하여 '출국예정사실 확인서' 또는 '외국인근로자 고용변동신고 처리결과 통지서'를 발급받아 보험금 신청서에 첨부 후 보험사업자에게 보험금 환급을 청구한다.

보험료 환급 청구 시 제출서류는 ① 보험금신청서 1부, ② 본인명의의 통장사본 1부, ③ 신분증(여권 또는 외국인등록증) 사본 1부, ④ 출국예정사실확인서 또는 고용변동신고 처리결과 통지서이다.

⑤ 보험금 지급
보험사업자는 보험사고를 조사한 후 보험금 지급사유에 해당될 경우 외국인 근로자 또는 유족 명의의 통장으로 보험금을 지급한다.

---

[326] 사업장 변경은 보험료 환급청구 사유에 해당하지 아니함.

제6절 고용허가제 외국인근로자 4대 사회보험

I. 개요

'사회보험'이란 국민에게 발생하는 사회적 위험을 보험의 방식으로 대처함으로써 국민의 건강과 소득을 보장하는 제도를 말한다(사회보장기본법 제3조 제2호). 사회보험에는 4가지 종류가 있으며 이를 4대 사회보험(4대 보험)이라고 부른다. '4대 사회보험'이란 국민연금, 국민건강보험, 산업재해보상보험, 고용보험을 말하며, 근로자를 사용하는 모든 사업장은 4대 보험에 가입해야 한다(「국민연금법」 제8조, 「국민건강보험법」 제6조 제2항 본문, 「고용보험법」 제8조 및 「산업재해보상보험법」 제6조). 외국인을 사용하는 사업장도 4대 보험에 의무 가입해야 하나, 내국인 고용 시와는 다른 점이 있으므로 이에 대해 알아본다.

II. 건강보험

1. 개요

모든 사업장의 사용자 및 근로자가 의무가입 대상이므로 외국인근로자도 반드시 가입해야 한다. 고용허가제로 취업한 비전문취업(E-9), 방문취업(H-2)에 대해서도 내국인과 동일하게 직장건강보험에 가입해야 한다.

2. 농축산업, 어업에 종사하는 외국인근로자의 경우

(1) 농축산업, 어업 사업장의 특성

직장건강보험에 가입하기 위해서는 사업자 등록이 되어 있어야 한다. 그러나 고용허가제로 외국인을 고용하는 농축산업, 어업 사업장은 대부분이 사업장 등록이 되어 있지 않다. 외국인근로자 고용 사업장 중 사업자등록증이 없는 사업장은 모두 농축산·어업에 해당된다. 따라서 농축산·어업 사업장에 종사하는 외국인 근로자는 직장건강보험에 가입할 수 없었다.

(2) 6개월 이상 국내 체류 시 지역건강보험에 자동 가입

1) 건강보험(지역) 당연적용(「국민건강보험법」 제109조 제3항)

2019. 7. 16.부터 건강보험(직장) 가입자가 아닌 외국인은 6개월 이상 국내 체류 시 건강보험(지역)에 자동으로 가입된다. 건강보험법 제109조(외국인 등에 대한 특례)에 따라 직장가입자에 해당하지 않는 외국인은 입국 후 6개월 뒤 지역가입자로 적용이 된다. 사업자등록이 없는 농축산·어업에 종사하는 외국인근로자의 경우 입국일로부터 6개월 후에 건강보험 지역가입자가 된다.

기존에는 외국인근로자 등 건강보험 직장가입자에 해당하는 외국인만 건강보험법 제109조에 따라 가입이 의무화되고, 지역가입자는 본인이 신청하는 경우 가입했으나, 2019. 7. 16.부터는 건강보험 직장가입자 및 피부양자가 아닌 경우 6개월 이상 체류하면 지역가입자로 가입이 의무화되었다.[327]

2) 건강보험(지역) 자격은 개인별로 취득되고, 보험료도 개인별로 부과[328]

건강보험료(지역)는 소득·재산에 따라 개인별로 산정되며, '19년 7월 16일부터 산정된 보험료가 '전년도 11월 전체가입자의 전체 평균보험료' 미만인 경우에는 평균보험료 (113,050원)를 부과한다.

단, 같은 체류지(거소)에 배우자 및 만 19세 미만의 자녀가 함께 거주하여 가족단위로 보험료 산정을 원하는 경우에는 가까운 공단 지사에 가족확인용 서류(본국공적 입증서류)를 지참하여 외국인근로자가 직접 신청하면 된다.

당연가입 후 체류지로 당연가입 안내문 및 건강보험증이 동봉 발송된다. 안내문 및 건강보험증 등을 적시에 수령하기 위해서는 정확한 체류지·거소신고가 반드시 필요하다. 건강보험료 등 체납외국인은 기존 세금체납과 마찬가지로 비자 연장 등 각종 체류허가가 제한된다.

---

327) 법무부 출입국·외국인책본부, '외국인 건강보험제도가 변경안 주요내용', 하이코리아(https://www.hikorea.go.kr/), 공지사항(2019.6.19.) 참조.
328) 법무부 출입국·외국인책본부, '외국인 건강보험제도가 변경안 주요내용', 하이코리아(https://www.hikorea.go.kr/), 공지사항(2019.6.19.) 참조.

(3) 입국 후 6개월 미만자의 건강 보험 가입

정부는 농축산·어업에 종사하는 외국인근로자가 입국 후 6개월간 건강보험 사각지대에 놓이는 문제를 해소하기 위해, 외국인근로자가 입국 후 즉시 건강보험 지역가입을 적용할 계획이다. 또한, 농·어촌 지역 건강보험료 경감(22%) 대상에 건강보험 당연가입외국인을 포함하는 한편, 농·어업인 건강보험료 지원사업(28%)을 통한 보험료 지원도 받을 수 있도록 관련 예산을 확보해나갈 계획이다.329)

3. 사업장 변경 외국인근로자 건강보험330)

대한민국에서 6개월 이상 체류한 외국인은 2019. 7. 16.부터 건강보험에 당연가입된다. 따라서, 고용허가제로 입국하여 건강보험 직장가입 사업장에서 6개월 이상 근무 후 사업장을 변경하는 경우, 사업장 변경기간 동안 건강보험 지역가입자로 자동 전환된다. 건강보험 직장가입 미적용 사업장(사업자등록이 없는 농축산업 또는 어업)에서 6개월 이상 근무 후 사업장을 변경하는 경우에는 사업장 변경기간에도 건강보험 지역가입 자격이 그대로 유지된다.

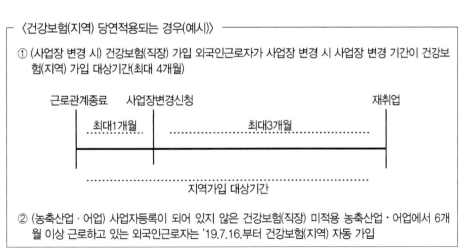

┌─〈건강보험(지역) 당연적용되는 경우(예시)〉───────────────────

① (사업장 변경 시) 건강보험(직장) 가입 외국인근로자가 사업장 변경 시 사업장 변경 기간이 건강보험(지역) 가입 대상기간(최대 4개월)

```
   근로관계종료    사업장변경신청                          재취업
       │            │                                      │
       └─최대1개월─┘·········· 최대3개월 ··············┘
       ┌────────────────────────────────────────────────┐
       └···············지역가입 대상기간···················┘
```

② (농축산업·어업) 사업자등록이 되어 있지 않은 건강보험(직장) 미적용 농축산업·어업에서 6개월 이상 근로하고 있는 외국인근로자는 '19.7.16.부터 건강보험(지역) 자동 가입

---

329) 관계부처합동 보도자료(2021.3.3.), '농·어촌 외국인근로자, 입국 즉시 지역 건강보험 가입' 참조. 현재(2021.10.4.)까지 이 계획에 대한 후속 조치는 나오지 않았음.

330) 고용노동부(외국인력담당관-1975 (2019.07.03.)), '외국인근로자 건강보험 적용 홍보요청 및 설명회 참석 안내', '붙임: 외국인근로자 건강보험 적용 관련 개정사항 안내' 참조.

III. 국민연금

1. 개요

국내에 거주하는 18세 이상 60세 미만의 외국인근로자는 내국인과 동등하게 국민연금 당연가입대상이 된다. 다만, 상호주의원칙에 따라 당해 외국인의 본국법이 우리나라의 국민에게 국민연금에 상응하는 연금을 적용하지 않는 경우에는 국민연금의 가입대상에서 제외된다.

2. 고용허가제 국민연금 적용 국가[331][332]

상호주의 원칙에 따라 중국과 필리핀, 우즈베키스탄 외국인근로자는 사업장 및 지역 가입이 당연적용되고, 키르키즈공화국, 몽골, 스리랑카, 인도네시아, 태국, 라오스 외국인근로자는 사업장 가입은 당연적용이나 지역 가입은 적용제외 된다. 베트남, 캄보디아, 파키스탄, 방글라데시, 네팔, 미얀마, 동티모르 외국인근로자는 모두 적용제외 된다.

사업장가입 및 지역가입 당연적용(3개국)	사업장가입은 당연적용이나 지역가입은 적용제외(7개국)	사업장가입 및 지역가입 모두 적용제외(6개국)
중국, 필리핀, 우즈베키스탄	키르키즈공화국, 몽골, 스리랑카, 인도네시아, 태국, 라오스, 베트남	캄보디아, 파키스탄, 방글라데시, 네팔, 미얀마, 동티모르

3. 급여지급[333]

E-9(비전문취업), H-2(방문취업)에 해당하는 체류자격으로 국민연금에 가입한 경우 출국시에 반환일시금을 지급 받을 수 있다.

① 청구시기 : 본국으로 출국하기 전 또는 60세에 도달한 때

② 청구장소 : 전국 국민연금공단 지사 어디에서나 청구가능

---

331) 고용노동부, 「고용허가제 업무매뉴얼」, 2023, 410면 참조.
332) 국민연금법의 적용을 받는 사업장에 사용되고 있는 외국인은 '사업장 가입자'가 되며, 국내 거주하는 외국인은 '지역가입자'가 된다.
333) 한국산업인력공단 충남지사(http://hrdc.hrdkorea.or.kr/), 지사사업안내〉외국인고용(2016.03. 22.), '외국인근로자를 위한 국민연금제도 안내' 참조.

③ 청구기한 : 급여를 받을 수 있는 권리가 발생한 날로부터 5년 이내

④ 반환일시금 지급액 : 납부한 보험료에 일정 이자를 가산한 금액

⑤ 청구시 필요한 서류

- ■ 출국 전 청구(내방)
  - 청구서, 신분증(여권, 외국인등록증), 예금통장 사본, 항공권 사본 등
- ■ 출국 후 청구
  - 우편청구 : 청구서(거주국 공증기관의 공증과 영사확인 필요), 여권 사본, 본인 통장 사본
  - 외국인 본국 사회보험기관을 통한 청구(몽골, 우즈베키스탄, 태국, 스리랑카) : 청구서, 여권 사본, 예금통장 사본
    ※ 해외송금을 원할 경우 추가서류 : 해외송금신청서 및 거래내역서 등 본인계좌임을 입증할 수 있는 서류

⑥ 지급시기 : 출국 확인 후 지급

⑦ 출국 전 공항에서 일시금 수령을 희망하는 경우

출국전 공항에서 일시금 수령을 희망하는 경우 공항지급서비스 이용

□ 신청대상
: 본국귀환 사유로 반환일시금을 지급받을 수 있는 외국인으로서 1개월 이내에 인천공항을 통해 본국으로 출국 예정인 경우
　※ 퇴직한 회사에서 출국일 전일까지 국민연금공단으로 퇴사신고를 해야 하며 비행기 출발 시각이 주중(공휴일 제외) 11시~24시인 경우만 공항지급 가능

□ 공항에서 반환일시금 수령절차
① 국민연금공단 각 지사에서 반환일시금 청구 후 접수증 수령
② 출국일 당일 국민연금 인천공항상담센터에 방문하여 접수증, 여권, 비행기티켓 제출 후 지급지시서(은행제출용) 수령 (09:00~17:00)
　※ 인천공항상담센터는 인천공항 여객터미널 1층 입국장 A 맞은편 위치

③ 신한은행 인천국제공항지점(1층)에 '반환일시금 지급지시서'와 여권 제출 후 환전영수증 수령(17:30까지)

④ 인천공항 출국심사대 통과 후 신한은행 환전소(3층)에서 현금수령(21:00까지)

　※ 원화제외

IV. 고용보험[334]

1. 개요

고용허가제로 취업한 외국인은 고용보험 적용 제외 대상이었으나, 2021. 1. 1.부터 적용대상으로 변경되었다. 2021.1.1.부터 「외국인근로자의 고용 등에 관한 법률」의 적용을 받는 외국인근로자는 사업 또는 사업장의 상시근로자 수에 따라 단계적으로 고용보험(고용안정·직업능력개발사업)[335] 당연적용대상으로 변경되어, 해당 외국인근로자의 근로계약 효력발생일이 속한 달의 다음달 15일까지 반드시 고용보험 피보험자격 취득신고[336] 또는 근로내용확인신고(1개월 미만 일용근로자인 경우)를 해야 한다.

다만, 해당 외국인근로자가 실업급여 및 육아휴직급여 적용을 받기 위해서는 사업주와 근로자의 상호 동의 하에 별도의 외국인 고용보험 가입신청을 해야 한다.

2. 적용 시기

(1) 상시 30명 이상의 근로자를 사용하는 사업 또는 사업장 : 2021년 1월 1일

(2) 상시 10명 이상 30명 미만의 근로자를 사용하는 사업 또는 사업장 : 2022년 1월 1일

(3) 상시 10명 미만의 근로자를 사용하는 사업 또는 사업장 : 2023년 1월 1일

---

334) 고용허가제 홈페이지(https://www.eps.go.kr/), 고객센터〉공지사항(2020.12.01.), '「고용보험법」 개정에 따른 고용허가대상 외국인근로자(E-9, H-2) 고용보험 적용 안내' 참조.

335) 고용보험은 실업급여, 고용안정·직업능력개발사업으로 구분된다. 실업급여는 근로자와 사업주가 함께 부담하며 요율은 각각 0.8%이며, 고용안정·직업능력개발사업은 사업주만이 부담하여 요율은 0.25%~0.85%[근로자수에 따라 다름]이다.

336) 내국인 상용근로자와 동일한 방법으로 고용보험 취득신고를 하면 됨.

3. 대상 외국인 근로자 및 적용시점

- 체류자격이 방문취업(H-2) 또는 비전문취업(E-9)인 외국인근로자

- 방문취업(H-2) 또는 비전문취업(E-9) 외국인근로자가 고용보험 미가입 상태로 30인 이상 사업장에서 2021.1.1. 근무 중일 경우 2021.1.1.로 취득(근로내용확인)신고 필요

구분			당연적용	임의가입	비고
'21년	30인 이상	상용 근로자	취득신고서[337] (고안·직능 적용)	가입신청서[338] (실업급여 적용)	실업급여는 신청일의 다음 날부터 적용
		일용 근로자	근로내용확인신고서 (고안·직능 적용)	가입신청서 (실업급여 적용)	실업급여는 신청일이 속한 법정신고기간 내 신고한 근로내용확인신고부터 적용
	30인 미만	상용 근로자		가입신청서 (실업급여+고안직능 적용)	3사업 모두 신청일의 다음 날부터 적용
		일용 근로자		가입신청서+근로내용확인신고서 (실업급여+고안직능 적용)	3사업 모두 신청일이 속한 법정신고기간 내 신고한 근로내용확인신고부터 적용

* 22년은 10인 이상 사업장으로 확대, 23년 이후는 전체 사업장으로 확대

V. 산재보험

근로자를 사용하는 모든 사업 또는 사업장이 의무가입 대상이므로, 외국인근로자를 사용하는 사업 또는 사업장도 반드시 가입해야 함

- 보험료 산출 : 보험요율은 업종별로 상이 (임금총액의 0.85~28.25%)

- 보험료 부담주체 : 사업주 100%

---

337) 고용보험법 시행규칙 [별지 제5호서식] 국민연금 사업장가입자 자격취득 신고서, 건강보험 직장가입자 자격취득 신고서, 고용보험 근로자 피보험 자격취득 신고서, 산재보험 근로자 자격취득 신고서
338) 고용보험법 시행규칙 [별지 제1호서식] 외국인 고용보험(가입, 가입탈퇴)신청서

제2장 계절근로(E-8)[339]

I. 의의

농어촌 농·어번기의 고질적 일손부족 현상을 해결하기 위해 단기간(5개월 이내) 동안 외국인을 합법적으로 고용할 수 있는 제도이다. 계절근로 체류자격은 단기취업(C-4)[340] 비자로 운영되었으나, 농·어촌 인력 부족 현상을 해결하기 위하여 농·어업 분야에서 장기간 취업이 가능한 계절근로(E-8) 비자가 2019. 12. 24. 출입국관리법 시행령 개정(시행일: 2019. 12. 24.)으로 신설되었다.

II. 개요

1. 기본원칙

- 내국인 사전 구인 절차를 의무화하여 내국인 일자리 잠식 방지
- 외국인 계절근로자의 인권침해 및 불법체류 방지
- 고용허가제와 상충되지 않도록 운영
- 농·어촌 상황을 반영할 수 있도록 지자체에 최대한 자율성 부여

2. 종류

해외 입국 외국인 계절근로자 제도와 국내 체류 외국인 계절근로자 제도 2종류로 나눌 수 있다.

국내 기초지방자치단체는 외국 기초지방자치단체와 ①업무협약(MOU)을 체결하거나, ② 결혼이민자 가족·친척 초청 방식으로 해외에 있는 계절근로자를 유치할 수 있다(①,② 혼합 가능).

---

339) 법무부, 「2024년도 외국인 계절근로자 프로그램 기본계획」, 2024. 1. 참조.
340) 단기취업 계절근로(C-4-1~4)의 경우는 최대 90일까지만 고용이 가능함.

국내 체류 외국인 계절근로자 제도 참여·운영을 희망하는 지자체는 관할 출입국관서에 유치를 신청(연중 상시)한 이후 총배정 인원 범위 내에서 계절근로프로그램에 참여가 가능하다.

3. 신청 주체

기초자치단체장(시장·군수)이 관할 출입국관서에 신청한다. 외국인을 사용하려는 고용주는 관할 기초지자체에 신청하면 된다.

4. 허용 업종 및 인원

계절성으로 5개월 동안 노동력이 집중적으로 필요한 농·어업*

* 농업분야는 농림축산식품부, 어업분야는 해양수산부에서 심사 후 법무부에서 최종 결정한다.

【공 통 기 준】

○ 농작물·수산물의 특성상 계절성이 있어 노동력이 집중적으로 필요한 분야
○ 농·어업경영체등록정보(또는 농림사업정보시스템, 수산물가공업신고)로 작물 재배면적(농업), 허용수산물 생산 규모(어업) 확인
○ 제조업 등 연중 상시고용 업종* 및 어선원**은 계절근로 허용 대상에서 제외
　* 고용허가제 비전문취업(E-9) 자격
　** 선원취업(E-10) 자격

---

(1) 농업 분야

○ 허용 인원 : 농업경영체등록정보로 아래 작물별 재배면적 확인

※ 농업조합·법인은 자경(공동경작) 농지 면적 기준

※ 곶감 가공의 경우 해당 지자체의 생산량 조사 결과(전년도 기준) 확인

재배면적 작물종류	재배면적(단위 : 1,000㎡)				
① 시설원예 · 특작	2.6미만	2.6~3.9미만	3.9~5.2미만	5.2~6.5미만	6.5이상
② 버섯	5.2미만	5.2~7.8미만	7.8~10.4미만	10.4~13미만	13이상
③ 과수	16미만	16~24미만	24~32미만	32~38미만	38이상
④ 인삼, 일반채소	12미만	12~18미만	18~24미만	24~30미만	30이상
⑤ 콩나물, 종묘재배	0.35미만	0.35~0.65미만	0.65~0.95미만	0.95~1.25미만	1.25이상
⑥ 기타원예 · 특작	7.8미만	7.8~11.7미만	11.7~15.6미만	15.6~19.5미만	19.5이상
⑦ 곡물	50미만	50~300미만	300~400미만	400~500미만	500이상
⑧ 기타 식량작물	7미만	7~10미만	10~13미만	13~16미만	16이상
⑨ 곶감 가공	70접 미만	70~80접 미만	80~90접 미만	90~100접 미만	100접 이상
허용 인원	5명 이하*	6명 이하	7명 이하	8명 이하	9명 이하

※ 복수의 작물 재배 시 작물별 허용 인원 합산이 아닌 유리한 작물의 허용 인원을 적용

* 지자체장 또는 관할 출입국 · 외국인관서의 장 판단 하에 영세 농가 등의 허용 인원 조정 가능

(2) 어업 분야

허용 수산물		적용 업종
① 해조류	육상 가공 · 생산	㉠ 김 건조 ㉡ 기타
	양식 (해상 채취, 육상 가공)	㉢ 해조류 ㉣ 해조류종자
② 어패류	육상 가공 · 생산	㉠ 멸치 건조 ㉡ 가자미 · 오징어 · 명태 · 과메기 건조, 참조기 그물 털기 · 선별 · 포장 ㉢ 명태 가공 ㉣ 굴 선별 · 세척 · 까기 · 포장(가공) ㉤ 전복종자생산
	양식 (해상 채취, 육상 가공)	㉥ 가리비 종패투입 · 망교체 · 채취포장(시범)

※ 어선에 승선하는 어선원(E-9, E-10)은 계절근로자 제도 적용 분야에서 제외

○ 허용 인원 : 어업경영체등록정보 등으로 수산물·생산 규모 확인

※ 어업경영체등록부(확인서), 어업권등본(어업허가대장 사본), 수산물가공업신고
　필증(식품제조가공 영업등록)의 품목별 생산 규모 기준 등

※ 어업경영체등록정보 등으로 수산물·생산 규모 확인이 불가능한 경우(수산물
　원시가공업 등) 해당 지자체의 생산량 조사결과(전년도 기준) 확인

- 과매기·오징어 건조업의 경우 도소매업 등록증도 확인서류로 가능, 허용 인
　원은 지자체의 생산량 조사 결과(전년도 기준) 확인

※ 명태 가공의 경우, 해당 지자체의 확인·추천을 받은 고용주에 한해 허용

※ '23년 상반기 배정심사협의회에서 시범운영하기로 결정된 가리비 양식은 고성
　군(5ha미만 양식장)에서 어가별 2명 이하 고용으로 한정

- 고성군 다문화센터를 활용하여 결혼이민자 가족 초청방식으로 우선 추진, 해
　당 지자체의 확인·추천받은 고용주에 한해 허용

생산규모 / 허용수산물	생산 규모(단위 : 속, 톤, 박스)				
①㉠ 해조류(마른김)	30만속 미만	30~50만속 미만	50~60만속 미만	60~70만속미만	70만속이상
①㉡ 해조류(기타)	5천톤 미만	5~8천톤 미만	8천~1만톤 미만	1~1.2만톤미만	1.2만톤이상
①㉢㉣ 해조류(양식)	5명 이하				
②㉠ 어패류(멸치 건조)	8만박스 미만	8~12만박스 미만	12~16만박스 미만	16~20만박스미만	20만이상
②㉡㉢㉣ 어패류(기타)	12톤 미만	12~20톤 미만	20~30톤 미만	30~40톤미만	40톤이상
②㉤ 어패류(전복종자)	250만 마리 (파판 50만장)	300만 마리 (파판 60만장)	350만 마리 (파판 70만장)	400만 마리 (파판 80만장)	450만 마리 (파판 90만장)
②㉥ 어패류(양식)	(시범운영) 고성군(5ha 미만 양식장) 어가별 2명 이하				
허용 인원	5명 이하*	6명 이하	7명 이하	8명 이하	9명 이하

※ 영어조합·법인은 단체의 생산 수산물, 생산 규모에 따라 배정 인원수 결정

※ 복수의 수산물 양식·가공 시 허용 인원 합산이 아닌 유리한 수산물의 허용 인원 적용

* 지자체장 또는 관할 출입국·외국인관서의 장 판단 하에 영세 어가등의 허용 인원 조정 가능

III. 참여 가능한 외국인의 범위

1. 해외 입국 외국인

【공 통 기 준】

○ 국내 기초지자체가 정한 선발 기준과 요건을 충족

○ 고용주의 재입국 추천받은 계절근로자는 연령 상한의 제한 없이 입국 가능

---

(1) 요건

1) 대한민국 기초지자체와 해외 기초지자체(지방정부) 간 업무협약(MOU) 체결

　○ (기본) 해외 지방정부의 주민(사증 신청일 기준 6개월 이상 거주)

　○ (경력) 본국에서 농·어업 종사 이력 1년 이상

　○ (연령) 만 25세 이상 50세 이하

　[예외] 만 19세 이상 (사증발급인정서 신청 시 입증서류 제출)

　　㉠ 우리 정부(지자체)의 국제농업협력(ODA) 프로그램에 참여자

　　㉡ KOICA 등 준정부기관의 농업교육에 참여자

2) 국민과 혼인한 결혼이민자의 가족·친척 초청 방식의 경우

　○ (기본) 본국 거주 가족 또는 사촌(배우자 포함) 이내 친척

　※결혼이민자 1인당 허용 인원은 최대 20명 이하(연간 누적 기준)

　○ (연령) 만 19세 이상 55세 이하

　○ (결혼이민자의 범위)

　　㉠ 국민과 혼인하여 결혼이민(F-6-1) 자격으로 체류하는 외국인

　　- 혼인귀화자(국적취득자)의 외국인 배우자(F-6-1)도 포함

　　㉡ 국민과 이혼 후에도 계속 결혼이민(F-6-2, F-6-3) 자격으로 체류하는 외국인

　　㉢ 국민과 혼인으로 영주(F-5) 자격을 취득한 외국인 또는 혼인귀화자(국적 취득자)

(2) 선발 제외 대상

○ 결핵, 매독, 전염병 환자, 마약 복용자, 사증발급인정서 신청일 현재 임신 중이거나 출산한 지 1년 이내인 사람

(3) 다. 공통 사항

○ 상기 요건의 기준 범위 내에서 국내 기초지자체는 요건을 강화하여 달리 정할 수 있음 (단, 완화할 수는 없음)

　- 예시) 만 25세 이상~ 40세, 농어업 종사 이력 2년 이상 등

○ 당해 연도 내에 입국하여야 하며, 입국일로부터 5개월 체류 가능하나, 필요시 최대 3개월까지 체류기간 연장허가 가능(총 체류기간 8개월 이내)

2. 국내 체류 외국인

```
【공 통 기 준】

○ 계절근로 신청일 기준 만 19세 이상
○ 국내 지자체에 의해 계절근로자로 선발된 이후 고용주와 근로계약 체결 필요
  ※ 근로계약 체결 전 반드시 지자체의 확인 필요
○ 그 밖에 출입국관서, 고용노동부(고용센터), 지자체에서 계절근로자로 채용하는데 부적
  합하다고 판단하는 경우 계절근로 참여 불가
```

(1) 체류자격

1) 문화예술(D-1) 외국인등록을 한 사람
2) 유학(D-2), 어학연수(D-4) 외국인등록을 한 사람

　※ 한국어연수(D-4-1), 단기유학(D-2-8) 자격 소지자는 입국일로부터 6개월이 경과된 이후 계절근로 참여 가능

3) 구직(D-10) 외국인등록을 한 사람

4) 방문동거(F-1) 외국인등록을 한 사람 : 가사보조인·외교관의 비동거 가족(F-1-2) 제외

5) 동반(F-3) 외국인등록을 한 사람

6) 방문취업(H-2) 외국인등록을 한 동포 중 비취업 서약한 사람

   ※ '20.12월부터 방문취업(H-2) 동포가 체류기간 만료 전에 비취업 서약을 하면 계속
   자녀 양육, 학업 등을 위해 국내 체류 허용, 계절근로 참여 가능 여부 판단이 곤란한
   경우 관할 출입국·외국인관서에 문의

7) 현지 정세 불안으로 인한 특별체류 조치에 따라 외국인등록 및 기타(G-1) 체류자격
   변경허가를 받은 미얀마, 아프간, 우크라이나인

   ※ 계절근로 참여 가능 여부 판단이 곤란한 경우 관할 출입국·외국인관서에 문의

8) '19.12월 시행한 '선순환 불법체류 외국인 자진출국 제도'에 따라 자진출국 후 단기방문
   (C-3-1) 체류자격으로 재입국한 사람

   ※ 계절근로 참여를 위해 출입국관서의 체류자격 변경 및 자격외활동 허가 필요
   ※ 여권→사증면→대한민국입국사증(VISA)→비고란('선순환자진출국 입국자' 표시)

(2) 참여 외국인의 체류 허가

1) 신청 방법

가. 국내 체류 외국인의 계절근로 참여 시 「출입국관리법」 제20조에 따라 반드시 '체류자격
   외 활동허가' 사전 신청

나. 외국인이 직접 관할 출입국·외국인관서에 방문하여 신청

※ 부득이한 경우 지자체에서 대리 신청(출입국관서 방문 또는 공문 발송)

※ 국내 체류 외국인의 계절근로 참여 시 각종 체류허가 수수료*를 면제받으며, 참여자와
   그 가족에 대한 혜택으로 사증 발급 수수료도 면제됨

   * 참여 동포에 대한 혜택으로서의 재외동포(F-4) 자격변경 수수료 포함

2) 근로계약 체결 가능 기간

가. 최소 1주일부터 최장 8개월까지

※ 요건을 갖춘 경우 계속하여 근로계약 연장 가능(지자체장 발급의 체류기간 만료 계절근
로자 체류기간 연장 추천서 등 첨부 불요)

IV. 참여 가능한 고용주

1. 대상(동일 고용주가 농·어업 분야 모두 신청 가능)

(1) 농업 분야

○ 농업 경영 가구, 농업법인·조합(영농조합·법인, 농업회사법인)

○ 농작물의 경작·생산, 원시·기초가공을 주 사업으로 함
  ※ 선별·유통·가공을 주업으로 하는 경우는 적용 대상에서 제외
○ 사업자등록증·정관에 '작물재배업'이 명시되어 있고, 조합·법인 보유 농지에서 작물을
  경작하는 경우

○ 농산물가공업체(한정 허용)

○ 배정심사협의회를 통해 농업과 밀접한 연관성이 있는 분야로 인정된 지역의 제조업체(농
  산물가공업 등록)에 한하여 계절근로자 고용을 허용
  ※ 곶감 가공('22. 2. 25. 시행)

○ 공공형 사업자(배정심사협의회 승인을 받은 기초지자체(농협))

(2) 어업 분야

○ 어업 운영 가구, 영어조합·법인

> ○ 수산물 생산, 원시·기초가공을 주 사업으로 함
> ※ 선별·유통·가공을 주업으로 하는 경우는 적용 대상에서 제외
> ○ 사업자등록증·정관에 '어업, 수산물가공업'이 명시되어 있거나 법인 명의의 공동어업권
>   (면허·허가·신고)을 가지고 수산물을 생산·가공하는 경우

○ 수산물가공업체(한정 허용)

> ○ 배정심사협의회를 통해 어업과 밀접한 연관성이 있는 분야로 인정된 지역의 제조업체(수
>   산물가공업 등록)에 한하여 계절근로자 고용을 허용
> ※ 명태 가공('22. 2. 25. 시행), 굴 가공('22. 6. 30. 시행)

2. 고용주별 허용 인원(최대 14명)

○ 분야별 산정 기준에 따라 9명의 범위 내에서 허용

○ 기초지자체에서 정한 자체 '인센티브 부여 기준*'에 따라 최대 3명, 우수 기초지자체**는
  최대 5명까지 추가 허용 가능

  * 미성년 자녀 양육, 고령, 숙소 등 근로조건 우수, 인권보호 우수(구체적 활동사항 기재),
   지역 특산작물 또는 미래먹거리 재배 등 지자체 특성에 맞게 수립하되 항목별 구체적
   기준 제시

  ** 최근 3년간 평균 이탈률 5% 미만

  ※국내 기초지자체에서 유치 신청 시 작성하여 관할 출입국관서에 제출

> ○ 농·어번기 등 인력의 집중 필요 시기에 국내 지자체가 추가 고용의 필요성에 대한 소명자
>   료를 첨부하여 출입국관서에 공문 요청할 경우 최대 허용 인원 14명을 초과하여 고용 가능

○ 고용주가 공공형 사업자인 경우 최대 100명 이내에서 고용 허용

○ 고용주는 연간 배정받은 계절근로자 인원 수의 범위 내에서 연중 계절근로자 고용
  가능(총 인원 누계)

  - 상반기에 최대 인원을 배정받은 경우 하반기 추가 배정은 불가

※동일한 계절근로자가 재추천을 받아 2회 입국한 경우 2명으로 산정

V. 고용주 및 외국인이 지자체에 외국인 계절근로자를 신청하는 시기, 방법

지자체 홈페이지 공지사항을 통해 신청 시기를 확인할 수 있다. 외국인 계절근로자를 사용하려는 고용주 및 계절근로에 참여하려는 외국인은 연 2회 신청할 수 있다. 지자체는 일반적으로 매년 10월-11월 경에 익년도 상반기 외국인 계절근로자를 신청받고, 매년 4월-5월 경에 당해연도 하반기 외국인 계절근로자를 신청받는다. 지자체별로 상이[341]하므로, 구체적인 내용은 각 지자체 홈페이지 게시판을 통해 확인해야 한다.

VI. 고용주 배치

1. 배치 기준

(1) 배치 순위

1) 1순위

기본계획에 따라 해외입국 계절근로자 인원을 배정받은 고용주(공공형 계절근로 사업자 포함)

○ 사증발급인정서 신청 시 근로계약을 체결한 해외입국 외국인 계절근로자 배치

○ 기본계획에 참여한 고용주 중에서 계절근로자의 무단 이탈, 중도 출국 등 고용주의 귀책사유 없는 근로계약 해지로 인해 당초 배정받은 계절근로자의 총 인원수를 고용하지 못한 경우

2) 2순위

기본계획에 참여하지 않은 농어가의 고용주

---

341) 예시: 전라남도 영광군의 경우 '2024년 상반기 외국인 계절근로자 및 고용주 신청'을 2023.10.
4.(수) ~ 2023.10.16.(월)에 받았고, '2024년 하반기 외국인 계절근로자 및 고용주 신청'을 2024.5.
22.(수) ~ 2024.5.30.(목)에 받았음을 확인할 수 있다. 영광군청 홈페이지(https://www.yeonggw
ang.go.kr/), 군청소식〉공지사항〉 2023.10.2.게시물 및 2024.5.22. 게시물 참조.

○ '지자체별 계절근로자 고용주 배치 기준'을 반영한 지자체의 자체 기준에 따라 선정

○ 고용주는 농·어업경영체등록, 적정 숙소 구비 등 계절근로 프로그램 참여 요건을 갖추고 지자체로부터 '계절근로자 배치 대상 고용주 확인서'를 발급받아야 함

계절근로자 배치 대상 고용주 확인서(지자체 발급)

※ 고용주(농어가, 조합·법인, 공공형 계절근로 사업자의 신청을 받아 발급하고, 계절근로자의 근무처변경(체류자격 외 활동허가) 신청 시 출입국관서에 제출

□ 고용주 인적사항

농어가	성명		생년월일	
	농어업경영 등록체번호		연락처	

법인·조합, 공공형 계절근로 사업자	단체명		대표자 (대표이사)	
	법인·조합 등록번호		연락처	

□ 고용 현황

기본계획 참여 여부	참 여 ( ) 미참여 ( )
분야	농 업 ( ) 어 업 ( )
사업장(농·어업 작업장)	
총 고용 가능 외국인 계절근로자 인원수	
발급일 현재 고용하고 있는 계절근로자 수	

상기 고용주는 법무부의 「외국인 계절근로자 프로그램 기본계획」과 ____우리 시·군의 '계절근로자 고용주 배치 기준'을 충족하여 계절근로자를 고용할 수 있음을 확인합니다.

년   월   일

_____시·군 _____과

담당 공무원 _____(인)

2. 배정 인원 산정 등

(1) 고용주 요건

○ 준수사항 위반에 따른 제재 대상이 아닐 것

(2) 대상 계절근로자 및 인원수 산정

○ 대상 : 해외 입국 또는 국내 체류 외국인 계절근로자

○ 인원수 산정 : 연간 배정받은 인원수 내에서 고용할 수 있음

　※ 당해 연도 누적 인원은 총배정 인원을 초과할 수 없음

　　- 지자체가 정한 항목별 인센티브 기준에 따라 추가 배정 가능

VII. 외국인 계절근로자 고용주 참고사항 및 필수 준수사항

> ○ 외국인 계절근로자가 인간으로서 최소한의 권리를 향유하면서 근로에 전념할 수 있는 환경을 조성하고, 인권침해를 사전에 예방하기 위하여 외국인 계절근로자 고용주는 다음 사항을 필수적으로 준수하여야 함.
>
> ○ 근로기준법 등 관련 법령 준수 및 인권침해 행위가 없어야 함.
>
> ○ 필수 준수 사항 위반 시 관련법에 따라 <u>처벌 대상이 될 수 있음</u>.

1. 적정한 주거 환경 제공

가. 숙소로 사용할 수 없는 부적합 시설 제공 금지

　- 부적합 숙소 : 비닐하우스, 컨테이너, 창고 개조 숙소

나. 숙소 필수 시설 및 물품 구비

　- 숙소 내부에 냉난방 설비, 온수가 나오는 샤워시설, 숙소 내부 잠금장치 보유

　- 취사(炊事) 도구, 침구류, 소화기 및 화재감지기 필수 구비

다. 과도한 숙식비 징수 금지

◦ 근로자의 비용 부담이 과도하지 않도록 아래의 상한을 준수하고, 숙소 시설에 대한 사회통념상 인정될 수준의 금액을 징수하되, 다인실의 경우 공동사용을 고려하여 1인당 적정 금액 징수

(표준근로계약서에 숙식비 금액을 명시한 경우 징수하되, 초과 징수 금지)

【숙식비 징수 상한액 기준】

구분	아파트, 단독주택, 연립·다세대 주택 또는 이에 준하는 주거시설	그 밖의 주거시설 (조립식 숙소, 개조 숙소)
숙식 모두 제공 시	월 임금의 20%	월 임금의 13%
숙소만 제공 시	월 임금의 15%	월 임금의 8%

◦ 임금과 숙식비는 별도 정산되어야 함

　- 고용주는 계절근로자에게 임금 전액을 지급 후, 계절근로자로부터 별도로 숙식비를 받는 것을 원칙으로 하되, 근로자와 사전 합의하여 숙식비 공제 동의서를 작성한 경우 숙식비 사전 공제 후 임금 지급 가능

◦ 근로계약서 작성 시 숙식비 공제금액(부담액) 등을 명시하여 근로자에게 설명하고 '숙식비 공제 동의서'를 제출받아 보관(근로계약서상 숙식 정보와 공제금액이 달라 발생하는 분쟁 대비)

※ 고용주는 원본, 지자체는 사본 보관

◦ 근로계약서상의 숙식정보와 공제금액이 상이하여 숙식비 관련 분쟁이 발생할 경우: 근로기준법상 임금 전액불지급 원칙 위반으로 임금체불 소지가 있고, 민사상 손해배상의 책임도 발생할 수 있으니 각별히 유의

2. 산재보험 의무 가입

◦ 외국인 계절근로자 입국 즉시 산재보험 또는 농어업인 안전보험 신청

   - 재해 발생 시 외국인 계절근로자 권익 보장 및 농·어가의 부담 완화 목적

※ 고용주는 산재보험에 의무 가입 되어 있어야 함

3. 최저임금 이상 지급

◦ 2024년도 최저임금 이상 지급

   - 월 실제 근로시간 × 시간급(9,620원)으로 계산하여 지급

4. 임금은 월 1회 이상 통화로 직접 지급

◦ 임금은 통화로 직접 외국인 계절근로자에게 전액을 지급하여야 함

   - 월급은 매월 1회 이상 일정한 날짜를 정하여 지급

   - 도주 이탈 방지 등을 이유로 근로자의 봉급통장을 고용주가 보관하거나, 임금을
     1개월 단위로 지급하지 않고 모았다 출국 시 일괄 지급하지 않도록 각별히 주의

5. 연장·야간·휴일 근로 수당 지급

◦ 표준근로계약서 작성 시 연장·야간·휴일 근로 명시

  - 연장근로, 야간근로(오후 10시부터 오전 6시까지) : 통상임금의 150% 이상 지급

  - 8시간 이내 휴일근로 : 통상임금의 150% 이상 지급

  - 8시간 초과 휴일근로 : 통상임금의 200% 이상 지급

  ※ 1일 30분 내지 1시간씩 시간외 근무를 한 경우 월별 합산시간으로 지급

◦ 시간외 근무에 대해 반드시 별도의 임금 지급 (선물, 음식 등 제공으로 대체 불가능)

6. 근로시간 준수

◦ 1주 내 근로시간 한도(휴계시간 제외) : 40시간

◦ 1일 내 근로시간 한도(휴계시간 제외) : 8시간

   ※ 작업을 위한 대기시간 등은 근로시간에 포함됨

  - 당사자 간 합의 시 근로계약서에 명시 후 별도수당을 지급하고 근무 가능

7. 휴계 및 휴일 보장

◦ 외국인 계절근로자의 최소한의 휴식권 보장 (휴계시간을 근로시간 도중에 부여해야 함)

  - 근로시간이 4시간인 경우 : 30분 이상

  - 근로시간이 8시간인 경우 : 점심시간을 포함하여 1시간 이상

  - 휴계시간은 근로시간에 포함됨

◦ 매 30일마다 최소 2일 이상 휴일을 보장 (최소한의 휴식권 보장)

  - 당사자 간 합의 시 근로계약서에 명시 후 별도수당을 지급하고 근무 가능

  - 1일 최대 12시간 이상 근로금지

8. 최소 근무일수 보장

◦ 고용일수는 계약상의 총 근무일의 75% 이상 보장

  - 기준 : 주당 5일 근무, 2일의 휴일

   ※ 고용일이 90일인 경우 최소 68일(75%) 고용 보장

◦ 외국인 계절근로자의 귀책사유가 없는 상태에서 농·어가가 부득이한 사정도 없이 최소
   근무일수를 보장하지 않을 경우 계약 불이행 사유가 됨.

9. 근무처 이동 제한

◦ 외국인 계절근로자는 최초 계약한 농·어가에서만 근무 가능

◦ 계약한 농·어가에서 일정기간 일이 없어 다른 농·어가에서 일을 시키는 경우 → 출입

국관리법 제21조(근무처의 변경·추가) 위반으로 처벌 대상이 될 수 있음.

10. 외국인 계절근로자의 여권보관 금지

외국인 계절근로자의 여권을 취업에 따른 계약 또는 채무이행의 확보수단으로 제공받거나 그 제공을 강요하는 것은 금지됨.

11. 외국인 계절근로자 신상변동 시 신고

∘ 외국인 계절근로자의 고충을 적극적으로 해결해 주어야 하며, 어려운 점이 있을 경우 지자체에 요청
∘ 외국인 계절근로자의 신상변동(입·출국, 이탈, 기타 사고 등) 발생 시 즉시(3일 이내) 관할 지자체에 신고

12. 외국인 불법체류 발생 방지를 위한 관리 철저

외국인 계절근로자가 작업장이나 소재지를 이탈하여 불법체류하지 않도록 관리

13. 인권침해 금지

폭행(언어폭력 포함), 성희롱, 성폭력 등 인권침해 금지

14. 기타 지시사항 준수

실태 점검 협력, 지자체 등 관계기관 지시사항 준수

15. 각종 설문 및 연구 시 협조

외국인 계절근로자 관련 설문조사 및 연구 시 협조

※ 농업 분야

　○ 허용 인원 : 농업경영체등록정보로 아래 작물별 재배면적 확인

　　※ 농업조합·법인은 자경(공동경작)하고 있는 농지 면적 기준

제3장 선원취업(E-10)

I. 개요[342)

현재 한국국적 선박에서 취업활동을 하고 있는 취업이민자는 크게 세 개의 유형으로 구분할 수 있다. 첫 번째 유형은 고용허가제를 통해 어업분야에 종사하는 취업이민자이고, 이들의 선발과 국내 취업활동 관련 규정은 「외국인근로자의 고용 등에 관한 법률」에서 정한다. 도입규모는 외국인력정책위원회에서 결정된다.[343) 이들은 연근해어업을 하는 20톤 미만 국내 어선에서 조업을 하고, 육지에서 숙박을 하게 된다. 「선원법」 제45조에 따라 '선원'이 되기 위해서는 '선원수첩'[344)을 교부 받아야 하는데, 이들 고용허가제 어업종사자는 선원수첩을 소지하고 있지는 않다. 평수구역, 연해구역, 근해구역에서 어로작업에 종사하는 '20톤 미만 어선'은 「선원법」 적용 제외이다.[345) 선박을 크게 상선과 어선으로 구분할때 이들 고용허가제 취업이민자는 연근해 어선에 승선하고 있다. 고용허가제를 통해 선발된 외국인은 E-9 사증으로 입국하는데, 어업에 종사자는 E-9-4 사증을 발급받게 된다.

업종 및 선종 구분

구분	업종별		선종별
상선	외항선	외국과의 무역을 위해 국내항과 외국항 또는 외국항과 외국항간을 운항하는 선박	(선박용도별) 잡화선, 컨테이너선, 냉동선, 여객선 등
	내항선	국내항에서 운항하는 상선	
어선	원양어선	원양의 어장에 출어하여 어로작업에 종사하는 선박	(조업형태별) 선망, 저인망, 채낚기, 통발 등
	연근해 어선	한국 연안 및 근해에서 어로작업에 종사하는 선박	

---

342) 최서리·현채민, 「국내 외국인선원(E-10) 체류관리의 문제점과 개선방안」, IOM이민정책연구원, 2018.3. 참조.
343) 고용허가제를 통해 유입하는 어업분야 취업이민자는 선원으로 선박에서 일하기도 하지만, 양식업이나 소금채취업에 종사하기도 한다.
344) 선원수첩은 선원의 신분증명서와 같고, 여권의 역할을 하기도 한다. 선원수첩에는 고용계약관계, 승선이력, 건강증명, 선원의 교육훈련 상황, 자격 및 면허관계 등이 기록되어 있다.
345) 선원법 시행규칙 제2조(적용제외 어선)

두 번째 유형은 한국국적 내항선, 국제순항여객선 및 연근해어선에서 일하는 외국인선원이다. 이들 외국인선원의 도입 규모는 해양수산부에서 고시한 '외국인선원 관리지침'에 따라 업종별 선박소유자346) 단체와 선원노동조합 연합단체가 합의하여 정한다. 세 번째 유형은 한국국적 외항선에 취업하는 외국인이다. 이 중 첫 번째와 두 번째 유형의 외국인의 경우 한국 영토에서 취업활동을 하기 때문에 체류자격을 취득해야 하고, 세 번째 유형은 별도의 체류자격이 없다. 아래 표는 첫 번째와 두 번째 유형 외국인의 체류자격 등을 정리한 표이다.

사증(체류자격) 구분에 따른 선박 승선 외국인 유형

사증 (체류자격)	E-9-4	E-10-1	E-10-2	E-10-3
주무부처	고용노동부	해양수산부		
운용기관	한국산업인력공단	한국해운조합	수협중앙회, 민간 선원관리업체	한국해운조합
근거법령	「외국인근로자의 고용 등에 관한 법률」	「해운법」, 「선원법」 및 해양수산부 고시 「외국인선원 관리지침」	「수산업법」, 「선원법」 및 해양수산부 고시 「외국인선원 관리지침」	「크루즈산업의 육성및 지원에 관한 법률」, 「선원법」 및 해양수산부 고시 「외국인선원 관리지침」
선박 종류	20톤 미만 어선	내항선	20톤 이상 어선	국제순항여객선
도입국가	MOU 체결 17개국	4개국(중국, 베트남, 인도네시아, 미얀마)347)		
도입정원결정	외국인력정책위원회 심의·의결	노사합의 후 해양수산부, 법무부 최종결정		
근무기간	3년(최장 4년 10개월)	3년(최장 4년 10개월)		

---

346) 선주와 선주로부터 선박의 운항에 대한 책임을 위탁받고 선박법에 따른 선박소유자의 권리 및 책임과 의무를 인수하기로 동의한 선박관리업자, 대리인, 선체용선자 등을 의미한다(선박법 제2조).

347) 박진규·조용준, 「외국인어선원 제도개선 및 운영 효율화 방향」, 수산업협동조합중앙회 수산경제연구원, 2023.5. 25면 참조.

II. 선업취업 비자 외국인 고용 절차[348]

외국인선원제의 고용절차는 첫째, 사업주가 회원조합에 외국인고용신청을 한다. 둘째, 단위노조와 고용주 간 외국인선원 고용 합의를 한다. 셋째, 관리업체와 수협을 통해 외국인 선원 고용추천서 발급 신청 절차를 진행한다. 넷째, 지방 해양수산청으로부터 외국인선원 고용신고 및 고용신고 수리서를 발급받는다. 다섯째, 지방출입국외국인청에 외국인선원 사증발급 신청을 한다. 여섯째, 외국인선원이 입국한다.

어선원(E-10-2) 외국인 선발 및 고용 세부절차

고용 절차	주요 내용
인력 모집 및 입국 전 교육 실시	현지 송출회사에서 한국선원 지원자에 대해 교육(기본교육 30일 120시간 이상 및 2주 40시간 이상 승선 실습) 실시
입국 전 교육 후 '인력풀' 등록	현지에서 교육 수료한 지원자 이력(신체조건, 승선경험 등)을 외국인선원관리시스템에 등록
근로계약서 체결	사업주는 인력풀을 참조하여 외국인선원과 고용계약서 작성 후 제출
단위노동조합 '외국인선원' 고용의견 청취	해당 단위노조에서 사업주에게 '외국인선원 고용에 관한 의견서' 교부
고용추천서 고용 신청	관리업체에서 고용추천서 발급신청 및 고용신고 첨부 서류를 외국인선원 관리시스템에 등록 후 회원조합에서 확인승인
적합확인서 발급	수협중앙회는 고용기준 준수여부, 관리업체 및 회원조합 배정쿼터 등 확인 후 '외국인선원 배정정원등 적합확인서' 발급

---

[348] 박진규·조용준, 「외국인어선원 제도개선 및 운영 효율화 방향」, 수산업협동조합중앙회 수산경제연구원, 2023.5. 26면, 30면 참조.

↓

고용신고수리서 및 고용추천서 발급	지방해양수산청에서 고용신고수리서 및 고용추천서 발급

↓

사증발급인정서 신청	관할 지방출입국 · 외국인청에 사증발급인정서 발급 신청

↓

외국인선원 입국 후 교육 및 사업주 인수	입국 후 취업교육기관인 수협중앙회가 취업교육(2박3일, 16시간) 실 시, 건강검진 후 해당 사업주에게 인계

III. 고용주의 외국인 1인당 비용부담 내역[349]

외국인선원제 고용주는 매월 선원 1인당 9만원을 납부하며, 총 3년의 고용계약기간 동안 324만원의 비용이 발생한다. 즉, 선원관리비로 수협 중앙회에 월 3만원(50%는 회원조합 전금), 관리수수료로 관리업체에 월 1만원, 노조복지기금으로 노동조합에 월 5만원을 납부하고 있다.

IV. 입출국 지원 및 사후관리(고용허가제(E-9)와 비교)[350]

고용허가제는 한국산업인력공단에서 입출국 지원을 담당하며, 관리업체의 부재로 입국 후 사후관리는 미흡하다. 외국인선원제는 현지 송출업체 및 국내 관리업체에서 입출국을 담당하고, 사후관리도 적극적으로 추진하고 있다.

---

349) 박진규 · 조용준, 「외국인어선원 제도개선 및 운영 효율화 방향」, 수산업협동조합중앙회 수산경제연구원, 2023.5. 26면 참조.
350) 박진규 · 조용준, 「외국인어선원 제도개선 및 운영 효율화 방향」, 수산업협동조합중앙회 수산경제연구원, 2023.5. 27-28면 참조.

어업분야 외국인력 제도(고용허가제, 외국인선원제)별 공통점과 차이점

구분	고용허가제(E-9-4 비자)	외국인선원제(E-10-2 비자)
법적 근거	· 외국인근로자의 고용 등에 관한 법률 (고용노동부)	· 선원법, 외국인선원관리지침 (해수부)
적용 대상	· 20톤 미만 어선, 양식업, 천일염 생산 등	· 20톤 이상 어선
주관 부처 (관리 주체)	· 고용노동부(한국산업인력공단)	· 해양수산부(수협중앙회)
도입 국가	· MOU체결 17개국 중 어업특화 4개국 – 인도네시아, 동티모르, 스리랑카, 베트남	· 인도네시아, 베트남, 중국, 미얀마
도입 정원 결정	· 외국인력정책위원회 심의·의결(국무 조정실 산하) · 외국인근로자 도입계획을 매년 3월 31일까지 관보 등에 공고 (고용노동부 부장관)	· 노·사합의(해양수산부 승인→ 법무부 최종 결정)
송출 계약	· 정부간 인력송출 양해각서(MOU)	· 민간기관간 계약(수협중앙회↔관리업체, 관리업체↔송출회사)
근로자 모집	· 송출국 공공기관(한국어시험성적에 따라 인력풀 보유, 승선 경험자 없음)	· 송출국 공공기관(한국어시험성적에 따라 인력풀 보유, 승선 경험자 없음)
근로 계약 체결 방식	· 노사간 근로계약 직접 체결(사업주↔외국인)	
고용 절차	· 3~7일간 내국인 구인노력(사업주) · 외국인 고용허가(고용업체) – 근로자는(노동부→고용업체) 구직자 명부 (한국어시험 등 통과자)에서 사업 주가 직접 선택 · 근로계약 체결(고용업체↔외국인) · 외국인근로자 사증발급 신청(고용업체 →지방출입국외국인청) · 외국인근로자 입국	· 외국인 고용신청(사업주→회원조합) · 외국인선원 고용 노사 합의(단위노조) · 외국인선원 고용추천서 발급 신청 및발급 · 외국인선원 고용신고 및 고용신고 수리서 발급 (지방해양수산청) · 외국인선원 사증발급 신청(지방출입국 외국인청) · 외국인선원 입국

비용 부담 내역 (외국 인 1인 당)	(단위 : 천원)				(단위 : 천원)				

구 분	부담주체	금액	징수주체
근로자 도입위탁	고용주	60	한국산업인력공단
각종 대행 신청		86	수협중앙회 (전액 회원조합 전금)
취업 교육비		258	수협중앙회
총계		404	

구 분	부담주체	금액	징수주체
선원 관리비	고용주	월 30	수협중앙회 (50% 회원조합 전금)
관리 수수료		월 10	관리업체
노조복지 기금		월 50	노동조합
총계(3년 기준)		3,240	

입출 국 지원	・ 한국산업인력공단	・ 현지 송출업체 및 국내 관리업체
체류 기간	・ 3년(재고용시 1년10개월 연장)	
노동 관계 법 적용 및 처우 상 차이	・ 근로기준법 적용 : 내국인과 동등 대우 – 최저 임금법 적용['23년 최저임금 시간급 9,620원 전년대비 ↑460원, 주 40시간기준 : 월 2,010, 580원)] – 4대보험 : 산재・건강보험 적용, 고 용 보험 임의가입, 국민연금 일부국가 미적용	・ 선원법 적용 (근로기준법 부분적용) – 최저임 금 : 선원노동조합연합 단체와의 합의에 의해 결정[['23년월 2,114,494원 전년대비 ↑20 0,054원] – 4대보험 : 산재・건강보험 적용, 고용 보험 임의가입, 국민연금 일부국가 미적 용
사후 관리	・ 노동부(고용지원센터)에서 사업장 이동시 취 업알선, 사업장 지도점검 등 수행 ・ 관리업체 부재로 사후관리 미흡	・ 수협중앙회 및 관리업체
숙식 지원 여부	・ E-9와 E-10 모두 어선주가 통상적으로 숙식비 지원 중(월세 및 식비 등)	

V. 사증발급인정신청서 접수처리 및 필요 서류[351]

1. 절차 흐름도

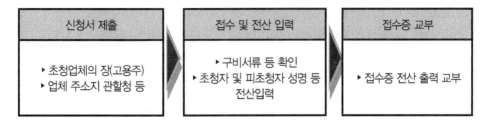

■ (신청관할) 면허증 또는 등록증 상의 회사소재지 또는 동 회사의 '주된 영업소'가 있는 지역 관할 출입국·외국인청(사무소·출장소)에 사증발급인정서 신청

■ (대행신청) 비전문취업 절차와 동일하게 업종별 대행기관의 사증발급 인정신청서 신청대행 허용

※ 업종별 대행기관 : 내항상선·순항여객선 ➡ 한국해운조합, 어선 ➡ 수협중앙회

---

351) 법무부 출입국·외국인정책본부, 「사증발급 안내매뉴얼」, 2024.7.26, 220-221면 참조.

첨부서류	
공통서류	① 사증발급인정신청서 (별지 제21호 서식), 여권, 사업자 등록증, 표준규격사진 1매 ② 표준근로계약서 사본 ③ 신원보증서 ④ 외국인선원고용신고수리서(지방해양항만청장 발급)

≪업종별 추가서류≫

내항선원 (E-10-1)	⑤ 『해운법』에 따른 내항여객운송사업면허증·내항화물운송사업등록증 사본(최초 신청 또는 등록사항 변경 시에만 제출) ⑥ 외국인선원고용추천서(지방해양수산청장 발급) ⑦ '승선정원증서' 또는 '500톤 미만 선박검사증서' 등 기타 청(사무소·출장소)장이 필요하다고 인정하는 서류 ⑧ 노사합의 선사별 T/O 운영승인서 (선사별 총 정원제 적용 업체의 경우)
어선원 (E-10-2)	⑤ 『수산업법』에 따른 정치망어업면허증 및 관리선사용지정(어선사용승인)증·근해어업허가증 사본(최초 신청 또는 등록사항 변경 시에만 제출) ⑥ 선박검사증서 ⑦ 외국인선원고용추천서(지방해양수산청장 발급) ⑧ 어획물운반업등록증 (어획물운반업만 해당)
순항여객선원 (E-10-3)	⑤ 외국인선원고용추천서(지방해양수산청장 발급) ⑥ 순항여객운송사업면허증 사본(최초 신청 또는 등록사항 변경 시에만 제출)

제6편
단기취업(C-4)

Ⅰ. 개요

1. 개요

단기취업(C-4)[352] 사증은 90일 이내의 단기간 취업활동이나 단기간 영리활동을 하려는 외국인에게 발급되는 사증이다.[353] 단기취업(C-4) 사증은 계절근로 단기취업(C-4-1~4) 사증과 계절근로 외 단기취업(C-4-5) 사증으로 구분된다. 계절근로 단기취업(C-4-1~4) 사증은 대한민국의 기초자치단체(시·군·구)장의 신청으로 계절근로가 허용되는 농·어업 분야에서 90일 이내의 기간 동안 취업하려는 자에게 발급[354]되며, 계절근로 외 단기취업(C-4-5) 사증은 90일 이내 기간 동안 공연, 모델 활동, 서비스 제공, 강의·강연·연구 활동 등을 하려는 자에게 발급된다.

□ 계절근로 외 단기취업(C-4-5)

일시흥행 활동
 – 해당자는 예술흥행(E-6) 자격 참조

광고·패션활동
 – 해당자는 예술흥행(E-6) 자격 참조

강의·강연
 – 수익이 따르는 계약에 의하여 국내 공·사기관 등으로부터 초청되어 단기간 강연·강의활동을 하는 자
 ※ 수익이 따르지 않는 경우는 단기방문(C-3)에 해당됨

연구·기술지도
 – 연구(E-3), 기술지도(E-4) 자격참조
  공·사기관과의 계약에 의한 직업 활동
 – 특정활동(E-7) 자격 참조
  수입기계 등의 설치·보수, 조선 및 산업설비 제작·감독 등 각종 용역제공계약, 구매계약, 사업수주 계약 등에 의해 국내에 의하여 파견되어 국내 공·사기관으로부터 체재비 등

---

[352] 법무부 출입국·외국인정책본부, 「사증발급 안내매뉴얼」, 2024.7.26., 51면–59면 참조. 주 로스앤젤레스 대한민국 총영사관 사이트(https://overseas.mofa.go.kr/us-losangeles-ko/index.do), 영사–사증–'단기취업(C-4) 비자' 게시물(2022. 4. 30.)(https://bit.ly/2USjooU) 참조(접속일 : 2024. 6. 26.).
[353] 출입국관리법 시행령 출입국관리법 시행령 [별표 1]〈개정 2019. 6. 11.〉단기체류자격(제12조 관련)
[354] 계절근로 단기취업(C-4-1~4) 해당자는 계절근로(E-8) 자격 참조할 것.

보수성 경비를 지급받고 근무하고자 하는 자*

* 보수성경비를 국내가 아닌 해외에서 지급받더라도 실질적인 서비스를 제공하거나 실질적인 업무를 하는 자도 포함

정보기술 등 첨단기술 분야

- 국내기업의 정보기술(IT), 전자상거래 등 기업정보화(e-business), 생물산업(BT), 나노기술(NT), 신소재분야(금속, 세라믹, 화학), 수송기계, 디지털전자 및 환경·에너지, 기술경영 분야에 종사하고자 하는 자

➡ 단순노무 직종은 단기취업(C-4-5) 자격에 해당되지 않음

2. 사증 발급 절차

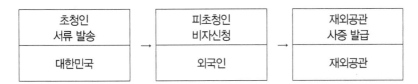

초청인 서류 발송	→	피초청인 비자신청	→	재외공관 사증 발급
대한민국		외국인		재외공관

초청인[대한민국]은 사증 발급 서류 중 초청인이 준비해야 할 서류를 피초청인[외국인]에게 보내고, 피초청인은 그 서류와 본인이 준비해야할 서류를 취합하여 외국의 대한민국 재외공관에 사증 발급을 신청하면 된다.

II. 공관장 재량으로 발급할 수 있는 사증

1. 체류기간 90일 이하의 복수사증

■ 대상자

국내기업의 정보기술(IT), 전자상거래 등 기업정보화(e-business), 생물산업(BT), 나노기술(NT), 신소재분야(금속, 세라믹, 화학), 수송기계, 디지털전자 및 환경·에너지, 기술경영 분야에 종사하고자 하는 자로서 소관부처 장관의 고용추천이 있는 자

> **첨부서류**
>
> ① 사증발급신청서 (별지 제17호 서식)[355], 여권, 표준규격사진 1매, 수수료
> ② 고용계약서
> ③ 소관부처(산하단체)의 고용추천서
> ④ 공사기관 설립관련 서류 (사업자등록증, 법인등기부등본)
>
> ※ 재외공관의 장은 입국목적, 초청의 진정성, 초청자 및 피초청자의 자격 확인 등을 심사하기
>   위해 필요한 경우 첨부서류를 일부 가감할 수 있음

2. 보수성 경비를 지급받는 자

수입기계 등의 설치·보수, 조선 및 산업설비 제작·감독 등 각종 용역제공계약, 구매계약, 사업수주 계약 등에 의해 국내에 의하여 파견되어 국내 공·사기관으로부터 체재비 등 보수성 경비를 지급받고 근무하고자 하는 자*

   * 보수성경비를 국내가 아닌 해외에서 지급받더라도 실질적인 서비스를 제공하거나
     실질적인 업무를 하는 자도 포함

> **첨부서류**
>
> ① 사증발급신청서 (별지 제17호 서식), 여권, 표준규격사진 1매, 수수료
> ② 용역계약서(또는 구매계약서, 사업수주계약서 등) 사본
> ③ 파견명령서 또는 출장명령서
>
> ※ 재외공관의 장은 입국목적, 초청의 진정성, 초청자 및 피초청자의 자격 확인 등을 심사하기
>   위해 필요한 경우 첨부서류를 일부 가감할 수 있음

3. 영어캠프 등에서 90일 이하 회화지도 활동을 하는 자

> **첨부서류**
>
> ① 사증발급신청서 (별지 제17호 서식), 여권, 표준규격사진 1매, 수수료

---

[355] '별지 제17호 서식'이라함은 출입국관리법 시행규칙 별지 제17호 서식 '사증발급신청서'를 말함. 이하 동일함.

② 학위관련 검증서류(아래 사항 중 택1)
 – 학위증 사본(아포스티유 확인 또는 해외주재 대한민국 공관의 영사확인)
 – 해당 대학에서 발행한 학위취득 증명서(아포스티유 확인 또는 해외주재 대한민국 공관의 영사확인)
 – 학위취득 사실이 기재된 졸업증명서(아포스티유 확인 또는 해외주재 대한민국 공관의 영사확인)
 ※ 아포스티유 협약 미가입 국가인 경우 자국 소재 대한민국공관의 영사 확인
③ 범죄경력증명서(아포스티유 또는 해외주재 대한민국 공관의 영사확인)
④ 고용계약서
⑤ 사업자등록증, 법인등기부등본 또는 교육기관 설립관계 서류
⑥ 평생교육시설등록증 등 평생교육시설 신고수리·지정관련 서류
⑦ 영어캠프 운영일정표 및 강의시간표(해당 외국인 참여시간 표기)

> **평생교육시설이 등록(신고)된 위치를 벗어난 시설에서 캠프를 운영하기 위해 외국인강사를 초청(채용)하는 경우 사증발급 불허***
>
> * 평생교육시설이 신고되지 않은 장소에서 교습을 하면 학원법 제14조(교습소 설립·운영의 신고 등) 위반이며, '11.07.25. 개정된 학원법 제2조의 2에 따라 초중등학생을 대상으로 교습을 하는 학교교과교습학원으로 등록을 하지 않고 교습을 하는 경우에는 학원법 제6조 위반('12. 2. 법제처 유권해석)

※ 재외공관의 장은 입국목적, 초청의 진정성, 초청자 및 피초청자의 자격 확인 등을 심사하기 위해 필요한 경우 첨부서류를 일부 가감할 수 있음

4. 시합, 경연 등에 참가하는 사람

체류기간 90일 이하의 단기간 동안 국내에서 수익을 목적으로 하는 일시흥행, 광고·패션모델 등의 취업활동을 하는 자 또는 상금과는 별개로 체재비를 상회하는 보수 또는 수당 등을 받거나 받기로 하고 운동경기, 바둑시합, 가요 경연 등에 참가하는 사람*

 * 예시된 취업활동 및 운동경기 등은 물론이고, 작품 판매 등을 통해 수익이 발생하는 전시회 참가 미술가 등도 포함

첨부서류	
① 사증발급신청서(별지 제17호 서식), 여권, 표준규격 사진 1매, 수수료	
공연법 규정에 의한 공연을 하려는 경우	② 영상물등급위원회(제주특별자치도의 경우 제주특별자치도지사)의 공연추천서(추천제외대상공연은 면제) ③ 공연계획서, 공연계약서 (공연계획서 포함 생략) ④ 피초청인이 미성년자인 경우, 법정대리인의 동의서
관광진흥법에 의한 호텔업시설, 유흥업소 등에서 공연 또는 연예활동에 종사하려는 경우	② 영상물등급위원회의 공연추천서* 　* 관광업소에서의 **연주, 가요, 곡예, 마술**에 대한 공연추천은 '**주한 미8군 영내클럽**, 관광진흥법상 3급 이상 **관광호텔, 관광유람선, 휴양콘도미니엄, 관광극장유흥업, 외국인전용음식점, 국제회의시설의 부대시설**'을 제외하고 추천하지 않음 (첨부 1 참조) 　- 단, 관광업소중 **공연법령의 규정에 의하여 등록된 공연장**(예: 워커힐 호텔, 부산롯데호텔 등)에서의 퍼레이드·쇼·뮤지컬 등 가무적 요소를 갖춘 공연과 **유원시설**(예: 에버랜드, 롯데월드, 서울랜드 등) 및 **국제회의시설의 부대시설**(코엑스·벡스코 등 무역전시장 및 롯데·하얏트 등 특급호텔)에서의 '**가무**'도 공연추천 ③ 연예활동계획서 ④ 자격증명서 또는 경력증명서, ⑤ 신원보증서 ⑥ 피초청인이 미성년자인 경우, 법정대리인의 동의
체재비를 상회하는 보수 또는 수당을 받거나 받기로 하고 운동경기, 바둑시합, 가요 경연 등에 참가하는 사람	② 주최 측이 발급한 초청장 또는 참가확인서 ③ 행사 참가 시 지급되는 보수 또는 수당 등이 기재되어 있는 계약서 등 **(초청장 등에 그 내용이 기재되어 있는 경우 제출 생략)**
광고 모델의 경우 **광고 모델의 경우**	○**일반심사 기준** ② 사업자등록증 ③ 대중문화예술기획업 등록증* 　* 대중문화예술산업발전법 시행규칙 별지 제2호 서식 ④ 부가가치세 과세표준증명(매출과세표준)

⑤ 납세증명서

⑥ 기타 기업의 건전성을 증빙하는 서류

⑦ 고용계약서, 신원보증서, 이력서, 보호자 동의서 (미성년인 경우)

⑧ 광고촬영·패션쇼 관련 계약서(광고건별 제출)*, 광고촬영·패션쇼 관련 모델 사용 개요(광고주 작성), 국내 활동 계획서

* 1) 광고주 초청업체 계약 시 : 광고주 ↔ 초청업체, 초청업체 외국인 각 1부(총 2부)

* 2) 광고대행사 초청업체 계약 시 : 광고주 광고대행사, 광고대행사, 초청업체, 초청업체 외국인 각 1부(총3부)

※ 계약서 필수 포함사항 : 대금 지불방법, 권리의무 관계(저작권), 계약당사자의 서명 또는 날인

⑨ 기타 모델의 전문성을 입증할 수 있는 서류

⑩ 해당사항 있는 경우) 직전 초청 외국인의 국내 활동 내역, 귀국 여부 등 증빙서류 ※ 해당 공관 사증발급 신청 건만 해당

※ **영사 인터뷰 필수**

○우대심사 기준 : 우수업체

우대심사 기준 적용대상

초청 업체	모델 전문 매니지먼트 업체로서 아래의 요건을 모두 갖춘 업체 ▶ 법인사업자 ▶ 대중문화예술기획업 등록 ▶ 최근 3년 이내 최소 5억원 이상 매출실적 ▶ 최근 3개월 간 국민 상시근로자 5인 이상 고용 ▶ 업력 5년 이상(또는 대표이사의 동종업계 종사경력 5년 이상) ▶ 사업자등록증 상 도·소매업 등 무관한 업종이 존재하지 않고 매니지먼트, 엔터테인먼트, 모델에이전시 등 관련 업종만 등재되어 있을 것 ▶ 체납 사실이 없을 것
외국인	▶ 불법체류 다발 고시국가*, 기타 법위반 고위험 국가가 아닐 것

* 중국, 필리핀, 인도네시아, 방글라데시, 베트남, 몽골, 태국, 파키스탄, 스리랑카, 인도, 미얀마, 네팔, 이란, 우즈베키스탄, 카자흐스탄, 키르키즈스탄, 우크라이나, 나이지리아, 가나, 이집트, 페루

② 사업자등록증, 법인 등기부등본, (필요시) 대표이사 경력 관련 증빙 서류, 대중문화예술기획업 등록증

③ 부가가치세 과세표준증명(매출과세표준)* 전년도 재무재표

	* 최근 3년간 연평균 매출액이 5억원 이상인지 확인 ④ 최근 1개월 사이에 발급한 고용보험 가입자 명부 ※ 최근 3개월 이상 계속하여 고용된 국민의 수가 5인 이상일 것 ⑤ 납세증명서 ⑥ 기타 기업의 건전성을 증빙하는 서류 ⑦ 신원보증서, 이력서, 보호자 동의서 (미성년인 경우) ⑧ 국내활동계획서 ⑨ 기타 모델의 전문성을 입증할 수 있는 서류(포트폴리오 등) ⑩ 해당사항 있는 경우) 직전 초청 외국인의 국내 활동 내역, 귀국 여부 등 증빙서류 ※ 해당 공관 사증발급 신청건만 해당
그 밖의 경우	② 소관 중앙행정기관의 장의 고용추천서 *또는 고용의 필요성을 입증하는 서류** ③ 피초청인이 미성년자인 경우, 법정대리인의 동의서 * 방송출연자 등에 대한 방송통신위원회의 고용추천서 등 ** 프로축구 선수 등 운동선수·지도자·심판 등에 대한 소속협회(연맹)의 고용추천서, 주무처장관의 협조공문, 초청단체(자)의 초청사유 및 활 동계획서 또는 사업계획서 등

※ 재외공관의 장은 입국목적, 초청의 진정성, 초청자 및 피초청자의 자격 확인 등을 심사하기
위해 필요한 경우 첨부 서류를 일부 가감할 수 있음

5. 강의·연구활동을 하는 자

교수(E-1) 또는 특정활동(E-7) 자격 대상자로서 수익이 따르는 계약 등에 따라 90일 이하
강의·강연·연구활동을 하는 자(대학교원 또는 관련분야 전문가 등)

가. 적용대상 및 자격기준

■ 전문대학 이상의 교육기관 등에서 통상의 체재비를 초과하는 수익이 발생하는 계약*
에 따라 90일 이하 단기간 강의, 연구 등의 활동을 하는 초빙교수 등

첨부서류

① 사증발급신청서 (별지 제17호 서식), 여권, 표준규격사진 1매, 수수료
② 고용(강의·강연)계약서 또는 강의료 액수 등 수익금액이 기재되어 있는 초청장(사증발급
   협조요청 문서)
③ 신청인의 학위증 사본 및 재직증명서
④ 초청 교육기관 등의 설립관련 서류 (사업자등록증 사본 또는 법인등기사항전부증명서 등)

※ 재외공관의 장은 입국목적, 초청의 진정성, 초청자 및 피초청자의 자격 확인 등을 심사하기
   위해 필요한 경우 첨부서류를 일부 가감할 수 있음

【공익목적 초청에 의한 강의·강연】
고용계약에 따른 **취업활동이 아닌 초청에 의한 1회성 강의·강연·자문활동 등의 경우** 아래와
같은 조건 하에서 단기취업(C-4-5) 비자가 아닌 **단기 체류자격(C-3, B-1, B-2) 소지자도
활동 가능**
단기취업(C-4-5) 비자 면제 조건
    ☞ 아래의 조건을 모두 충족해야 함
■ **(초청자 및 초청목적)** 정부(지자체 포함), 대학, 정부출연기관 등 비영리기관이 학술 또는
   공익 목적으로 초청하는 경우
   ※ 사기업 등이 영리목적으로 초청하는 경우에는 단기취업(C-4-5) 발급 대상
■ **(대상기관 제한)** 피초청인이 강연·강의·자문 활동을 할 수 있는 국내 기관은 체류기간
   중 **5개를 초과할 수 없음**
   ※ 예시) 피초청인의 체류기간이 30일인 경우 30일 내 5개 비영리기관 범위 내에서 강연·강
의·자문활동 가능
■ **(활동기간 제한)** 체류기간 중 강의·강연·자문 등의 활동기간은 **7일을 초과할 수 없음**
   ※ 예시) 체류기간이 30일인 경우에도 강의·강연·자문 등의 활동은 7일을 초과할 수 없음

6. 상기 이외의 단기취업(C-4-5) 자격 해당자에 대한 체류기간 90일 이
   하의 단수사증

첨부서류

① 사증발급신청서 (별지 제17호 서식), 여권, 표준규격사진 1매, 수수료
② 고용계약서
③ 소관행정기관의 장의 고용추천서, 협조공한 또는 고용의 필요성을 입증할 수 있는 서류

※ 재외공관의 장은 입국목적, 초청의 진정성, 초청자 및 피초청자의 자격 확인 등을 심사하기
  위해 필요한 경우 첨부서류를 일부 가감할 수 있음

III. 사증발급인정서 발급대상

1. 계절근로 단기취업(C-4-1~4)자에 대한 사증발급인정서 발급

◦ 신청자
  - (시·군·구)기초자치단체장
◦ 신청시기
  - 농·어업 작업시기, 사증발급인정서 발급 소요 기간(신청일로부터 약 10일 소요), 외국
    인 계절근로자 사증 준비 및 자국 출국을 위한 행정 절차 소요 기간 등을 고려하여 신청시
    기 결정
◦ 신청 방법 : 비자포털(www.visa.go.kr)을 통하여 신청
◦ 사증발급인정서 대상자
  - 지자체가 고용주에게 배정한 해외 체류 외국인
    ※ 결혼이민자 또는 외국국적동포의 국내 체류 가족은 사증발급인정서 신청 대상이
      아니고 체류자격외활동허가 신청 대상임

◦ 사증발급인정서로 신청하는 계절근로 사증 종류

사증(VISA)	추천자	허용 분야	최 대 체류기간
C-4-1(단수)	MOU 체결 외국지자체	농 업	90일
C-4-2(단수)	결혼이민자		
C-4-3(단수)	MOU 체결 외국지자체	어 업	
C-4-4(단수)	결혼이민자		

- '표준근로계약서' 상의 근로일수와 사증(VISA)별 체류기간이 부합되어야 함
- 비자포털에 부정확한 정보 입력으로 반려되는 경우 적정한 시기에 계절근로자를 초청
  하지 못하는 문제가 발생하기 때문에 추천자 및 허용분야를 확인하여 정확한 사증 종류
  를 신청하고 필요 정보를 정확히 입력하여야 함

◦ 제출서류(비자포털에 첨부)

① 표준근로계약서

② 내국인 구인노력 증빙자료(구인 광고내용 사본 및 최종 구인실적 등)

③ 외국인 계절근로자 관련 서류

  ㉠ 외국인 계절근로자 여권 사본

  ㉡ MOU 외국인 : 본국에서의 농·어업 종사 이력

  ㉢ 결혼이민자의 4촌 이내 친척(배우자 포함) : 결혼이민자 신분증, 국내용 혼인·가족관
    계 증명서, 기본증명서, 결혼이민자의 친척 관계도, 거주국(체류국)에서 발급한 가
    족관계증명서 등

    ※ 국내 결혼이민자와의 가족(친척)관계가 입증되어야 하며 영어 이외의 외국어로
      되어있을 때는 번역자 확인서 및 번역문을 첨부(공증불요)

④ 숙소 관련 서류

  - 외국인 계절근로자에게 제공 예정인 '숙소시설표'('24년 한시적 시행)

    ※ 숙소점검 확인서는 계절근로자 입국 직후 지자체에서 일괄 공문 제출

⑤ 업무협약(MOU) 체결 결과서 등

2. 특정국가(쿠바) 국민에 대한 단기취업(C-4-5) 사증발급인정서 발급

○ 특정국가(쿠바) 국민은 원칙적으로 법무부장관, 출입국·외국인청(사무소·출장소)장
  이 발급한 사증발급인정서에 따라 사증 발급

  - 사증발급인정서를 제출하지 아니한 자에 대하여는 공관장이 사증발급승인을 요청하
    여 법무부장관의 승인을 받아 사증을 발급할 수 있음

  ※ 특정국가 거주 무국적자는 특정국가 국민의 사증발급기준에 준하여 처리

제7편

전문외국인력

제1장 교수(E-1)[356][357]

I. 개요

1. 활동범위 및 해당자

(1) 고등교육법에 의한 자격요건을 갖춘 외국인으로서 전문대 이상의 교육기관이나 이에 준하는 기관에서 교육 또는 연구지도

- 한국과학기술원 등 학술기관의 교수
- 전문대학 이상의 교육기관에서 임용하는 전임강사 이상의 교수
- 대학 또는 대학부설연구소의 특수분야 연구교수

(2) 고급과학 기술인력

- 전문대학 이상의 교육과학기술분야의 교육·연구지도 활동에 종사하고자 하는 자로서 교육부장관의 고용추천이 있는 자

2. 체류기간

(1) 1회에 부여할 수 있는 체류기간의 상한

5년

(2) 체류기간 연장허가

○ 제출서류

① 신청서(제 34호 서식), 여권, 표준규격사진 1장, 수수료

② 고용계약서 원본 및 사본, 기타 심사에 필요한 자료*(필요시 1~2종 제출)

   * 교원활용계획서, 수강생 현황, 근로소득원천징수부 등

---

356) 법무부 출입국·외국인정책본부, 「사증발급 안내매뉴얼」, 2024.7.26 129면-134면 참조.
357) 법무부 출입국·외국인정책본부, 「외국인체류 안내매뉴얼」, 2024.7.26 149면-156면 참조.

③ 체류지 입증서류(임대차계약서, 숙소제공 확인서, 체류기간 만료예고 통지우편물, 공공
   요금 납부영수증, 기숙사비 영수증 등)

II. 사증 발급 대상자 및 필요 서류

1. 공관장 재량으로 발급할 수 있는 사증

(1) 한국과학기술원에 고용되어 교수활동을 하고자 하는 자에 대한 체류기간 1년 이하의 단수사증

1) 대상

■ 한국과학기술원법령에 따라 교수·부교수·조교수·초빙교수 등으로 채용되어 교수활동을 하는 자

첨부서류

① 사증발급신청서 (출입국관리법 시행규칙 별지 제17호 서식), 여권, 표준규격사진 1매, 수수료
② 경력증명서 및 학위증
③ 고용계약서 또는 임용예정확인서

※ 재외공관의 장은 입국목적, 초청의 진정성, 초청자 및 피초청자의 자격 확인 등을 심사하기 위해 필요한 경우 첨부서류를 일부 가감할 수 있음

2. 사증발급인정서의 발급 대상

(1) 전문대학 이상 교육기관에서 91일 이상 교육 또는 연구·지도활동을 하는 대학의 장(총장·학장), 교수·부교수·조교수, 겸임교원·명예교수·초빙교원, 교환교수 등

1) 대상 및 자격기준

○ 총·학장 : 교수자격을 갖춘 자 중에서 소정의 절차에 따라 임용하고, 교무총괄· 교직원

감독·학생지도가 임무(법 제15조 제1항)

○ 교수·부교수·조교수 : 아래【별표】에 해당하거나 대학인사위원회 또는 교원인사위원회의 인정을 받은 교원으로서, 학생을 교육·지도하고 학문을 연구 (법 제15조 제2항·제16조, 대학교원 자격기준 등에 관한 규정 제2조)

【별표】교원 및 조교의 자격기준

학력 연구·교육 경력연수* 직명	대학졸업자·동등자격자			전문대학졸업자·동등자격자		
	연구실적 연 수	교육경력 연 수	계	연구실적 연 수	교육경력 연 수	계
교 수	4	6	10	5	8	13
부교수	3	4	7	4	6	10
조교수	2	2	4	3	4	7
강 사	1	1	2	1	2	3
조 교	근무하려는 학교와 동등 이상의 학교를 졸업한 학력이 있는 사람					

* 연구실적연수와 교육경력연수 중 어느 하나가 기준에 미달하더라도 연구실적연수와 교육경력연수의 합계가 해당 기준을 충족하면 자격기준을 갖춘 것으로 본다.

○ 겸임교원 : 고등교육법 제16조의 규정에 의한 별표 자격기준을 갖추고 관련분야에 전문지식이 있는 자 (고등교육법 시행령 제7조 1호)

○ 명예교수 : 교육 또는 학술상의 업적이 현저한 자로서 교육과학기술부령으로 정하는 자 (고등교육법 시행령 제7조 2호, 명예교수규칙 제3조)

○ 초빙교원 : 고등교육법 제16조의 규정에 의한 별표 자격기준에 해당하는 자 (다만, 특수한 교과를 교수하게 하기 위해 임용하는 경우에는 그 자격기준에 해당하지 아니하는 자를 임용할 수 있음. 고등교육법시행령 제7조 4호)

○ 대학 간의 교환교수 교류협정에 따라 국내 대학에 파견되는 교환교수

첨부서류

① 사증발급인정신청서 (별지 제21호 서식), 여권, 표준규격사진 1매
② 경력증명서 및 학위증
– 조교수 이상의 자격기준에 해당하는 전임교수 등의 경우 제출 생략

③ 고용계약서 또는 임용예정확인서

- 파견 또는 협약에 따른 교환교수, 방문교수 등에 대해서는 대학 명의의 위촉·초청 공문(임금요건 불필요)으로 대체 가능(경력증명서 및 학위증 생략 가능)

④ 초청학교 설립관련 서류

  - 사업자등록증 사본 또는 법인등기사항전부증명서

  ➡ **대리인 신청시 : 위임장, 대리인 재직증명서, 대리인 신분증 추가 제출**

  ※ 출입국·외국인청(사무소·출장소)장은 초청의 진정성, 초청자 및 피초청자의 자격 확인 등을 심사하기 위해 첨부서류의 일부를 가감할 수 있음

(2) 교육부장관의 추천을 받고 전문대학 이상의 교육기관에서 과학기술 분야의 교육·연구지도 활동에 종사하는 고급과학 기술인력

1) 대상 및 자격기준

○ 이공계 박사학위소지자 또는 이공계 석사학위 소지 + 해당분야 연구 개발업무 3년 이상 종사자

○ 단, 산업기술촉진법 등 관련법령에 따라 자연과학분야나 산업상의 고도산업기술을 개발하기 위해 전문대학 이상의 교육기관에서 연구하는 과학기술자 연구(E-3)자격 해당자

  - 출입국·외국인청(사무소·출장소)장이 발급한 사증발급인정서를 발급받거나 법무부장관의 승인을 받아 발급(중국 및 특정국가(쿠바) 국민은 사증발급인정서에 의해 사증 발급)

첨부서류

① 사증발급인정신청서 (별지 제21호 서식), 여권, 표준규격사진 1매

② 고용계약서 또는 임용예정확인서*

  * 학위증 및 경력증명서는 제출 면제 (고용추천과정에서 교과부 등이 사전검증 완료

③ 교육부장관의 '고급과학기술인력' 고용추천서*(다만, 경제자유구역 내에서 취업활동을 하려는 자는 관할 특별시장·광역시장·도지사의 고용추천서 또는 고용의 필요성을 입증할 수 있는 서류)

④ 초청기관 설립관련 서류 (사업자등록증 또는 법인등기사항전부증명서)
⑤ BK21 관련 공문 사본 (해당자에 한함)
➡ 대리인 신청시 : 위임장, 대리인 재직증명서, 대리인 신분증 추가 제출

※ 출입국·외국인청(사무소·출장소)장은 초청의 진정성, 초청자 및 피초청자의 자격 확인 등을 심사하기 위해 첨부서류의 일부를 가감할 수 있음

III. 근무처의 변경 · 추가

1. '10.11.15.부 사후 신고제로 개정(출입국관리법시행령 제26조의2제1항)

전문인력 활용도 제고를 통한 국가경쟁력 강화차원에서 전문인력에 대해서는 기존 사전허가를 사후신고만으로 근무처를 변경·추가할 수 있도록 제도 개선

《법무부고시 제11-510》
➡ 대학교수가 전공과 관련하여 일시적인 강연·강의·연구 등의 활동을 다른 대학에서 하는 경우 근무처 추가신고 불필요

(1) 자격요건

교수(E-1) 자격으로 외국인등록을 하고 체류하고 있는 자로 변경·추가되는 근무처에서 활동하는데 필요한 자격요건을 구비하고 있는 자
※ 자격요건을 갖추었더라도 본인 귀책사유로 해고 또는 중도 퇴직한 자로서 원고용주의 이적동의를 받지 못한 자는 제외

(2) 신고절차 등

신고의무자(외국인)는 신고사유 발생일로부터 15일 이내에 관할 출입국·외국인청(사무소·출장소)장에게 신고(대리인의 신고 허용)

※ 여권에 근무처변경·추가신고 스티커나 신고인을 부착 또는 날인·기재하여야 하기 때문에 방문신고를 원칙으로 함(다만, 신고기한 임박 등 긴급한 경우에는 FAX로 선 접수하고 조속히 방문하여 스티커 부착 등의 조치를 하도록 안내)

(3) 제출서류

① 근무처변경·추가 신고서[별지 제38호의3서식], 여권 및 외국인등록증, 수수료 ② 사업자등록증 ③ 원 근무처 장의 동의서 ④ 고용계약서

※ 원 근무처 장의 동의서는 계약기간 만료일 또는 쌍방이 근무하기로 합의한 날짜까지 근무한 경우에는 제출을 면제하며, 원 근무처의 휴·폐업 및 임금체불 등의 사유가 있는 경우에는 입증서류 또는 사유서로 대체 가능

IV. 체류자격 외 활동

1. 체류자격외활동허가 면제범위 확대

원래의 체류목적을 침해하지 않은 범위 내에서 정규교육기관(초·중·고 및 대학)의 교육을 받고자 하는 때는 체류기간 범위 내에서 별도의 허가 절차 불요('09.6.15.부 시행)

2. 체류자격외 활동 허가 대상이 아닌 회화지도(E-2) 활동(회화지도 강사에 대한 사증발급 및 체류관리에 관한 통합지침)

(1) 직장 내에서 동료직원 등을 대상으로 하는 회화지도 활동

적용대상	교수(E-1) ~ 특정활동(E-7), 취재(D-5) ~ 무역경영(D-9)자격으로 외국인등록을 마친 합법 체류자
허용기준	소속된 직장 내에서 동료직원 등을 대상으로 하는 외국어 회화지도 활동

(2) 영리 또는 유상 목적이 아닌 사회봉사활동 차원의 회화지도 활동

적용대상	외국인등록(등록면제자 포함)을 마친 합법 체류자
허용기준	학교·종교 등 사회복지시설·주민센터 등에서 영리 또는 유상 목적이 아닌 사회봉사활동 차원의 회화지도 활동

(3) 공통사항

회화지도 활동이 주된 활동이 되거나 허용기준 등을 벗어난 회화지도 활동은 자율 허용대상에서 제외

3. 외국인투자기업 CEO 등 우수전문인력의 대학 강연활동

활동범위	대학에서 90일 이내 강의활동을 하려는 자에 대한 단기취업(C-4-5)자격으로의 자격외 활동
대　　상	① 투자자 등(D-7, D-8, D-9)의 자격 소지자 중 국내기업(투자기업포함)에서 상근이사 이상의 직으로 근무하는 자 ② 전문인력(E-1, E-3 ~ E-5, E-7) 자격소지자
제출서류	① 신청서(별지 34호 서식), 여권 및 외국인등록증, 수수료 ② 총(학)장의 추천서 ③ 고유번호증(사업자등록증)사본 ④ 고용계약서원본 및 사본 ⑤ 원근무처장의 동의서

4. 교수(E-1) 또는 연구(E-3) 자격을 소지한 외국고급과학 기술인력에 대한 교수(E-1), 연구(E-3)간 상호 체류자격외 활동

(1) 허가대상

○ 전문대학이상의 교육기관이나 정부출연연구소, 국·공립연구소, 기업부설연구소 등 이공계 연구기관에 근무하고자 하는 자로서 교육부장관의 고용추천을 받은 자

(2) 자격기준

○ 이공계 석사학위 이상의 소지자로서 해당분야의 연구개발 업무에 3년 이상 종사한 경력이 있는 자
○ 이공계 박사학위를 소지한 자

(3) 제출서류

① 신청서(별지 34호 서식), 여권 및 외국인등록증, 표준규격사진 1장, 수수료
② 고용계약서 또는 임용예정확인서
③ 원 고용주의 동의서
④ 교육부장관의 고용추천서
⑤ 사업자등록증 사본
⑥ 연구기관 입증서류

5. 단기취업(C-4-5) 특정활동(E-7) 자격을 소지한 외국첨단기술 인력이 유사첨단 기술분야인 교수(E-1), 연구(E-3), 기술지도(E-4) 자격으로의 활동

(1) 허가대상

• 벤처기업 등의 정보기술(IT) 분야, 전자상거래 등 기업정보화(e-business)분야 또는

생물산업(BT), 나노기술(NT), 신소재분야(금속·세라믹·화학), 수송기계, 디지털가전, 환경·에너지분야에 종사하는 자로서

• 소관부처(과학기술정보통신부, 교육부 등) 장관의 고용추천이 있는 자

(2) 자격기준

• 정보기업(IT) 또는 전자상거래 등 관련분야에 5년이상 종사한 경력이 있는 자

• 관련학과의 학사 이상 학력소지자로서 해당분야에 2년 이상 종사한 경력이 있는 자, 단 국내에서 4년 전 과정을 수료하고 학사학위를 취득한 자에 대하여는 해당분야 종사경력 불요

• 관련학과 석사학위이상 소지자

(3) 신청서류

① 신청서(별지 34호 서식), 여권 및 외국인등록증, 표준규격사진 1장, 수수료

② 고용계약서 (원본 및 사본) ③ 원고용주의 동의서 ④ 소관부처 장관의 고용추천서 ⑤ 경력증명서(학사학위 소지자는 학위증 사본 첨부)

6. "A-1, A-2 소지자"에 대한 자격외활동 허가

(1) 취업허용 범위

외국어회화강사(E-2), 외국인학교교사(E-7), 외국어교열요원(E-7)으로의 활동, 문화예술(D-1), 종교(D-6), 교수(E-1), 연구(E-3), 주한외국공관이나 외국기관 등에서 고용하는 행정요원(E-7), 특정활동(E-7)중 벤처기업 등의 정보기술(IT)·E-business에 종사하고자 하는 자로 소관부처장관의 고용추천을 받은 자

(2) 제출서류

① 신청서(별지 34호 서식), 여권 및 외교관신분증, 수수료 ② 고용계약서 ③ 사업자등록증

및 연구기관 입증서류 ④ 학위증 원본 ⑤ 경력증명서 ⑥ 외교부고용추천서 ⑦ 교육부장관 고용추천서(고급과학기술인력 명기)

7. 협정(A-3) 자격 소지자의 교수(E-1) 자격외 활동

(1) 자격요건

연구(E-3) 자격요건을 충족하는 자

(2) 제출서류

① 신청서(별지 34호 서식), 여권 및 SOFA ID, 수수료 ② 고용계약서 ③ 사업자등록증 및 연구기관 입증서류 ④ 학위증 원본 ⑤ 경력증명서 ⑥ 교육부장관 고용추천서(고급과학 기술인력 명기) ⑦ SPONSOR인 경우 원근무처장의 동의서

8. 고액투자외국인 및 전문인력 배우자에 대한 취업

(1) 허용대상

• 고급과학기술인력(SCIENCE 카드) 및 첨단기술인력(GOLD 카드), 정보기술인력(IT카드)자격 소지한 전문 외국인력의 배우자

• 미화 50만불 이상 투자(법인포함)한 투자자격 소지자의 배우자

• 전문 외국 인력자격(E-1, E-2, E-3, E-4, E-5, E-6-2를 제외한 E-6, E-7)소지자의 배우자

(2) 허용분야

단순노무(D-3, E-9) 등을 제외한 모든 직종에 대한 체류자격외 활동허가

(3) 허가기간

배우자의 체류기간까지(계속연장 가능)

(4) 제출서류

규칙 제76조에 의한 체류자격별 첨부서류(신원보증서 생략)

※ 특정활동(E-7)에 종사하고자 하는 경우에는 E-7자격 사증발급인정서 발급 지침 준용

9. 동일 종교재단 산하기관 근무자의 종교(D-6), 교수(E-1) 상호간 체류 자격외 활동 가능

(1) 종교(D-6) → 교수(E-(1)의 경우 제출서류

① 신청서(별지34호 서식), 여권 및 외국인등록증, 수수료 ② 동일재단입증서류 ③ 고용계약서 원본 및 사본 ④ 학위증 ⑤ 사업자등록증 사본 ⑥ 원근무처장의 동의서

(2) 교수(E-(1) → 종교(D-6)의 경우 제출서류

① 신청서(별지34호 서식), 여권 및 외국인등록증, 수수료 ② 동일재단입증서류 ③ 원근무처의 동의서 ④ 해당단체 설립허가서

V. 체류자격 변경 허가

1. ① 부득이한 사유로 무사증입국하거나 비취업사증을 소지한 외국고급 인력에 대한 교수(E-1), 연구(E-3)로 체류자격 변경 허가 및 ② 교수 (E-1), 연구(E-3) 상호간 체류자격 변경허가

(1) 대 상

전문대학이상의 교육기관이나 정부출연연구소, 국·공립연구소, 기업부설연구소 등의 연구기관에 근무하고자 하는 자(이공계, 인문계, 예·체능계 등의 고급외국인력)

※ 외국고급과학기술인력에 대해서만 허용하던 것을 인문계, 예체능계 등으로 확대 및 과학기술부장관 고용추천서 삭제

(2) 자격기준

• 석사학위 이상으로 해당 분야에 3년 종사한 경력이 있는 자

• 박사학위 소지자

(3) 제출서류

① 신청서(제 34호 서식), 여권, 표준규격사진 1장, 수수료 ② 고용계약서 원본 및 사본(또는 임용예정 확인서) ③ 경력증명서(학위증 사본 첨부) ④ 회사설립관련서류(사업자등록증, 연구기관 입증서류) ⑤ 원 근무처장의 동의서(원 근무처가 있는 경우)

2. 전문외국인력의 배우자에 대한 전문직자격으로의 변경허가

(1) 허가대상

전문외국인력《E-1 내지 E-5, E-6(E-6-2는 제외), E-7》자격소지자의 배우자로서 동반 (F-3)자격 소지자

(2) 허가분야

전문직《E-1 내지 E-5, E-6(E-6-2는 제외), E-7》에 해당하는 모든 직종에 대한 체류자격 변경허가

(3) 제출서류

① 신청서(별지 34호서식), 여권 및 외국인등록증, 표준규격사진1장, 수수료 ② 사업자등록증 ③ 학위증(원본 및 사본) 또는 경력증명서 ④ 고용계약서 (원본 및 사본) ⑤ 원 근무처의 장의 동의서(원 근무처가 있는 경우만 해당)

3. 유학(D-2), 구직(D-10) ➡ 교수(E-1)자격으로의 변경

(1) 자격요건(아래 ①, ②, ③요건을 모두 충족하여야 함)

① 구직(D-10) 자격 또는 유학(D-2) 자격을 소지하고 합법 체류 중인 자
② 취업활동을 하려는 분야가 교수(E-1)·회화지도(E-2)·연구(E-3)·기술지도(E-4)·전문직업(E-5)·예술흥행(E-6)·특정활동(E-7) 체류자격에 해당하고 해당 자격요건 등을 구비하여야 함
③ 취업하려는 해당 기관·단체 등의 대표자와 고용계약을 체결하여야 함

※ 유학(D-2) 자격 소지자는 구직(D-10)자격으로 변경할 수 있는 요건을 갖춘 졸업예정자를 의미 (단, 자국 또는 제3국의 대학에서 이미 학사 이상의 학위를 취득하고 필요한 경력요건 등을 갖춘 경우에는 재학 중이라 하더라도 변경 허용)

(2) 제출서류

① 신청서(별지 34호서식), 여권 및 외국인등록증, 수수료
② 고용계약서
③ 학위증 또는 경력증명서
  - 조교수 이상의 자격기준에 해당하는 전임교수 등의 경우 제출 생략
④ 고용업체 등 설립관련 서류(사업자등록증, 등기부등본 등)

4. 이공계대학 졸업 유학생 중 교육·과학기술 분야의 연구·지도 활동에 종사하려는 경우(석사 이상의 학위 취득자만 가능)

(1) 제출서류

① 신청서(별지 34호서식), 여권 및 외국인등록증, 수수료 ② 졸업증명서 ③ 고용계약서
④ 총(학)장의 고용추천서 ⑤사업자등록증

5. 사증면제(B-1) 자격으로 입국한 독일인에 대한 장기체류자격으로 변경

(1) 허가체류자격

기술연수(D-3), 비전문취업(E-9) 및 관광취업(H-1)을 제외한 모든 장기체류자격

(2) 허가기간

체류자격별 1회 부여할 수 있는 체류기간의 상한

제2장 회화지도(E-2)[358][359]

I. 개요

1. 활동범위

○ 법무부장관이 정하는 자격요건을 갖춘 외국인으로서 외국어전문학원*, 초등학교 이상의 교육기관 및 부설어학연구소, 방송사 및 기업체부설 어학연수원 기타 이에 준하는 기관 또는 단체에서 외국어 회화지도

가. 회화지도의 개념

‣ 외국어전문학원·교육기관·기업·단체 등에서 수강생에게 외국어로 상호 의사소통하는 방법을 지도하는 활동

‣ 따라서 외국어로 특정 어학이나 문학 또는 통·번역 기법 등을 지도하는 것은 회화지도 활동에 해당하지 않음

나. 활동장소

‣ 외국어전문학원*, 초등학교 이상의 교육기관 및 부설어학연구소, 방송사 및 기업체부설 어학연수원 기타 이에 준하는 기관 또는 단체

　* 정보통신기술 등을 활용한 원격교습 형태의 학교교과교습학원 포함 (학원법 개정)

기타 이에 준하는 기관 또는 단체

‣ 평생교육법에 의해 설치된 평생교육시설로서 법무부장관이 정한 기준에 부합하는 시설
‣ 다른 법령(조례 포함)에 의하여 국가 또는 지방자치단체가 설치·운영하는 평생교육 시설
‣ 근로자직업능력개발법에 따라 설립된 직업능력개발훈련시설과 직업능력개발훈련법인
‣ 건설기술관리법령에 따라 건설기술인력 교육훈련 대행기관으로 지정을 받은 (재)건설산업교육원의 회화지도 강사
‣ 소속 직원이 회화지도 학습을 할 수 있는 어학기자재 등이 구비된 강의실을 보유한 법인기업 및 공공기관

---

[358] 법무부 출입국·외국인정책본부, 「사증발급 안내매뉴얼」, 2024.7.26. 135면-142면 참조.
[359] 법무부 출입국·외국인정책본부, 「외국인체류 안내매뉴얼」, 2024.7.26. 157면-167면 참조.

2. 해당자

(1) 외국어 학원 등의 강사

- 해당 외국어를 모국어로 하는 국가의 국민으로서 해당 외국어를 모국어로 하는 국가에서 대학 이상의 학교를 졸업하고, 학사 이상의 학위를 소지한 자 또는 이와 동등 이상의 학력 이 있는 자
- 국내 대학 졸업자에 대한 특례
  - 해당 외국어를 모국어로 하는 국가에서 고등학교 또는 전문대학을 졸업하고 국내 의 대학에서 학사 이상의 학위를 취득한 경우 자격 인정
- 공용어 사용 국가 국민에 대한 특례
  - 영·중·일어를 제외한 나머지 외국어에 대해 해당 외국어를 공용어로 사용하는 국 가의 국민 중 아래 요건을 갖출 시 회화지도 자격 부여
- 해당 외국어에 대한 공인된 교원자격을 소지하거나 해당 외국어 관련 학과 학사 학위 이상을 소지할 것
- 임금요건이 전년도 국민 1인당 GNI의 80% 이상 일 것
  ※ 단, 주한공관문화원 등 비영리기관에 대해서는 당해연도 최저임금 이상 요건 적용

(2) 교육부 또는 시·도교육감 주관으로 모집·선발된 자로서 초·중·고등학교 에서 근무하려는 자

원어민 영어보조교사(EPIK)

▶ 영어를 모국어로 하는 국가* 국민으로서 출신국가에서 대학을 졸업하고 **학사 학위 이상의 학위**를 취득한 자
 * 영어 모국어 국가(7개국) : 미국, 영국, 캐나다, 남아공, 뉴질랜드, 호주, 아일랜드

한-인도 CEPA협정에 따른 영어보조교사

▶ 인도 국적자로서 대학 이상의 학교를 졸업하고 **학사 이상의 학위와 교사자격증(영어전공)을 소지한 자**

정부초청 해외 영어봉사장학생(TaLK)

▶ 영어를 모국어로 하는 국가 국민으로서
  – 출신국가에서 대학 <u>2년 이상을 이수</u>(단, 영국인의 경우에는 영국대학 1년 이상 이수)하였거나 전문대학 이상을 졸업한 자
  – 또는 <u>10년 이상 해당 외국어로 정규교육을 받고 국내 대학에서 2년 이상을 이수하였거나 전문대학 이상을 졸업한 자</u>

원어민 중국어보조교사(CPIK)

▶ 중국 국적자로서 중국 내 대학 이상의 학교를 졸업하고, <u>학사 이상의 학위증과 중국 국가한어판 공실이 발급한 '외국어로서 중국어 교사 자격증서'를 소지한 자</u>

(3) 전문인력 및 유학생의 비영어권 배우자에 대한 영어 회화지도 강사 허용('17.7.3.)

• 전문인력(E-1~E-7)* 및 유학생(이공계 석·박사 이상에 한함)의 배우자로서 영어권 출신이 아니라도 TESOL**자격을 소지하고 학사 이상의 학위를 소지한 자 또는 동등 이상의 학력이 있는 자

  * 호텔·유흥(E-6-2) 자격은 제외함

  ** TESOL : 영어가 모국어가 아닌 사람이 비영권국가에서 영어를 가르칠 수 있도록 자격을 부여하는 영어전문 교사 양성과정

II. 체류기간

1. 1회 부여 체류기간의 상한

2년

2. 체류기간 연장허가

(1) 제출 서류

① 신청서(별지 34호서식), 여권 및 외국인등록증, 수수료

② 고용계약서 원본 및 사본

③ 사업자등록증 사본

④ 학원설립운영등록증 사본(해당자)

⑤ 평생교육시설 및 법인기업 등에서 취업 중인 경우(수강생 현황 및 강의시간표, 근로소득 원천징수부 등의 자료를 활용하여 종합적으로 심사하여 결정)

⑥ 범죄경력증명서 및 학력입증서류 보완대상인 기존 체류자의 경우에는 해당서류 보완 필요

⑦ 소득금액증명

※ 근로소득이 아닌 사업소득으로 소득 신고된 경우 고용주와 외국인에게 경정 청구

⑧ 체류지 입증서류(임대차계약서, 숙소제공 확인서, 체류기간 만료예고 통지우편물, 공공요금 납부영수증, 기숙사비 영수증 등)

⑨ 강의시간표

※ 교육부 또는 시·도·교육감 초청 원어민영어강사는 ① 범죄경력증명서 ② 학력검증 ③ 채용신체검사 서류 제출 불필요

(2) 체류기간 특례

○ 한-인도 CEPA협정에 의한 영어보조교사

- 취업기간 : 1년

○ 정부초청 영어봉사장학생(TaLK) 및 중국어보조교사(CPIK)

- 취업기간 : 최대 2년

III. 사증 발급 대상자 및 필요 서류

1. 공관장 재량으로 발급할 수 있는 사증

(1) 교육부장관(시 · 도 교육감) 등과 고용계약을 체결하고 초 · 중 · 고등학교에서 외국어보조교사로 근무하고자 하는 자에 대한 체류기간 2년 이하의 단수 사증

○ 대상

- 시·도 교육감 등과 고용계약을 체결하고 초·중·고등학교 및 시·도 교육청 직속기관*에서 영어회화지도를 하는 원어민영어보조교사(EPIK)** 및 중국어회화지도를 하는 원어민 중국어보조교사(CPIK)***

   * 각 교육청 행정기구 설치 조례에 따른 직속기관임이 확인되며 기구 사무 분장에 원어민 회화강사의 관리 및 수업에 대한 내용이 포함되어 있어야 함

   * EPIK(English Program In Korea)은 정부의 세계화 정책에 부응하여 교육과학기술부가 '96년에 도입하여 '97년부터 시행

   ** CPIK(Chinese Program In Korea)은 교육과학기술부가 '12.3월부터 시행 하는 중국어 원어민 보조교사 초청사업

- 시·도 교육감과 고용계약을 체결하고 초등학교의 방과 후 영어회화 강사로 활동하는 정부초청 해외 영어봉사장학생 (TaLK)*

   * TaLK(Teach and Learn in Korea) 프로그램은 '08.9월부터 재외동포 및 외국인 대학생 등 원어민 자원봉사자를 초청하여 국내대학 장학생들과 팀을 구성, 농산어촌 지역 초등학교의 방과 후 학교 영어강사로 활용[재외동포의 경우에는 영주권자 및

(전문)대학 1, 2학년 재학생도 지원가능]

　※ EPIK, CPIK, TaLK 프로그램을 통하지 않고 시·도 교육감이 자체 채용한 보조교사
　　는 사증발급인정서를 통한 E-2-1 발급 대상

○ 사증발급 신청 및 심사 (사증발급인정서 소지자도 동일)

　- 해외 소재 대한민국 공관이면 어디라도 신청 가능 (단, 중국어보조교사는 주중 대한민
　　국공관에만 신청)

○ 사증발급

　- 최대 2년 범위 내 계약기간 + 1개월을 체류기간으로 하고, 회화지도 체류자격 세부분
　　류약호(E-2-2)를 부여한 단수사증* 발급

　　* 단, FTA 영어보조교사는 E-2-91을 부여하고, 미국인에 대해서는 복수사증 발급

첨부서류

① 사증발급신청서 (별지 제17호 서식), 여권, 표준규격사진 1매, 수수료
② 원어민 영어 보조교사 또는 원어민 중국어보조교사 합격증 또는 Talk장학생 초청장*(국립국
　제교육원장 또는 시·도 교육감 발급)
　* 국립국제교육원 또는 시·도교육감이 학력사항 및 범죄경력 등을 검증한 후에 합격통지서
　　또는 초청장을 발급하기 때문에 원칙적으로 해당서류 제출 면제
③ 시·도 교육감 등과 체결한 고용계약서

※ 재외공관의 장은 입국목적, 초청의 진정성, 초청자 및 피초청자의 자격 확인 등을 심사하기
　위해 필요한 경우 첨부서류를 일부 가감할 수 있음

2. 사증발급인정서 발급대상

(1) 사증발급인정서에 의한 회화지도(E-2) 사증발급

가. 적용대상

■ 외국어학원 강사

　- 학원의 설립·운영 및 과외교습에 관한 법률 시행령 제3조의3에 규정된 외국어계열
　　및 국제계열의 교습과정 중 외국어 회화지도에 종사하는 자

* 학원의 설립·운영 및 과외교습에 관한 법률 제2조의제1호 개정 ('11.10.25)으로 정보통신기술 등을 활용한 원격교습 형태의 학교교과 교습학원도 대상에 포함

○ 초등학교 이상 교육기관* 또는 부설 어학연구소에서 선발·채용한 강사

　* 시·도 교육감(장)이 선발·채용(근로계약 체결 포함)한 원어민 영어보조교사(EPIK) 및 정부초청 해외 영어봉사장학생(TaLK), 원어민 중국어보조교사(CPIK)는 재외공관장 재량 사증발급 대상

○ 시·도 교육감이 채용한 초·중·고등학교 외국어 보조교사

　* 시·도 교육감 등이 선발·채용(근로계약 체결 포함)한 원어민 영어보조교사(EPIK) 및 정부초청 해외 영어봉사장학생(TaLK), 원어민 중국어보조교사(CPIK)는 재외공관장 재량 사증인 E-2-2 발급 대상

○ 직원교육을 위한 부설 연수원이 설립된 기관·단체의 회화지도 강사

　- 개별 법령 또는 공공기관의 운영에 관한 법률 등에 따라 설립된 기관·단체의 부설 연수원*에서 회화지도에 종사하는 자

　* 평생교육법 상 사업장부설 평생교육시설로 신고되어 있는 경우도 허용

○ 평생교육법에 의해 설치된 평생교육시설*의 회화지도 강사

　* 학교부설 평생교육시설, 학교·사내대학·원격대학형태 평생교육 시설, 사업장·시민사회단체·언론기관부설 평생교육시설, 지식·인력 개발 관련 평생교육시설

○ 다른 법령(조례 포함)에 의해 설치된 평생교육시설 중 국가 또는 지방자치단체가 설치·운영하는 평생교육시설의 회화지도 강사

○ 근로자직업능력개발법에 따라 설립된 직업능력개발훈련시설과 직업능력 개발훈련 법인의 회화지도 강사

○ 소속 직원이 회화지도 학습을 할 수 있는 어학기자재 등이 구비된 강의실을 보유한 법인기업 및 공공기관*

　* 공공기관의 운영에 관한 법률에 따라 설립된 공기업·준정부기관·기타 공공기관이 이에 해당하며 www.alio.go.kr.에서 확인 가능

나. 사증발급인정서 및 사증발급

○ 최대 2년 범위 내에서 계약기간 + 1개월을 체류기간으로 하는 회화지도(E-2-1) 사증
발급인정서 발급

○ 사증신청 및 심사·발급은 모든 해외 소재 대한민국 공관에서 가능

첨부서류

① 사증발급인정신청서 (별지 제21호 서식), 여권, 표준규격사진 1매
② **공적확인***을 받은 **학력증명서 (학위증 사본, 학위취득 증명서, 학위취득 사실이 기재된
졸업증명서 중 1종만 제출)**
  * 아포스티유 확인(협약국가) 또는 해외주재 한국공관 영사 확인 (아포스티유협약 미체결국
가) 또는 자국 정부기관의 별도 확인 문서(일본의 경우)
  – 국내 대학에서 학위를 취득한 경우에는 공적확인을 받지 않은 학위증 사본 제출 허용
  – 과거에 공적확인을 받은 학력 입증서류를 제출한 경우에는 제출 면제
③ **공적확인***을 받은 **자국정부 발급 범죄경력증명서 (자국 전역의 범죄경력이 포함**되어 있어야
함)
  * 아포스티유 확인(협약국가) 또는 주재국 한국공관 영사확인 (아포스티유협약 미체결국가)
  – 범죄경력증명서는 접수일 기준 **6개월 이내**에 발급된 것이어야 함
  – 과거에 공적확인을 받은 범죄경력증명서를 제출하고 체류하다 출국한 후 3개월 이내에
  재신청하는 경우에는 제출을 면제하고, 재입국일 기준 해외 체류기간이 3개월을 초과하는
  경우에는 외국인등록 시에 새로 제출

주요 국가 범죄경력증명서 발급기관 및 명칭 등(예시)

▶ 미국 : FBI(Federal Bureau of Investigation) 범죄경력서(FBI-Approved Channel
er*를 통한 경우도 인정), 주정부(State) 범죄경력증명서(미국 전역의 범죄경력이 포함
되어 발급된 경우)
  * FBI-Approved Channeler 리스트 조회 : www.fbi.gov/about-us/ cjis/iden
    tity- history-summary
    – checks/list-of-fbi-approved-channelers('15.3월말 현재 13개)
▶ 캐나다 : Royal Canadian Mounted Police 발급 RCMP National Repository of
Criminal Records 등
▶ 영국 : Home Office, Police (Criminal Records Bureau, Disclosure Scotland,
Access Northern Ireland, ACPO Criminal Records Office) 등이 발급한 Basic

---

Disclosure, Request for Information, ACPO Criminal Records Office Authentic Document 등

▶ 호주 : AFP(Australian Federal Police) 발급 Standard Disclosure, National Police Certificate 등
▶ 남아프리카공화국 : South African Police Service 발급 Clearance Certificate 등
▶ 아일랜드 : The national police of the Republic of Ireland 발급 Police Certificate 등
▶ 뉴질랜드 : Ministry of Justice 발급 범죄경력서

④ 공적확인을 받은 제3국 범죄경력증명서('20. 1. 1. 시행)
 - 자국 이외의 국가에서 학위를 취득한 경우 제출
 - 범죄경력증명서의 내용 및 기준 등은 상기 ③ 자국 범죄경력증명서 규정 준용
⑤ 자기건강확인서 ('18.5.15. 개정된 서식)
⑥ 고용계약서(최소 임금요건 : 당해연도 최저임금 이상), 학원 또는 단체 설립관련 서류
⑦ 기타 심사에 필요한 참고자료
 - 강사활용계획서, 수강생 및 직원현황 등
➡ 대리인 신청시 : 위임장, 대리인 재직증명서, 대리인 신분증 추가 제출

※ 출입국·외국인청(사무소·출장소)장은 초청의 진정성, 초청자 및 피초청자의 자격 확인 등을 심사하기 위해 첨부서류의 일부를 가감할 수 있음

IV. 근무처의 변경 · 추가

1. 개 요

○ 전문인력 활용도 제고를 통한 국가경쟁력 강화차원에서 회화지도 강사들에 대해서도 신고만으로 근무처를 변경·추가할 수 있도록 허용

○ 근무처는 '현재 근로계약이 체결되어 근무 중인 고용업체' 이외에도 '고용계약 범위 내에서 고용주의 지시에 따라 체류자격에 해당하는 활동을 하는 장소'도 지정된 근무처에 포함됨 [체류관리과-5514('10.8.31.)참조]

```
┌─────────────────────────────────────────────────────────────────┐
│                    지정된 근무처 (예시)                            │
│                                                                   │
│ • A교육감 소속 B초등학교 원어민 영어교사가 순회하며 영어수업을 하는 관내 C, D초등학 │
│   교 등                                                           │
│ • A학원 외국어회화지도 강사가 방문하여 회화지도를 하는 기업 등 (단, 기업 등은 회화지도 │
│   강사를 고용할 수 있는 조건을 구비하여야 하고, 기업 등에서의 월간 강의시간은 A학원의 │
│   월간 강의 시간의 1/3을 초과하지 못함)                            │
│ • 기타 위 사유에 준하는 경우의 근무(활동)장소                       │
│ ※ 공통사항 : 근로계약 및 체류자격에 해당하는 활동범위에 해당하고, 해당 외국인과 활동 │
│   하는 장소(사업체)의 장 사이에 별도의 근로계약이나 보수지급이 없어야 하며, 파견근로 │
│   형태의 근무방식이 아니어야 함                                    │
└─────────────────────────────────────────────────────────────────┘
```

2. 신고대상자 및 신고절차 등

○ 신고대상자

- 고용계약기간까지 정상 근무하고 근무처를 변경하거나 고용업체의 휴·폐업 등으로
  업체를 변경한 자

- 본인 귀책사유로 해고 또는 중도 퇴직한 후 원 고용주의 이적 동의를 받고 업체를 변경하
  는 자

- 현 고용주의 동의를 받고 다른 근무처와 추가로 고용계약을 체결한 자

- 현 고용주의 지시에 따라 월 평균 강의시간의 1/3 범위 내에서 다른 업체에서 강의를
  하는 대가로 별도의 보수를 받는 자

```
┌─────────────────────────────────────────────────────────────────┐
│ ▶ 해당 외국인이 현 고용주와 E-2 강사를 고용할 수 있는 다른 기관·단체가 체결한 강의계약 │
│   에 따라 강의를 하고 계약에 따라 별도의 대가를 받는다면 사실상 3자 계약형태의 근무처추 │
│   가로 볼 수 있으므로 신고대상에 추가하는 것이 타당                │
│ ▶ 강의실 및 수강생 규모에 비해 과다한 인원을 채용하고 있다고 의심되는 업체에 대해서는 │
│   불법과외 등 편법인력 활용 예방 차원에서 실태조사를 실시하여 허용여부 결정 │
│   - E-2 강사별 강의시간표 등을 심사하여 시간표대로 강의가 이뤄지고 있는지와 월 강의시간 │
│     의 1/3이상을 외부 출장형태로 활용하고 있는지를 확인하여 이를 위반한 경우에는 사증발 │
│     급인정서 발급을 불허하고, 사유 해소 시까지 추가고용을 제한   │
└─────────────────────────────────────────────────────────────────┘
```

- 외국인등록 전 본인의 귀책 사유 없이 부득이하게 원 근무처와의 고용 계약이 해지되어 다른 근무처로 변경하는 자

    ※ 단, 원 근무처장의 이적동의서가 있을 경우 1회에 한하여 허용

○ 신고제외대상자(법무부고시 2011-510, '11.10.4. 붙임 8 참조)

- 변경·추가되는 근무처에서 활동하는데 필요한 자격요건을 구비하지 못한 정부초청 청소년영어봉사장학생*

    * 대학졸업(학사학위) 이상의 학력요건을 갖추지 못한 경우 외국어학원 등의 회화지도 강사 자격요건을 갖추지 못했기 때문에 근무처변경 자체가 불가

- 자격요건을 갖추었더라도 본인 귀책사유로 해고되거나 중도 퇴직한 후 원 고용주의 이적이나 근무처 추가 동의를 받지 못한 자

○ 신고절차

- 근무처를 변경·추가한 회화지도강사는 신고사유 발생일로부터 15일 이내에 관할 청장 등에게 '근무처변경·추가신고서(붙임 9)와 소정의 첨부서류를 제출하여 신고 (대리인의 신고 허용)

- 여권에 근무처변경·추가신고 스티커나 신고인을 부착 또는 날인·기재하여야 하기 때문에 방문신고를 원칙으로 함*

○ 첨부서류

- 신청서(별지 34호서식), 여권, 외국인등록증, 고용계약서, 사업자등록증, 원 근무처장의 동의서*, 시설 설립 관련서류 등

    * 단, 원 근무처 장의 동의서는 계약기간 만료일 또는 쌍방이 근무하기로 합의한 날짜까지 근무한 경우에는 제출을 면제하며, 원 근무처의 휴·폐업 및 임금체불 등의 사유가 있는 경우에는 입증서류 또는 사유서로 대체 가능

    ※ 잔여 체류기간이 (새 고용계약기간 + 1개월)보다 짧은 경우, 체류기간연장 허가를 받아야하며 체류기간 연장허가 심사에 필요한 구비서류 추가 제출

V. 체류자격 외 활동

1. 체류자격외활동허가 면제범위 확대

원래의 체류목적을 침해하지 않은 범위 내에서 정규교육기관(초·중·고 및 대학)의 교육을 받고자 하는 때는 체류기간 범위 내에서 별도의 허가 절차 불요('09.6.15.부 시행)

2. 체류자격외 활동 허가(신고)대상이 아닌 회화지도(E-2) 활동(회화지도 강사에 대한 사증발급 및 체류관리에 관한 통합지침)

(1) 직장 내에서 동료직원 등을 대상으로 하는 회화지도 활동

적용대상	교수(E-1) ~ 특정활동(E-7), 취재(D-5) ~ 무역경영(D-9)자격으로 외국인 등록을 마친 합법 체류자
허용기준	소속된 직장 내에서 동료직원 등을 대상으로 하는 외국어 회화지도 활동

(2) 영리 또는 유상 목적이 아닌 사회봉사활동 차원의 회화지도 활동

적용대상	외국인등록(등록면제자 포함)을 마친 합법 체류자
허용기준	학교·종교 등 사회복지시설·주민센터 등에서 영리 또는 유상 목적이 아닌 사회봉사활동 차원의 회화지도 활동

(3) 공통사항

회화지도 활동이 주된 활동이 되거나 허용기준 등을 벗어난 회화지도 활동은 자율 허용대상에서 제외

3. 회화지도(E-2)자격 요건을 갖춘 등록외국인(A-1, A-2, A-3포함)

(1) 허용대상 및 허가권한

○ 회화지도(E-2) 자격 요건을 갖춘 등록외국인(A-1, A-2, A-3 포함)이면 허용대상으로

하고, 허가권한은 원칙적으로 청장 등에게 위임*

(2) 제출서류 및 확인사항

시·도교육감과 근로계약을 체결한 영어보조교사

① 신청서(별지 34호 서식), 여권 및 외국인등록증, 수수료
② 합격증명서 ③ 고용계약서
 ※ 학력·범죄경력증명서 및 채용신체검사서는 관할 교육청이 자율검증하므로 제출 면제

상기 영어보조교사를 제외한 회화지도강사

① 신청서(별지 34호 서식), 여권 및 외국인등록증, 수수료
② 고용계약서 원본과 사본
③ 사업자등록증 사본
④ 공적확인*을 받은 학력증명서
 – 과거에 공적확인을 받은 학력 입증서류를 제출한 경우에는 제출 면제
  * 아포스티유확인(협약국가) 또는 해외주재 한국공관 영사확인(아포스티유협약 미체결 국가)
  또는 자국 정부기관의 별도 확인 문서(일본의 경우)
   ➡ 국내 대학에서 학위를 취득한 경우에는 공적확인 받지 않은 학위증 사본 제출
⑤ 신청일로부터 6개월 이내에 발급 받은 공적확인*을 받은 범죄경력증명서
 – 과거에 공적확인을 받은 범죄경력증명서를 제출하고 체류하다 출국한 후 3개월 이내 신청하는
  경우에는 제출 면제, 입국일 기준 해외 체류기간이 3개월을 초과한 경우에는 외국인등록
  시에 새로 제출하도록 안내
  * 아포스티유확인(협약국가) 또는 해외주재 한국공관 영사확인(아포스티유협약 미체결 국
  가) 또는 국내 자국 공관의 영사확인(국내체류자)
 – 범죄경력*이 있는 경우에는 원칙적으로 불허
⑥ 채용신체검사서*
  * 법무부장관이 지정하는 의료기관이 발급한 공무원채용신체검사규정 별지서식기준에 해당
  하는 신체검사와 HIV 및 (삭제) 마약검사(필로폰, 코카인, 아편, 대마는 필수 검사항목)결과
  를 포함
⑦ 학원설립운영등록증 사본(해당자) ⑧평생교육시설등록증 사본(해당자)

4. 대통령 영어봉사 장학생에 대한 체류자격외 활동

(1) 대상

○ 교육부(시·도교육감) 주관 "대통령 영어봉사 장학생(정부초청 해외 영어봉사장학
   생)" 으로 선발된 자에 한함

○ 유학(D-2)자격을 소지한 대학생 중 영어를 모국어로 사용하는 국가 출신으로서,

 - 영어를 모국어로 하는 국가에서 대학 2년 이상 이수하였거나 10년 이상 영어에 의한
   정규 교육을 받은 후 국내 대학에서 2년 이상 이수한 자

(2) 제출서류

① 신청서(별지 34호서식), 여권, 외국인등록증, 수수료 면제 ② "대통령 영어봉사 장학
생" 합격통지서(국립국제교육원장 또는 시·도 교육감 발급) ③ 고용계약서 ④ 사업자등
록증 사본

5. 캠프 외국인강사 체류자격외 활동허가

(1) 허용기준

허가	○ 평생교육법상 평생교육시설로 등록(신고)된 경우 - 지방자치단체(영어문화원, 외국어체험마을 등) 주관 시에도 평생교육시설로 등록(신고)한 경우 ※ 캠프운영 주체 문제는 교육부 소관사항으로 평생교육시설로 등록된 경우 별다른 제한이 없음
불허	○ 학원 등에서 기존시설을 벗어나 캠프를 운영하거나 개최가능 단체의 명의를 빌려 실제로 학원 측에서 운영하는 경우 (학원설립운영 및 과외교습에 관한 법률 제8조)

(2) 대상자

①	교수(E-1) 자격 소지자로 회화지도(E-2) 체류자격외 활동 허가를 받은 자
②	회화지도(E-2) 소지자 근무처추가 허가 받은 자
③	단기취업(C-4-5, 영어캠프)자격 소지자 : 별도신고나 허가절차 불요

6. 고액투자외국인 및 전문인력 배우자에 대한 취업

(1) 허용대상

- 고급과학기술인력(SCIENCE 카드) 및 첨단기술인력(GOLD 카드), 정보기술인력(IT카드)자격 소지한 전문 외국인력의 배우자
- 미화 50만불 이상 투자(법인포함)한 투자자격 소지자의 배우자
- 전문 외국 인력자격(E-1, E-2, E-3, E-4, E-5, E-6-2를 제외한 E-6, E-7)소지자의 배우자

(2) 허용분야

○ 단순노무(D-3, E-9) 등을 제외한 모든 직종에 대한 체류자격외 활동허가

(3) 허가기간

배우자의 체류기간까지(계속연장 가능)

(4) 제출서류

규칙 제76조에 의한 체류자격별 첨부서류(신원보증서 생략)

※ 특정활동(E-7)에 종사하고자 하는 경우에는 E-7자격 사증발급인정서 발급 지침 준용

VI. 체류자격 변경허가

가. 허가대상 및 허가권한
■ 등록외국인(A-1, A-2, A-3 포함)과 시·도교육감 초청 초·중등학교 영어보조교사로
채용되어 강의를 하려는 자에 대해서는 소지한 체류자격에 상관없이 청장 등에게 허가권
한 위임

나. 첨부서류
■ 첨부서류
- 공적확인을 받은 학력·범죄경력증명서 및 채용신체검사서, 고용계약서, 단체 등 설립관
련 서류, 기타 심사에 필요한 입증자료 등
▶ 과거에 공적확인을 받은 학력·범죄경력증명서, 채용신체검사서를 제출한 사실이 확인
되고, 구직(D-10)자격 등으로 체류자격을 변경하여 계속 체류 중인 자는 동 서류의
제출을 면제
▶ 시·도교육감과 고용계약을 체결한 초·중등학교의 영어보조교사는 '고용계약서'와 원어
민영어보조교사 '합격증'만 제출*
* 학력·범죄경력증명서 및 채용신체검사서는 관할 교육청이 자율 검증
※ 채용신체검사서는 반드시 봉투에 밀봉된 상태로 제출(개봉하지 말 것)
▶ **고용계약서상 임금이 최소임금(당해연도 최저임금) 기준에 미달하는 경우에는 원칙적
으로 체류자격변경 허가를 억제**

1. 교육부(시·도 교육감) 초청 외국인영어강사*로 채용되어 초·중·고교생을 대상으로 강의를 하려는 자에 대하여는 소지한 자격에 상관없이 E-2 자격변경 가능

① 신청서(별지 34호 서식), 여권 및 외국인등록증(해당자), 표준규격사진 1장, 수수료

② 시·도 교육감이나 국립국제교육원장이 발급한 합격통지서 또는 통지서

③ 고용계약서 원본과 사본

④ 학교 사업자등록증 사본(또는 고유번호증사본)

* 단, 시·도교육감과 고용계약을 체결한 초·중등학교의 영어보조교사 등은 학력·경력 증

명서 및 채용신체검사서 제출을 면제하고 '합격증명서'와 '고용계약서' 등 최소서류만 징구(또한 과거 회화지도 강사로 체류 시에 공적확인을 받은 학력·범죄경력증명서 및 채용신체검사서를 제출한 적이 있고, 현재 구직(D-10) 등의 자격으로 체류 중인 등록외국인에 대해서도 상기 3가지 서류의 제출을 면제)

2. 회화지도(E-2)요건을 갖춘 등록 외국인(A-1, A-2, A-3포함)

(1) 허용대상 및 허가권한

회화지도(E-2) 자격요건을 갖춘 등록외국인(A-1, A-2, A-3 포함)이면 허용대상으로 하고, 허가권한은 원칙적으로 청장 등에게 위임*

(2) 제출서류 및 확인사항

① 신청서(별지 34호 서식), 여권 및 외국인등록증, 표준규격사진1장, 수수료

② 고용계약서 원본과 사본

③ 사업자등록증 사본

④ 공적확인*을 받은 학력증명서

  - 과거에 공적확인을 받은 학력 입증서류를 제출한 경우에는 제출 면제

  * 아포스티유확인(협약국가) 또는 해외주재 한국공관 영사확인(아포스티유협약 미체결 국가) 또는 자국 정부기관의 별도 확인 문서(일본의 경우)

    ➡ 국내 대학에서 학위를 취득한 경우에는 공적확인을 받지 않은 학위증 사본 제출 허용

⑤ 신청일로부터 6개월 이내에 발급 받은 공적확인*을 받은 범죄경력증명서

  - 과거에 공적확인을 받은 범죄경력증명서를 제출하고 체류하다 출국한 후 3개월 이내 신청하는 경우에는 제출 면제, 입국일 기준 해외 채류기간이 3개월을 초과한 경우에는 외국인등록 시에 새로 제출하도록 안내

  * 아포스티유확인(협약국가) 또는 해외주재 한국공관 영사확인(아포스티유협약 미체결 국가) 또는 국내 자국 공관의 영사확인(국내체류자)

- 범죄경력*이 있는 경우에는 원칙적으로 불허

⑥ 공적확인을 받은 제3국 범죄경력증명서('20. 1. 1. 시행)

 - 자국 이외의 국가에서 학위를 취득한 경우 제출

 - 범죄경력증명서의 내용 및 기준 등은 상기 ⑤ 자국 범죄경력증명서 규정 준용

⑦ 채용신체검사서* (반드시 봉투에 밀봉된 상태로 제출, 개봉 불가)

　* 단, 시·도교육감과 고용계약을 체결한 초·중등학교의 영어보조교사 등은(EPIK, CPIK, TaLK) 학력·경력 증명서 및 채용신체검사서 제출을 면제하고 '합격증명서'와 '고용계약서' 등 최소서류만 징구(또한 과거 회화지도 강사로 체류 시에 공적확인을 받은 학력·범죄경력증명서 및 채용신체검사서를 제출한 적이 있고, 현재 구직(D-10) 등의 자격으로 체류 중인 등록외국인에 대해서도 상기 3가지 서류의 제출을 면제)

3. 유학(D-2), 구직(D-10) ➡ 회화지도(E-2)자격으로의 변경

(1) 자격요건(아래 ①, ②, ③요건을 모두 충족하여야 함)

> ① 구직(D-10) 자격 또는 유학(D-2) 자격을 소지하고 합법 체류 중인 자
> ② 취업활동을 하려는 분야가 교수(E-1)·회화지도(E-2)·연구(E-3)·기술지도(E-4)·전문직업(E-5)·예술흥행(E-6)·특정활동(E-7) 체류자격에 해당하고 해당 자격요건 등을 구비하여야 함
> ③ 취업하려는 해당 기관·단체 등의 대표자와 고용계약을 체결하여야 함

※ 유학(D-2) 자격 소지자는 구직(D-10)자격으로 변경할 수 있는 요건을 갖춘 졸업예정자를 의미 (단, 자국 또는 제3국의 대학에서 이미 학사 이상의 학위를 취득하고 필요한 경력요건 등을 갖춘 경우에는 재학 중이라 하더라도 변경 허용)

(2) 제출서류

① 신청서(별지 34호서식), 여권 및 외국인등록증, 수수료 ② 고용계약서 ③ 학위증 또는

경력증명서 ④ 고용업체 등 설립 관련 서류(사업자등록증, 학원설립증, 등기부등본 등) ⑤ 범죄경력증명서(자국 및 제3국(해당자)) ⑥ 채용신체검사서(반드시 봉투에 밀봉된 상태로 제출, 개봉 불가)

4. 사증면제(B-1) 자격으로 입국한 독일인에 대한 장기체류자격으로 변경

(1) 허가체류자격

기술연수(D-3), 비전문취업(E-9) 및 관광취업(H-1)을 제외한 모든 장기체류자격

(2) 허가기간

체류자격별 1회 부여할 수 있는 체류기간의 상한

➡ 회화지도(E-2) 자격을 갖춘 자

VII. 참고

1. 외국어 회화지도를 할 수 있는 기관 또는 단체

• 초등학교 이상의 교육기관 또는 부설 어학연구소

• 직원교육을 위하여 부설연수원이 설립된 기관 또는 단체

• 학원의 설립·운영 및 과외교습에 관한 법률 시행령 제3조의2에 의하여 등록된 외국어계열 및 국제계열 교습학원

  - 복수교습과정 등록·운영 가능

  - 출입국관리법시행령 제12조(별표1의2)에 규정되어 있는 외국어 전문학원에 준하는 학원에 해당

• 평생교육법에 의해 설치된 평생교육시설로서 법무부장관이 정한 기준에 부합하는 시설

• 다른 법령(조례 포함)에 의해 설치된 평생교육시설 중 국가 또는 지방자치단체가 설치 운영하는 평생교육 시설

• 근로자직업능력개발법에 따라 설립된 직업능력개발훈련시설과 직업능력개발훈련법인

- 노동부장관의 고용추천서 필요
• 소속직원이 회화지도 학습을 할 수 있는 어학기자재 등이 구비된 강의실을 보유한 법인기업 및 정부기관*

　* 공공기관의 운영에 관한 버률에 따라 설립된 공기업,준정부기관,기타 공공기관 (www.alio.go.kr에서 확인가능)

2. Q. 아포스티유 협약이란?

A. 아포스티유 협약이란, 외국공문서에 대한 인증의 요구를 폐지하는 협약으로 2007.7.14.부 우리나라에 발효
• 아포스티유 확인이 된 협약가입국의 문서는 재외공관 영사확인과 동일한 효력
• 사증발급인정서 발급 등 신청 시 첨부서류 중 영사확인을 요건으로 하는 제출서류는 기존 영사확인(비체약국) 또는 아포스티유 확인을 거친 문서도 인정
• 가입국 현황 (2012.07.10.현재 103개국)

지역	계	가입국
아시아	13	대한민국, 몽골, 브루나이, 홍콩, 마카오, 일본, 인도, 이스라엘, 터키, 키르키즈스탄, 카자흐스탄, 우즈베키스탄, 오만
유럽	46	영국, 프랑스, 독일, 네덜란드, 노르웨이, 이탈리아, 알바니아, 오스트리아, 벨라루스, 벨기에, 불가리아, 덴마크, 보스니아헤르체코비나, 크로아티아, 사이프러스, 체코, 핀란드, 에스토니아, 조지아, 그리스, 헝가리, 아일랜드, 아이슬란드, 라트비아, 리투아니아, 룩셈부르크, 몰타, 모나코, 폴란드, 포르투갈, 러시아, 루마니아, 세르비아, 슬로바키아, 슬로베니아, 스페인, 스웨덴, 스위스, 마케도니아, 우크라이나, 안도라, 몰도바, 아르메니아, 아제르바이잔, 리히텐슈타인, 산마리노
아메리카	24	미국, 멕시코, 페루, 도미니카공화국, 아르헨티나, 파나마, 수리남, 베네수엘라, 안티과바뷰다, 바하마, 바바도스, 벨리즈, 두라스, 콜롬비아, 도미니카, 에콰도르, 엘살바도르, 그라나다, 세인트빈센트, 트리니다드 토바고, 세인트루시아, 세인트키츠네비스, 우루과이, 코스타리카
아프리카	10	사우스아프리카, 모리셔스, 카보베르데, 상투에 프린시페, 보츠와나, 레소토, 라이베리아, 나미비아, 스와칠랜드, 말라위
오세아니아	10	뉴질랜드, 호주, 피지, 마우리제도, 마살군도, 사모아, 쿡제도, 통가,세이셀제도, 니우에

《참고판례 (헌재2003.9.25 2002헌마519) : 합헌》

문) 일반 학원 강사의 자격기준을 대학졸업이상자에게만 허락하는 「학원의 설립운영 및 과외
교습에 관한법률」이 직업선택의 자유를 침해하는 게 아닌가?

답) 직업선택의 자유 위배 여부 : 위 법률이 달성하고자 하는 입법목적이자 기본권에 대한
제한을 정당화하는 공익은 사설학원의 영리추구와 결합한 자질 미달의 강사가 가져올
부실교육 등의 폐단을 미연에 방지하여 학원교육이 그 최소한의 공적 기능을 수행하도록
함으로써 양질의 교육서비스를 확보하고 교육소비자를 보호하며, 국가 전체적으로 평생
교육을 성공적으로 실현하고자 하는 것으로 제한목적의 정당성은 인정되어야 한다.

– 평등의 원칙 위배 여부 : 구체적 · 개별적으로 볼 때 대학 재학생이라도 졸업생 못지않은
자질과 능력을 갖고 있을 수는 있지만, 개인차를 전제로 하지 않고 일률적인 학력기준에
따라 자격통제를 시행함으로써 학원교육의 질을 확보하고자 하는 입법자의 조치는 정당
한 차별목적을 위한 합리적인 수단을 강구한 것으로서 그 정당성을 인정하여야 할 것이므
로 평등원칙에 위배되지 아니한다.

제3장 연구(E-3)[360][361]

I. 개요

1. 활동범위

- 자연과학분야의 연구 또는 산업상 고도기술의 연구개발 종사

- 고급과학 기술인력

- 사회과학·인문학·예체능 분야의 연구 인력

2. 해당자

(1) 자연과학 등 연구개발에 종사하는 자

특정 연구기관 육성법, 정부출연 연구기관 등의 설립·운영 및 육성에 관한 법률, 과학기술분야 정부출연연구기관 등의 설립·운영 및 육성에 관한 법률에 의한 연구기관에서 자연과학·사회과학·인문학·예체능 분야의 연구 또는 산업상의 고도기술의 연구개발에 종사하는 자

(2) 방위사업 과학기술자

방위사업법의 규정에 의한 연구기관에서 연구 활동에 종사하는 과학기술자

(3) 산업 과학기술자

산업기술혁신촉진법 등 관련법령에 따라 자연과학분야 또는 산업상의 고도산업기술을 개발하기 위하여 다음의 기관 또는 단체와 계약을 맺어 동 기관 또는 단체에서 연구하는 과학기술자

- 기업부설연구소

---

[360] 법무부 출입국·외국인정책본부, 「사증발급 안내매뉴얼」, 2024.7.26, 143면-149면 참조.
[361] 법무부 출입국·외국인정책본부, 「외국인체류 안내매뉴얼」, 2024.7.26, 168면-177면 참조.

- 산업기술연구조합육성법에 의한 산업기술연구조합

- 교육법에 의한 대학 또는 전문대학

- 산학협력법에 의한 산학협력단

- 국·공립 연구기관

- 산업기술혁신촉진법에 의한 기술 지원공공기관

- 민법 또는 다른 법률에 의하여 설립된 과학기술분야의 비영리법인인 연구기관

- 기타 과학기술분야의 연구기관이나 단체와 영리를 목적으로 하는 법인

(4) 과학기술정보통신부장관의 고용추천이 있는 자

정부출연연구소, 국·공립연구소, 기업부설연구소 등 이공계 연구기관에서 자연과학분야의 연구 또는 산업상 고도기술의 연구개발에 종사하고자 하는 자로서 과학기술정보통신부장관의 고용추천이 있는 자

(5) 학술연구기관 등의 종사자

전문대학 이상의 교육기관 또는 기타 학술연구기관 등에서 사회과학·인문학·예체능 분야의 연구를 하고자 하는 자

3. 자격요건

① 박사 학위 소지자(취득 예정자)

② 석사 학위 소지자로서 3년 이상 경력자 (단, 국내 석사학위 소지자 경력 요건 면제)

경력요건 면제 대상자

구 분	세부 내용
국내 석사 학위 소지자	국내 대학을 졸업한 석사 학위 소지자
해외 우수대학 석사 학위 소지자	①TIMES誌 선정 세계 200대 대학 또는 ②QS 세계 순위 500위 이내 해외 우수대학 졸업 석사 학위 소지자
우수 학술논문 저자	SCIE, A&HCI, SCI, SSCI 등재 논문 저자* * 주저자, 공저자(제2저자 이하), 교신저자로 확인되는 경우 인정

4. 관리기준

- 전공분야와 종사분야가 상이한 자, 형식적 요건을 갖추었다 하더라도 과다하게 저임금으로 활용하고 있다고 판단되는 경우에는 사증발급, 자격변경, 기간연장 등 제한
- 박사 취득 예정자가 학위 취득이 확정되었음을 관련 서류로 입증 시 체류기간 6개월 이내에서 조건부로 사증 발급 등 허가 가능

II. 체류기간

1. 1회 부여 체류기간의 상한

5년

2. 체류기간 연장허가

(1) 제출서류

① 신청서(별지 34호서식), 여권 및 외국인등록증, 수수료

② 고용계약서 또는 임용예정확인서

③ 고용기관 설립 관련 서류(사업자등록증 또는 법인등기사항전부증명서 또는 연구기관 입증서류 등)

④ 체류지 입증서류(임대차계약서, 숙소제공 확인서)

⑤ 초청 연구기관 명의의 초청 공문(해당자)

⑥ 원 소속 고용계약 입증 서류(해당자)

⑦ 국내·외 은행 잔고증명서(해당자)

III. 사증 발급 대상자 및 필요 서류

1. 공관장 재량으로 발급할 수 있는 사증

(1) 정부의 연구출연금을 받는 연구기관에서 자연과학분야 및 고도의 산업기술 개발을 연구하는 과학기술자에 대한 체류기간 1년 이하의 단수사증 (중국, 쿠바 제외)

> [참고] 정부의 연구출연금을 받는 연구기관
> 특정 연구기관 육성법, 정부출연 연구기관 등의 설립·운영 및 육성에 관한 법률, 과학기술분야 정부출연기관 등의 설립·운영 및 육성에 관한 법률에 따른 연구기관

첨부서류

① 사증발급신청서 (별지 제17호 서식), 여권, 표준규격사진 1매, 수수료
② 고용기관 설립 관련 서류(사업자등록증 또는 법인등기사항전부증명서 또는 연구기관 입증서류 등)
③ 석사 학위 이상 학위증, 경력증명서(해당자)
④ 고용계약서 또는 임용예정확인서
⑤ 대학 대표자 명의로 발급된 졸업예정증명서·확인서 등과 학위수여 날짜를 확인할 수 있는 증명서 등(해당자)
⑥ 우수 학술논문의 저자임을 확인할 수 있는 입증자료(해당자)

※ 각 공관장은 초청의 진정성, 초청자 및 피초청자의 자격 확인 등을 심사하기 위해 추가 서류를 요구할 수 있음

(2) 방위사업법 규정 연구기관에서 연구활동 (중국, 쿠바 제외)

대상 : 방위산업체에 관한 특별조치법의 규정에 따라 국방부장관의 위촉을 받은 연구기관

에서 연구 활동에 종사하는 과학기술자에 대한 체류기간 1년 이하의 단수사증

첨부서류

① 사증발급신청서 (별지 제17호 서식), 여권, 표준규격사진 1매, 수수료

② 고용기관 설립 관련 서류(사업자등록증 또는 법인등기사항전부증명서 또는 연구기관 입증서류 등)

③ 석사 학위 이상 학위증, 경력증명서(해당자)

④ 고용계약서 또는 임용예정확인서

⑤ 대학 대표자 명의로 발급된 졸업예정증명서·확인서 등과 학위수여 날짜를 확인할 수 있는 증명서 등(해당자)

⑥ **우수 학술논문의 저자임을 확인할 수 있는 입증자료(해당자)**

※ 재외공관의 장은 입국목적, 초청의 진정성, 초청자 및 피초청자의 자격 확인 등을 심사하기 위해 필요한 경우 첨부서류를 일부 가감할 수 있음

2. 사증발급인정서 발급대상

(1) 자연과학 · 사회과학 · 인문학 · 예체능 분야의 연구, 산업상 고도 기술 연구개발

• 발급대상

특정 연구기관 육성법, 정부출연 연구기관 등의 설립·운영 및 육성에 관한 법률, 과학기술분야 정부출연연구기관 등의 설립·운영 및 육성에 관한 법률에 의한 연구기관에서 자연과학사회과학·인문학·예체능 분야의 연구자 또는 산업상의 고도기술의 연구개발에 종사하는 과학기술자

(2) 방위사업법 규정 연구기관에서 연구 활동

• 발급대상

방위사업법의 규정에 의한 연구기관에서 연구 활동에 종사하는 과학 기술자

(3) 자연과학분야 또는 산업상의 고도기술개발 연구 활동

○ 발급대상

산업기술개혁신촉진법 등 관련법령에 따라 자연과학분야 또는 산업상의 고도산업기술을 개발하기 위하여 다음의 기관 또는 단체와 계약을 맺어 동 기관 또는 단체에서 연구하는 과학기술자

> 기업부설연구소, 산업기술연구조합육성법에 의한 산업기술연구조합, 교육법에 의한 대학 또는 전문대학, 국·공립 연구기관, 기업기술혁신촉진법에 의한 기술지원 공공기관, 민법 또는 다른 법률에 의하여 설립된 과학기술분야의 비영리법인인 연구기관, 기타 과학기술분야의 연구기관이나 단체와 영리를 목적으로 하는 법인

첨부서류 : 연번 1, 2, 3 공통

① 사증발급인정신청서 (별지 제21호 서식), 여권, 표준규격사진 1매
② 고용기관 설립 관련 서류(사업자등록증 또는 법인등기사항전부증명서 또는 연구기관 입증서류 등)
③ 석사 학위 이상 학위증, 경력증명서(해당자)
④ 고용계약서 또는 임용예정확인서
  ➡ **대리인 신청시 : 위임장, 대리인 재직증명서, 대리인 신분증 추가 제출**
⑤ 대학 대표자 명의로 발급된 졸업예정증명서·확인서 등과 학위수여 날짜를 확인할 수 있는 증명서 등(해당자)
⑥ **우수 학술논문의 저자임을 확인할 수 있는 입증자료(해당자)**

※ 청(사무소·출장소)장은 초청의 진정성, 초청자 및 피초청자의 자격 확인 등을 심사하기 위해 첨부서류의 일부를 가감할 수 있음

(4) 고급과학 기술인력

○ 발급대상

> 정부출연연구소, 국·공립연구소, 기업부설연구소 등 이공계 연구기관에서 자연과학분야의 연구 또는 산업상 고도기술의 연구개발에 종사하고자 하는 자로서 과학기술정보통신부장관의 고용추천이 있는 자

◦ 청장·사무소장 또는 출장소장이 발급한 사증발급인정서를 제출 받아 발급하거나 재외공관장이 법무부장관의 승인을 받아 발급(중국 및 특정국가(쿠바) 국민은 사증발급인정서에 의하여 사증발급)

  ※ 체류기간은 고용계약기간 범위 내에서 최장 5년까지 허용, 복수사증 유효기간은 사증발급시 발급일로부터 체류기간과 동일하게 보유

첨부서류

① 사증발급인정신청서 (별지 제21호 서식), 여권, 표준규격사진 1매
② 고용기관 설립 관련 서류(사업자등록증 또는 법인등기사항전부증명서 또는 연구기관 입증서류 등)
③ 고용계약서 또는 임용예정확인서
④ 석사 학위 이상 학위증, 경력증명서(해당자)
⑤ 고용추천서
  ➡ 대리인 신청시 : 위임장, 대리인 재직증명서, 대리인 신분증 추가 제출
⑥ 대학 대표자 명의로 발급된 졸업예정증명서·확인서 등과 학위수여 날짜를 확인할 수 있는 증명서 등(해당자)
⑦ 우수 학술논문의 저자임을 확인할 수 있는 입증자료(해당자)

  ※ 청(사무소·출장소)장은 초청의 진정성, 초청자 및 피초청자의 자격 확인 등을 심사하기 위해 첨부서류의 일부를 가감할 수 있음

(5) 한 · 인도 사증절차간소화협정 관련 사증발급 대상자

가. 발급대상 : 고용방문자(Employment visitor)

◦ 정당하게 등록된 회사 또는 기관에 고용되거나 계약에 의하여 기술전문가, 임원, 관리자 등과 같이 숙련된 기술을 요하는 지위에 종사하거나 임용된 자
  (예시) 기업내 전근자, 계약서비스 공급자* 또는 계약서비스 공급자를 위해 일하는 자, 독립전문가* 등

* 계약서비스공급자 : 인도회사(법인)와 우리나라 회사(법인)간 계약에 따라 그 인도회사에 소속된 직원이 우리나라에 파견되어 근무하는 자를 의미

* 독립전문가 : 특정회사(법인)에 소속되지 않고 독립적으로 한국의 기업 또는 개인 등에 고용되거나 기술지도 등 서비스를 제공하는 자

나. 체류자격 및 체류기간

◦ 체류자격 : 계약내용 및 파견(고용)형태에 따라 주재(D-7), 기업투자(D-8), 무역경영(D-9), 연구(E-3), 기술지도 (E-4), 특정활동 (E-7) 등의 자격 부여

◦ 체류기간 : 최초 체류기간 1년 부여 (1년 단위로 체류기간 연장허가)

◦ 사증유효기간

- 한·인도 문화·학술협정 등 양국 정부 지정 기관 또는 단체간 협약에 따라 취업 또는 주재 목적으로 입국하는 외국인 ⇒ 5년 복수사증 발급 (계약 5년 이내인 경우 그 계약기간)

- 기타 취업 또는 주재 목적 입국 외국인 ⇒ 3년 복수사증 발급 (계약기간이 3년 이내인 경우 그 계약기간)

◦ 사증발급 : 청(사무소·출장소)의 사증발급인정서에 의해 발급

※ 고용관련 사증은 복수사증이므로 전부 사증발급인정서로 발급

첨부서류	
공통	① 사증발급인정신청서 (별지 제21호 서식), 여권, 표준규격사진 1매
기업내 전근자	② 파견명령서 및 1년 이상의 재직증명서 ③ 지사 또는 연락사무소 설치허가서 사본
계약서비스 공급자 (contractual services suppliers) 또는 이를 지원하는 자	② 고용주가 발행한 재직증명서, 인도정부발행 사업자등록증 등 회사(기관)설립 관련 서류 ③ 우리나라 회사 또는 기관과의 서비스 공급계약 체결 입증 서류
독립전문가 (an independent	② 고용 계약서 또는 용역계약서 등 계약을 입증하는 서류 ③ 학위증, 관련 분야 자격증, 1년 이상 해당 분야 취업경력 입증서

professionals)	류

➡ 대리인 신청시 : 위임장, 대리인 재직증명서, 대리인 신분증 추가 제출

※ 청(사무소·출장소)장은 초청의 진정성, 초청자 및 피초청자의 자격 확인 등을 심사하기 위해 첨부서류의 일부를 가감할 수 있음

(6) 기타 사회과학·인문학·예체능 분야 연구인력

O 발급대상

전문대학 이상의 교육기관 또는 기타 학술연구기관 등에서 사회과학·인문학·예체능 분야의 연구를 하고자 하는 사람

◦ 출입국·외국인청(사무소·출장소)장이 발급한 사증발급인정서를 제출 받아 발급하거나 재외공관장이 법무부장관의 승인을 받아 발급(중국 및 특정국가(쿠바) 국민은 사증발급인정서에 의하여 사증발급)

※ 체류기간은 고용계약기간 범위 내에서 최장 5년까지 허용, 복수사증 유효기간은 사증발급 시 발급일로부터 체류기간과 동일하게 보유

첨부서류

① 사증발급인정신청서 (별지 제21호 서식), 여권, 표준규격사진 1매
② 고용기관 설립 관련 서류(사업자등록증 또는 법인등기사항전부증명서 또는 연구기관 입증서류 등)
③ 고용계약서 또는 임용예정확인서
④ 석사 학위 이상 학위증, 경력증명서(해당자)
  ➡ 대리인 신청시 : 위임장, 대리인 재직증명서, 대리인 신분증 추가 제출
⑤ 대학 대표자 명의로 발급된 졸업예정증명서·확인서 등과 학위수여 날짜를 확인할 수 있는 증명서 등(해당자)
⑥ 우수 학술논문의 저자임을 확인할 수 있는 입증자료(해당자)

※ 출입국·외국인청(사무소·출장소)장은 초청의 진정성, 초청자 및 피초청자의 자격 확인 등을 심사하기 위해 첨부서류의 일부를 가감할 수 있음

IV. 근무처의 변경·추가

1. '10.11.15.부 사후 신고제로 개정(출입국관리법시행령 제26조의2제1항)

> 전문인력 활용도 제고를 통한 국가경쟁력 강화차원에서 전문인력에 대해서는 기존 사전허가
> 를 사후신고만으로 근무처를 변경·추가할 수 있도록 제도 개선

《법무부고시 제2020-212》

가. 자격요건

∘ 연구(E-3) 자격으로 외국인등록을 하고 체류하고 있는 자로 변경·추가되는 근무처에서
  활동하는데 필요한 자격요건을 구비하고 있는 자

  ※ 자격요건을 갖추었더라도 본인 귀책사유로 해고 또는 중도 퇴직한 자로서 원고용주
    의 이적동의를 받지 못한 자는 제외

나. 신고절차 등

∘ 신고의무자(외국인)는 신고사유 발생일로부터 15일 이내에 관할 출입국·외국인청(사
  무소·출장소)장에게 신고(대리인의 신고 허용)

∘ 선의의 고용주 보호와 체류질서 유지 차원에서 본인 귀책사유로 해고 또는 중도 퇴직한
  경우에는 원 고용주의 동의가 없으면 적용대상에서 제외됨을 유의 (근무처변경허가
  또는 사증발급인정서 신청 대상자임)

∘ 신고자가 신고기한을 도과한 경우에는 과태료 처분 및 사건 종결 후 신고를 수리하고,
  결격사유 등으로 적용대상에서 제외되는 자가 허가 없이 변경·추가된 근무처에서 취
  업한 경우에는 법 위반 경위 및 위반정도 등을 종합 심사하여 처리*

  * 최초 위반인 경우에는 통고처분 후 근무처변경 등을 허용하고, 최근 2년 이내 위반횟
    수가 2회 이상이거나 외국인초청 제한업체가 고용을 한 경우에는 원칙적으로 통고처
    분 후 출국조치(위반 고용업체에 대해서는 가중처벌 및 추가 초청제한)

다. 제출서류

① 통합신청서[별지 제34호서식], 여권 및 외국인등록증, 수수료 없음

② (사업자등록증 또는 법인등기사항전부증명서 또는 연구기관 입증서류 등)

③ 원 근무처 장의 동의서

④ 고용계약서 또는 임용예정확인서

※ 원 근무처 장의 동의서는 계약기간 만료일 또는 쌍방이 근무하기로 합의한 날짜까지
  근무한 경우에는 제출을 면제하며, 원 근무처의 휴·폐업 및 임금체불 등의 사유가
  있는 경우에는 입증서류 또는 사유서로 대체 가능

라. 체류허가 절차

∘ 근무처변경·추가 신고는 체류허가 신청이 아닌 신고행위에 불과하기 때문에 대상자가
  최초 부여받은 체류기간을 초과하여 체류하려면 별도의 체류기간 연장허가 신청이
  필요함

∘ 잔여체류기간이 [변경된 고용계약기간+1개월]보다 적으면 연장신청을 받아 [변경된
  고용계약기간+1개월]까지 연장

  - 잔여체류기간이 [변경된 고용계약기간+1개월]보다 많으면 [변경된 고용계약기간
    +1개월]로 체류기간 단축조정

마. 신분변동자(해고 또는 중도퇴직자) 처리

∘ 고용주로부터 해고 또는 중도퇴직 등의 사실이 신고된 외국인에 대해서는 사실관계를
  확인하여 체류자격 또는 근무처변경, 체류기간 조정 및 출국기한 등을 지정

  ∘ 해당 외국인들이 전문지식 등을 가진 우수인재 등인 점을 감안, 동일 직종에 계속하여
    취업하고자 하는 경우에는 구직(D-10) 체류자격으로 변경 허용

  ∘ 다른 체류자격에 해당하는 활동을 하려는 경우에는 신분변동일로부터 즉시 체류자격
    변경허가를 받도록 안내

  ∘ 법정기한을 도과하여 체류자격 변경허가를 신청한 경우에는 제반사항을 심사하여
    체류허가 여부를 결정

V. 체류자격 외 활동

1. 체류자격외활동허가 면제범위 확대

원래의 체류목적을 침해하지 않은 범위 내에서 정규교육기관(초·중·고 및 대학)의 교육을 받고자 하는 때는 체류기간 범위 내에서 별도의 허가 절차 불요

2. 외국인투자기업 CEO 등 우수전문인력의 대학 강연활동

활동범위	대학에서 90일 이내 강의활동을 하려는 자에 대한 단기취업(C-4-5)자격으로의 자격외 활동
대　　상	① 투자자 등(D-7, D-8, D-9)의 자격 소지자 중 국내기업(투자기업포함)에서 상근이사 이상의 직으로 근무하는 자 ② 전문인력(E-1, E-3 ~ E-5, E-7) 자격소지자
제출서류	① 신청서(별지 34호 서식), 여권 및 외국인등록증, 수수료 ② 총(학)장의 추천서 ③ 고유번호증(사업자등록증)사본 ④ 고용계약서 ⑤ 원근무처장의 동의서
※ 90일을 초과하여 정기적으로 대학에서 강의활동을 하고자 하는 자는 본부 승인상신	

3. 교수(E-1) 또는 연구(E-3) 자격을 소지한 외국고급과학 기술인력에 대한 교수(E-1), 연구(E-3) 간 상호 체류자격 외 활동

(1) 허가대상

• 전문대학 이상의 교육기관이나 정부출연연구소, 국·공립연구소, 기업부설연구소 등 이공계 연구기관에 근무하고자 하는 자

(2) 자격기준

① 박사 학위 소지자(취득 예정자)

② 석사 학위 소지자로서 3년 이상 경력자 (단, 국내 석사학위 소지자 경력 요건 면제)

(3) 제출서류

① 신청서(별지 34호 서식), 여권 및 외국인등록증, 표준규격사진 1장, 수수료 ② 고용계약
서 또는 임용예정확인서 ③ 원 고용주의 동의서 ④ 고용기관 설립 관련 서류(사업자등록증
또는 법인등기사항전부증명서 또는 연구기관 입증서류 등) ⑤ 석사 학위 이상 학위증, 경력
증명서(해당자) ⑥ 대학 대표자 명의로 발급된 졸업예정증명서·확인서 등과 학위수여 날짜
를 확인할 수 있는 증명서 등(해당자)

4. 단기취업(C-4-5) 특정활동(E-7) 자격을 소지한 외국첨단기술 인력 이 유사첨단 기술분야인 교수(E-1), 연구(E-3), 기술지도(E-4) 자격 으로의 활동

(1) 허가대상

• 벤처기업 등의 정보기술(IT) 분야, 전자상거래 등 기업정보화(e-business)분야 또는
  생물산업(BT), 나노기술(NT), 신소재분야(금속·세라믹·화학), 수송기계, 디지털가전,
  환경·에너지 분야에 종사하는 자

(2) 자격기준

• 박사 학위 소지자(취득 예정자)
• 석사 학위 소지자로서 3년 이상 경력자 (단, 국내 석사학위 소지자 경력 요건 면제)

(3) 신청서류

① 신청서(별지 34호 서식), 여권 및 외국인등록증, 표준규격사진 1장, 수수료 ② 고용계약
서 또는 임용예정확인서 ③ 원고용주의 동의서 ④ 고용기관 설립 관련 서류(사업자등록증
또는 법인등기사항전부증명서 또는 연구기관 입증서류 등) ⑤ 석사 학위 이상 학위증, 경력
증명서(해당자) ⑥ 대학 대표자 명의로 발급된 졸업예정증명서·확인서 등과 학위수여 날짜

를 확인할 수 있는 증명서 등(해당자)

5. "A-1, A-2 소지자"에 대한 자격외활동 허가

(1) 취업허용 범위

• 외국어회화강사(E-2), 외국인학교교사(E-7), 외국어교열요원(E-7)으로의 활동, 문화예술(D-1), 종교(D-6), 교수(E-1), 연구(E-3), 주한외국공관이나 외국기관 등에서 고용하는 행정요원(E-7), 특정활동(E-7)중 벤처기업 등의 정보기술(IT)·E-business에 종사하고자 하는 자

(2) 제출서류

① 신청서(별지 34호 서식), 여권 및 외교관신분증, 수수료 ② 고용계약서 또는 임용예정확인서 ③ 고용기관 설립 관련 서류(사업자등록증 또는 법인등기사항전부증명서 또는 연구기관 입증서류 등) ④ 석사 학위 이상 학위증, 경력증명서(해당자) ⑤ 외교부고용추천서 ⑥ 대학 대표자 명의로 발급된 졸업예정증명서·확인서 등과 학위수여 날짜를 확인할 수 있는 증명서 등(해당자)

6. 협정(A-3) 자격 소지자의 연구(E-3)

(1) 자격요건

연구(E-3) 자격요건을 충족하는 자

(2) 제출서류

① 신청서(별지 34호 서식), 여권 및 SOFA ID, 수수료 ② 고용계약서 또는 임용예정확인서 ③ 고용기관 설립 관련 서류(사업자등록증 또는 법인등기사항전부증명서 또는 연구기관 입증서류 등) ④ 석사 학위 이상 학위증, 경력증명서(해당자) ⑤ SPONSOR인 경우 원근무

처장의 동의서 ⑥ 대학 대표자 명의로 발급된 졸업예정증명서·확인서 등과 학위수여 날짜를 확인할 수 있는 증명서 등(해당자)

7. 고액투자외국인 및 전문인력 배우자에 대한 취업

(1) 허용대상

- 고급과학기술인력(SCIENCE 카드) 및 첨단기술인력(GOLD 카드), 정보기술인력(IT카드)자격 소지한 전문 외국인력의 배우자
- 미화 50만불 이상 투자(법인포함)한 투자자격 소지자의 배우자
- 전문 외국 인력자격(E-1, E-2, E-3, E-4, E-5, E-6-2를 제외한 E-6, E-7)소지자의 배우자

(2) 허용분야

- 단순노무(D-3, E-9) 등을 제외한 모든 직종에 대한 체류자격외 활동허가

(3) 허가기간

배우자의 체류기간까지(계속연장 가능)

(4) 제출서류

출입국관리법시행규칙 제76조에 의한 체류자격별 첨부서류

※ 특정활동(E-7)에 종사하고자 하는 경우에는 E-7자격 사증발급인정서 발급 지침 준용

8. 연구(E-3) 자격자의 동일한 기관 내 강의 활동 허가

(1) 내 용

연구(E-3) 체류자격자가 동일한 대학 또는 연구기관에서 강의 활동을 하는 경우 체류자격

외 활동허가(교수(E-1)) 없이 허용

(2) 주의사항

- 체류자격 외 활동이 원 체류자격의 근무시간 또는 보수를 상회하는 경우에는 체류자격 변경 안내
- 타 대학 및 연구기관의 경우는 원 근무처장의 동의를 얻어 체류 자격 외 활동허가를 받아야 함

VI. 체류자격 변경 허가

1. ① 부득이한 사유로 무사증입국하거나 비취업사증을 소지한 외국고급 인력에 대한 교수(E-1), 연구(E-3)로 체류자격 변경 허가 및 ② 교수 (E-1), 연구(E-3) 상호간 체류자격 변경허가

(1) 대 상

전문대학이상의 교육기관이나 정부출연연구소, 국·공립연구소, 기업부설연구소 등의 연구기관에 근무하고자 하는 자

(2) 자격기준

- 박사 학위 소지자(취득 예정자)
- 석사 학위 소지자로서 3년 이상 경력자 (단, 국내 석사학위 소지자 경력 요건 면제)

(3) 제출서류

① 신청서(제 34호 서식), 여권, 표준규격사진 1장, 수수료 ② 고용계약서 또는 임용예정확인서 ③ 석사 학위 이상 학위증, 경력증명서(해당자) ④ 고용기관 설립 관련 서류(사업자등록증 또는 법인등기사항전부증명서 또는 연구기관 입증서류 등) ⑤ 원 근무처장의 동의서(원 근무처가 있는 경우) ⑥ 대학 대표자 명의로 발급된 졸업예정증명서·확인서 등과 학위

수여 날짜를 확인할 수 있는 증명서 등(해당자)

2. 자연과학·사회과학·인문학·예체능분야의 연구 또는 산업상의 고도기술의 연구개발 종사자로서 아래 단체에 근무예정인 연구원에 대하여는 소지자격에 관계 없이 연구(E-3)자격으로 변경허가

(1) 대상자

• 특정기관육성법, 기타 특별법의 적용을 받는 연구기관에 근무하는 연구자
• 방위산업에 관한 특별조치법에 의한 연구기관에서 연구 활동에 종사하는 과학기술자
• 국·공립 연구기관에서 근무하는 연구자

(2) 제출 서류

① 신청서(별지 34호 서식), 여권 및 외국인등록증, 표준규격사진 1장, 수수료 ② 고용기관 설립 관련 서류(사업자등록증 또는 법인등기사항전부증명서 또는 연구기관 입증서류 등) ③ 석사 학위 이상 학위증, 경력증명서(해당자) ④고용계약서 또는 임용예정확인서 ⑤원 근무처의 장의 동의서(원 근무처가 있는 경우만 해당) ⑥ 대학 대표자 명의로 발급된 졸업예정증명서·확인서 등과 학위수여 날짜를 확인할 수 있는 증명서 등(해당자)

(3) 자격기준

• 박사 학위 소지자(취득 예정자)
• 석사 학위 소지자로서 3년 이상 경력자 (단, 국내 석사학위 소지자 경력 요건 면제)

3. 전문외국인력의 배우자에 대한 전문직자격으로의 변경허가

(1) 허가대상

전문외국인력《E-1 내지 E-5, E-6(E-6-2는 제외), E-7》자격소지자의 배우자

(2) 허가분야

전문직《E-1 내지 E-5, E-6(E-6-2는 제외), E-7》에 해당하는 모든 직종에 대한 체류자격 변경허가

(3) 제출서류

① 신청서(별지 34호서식), 여권 및 외국인등록증, 표준규격사진1장, 수수료 ② 고용기관 설립 관련 서류(사업자등록증 또는 법인등기사항전부증명서 또는 연구기관 입증서류 등) ③ 석사 학위 이상 학위증, 경력증명서(해당자) ④고용계약서 또는 임용예정확인서 ⑤원 근무처의 장의 동의서(원 근무처가 있는 경우만 해당) ⑥ 대학 대표자 명의로 발급된 졸업예 정증명서·확인서 등과 학위수여 날짜를 확인할 수 있는 증명서 등(해당자)

4. 사증면제(B-1) 자격으로 입국한 독일인에 대한 장기체류자격으로 변경

(1) 허가체류자격

기술연수(D-3), 비전문취업(E-9) 및 관광취업(H-1)을 제외한 모든 장기체류자격

(2) 허가기간

체류자격별 1회 부여할 수 있는 체류기간의 상한

5. 유학(D-2), 구직(D-10) ➡ 연구(E-3)자격으로의 변경

(1) 자격요건(아래 ①, ②, ③ 요건을 모두 충족하여야 함)

> ① 구직(D-10) 자격 또는 유학(D-2) 자격을 소지하고 합법 체류 중인 자
> ② 취업활동을 하려는 분야가 교수(E-1)·회화지도(E-2)·연구(E-3)·기술지도(E-4)·전
> 문직업(E-5)·예술흥행(E-6)·특정활동(E-7) 체류자격에 해당하고 해당 자격요건 등
> 을 구비하여야 함
> ③ 취업하려는 해당 기관·단체 등의 대표자와 고용계약을 체결하여야 함

※ 유학(D-2) 자격 소지자는 구직(D-10)자격으로 변경할 수 있는 요건을 갖춘 졸업예정자
  를 의미 (단, 자국 또는 제3국의 대학에서 이미 학사 이상의 학위를 취득하고 필요한
  경력요건 등을 갖춘 경우에는 재학 중이라 하더라도 변경 허용)

(2) 제출서류

① 신청서(별지 34호서식), 여권 및 외국인등록증, 수수료 ② 고용계약서 또는 임용예정확
인서 ③ 석사 학위 이상 학위증, 경력증명서(해당자) ④ 고용기관 설립 관련 서류(사업자등
록증 또는 법인등기사항전부증명서 또는 연구기관 입증서류 등) ⑤ 대학 대표자 명의로
발급된 졸업예정증명서·확인서 등과 학위수여 날짜를 확인할 수 있는 증명서 등(해당자)

6. 방문연구원에 대한 특례

(1) 해당자

국외 소재 기관에 소속되어 국내 연구기관 등의 초청에 따라 국내에 체류하면서 연구활동에
종사하려는 자로 국내에서 연구활동에 대한 대가(보수)를 지급받지 않는 자
※ 왕복 항공권, 숙소 제공 등 입국·국내체류에 따른 실비 보전 수준의 지원을 받는 것은
  가능

(2) 제출 서류

① 통합신청서(별지 34호서식) 여권, 표준규격사진 1매, 수수료

② 고용기관 설립 관련 서류(사업자등록증 또는 법인등기사항전부증명서 또는 연구기관 입증서류 등)

③ 석사 학위 이상 학위증, 경력증명서(해당자)

④ 초청 연구기관 명의의 초청 공문(임금요건 불필요, 연구기간, 연구분야 명시)

  ※ 체류기간은 연구 기간 + 1개월로 부여

⑤ 원 소속 고용계약 입증 서류(재직증명서, 고용계약서 등)

⑥ 대학 대표자 명의로 발급된 졸업예정증명서·확인서 등과 학위수여 날짜를 확인할 수 있는 증명서 등(해당자)

⑦ 국내·외 은행 잔고 증명서(해당자)

제4장 기술지도(E-4)[362][363]

I. 개요

1. 활동범위

공·사기관에서 자연과학분야의 전문지식 또는 산업상의 특수 분야에 속하는 기술 제공

2. 해당자

• 「외국인투자촉진법」의 규정에 의한 기술도입 계약에 따라 대한민국 국민 또는 대한민국
  법인에게 기술을 제공하는 자
• 국내에서 구할 수 없는 산업상의 고도기술 등을 국내 공·사 기관에 제공하는 자
  - 외국의 용역발주업체에서 파견되어 산업상의 특수분야에 속하는 기술을 제공하
    는 자
  - 국내 산업체에서 도입한 특수기술 등을 제공하는 자

II. 체류기간

1. 1회 부여 체류기간의 상한

5년

2. 체류기간 연장허가

(1) 제출서류

① 신청서(별지 34호 서식), 여권 및 외국인등록증, 수수료 ② 파견명령서(본사발행) 또는
재직증명서 ③ 기술도입계약신고수리서, 기술도입계약서(또는 용역거래인증서) 또는 방

---

362) 법무부 출입국·외국인정책본부, 「사증발급 안내매뉴얼」, 2024.7.26, 150면-152면 참조.
363) 법무부 출입국·외국인정책본부, 「외국인체류 안내매뉴얼」, 2024.7.26, 179면-183면 참조.

위산업체지정서 사본 ④ 사업자등록증 사본 ⑤ 체류지 입증서류(임대차계약서, 숙소제공 확인서, 체류기간 만료예고 통지우편물, 공공요금 납부영수증, 기숙사비 영수증 등)

III. 사증 발급 대상자 및 필요 서류

1. 공관장 재량으로 발급할 수 있는 사증

없음

2. 사증발급인정서 발급대상

(1) 산업상 고도기술 제공

1) 대상

"1"항 이외에 국내에서 구할 수 없는 산업상의 고도기술 등을 국내 공·사기관에 제공하는 자
- 외국의 용역발주업체에서 파견되어 산업상의 특수분야에 속하는 기술을 제공하는 자
- 국내 산업체에서 도입한 특수기술 등을 제공하는 자

첨부서류

① 사증발급인정신청서 (별지 제21호 서식), 여권, 표준규격사진 1매
② 공사기관 설립관련 서류
 - 사업자등록증, 외국인투자기업등록증, 지사설치허가서 등
③ 기술도입계약신고수리서, 기술도입계약서(또는 용역거래 계약서) 또는 방산업체지정서 사본
 ※ 용역거래 : 거주자와 국외 특수관계자 간의 경영관리, 금융자문, 지급보증, 전산지원 및 기술지원 그밖에 사업상 필요하다고 인정되는 거래(국제조세조정에 관한 법률 시행령 제6조의 2)
④ 파견명령서(또는 재직증명서)
 ➡ 대리인 신청시 : 위임장, 대리인 재직증명서, 대리인 신분증 추가 제출

 ※ 출입국·외국인청(사무소·출장소)장은 초청의 진정성, 초청자 및 피초청자의 자격 확인 등을 심사하기 위해 첨부서류의 일부를 가감할 수 있음

---

(2) 한 · 인도 사증절차간소화협정 관련 사증발급 대상자

1) 발급대상

• 고용방문자(Employment visitor)

정당하게 등록된 회사 또는 기관에 고용되거나 계약에 의하여 기술전문가, 임원, 관리자 등과 같이 숙련된 기술을 요하는 지위에 종사하거나 임용된 자

(예시) 기업내 전근자, 계약서비스 공급자* 또는 계약서비스 공급자를 위해 일하는 자, 독립 전문가* 등

 * 계약서비스공급자 : 인도회사(법인)와 우리나라 회사(법인)간 계약에 따라 그 인 도회사에 소속된 직원이 우리나라에 파견되어 근무하는 자를 의미

 * 독립전문가 : 특정회사(법인)에 소속되지 않고 독립적으로 한국의 기업 또는 개인 등에 고용되거나 기술지도 등 서비스를 제공하는 자

2) 체류자격 및 사증발급

• 체류자격 : 계약내용 및 파견(고용)형태에 따라 주재(D-7), 기업투자(D-8), 무역경영 (D-9), 연구(E-3), 기술지도 (E-4), 특정활동 (E-7) 등의 자격 부여
• 사증발급 : 출입국·외국인청(사무소·출장소)의 사증발급인정서에 의해 발급

 ※ 고용관련 사증은 복수사증이므로 전부 사증발급인정서로 발급

첨부서류	
공통	① 사증발급인정신청서 (별지 제21호 서식), 여권, 표준규격사진 1매
기업내 전근자	② 파견명령서 및 1년 이상의 재직증명서 ③ 지사 또는 연락사무소 설치허가서 사본
계약서비스 공급자 (contractual services suppliers) 또는 이를	② 고용주가 발행한 재직증명서, 인도정부발행 사업자등록증 등 회사(기관)설립 관련 서류 ③ 우리나라 회사 또는 기관과의 서비스 공급계약 체결 입증 서류

지원하는 자	
독립전문가 (an independent professionals)	② 고용 계약서 또는 용역계약서 등 계약을 입증하는 서류 ③ 학위증, 관련 분야 자격증, 1년 이상 해당 분야 취업경력 입증서류

➡ 대리인 신청시 : 위임장, 대리인 재직증명서, 대리인 신분증 추가 제출

※ 출입국·외국인청(사무소·출장소)장은 초청의 진정성, 초청자 및 피초청자의 자격 확인
등을 심사하기 위해 첨부서류의 일부를 가감할 수 있음

IV. 근무처의 변경 · 추가

1. '10.11.15.부 사후 신고제로 개정(출입국관리법시행령 제26조의2제1항)

전문인력 활용도 제고를 통한 국가경쟁력 강화차원에서 전문인력에 대해서는 **기존 사전허가**
를 사후신고만으로 근무처를 변경·추가할 수 있도록 제도 개선

《법무부고시 제11-510》

가. 자격요건

○ 기술지도(E-4) 자격으로 외국인등록을 하고 체류하고 있는 자로 변경·추가되는 근무
처에서 활동하는데 필요한 자격요건을 구비하고 있는 자

 ※ 자격요건을 갖추었더라도 본인 귀책사유로 해고 또는 중도 퇴직한 자로서 원고용주
의 이적동의를 받지 못한 자는 제외

나. 신고절차 등

○ 신고의무자(외국인)는 신고사유 발생일로부터 15일 이내에 관할 출입국·외국인청(사
무소·출장소)장에게 신고(대리인의 신고 허용)

 ※ 여권에 근무처변경·추가신고 스티커나 신고인을 부착 또는 날인·기재하여야 하기

때문에 방문신고를 원칙으로 함 (다만, 신고기한 임박 등 긴급한 경우에는 FAX로
선 접수하고 조속히 방문하여 스티커 부착 등의 조치를 하도록 안내)

다. 제출서류

① 근무처변경·추가 신고서[별지 제38호의3서식], 여권 및 외국인등록증, 수수료 없음
② 사업자등록증 ③ 원 근무처 장의 동의서 ④ 고용계약서 ⑤ 기술도입계약신고수리서,
기술도입계약서(또는 용역거래인증서) 또는 방위산업체지정서 사본 등

※ 근무처 변경 시 소관부처 장관의 고용추천서 필요

※ 원 근무처 장의 동의서는 계약기간 만료일 또는 쌍방이 근무하기로 합의한 날짜까지
근무한 경우에는 제출을 면제하며, 원 근무처의 휴·폐업 및 임금체불 등의 사유가
있는 경우에는 입증서류 또는 사유서로 대체 가능

V. 체류자격 외 활동

1. 체류자격외활동허가 면제범위 확대

원래의 체류목적을 침해하지 않은 범위 내에서 정규교육기관(초·중·고 및 대학)의 교육을
받고자 하는 때는 체류기간 범위 내에서 별도의 허가 절차 불요('09.6.15.부 시행)

2. 외국인투자기업 CEO 등 우수전문인력의 대학 강연활동

활동범위	**대학에서 90일 이내 강의활동**을 하려는 자에 대한 단기취업(C-4-5)자격으로의 자격외 활동
대　　상	① 투자자 등(D-7, D-8, D-9)의 자격 소지자 중 국내기업(투자기업포함)에서 상근이사 이상의 직으로 근무하는 자 ② 전문인력(E-1, E-3, E-4, E-5, E-7) 자격소지자
제출서류	① 신청서(별지 34호 서식), 여권 및 외국인등록증, 수수료 ② 총(학)장의 추천서 ③ 고유번호증(사업자등록증)사본 ④ 고용계약서원본 및 사본 ⑤ 원근무처장의 동의서

3. 단기취업(C-4-5) 특정활동(E-7) 자격을 소지한 외국첨단기술 인력
   이 유사첨단 기술분야인 교수(E-1), 연구(E-3), 기술지도(E-4) 자격
   으로의 활동

(1) 허가대상

- 벤처기업 등의 정보기술(IT) 분야, 전자상거래 등 기업정보화(e-business)분야 또는
  생물산업(BT), 나노기술(NT), 신소재분야(금속·세라믹·화학), 수송기계, 디지털가전,
  환경·에너지분야에 종사하는 자로서
- 소관부처(과학기술정보통신부, 교육부 등) 장관의 고용추천이 있는 자

(2) 자격기준

- 정보기업(IT) 또는 전자상거래 등 관련분야에 5년 이상 종사한 경력이 있는 자
- 관련학과의 학사 이상 학력소지자로서 해당분야에 2년 이상 종사한 경력이 있는 자, 단
  국내에서 4년 전 과정을 수료하고 학사학위를 취득한 자에 대하여는 해당분야 종사경력
  불요
- 관련학과 석사학위이상 소지자

(3) 신청서류

① 신청서(별지 34호 서식), 여권 및 외국인등록증, 표준규격사진 1장, 수수료 ② 고용계약
서 (원본 및 사본) ③ 원고용주의 동의서 ④ 소관부처 장관의 고용추천서 ⑤ 학력증명서
및 경력증명서(학사학위 소지자는 학위증 사본 첨부) ⑥ 사업자등록증 사본

4. 고액투자외국인 및 전문인력 배우자에 대한 취업

(1) 허용대상

고급과학기술인력(SCIENCE 카드) 및 첨단기술인력(GOLD 카드), 정보기술인력(IT카

드)자격 소지한 전문 외국인력의 배우자

• 미화 50만불 이상 투자(법인포함)한 투자자격 소지자의 배우자

• 전문 외국 인력자격(E-1, E-2, E-3, E-4, E-5, E-6-2를 제외한 E-6, E-7)소지자의 배우자

(2) 허용분야

단순노무(D-3, E-9) 등을 제외한 모든 직종에 대한 체류자격외 활동허가

(3) 허가기간

배우자의 체류기간까지(계속연장 가능)

(4) 제출서류

규칙 제76조에 의한 체류자격별 첨부서류(신원보증서 생략)

※ 특정활동(E-7)에 종사하고자 하는 경우에는 E-7자격 사증발급인정서 발급 지침 준용

VI. 체류자격 변경 허가

1. 유학(D-2), 구직(D-10) ➡ 기술지도(E-4)자격으로의 변경

(1) 자격요건(아래 ①, ②, ③요건을 모두 충족하여야 함)

> ① 구직(D-10) 자격 또는 유학(D-2) 자격을 소지하고 합법 체류 중인 자
> ② 취업활동을 하려는 분야가 교수(E-1)·회화지도(E-2)·연구(E-3)·기술지도(E-4)·전
> 문직업(E-5)·예술흥행(E-6)·특정활동(E-7) 체류자격에 해당하고 해당 자격요건 등
> 을 구비하여야 함
> ③ 취업하려는 해당 기관·단체 등의 대표자와 고용계약을 체결하여야 함

※ 유학(D-2) 자격 소지자는 구직(D-10)자격으로 변경할 수 있는 요건을 갖춘 졸업예정자

　　를 의미 (단, 자국 또는 제3국의 대학에서 이미 학사 이상의 학위를 취득하고 필요한

　　경력요건 등을 갖춘 경우에는 재학 중이라 하더라도 변경 허용)

(2) 제출서류

① 신청서(별지 34호서식), 여권 및 외국인등록증, 수수료 ② 파견명령서(본사발행) 또는 재직증명서 ③ 기술도입계약신고수리서, 기술도입계약서(또는 용역거래인증서) 또는 방위산업체지정서 사본 ④ 사업자등록증 사본 ⑤ 소관부처 장관의 고용추천서(필요시)

2. 자연과학분야의 전문지식 또는 산업상의 특수분야에 속하는 기술을 제공하려는 아래 기술자에 대하여는 소지자격에 관계없이 기술지도(E-4) 자격으로 변경허가

- 외국인투자촉진법, 조세특례제한법 또는 항공우주산업개발촉진법의 규정에 의한 기술 도입계약에 따라 기술을 제공하는 자
- 방위산업에 관한 특별조치법의 규정에 의한 방위산업체에 기술을 제공하는 자
- 정부 또는 정부투자기관관리기본법에 의한 정부투자기관과의 계약에 의하여 산업상의 기술을 제공하는 자

3. 사증면제(B-1) 자격으로 입국한 독일인에 대한 장기체류자격으로 변경

(1) 허가체류자격

기술연수(D-3), 비전문취업(E-9) 및 관광취업(H-1)을 제외한 모든 장기체류자격

(2) 허가기간

체류자격별 1회 부여할 수 있는 체류기간의 상한

4. 전문외국인력의 배우자에 대한 전문직자격으로의 변경허가

(1) 허가대상

전문외국인력《E-1 내지 E-5, E-6(E-6-2는 제외), E-7》자격소지자의 배우자로서 동반 (F-3)자격 소지자

(2) 허가분야

전문직《E-1 내지 E-5, E-6(E-6-2는 제외), E-7》에 해당하는 모든 직종에 대한 체류자격 변경허가

(3) 제출서류

① 신청서(별지 34호서식), 여권 및 외국인등록증, 표준규격사진1장, 수수료 ② 사업자등 록증 ③ 학위증(원본 및 사본) 또는 경력증명서 ④ 고용계약서 (원본 및 사본) ⑤ 원 근무처의 장의 동의서(원 근무처가 있는 경우만 해당)

제5장 전문직업(E-5)[364][365]

I. 개요

1. 활동범위

대한민국의 법률에 의하여 인정된 외국의 국가공인자격증을 소지한 자로서 대한민국의 법률에 의하여 행할 수 있도록 되어 있는 전문업무 종사

2. 해당자

대한민국의 법률에 의하여 인정된 외국의 국가공인자격증을 소지한 자로서 대한민국 법률에 의하여 행할 수 있도록 되어 있는 아래 해당자

- 국토해양부장관의 추천을 받은 항공기조종사
- 최신의학 및 첨단의술 보유자로서 보건복지부장관의 고용추천을 받아 다음 의료기관에 근무하고자 하는 의사
  - ‣ 국가 또는 지방자치단체 의료기관
  - ‣ 의료법인
  - ‣ 비영리법인 및 정부투자기관에서 개설한 의료기관
- 국내의 의(치)과 대학을 졸업한 후 대학부속병원 또는 보건복지부장관이 지정한 병원 등에서 인턴·레지던트 과정을 연수하는 자
- 남북교류 협력에 관한 법률 규정에 따라 남북 협력사업 승인을 받은 자가 금강산 관광개발사업 등의 목적으로 초청하는 관광선 운항에 필요한 선박 등의 필수전문인력
- 국내 운수회사 등에 고용되어 선장 등 선박 운항의 필수전문요원으로 근무하고자 하는 자

---

[364] 법무부 출입국·외국인정책본부, 「사증발급 안내매뉴얼」, 2024.7.26, 153면-155면 참조.
[365] 법무부 출입국·외국인정책본부, 「외국인체류 안내매뉴얼」, 2024.7.26, 184면-188면 참조.

II. 체류기간

1. 1회 부여 체류기간의 상한

5년

2. 체류기간 연장허가

(1) 제출서류

① 신청서(별지34호 서식), 여권원본, 표준규격사진1장, 수수료

② 고용계약서 사본

③ '부가가치세법'에 따른 사업자등록증

④ 체류지 입증서류(임대차계약서, 숙소제공 확인서, 체류기간 만료예고 통지우편물, 공공
요금 납부영수증, 기숙사비 영수증 등)

III. 사증 발급 대상자 및 필요 서류

1. 공관장 재량으로 발급할 수 있는 사증

(1) 국내 항공사에 고용되어 항공기 조종사로 근무하고자 하는 자에 대한 체류
기간 1년 이하의 단수사증

(2) 국내 운수회사 등에 고용되어 선장 등 선박운항의 필수전문요원* 으로 근
무하고자 하는 자에 대한 체류기간 1년 이하의 단수사증

  * 선박운항의 필수전문요원이란 금강산 관광선, 한국선적 정기여객선 등의 선장·기관
  사·항법사 등을 의미함

첨부서류	연번 1, 2 공통

① 사증발급신청서 (별지 제17호 서식), 여권, 표준규격사진 1매, 수수료
② 학위증 및 자격증(면허증) 사본
③ 소관 중앙행정기관장의 고용추천서(다만, 경제자유구역 내에서 취업활동을 하려는 자는 관할 특별시장·광역시장·도지사의 고용추천서 또는 고용의 필요성을 입증할 수 있는 서류) 또는 고용의 필요성을 입증할 수 있는 서류
④ 고용계약서

※ 재외공관의 장은 입국목적, 초청의 진정성, 초청자 및 피초청자의 자격 확인 등을 심사하기 위해 필요한 경우 첨부서류를 일부 가감할 수 있음

2. 사증발급인정서 발급대상

(1) 공관장 재량으로 발급할 수 있는 경우를 제외한 모든 전문직업(E-5) 자격에 대한 사증발급은 사증발급인정서를 통해 사증발급

첨부서류

① 사증발급인정신청서 (별지 제21호 서식), 여권, 표준규격사진 1매
② 초청사유서
③ 학위증 및 자격증 사본
④ 소관 중앙행정기관의 장의 고용추천서 또는 고용의 필요성을 입증할 수 있는 서류
　－ 다만, 경제자유구역 내에서 취업활동을 하려는 자는 관할 특별시장·광역시장·도지사의 고용추천서 또는 고용의 필요성을 입증할 수 있는 서류 또는 고용의 필요성을 입증할 수 있는 서류
⑤ 고용계약서

※ 출입국·외국인청(사무소·출장소)장은 초청의 진정성, 초청자 및 피초청자의 자격 확인 등을 심사하기 위해 첨부서류의 일부를 가감할 수 있음

IV. 근무처의 변경·추가

1. '10.11.15.부 사후 신고제로 개정(출입국관리법시행령 제26조의2제1항)

> 전문인력 활용도 제고를 통한 국가경쟁력 강화차원에서 전문인력에 대해서는 **기존 사전허가를 사후신고**만으로 근무처를 변경·추가할 수 있도록 제도 개선

《법무부고시 제11-510》

가. 자격요건

○ 전문직업(E-5) 자격으로 외국인등록을 하고 체류하고 있는 자로 변경·추가되는 근무처에서 활동하는데 필요한 자격요건을 구비하고 있는 자

※ 자격요건을 갖추었더라도 본인 귀책사유로 해고 또는 중도 퇴직한 자로서 원고용주의 이적동의를 받지 못한 자는 제외

나. 신고절차 등

○ 신고의무자(외국인)는 신고사유 발생일로부터 15일 이내에 관할 청(사무소·출장소)장에게 신고(대리인의 신고 허용)

※ 여권에 근무처변경·추가신고 스티커나 신고인을 부착 또는 날인·기재하여야 하기 때문에 방문신고를 원칙으로 함 (다만, 신고기한 임박 등 긴급한 경우에는 FAX로선 접수하고 조속히 방문하여 스티커 부착 등의 조치를 하도록 안내)

다. 제출서류

① 근무처변경·추가 신고서[별지 제38호의3서식], 여권 및 외국인등록증, 수수료 없음

② 사업자등록증 ③원 근무처 장의 동의서 ④고용계약서

※ 근무처 변경 시 소관부처 장관의 고용추천서 필요

※ 원 근무처 장의 동의서는 계약기간 만료일 또는 쌍방이 근무하기로 합의한 날짜까지

근무한 경우에는 제출을 면제하며, 원 근무처의 휴·폐업 및 임금체불 등의 사유가 있는 경우에는 입증서류 또는 사유서로 대체 가능

V. 체류자격 외 활동

1. 체류자격외활동허가 면제범위 확대

원래의 체류목적을 침해하지 않은 범위 내에서 정규교육기관(초·중·고 및 대학)의 교육을 받고자 하는 때는 체류기간 범위 내에서 별도의 허가 절차 불요('09.6.15.부 시행)

2. 고액투자외국인 및 전문인력 배우자에 대한 취업

(1) 허용대상

• 고급과학기술인력(SCIENCE 카드) 및 첨단기술인력(GOLD 카드), 정보기술인력(IT카드)자격 소지한 전문 외국인력의 배우자

• 미화 50만불 이상 투자(법인포함)한 투자자격 소지자의 배우자

• 전문 외국 인력자격(E-1, E-2, E-3, E-4, E-5, E-6-2를 제외한 E-6, E-7)소지자의 배우자

(2) 허용분야

단순노무(D-3, E-9) 등을 제외한 모든 직종에 대한 체류자격외 활동허가

(3) 허가기간

배우자의 체류기간까지(계속연장 가능)

(4) 제출서류

규칙 제76조에 의한 체류자격별 첨부서류(신원보증서 생략)

※ 특정활동(E-7)에 종사하고자 하는 경우에는 E-7자격 사증발급인정서 발급 지침 준용

3. 외국인투자기업 CEO 등 우수전문인력의 대학 강연활동

활동범위	대학에서 90일 이내 강의활동을 하려는 자에 대한 단기취업(C-4-5)자격으로의 자격외 활동
대　　상	① 투자자 등(D-7, D-8, D-9)의 자격 소지자 중 국내기업(투자기업포함)에서 상근이사 이상의 직으로 근무하는 자 ② 전문인력(E-1, E-3, E-4, E-5, E-7) 자격소지자
제출서류	① 신청서(별지 34호 서식), 여권 및 외국인등록증, 수수료 ② 총(학)장의 추천서 ③ 고유번호증(사업자등록증)사본 ④ 고용계약서원본 및 사본 ⑤ 원근무처장의 동의서

VI. 체류자격 변경 허가

1. 유학(D-2), 구직(D-10) ➡ 전문직업(E-5)자격으로의 변경

(1) 자격요건(아래 ①, ②, ③요건을 모두 충족하여야 함)

① 구직(D-10) 자격 또는 유학(D-2) 자격을 소지하고 합법 체류 중인 자
② 취업활동을 하려는 분야가 교수(E-1)·회화지도(E-2)·연구(E-3)·기술지도(E-4)·전문직업(E-5)·예술흥행(E-6)·특정활동(E-7) 체류자격에 해당하고 해당 자격요건 등을 구비하여야 함
③ 취업하려는 해당 기관·단체 등의 대표자와 고용계약을 체결하여야 함

※ 유학(D-2) 자격 소지자는 구직(D-10)자격으로 변경할 수 있는 요건을 갖춘 졸업예정자를 의미 (단, 자국 또는 제3국의 대학에서 이미 학사 이상의 학위를 취득하고 필요한 경력요건 등을 갖춘 경우에는 재학 중이라 하더라도 변경 허용)

(2) 제출서류

① 신청서(별지 34호서식), 여권 및 외국인등록증, 수수료 ② 고용계약서 사본 ③ 사업자등록증 사본 또는 허가증이나 등록증(특정사업 허가·등록 업체인 경우) 등 ④ 학위증 사본 및 자격증 사본 ⑤ 소관부처 장관의 고용추천서

2. 사증면제(B-1) 자격으로 입국한 독일인에 대한 장기체류자격으로 변경

(1) 허가체류자격

기술연수(D-3), 비전문취업(E-9) 및 관광취업(H-1)을 제외한 모든 장기체류자격

(2) 허가기간

체류자격별 1회 부여할 수 있는 체류기간의 상한

3. 전문외국인력의 배우자에 대한 전문직자격으로의 변경허가

(1) 허가대상

전문외국인력《E-1 내지 E-5, E-6(E-6-2는 제외), E-7》자격소지자의 배우자로서 동반(F-3)자격 소지자

(2) 허가분야

전문직《E-1 내지 E-5, E-6(E-6-2는 제외), E-7》에 해당하는 모든 직종에 대한 체류자격 변경허가

(3) 제출서류

① 신청서(별지 34호 서식), 여권 및 외국인등록증, 표준규격사진1장, 수수료 ② 사업자등

록증 ③ 학위증(원본 및 사본) 또는 경력증명서 ④ 고용계약서 (원본 및 사본) ⑤ 원 근무처의

장의 동의서(원 근무처가 있는 경우만 해당)

제6장 예술흥행(E-6)[366][367]

I. 개요

1. 활동범위

- 수익이 따르는 음악, 미술, 문학 등의 예술활동
- 수익을 목적으로 하는 연예, 연주, 연극, 운동경기, 광고, 패션모델 등으로 출연하는 흥행 활동

2. 해당자

- 수익이 따르는 음악, 미술, 문학 등의 예술 활동
  - 창작활동을 하는 작곡가, 화가, 조각가, 공예가, 저술가 및 사진작가 등의 예술가
  - 음악, 미술, 문학, 사진, 연주, 무용, 영화, 체육, 기타 예술 상의 활동에 관한 지도를 하는 자

  (예 : 프로 및 아마추어 스포츠 감독, 오케스트라 지휘자 등)
- 수익을 목적으로 하는 연예, 연주, 연극, 운동경기, 광고, 패션모델 등으로 출연하는 흥행 활동
  - 출연형태나 명목을 불문하고 수익을 위하여 개인 또는 단체로 연예, 연주, 연극, 운동 등을 하는 자

  (예 : 프로 및 아마추어 스포츠 선수 등)
  - 스스로 연예, 연주, 연극 등에 출연하려는 자 뿐만 아니라 분장사, 매니저 등 동행하는 자를 포함함

  ※ 체류기간 90일 이하인 경우는 단기취업(C-4-5)의 체류자격에 해당됨
- 분류기호 및 활동분야

---

366) 법무부 출입국·외국인정책본부, 「사증발급 안내매뉴얼」, 2024.7.26, 156면~160면 참조.
367) 법무부 출입국·외국인정책본부, 「외국인체류 안내매뉴얼」, 2024.7.26, 189면~195면 참조.

분류기호	활동분야(예시)
E-6-1 (예술·연예)	수익이 따르는 음악, 미술, 문학 등의 예술활동 및 전문 방송연기에 해당하는 자와 공연법의 규정에 의한 전문 연예활동에 종사하는 자 (작곡가·화가·사진작가 등 예술가, 오케스트라 연주·지휘자, 광고·패션모델, 바둑기사, 방송인, 연예인, 연극인, 분장사 등)
E-6-2 (호텔·유흥)	'E-6-1'에 해당하지 않고 관광진흥법에 의한 호텔업시설, 유흥업소 등에서 공연 또는 연예활동에 종사하는 자 (가요·연주자, 곡예·마술사 등) – 관광진흥법 제3조제1항제6호의 규정에 의한 국제회의시설의 부대시설 종사자 및 관광진흥법에 의한 관광업소 중 공연법에 의해 등록된 공연장(예:워커힐 호텔 등)에서 활동하려는 자
E-6-3 (운동)	축구·야구·농구 등 프로 운동선수 및 그 동행 매니저 등으로 **운동 분야에 종사**하는 자 (축구·야구·농구 등 프로선수, 프로팀 감독, 매니저 등)

II. 체류기간

1. 1회 부여 체류기간의 상한

2년

2. 체류기간 연장허가

(1) 대상자

근로계약기간 연장, 근무처 변경 등으로 계속하여 체류하여야 할 필요성이 있는 E-6자격 등록외국인

(2) 허가기준

1회 부여 체류기간연장 허가기간

E-6-1, E-6-3	근로계약기간 + 1개월(최대 2년)
E-6-2	공연추천기간 또는 근로계약기간(최대 1년. 단, 영등위 추천서 상 연소자 유해성 여부가 '유해'인 경우에는 최대 6개월)

(3) 제출서류

① 신청서(별지 34호서식), 여권 및 외국인등록증, 수수료

② 고용추천서 또는 공연추천서

　※ 추천서 발행기관 : 영상물등급위원회, 문화체육관광부, 방송통신위원회 등

③ 고용계약서 (또는 공연계약서)

④ 사업자등록증 사본

⑤ 신원보증서(E-6-2자격만 징구)

⑥ 체류지 입증서류(임대차계약서, 숙소제공 확인서, 체류기간 만료예고 통지우편물, 공공
　요금 납부영수증, 기숙사비 영수증 등)

⑦ 건강보험특실 확인서(E-6-2자격만 징구)

⑧ 기타 심사에 필요한 자료* (필요 시 1 - 2종 제출)

　* 재직증명서, 외국인 고용현황, 근로소득원천징수부 등

III. 사증 발급 대상자 및 필요 서류

1. 공관장 재량으로 발급할 수 있는 사증

☞ 예술흥행(E-6) 자격은 모두 사증발급인정서에 의해 사증발급

• (예외) E-6-2 사증의 경우 신청인이 불법체류다발 고시국가(21개국), 테러지원국가(3개
　국), 제주무사증입국불허국가(10개국)국민인 경우에는 원칙적으로 자국 공관에 사증
　신청 및 발급

　- 단, E-6-2 신청인이 제3국의 영주권자 또는 2년 이상 계속 체류한 장기체류자인
　　경우 제3국 소재 자국공관에 사증 신청 및 발급가능

2. 사증발급인정서 발급대상

(1) 체류기간 2년 이하의 예술흥행(E-6) 사증발급인정서 발급

공연추천기간, 고용추천기간, 근로계약기간 등을 종합적으로 참고하여 적정 체류기간을 부여

첨부서류	
① 사증발급인정신청서 (별지 제21호 서식), 여권, 표준규격사진 1매 ② 사업자등록증 사본 ③ 고용계약서 사본	
공연법 규정에 의한 공연을 하려는 경우	④ 영상물등급위원회(제주특별자치도의 경우 제주특별자치도지사)의 공연추천서(추천제외대상공연은 면제) ⑤ 공연계획서 ⑥ 피초청인이 미성년자인 경우, 법정대리인의 동의서
관광진흥법에 의한 호텔업시설, 유흥업소 등에서 공연 또는 연예활동에 종사하려는 경우	④ 영상물등급위원회의 공연추천서* * 관광업소에서의 **연주, 가요, 곡예, 마술**에 대한 공연추천은 '**주한 미8군 영내클럽**, 관광진흥법상 3급 이상 **관광호텔, 관광유람선, 휴양콘도미니엄, 관광극장유흥업, 외국인전용음식점, 국제회의시설의 부대시설**'을 제외하고 추천하지 않음 (첨부 1 참조) – 단, 관광업소중 **공연법령의 규정에 의하여 등록된 공연장**(예: 워커힐호텔, 부산롯데호텔 등)에서의 퍼레이드·쇼·뮤지컬 등 가무적 요소를 갖춘 공연과 **유원시설**(예: 에버랜드, 롯데월드, 서울랜드 등) 및 **국제회의시설의 부대시설**(코엑스·벡스코 등 무역전시장 및 롯데·하얏트 등 특급호텔)에서의 '**가무**'도 **공연추천** ⑤ 연예활동계획서 ⑥ 자격증명서 또는 경력증명서(3년 이상, 아포스티유 또는 자국소재 대한민국 공관 확인 필) ⑦ 공연시설 현황 확인서(2016. 9.1부 반영) ⑧ 신원보증서 ⑨ 피초청인이 미성년자인 경우, 법정대리인의 동의서 ⑩ 근로자파견사업허가증(해당자)
광고 모델의 경우	○ 일반심사 기준

④ 대중문화예술기획업 등록증*

   * 대중문화예술산업발전법 시행규칙 별지 제2호 서식

⑤ 부가가치세 과세표준증명(매출과세표준)

⑥ 납세증명서

⑦ 기타 기업의 건전성을 증빙하는 서류

⑧ 신원보증서, 이력서, 보호자 동의서 (미성년인 경우)

⑨ 국내활동 계획서

⑩ 기타 모델의 전문성을 입증할 수 있는 서류 : 광고촬영·패션쇼 관련 광고주와의 계약서*, 광고촬영 패션쇼 관련 모델 사용 개요(광고주 작성), 포트폴리오 등

  *1) 광고주 초청업체 계약 시 : 광고주 ↔ 초청업체, 초청업체 외국인 각 1부(총 2부)

  *2) 광고대행사 초청업체 계약 시 : 광고주 광고대행사, 광고대행사, 초청업체, 초청업체 외국인 각 1부(총3부)

  ※ 계약서 필수 포함사항 : 대금 지불방법, 권리의무 관계(저작권), 계약당사자의 서명 또는 날인

광고 모델의 경우	○**우대심사 기준 : 우수업체** 우대심사 기준 적용대상	
	초청 업체	모델 전문 매니지먼트 업체로서 아래의 요건을 모두 갖춘 업체 ▶ 법인사업자 ▶ 대중문화예술기획업 등록 ▶ 최근 3년 이내 최소 5억원 이상 매출실적 ▶ 최근 3개월 간 국민 상시근로자 5인 이상 고용 ▶ 업력 5년 이상(또는 대표이사의 동종업계 종사경력 5년 이상) ▶ 사업자등록증 상 도·소매업 등 무관한 업종이 존재하지 않고 매니지먼트, 엔터테인먼트, 모델에이전시 등 관련 업종만 등재되어 있을 것 ▶ 체납 사실이 없을 것
	외국인	▶ 불법체류 다발 고시국가*, 기타 법위반 고위험 국가가 아닐 것
	* 중국, 필리핀, 인도네시아, 방글라데시, 베트남, 몽골, 태국, 파키스탄, 스리랑카, 인도, 미얀마, 네팔, 이란, 우즈베키스탄, 카자흐스탄, 키르키즈스탄, 우크라이나, 나이지리아, 가나, 이집트, 페루 ④ 법인등기부등본	

	⑤ 필요시 대표이사 경력 관련 증명서류 ⑥ 대중문화예술기획업 등록증 ⑦ 부가가치세 과세표준증명(매출과세표준)* 전년도 재무재표 　* 최근 3년간 연평균 매출액이 5억원 이상인지 확인 ⑧ 최근 1개월 사이에 발급한 고용보험 가입자 명부 　※ 최근 3개월 이상 계속하여 고용된 국민의 수가 5인 이상일 것 ⑨ 납세증명서 ⑩ 기타 기업의 건전성을 증빙하는 서류 ⑫ 신원보증서, 이력서, 보호자 동의서 (미성년인 경우) ⑬ 국내활동계획서 ⑭ 기타 모델의 전문성을 입증할 수 있는 서류(포트폴리오 등)
그 밖의 경우	④ 소관 중앙행정기관의 장의 고용추천서 또는 고용의 필요성을 입증하는 　서류 ⑤ 피초청인이 미성년자인 경우, 법정대리인의 동의서

➠ 대리인 신청 시 : 위임장, 대리인 재직증명서, 대리인 신분증 사본 추가 필요

※ 재외공관의 장은 입국목적, 초청의 진정성, 초청자 및 피초청자의 자격 확인 등을 심사하기
위해 필요한 경우 첨부 서류를 일부 가감할 수 있음

IV. 근무처의 변경·추가

E-6-1(음악, 미술, 문학 등의 예술, 방송연예활동)	사후 신고대상
E-6-3(운동선수, 프로팀 감독, 메니저)	

1. 사후신고 대상

- '10.11.15.부 사후 신고제로 개정(출입국관리법시행령 제26조의2제1항)

전문인력 활용도 제고를 통한 국가경쟁력 강화차원에서 전문인력에 대해서는 **기존 사전허가를 사후신고만으로** 근무처를 변경·추가할 수 있도록 제도 개선

《법무부고시 제11-510》

가. 자격요건

○ 호텔업 시설, 유흥업소 공연활동 종사자(E-6-2)를 제외한 예술흥행(E-6) 자격으로 외국인등록을 하고 체류하고 있는 자로 변경·추가되는 근무처에서 활동하는데 필요한 자격요건을 구비하고 있는 자

※ 자격요건을 갖추었더라도 본인 귀책사유로 해고 또는 중도 퇴직한 자로서 원고용주의 이적동의를 받지 못한 자는 제외

나. 신고절차 등

○ 신고의무자(외국인)는 사유가 발생한 날로부터 15일 이내에 관할 청(사무소·출장소) 장에게 신고(대리인의 신고 허용)

※ 여권에 근무처변경·추가신고 스티커나 신고인을 부착 또는 날인·기재하여야 하기 때문에 방문신고를 원칙으로 함 (다만, 신고기한 임박 등 긴급한 경우에는 FAX로선 접수하고 조속히 방문하여 스티커 부착 등의 조치를 하도록 안내)

다. 제출서류

① 신청서[별지 제34호 서식], 여권 및 외국인등록증, 수수료 없음 ② 사업자등록증 ③ 원 근무처 장의 동의서 ④ 고용계약서 ⑤ 고용추천서 또는 공연 추천서

※ 사유서와 신원보증서는 원칙적으로 제출 생략

※ 원 근무처 장의 동의서는 계약기간 만료일 또는 쌍방이 근무하기로 합의한 날짜까지 근무한 경우에는 제출을 면제하며, 원 근무처의 휴·폐업 및 임금체불 등의 사유가 있는 경우에는 입증서류 또는 사유서로 대체 가능

E-6-2(호텔업 시설, 유흥업소 등에서의 공연)	사전 허가대상

2. 사전신고 대상

(1) 세부자격 약호가 E-6-2인 호텔 등 관광유흥업소 종사 연예인으로서 소속된 공연기획사 등이 변경되거나 추가되어 고용주 변동이 있는 경우*

* 파견사업자(고용주)의 변동 없이 파견근로자보호법령 절차에 따라 공연장소를 변경하거나 추가하는 것은 근무처변경·추가허가대상이 아니고 고용주 신고사항임 (법 제19조 및 시행령 제24조)

1) 허가요령

• 근무처변경·추가 사유 발생 시 미리 관할 출입국·외국인청장 등에게 체류자격 변경·추가 허가를 신청

• 청장 등은 첨부서류 등을 심사하여 최대 1년의 범위 내에서 고용계약기간 동안 체류기간을 부여

2) 제출서류

① 신청서(별지 제34호 서식), 여권 및 외국인등록증, 수수료 ② 사업자등록증 ③ 원 근무처 장의 동의서 ④ 고용계약서 ⑤ 공연 추천서(영상물등급위원회 발행) ⑥ 신원보증서 원본

(2) 세부자격 약호가 E-6-2인 호텔 등 관광유흥업소 종사 연예인으로서 파견사업자(고용주)의 변동 없이 파견근로자보호법령 절차에 따라 공연장소를 변경하거나 추가하는 경우(고용주 신고사항)

1) 신고요령

공연장소 변경 시 변경일로부터 15일 이내에 관할 출입국·외국인청장 등에게 고용변동 신고

※ 입국 후 6개월 이내 공연장소 변경 불가, 단, 원 공연장소의 휴·폐업 등 부득이한 사정이 있는 경우에는 가능

2) 제출서류

① 고용·연수외국인 변동사유 발생신고서(별지 제32호 서식), 여권 및 외국인등록증 ② 사업자등록증(파견사업주, 사용사업주 모두) ③ 고용주 신분증(직원의 경우 위임장, 재직증명서, 직원신분증) ④ 파견사업자와 사용사업주 간 파견근로계약서 ⑤ 공연 추천서(영상물등급위원회 발행) ⑥ 공연장소 시설확인서

V. 체류자격 외 활동

1. 합법체류 등록외국인(A-1, A-2, A-3 포함)으로서 방송*, 영화, 모델 활동을 하고자 하는 경우

* 비영리목적으로 지상파방송에 게스트 등으로 임시(1회 및 비연속성) 출연하는 경우에는 일상생활의 부수적 활동으로 간주하여 별도의 허가 없이 활동 허용(식비, 교통비 등 실비 수준의 사례금 수령 가능)

(1) 제외대상

세부자격 약호 E-6-2 활동에 종사하려는 경우는 체류자격외 활동허가 대상에서 제외

(2) 제출서류

① 신청서(별지 34호 서식), 여권 및 외국인등록증, 수수료

② 고용계약서

③ 공연추천서(문화체육관광부 또는 방송통신위원회의 추천 필요)

④ 사업자등록증 등 단체 등 설립관련 서류

⑤ 원 근무처장의 동의서(해당자)

⑥ A-1, A-2자격 소지자의 경우 외교통상부장관(의전외빈담당관)의 추천서

☞ 제출서류 및 체류실태 등을 종합 심사하여 허가여부를 결정

2. 체류자격외활동허가 면제범위 확대

원래의 체류목적을 침해하지 않은 범위 내에서 정규교육기관(초·중·고 및 대학)의 교육을 받고자 하는 때는 체류기간 범위 내에서 별도의 허가 절차 불요('09.6.15.부 시행)

3. 고액투자외국인 및 전문인력 배우자에 대한 취업

(1) 허용대상

• 고급과학기술인력(SCIENCE 카드) 및 첨단기술인력(GOLD 카드), 정보기술인력(IT카드)자격 소지한 전문 외국인력의 배우자

• 미화 50만불 이상 투자(법인포함)한 투자자격 소지자의 배우자

• 전문 외국 인력자격(E-1, E-2, E-3, E-4, E-5, E-6-2를 제외한 E-6, E-7)소지자의 배우자

(2) 허용분야

단순노무(D-3, E-9) 등을 제외한 모든 직종에 대한 체류자격외 활동허가

(3) 허가기간

배우자의 체류기간까지(계속연장 가능)

(4) 제출서류

규칙 제76조에 의한 체류자격별 첨부서류(신원보증서 생략)

※ 특정활동(E-7)에 종사하고자 하는 경우에는 E-7자격 사증발급인정서 발급 지침 준용

VI. 체류자격 변경 허가

> 세부자격 약호 E-6-1 및 E-6-3에 해당하는 경우 제한적으로 허용

☞ 아래 자격변경 대상자를 제외하고 국제적으로 명성이 있는 전문예술·체육인의 경우
본부승인을 얻어 변경 허용

☞ 허가기간 : 변경허가일로부터 최대 2년의 범위 내에서 근로계약기간 + 1개월 부여

1. 유학(D-2), 구직(D-10) ➡ 예술흥행(E-6)자격으로의 변경

(1) 자격요건 (아래 ①, ②, ③요건을 모두 충족하여야 함)

> ① 구직(D-10) 자격 또는 유학(D-2) 자격을 소지하고 합법 체류 중인 자
> ② 취업활동을 하려는 분야가 교수(E-1)·회화지도(E-2)·연구(E-3)·기술지도(E-4)·전문
> 직업(E-5)·예술흥행(E-6)·특정활동(E-7) 체류자격에 해당하고 해당 자격요건 등을 구
> 비하여야 함
> ③ 취업하려는 해당 기관·단체 등의 대표자와 고용계약을 체결하여야 함

※ 유학(D-2) 자격 소지자는 구직(D-10)자격으로 변경할 수 있는 요건을 갖춘 졸업예정자
를 의미 (단, 자국 또는 제3국의 대학에서 이미 학사 이상의 학위를 취득하고 필요한
경력요건 등을 갖춘 경우에는 재학 중이라 하더라도 변경 허용)

(2) 제출서류

① 신청서(별지 34호서식), 여권 및 외국인등록증, 표준규격사진 1장, 수수료 ② 고용계약서(또는 공연계약서) ③ 사업자등록증 ④ 고용·공연추천서(문화체육관광부, 영상물등급위원회, 방송통신위원회, 프로스포츠 연맹 등 발급)

2. 무사증(B-1·B-2자격) 또는 단기사증(C-3자격) 입국자 ➡ 예술흥행 (E-6) 체류자격 변경허가

(1) 불가피한 사유가 있거나 국익차원에서 필요시에는 자격변경 허용*

* 입단 테스트 등을 받기 위해 입국한 운동선수·연주자·무용가 및 상금이 걸린 국제대회 참가자 등의 경우 관련 입증자료 등을 제출받아 청장 등이 재량으로 체류자격 변경허가(체류기간 기산일 기준은 자격변경일이 아닌 입국일임)
* 청장 등이 판단하기 어려운 경우에는 본부의 승인을 받아 처리하고, 호텔·흥행 (E-6-2) 분야에 해당하는 활동은 체류자격 변경을 금지

3. 일반 체류자격*으로 장기 체류 중인 자가 현재의 체류자격 활동을 그만두고 귀국 전에 단기간 방송출연 또는 모델활동 등을 하려는 경우 예술흥행(E-6) 체류자격 변경허가

* E-6 또는 취업에 제한이 없는 체류자격(F-2, F-4, F-5 등) 소지자 제외

4. 사증면제(B-1) 자격으로 입국한 독일인에 대한 장기체류자격으로 변경

(1) 허가체류자격

기술연수(D-3), 비전문취업(E-9) 및 관광취업(H-1)을 제외한 모든 장기체류자격

(2) 허가기간

체류자격별 1회 부여할 수 있는 체류기간의 상한

5. 전문외국인력의 배우자에 대한 전문직자격으로의 변경허가

(1) 허가대상

전문외국인력《E-1 내지 E-5, E-6(E-6-2는 제외), E-7》자격소지자의 배우자로서 동반 (F-3)자격 소지자

(2) 허가분야

전문직《E-1 내지 E-5, E-6(E-6-2는 제외), E-7》에 해당하는 모든 직종에 대한 체류자격 변경허가

(3) 제출서류

① 신청서(별지 34호서식), 여권 및 외국인등록증, 표준규격사진 1장, 수수료 ② 고용계약 서(또는 공연계약서) ③ 사업자등록증 ④ 고용·공연추천서(문화체육관광부, 영상물등급 위원회, 방송통신위원회, 프로스포츠 연맹 등 발급)

제7장 특정활동(E-7)[368][369]

I. 개요

1. 활동범위

- 대한민국 내의 공·사기관 등과의 계약에 따라 법무부장관이 특별히 지정하는 활동에 종사하려는 사람
- 이 지침에 의하여 전문외국인력은 동 지침 상 공동심사기준 및 직종별 심사기준에 의한 활동범위를 준수하여야 함

2. 기본원칙

- 전문성 수준 및 국민대체성 등에 따라 전문인력, 준전문인력, 일반기능인력, 숙련기능인력으로 구분, 도입 및 관리기준을 달리하여 탄력적으로 운영
- 직능수준이 높고 국민 대체가 어려워 국가경쟁력 강화에 기여도가 높은 전문인력에 대해서는 간편한 사증·체류절차로 유치 및 정주 지원
- 국민대체성 등으로 국민고용 침해 우려가 있는 준전문·일반기능·숙련 기능인력에 대해서는 자격·임금요건·업체별 쿼터 설정 등 국민고용 보호장치 마련

II. 적용대상 및 도입기준 등

1. 적용대상 [출입국관리법 시행령 별표 1의2 20. 특정활동(E-7)]

- 대한민국 내의 공·사기관 등과의 계약에 따라 법무부장관이 특별히 지정하는 활동에 종사하려는 사람
  - '특정활동'이란 법무부장관이 국가경쟁력 강화 등을 위해 전문적인 지식·기술 또

---

368) 법무부 출입국·외국인정책본부, 「사증발급 안내매뉴얼」, 2024.8.12, 161면-175면 참조.
369) 법무부 출입국·외국인정책본부, 「외국인체류 안내매뉴얼」, 2024.8.12, 196면-216면 참조.

는 기능을 가진 외국인력 도입이 특히 필요하다고 지정한 분야(이하 '도입직종')에서의 활동을 의미*

　　* 국가 및 지방자치단체는 전문적인 지식·기술 또는 기능을 가진 외국인력의 유치를 촉진할 수 있도록 그 법적 지위 및 처우의 개선에 필요한 제도와 시책을 마련하기 위하여 노력하여야 한다. (재한외국인처우기본법 제16조)

• (도입직종의 유형) '한국표준직업분류' 상 대분류 항목과 직능수준 등을 감안하여 전문직종, 준전문직종, 일반기능, 숙련기능직종으로 구분

- (관리·전문직종) 대분류 항목 1(관리자)과 2(전문가 및 관련 종사자)의 직종(직능수준 3, 4) 중 법무부 장관이 선정한 67개 직종*

　　* 경제이익단체 고위임원 등 15개 직종 관리자와 생명과학전문가 등 52개 직종 전문가 및 관련 종사자

- (준전문 직종) 대분류 항목 3(사무종사자)과 4(서비스종사자), 5(판매종사자)의 직종(직능수준 2, 3) 중 법무부 장관이 선정한 10개 직종*

　　* 항공운송사무원 등 5개 직종 사무종사자와 운송서비스 종사자 등 5개 직종 서비스종사자

- (일반기능직종) 대분류 항목 6(농림어업 숙련종사자)·7(기능원 및 관련 기능 종사자)·8(장치기계조작 및 조립종사자)의 직종(직능수준 2) 중 법무부 장관이 선정한 10개 직종*

* 일반 : 동물사육사, 양식기술자, 할랄도축원 등 기능원 및 관련 기능인력

- (숙련기능직종) 대분류 항목 6(농림어업 숙련종사자)·7(기능원 및 관련 기능 종사자)· 8(장치기계조작 및 조립종사자)의 직종(직능수준 2) 중 점수제를 적용하는 법무부 장관이 선정한 3개 직종*

　　* 점수제 : 농림축산어업, 제조, 건설 등 분야 숙련기능인력

신 약호	분류기준	참고
E-7-1	전문인력	관리자 및 전문가 (67개 직종)
E-7-2	준전문인력	사무 및 서비스종사자 (10개 직종)
E-7-3	일반기능인력	기능원 및 관련기능종사자(10개 직종)
E-7-4	숙련기능인력(점수제)	'17.8.1신설 (3개직종)
E-7-91	FTA 독립전문가	T6(구약호)
E-7-S	네거티브 방식 전문인력	고소득자, 첨단산업분야 종사(예정)자

2. 도입직종 선정 및 관리 등

• (직종 선정) 중앙부처를 대상으로 정기 또는 수시로 전문외국인력 도입이 필요한 신규
직종 수요조사 등을 실시하고, 외국인력 도입의 필요성 및 효과, 국민대체성 등을 종합
검토하여 선정

- 수요조사 시 직종별 학력 및 경력요건, 고용업체 요건 등에 관한 의견도 수렴하고,
체류관리 상의 문제 우려 등으로 사전검토가 필요한 경우 외국인정책위원회 산하
전문인력 유치지원 실무분과위원회*의 협의결과를 참고

  * 전문인력 유치지원 실무분과위원회 (위원장 : 과기부 미래인정책국장, 위원: 기재부·
  교육부·외교부·법무부·문화체육관광부·산업통상자원부·고용노동부·국가정보
  원·중소벤처기업부 담당과장)

- '22. 11. 현재 87개 직종(278개 세부분류) 선정

• (관리) 도입직종 현황, 직종별 도입인원 등의 통계산출 및 분석, 관리 등이 가능하도록
직종별로 코드번호 부여

- 직종별 코드번호는 '한국표준직업분류' 상 소분류(세 자리 수), 세분류(네 자리
수), 세세분류(다섯 자리 수)를 기준으로 아라비아 숫자로 부여

- 기존 직종에서 분리·신설되는 직종의 경우에는 가장 유사한 직종의 코드번호 앞
에 'S'를 붙임 (예 : S ------)

- (유사직종 도입 허용기준) 신청직종과 가장 유사한 직종의 자격요건 등 충족여부, 도입의 필요성 및 국민대체성 등을 종합 심사하여 타당한 경우 가장 유사한 직종으로 고용 허용
  - 대분류 항목 1·2에 해당하는 전문직종은 청장 등이 재량으로 허용하고, 대분류 항목 3 - 8에 해당하는 준전문직종, 숙련기능직종은 법무부장관의 승인 필요

3. 도입직종별 자격요건 및 도입 방법

(1) 자격요건

- (일반요건) 다음 요건 중 하나를 충족하여야 함
  - 도입직종과 연관성이 있는 분야의 석사 이상 학위 소지
  - 도입직종과 연관성이 있는 학사학위 소지 + 1년 이상의 해당분야 경력(경력은 학위, 자격증 취득 이후의 경력만 인정하되 첨단기술*(IT, 바이오, 나노 등) 분야 종사자에 한하여 졸업 이전 해당 분야 인턴 경력을 근무 경력으로 인정)
    * 산업발전법 제5조에 따라 산업통상자원부장관이 고시하는 '첨단기술' 분야
  - 도입직종과 연관성이 있는 분야에 5년 이상의 근무경력

- (특별요건) 우수인재 유치 및 육성형 인재 활용 등의 차원에서 특례를 정한 우수인재와 직종 특성을 감안하여 별도의 학력 또는 경력요건을 정한 직종에 종사하는 경우에는 해당 요건을 충족하여야 함
  - (세계 500대 기업 1년 이상 전문직종 근무경력자) 도입직종에 정한 학력 및 경력 요건 등을 갖추지 못하였더라도 고용의 필요성 등이 인정되면 허용
  - (세계 우수 대학* 대학졸업(예정) 학사학위 소지자) 전공분야 1년 이상 경력요건을 갖추지 못하였더라도 고용의 필요성 등이 인정되면 허용
    * 타임誌 200대 대학 및 QS 세계대학순위 500위 이내 대학을 의미
  - (국내 전문대학졸업(예정)자) 전공과목과 관련이 있는 도입허용 직종에 취업하는 경우 1년 이상의 경력요건을 면제하고, 고용의 필요성 등이 인정되면 허용

※ 다만, 고등교육법 제2조 제1호~제4호에 해당하는 대학에서 학위를 취득한 경우에 만 적용

- (국내 대학 졸업(예정) 학사이상 학위 소지자) 도입허용 직종에 취업하는 경우 전공과목과 무관하게, 고용의 필요성 등이 인정되면 허용(학사 이상의 경우 1년이 상의 경력 요건 면제), 일/학습연계유학(D-2-7)자격 졸업자는 국민고용비율 적용을 면제함

  ※ 다만, 고등교육법 제2조 제1호~제4호에 해당하는 대학에서 학위를 취득한 경우에 만 적용

- (주무부처 고용추천을 받은 첨단 과학기술분야 우수인재) 사증 등의 우대 대상이 라는 점을 감안하여 일반요건보다 강화된 기준으로 고용추천

- (첨단기술인턴(D-10-3) 체류자) 첨단 기술인턴(D-10-3) 자격으로 국내 기업 등에서 1년 이상 인턴활동을 한 자가 인턴 활동 분야에 정식으로 취업하고 임금이 전년도 1인당 국민총소득(GNI)의 1배 이상인 경우, 체류자격 변경 시 학력·경력 요건 면제

〈첨단과학기술인력 우대 고용추천〉

구 분	골드카드
고용추천기관	산업통상자원부(KOTRA)
시행연도	2000년
추천대상자 요건	■ 동종 5년 이상 경력 ■ 학사 + 1년 이상 경력 ■ 석사 이상
	* 국내 학위취득자는 해당 분야 경력 불요
추천대상 직종	* KOTRA : IT, 기술경영, 나노, 디지털 전자, 바이오, 수송 및 기계, 신소재, 환경 및 에너지 등 8개 분야(공·사 기관)

- (특정 일본인 소프트웨어 기술자 등) 일본정보처리개발협회소속 중앙정보교육연 구소(CAIT) 및 정보처리기술자시험센터(JITEC)가 인정하는 소프트웨어개발기

제7편 전문외국인력 | 523

술자와 기본정보기술자 자격증을 소지한 일본인에 대해서는 자격기준과 무관하게 사증발급인정서 발급 등 허용

- (부처추천 전문능력 구비 우수인재) 연간 총 수령보수가 전년도 1인당 국민총소득(GNI)의 1.5배 이상이고 소관 중앙행정기관의 장(경제자유구역의 지정 및 운영에 관한 특별법 또는 지역특화발전특구에 대한 규제특례법 등의 적용을 받는 경우에는 관할 특별시장·광역시장·도지사, 제주특별자치도지사 포함)의 추천을 받은 경우 전문인력(67개 직종)에 한해 학력, 경력 모두 면제가능*

    * 소관 중앙행정기관의 장(경제자유구역의 지정 및 운영에 관한 특별법 또는 지역특화발전특구에 대한 규제특례법 등의 적용을 받는 경우에는 관할 지방자치단체의 장)의 고용추천서를 필수로 제출하여야 하며, 최초 허가 시 체류기간 1년만 부여하고 이후 연장 시 반드시 세무서장 발행 소득금액증명원을 제출받아 실제 수령보수 등을 확인 후 정상 절차에 따라 연장여부 결정

- (고소득 전문직 우수인재) 연간 총 수령보수가 전년도 1인당 국민총소득(GNI)의 3배 이상 되는 경우 직종에 관계없이 학력, 경력 모두 면제가능(주무부처장관의 고용추천 불필요)

- (우수사설기관 연수 수료자) 해외 전문학사 이상 학력 소지자 중 해당 전공분야의 국내 연수과정(D-4-6, 20개월 이상)을 정상적으로 수료하고 국내 공인 자격증 취득과 사회통합프로그램을 4단계 이상을 이수한 외국인에 대해 해당 전공분야로의 자격변경을 허용 (E-7-4 분야 제외)

- (요리사, 뿌리산업체 숙련기능공, 조선용접공 등) 직종별 해당 기준 적용

(2) 도입 방법

• (원칙) 기업 스스로 채용이 필요한 분야의 전문 외국인력을 발굴하여 자격검증 등을 거쳐 채용한 후 사증발급을 신청하거나 체류자격 변경허가 등을 신청하면 법무부에서 결격여부 등을 심사하여 허용여부 결정

• (뿌리산업체 숙련기능공 등) 체류자격 변경허가 요건을 갖춘 비전문 취업자격자 등의

자격변경을 허용하고, 뿌리산업 분야 민관합동 전문가들의 기량검증을 통과한 자들로 인재 POOL을 구성하여 쿼터 범위 내에서 선발하는 방안도 허용(기존 조선용접공 도입절차 준용)

(3) 고용추천서

- 개별 직종별 심사기준에서 고용추천서 발급 대상 및 발급 부처 등을 정하고 있음(근거 영 제7조제3,4항)
- (필수) 직종별 심사기준에서 고용추천서 징구가 "필수" 사항으로 규정된 경우에는 접수시 반드시 추천서가 첨부되어야 함
- (면제) 다음에 해당하는 경우는 고용추천서 징구 면제
  - 대학 및 공공기관에서 고용하고자 하는 경우
  - 사기업이라도 대기업 관리자에 해당하는 자를 고용하는 경우
- (전자고용추천서 시스템 운영) 대한민국 비자포털(visa.go.kr)에 전문인력 고용추천을 위한 전자고용추천시스템 운영

(4) 첨부서류 및 신청절차

- (공통 첨부서류) 체류자격 변경 또는 체류자격외 활동허가 등 신청 시에도 적정하게 준용
  - 피초청(외국인)인 준비서류 : 여권사본, 반명함판 칼라사진 1매, 고용계약서, 자격요건 입증서류(학위증, 경력증명서, 자격증 등)
    ※ 국외에서 발급한 서류는 반드시 국문 또는 영문 번역본 첨부, 주요핵심 서류에 대해서는 영사 공증 또는 아포스티유 확인서 제출
  - 초청인 준비 서류 : 고용단체 등 설립관련서류, 외국인 고용의 필요성을 입증할 수 있는 서류(초청사유서*, 고용추천서** 등), 신원보증서(법무부장관이 고시한 근무처변경, 추가 신고가 제한되는 직종 종사자만 해당), 납세증명서(국세완납증명서), 지방세 납세증명

* 외국인 고용의 필요성 및 외국인활용계획, 기대효과 등을 구체적으로 작성
** 고용추천 필수 직종에 한해 징구하되, 소관 중앙행정기관의 장(경제자유구역의 지정 및 운영에 관한 특별법 또는 지역특화발전특구에 대한 규제특례법 등의 적용을 받는 경우에는 관할 특별시장·광역시장·도지사)이 발급한 추천서 징구

- 신원보증서(법무부 장관이 고시한 근무처변경·추가 신고가 제한되는 직종의 종사자만 해당)

(5) 초청자 자격요건 및 심사기준

• (자격요건) 특정활동(E-7) 자격 외국인을 고용할 수 있도록 허용된 직종의 업체나 단체 등의 대표로서 아래 경우에 모두 해당하지 않아야 함

- 출입국관리법 시행규칙 제17조의3 제2항 제1호 내지 제7호에 규정된 사증발급 인정서 발급제한 대상자에 해당하는 경우
- 허용직종별 고용업체 요건이나 업체당 외국인 고용허용 인원 및 최소임금 요건 등을 갖추지 못한 경우
- 고용업체에 세금(국세, 지방세) 체납 사실이 있는 경우

• (심사기준) 사증발급인정서 발급 제한대상인지 여부, 고용업체 요건 충족 및 정상 운영 여부, 저임금 활용여부 등을 종합 심사

- (창업 초기 소규모 외국인투자기업 또는 벤처기업) 제조 · 무역 · 컨설팅 · R&D 등 소규모 업체가 전문인력을 고용하고자 할 경우 창업일로부터 최대 5년간은 매출실적이 없어도 허용(67개 전문인력 직종만 해당)
- (숙련기능인력 고용업체) 판매사무원, 주방장 및 조리사 등 숙련기능 인력들을 초청한 경우에는 직종별 심사기준에 따라 고용업체 요건 충족 및 정상 운영 여부, 저임금 활용 여부 등을 종합 심사하여 허가 여부 및 적정 허용인원을 판단

III. 체류기간

1. 1회 부여 체류기간의 상한

• 3년(주무부처 추천 우수인재, 지역특화발전특구 및 첨단의료복합단지 내 E-7 직종 종사
   자, 경제자유구역 내 의료연구개발기관의 연구원에 대해서는 5년)

2. 체류기간 연장허가

(1) 제출 서류 및 확인사항

1) 제출서류

① 신청서(별지 34호 서식), 여권 및 외국인등록증, 수수료

② 고용계약서

③ 개인 소득금액 증명(필수)

    - 소득금액증명원(세무서 발급) 또는 근로소득원천징수영수증(소속회사 발급)

④ 사업자등록증 사본 또는 법인등기부등본

⑤ 신원보증서 원본(아래 직종에 한해 징구)

> 기계공학기술자(2351), 제도사(2395), 해외영업원(2742) 중 해외 온라인상품판매원, 디자
> 이너(285), 판매사무원(31215), 주방장 및 조리사(441), 고객상담사무원(3991), 호텔접수
> 사무원(3922), 의료코디네이터(S3922), 양식기술자(6301), 조선용접공(7430), 숙련기능
> 점수제 종사자[뿌리산업체 숙련기능공(S740), 농림축산어업 숙련기능인(S610), 일반 제조
> 업체 및 건설업체 숙련기능공(S700)]

⑥ 체류지 입증서류(임대차계약서, 숙소제공 확인서, 체류기간 만료예고 통지우편물, 공공
   요금 납부영수증, 기숙사비 영수증 등)

⑦ 고용주 납부내역증명, 납세증명서, 지방세 납세증명서(정상영업 및 세금체납여부확인)

(2) 협정상 사증·체류허가 특례적용대상자에 대한 특례사항 규정

1) 한·인도 포괄적경제동반자협정(CEPA) : 독립전문가(IP)

• 적용대상

  - 국내법인 또는 개인사업자와 서비스공급계약을 체결한 전문가로서의 자격요건을 갖추고 해당 분야에서 1년 이상 경력이 있는 자*

    * 협정상 양허직종(162개)에서 서비스를 제공하기 위해 '서비스공급계약'을 체결한 독립전문가에게만 적용 (고용계약을 체결하고 E-7 허용직종에서 취업하는 전문인력에 대해서는 E-7지침 일반 적용)

• 사증특례

  - 최대 1년의 범위 내에서 계약기간을 체류기간으로 하는 단수사증발급인정서 발급 (계약기간이 1년이 초과하는 경우에는 1년 부여)

• 체류특례

  - 체류기간연장허가, 근무처변경·추가허가, 체류자격변경허가, 체류자격외활동허가 제한 (사고·질병 등 인도적 사유로 체류허가의 필요성이 인정되는 경우는 일반 체류지침에 따라 처리)

2) 한·러 한시적 근로활동에 관한 협정 : 국내 채용 전문인력

• 적용대상

  - 모회사의 국내지사·지점, 연락사무소, 자회사, 계열회사의 직원으로 국내에서 채용되고 해당 직종의 자격요건을 갖춘 자*

    * 국내업체 등과 고용계약을 체결하고 E-7허용직종에서 취업하는 전문인력에 대해서는 E-7지침 일반 적용 (복수사증 발급 및 체류허가 등 우대)

• 사증·체류

  - 1년 유효한 복수사증발급인정서를 발급하고, 1회에 한해 6개월간 체류기간연장*을 허용하며 가족동반은 허용하지 않음

    * 외국인등록일 기준 직전 입국일로부터 최장 1년 6개월까지만 체류가능하며, 귀국

후 본사에서 다시 주재원 등으로 파견하는 경우에는 해당 체류자격의 사증(D-7 또는 D-8) 발급

(3) 외국법자문법률사무소에 파견되는 구성원, 외국법자문사 및 외국법자문법률사무소에 파견되는 사무직원

1) 제출서류

① 신청서(별지 34호 서식), 여권 및 외국인등록증, 수수료

② 국내 법률사무소 설립관련 서류

③ 고용계약서

④ 체류지 입증서류(임대차계약서, 숙소제공 확인서, 체류기간 만료예고 통지우편물, 공공요금 납부영수증, 기숙사비 영수증 등)

IV. 사증 발급 대상자 및 필요 서류

1. 공관장 재량으로 발급할 수 있는 사증

(1) 주한 외국공관에서 고용하는 행정요원 등(자국 국민에 한함)에 대한 체류기간 1년 이하, 유효기간 3월의 단수사증 : 특수기관 행정요원 (S2620)

• 적용대상

- 주한외국공관, 주한외국문화원, 주한외국상공회의소 등에서 일반 행정 또는 기능 업무를 수행하는 자국국적의 행정·기능요원*

  * 제3국인을 행정·기능요원으로 고용한 경우에는 법무부장관의 승인을 받거나 사증발급인정서를 제출 받아 사증을 발급

  ※ 자국공관원의 자국국적 가사보조인에 대해서는 재외공관이 재량으로 체류기간 1년의 방문동거(F-1) 사증 발급

• 사증발급

- 체류기간 1년 이하, 유효기간 3월의 단수사증 발급

* 고용계약기간이 2년이라 하더라도 체류기간 1년의 사증을 발급

첨부서류

① 사증발급신청서 (별지 제17호 서식), 여권, 표준규격사진 1매, 수수료
② 주한 외국공관 협조요청 공문
③ 고용계약서
④ 학력 및 경력 등 입증서류 등

※ 재외공관의 장은 입국목적, 초청의 진정성, 초청자 및 피초청자의 자격 확인 등을 심사하기
 위해 필요한 경우 첨부서류를 일부 가감할 수 있음

---

(2) 국내 운수회사 등에 고용되어 선박 등의 승무원 등으로 근무하는 자에 대한 체류기간 1년 이하의 단수사증 : 운송서비스 종사자(43(1)

• 적용 대상

 - 금강산관광선 등 국내에서 운영하는 국제여객선 등에서 여객의 안락과 안전을 확
  보하고 여객의 편의를 도모하는 승무원*

  * 대한민국 법률에 의하여 인정된 외국의 국가공인자격증을 소지한 항공기 기장 또는
   선장 등은 전문직업(E-5)자격 대상

  *물건운송·하역 등 단순노무 종사 부원은 선원취업(E-10) 자격 대상이고, 관광진흥법
   에 의한 관광유람선에서 공연하는 연예인은 예술흥행(E-6)자격 대상

• 사증발급

 - 체류기간 1년 이하, 유효기간 3월의 단수사증을 발급*

  * 고용계약기간이 2년이라 하더라도 체류기간 1년의 사증을 발급

① 사증발급신청서 (별지 제17호 서식), 여권, 표준규격사진 1매, 수수료
② 고용업체 설립관련서류
③ 고용계약서
④ 학력 및 경력 등 입증서류
  – 학위증, 경력증명서, 이력서, 자격증 등 포함

※ 재외공관의 장은 입국목적, 초청의 진정성, 초청자 및 피초청자의 자격 확인 등을 심사하기
   위해 필요한 경우 첨부서류를 일부 가감할 수 있음

(3) 특정활동(E-7) 허용직종에 90일 이하 단기간 취업하는 자

체류기간 90일의 단기취업(C-4-5) 사증 발급 (직종별 첨부서류 및 심사기준 등은 단기
취업(C-4) 자격 사증발급기준 적용)

2. 사증발급인정서 발급대상

(1) 사증발급인정서 발급

1) 신청절차

초청업체 소재지 관할 출입국·외국인청(사무소·출장소)에 신청하고, 주무부처 등의 우수
인재 고용추천을 받은 경우에는 온라인(대한민국 비자포털)으로도 신청 허용

2) 온라인 신청 우수인재 우대

KOTRA·중진공의 골드카드 고용추천을 받은 경우 온라인 신청 시 고용추천서 외 첨부서
류 면제하고 나머지 서류는 외국인등록 시 제출

(2) 공통 제출서류 및 신청절차

1) 공통 제출서류

① 사증발급인정신청서 (별지 제21호 서식), 여권사본, 표준규격사진 1매

② 공·사기관 설립관련 서류

  - 사업자등록증, 고유번호증, 외국인투자기업등록증 등

③ 고용계약서 사본

④ 납세증명서(국세완납증명서), 지방세 납세증명서

⑤ 외국인의 고용의 필요성을 입증할 수 있는 서류

  - 초청사유서, 외국인활용계획서 등

  - 소관 중앙행정기관의 장의 고용추천서 또는 관련 단체 등의 추천서

주무부처 고용추천 필수 직종

국내복귀기업의 생산관리자(1413)·생명과학전문가(2112)·컴퓨터 하드웨어 기술자(2211)·전기공학 기술자(2341)·전자공학 기술자(2342)·플랜트공학 기술자(23512)·로봇 공학 전문가(2352)·자동차·조선·비행기·철도차량공학전문가(S2353)·가스·에너지 기술자 (2372), 선박관리전문가(1512), 여행업체 관리자(1521), 관광레저사업체 관리자(1521), 금융 및 보험전문가(272, 학위 없는 경력 5년 이상자만 해당), 여행상품 개발자(2732), 공연기획자(2735), 기술경영 전문가(S2743), 아나운서(28331), 호텔접수사무원(3922), 의료코디네이터(S3922), 관광통역안내원(43213), 양식기술자(6301), 할랄 도축원 (7103), 조선 용접공(7430), 선박 전기원(76212), 선박 도장공(78369), 항공기 정비원(7521), 항공기(부품) 제조원(S8417)

---

⑥ 신원보증서

신원보증서 제출이 필요한 직종

기계공학기술자(2351), 제도사(2395), 해외영업원(2742) 중 해외 온라인상품판매원, 디자이너(285), 판매사무원(31215), 주방장 및 조리사(441), 고객상담사무원(3991), 호텔접수사무원(3922), 의료코디네이터(S3922), 양식기술자(6301), 조선용접공(7430), 숙련기능 점수제 종사자[뿌리산업체 숙련기능공(S740), 농림축산어업 숙련기능인(S610), 일반 제조업체 및 건설업체 숙련기능공(S700)]

---

⑦ 자격요건 입증서류

  - 학위증, 경력증명서, 이력서, 유효한 자격증 등

  ➡ 대리인 신청 시 : 위임장, 대리인 재직증명서, 대리인 신분증 사본 추가 필요

준법, 사회공헌 기업에 대한 첨부서류 간소화

준법·사회공헌기업 우대를 통한 긍정적 법의식 확산 등을 위해 해당 기업*에 대해서는 고용업체 설립 관련 서류 및 고용의 필요성 입증서류 등 면제

  * 국세청 지정 성실납세기업, 고용노동부 선정 대한민국 일자리 으뜸기업, 공정거래위원회 선정 동반성장지수 평가 우수(양호)기업, 출소자 고용 우수기업, 제대군인 고용 우수기업

---

2) 직종별 세부심사기준 (직종 설명, 자격요건, 심사기준, 추가 제출서류 등)

  〈후단 별첨〉

(3) 국가 간 근로협정 등 적용대상자 심사기준

1) 한·인도 사증절차간소화협정 관련 사증발급 대상자

• (대상) 인도 법인에 소속되지 않은 자영업자로서 우리나라의 법인 또는 개인과 서비스 공급계약을 체결하여 이를 이행하기 위해 입국하는 독립전문가

• (자격기준) 한-인도 CEPA 전문가 양허직종(162개) 관련 학사 이상의 학위를 소지하고, 해당 분야 1년 이상의 경력을 갖춘 인도 국민 (단, 생물학자 및 생화학자의 경우에는 박사학위 소지 또는 그와 동등한 자격 구비)

첨부서류

① 사증발급인정신청서 (별지 제21호 서식), 여권사본, 표준규격사진 1매
② 본인과 국내법인 또는 개인사업자 간의 서비스공급 계약서
③ 국내법인 또는 개인사업자의 법인등기부등본 또는 사업자등록증 사본
④ 납세사실증명서
⑤ 학력입증서류, 경력입증서류
⑥ 서비스공급의 필요성을 입증할 수 있는 서류
  - 활용계획서, 고용추천서 등

⑦ 기타 직종별 첨부서류

➠ **대리인 신청 시 : 위임장, 대리인 재직증명서, 대리인 신분증 사본 추가 필요**

※ 출입국·외국인청(사무소·출장소)장은 초청의 진정성, 초청자 및 피초청자의 자격 확인 등을 심사하기 위해 첨부서류의 일부를 가감할 수 있음

2) 한·러 한시적 근로활동에 관한 협정의 적용을 받는 회사집단의 직원으로서 국내에서 채용된 전문인력

• (대상) 모회사와 회사 설립 문서(정관)에 따라 모회사가 직접 또는 간접적으로 통제하는 회사로 이루어진 집단(지사·지점, 연락사무소, 자회사, 계열회사)의 직원으로 국내에서 채용된 사람 (협정 제2조 나호 2목)

• (자격기준 및 첨부서류) 협정상 별도의 자격기준을 정하지 않았으므로 본 지침의 직종별 학력 또는 경력요건, 첨부서류 등 준용

3) 한·우즈벡 한시적근로협정의 적용을 받는 국내에서 채용된 전문인력

• (대상) 대한민국에서 상업활동을 수행하는 회사 대표사무소에서 한시적으로 근무하기 위해 국내에서 채용되는 전문인력인 우즈베키스탄 국민 (협정 제3조 나호)

V. 근무처의 변경 · 추가

1. 근무처변경 추가 신고

사전 허가대상	기계공학기술자(2351), 제도사(2395), 해외영업원(2742) 중 해외 온라인 상품판매원, 디자이너(285), 판매사무원(31215), 주방장 및 조리사(441), 고객상담사무원(3991), 호텔접수사무원(3922), 의료코디네이터(S3922), 양식기술자(6301), 조선용접공(7430), 숙련기능 점수제 종사자[뿌리산업체 숙련기능공(S740), 농림축산어업 숙련기능인(S610), 일반 제조업체 및 건설업체 숙련기능공(S700)]
사후 신고대상	상기 직종을 제외한 특정활동(E-7)

➠ '10.11.15.부 사후 신고제로 개정(출입국관리법시행령 제26조의2제1항)

> 전문인력 활용도 제고를 통한 국가경쟁력 강화차원에서 전문인력에 대해서는 기존 사전허가를 사후신고만으로 근무처를 변경·추가할 수 있도록 제도 개선

《법무부고시 제11-510》

※ 주방장 및 조리사의 경우 원 근무처 외 타 근무처에서의 근무시간은 원 근무처 근무시간의 1/3을 초과하지 못함

가. 자격요건

○ 판매사무원 등 14개 직종을 제외한 특정활동(E-7) 자격 소지자로서 외국인등록을 하고 체류하고 있는 자로 변경·추가되는 근무처에서 활동하는데 필요한 자격요건을 구비하고 있는 자

※ 자격요건을 갖추었더라도 본인 귀책사유로 해고 또는 중도 퇴직한 자로서 원고용주의 이적동의를 받지 못한 자는 제외

나. 신고절차 등

○ 신고의무자(외국인)는 신고사유 발생일로부터 15일 이내에 관할 출입국·외국인청(사무소·출장소)장에게 신고(대리인의 신고 허용)

※ 여권에 근무처변경·추가신고 스티커나 신고인을 부착 또는 날인·기재하여야 하기 때문에 방문신고를 원칙으로 함

○ 선의의 고용주 보호와 체류질서 유지 차원에서 본인 귀책사유로 해고 또는 중도 퇴직한 경우에는 원 고용주의 동의가 없으면 적용대상에서 제외됨을 유의 (근무처변경허가 또는 사증발급인정서 신청 대상자임)

다. 제출서류

① 통합신청서[별지 제34호~제34호의2 서식], 여권 및 외국인등록증, 수수료 없음 ② 주무부처 장의 고용추천서 또는 고용의 필요성을 입증하는 서류 ③ 고용계약서 ④ 원 근무처 장의 동의서* ⑤ 고용계약서 ⑥사업자등록증

※ 사유서와 신원보증서는 원칙적으로 제출 생략

* 원 근무처 장의 동의서는 계약기간 만료일 또는 쌍방이 근무하기로 합의한 날짜까지 근무한 경우에는 제출을 면제하며, 원 근무처의 휴·폐업 및 임금체불 등의 사유가 있는 경우에는 입증서류 또는 사유서로 대체 가능

2. 근무처 변경 추가 허가

(1) 적용대상자

고용업체별 허용인원 제한 등이 있어 사전관리가 필요한 기계공학기술자(2351), 제도사(2395), 해외영업원(2742) 중 해외 온라인상품판매원, 디자이너(285), 판매사무원(31215), 주방장 및 조리사(441), 고객상담사무원(3991), 호텔접수사무원(3922), 의료코디네이터(S3922), 양식기술자(6301), 조선용접공(7430), 숙련기능 점수제 종사자[뿌리산업체 숙련기능공(S740), 농림축산어업 숙련기능인(S610), 일반 제조업체 및 건설업

체 숙련기능공(S700)

(2) 제출서류

① 휴·폐업사실증명서, 임금체불 관련 공적 입증서류, 매출감소 등 경영악화 사실을 입증할
수 있는 부가세신고서 등 (해당서류 중 1종)

② 원 고용주의 이적동의서 (휴·폐업, 임금체불 등 부당행위, 고용계약조건 위반 행위, 고용
계약기간 종료 시까지 근무한 경우는 제외)

③ 새로 고용 계약한 업체의 자격요건 등을 심사할 수 있는 서류 (사증발급인정서 발급
신청 시 첨부서류에 준하여 제출)

VI. 체류자격 외 활동

1. 체류자격외활동허가 면제범위 확대

원래의 체류목적을 침해하지 않은 범위 내에서 정규교육기관(초·중·고 및 대학)의 교육을
받고자 하는 때는 체류기간 범위 내에서 별도의 허가 절차 불요('09.6.15.부 시행)

2. 외국인투자기업 CEO 등 우수전문인력의 대학 강연활동

활동범위	대학에서 90일 이내 강의활동을 하려는 자에 대한 단기취업(C-4-5)자격으로의 자격외 활동
대　　상	①투자자 등(D-7, D-8, D-9)의 자격 소지자 중 국내기업(투자기업포함)에서 상근이사 이상의 직으로 근무하는 자 ②전문인력(E-1, E-3 ~ E-5, E-7) 자격소지자
제출서류	①신청서(별지 34호 서식), 여권 및 외국인등록증, 수수료 ②주무부처 장의 고용추천서 ③사업자등록증 사본 ④고용계약서 ⑤원 근무처장의 동의서

3. "주한외국공관원 가족"의 국내취업은 상호주의에 따라 외교부장관(외교사절담당관)의 추천을 받은 자에 한하여 체류자격외 활동허가

(1) 취업허용 국가

'18. 6월 현재 27개 국가

> 일본, 스리랑카, 방글라데시, 이스라엘, 미국, **캐나다**, 독일, 영국, 프랑스, 스웨덴, 체코, 폴란드, 러시아, 네덜란드, 벨기에, 헝가리, 뉴질랜드, 덴마크, 노르웨이, 아일랜드, 호주, 파키스탄, 인도, 싱가폴, **포르투갈**, **스위스**, **콜롬비아**('18.6월)

(2) 취업허용 범위

- 각급 대학, 학원 등에서 외국어강의(E-2)
- 영화, TV단역 출연 등 문화활동 관련 직종(E-6), 문화연구언론기관등의 교열·통역·번역 등 외국어관련 직종 및 외국인 학교 교사(E-7), 기타 내국인 대체불능 직종
- D-1, D-6, E-1, E-3
- E-7중 외국인투자기업, 외국기업 국내지사 등의 국내 채용 필수전문인력, 외국계회사의 경영자문 컨설턴트 등의 직종

   ※ 주한캐나다대사관 공관원가족에 대한 자격외활동허용범위 확대('09.3.9)
   - 단순노무분야(D-3, E-9, E-10, H-2 등)을 제외한 모든 체류자격(기준충족자)

4. "A-1, A-2 소지자"에 대한 자격외활동 허가 범위(청장, 사무소장, 출장소장 위임)

(1) 취업허용 범위

외국어회화강사(E-2), 외국인학교교사(E-7), 외국어교열요원(E-7)으로의 활동, 문화예술(D-1), 종교(D-6), 교수(E-1), 연구(E-3), 주한외국공관이나 외국기관 등에서 고용하는 행정요원(E-7),특정활동(E-7)중 벤처기업 등의 정보기술(IT)·E-business에 종사하고자 하는 자로 소관부처장관의 고용추천을 받은 자

(2) 외교부(외교사절담당관)에서 받은 고용추천서 필수

(3) 해당 자격 입증 서류

해당 체류 자격의 자격외활동서류

5. 고액투자외국인 및 전문인력 배우자에 대한 취업

(1) 허용대상

- 고급과학기술인력(SCIENCE 카드) 및 첨단기술인력(GOLD 카드), 정보기술인력(IT카드)자격 소지한 전문 외국인력의 배우자
- 미화 50만불 이상 투자(법인포함)한 투자자격 소지자의 배우자
- 전문 외국 인력자격(E-1, E-2, E-3, E-4, E-5, E-6-2를 제외한 E-6, E-7)소지자의 배우자

(2) 허용분야

- 단순노무(D-3, E-9) 등을 제외한 모든 직종에 대한 체류자격외 활동허가

(3) 허가기간

배우자의 체류기간까지(계속연장 가능)

(4) 제출서류

규칙 제76조에 의한 체류자격별 첨부서류(신원보증서 생략)

※ 특정활동(E-7)에 종사하고자 하는 경우에는 E-7자격 사증발급인정서 발급 지침 준용

6. 방문동거(F-1) 자격을 소지한 중국동포 중 취업자격 구비 등 일정요건에 해당하는 자에 대한 유학(D-2), 일반연수(D-4) 및 교수(E-1) 내지 특정활동(E-7)으로의 자격외 활동

① 신청서(별지 34호 서식), 여권 및 외국인등록증, 수수료 ② 주무부처 장의 고용추천서 또는 고용필요성 입증서류 ③ 고용계약서 ④ 사업자등록증 ⑤ 학위증 또는 자격증

7. 방문동거(F-1), 동반(F-3)자격 소지자의 외국어회화강사(E-2), 외국인학교교사(E-7)로의 자격외 활동

① 신청서(별지 34호 서식), 여권 및 외국인등록증, 수수료 ② 고용계약서 ③ 사업자등록증 ④ 해당국교원 자격증 원본(교원자격증이 없는 경우 '학위증 및 경력증명서') ⑤ 범죄경력증명서(E-2 자격요건과 동일) ⑥ 채용신체검사서(E-2 자격요건과 동일) ⑦ 학교장 요청서 ⑧ 외국인교사 현황

8. 방문동거(F-1), 동반(F-3)자격 소지자의 국가기관 및 공공단체(지방자치단체, 정부투자기관)에서 외국어교열요원(E-7)

① 신청서(별지 34호 서식), 여권 및 외국인등록증, 수수료 ② 고용계약서 ③ 사업자등록증 사본 ④ 추천서(해당 기관장) ⑤ 학위증(원본 및 사본)

9. 제주영어교육도시 종사자에 대한 체류자격외활동허가 특례

(1) 국제학교의 보조교사, 강사, 보조사감, 행정사무원

(자격요건) 국제학교 재학생 부모나 교직원의 직계 가족, 18세 이상 해외 본교 졸업생으로서 학사 이상 학위 소지 또는 해당분야 2년 이상 근무경력 또는 TESOL 등 영어교육관련 자격증 소지

(2) 식품접객업소 또는 상점 등 상업시설의 판매종사자

(자격요건) 영어를 모국어로 사용하는 국가 국민인 국제학교 재학생 부모나 교직원의 가족, 18세 이상 해외 본교 졸업생은 별도 자격요건 없이 허용*

> * 단, 영어를 모국어로 사용하지 않는 국가의 국민인 재학생 부모나 교직원의 가족, 해외 본교 졸업생에 대해서는 공인영어시험 TOEIC 800점 이상 또는 TESOL 자격증 소지자로 한정

VII. 체류자격 변경 허가

1. 체류자격변경허가 일반기준

(1) 허용대상

- 특정활동(E-7) 자격 허용직종별 요건을 갖춘 체류외국인

※ 단기체류(B계열, C계열), 기술연수(D-3), 계절근로(E-8), 비전문취업(E-9), 선원취업(E-10), 기타(G-1) 체류자격은 자격변경 제한

(2) 첨부서류 및 확인사항, 심사기준 등

- 사증발급인정서 신청 시 첨부서류 및 심사기준 등을 준용

(3) 국민대체성, 국익, 업체운영 실태 및 국민고용 등과 연계하여 고용의 필요성과 신청인원의 적정성 심사

- 원칙적으로 국민고용자의 20% 범위 내에서 E-7외국인 고용을 허용
  ‣ 5명 미만의 국민을 고용 중인 내수 위주 업체 또는 현재 고용 중인 E-7자격자가 총 국민고용자의 20%를 초과하는 업체에 대해서는 신규 및 대체인력 초청과 체류자격 변경, 근무처변경·추가 등을 원칙적으로 불허
  ‣ 단, 주무부처(KOTRA, 한국무역협회) 등의 추천이 있는 경우 첨단산업분야는 총 국

민근로자의 50% 범위 내에서, 특수 언어지역 대상 우량 수출업체는 총 국민근로자의 70% 범위 내에서 청장 등이 추가 고용을 허용하고, 별도 기준이 있는 직종의 경우에는 해당 기준을 적용

- 정부초청 장학생으로 '일/학습연계유학(D-2-7)' 자격 졸업자는 모든 직종(전문/준전문/숙련기능)에 대해 국민고용비율 적용을 면제함
- 저임금 편법인력 활용을 방지하기 위해 기본급이 당해연도 최저임금 기준 미만일 경우 발급 제한

 ⅰ) 전문인력 : 전년도 국민 1인당 GNI의 80% 이상
 ⅱ) 준전문인력, 일반기능인력, 숙련기능인력 : 최저임금 이상 적용
 ⅲ) 단, 일부직종에 대해서는 해당 직종에서 별도로 정하는 기준을 따름

   → 반드시 고용계약서에 월 기본급 대비 근로시간을 명시하여야 함(최저임금 위반 등이 발생하지 않도록 하기 위한 조치임, 1일 및 월간 근무시간 명시 등)

2. **문화예술(D-1), 유학(D-2), 일반연수(D-4), 취재(D-5), 종교 (D-6), 주재(D-7), 기업투자(D-8), 무역경영(D-9), 구직(D-10), 교수(E-1), 회화지도(E-2), 연구(E-3), 기술지도(E-4), 전문직업 (E-5), 예술흥행(E-6)*체류자격으로 합법 체류 중인 등록외국인 및 그 동반 배우자(F-3) ➡ 특정활동(E-7)자격으로의 변경**

* 관광진흥법에 의한 호텔업시설, 유흥업소 등에서 공연하는자(E-6-2)는 제외

(1) 자격요건(아래 요건을 모두 충족하여야 함)

---

① 취업활동을 하려는 분야가 교수(E-1)·회화지도(E-2)·연구(E-3)·기술지도(E-4)·전문직업(E-5)·예술흥행(E-6)·**특정활동(E-7)** 체류자격에 해당하고 해당 자격요건 등을 구비하여야 함
② 취업하려는 해당 기관·단체 등의 대표자와 고용계약을 체결하여야 함

---

(2) 제출서류

① 신청서(별지 34호서식), 여권 및 외국인등록증, 표준규격사진 1장, 수수료 ② 고용계약서 ③ 고용업체 등 설립관련 서류(사업자등록증, 등기부등본 등) ④ 경력증명서 ⑤ 주무부처장의 고용추천서 또는 고용의 필요성을 입증하는 서류 ⑥ 납세증명서(국세완납증명서), 지방세 납세증명

※ 국내 전문학사 및 학사학위 소지자는 학사 + 1년 이상의 경력이 요구되는 직종에 대해서도 취업허용 및 고용추천서 제출 생략(단, 고용추천 필수 직종은 제외)

3. 사증면제(B-1) 자격으로 입국한 독일인에 대한 장기체류자격으로 변경

(1) 허가체류자격

기술연수(D-3), 비전문취업(E-9) 및 관광취업(H-1)을 제외한 모든 장기체류자격

(2) 허가기간

체류자격별 1회 부여할 수 있는 체류기간의 상한

4. 외국인학교 교사(E-7)로의 자격변경

(1) 대상

소지하고 있는 사증에 관계없이 외국인학교 교사로 근무하기 위해 채용 절차를 밟고 있는 합법체류자

(2) 체류허가 기간

• 최초 체류자격 변경 시 : 고용계약기간을 감안하여 1년 범위 내
• 체류기간 연장 시 : 고용계약기간을 감안하여 2년 범위 내에서 부여

(3) 제출서류

① 신청서(별지 34호 서식), 여권 및 외국인등록증, 표준규격사진 1장, 수수료 ② 고용계약서 ③ 해당국 교원자격증(교원 자격증이 없는 경우 '학위증 및 경력증명서') ④ 학교장 추천서 ⑤ 원 근무처 장의 동의서(해당자) ⑥ 신원보증서 ⑦ 학교설립관련 서류 ⑧ 범죄경력증명서(E-2 자격과 동일) ⑨ 채용신체검사서 ⑩ 납세증명서(국세완납증명서), 지방세 납세증명

※ 아래 자율검증대상자는 범죄경력증명서 제출이 면제됨

> 해당국 교원자격증 소지자, 채용박람회를 통해 채용된 교사, 최근 5년 이내 국내에서 회화지도강사(E-2) 또는 외국인교사(E-7)로 3년 이상 근무한 자

※ 채용신체검사서는 법무부장관이 지정하는 의료기관이 발급한 공무원채용신체검사규정 별지서식기준에 해당하는 신체검사와 마약검사(필로폰, 코카인, 아편, 대마는 필수 검사항목) 결과를 포함해야 하며 최근 3개월 이내에 발급한 것

5. 부득이한 사유로 무사증 입국하거나 비취업사증을 소지한 첨단기술분야 외국 우수인력에 대한 특정활동(E-7) 자격으로의 변경허가

(1) 대 상

- 벤처기업 등 제조업체의 IT분야에 근무하고자 하는 자
- 전자상거래 및 정보기술 관련지식을 겸비하고 e-business 등 IT응용산업 분야에 근무하고자 하는 자
- 생물산업(BT), 나노기술(NT), 신소재분야(금속·세라믹·화학), 수송기계, 디지털전자, 환경·에너지 분야에 종사하고자 하는 자

(2) 자격 기준

- 정보기술(IT) 및 전자상거래와 기업정보화(e-business) 등 관련분야에 5년 이상 종사한 경력이 있는 자

- 동 관련학과의 학사 이상 학력소지자로서 해당 분야에 2년 이상 종사한 경력이 있는 자, 단 국내에서 4년 전 과정을 수료하고 학사학위를 취득한 자에 대하여는 해당 분야 종사경력 불요
- 관련학과 석사학위 이상 소지자

(3) 제출 서류

① 신청서(별지 34호 서식), 여권 및 외국인등록증, 표준규격사진 1장, 수수료 ② 고용계약서 ③ 경력증명서(학사이상 학위소지자는 학위증 사본 첨부) ④ 사업자등록증 ⑤ 소관부처 장관의 고용추천서 ⑥ 납세증명서(국세완납증명서), 지방세 납세증명

6. 비전문취업(E-9) 자격 등으로 4년 이상 제조업 등에 합법취업 중인 자로 숙련기능인력 점수제 특정활동(E-7-4) 체류자격 변경허가 ('23.9.25. 개선 시행)

※ 허가대상 등 세부사항 하이코리아(www.hikorea.go.kr) 공지사항 참조

VIII. 참고사항

1. 국민고용 보호를 위한 심사기준

(적용원칙) 전문인력에 대해서는 국민대체가 어렵고, 국부창출 및 고용창출에 기여도가 높은 점을 감안하여 임금요건 기준을 제외하고는 원칙적으로 적용하지 않음

① 아래 각호의 경우 예외적으로 국민고용보호심사 기준 적용

  i) 전문인력 중 초청장 남발 우려가 있는 기계공학 기술자, 제도사, 여행상품개발자, 해외영업원, 통·번역가 등에 대해서는 국민고용 보호 심사 기준을 예외적으로 적용

  ii) 전문인력중 국민고용보호 직종과 준전문인력, 일반기능인력, 숙련기능인력은 국민고용 침해 소지가 없도록 고용업체 자격요건 및 업체당 외국인 고용 허용인원 상한,

최저 임금요건 등을 설정하여 적용

② 위 ①의 ⅰ), ⅱ)에도 불구하고 아래의 각호의 경우 직종에 관계없이 일반원칙에 따라 업체규모·고용비율 등 국민고용 보호를 적용하지 않음

ⅰ) 체류자격외활동허가 또는 근무처추가를 받아 파트타임으로 근무하는 경우에는 적용하지 않음

ⅱ) 정부초청 장학생으로 '일/학습연계유학(D-2-7)' 자격 졸업자는 전문/준전문/일반기능에 대해 국민고용비율, 업체규모 적용을 면제하고 유사직종을 폭넓게 적용하여 허용

• 국민고용 보호를 위한 일반 심사기준

- (고용업체의 규모) 국민 고용자가 5명 미만이고 내수 위주인 업체는 원칙적으로 초청을 제한, 고용인원은 고용부의 고용보험가입자명부에 최저임금을 충족하는 3개월 이상 등재된 인원을 말함

☞ 3개월 이상 고용보험 가입자 명부를 제출해야 되므로 원칙적으로 개업 후 최소 3개월 이후 신청 가능

- (고용업체의 업종) 업종 특성을 감안하여 별도의 고용업체 요건을 정한 경우에는 해당 요건을 충족하여야 함

- (외국인 고용비율) 국민고용 보호 직종은 원칙적으로 국민고용자의 20% 범위 내에서 외국인 고용을 허용

※ 숙련기능인력(E-7-4), 계절근로(E-8), 비전문취업(E-9), 선원취업(E-10), 방문취업(H-2), 거주(F-2), 재외동포(F-4), 영주(F-5), 결혼이민(F-6)은 외국인 고용인원에서 제외하되, 교수(E-1) 내지 특정활동(E-7-1~3) 등 취업 가능 체류자격은 외국인 고용인원에 포함하여 비율 산정

※ 내국인 고용 입증은 고용보험관련 서류 제출(정규직으로 3개월 이상 계속 고용, 신설 기업이라도 내국인 고용비율이 적용되는 업종은 일반적으로 사업자등록일 기준 3개월이 지난 후 신청함을 원칙으로 함)

※ 총 국민고용자의 20%를 초과하여 국민고용 보호 심사기준 적용대상 E-7 외국인을

고용 중인 업체는 신규 및 대체인력 초청과 체류자격변경, 근무처변경·추가 등을 원칙적으로 불허

- (임금요건) 저임금 편법인력 활용 방지를 위해 동종 직무를 수행하는 동일 경력 내국인의 평균임금과 연계하여 전문인력 수준에 따라 직종별로 차등 적용하여 심사

ⅰ) 전문인력 : 전년도 국민 1인당 GNI의 80% 이상

※ 단, 주한공관, 공공기관, 학교(대학 제외) 등 비영리기관에서 고용중인 전문인력 67개 직종에 대해 임금요건 미충족에 대한 합리적인 사유가 입증되는 경우 임금요건을 부분적으로 완화하여 적용

ⅱ) 준전문인력, 일반기능인력, 숙련기능인력 : 최저임금 이상 적용

ⅲ) 단, 일부직종*에 대해서는 해당 직종에서 별도로 정하는 기준을 따름

 * 준전문인력, 일반기능인력 중 전년도 GNI 0.8배 이상 : 온라인쇼핑판매원, 양식기술자 등

- (중소·벤처·비수도권 중견기업 특례)* 고용 외국인 중 전년도 GNI의 80% 이상 임금 요건이 적용되는 직종에 종사 예정이고, 국내 기업 등에서 특정활동(E-7) 체류자격으로 근무한 경력이 없거나 3년 이하인 자에게 완화된 임금요건 적용(전년도 GNI의 80% 이상 → 전년도 GNI의 70% 이상)

 * ①중소기업기본법 상 '중소기업(소상공인)확인서'로 확인되는 기업, ②벤처기업법 상 '벤처기업 확인서'로 확인되는 벤처기업 ③중견기업법 상 '중견기업 확인서'로 확인되는 비수도권 소재 중견기업

임금요건 심사 기준

• 제출서류 : 계약서, 세무서 발행 전년도 소득금액 증명(기간연장, 근무처 변경 시 필수)

• 전년도 국민1인당 GNI : 한국은행이 매년 발표하며, 한국은행 홈페이지 통계사이트에 매년 공시하는 금액을 기준으로 함.

• 당해연도 최저임금 최저임금법 제10조 1항에 따라 최저임금이 매년 조정됨. 주 40시간 근무 월 환산기준 209시간(주당 유급주휴 8시간 포함)으로 환산, 최저임금 이하의 급여로

국가보조를 받는 경우엔 고용을 제한 : 최저임금법(제10조)에 따라 고용노동부장관이 매년 8월경 고시하는 금액에 따르며, 별도 규정이 없으면 1월1일부터 해당 연도 최저임금을 적용

- 고용계약서 : 반드시 고용계약서에 월 기본급 대비 근로시간을 명시하도록 하여 최저임금 위반 등이 발생하지 않도록 조치(1일 및 월간 근무시간 명시)

- 심사기준 적용

  - '임금'요건 심사 시 원칙적으로 기본급을 기준으로 요건을 충족해야 하며 예외적으로 통상임금도 인정

  - 시급 및 월급 모두 최저임금 요건을 충족할 것, 근무시간이 적어서 최저임금 월 총액을 충족하지 못하는 경우 고용 제한

  - 급여가 심사기준 이하인 경우 원칙적으로 발급 제한

    ** 전문인력(E-7-1) 67개 직종 및 일반기능인력(E-7-3) 중 조선 용접공, 선박 도장공, 항공기(부품) 제조원 직종 등

2. 주의해야 할 경과규정

임금요건 심사 기준

- 제출서류 : 계약서, 세무서 발행 전년도 소득금액 증명(기간연장, 근무처 변경 시 필수)
- 전년도 국민1인당 GNI : 한국은행이 매년 발표하며, 한국은행 홈페이지 통계사이트에 매년 공시하는 금액을 기준으로 함.
- 당해연도 최저임금[370] : 최저임금법(제10조)에 따라 고용노동부장관이 매년 8월경 고시하는 금액에 따르며, 별도 규정이 없으면 1월1일부터 해당 연도 최저임금을 적용
- 고용계약서 : 반드시 고용계약서에 월 기본급 대비 근로시간을 명시하도록 하여 최저임금 위반 등이 발생하지 않도록 조치(1일 및 월간 근무시간 명시)
- 심사기준 적용
  - '임금'요건 심사 시 원칙적으로 기본급을 기준으로 요건을 충족해야 하며 예외적으로 통상임금도 인정
  - 시급 및 월급 모두 최저임금 요건을 충족할 것, 근무시간이 적어서 최저임금 월 총액을 충족하지 못하는 경우 고용 제한
  - 급여가 심사기준 이하인 경우 원칙적으로 발급 제한

---

① 기존 특정활동(E-7) 자격으로 체류 중인 외국인요리사에 대해서는 '18. 1. 1.이후에는 현 규정을 적용하되, 요건을 충족하지 못할 경우 허가 제한

② '17. 8. 1.이전 숙련기능인력으로 전환하여 체류 중인 숙련기능인은 '19. 1. 1. 이후에는 새로운 규정을 적용하되, 요건을 충족하지 못할 경우 허가제한

※ 참고 : 〈특정활동(E-7) 허용직종 현황〉 90개

구　분	직　종(코드)
전문인력 (E-7-1) ※ 67개 직종	가. 관리자 : 15개 직종 1) 경제이익단체 고위임원(S110) 2) 기업 고위임원(1120) 3) 경영지원 관리자(1212 舊1202) 4) 교육 관리자(1312) 5) 보험 및 금융관리자(1320) 6) 문화·예술·디자인 및 영상관련 관리자(1340) 7) 정보통신관련 관리자(1350) 8) 기타 전문서비스 관리자(1390) 9) 건설 및 광업 관련 관리자(1411) 10) 제품 생산관련 관리자(1413) 11) 농림·어업관련 관리자(14901) 12) 영업 및 판매 관련 관리자(1511) 13) 운송관련 관리자(1512) 14) 숙박·여행·오락 및 스포츠 관련 관리자(1521) 15) 음식서비스관련 관리자(1522)
	나. 전문가 및 관련종사자 : 52개 직종 1) 생명과학 전문가(2111) 2) 자연과학 전문가(2112) 3) 사회과학 연구원(2122)

---

370) 최저임금법 제10조 1항에 따라 최저임금이 매년 조정됨. 주 40시간 근무 월 환산기준 209시간(주당 유급주휴 8시간 포함)으로 환산, 최저임금 이하의 급여로 국가보조를 받는 경우엔 고용을 제한

4) 컴퓨터 하드웨어 기술자(2211)

5) 통신공학 기술자(2212)

6) 컴퓨터시스템 설계 및 분석가(2221)

7) 시스템 소프트웨어 개발자(2222)

8) 응용 소프트웨어 개발자(2223)

9) 웹 개발자(2224 舊2228)

10) 데이터 전문가(2231 舊2224)

11) 네트워크시스템 개발자(2232 舊2225)

12) 정보 보안 전문가(2233 舊2226)

13) 건축가(2311)

14) 건축공학 기술자(2312)

15) 토목공학 전문가(2313 舊2312)

16) 조경 기술자(2314 舊2313)

17) 도시 및 교통관련 전문가(2315 舊2314)

18) 화학공학 기술자(2321)

19) 금속·재료 공학 기술자(2331)

20) 전기공학 기술자(2341 舊2351)

21) 전자공학 기술자(2342 舊2352)

22) 기계공학 기술자(2351 舊2353)

23) 플랜트공학 기술자(23512 舊23532)

24) 로봇공학 전문가(2352)

25) 자동차·조선·비행기·철도차량공학 전문가(S2353)

26) 산업안전 및 위험 전문가(2364)

27) 환경공학 기술자(2371 舊2341)

28) 가스·에너지 기술자(2372 舊9233)

29) 섬유공학 기술자(2392)

30) 제도사(2395 舊2396)

31) 간호사(2430)

32) 대학 강사(2512)

33) 해외기술전문학교 기술강사(2543)

34) 교육관련 전문가(2591 舊25919)

35) 외국인학교·외국교육기관·국제학교·영재학교 등의 교사(2599)

36) 법률 전문가(261)

	37) 정부 및 공공 행정 전문가(2620)
	38) 특수기관 행정요원(S2620)
	39) 경영 및 진단 전문가(2715)
	40) 금융 및 보험 전문가(272)
	41) 상품기획 전문가(2731)
	42) 여행상품 개발자(2732)
	43) 광고 및 홍보 전문가(2733)
	44) 조사 전문가(2734)
	45) 행사 기획자(2735)
	46) 해외 영업원(2742)
	47) 기술 영업원(2743)
	48) 기술경영 전문가(S2743)
	49) 번역가·통역가(2814)
	50) 아나운서(28331)
	51) 디자이너(285)
	52) 영상관련 디자이너(S2855)
준전문인력 (E-7-2) ※ 10개 직종	**가. 사무종사자 : 5개 직종** 1) 면세점 또는 제주영어교육도시 내 판매 사무원(31215) 2) 항공운송 사무원(31264) 3) 호텔 접수 사무원(3922) 4) 의료 코디네이터(S3922) 5) 고객상담 사무원(3991) **나. 서비스 종사자 : 5개 직종** 1) 운송 서비스 종사자(431) 2) 관광 통역 안내원(43213) 3) 카지노 딜러(43291) 4) 주방장 및 조리사(441) 5) 요양보호사(42111)
일반기능인력 (E-7-3) ※ 10개 직종	**일반기능인력 : 10개 직종** 1) 동물사육사(61395) 2) 양식기술자(6301)

	3) 할랄 도축원(7103)
	4) 악기제조 및 조율사(7303)
	5) 조선 용접공(7430)
	6) 선박 전기원(76212)
	7) 선박 도장공(78369)
	8) 항공기 정비원(7521)
	9) 항공기(부품) 제조원(S8417)
	10) 송전 전기원(76231)[371]
숙련기능인력 (E-7-4) ※ 3개 직종	숙련기능 인력(점수제) : 3개 직종 1) 뿌리산업체 숙련기능공(S740) 2) 농림축산어업 숙련기능인(S610) 3) 일반 제조업체 및 건설업체 숙련기능공(S700)
네거티브 방식 전문인력 (E-7-S)	가. 고소득자 =〉 E-7-S1
	나. 첨단산업분야 종사(예정)자 =〉 E-7-S2

특정활동(E-7) 직종별 세부관리기준[372]

가. 관리자 (15개 직종)

1) 경제이익단체 고위임원(S110)

- (직종설명) 경영자단체 등 경제 이익단체의 정책, 정관 및 규칙을 결정·작성하고 그 수행 및 적용하는 부서를 조직, 지휘 및 통제하며, 대외적으로 소속단체를 대표·대리하는 자
- (도입 가능직업 예시) 경제관련 단체 고위임원
- (자격요건, 사증발급 및 체류관리 등) 기업의 자율성 존중 차원에서 학력 및 경력요건을 정하지 않고, 사증발급 등은 일반 기준 적용

2) 기업 고위임원(1120)

- (직종설명) 이사회나 관리기구에 의해서 설정된 지침의 범위 내에서 기업 또는 단체(특수 이익단체 제외)를 대표하고, 2명 이상 다른 고위 임직원의 협조를 받아 경영방침을 결정하

371) 법무부 출입국·외국인정책본부, 「외국인체류 안내매뉴얼」, 2024.8.12., 216면 참조.

고 활동을 기획, 지휘 및 조정하는 자
- **(도입 가능직업 예시)** 기업의 회장, 부회장, 대표이사, 사장, 부사장
- **(자격요건, 사증발급 및 체류관리 등)** 기업의 자율성 존중 차원에서 학력 및 경력요건을 정하지 않고, 사증발급 등은 일반 기준 적용

3) 경영지원 관리자(1212)

- **(직종설명)** 경영자의 포괄적인 지휘 하에 다른 부서의 관리자와 의논하여 경영, 인사 등의 경영지원 업무와 생산 활동을 지원하는 업무에 관련된 활동을 기획, 지휘 및 조정하는 자*

  * 후술하는 직종코드 "1312" 내지 "1522" 외의 업종에 종사하는 관리자

- **(도입 가능직업 예시)** 총무 및 인사 관리자, 기획·홍보 및 광고 관리자, 재무 관리자, 자재 및 구매 관리자, 그 외 경영부서 관리자
- **(자격요건, 사증발급 및 체류관리 등)** 일반 기준 적용

관리자(직종코드 1212 내지 1522)에 대한 공통 심사기준

▶ 해당 기업의 운영부서 현황, 독립성 및 해당 운영부서의 일반직원 수, 해당 관리자(외국인)의 임금수준 등을 고려하여 심사

▶ 원칙적으로 해당 기업의 본사 운영부서 관리자에 한함

▶ 대기업 종사 "관리자"에 대해서는 **고용추천서 징구 면제**('07.12.5. 규제개혁 장관회의 결정)

▶ 해당 직종별 고용추천기관을 적시한 경우는 대기업이 아닌 **중소기업 종사 "관리자"**에 한해 **징구 가능함을 유의**

　※ 대기업 및 중소기업 구별기준은 「중소기업기본법시행령」 제3조 및 별표 1 참조

---

4) 교육 관리자(1312)

- **(직종설명)** 유치원 및 초중등학교(외국인학교, 외국교육기관, 국제학교 포함) 등 교육기관의 업무를 기획, 지휘 및 조정하는 자
- **(도입 가능직업 예시)** 초중등학교 교장 및 교감, 유치원 원장 및 원감 (외국인학교, 외국교육기관, 국제학교 포함)
- **(자격요건)** 학사 이상 학위 소지자로서 관련 법령에 정한 교사 등의 자격 및 경력요건을 갖추고, 소정의 절차에 따라 채용된 자
- **(사증발급 및 체류관리 등)** 일반 기준 적용

5) 보험 및 금융관리자(1320)

- **(직종설명)** 보험 및 연금 사업체, 은행, 증권사, 신탁회사나 유사한 금융기관 등의 부서 운영을 계획, 조직, 지휘 및 관리하고 개인 및 사업대출, 예금인수, 증권·선물매매, 투자 자금 운용, 신탁관리, 부동산이나 기타 관련 활동의 청산을 맡고 있는 기관 등의 부서 운영을 계획, 조직, 지휘 및 관리하는 자
- **(도입 가능직업 예시)** 보험 관리자, 금융 관리자 ※ 도입 불가 : 대부 관련업체
- **(고용추천서 발급)** 금융위원회 (은행업 : 은행과, 보험업 : 보험과, 투자증권 : 자본시장과)
- **(자격요건)** 일반 기준에 따름
  – 단, 학사 학위자로서 경력이 미흡하지만 금융위원회가 전문성이 있고 국가경쟁력 강화에 필요하다고 인정하여 추천한 경우에는 실질심사 후 허가여부를 결정
- **(사증발급 및 체류관리 등)** 일반 기준 적용

6) 문화·예술·디자인 및 영상관련 관리자(1340)

- **(직종설명)** 신문사, 방송사, 영화사 및 출판사, 디자인, 영상관련 분야 기관의 운영을 기획, 지휘 및 조정하는 자
- **(도입 가능직업 예시)** 문화 및 예술관련 관리자, 디자인관련 관리자, 영상관련 관리자, 신문사·방송사·영화사 운영부서 관리자 (TV 편성국장, 라디오방송 운영자, 신문사 편집 국장 등)
- **(고용추천서 발급)** 중소벤처기업부장관(중소벤처기업진흥공단)
- **(자격요건, 사증발급 및 체류관리 등)** 일반 기준 적용

7) 정보통신 관련 관리자(1350)

- **(직종설명)** 정보통신 또는 전산 부서의 종사자들을 지휘·감독하고 경영주 또는 기술진의 특정한 정보 요구사항을 검토하여 프로젝트의 성격을 규정하고, 새로운 프로그램 검증과 운영체제를 도입하기 위하여 컴퓨터 운영 계획 및 전산장비의 구입에 관한 사항을 협의하고 조정하는 자
- **(도입 가능직업 예시)** 하드웨어회사 관리자, 하드웨어 개발부서 관리자, 소프트웨어회사 관리자, 소프트웨어 개발부서 관리자, 정보처리회사 관리자, 정보 운영부서 관리자, 통신업 운영부서 관리자, 통신회사 영업부서 관리자
- **(고용추천서 발급)** 산업통상자원부장관(KOTRA) / 중소벤처기업부장관(중소벤처기업 진흥공단)
- **(자격요건, 사증발급 및 체류관리 등)** 일반 기준 적용

8) 기타 전문 서비스 관리자(1390)
- (직종설명) 시장 및 여론조사, 해외고급인력 헤드헌팅 등과 같은 전문서비스를 제공하는 사업체의 운영을 계획, 조직, 지시하며 관리하는 자
- (도입 가능직업 예시) 시장 및 여론조사 관리자, 해외고급인력 헤드헌팅 서비스 관리자
- (자격요건, 사증발급 및 체류관리 등) 일반 기준 적용

9) 건설 및 광업관련 관리자(1411)
- (직종설명) 지반조성 및 관련 발파, 시굴 및 굴착, 정지 등의 토공사, 건설용지에 각종 건물 및 구축물을 신축·증축·개축·수리 및 보수·해체 등과 관련된 활동을 기획, 지휘 및 조정하는 자와 석탄, 석유, 천연가스, 금속·비금속광물 채굴 및 채취 등과 관련된 활동을 기획, 지휘 및 조정하는 자
- (도입 가능직업 예시) 건설업 건설부서 관리자, 광업 생산부서 관리자
- (고용추천서 발급) 건설업 건설부서 관리자 : 국토교통부장관(건설산업과)
- (자격요건, 사증발급 및 체류관리 등) 일반 기준 적용

10) 제품생산 관련 관리자(1413)
- (직종설명) 식품, 섬유 및 의복, 화학, 금속, 기계, 전기·전자 제품 등의 생산관리 및 제품수리, 기술과 관련한 사업체 및 부서의 운영을 기획, 지휘 및 조정하는 자
- (도입 가능직업 예시) 식품 공장장, 식품생산 공정 관리자, 식품 생산계획 관리자, 섬유·의복 공장장, 섬유·의복 생산 공정 관리자, 섬유·의복 생산계획 관리자, 화학제품 공장장, 화학제품 생산 공정 관리자, 화학제품 생산계획 관리자, 금속제품 공장장, 금속제품 생산 공정 관리자, 금속제품 생산계획 관리자, 기계제품 공장장, 기계제품 생산 공정 관리자, 기계제품 생산계획 관리자, 전기제품 공장장, 전기제품 생산 공정 관리자, 전기제품 생산계획 관리자, 국내복귀기업의 생산관리자
- (고용추천서 발급) 중소벤처기업부장관(중소벤처기업진흥공단)/식품분야 : 보건복지부장관(보건산업정책과)/국내복귀기업의 생산관리자(필수) : 산업통상자원부장관(KOTRA)
- (자격요건, 사증발급 및 체류관리 등) 일반 기준 적용 (단, 국내복귀기업의 생산관리자는 별도 요건 적용)
- (국내복귀기업 특례)
  - (자격요건) '해외진출기업의 국내복귀 지원에 관한 법률' 제7조에 따라 산업통상자원부장관이 지원대상 국내복귀기업으로 선정한 기업*
  * 지원대상 국내복귀기업 선정확인서(해외진출기업의 국내복귀 지원에 관한 법률 시행

규칙 별지 제7호 서식)를 발급받은 기업
 - (생산관리자 자격요건) 국내복귀기업의 해외법인에 고용된 자 중 △관련 분야 학사 이상 학위 소지자는 6개월 △**❶**전문학사 소지자, **❷**해당 직종 기술 자격증 또는 **❸**관련 수상 경력, 관련 언론보도 또는 **❹**코트라 현지 KBC직원의 경력확인을 받은 경력증명서가 있는 자는 2년 이상 국내 복귀기업 해외법인에서의 근무경력이 있어야 함
 * 단, KOTRA 현지 KBC직원이 주재하고 있지 않은 공관에서는 영사확인을 받은 경력증명서 제출
 - (업체당 고용허용인원 기준) 고용보험 가입 내국인 피보험자(3개월 평균) 수의 30%를 범위 내에서 허용인원으로 산정
• (사증발급 및 체류관리 등) 일반 기준 적용

11) 농림·축산·어업 관련 관리자(14901)
• (직종설명) 작물생산, 축산, 조경, 영림, 벌목 등 임업 등과 관련된 사업체의 생산 활동을 기획, 지휘 및 조정하는 자
• (도입 가능직업 예시) 농림기업 관리자, 어업기업 관리자, 인증평가 관리자
• (고용추천서 발급) 농림기업 관리자 : 농림축산식품부장관 (경영인력과)/어업기업 관리자 : 해양수산부장관(양식산업과)
• (자격요건) 어업기업 및 인증평가 관리자는 학력 및 경력에 대해 일반 기준을 적용하고, 농림기업 관리자는 별도요건* 적용
    * 도입직종과 연관성이 있는 분야의 석사 이상 학위 소지 또는 도입직종과 연관성이 있는 분야의 학사 학위 + 3년 이상의 해당분야 경력
• (사증발급 및 체류관리 등) 일반 기준 적용

12) 영업 및 판매 관련 관리자(1511)
• (직종설명) 도소매 사업체 및 일반 영업부서의 운영을 기획, 지휘하는 자와 전자통신 및 전산, 산업용기계, 자동차 분야 기술영업 부서의 활동을 기획, 지휘하는 일을 담당하는 기술영업 관리자, 무역 및 무역중개 업체의 운영을 기획, 지휘, 조정하는 자
• (도입 가능직업 예시) 영업 관련 관리자, 판매 관련 관리자, 무역 관련 관리자
  ※ 도입 불가 : 영업소장 등
• (고용추천서 발급) IT분야 : 산업통상자원부장관(KOTRA)
• (자격요건, 사증발급 및 체류관리 등) 일반 기준 적용

13) 운송관련 관리자(1512)

- **(직종설명)** 국제 여객·화물 등의 수송사업체 및 기타 운수사업체의 운영을 기획, 지휘 및 조정하는 자
- **(도입 가능직업 예시)** 선박회사 관리자, 선박운송부서 관리자, 항공회사 관리자, 항공운송 부서 관리자, 선박관리업체 선박관리전문가, 선박운송업체 선박관리전문가
- **(고용추천서 발급)** 선박관리업체 또는 선박운송업체의 선박관리 전문가(필수) : 해양수산 부장관(선원정책과)
- **(자격요건)** 일반 기준 적용 단, 선박관리업체 또는 선박운송업체의 선박관리전문가는 별도 자격, 경력, 매출요건 적용
- **(선박관리전문가 특례)**
    - **(선박관리자 자격요건)** 선장, 기관장, 1등 항해사·기관사로 승선경력자는 선박관리 자 경력 1년 이상, 2등 또는 3등 항해사·기관사로 승선경력자는 선박관리자 경력 5년 이상
    - **(선박관리업체 자격요건)** 해양수산부 등록 + 최근 3년간 연평균 관리선박이 10척 이상 + 선원임금을 제외한 외화수입이 연간 100만불 이상이거나 선원임금을 제외한 연매출액이 10억 원 이상
    - **(업체당 고용허용인원)** 기본요건 (관리선박 10척 + 외화수입 100만불 + 매출액 10억원) 당 1명씩 (업체 당 최대 5명)
- **(사증발급 및 체류관리 등)** 일반 기준 적용

14) 숙박·여행·오락 및 스포츠 관련 관리자(1521)
- **(직종설명)** 숙박 및 여행, 오락, 스포츠 관련 사업체나 부서의 운영을 기획, 지휘 및 조정하는 자
- **(도입 가능직업 예시)** 호텔 관리자, 호텔 총지배인, 카지노 관리자, 여행업체(일반여행업, 국외여행업) 관리자, 관광레저사업체 (종합유원시설업, 휴양콘도미니엄업) 관리자, 경 기장 운영부서 관리자 (골프장 등)   ※ 도입 불가 : 여관 관리자
- **(고용추천서 발급)** 여행업체 관리자(필수) 및 관광레저사업체 관리자(필수) : 문화체육관 광부장관(관광산업과)
- **(첨부서류)** 일반 기준 적용 (단, 여행업체 관리자는 관광사업등록증 사본 추가)
- **(자격요건, 사증발급 및 체류관리 등)** 일반 기준 적용

15) 음식 서비스 관련 관리자(1522)
- **(직종설명)** 음식점 등에서 음식 및 음료서비스 운영을 기획, 지휘 및 조정하는 자
- **(도입 가능직업 예시)** 음식서비스업체 관리자

- (자격요건, 사증발급 및 체류관리 등) 일반 기준 적용
- (고용업체 요건) 전국에 10개 이상의 지점 또는 프렌차이즈 운영

나. 전문가 및 관련 종사자 (52개 직종)

1) 생명과학 전문가(2111)

- (직종설명) 생물학, 의약, 식품, 농업, 임업 등 생명과학 분야의 이론과 응용에 관한 연구를 수행하는 자로, 생명과학 관련 사업체, 식품제조업체, 제약회사, 화장품 회사, 의료기기 제조업체 등에서 일하는 자
- (도입 가능직업 예시) 생물학(식물학, 생태학, 세균학, 유전학)·의학(해부학, 생화학, 생리학, 생물리학, 병리학)·약학(독극물 약학)·농학(농경학, 농작물학, 원예학)·임학(임상공학, 산림학, 토양학)·수산학(담수 생물학, 해양 생물학)·식품학·향장학·의공학·축산학(동물학) 전문가
- (고용추천서 발급) 생물학 : 산업통상자원부장관(KOTRA) /의학, 약학, 식품학, 향장학, 의공학 : 보건복지부장관(보건산업정책과) /농학, 임학, 축산학 : 농림축산식품부장관(경영인력과) /수산학 : 해양수산부장관(양식산업과) / 국내복귀기업의 생명과학 전문가(필수) KOTRA
- (자격요건) 일반 기준 적용, 단 농학·임학·축산학 분야 전문가는 별도요건 적용
- (사증발급 및 체류관리 등) 일반기준 적용(단, 국내복귀기업의 생산관리자는 별도 요건 적용)
- (국내복귀기업 특례)
  - (자격요건) '해외진출기업의 국내복귀 지원에 관한 법률' 제7조에 따라 산업통상자원부장관이 지원대상 국내복귀기업으로 선정한 기업*
  * 지원대상 국내복귀기업 선정확인서(해외진출기업의 국내복귀 지원에 관한 법률 시행규칙 별지 제7호 서식)를 발급받은 기업
  - (생명과학 전문가 자격요건) 국내복귀기업의 해외법인에 고용된 자 중 △관련 분야 학사 이상 학위 소지자는 6개월 △❶전문학사 소지자, ❷해당 직종 기술 자격증 또는 ❸관련 수상 경력, 관련 언론보도 또는 ❹코트라 현지 KBC직원의 경력확인을 받은 경력증명서가 있는 자는 2년 이상 국내 복귀기업 해외법인에서의 근무경력이 있어야 함
  * 단, KOTRA 현지 KBC직원이 주재하고 있지 않은 공관에서는 영사확인을 받은 경력증명서 제출
  - (업체당 고용허용인원 기준) 고용보험 가입 내국인 피보험자(3개월 평균) 수의 30%를 범위 내에서 허용인원으로 산정

- (사증발급 및 체류관리 등) 일반 기준 적용

2) 자연과학 전문가(2112)

- (직종설명) 자연과학 분야의 이론과 응용에 관한 연구를 수행하는 자로, 자연과학 관련 사업체 등에서 일하는 자
- (도입 가능직업 예시) 순수 수학·응용 수학·기하학·인구 통계학·응용 통계학·수리 통계학·조사 통계학·분석 통계학·통계·표본·해양과학·측지학·지구 자기학·지형학·화산학·지구 물리학·지진학 전문가
- (고용추천서 발급) 중소벤처기업부장관(중소벤처기업진흥공단) : 중소기업에 한함
- (자격요건, 사증발급 및 체류관리 등) 일반 기준 적용

3) 사회과학 연구원(2122)

- (직종설명) 경제학 등의 관련 지식을 응용하여 사회과학을 연구하여 그에 대한 개념, 이론 및 운영기법을 개선, 개발하고 학술적 논문 및 보고서를 작성하는 자로, 관련 사업체 및 연구기관 등에서 일하는 자
- (도입 가능직업 예시) 계량경제학·조세경제학·노동경제학·금융경제학·농업경제학·재정학·산업사회학 연구원
- (자격요건, 사증발급 및 체류관리 등) 일반 기준 적용

4) 컴퓨터 하드웨어 기술자(2211)

- (직종설명) 가정, 산업, 군사 또는 과학용 컴퓨터나 컴퓨터 관련 장비를 연구, 설계, 개발하고 시험하는 자로, 컴퓨터와 컴퓨터 관련 장비 및 구성요소에 대한 제조, 설치를 감독하고 검사하며, 컴퓨터 제조업체 및 관련 사업체 등 다양한 부문에 고용된 자
- (도입 가능직업 예시) 컴퓨터 하드웨어 설계 기술자, 컴퓨터 기기 기술자, 컴퓨터 네트워크 장비 개발자, 컴퓨터 제어시스템 개발원, 기록장치 개발원(자기 광자기 등), 디스크 드라이브 개발원, 하드 디스크 개발원, 컴퓨터 메인보드 개발원, 콘트롤러 개발원, 입·출력장치 개발원
- (고용추천서 발급) 산업통상자원부장관(KOTRA), 중소벤처기업부장관(중소벤처기업진흥공단) : 중소기업에 한함 / 국내복귀기업의 컴퓨터 하드웨어 기술자(필수) KOTRA
- (자격요건, 사증발급 및 체류관리 등) 일반 기준 적용(단, 국내복귀기업의 컴퓨터 하드웨어 기술자는 별도 요건 적용)
- (국내복귀기업 특례)
    - (자격요건) '해외진출기업의 국내복귀 지원에 관한 법률' 제7조에 따라 산업통상자원

부장관이 지원대상 국내복귀기업으로 선정한 기업*

* 지원대상 국내복귀기업 선정확인서(해외진출기업의 국내복귀 지원에 관한 법률 시행규칙 별지 제7호 서식)를 발급받은 기업

- (컴퓨터 하드웨어 기술자 자격요건) 국내복귀기업의 해외법인에 고용된 자 중 △관련 분야 학사 이상 학위 소지자는 6개월 △❶전문학사 소지자, ❷해당 직종 기술 자격증 또는 ❸관련 수상 경력, 관련 언론보도 또는 ❹코트라 현지 KBC직원의 경력확인을 받은 경력증명서가 있는 자는 2년 이상 국내 복귀기업 해외법인에서의 근무경력이 있어야 함

* 단, KOTRA 현지 KBC직원이 주재하고 있지 않은 공관에서는 영사확인을 받은 경력증명서 제출

- (업체당 고용허용인원 기준) 고용보험 가입 내국인 피보험자(3개월 평균) 수의 30%를 범위 내에서 허용인원으로 산정

5) 통신공학 기술자(2212)

- (직종설명) 유·무선 통신망의 설계, 시공, 보전 및 음성, 데이터, 방송에 관계되는 통신방식, 프로토콜, 기기와 설비에 관한 연구와 설계, 분석, 시험 및 운영하며, 통신시스템의 설계, 제작, 설치, 보수, 유지 및 관리업무를 계획하고 이에 관한 기술자문과 감리를 수행하는 자

- (도입 가능직업 예시) 핸드폰회로 개발원, 무선전화기 개발원, 모뎀개발 설계 기술자, 디지털수신기 개발원, 인터폰 및 전화기 개발자, DMB폰 개발자, DMB수신기 개발자, ADSL장비 개발자, HFC망 운영 기술자, VMS장비 운용원, SMS장비 운용원, 유무선통신망운용 기술자, 무선통신망 관리원, 인터넷통신망운영 기술자, 회선 관리원, 통신공사 감리원, 교환기 개발자, 무선중계장치개발 설계기술자, 광단국장치개발 설계 기술자, 통신응용서비스장비 개발자, VMS장비 개발자, CDMA기술연구 개발자, RF통신연구 개발자, 무선데이터망 개발자, 유선통신망 기획원, 통신지능망연구 개발자, 통신선로 설계 기술자, 네트워크통신기기개발 설계 기술자, 인공위성TV수신기개발설계 기술자, 유무선통신 기기개발설계 기술자, 광통신기기 설계 개발자, 교환기개발 설계 기술자, 문자서비스 장비 운용원, 디지털방송 장비 개발자, 전송기 개발자, 통신망 설계 기술자

- (고용추천서 발급) 산업통상자원부장관(KOTRA), 중소벤처기업부장관(중소벤처기업진흥공단) : 중소기업에 한함

- (자격요건, 사증발급 및 체류관리 등) 일반 기준 적용

6) 컴퓨터 시스템 설계 및 분석가(2221)

- **(직종설명)** 컴퓨터 시스템의 입력 및 출력자료의 형식, 자료처리 절차와 논리, 자료접근 방법 및 데이터베이스의 특징과 형식 등 컴퓨터 시스템의 전반요소들을 구체적으로 결정 및 설계하고 분석하는 자
- **(도입 가능직업 예시)** 정보시스템 컨설턴트, 네트워크 컨설턴트, 데이터베이스 컨설턴트, 정보보안 컨설턴트, 컴퓨터 시스템 감리전문가, 컴퓨터 시스템 설계가, 컴퓨터 시스템 분석가
- **(고용추천서 발급)** 산업통상자원부장관(KOTRA), 중소벤처기업부장관(중소벤처기업 진흥공단) : 중소기업에 한함
- **(자격요건, 사증발급 및 체류관리 등)** 일반 기준 적용

7) 시스템 소프트웨어 개발자(2222)
- **(직종설명)** 컴퓨터 시스템의 자체기능 수행명령체계인 시스템 소프트웨어를 연구 및 개발하고 설계하며, 이와 관련한 프로그램을 작성하는 업무를 수행하는 자
- **(도입 가능직업 예시)** EMBEDED프로그램 개발자, 리눅스 개발자, MICOM제어 기술자, 운영체계소프트웨어 개발자, FIRMWARE 개발자
- **(고용추천서 발급)** 산업통상자원부장관(KOTRA), 중소벤처기업부장관(중소벤처기업 진흥공단) : 중소기업에 한함
- **(자격요건, 사증발급 및 체류관리 등)** 일반 기준 적용

8) 응용 소프트웨어 개발자(2223)
- **(직종설명)** 기업이나 개인 등이 사용할 수 있는 워드프로세서, 회계 관리, 데이터베이스, 통계처리, 문서결재 프로그램 등 각종 소프트웨어를 개발하고 컴퓨터시스템의 사용 환경에 따라 소프트웨어의 환경을 변경하는 자
- **(도입 가능직업 예시)** 자료관리 응용 프로그래머, 재무관리 응용 프로그래머, 정보처리 응용 프로그래머, 게임 프로그래머, 온라인 게임 프로그래머, 프로토콜 개발자, 네트워크 프로그래머
- **(고용추천서 발급)** 산업통상자원부장관(KOTRA), 중소벤처기업부장관(중소벤처기업 진흥공단) : 중소기업에 한함
- **(자격요건, 사증발급 및 체류관리 등)** 일반 기준 적용

9) 웹 개발자(2224 舊2228)
- **(직종설명)** 웹 서버 구축 및 운영에 대한 기술적인 책임을 지며 웹의 신기술을 습득하고 적용하며, 시험하는 업무를 수행하는 자

- (도입 가능직업 예시) 웹 엔지니어, 웹 프로그래머, 웹 마스터
- (고용추천서 발급) 산업통상자원부장관(KOTRA), 중소벤처기업부장관(중소벤처기업 진흥공단) : 중소기업에 한함
- (자격요건, 사증발급 및 체류관리 등) 일반 기준 적용, 단 국민고용 20% 규정 적용

10) 데이터 전문가(2231)

- (직종설명) 수집 자료의 효용성, 안정성 등을 확보하기 위하여 데이터베이스를 설계·개선하고, 데이터베이스를 구축할 업무를 파악하여 데이터 물리구조를 설계하고 크기를 산정하여 최적화 배치를 하며, 데이터베이스, 온라인 성능의 추이를 분석하고 소프트웨어를 변경하거나 운영을 통제하는 자
- (도입 가능직업 예시) 데이터 베이스 전문가, 데이터 베이스 설계가, 데이터 베이스 매니저, 데이터 베이스 프로그래머, 데이터 베이스 관리자
- (고용추천서 발급) 산업통상자원부장관(KOTRA), 중소벤처기업부장관(중소벤처기업 진흥공단) : 중소기업에 한함
- (자격요건, 사증발급 및 체류관리 등) 일반 기준 적용

11) 네트워크 시스템 개발자(2232)

- (직종설명) 소프트웨어, 하드웨어 및 네트워크 장비에 관한 지식을 이용하여 네트워크를 개발, 기획하고 설계 및 시험 등의 업무를 수행하는 자
- (도입 가능직업 예시) 네트워크엔지니어, VAN기술자, 네트워크시스템 분석가, WAN기술자, 인트라넷 기술자, 네트워크서버구축운영 기술자, LAN 기술자
- (고용추천서 발급) 산업통상자원부장관(KOTRA), 중소벤처기업부장관(중소벤처기업 진흥공단) : 중소기업에 한함
- (자격요건, 사증발급 및 체류관리 등) 일반 기준 적용

12) 정보 보안 전문가(2233)

- (직종설명) 해커의 해킹으로부터 온라인, 오프라인 상의 보안을 유지하기 위하여 필요한 보안프로그램을 개발하고, 보안 상태를 점검하며 보안을 위한 다각적인 해결책을 제시하는 자
- (도입 가능직업 예시) 인터넷보안 전문가, 정보보안 연구원
- (고용추천서 발급) 산업통상자원부장관(KOTRA), 중소벤처기업부장관(중소벤처기업 진흥공단) : 중소기업에 한함
- (자격요건, 사증발급 및 체류관리 등) 일반 기준 적용

13) 건축가 (2311)
- **(직종설명)** 주거용, 상업 및 공업용 건물 등에 관하여 연구하고 이들을 설계하며, 건설, 유지 및 보수를 기획하는 자, 또한 건축의 실내에 대한 연구 및 유지·보수를 기획하고 설계하며, 시공에 관한 전반적인 감독을 하는 자
- **(도입 가능직업 예시)** 건물건축가, 건축사
- **(고용추천서 발급)** 국토교통부 장관(건설산업과)
- **(자격요건, 사증발급 및 체류관리 등)** 일반 기준 적용

14) 건축공학 기술자(2312)
- **(직종설명)** 상업용, 공공시설 및 주거용 빌딩의 건설 및 수리를 위한 설계를 개념화하고 계획하며 개발하는 자
- **(도입 가능직업 예시)** 건물구조 기술자, 건축감리 기술자, 건축시공 기술자, 건축설비 기술자, 건축안전 기술자, 건축 기술자
- **(자격요건, 사증발급 및 체류관리 등)** 일반 기준 적용

15) 토목공학 전문가(2313)
- **(직종설명)** 도로, 공항, 철도, 고속도로, 교량, 댐, 건축물, 항구 및 해안 시설물 등 다양한 구조물의 건설 사업을 계획, 설계, 관리하는 자
- **(도입 가능직업 예시)** 건물건설 토목기술자, 구조물 토목기술자, 도로건설 토목기술자, 공항만 건설 토목기술자
- **(고용추천서 발급)** 국토교통부장관(건설산업과)
- **(자격요건, 사증발급 및 체류관리 등)** 일반 기준 적용

16) 조경 기술자(2314)
- **(직종설명)** 조경 설계를 계획하고 상업용 프로젝트, 오피스단지, 공원, 골프코스 및 주택지 개발을 위한 조경건설을 검토하는 자
- **(도입 가능직업 예시)** 조경설계사, 조경시설물 설계사
- **(고용추천서 발급)** 국토교통부장관(건설산업과)
- **(자격요건, 사증발급 및 체류관리 등)** 일반 기준 적용

17) 도시 및 교통설계 전문가(2315)
- **(직종설명)** 토지의 활용, 물리적 시설을 관리하고 도시 및 전원지역, 지방을 위한 관련 서비스에 대해 계획을 세우고 정책을 권고하는 자와 교통시설물 계획, 설계 및 운영을

위해 과학적인 원리와 기술을 적용하고 교통의 양, 속도, 신호의 효율성, 신호등 체계의
적절성 및 기타 교통상태에 영향을 미치는 요인에 대한 연구를 수행하는 자
- (도입 가능직업 예시) 도시설계가, 교통기술자, 교통안전시설물 설계가, 교통신호설계
및 분석전문가
- (고용추천서 발급) 국토교통부장관(건설산업과)
- (자격요건, 사증발급 및 체류관리 등) 일반 기준 적용

18) 화학공학 기술자(2321)
- (직종설명) 화학공정 및 장비를 연구, 설계, 개발하며 산업화학, 플라스틱, 제약, 자원,
펄프 및 식품가공 플랜트의 운영 및 유지 관리를 감독하는 자
- (도입 가능직업 예시) 석유화학 기술자, 가솔린 기술자, 천연가스화학 기술자, 천연가스
생산·분배 기술자, 음식료품 기술자, 양조생산 기술자, 고무화학 기술자, 플라스틱화학
기술자, 타이어생산 기술자, 농약 기술자, 비료 기술자, 도료 기술자, 의약품 기술자,
화장품 기술자
- (고용추천서 발급) 산업통상자원부장관(KOTRA), 중소벤처기업부장관(중소벤처기업
진흥공단) : 중소기업에 한함
- (자격요건, 사증발급 및 체류관리 등) 일반 기준 적용

19) 금속·재료공학 기술자(2331)
- (직종설명) 금속과 합금의 특성을 연구하고 새로운 합금을 개발하며 현장에서 금속추출의
기술적인 분야, 합금제조 및 가공에 관하여 기획, 지휘하거나 세라믹, 유리, 시멘트 등의
연구 개발에 종사하며 제조 공정을 지휘·감독하는 자
- (도입 가능직업 예시) 금속 기술자, 금속물리 기술자, 금속분석 기술자, 금속표면처리
기술자, 금속도금 기술자, 금속탐상 기술자, 요업·세라믹 공학 기술자
- (고용추천서 발급) 산업통상자원부장관(KOTRA), 중소벤처기업부장관(중소벤처기업
진흥공단) : 중소기업에 한함
- (자격요건, 사증발급 및 체류관리 등) 일반 기준 적용

20) 전기공학 기술자(2341)
- (직종설명) 전기 장비, 부품 또는 상업, 산업, 군사, 과학용 전기시스템을 설계, 개발,
시험하거나 제조 및 설비·설치를 감독하는 자
- (도입 가능직업 예시) 전기제품 개발 기술자, 발전설비 설계 기술자, 송배전설비 기술자,
전기제어계측 기술자

- (국민고용 보호 심사기준) 비적용 대상
- (고용추천서 발급) 산업통상자원부장관(KOTRA), 중소벤처기업부장관(중소벤처기업 진흥공단) : 중소기업에 한함 / 국내복귀기업의 전기공학 기술자(필수) KOTRA
- (자격요건, 사증발급 및 체류관리 등) 일반 기준 적용(단, 국내복귀기업의 전기공학 기술자는 별도 요건 적용)
- (국내복귀기업 특례)
  - (자격요건) '해외진출기업의 국내복귀 지원에 관한 법률' 제7조에 따라 산업통상자원부장관이 지원대상 국내복귀기업으로 선정한 기업*
  * 지원대상 국내복귀기업 선정확인서(해외진출기업의 국내복귀 지원에 관한 법률 시행규칙 별지 제7호 서식)를 발급받은 기업
  - (전기공학 기술자 자격요건) 국내복귀기업의 해외법인에 고용된 자 중 △관련 분야 학사 이상 학위 소지자는 6개월 △❶전문학사 소지자, ❷해당 직종 기술 자격증 또는 ❸관련 수상 경력, 관련 언론보도 또는 ❹코트라 현지 KBC직원의 경력확인을 받은 경력증명서가 있는 자는 2년 이상 국내 복귀기업 해외법인에서의 근무경력이 있어야 함
  * 단, KOTRA 현지 KBC직원이 주재하고 있지 않은 공관에서는 영사확인을 받은 경력증명서 제출
  - (업체당 고용허용인원 기준) 고용보험 가입 내국인 피보험자(3개월 평균) 수의 30%를 범위 내에서 허용인원으로 산정

21) 전자공학 기술자(2342)
- (직종설명) 전자이론과 재료속성에 관한 지식을 활용하여 상업, 산업, 군사용이나 과학용 전자부품 및 시스템을 연구, 설계, 개발하며 시험하고, 항공우주선유도, 추진제어, 계측기, 제어기와 같은 전자회로 및 부품을 설계하는 자
- (도입 가능직업 예시) 전자장비 기술자, 전자공학 기술자, 반도체 공정기술자, 반도체 공정장비 기술자, 반도체 소자기술자, 공장자동화 설계 기술자, 메카트로닉스개발 기술자, 카일렉트로닉스개발 기술자, 생산자동화공정 개발자, 빌딩자동화설계 기술자, 전자제어 프로그래머, FA설계 기술자, 전자제어계측 기술자, 초음파의료기기 개발자, 뇌파기 개발자, 심전도기 개발자, 마취기 개발자, 심장세동제거기 개발자, 투석기 개발자, MRI 개발자, CT 스캐너 개발자
- (고용추천서 발급) 산업통상자원부장관(KOTRA), 중소벤처기업부장관(중소벤처기업 진흥공단) : 중소기업에 한함 / 국내복귀기업의 전자공학 기술자(필수) KOTRA
- (자격요건, 사증발급 및 체류관리 등) 일반 기준 적용(단, 국내복귀기업의 전자공학

기술자는 별도 요건 적용)

- **(국내복귀기업 특례)**
  - **(자격요건)** '해외진출기업의 국내복귀 지원에 관한 법률' 제7조에 따라 산업통상자원부장관이 지원대상 국내복귀기업으로 선정한 기업*

  * 지원대상 국내복귀기업 선정확인서(해외진출기업의 국내복귀 지원에 관한 법률 시행규칙 별지 제7호 서식)를 발급받은 기업

  - **(전자공학 기술자 자격요건)** 국내복귀기업의 해외법인에 고용된 자 중 △관련 분야 학사 이상 학위 소지자는 6개월 △❶전문학사 소지자, ❷해당 직종 기술 자격증 또는 ❸관련 수상 경력, 관련 언론보도 또는 ❹코트라 현지 KBC직원의 경력확인을 받은 경력증명서가 있는 자는 2년 이상 국내 복귀기업 해외법인에서의 근무경력이 있어야 함

  * 단, KOTRA 현지 KBC직원이 주재하고 있지 않은 공관에서는 영사확인을 받은 경력증명서 제출

  - **(업체당 고용허용인원 기준)** 고용보험 가입 내국인 피보험자(3개월 평균) 수의 30%를 범위 내에서 허용인원으로 산정

22) 기계공학 기술자(2351)

- **(직종설명)** 난방, 환기, 공기정화, 발전, 운송 및 생산을 위한 기계장치와 시스템을 연구, 설계, 개발하고, 기계시스템의 평가, 설치, 운영 및 유지관리와 관련된 업무를 수행하는 자
- **(도입 가능직업 예시)** 프레스금형 설계기술자, 플라스틱금형 설계기술자, 주조금형 설계기술자, 사출금형 설계기술자, 난방기기 기술자, 공기조절장치 기술자, 환기장치 기술자, 환풍기계 기술자, 냉동기계 기술자, 열교환기 설계원, 클린룸공조설비 설계기술자, GHP 개발자, 열교환기 개발자, 공기정화 설계기술자, 건설기계(설계) 기술자, 토공용건설기계설계개발 기술자, 도로포장용건설기계설계개발 기술자, 운반용건설기계설계개발 기술자, 쇄석기·천공기·항타 및 항발기 설계개발기술자, 농업용기계(설계) 공학 기술자, 광업용기계(설계) 공학 기술자, 섬유기계(설계) 공학 기술자, 식품기계(설계) 공학 기술자, 공작기계(설계) 공학 기술자, 유압기계(설계) 공학 기술자, 산업용 로봇 설계 기술자
- **(고용추천서 발급)** 제도 남용에 따라 고용추천서 발급 제도 폐지
- **(자격요건)** 일반 기준 적용
  - 단, 국내 E-9 자격으로 체류하였던 자가 5년 이상 경력요건으로 신청시에는 학사학위 이상일 것

- (국민고용 보호 심사기준) 적용 대상
  - (고용업체 요건 등) 국민고용 보호를 위한 심사기준을 준용하되 상시근로자 수가 10인 이하인 경우 고용 제한
  - (고용허용인원) 업체당 최대 2명
- (사증발급 및 체류관리 등) 일반기준 적용. 단, 기간연장 등 요건은 아래 사항 적용
  - (기간연장) 체류기간 연장 심사 시 전년도 급여기록을 확인하여 임금요건, 업체요건 등을 미충족시 체류허가 등 제한
    · 요건미비 외국인에 대해서는 연장허가 기간 단축 부여 또는 체류허가 제한
    · 제출된 고용계약서에 따라 임금을 지급하지 않고 이를 위반·남용한 해당 기업에 대해서는 신규 초청 제한
  - (근무처변경) 근무처 변경 및 추가 제한. 단, 휴폐업 및 경영악화 등에 따른 근무처 변경 시에만 예외적으로 허용(국적 불문)
  - (구직자격 변경) E-7(기계공학기술자, 제도사)자격을 가진 사람이 구직자격 변경을 신청한 경우 불체다발 21개국 국민은 3개월 + 3개월로 허용, 이외 국가는 구직(D-10) 자격 규정대로 처리
  - 상기 해당자가 구직자격에서 새로운 근무처를 찾은 경우에는 출국 후 사증발급인정서를 통해 재입국하는 것을 원칙으로 함(국적 불문)

23) 플랜트공학 기술자(23512)
- (직종설명) 공장 및 대규모 설비의 건설을 위한 수주, 설계, 시공, 감리 등의 업무에 종사하는 자
- (도입 가능직업 예시) 산업설비플랜트 설계 기술자, 발전설비플랜트 설계 기술자, 환경설비플랜트 설계 기술자, 자동화설비플랜트 설계 기술자, 산업설비 설계 기술자, 오수처리시설 설계 기술자, 화학플랜트 설계 기술자, 화공장치플랜트공학 기술자, 수처리시스템 플랜트 설계 기술자 **선박분야 특수(보온·보냉기술 등) 설비 기술자**
- (고용추천서 발급) 건설업 : 국토교통부장관(건설산업과)/건설업 외 직종 : 산업통상자원부장관(KOTRA) **특수 설비 및 제작 기술자(필수, 산업통상자원부장관 : 해양플랜트과)** / 국내복귀기업의 플랜트공학 기술자(필수) KOTRA
- (자격요건, 사증발급 및 체류관리 등) 일반 기준 적용(단, 국내복귀기업의 플랜트공학 기술자는 별도 요건 적용)
- (국내복귀기업 특례)
  - (자격요건) '해외진출기업의 국내복귀 지원에 관한 법률' 제7조에 따라 산업통상자원부장관이 지원대상 국내복귀기업으로 선정한 기업*

＊ 지원대상 국내복귀기업 선정확인서(해외진출기업의 국내복귀 지원에 관한 법률 시행 규칙 별지 제7호 서식)를 발급받은 기업

- (플랜트공학 기술자 자격요건) 국내복귀기업의 해외법인에 고용된 자 중 △관련 분야 학사 이상 학위 소지자는 6개월 △❶전문학사 소지자, ❷해당 직종 기술 자격증 또는 ❸관련 수상 경력, 관련 언론보도 또는 ❹코트라 현지 KBC직원의 경력확인을 받은 경력증명서가 있는 자는 2년 이상 국내 복귀기업 해외법인에서의 근무경력이 있어야 함

＊ 단, KOTRA 현지 KBC직원이 주재하고 있지 않은 공관에서는 영사확인을 받은 경력증 명서 제출

- (업체당 고용허용인원 기준) 고용보험 가입 내국인 피보험자(3개월 평균) 수의 30%를 범위 내에서 허용인원으로 산정

24) 로봇공학 전문가 (2352)

- (직종설명) 산업용 로봇을 가동시키기 위하여 특별기능에 따라 프로그램을 작성, 운영, 통제하는 로봇 기술을 연구 개발하는 자.
  - 원자력 설비 및 장비, 정밀기구, 카메라 및 영사기, 기계적 기능의 의료장비를 연구하고 설계, 제조 또는 유지를 기획 지위하는 분야도 포함
- (도입 가능직업 예시) 로봇공학 시험원. 단, 산업용로봇 조작원(85302)는 제외
- (고용추천서 발급) 해당사항 없음 / 국내복귀기업의 로봇공학 전문가(필수) KOTRA
- (자격요건) 별도 요건 적용, 국내·외 석사학위 이상[373]
- (사증발급 및 체류관리 등) 일반 기준 적용(단, 국내복귀기업의 로봇공학 기술자는 별도 요건 적용)
- (국내복귀기업 특례)
  - (자격요건) '해외진출기업의 국내복귀 지원에 관한 법률' 제7조에 따라 산업통상자원 부장관이 지원대상 국내복귀기업으로 선정한 기업＊

＊ 지원대상 국내복귀기업 선정확인서(해외진출기업의 국내복귀 지원에 관한 법률 시행 규칙 별지 제7호 서식)를 발급받은 기업

  - (로봇공학 전문가 자격요건) 국내복귀기업의 해외법인에 고용된 자 중 △관련 분야 학사 이상 학위 소지자는 6개월 △❶전문학사 소지자, ❷해당 직종 기술 자격증 또는 ❸관련 수상 경력, 관련 언론보도 또는 ❹코트라 현지 KBC직원의 경력확인을 받은 경력증명서가 있는 자는 2년 이상 국내 복귀기업 해외법인에서의 근무경력이 있어야 함

＊ 단, KOTRA 현지 KBC직원이 주재하고 있지 않은 공관에서는 영사확인을 받은 경력증

명서 제출
- (업체당 고용허용인원 기준) 고용보험 가입 내국인 피보험자(3개월 평균) 수의 30%를 범위 내에서 허용인원으로 산정

25) 자동차·조선·비행기·철도차량공학 전문가(S2353)

- (직종설명) 차량의 내연기관, 차체, 제동장치, 제어장치, 기타 구성품에 관하여 연구, 설계 및 자문하는 자 /선체와 선박의 상부구조, 선박엔진 등에 관하여 연구, 설계 및 자문하고 이들의 개발, 건조, 유지 및 보수를 계획하고 감독하는 자 /항공기, 인공위성, 발사체(로봇)와 같은 비행체의 개발·제작·운용에 관하여 연구·설계 및 자문하며 이들의 제조 및 운용을 지휘, 통제, 조언하는 자 /기관차, 철도(고속철 포함)에 사용되는 기관을 연구, 설계 및 자문하며 이들의 제조 및 운영을 지휘, 통제, 조언하는 자
- (도입 가능직업 예시) 자동차 설계가, 자동차기계 기술자, 카 일렉트로닉스 기술자, 자동차엔진설계 기술자, 조선공학 기술자, 선박안전시스템 개발자, 선박배관설계 기술자, 조선의장 설계 기술자, 선체설계 기술자, TRIBON선박 설계 기술자, 해양구조설계 기술자, 조선배관 설계 기술자, 조선기장 설계 기술자, 항공기 설계가, 항공기기계 기술자, 인공위성 기술자, 비행체 기술자, 디젤기계 기술자, 가스터빈 기술자
- (고용추천서 발급) 산업통상자원부장관(KOTRA), 중소벤처기업부장관(중소벤처기업진흥공단) : 중소기업에 한함 / 국내복귀기업의 자동차·조선·비행기·철도차량공학 전문가(필수) KOTRA
- (자격요건, 사증발급 및 체류관리 등) 일반 기준 적용(단, 국내복귀기업의 자동차·조선·비행기·철도차량공학 전문가는 별도 요건 적용)
- (국내복귀기업 특례)
  - (자격요건) '해외진출기업의 국내복귀 지원에 관한 법률' 제7조에 따라 산업통상자원부장관이 지원대상 국내복귀기업으로 선정한 기업*
  * 지원대상 국내복귀기업 선정확인서(해외진출기업의 국내복귀 지원에 관한 법률 시행규칙 별지 제7호 서식)를 발급받은 기업
  - (자동차·조선·비행기·철도차량공학 전문가 자격요건) 국내복귀기업의 해외법인에 고용된 자 중 △관련 분야 학사 이상 학위 소지자는 6개월 △❶전문학사 소지자, ❷해당 직종 기술 자격증 또는 ❸관련 수상 경력, 관련 언론보도 또는 ❹코트라 현지 KBC직원의 경력확인을 받은 경력증명서가 있는 자는 2년 이상 국내 복귀기업 해외법인에서의 근무경력이 있어야 함
  * 단, KOTRA 현지 KBC직원이 주재하고 있지 않은 공관에서는 영사확인을 받은 경력증명서 제출

- (업체당 고용허용인원 기준) 고용보험 가입 내국인 피보험자(3개월 평균) 수의 30%를 범위 내에서 허용인원으로 산정

26) 산업안전 및 위험 관리자(2364)

- **(직종설명)** 산업재해가 일어날 가능성이 높은 화학·석유, 석탄공업, 목재 및 가공업, 플라스틱·금속공업, 기계 및 장비 제조업, 건설업, 비금속·광물제조업, 농·축산·어업 등 분야에서 위험을 진단, 조사, 예방, 교육 등에 종사하며 산업재해 원인조사, 재발방지, 대책수립, 근로자의 안전 보건 교육 및 계도 개선 건의 등을 담당하는 자
- **(도입 가능직업 예시)** 산업안전 기술자, 안전관리 시험원, 노동안전 및 보건관리원, 전기설비 감리 시험원, 건물안전 관리원, 전기안전 및 보건 관리원, 안전관리 기술자, 차량안전 및 보건 관리원, 산업안전 시험원 및 교육자
- **(고용업체 요건)** 국가기관, 지방자치단체, 정부출연연구기관, 기타 공공기관으로서 교육 훈련기관 등을 갖춘 기관에 한함
- **(자격요건, 사증발급 및 체류관리 등)** 일반 기준 적용

27) 환경공학 기술자(2371)

- **(직종설명)** 다양한 공학 원리를 활용하여 환경보건에 위협이 되는 것을 예방, 통제하며 개선과 관련된 공학적인 일을 설계하고 계획하거나 수행하는 자
- **(도입 가능직업 예시)** 대기환경 기술자, 수질환경 기술자, 토양환경 기술자, 소음진동 기술자, 폐기물 처리 기술자, 환경 컨설턴트, 환경오염 측정센서(장비) 기술자, 공해저감 장치 설계가, 생태산업 조성전문가, 청정생산 설계가
- **(고용추천서 발급)** 산업통상자원부장관(KOTRA) : 환경 컨설턴트, 환경오염 측정센서 (장비) 기술자, 공해저감장치 설계가, 생태산업 조성전문가, 청정생산 설계가/중소벤처 기업부장관(중소벤처기업진흥공단) : 중소기업에 한함
- **(자격요건, 사증발급 및 체류관리 등)** 일반 기준 적용

28) 가스·에너지 기술자(2372)

- **(직종설명)** 채광, 석유 또는 가스의 채취 및 추출과 합금, 도기 및 기타 재료의 개발에 관한 상업적 규모의 기법 설계, 개발, 유지에 대하여 연구하고 특정재료, 제품 및 공정의 기술적 분야에 관하여 연구, 자문하는 자
- **(도입 가능직업 예시)** 에너지 기술자, 탐사 기술자, 석유 기술자, 선광 기술자, 시추 기술자
- **(고용추천서 발급)** 산업통상자원부장관(KOTRA), 중소벤처기업부장관(중소벤처기업

진흥공단) : 중소기업에 한함 / 국내복귀기업의 가스·에너지 기술자(필수) KOTRA
- (자격요건, 사증발급 및 체류관리 등) 일반 기준 적용(단, 국내복귀기업의 가스·에너지 기술자는 별도 요건 적용)
- (국내복귀기업 특례)
  - (자격요건) '해외진출기업의 국내복귀 지원에 관한 법률' 제7조에 따라 산업통상자원 부장관이 지원대상 국내복귀기업으로 선정한 기업*
  * 지원대상 국내복귀기업 선정확인서(해외진출기업의 국내복귀 지원에 관한 법률 시행 규칙 별지 제7호 서식)를 발급받은 기업
  - (가스·에너지 기술자 자격요건) 국내복귀기업의 해외법인에 고용된 자 중 △관련 분야 학사 이상 학위 소지자는 6개월 △❶전문학사 소지자, ❷해당 직종 기술 자격증 또는 ❸관련 수상 경력, 관련 언론보도 또는 ❹코트라 현지 KBC직원의 경력확인을 받은 경력증명서가 있는 자는 2년 이상 국내 복귀기업 해외법인에서의 근무경력이 있어야 함
  * 단, KOTRA 현지 KBC직원이 주재하고 있지 않은 공관에서는 영사확인을 받은 경력증 명서 제출
  - (업체당 고용허용인원 기준) 고용보험 가입 내국인 피보험자(3개월 평균) 수의 30%를 범위 내에서 허용인원으로 산정

29) 섬유공학 기술자(2392)
- (직종설명) 신소재 등을 이용하여 새로운 섬유를 개발하고 섬유제품 제조를 위한 각종 공정에 대한 연구와 개발 및 시험, 분석을 하는 자
- (도입 가능직업 예시) 섬유소재 개발 기술자, 섬유공정 개발 기술자, 염색공정 개발 기술자
- (고용추천서 발급) 산업통상자원부장관(KOTRA), 중소벤처기업부장관(중소벤처기업 진흥공단) : 중소기업에 한함
- (자격요건, 사증발급 및 체류관리 등) 일반 기준 적용

30) 제도사(2395)
- (직종설명) 기계, 전기·전자 장비의 속성과 구조에 대한 지식을 기반으로 CAD/CAM을 활용하여 시스템 혹은 각각 부품에 대한 설계업무를 수행하는 자
- (도입 가능직업 예시) 기계 제도사, 전기·전자 제도사
- (고용추천서 발급) 제도 남용으로 고용추천제도 폐지
- (자격요건, 사증발급 및 체류관리 등) 일반 기준 적용

제도사(캐드원)관련 국내국가기술 자격증 예시

 - 전자캐드 기능사, 전자회로설계 산업기사

 - 산업기사, 기계설계 기사, 건설기계 기사, 일반기계 기사, 치공구설계 산업기사, 생산자동화 산업기사, 농업기계 기사, 프레스금형설계 기사, 프레스금형 산업기사, 사출금형설계 기사, 사출금형 산업기사, 조선 기사, 기계가공기능장

 - 전산응용 건축제도 기능사, 전산응용 토목제도 기능사, 전산응용 기계제도 기능사, 전산응용 조선제도 기능사

〈제도사(캐드원 관련 해외취득 국제 자격증〉

 - CADTC(캐드설계기술 관리사), ACU(Autodesk Certified User), ACP(AutoCAD Professional)

 ※ Auto Cad 1,2급(ATC), Auto Cad 공인강사, 인벤터 1,2급 등 민간 자격증은 공식자격 증으로는 불인정

• (국민고용 보호 심사기준) 적용 대상

 - (고용업체 요건 등) 국민고용 보호를 위한 심사기준 준용하되 아래의 경우 사증 발급 및 체류허가 억제

  ⅰ) 일반생산 현장과 분리된 별도의 설계(CAD) 공간이 없거나, 일반생산직 근로자로 활용할 가능성이 높은 경우

  ⅱ) 상시근로자 수가 10인 이하인 경우

 - (고용허용인원 제한) 업체당 최대 2명

• (사증발급 및 체류관리 등) 일반기준 적용. 단 기간연장 등 요건은 아래 사항 적용

 - (체류허가 요건) 체류기간 연장 심사 시 전년도 급여기록을 확인하여 임금요건을 미충족 시 체류허가 등 제한

  · 요건미비 외국인에 대해서는 연장허가 기간 단축 부여 또는 체류허가 제한

  · 제출된 고용계약서에 따라 임금을 지급하지 않고 이를 위반·남용한 해당 기업에 대해서는 신규 초청 제한

 - (근무처변경) 근무처 변경 및 추가 제한. 단, 휴폐업 및 경영악화 등에 따른 근무처 변경 시에만 예외적으로 허용(국적 불문)

 - (구직자격 변경) E-7(기계공학기술자, 제도사)자격을 가진 사람이 구직자격 변경을 신청한 경우 불체다발 21개국 국민은 3개월 + 3개월로 허용, 이외 국가는 구직(D-10) 자격 규정대로 처리

 - 상기 해당자가 구직자격에서 새로운 근무처를 찾은 경우에는 출국 후 사증발급인정서를

통해 재입국하는 것을 원칙으로 함(국적 불문)

31) 간호사(2430)

- **(직종설명)** 의사의 진료를 돕고 의사의 처방이나 규정된 간호기술에 따라 치료를 행하며, 의사 부재 시에는 비상조치를 취하기도 하며, 환자의 상태를 점검, 기록하고 환자나 가족들에게 체료, 질병예방에 대한 설명을 하는 자
- **(도입기능 직업 예시)** 전문 간호사, 일반 간호사
- **(자격요건)** 의료법 제7조에 따라 보건복지부장관으로부터 간호사 면허 취득*
  * 간호조무사는 대상자가 아님
- **(고용업체 요건)** 의료법에 의한 의료기관
- **(사증발급 및 체류관리 등)** 일반기준 적용*
  * 별도 허가 등의 절차 없이 의료코디네이터(S3922)활동도 가능

32) 대학 강사(2512) – 2019. 8. 1. 시행

- **(직종설명)** 대학에서 학생들에게 강의를 하고, 세미나 및 실험을 하며, 계열별 전공과목의 시험을 출제하고 평가하는 자
- **(도입 가능직업 예시)** 인문·사회·교육계열 강사, 자연·공학·의약계열 강사, 예·체능계열 강사
- **(자격요건)** 고등교육법 제14조 제2항·제14조의2 규정에 따라 전문대학 이상의 교육기관에 채용된 강사로서 관련학과 석사 이상의 학위 소지
- **(첨부서류)** 경력증명서 및 학위증 사본, 고용계약서 또는 임용예정확인서, 초청학교 설립 관련 서류(사업자등록증 사본 또는 고유번호증 사본)
- **(심사기준)** 석사이상 학위 소지 여부 및 전공과목과 담당과목의 연관성 여부, 고등교육법령 등에 정한 채용절차 등 준수여부
  - 학칙 또는 학교법인의 정관으로 정하는 바에 따라 채용되고, 계약기간이 1년 이상이라 하더라도 담당과목과 직접 관련성이 있는 석사 이상의 학위를 소지하고 있지 않으면 원칙적으로 발급 불허*
  * 다만, 복수전공 및 담당과목 관련 전문 자격증이나 경력입증서류 등으로 해당분야 전문지식을 갖추었다고 인정되는 학사 학위소지자에 대해서는 예외적으로 사증발급 인정서 발급을 허용
- **(임금요건)** 강사의 교수시간 등을 고려하여 시간당 단가가 교육부에서 고시하는 강사 강의료 평균단가* 이상일 경우 허용(매년 대학정보공시 공개 전까지는 이전연도 기준 적용)

* 매년 6월 교육부 보도자료를 통해 '대학정보공시' 공개

☞ 교육부 홈페이지 - 보도자료 - '대학정보공시' 검색 후 6월 보도자료 참고

• **(사증발급 및 체류관리 등)** 일반 기준 적용

33) 해외기술전문학교 기술강사(2543)

• **(직종 설명)** 시·도지사가 서비스외투지역으로 지정·고시한 기술 및 직업훈련학교에서 디자인, 이·미용, S/W, 요리 등의 기술교육을 가르치는 사람

• **(도입 가능직업 예시)** 디자인 전문강사, 이·미용 전문강사, S/W 전문강사, 요리 전문강사

• **(자격요건)** 아래 ①~③중 한가지 이상을 갖추어야 함

① 디자인, 이·미용, S/W, 요리 등 관련 석사 또는 학사 + 해당분야 3년 이상 경력

② 해외기술전문학교에서 2년 이상 디자인, 이·미용, S/W, 요리 등의 교육 이수 + 해당분야 5년 이상 경력

③ 해외기술전문학교에서 1년 이상 디자인, 이·미용, S/W, 요리 등의 교육 이수 + 해당분야 7년 이상 경력

• **(고용업체 요건)** 시·도지사가 외국인투자 촉진법 제18조 및 시행령 제25조에 따라 서비스외투지역으로 지정·고시한 기술 및 직업훈련학교

* 외투지역 지정여부는 지자체 고시를 통해 확인

• **(사증발급 및 체류관리 등)** 일반 기준 적용

34) 교육관련 전문가(2591)

• **(직종설명)** 교과과정, 교육방법 및 기타 교육 실무 등에 대한 연구와 교육기관에 그들의 도입에 관하여 조언 및 기획하는 자

• **(도입 가능직업 예시)** 시청각 교육 전문가, 교육교재 전문가, 교원 등에 대한 연수 및 관리전문가

• **(자격요건)** 별도 요건 적용, 석사 이상, 학사 및 경력 1년 이상

• **(사증발급)** 체류기간 상한 2년 내의 단수사증

• **(체류관리 등)** 일반 기준 적용

35) 외국인학교·외국교육기관·국제학교·영재학교 등의 교사(2599)

• **(직종설명)** 외국인학교(외국인유치원), 대안학교, 외국교육기관, 국제고등학교, 영재학교 등에서 학생을 교육시키는 업무를 수행하는 자

• **(도입 가능직업 예시)** 외국인학교(외국인유치원) 교사(초중등교육법 제60조의2, 유아교

육법 제16조), 대안학교(초중등교육법 제60조의3), 외국교육기관 교사(경제자유구역
의 지정 및 운영에 관한 법률 제22조), 국제고등학교 교사(경제자유구역의 지정 및 운영에
관한 법률 제22조), 지역특화발전특구에 대한 규제특례법에 의한 초·중등학교 교사,
관할 시·도교육감이 추천하는 국제중·외국어고·국제고·자사고 교사, 영재교육진흥법
에 의한 영재학교 등의 교사, 제주특별자치도 설치 및 국제자유도시조성특별법에 의한
국제학교 등의 교사(기간제 교원 및 사감 포함)·강사 · 보조교사 · 보조사감 · 행정사무
원 등
- **(고용추천서 발급)** 제주 국제학교 등의 교사 등(필수) : 제주특별자치도지사 /국제중·외
  국어고·국제고·자사고 교사(필수) : 관할 시·도교육감
- **(자격요건)** 도입 가능직업에 따라 달리 정함
  ▶ 외국인학교(외국인유치원), 대안학교 또는 외국교육기관의 교사 : 학사 이상 및 경력
    2년 이상 (또는 해당국 교원자격)
  ▶ 국제고 또는 시·도교육감 추천 국제중·외국어고·국제고·자사고 등
    − 외국인 교사 : 우리나라 교원자격 소지자 또는 해당국 교원자격을 소지하고 교육경력
      3년 이상
    − 외국인강사 : 학사 이상
  ▶ 영재학교 교사 : 박사학위, 석사 및 경력 3년 이상
  ▶ 제주특별자치도 설치 및 국제자유도시조성특별법에 의한 국제고등학교 ·국제학교
    − 보조교사, 강사, 보조사감, 행정사무원
      • 학사 이상의 학위 소지
      • 단, 국제학교 재학생 부모, 교직원의 가족, 18세 이상 해외 본교 졸업생은 해당분야
        2년 이상 근무 경력 또는 TELSOL 등 영어교육 관련 자격증 소지
- **(첨부서류 및 심사기준)**
  ❶ 범죄경력증명서 : 교육대상이 주로 청소년임을 감안하여 회화지도(E-2)강사에 준하
    여 범죄경력증명서 등을 추가로 제출받아 검증(채용신체검사서는 외국인등록 또는
    체류자격 변경허가 신청 시 제출)
    − 단, 해당국 교원자격증 소지자, 채용박람회를 통해 채용된 교사, 최근 5년 이내 국내에
      서 회화지도강사(E-2) 또는 외국인교사(E-7)로 3년 이상 근무한 자 등은 교육기관에
      서 자율로 검증(범죄경력증명서 제출을 면제)하고, 범죄경력 관련 문제를 발생시킨
      교육기관에 대해서는 최대 2년간 자율검증 제한
  ❷ 교사자격증 : 교사자격증을 소지한 외국인 교원에 대해서는 학위증 제출 생략
    − 사본 제출시 재외공관 공증(아포스티유), 단 원본 제출할 경우 공증 절차 생략
  ❸ 경력증명서 : 원본을 제출하는 경우 공증절차 생략

- **(제주국제학교 보조교사 등 특례)** 제주국제학교 보조교사, 강사, 보조사감, 행정사무원으로 활동하려는 국제학교 재학생 부모나 교직원의 가족은 체류자격외활동허가를 통해 취업을 허용
  - 18세 이상 해외 본교 졸업생으로서 해당분야 2년 이상 근무경력 또는 TESOL 등 영어교육관련 자격증 소지자 중 무사증 입국자, 관광취업(H-1) 자격 영어모국어 국가 국민은 체류자격변경 허가를 통해 취업을 허용*
  * 단, 영국과 아일랜드 국민은 관광취업협정에 따라 체류자격변경을 제한
- **(사증발급)** 일반기준 적용
  - 단, 경제자유구역의 지정 및 운영에 관한 특별법에 의한 국제학교는 특별법 시행령 제20조제5항에 따라 교사는 체류기간 상한 5년 내의 단수사증, 외국인강사는 체류기간 상한 3년 내의 단수사증
- **(체류관리 등)** 일반 기준 적용

35) 법률 관련 전문가(261)
- **(직종설명)** 외국 법률에 의한 법률 관련 전문가로서 해당 지식에 대한 자문, 번역 등을 포괄하며, 사건 변호·기소·소송절차 이외의 법적 기능을 수행하는 자
- **(도입 가능직업 예시)** 외국 법률에 의한 변호사, 외국 법률에 의한 변리사, 외국법자문사법에 의한 외국법 자문사
- **(고용추천서 발급)** 변리사 : 특허청(인재개발팀)
- **(자격요건)** 외국 법률에 의한 해당 자격증 소지자, 외국법자문사법에 의한 외국법자문사 승인을 받고 대한변호사협회에 등록한 자(외국법자문사인 경우)
- **(국민고용 보호 심사기준)** 비적용 대상
- **(첨부서류)** 외국 법률에 의한 해당 자격증, 대한변호사협회 발행 외국법자문사 등록증(외국법자문사인 경우)
- **(사증발급 및 체류관리 등)** 일반 기준 적용 (단, 외국법자문사는 근무처 추가 불가*)
  * 외국법자문사는 동시에 2개 이상의 외국법자문법률사무소, 법률사무소, 법무법인, 법무법인(유한) 또는 합작법무법인에 소속(고용)되거나 그 직책을 겸임할 수 없음(외국법자문사법 제25조 제2항)

37) 정부행정 전문가(2620)
- **(직종설명)** 국가 또는 지방자치단체에서 연구·기술·교육 등의 직무를 수행하는 공무원
- **(자격요건)** 국가공무원법 제26조의 3(계약직공무원규정) 및 지방공무원법 제25조의 2(지방계약직공무원규정)에 규정된 요건

- (첨부서류) 해당 중앙행정기관의 장 및 지방자치단체의 장의 협조공문
- (사증발급, 체류관리 등) 일반 기준 적용

38) 특수기관 행정요원(S2620)

- (직종설명) 주한 외국공관 등에서 일반 행정·기능 업무를 처리하는 자
- (도입 가능직업 예시) 주한 외국공관의 행정·기능요원, 주한 외국문화원의 행정·기능요원, 주한 상공회의소의 행정·기능요원, 국제기구 등 행정요원(A-2 대상자 제외)
  ※ 주한공관원 등의 가사보조인은 방문동거(F-1) 자격 대상임을 유의
- (자격요건) 일반기준 적용
- (첨부서류) 주한 외국공관 등의 협조공문
- (사증발급) 체류기간 상한 2년 내의 단수사증*
  * 단, 자국 국적의 행정·기능요원에 대한 체류기간 1년 이하의 단수사증 발급권한은 재외공관장에게 위임
- (체류관리 등) 일반 기준 적용

39) 경영 및 진단 전문가(2715)

- (직종설명) 경영과 관련된 개선점을 제안하고 계획하며 실행하기 위해 기업운영·경영방법이나 조직의 기능을 분석·재설계하는 것과 같은 서비스와 자문을 제공하거나, 외국 법률에 의한 회계 관련 전문가로서 기업 또는 회계법인의 회계문제에 관하여 조언하고 자문하는 자
- (도입 가능직업 예시) 경영 컨설턴트, 외국 법률에 의한 회계사
- (고용추천서 발급) 경영 컨설턴트 : 산업통상자원부장관(KOTRA) / 중소벤처기업부장관(중소벤처기업진흥공단) ※ 중소기업에 한함
- (자격요건, 사증발급 및 체류관리 등) 일반 기준 적용 (단, 외국 법률에 의한 회계사는 회계사 자격증 소지)

40) 금융 및 보험전문가(272)

- (직종설명) 은행, 증권, 보험, 자산운용 등의 금융회사에서 재무이론의 지식을 응용하여 금융에 관련된 각종 자료를 조사·분석하여 투자자에게 제공하고 관련 상품을 개발하는 자
- (도입 가능직업 예시) 투자 및 신용 분석가, 자산 운용가, 보험 및 금융상품 개발자, 증권 및 외환딜러
  - 도입 불가 : 대부 관련업체

- **(고용추천서 발급)** 금융위원회(은행업/은행과, 보험업/보험과, 투자증권/ 자본시장과)*
  * 단, 학위 없는 경력 5년 이상자는 고용추천서 필수 징구
- **(자격요건, 사증발급 및 체류관리 등)** 일반 기준 적용

41) 상품기획 전문가(2731)

- **(직종설명)** 해외 소비자의 구매 패턴, 수요예측, 소비유형을 파악하여 시장성 있는 상품을 기획하고 상품의 효과적인 생산, 판매 등을 위한 전략을 수립하는 자 및 해외 특정상품과 서비스에 관한 현재의 판매수준, 소비자의 평가 등에 관한 정보를 체계적으로 수집·연구하고, 소비자의 현재 또는 장래 취향을 조사·분석하여 효율적인 판매 전략을 수립하거나 그에 대해 조언을 제공하는 자
- **(도입 가능직업 예시)** 해외 상품기획자(상품개발 담당자), 해외 마케팅 전문가(판촉기법 전문가)
- **(고용추천서 발급)** 보건산업 및 의료분야를 제외한 분야 : 산업통상자원부장관(KOTRA) /보건산업 및 의료분야 : 보건복지부장관(보건산업해외진출과)
- **(자격요건, 사증발급 및 체류관리 등)** 일반 기준 적용

42) 여행상품 개발자(2732)

- **(직종설명)** 국내외 여행사 간 업무연락 및 고객의 요구에 부합하는 여행상품을 기획·개발하고 고객을 위하여 여행계획을 수립하여 단체관광 여행을 조직하고, 여러 가지 이용 가능한 교통수단, 비용 및 편의성에 관한 정보를 획득하고, 여행계획에 관해 조언을 제공하는 자
- **(도입 가능직업 예시)** 관광여행 기획자, 여행상품 개발원
  - 제한 : 관광통역안내원 (43213)
- **(고용추천서 발급)** 문화체육관광부장관(관광산업과) ※ 필수
- **(첨부서류)** 관광사업자등록증 사본(일반여행업), 외국인관광객 유치실적 증빙서류 추가
- **(자격요건)** 일반요건 적용. 단, 학위 없이 경력으로 요건을 충족하는 경우는 제한(관련분야 5년 이상 경력자는 발급 제한)
- **(국민고용 보호 심사기준)** 일반기준 적용 대상 + 업체자격 및 고용허용인원은 별도 기준 적용(최대 3명 범위 내)
  - (업체자격요건) 관광진흥법 제4조에 따라 관할 지자체에 관광사업등록을 필하고 최근 2년간 평균 연간 외국인 관광객 유치실적이 2,000명 이상(한국여행업협회 발급 외국인 관광객 유치실적 증명서 제출) 또는 이에 상응하는 실적*을 갖춘 일반여행업체**
    * 해외 전세기 유치실적, 외국인 관광객 유치 관련 지자체 감사패, 우수여행사(문체부

지정) 또는 우수여행상품 보유 여행사(한국여행업협회 지정 등)

** 국내 또는 국외를 여행하는 내국인 및 외국인을 대상으로 하는 일반 여행업체만 해당하고, 내국인만을 대상으로 하는 국내·국외여행업체는 제외

- **(고용허용인원)** 업체당 최대 2명, 다만, 최근 2년간 평균 연간 외국인 관광객 유치실적이 5,000명 이상이거나 자국 소재 대학의 한국학 관련 학과 졸업자 또는 국내 대학 졸업 외국인을 고용하는 경우에는 사유 당 1명씩 추가 고용 가능 (최대 3명)
- **(기타사항)** 업체규모, 고용비율, 최저임금 등 별도로 국민고용 보호 내용이 없는 경우 일반기준 전면 적용

• **(사증발급 및 체류관리 등)** 일반 기준 적용

43) 광고 및 홍보 전문가(2733)

• **(직종설명)** 광고(홍보)의 필요성 분석, 효과적인 광고(홍보)전략, 적합한 광고(홍보물) 제작 등을 기획하고 제안하며, 기획을 실행하기 위한 계획을 수립·실행·감독하고 광고 (홍보) 후 그 효과를 사후적으로 분석하는 자
• **(도입 가능직업 예시)** 광고 전문가, 홍보 전문가
• **(자격요건, 사증발급 및 체류관리 등)** 일반 기준 적용

44) 조사 전문가(2734)

• **(직종설명)** 해외 진출 관련 고객의 요청에 따라 통계학, 경제학 및 사회학 등의 전문지식을 활용하여 각종 조사, 연구 등을 실시하고 그에 대한 결과를 분석하여 현상 파악과 장래 추세를 분석, 그 결과를 보고하는 자
• **(도입 가능직업 예시)** 해외 시장 조사 전문가
• **(고용추천서 발급)** 산업통상자원부장관(KOTRA)*

* 골드카드 8대 분야(e-business, NT, BT, 수송기계, 디지털 전자, 신소재, 환경·에너지, 기술경영)에 한함

• **(자격요건, 사증발급 및 체류관리 등)** 일반 기준 적용

45) 행사 기획자(2735)

• **(직종설명)** 관광협회, 업계 및 전문가 협회, 컨벤션 및 컨퍼런스, 정부 및 이벤트 기획사 등에서 컨퍼런스, 정기총회, 회의, 세미나, 전시회, 시사회, 축제행사 및 기타 연예관련 공연행사 등을 계획, 조직하며 조정하는 자
• **(도입 가능직업 예시)** 공연기획자*, 행사 전시 기획자, 국제회의 기획자

* 공연기획자 업무범위 : 시나리오 설계 및 아티스트 선정, 공연장 준비, 공연제작 프로듀

싱 및 마케팅, 공연진행 관리(고객안전 포함) 및 공연 사후평가
- **(고용추천서 발급)** 공연기획자 : 문화체육관광부장관(공연전통예술과) ※ 필수
  단, 매출 연간 50억 이상 업체의 경우 사무소장 재량으로 생략 가능
- **(고용업체요건)** 연간 10억 원 이상의 매출 실적이 있고 외국인 행사기획자 고용 후 외국인
  대상으로 1년 이내 국내·외 공연, 회의, 국제행사 계획이 있을 것
- **(첨부서류)** 공연·국제회의 계획서 등, 법무 재무제표 및 공연티켓 통신판매사업자 등의
  공연매출증명서 (공연기획자) 추가
- **(자격요건, 사증발급 및 체류관리 등)** 일반 기준 적용

46) 해외 영업원(2742)

- **(직종설명)** 해외 진출 관련 해외 바이어에게 상품을 판매하는데 필요한 영업활동과 해외
  판매자에게 상품을 수입하기 위한 영업활동을 수행하는 자 및 기타 해외영업 활동을
  통해 국가경쟁력 강화에 기여하는 자
  ※ 인터넷을 통하여 각종 상품을 해외에 판매하기 위해 온라인 쇼핑몰 상에서 판매할
  상품을 선정하여 등록하고 재고를 관리하며, 고객문의에 응대하고 주문상품을 발송하기
  위한 업무 전반을 관리하는 자를 포함
- **(도입 가능직업 예시)** 해외 영업원, 무역 영업원, 수출입 영업원 ※ 도입제한 : 무역사무원
  (3125)
  – 도입제한 : 국내 쇼핑몰 판매원, 판매 상품을 관리하는 사람 및 배송을 위한 상품을
    포장하는 일만 수행하는 사람, 무역사무원(3125)
- **(고용추천서 발급)** 산업통상자원부장관(KOTRA, 무역협회)*
      * 고용업체 또는 업체당 허용인원의 특례기준 적용대상자는 고용추천서 필수
- **(국민고용 보호 심사기준)** 적용 대상
  – 외국인투자업체, 특수언어지역 대상 수출업체는 별도기준 적용
  – 고용업체요건 및 업체당 허용인원 등 국민고용 보호를 위한 심사기준을 적용하되 외국
    인투자업체, 특수언어지역 대상 수출업체는 특례* 적용
  * (연간매출액 10만불 이상 + 국민고용인원 1명 이상인 ①외국인투자업체 또는 ②특수
    언어지역 대상 수출업체)는 외국인 1명 고용 허용
  * 특수 언어지역 대상 연간 50만불 이상 수출업체 : 국민고용인원의 70% 범위 내 외국인
    고용을 허용
  – **(기타사항)** 업체규모, 고용비율, 최저임금 등 별도로 국민고용 보호 내용이 없는 경우
    일반기준 전면 적용
- **(자격요건, 사증발급 및 체류관리 등)** 일반 기준 적용

◈ 해외영업원 별도적용 1 : 해외 온라인 상품 판매원(해외 영업원, 무역 영업원, 수출입 영업원은 위의 기존 규정 적용)

- **(고용업체 요건)** 아래의 요건을 모두 충족할 것

  ⅰ) 업태가 무역업일 것 (무역협회 등록 기업일 것)

  ⅱ) 전년도 해외 수출실적이 50억 이상일 것

  ⅲ) 판매원을 위한 사무공간을 갖추었을 것(원격근무, 파견근무 불인정)

- **(학력 및 경력 요건)** 별도 요건 적용

  ⅰ) 국내 전문학사 이상 학력 소지자

  ⅱ) 해외 학사 학력을 소지하고 해당분야 경력 1년 이상인 자 또는 석사학력 이상인 자

- **(자격요건)** 한국어 능력시험(TOPIK) 3급 이상 자격증 소지자

- **(사증발급 및 체류관리 등)** 일반기준을 적용하되 사후관리 강화

  - **(사증발급인정서)** 체류기간 상한 1년의 단수사증 발급

  - **(체류기간연장)** 체류기간 연장 심사 시 전년도 급여기록을 확인하여 임금요건을 미충족 시 체류허가 등 제한

    · 요건 미비 외국인에 대해서는 연장허가 기간 단축 부여

    · 제출된 고용계약서에 따라 임금을 지급하지 않고 이를 위반·남용한 해당 기업에 대해서는 신규 초청(취업) 제한

  - **(근무처 변경)** 근무처 변경 및 추가 제한, 휴폐업 및 경영악화 등으로 부득이한 근무처 변경 시에도 출국 후 사증발급 후 재입국

  - **(자격외 활동)** 자격외 활동 허가 제한

  - **(추가 제출서류)** 무역실적 증빙서류, 사무공간 확보 증빙서류, 한국어 능력 입증서류

- **(허용인원 기준)** : 전년 수출 실적이 50억 이상인 경우에 한 함

  - 실적이 50억 이상 ~100억 이하인 경우 최대 40명 이내

  - 실적이 100억원 이상인 경우 인원제한 없음. 단, 해당분야 고용인력 70% 이내에서 허용

47) 기술 영업원(2743)

- **(직종설명)** 산업용 장비, 정보통신 장비, 그 외의 부품이나 제품, 설비의 사용법이나 보수 등 기술에 관한 전문적 지식을 활용하여 기계나 장비, 설비 등을 판매하고 고객에게 기술적인 지도를 수행하는 자

- **(도입 가능직업 예시)** 의약품 판매원, 네트워크·컴퓨터하드디스크·멀티미디어시스템·컴퓨터소프트웨어·통신기기·전산장비·반도체장비·웹개발·계측장비·모바일솔루션·통신부품·데이터복구·전자부품·보안솔루션·PCB·인터넷솔루션·CCTV시스템·

ERP프로그램·GPS·IT솔루션·ITS·KMS·교환기·초음파기·네트워크장비·MRI·영상기기·산소호흡기·휴대폰부품·심전도기·SMPS·의료장비·농업용트랙터·수입의료장비·엔진·펌프·자동차부품·공작기계·자동화설비·모터·유압기계·기계부품·환경설비·자동화기기·절삭공구·식품포장기계·조선기자재·플랜트설비·금형기계·철강재·산업용보일러·산업용펌프·건설장비 기술 영업원

- **(고용추천서 발급)** 산업통상자원부장관(KOTRA), 중소벤처기업부장관(중소벤처기업진흥공단) : 중소기업에 한함
- **(자격요건, 사증발급 및 체류관리 등)** 일반 기준 적용

48) 기술 경영 전문가(S2743)

- **(직종설명)** 공학지식과 경영지식을 접목시켜 경영기법을 통해 효율적 기술관리 및 기술혁신 업무를 수행하는 자
- **(도입 가능직업 예시)** 연구개발(R&D) 전략 전문가, 기술 인프라 전문가, 제품 및 생산기술 전문가, 기술사업화 전문가, IT컨설팅 전문가
- **(고용추천서 발급)** 산업통상자원부장관(KOTRA) ※ 필수
- **(자격요건, 사증발급 및 체류관리 등)** 일반 기준 적용

49) 번역가·통역가(2814)

- **(직종설명)** 한 나라의 언어를 다른 나라의 언어로 옮겨 표현하는 전문적 작업을 수행하는 자와 사용하는 언어가 서로 다른 사람들 사이에서 순조로운 의사소통이 가능하도록 대화 내용을 상대방 언어로 전환·표현하여 전달해 주는 자
- **(도입 가능직업 예시)** 각종 통번역 전문 기업 등의 번역가, 통역가
- **(자격요건)** 석사 이상, 학사 및 경력 1년 이상자로서 모국어 이외의 다른 외국어 또는 한국어를 유창하게 구사*
  * 활동분야와 관련이 있는 분야에 대한 지식이 있어야 하고, 모국어를 제외한 다른 외국어의 구사능력은 해당국 유학경력, 어학능력 공인자격증 (한국어 토픽 6급 또는 KIIP 5단계 이상) 등으로 확인
- **(고용업체 요건 등)** 국민고용 보호를 위한 심사기준 준용
- **(사증발급 및 체류관리 등)** 일반 기준 적용

50) 아나운서(28331)

- **(직종설명)** 준비된 뉴스, 광고, 특별 공지사항 등의 원고를 읽거나 기타 방송 프로그램의 진행을 통해 중요한 정보와 새로운 소식을 전해 주는 직무를 수행하는 자

- (도입 가능직업 예시) 아나운서
- (고용추천서 발급) 방송통신위원회 ※ 필수
- (자격요건, 사증발급 및 체류관리 등) 일반 기준 적용

51) 디자이너(285)
- (직종설명) 생활용품·가구·완구 등의 제품과 의류·신발 등의 패션디자인 및 인테리어 디자인·자동차 디자인 등의 분야에 예술적 기법을 사용하는 자
- (도입 가능직업 예시) 제품 디자이너 (자동차, 가구 등 디자이너), 패션 디자이너 (직물, 의상, 액세서리, 가방 및 신발 디자이너), 실내장식 디자이너 (인테리어 디자이너, 디스플레이어), 시각 디자이너 (광고, 포장, 북 디자이너, 삽화가 등)
- (고용추천서 발급) 중소벤처기업부장관(중소벤처기업진흥공단) : 중소기업에 한함
- (자격요건, 사증발급 및 체류관리 등) 일반 기준 적용
- (업체당 고용허용인원) 내국인 피보험자 수에 따라 업체당 최대 3명
  - 5명~50명 미만 : 1명, 50명 ~ 99명 : 2명, 100명 이상 : 3명

52) 영상관련 디자이너(S2855)
- (직종설명) 영화 또는 방송드라마를 제작하기 위하여 무대 및 세트의 장식을 계획하여 디자인하고 배치하는 자와 컴퓨터 그래픽을 통하여 방송, 영화, 게임에 필요한 자막이나 그림 등을 디자인하는 자
- (도입 가능직업 예시) 무대 및 세트 디자이너, 웹 디자이너(멀티미디어 등), 게임그래픽 디자이너, 캐릭터 디자이너, 영화 CG 디자이너
- (고용추천서 발급) 문화체육관광부장관(영상콘텐츠산업과)
  - 추천대상 : 영화 및 TV 프로그램 제작업체
- (자격요건, 사증발급 및 체류관리 등) 일반 기준 적용

Ⅲ. 준전문인력에 대한 세부기준
1. 적용대상 유형
- (사무종사자) '한국표준직업분류'(통계청 고시 제2017-191호, '18.1.1.시행) 상 대분류 항목 3(사무종사자)의 직종 중 법무부장관이 선정한 5개 직종
- (서비스종사자) '한국표준직업분류' 상 대분류 항목 4(서비스 종사자)의 직종 중 법무부장관이 선정한 5개 직종

2. 직종별 세부 심사기준

가. 사무종사자 (5개 직종)

1) 면세점 또는 제주특별자치도 내 판매사무원(31215)

- **(직종설명)** ① 면세점 등에서 외국인을 대상으로 수출 증대 및 판매확대를 위하여 판매계획을 입안하고 직접 판매 업무에 종사 ② 영어상용화를 위해 제주 영어교육도시 내 식품접객업소 또는 상점 등 상업시설에서 판매업무에 종사하는 자 ③ 제주특별자치도 내 음식점에서 한국어 통역과 판매업무에 종사하는 자

- **(도입 가능직업 예시)** 면세점 판매 사무원, 외국인관광객 면제판매장 판매 사무원, 제주영어교육도시 내 식품접객업소 또는 상점 등 상업시설의 판매종사자, 제주특별자치도 내 음식점 통역·판매사무원

- **(국민고용 보호 심사기준)** 적용 대상 (별도 기준 적용)

- **(기타사항)** 업체규모, 고용비율, 최저임금 등 별도로 국민고용 보호 내용이 없는 경우 일반기준 전면 적용

- **(유형별 판매사무원 자격요건)**

① 면세점, 외국인관광객 면세판매장

ⅰ) 여행사 등의 관광가이드 경력 3년 이상자

※ 해당 경력은 면세점 판매사무원 경력으로 한정(일반판매직 경력 불인정)하며, 관광가이드 경력도 면세점 근무경력으로 인정이 가능

ⅱ) 면세점 판매사무원 경력 3년 이상

ⅲ) 관광가이드 + 면세점 판매사무원 경력 3년 이상

ⅳ) 국내 전문대학 이상 졸업(예정)자(전공불문, 경력불문)

ⅴ) 해외 4년제 대학(학사학위)이상 졸업자(전공불문, 경력 불문)

② 제주영어교육도시 내 상업시설 : 국제학교 재학생 부모나 교직원의 가족, 18세 이상 해외 본교 졸업생*

* 영어를 모국어로 하는 국가의 국민은 별도 자격요건이 없으나 영어를 모국어로 사용하지 않는 국가의 국민인 경우에는 공인영어시험(TOEIC) 점수가 800점 이상이거나 TESOL 자격증 소지자로 제한

③ 제주특별자치도 내 음식점 : 아래 중 하나의 요건을 갖춘 자

ⅰ) 국립국제교육원 시행 한국어능력시험(TOPIK) 2급 이상 자격 소지자

ⅱ) 사회통합프로그램(KIIP) 2단계 이상 이수자

ⅲ) 국내 전문대학 이상의 교육기관에서 2년 이상의 정규과정을 이수한 자

ⅳ) 국내 대학에서 정규 한국어 연수 과정(D-4-1)을 6개월 이상 수료하고 한국어능력시험(TOPIK) 1급 이상을 취득한 자

ⅴ) 현지 정규대학에서 실시하는 한국어 교육과정을 3개월 이상 이수한 자('19. 12. 31. 까지 적용)

    ▶ ⅴ) 요건에 해당하는 사람에 한해서는 사증발급인정서 발급에도 불구하고 한국어 구사능력 확인을 위한 영사인터뷰 실시 후 사증발급

    ※ 자격 요건을 갖춘 경우 폭넓게 체류자격변경 허용(단, 단기사증 및 D-3, E-9, E-10, G-1 등 자격은 제외)

- (면세점, 외국인관광객 면세판매장 최소요건 및 허용인원 산정기준)
  - (최소요건) 외국인관광객 면세판매장 지정 또는 보세판매장 특허 + 연매출 2억4천만 원(월 2,000만 원) 이상 + 사업장 면적 200㎡ 이상(계약서, 일반건축물대장, 영업신고증 중 택일하여 계산) + 상시 2인 이상의 국민고용
- (제주특별자치도 내 음식점 최소요건 및 허용인원 산정기준)
  - (최소요건) 사업장 면적 100㎡ 이상 + 연간 매출액 1억원 이상 + 상시 2명 이상의 국민고용

    ☞ **단, 연간 매출 3억 이상인 식당(한식, 양식, 중식, 일식당에 한함)에 대해서는 면적요건을 70%만 충족하여도 최소 1명 허용**
  - (허용인원 산정기준) 연간 매출액 기준으로 업체당 최대 3명

허용인원	1명		2명	3명
면적	70㎡이상	100㎡이상	100㎡이상	100㎡이상
매출	3억~5억 미만	1억~3억 미만	5억~10억미만	10억이상
국민고용	1인 이상	1인 이상	2인 이상	3인 이상

    ☞ 단, 면적이 70 ~99㎡인 경우 매출액이 1억원 이상이고 자방자치단체로부터 모범 음식점으로 지정된 경우 최소 1명의 외국인 고용을 허용

  - (국민고용) 신청일 기준 고용보험가입자명부에 3개월 이상 등재 + 법정 최저임금 이상의 월 급여를 지급(직원급여지급명세서로 시급과 월급 모두 충족)하는 경우에 한하여 국민고용 인원으로 산정
  - (이탈자 발생업체 공제) 이탈자 발생 시 이탈일로부터 1년간 이탈 인원 수를 고용허용 인원에서 공제
  - (체류 관리부실 업체 고용 제한) 신청일 기준 임금체불 등으로 인하여 기타(G-1)자격으로 변경한 업체에 대해서는 외국인 인권보호 및 외국인의 남용 방지를 위해 체류관리를 적정하게 하지 않은 고용주에 대한 신규 고용 1년간 제한(이탈인원에 포함시켜 고용인원에서 1년간 공제)
- (사증발급) 체류기간 상한 2년 내의 단수사증 발급

- **(제주영어교육도시 내 상업시설 종사자 특례)** 제주국제학교 재학생 부모나 교직원의 가족은 체류자격외활동허가, 18세 이상 해외 본교 졸업생 중 무사증 입국자는 체류자격 변경 허가를 통해 취업 허용
- **(체류관리 등)** 일반 기준 적용
  - 단, 제주도 음식점 통역판매 사무원의 제주도외 지역에서의 구직(D-10)자격 변경 금지, 사증발급인정서 발급 통해 재입국
- **(추가 제출서류)** 사업장 면적 입증서류, 매출요건 입증서류, 고용보험가입자명부, 사업장용 고용보험피보험자격 취득 내역

2) 항공운송 사무원(31264)
- **(직종설명)** 항공운송 사업체에서 승객을 위하여 예약을 접수, 항공권을 발권하고, 손님이 제시한 항공권의 유효성을 점검하며 승객명, 탑승구간, 비행편명 등에 의한 예약상황을 조회하고 좌석을 배정하는 업무를 수행하는 자
- **(도입 가능직업 예시)** 항공운송 사무원
- **(자격요건)** 석사 이상, 학사 및 경력 1년 이상
- **(사증발급 및 체류관리 등)** 일반 기준 적용

3) 호텔 접수사무원(3922)
- **(직종설명)** 호텔에서 고객에 대해 접수 및 예약을 하고, 고객이 방문하였을 경우 예약 여부를 확인하고 이에 대한 조치를 취하거나, 각종 안내 서비스 업무를 수행하는 자
- **(도입 가능직업 예시)** 프런트데스크 담당원
- **(고용추천서 발급)** 문화체육관광부장관(관광산업과) ※ 필수
- **(자격요건)** 일반기준 적용. 단, 학위 없이 경력으로 요건을 충족하는 경우는 제한(관련분야 5년 이상 경력자는 발급 제한)
- **(고용업체 기준)** 관광진흥법시행령 제2조 규정의 관광호텔업, 수상관광호텔업, 한국전통호텔업 및 가족 호텔업 중 전년도 연간 숙박인원에서 외국인 비율이 40%를 초과하는 호텔
- **(업체당 허용인원 기준)** 국민고용 보호를 위해 호텔 당 최대 5명, 총 400명 이내
- **(사증발급)** 체류기간 상한 2년의 단수사증
- **(체류관리 등)** 일반 기준 적용

4) 의료 코디네이터(S3922)
- **(직종설명)** 병원에서 진료 등을 위해 입국하려는 외국인환자 안내 및 유치활동보조,

진료 예약 및 통역, 고객관리 등 외국인환자를 위한 종합적인 서비스를 제공 하는 자

- (도입 가능직업 예시) 의료 코디네이터
- (국민고용 보호 심사기준) 적용 대상 (별도 기준 적용)
- (고용업체 기준) 의료해외진출 및 외국인환자 유치 지원에 관한 법률 제6조에 따라 등록한 외국인환자유치 의료기관 및 외국인환자 유치업자
- (업체당 허용인원 기준) 유치의료기관은 2명 이내, 유치업자는 1명 이내(다만, 최근 1년간 외국인환자 유치실적이 인원 1,000명 이상인 경우에는 초과 1,000명당 1명씩 추가고용 허용)
  ▸ (「의료해외진출법」 제14조에 따른 '지정유치기관'에 대한 특례) 지정유치의료기관 당 3명 이내, 지정유치업자는 2명 이내(최근 1년간 외국인환자 유치실적이 인원 1,000명 이상인 경우에는 초과 1,000명당 1명씩 추가고용 허용)
- (기타사항) 업체규모, 고용비율, 최저임금 등 별도로 국민고용 보호 내용이 없는 경우 일반기준 전면 적용
- (고용추천서 발급) 보건복지부 장관(보건산업해외진출과) ※ 필수
- (자격요건) 아래 요건중 하나 이상을 충족하는 자
  ① 의사·간호사·약사 등 보건의료인 자격증 소지자 또는 관련 학과를 졸업한 전문학사 이상 학위 소지자
  ② 국내 대학을 졸업(예정자 포함)한 학사 이상의 학위 소지자(수여예정자 포함)로서 한국보건복지인재원에서 진행하는 국제의료코디네이터 전문과정 또는 의료통역 전문과정을 이수한 자
  ③ 국가기술자격법 시행규칙 별표2에 규정된 '국제의료관광 코디네이터' 자격증을 취득한 자
  ④ 「의료해외진출법」 제13조에 따른 '의료통역능력검정시험 인증서'를 취득한 자
- (첨부서류) '국제의료관광 코디네이터' 국가기술자격증 사본(해당자), 국제의료코디네이터 전문과정 수료증사본(해당자), 의료통역 전문과정 수료증 사본(해당자), 의료통역능력검정시험 인증서 사본(해당자), 외국인환자 유치기관등록증 등 사본, 신원보증서 등 추가
- (사증발급) 체류기간 상한 2년의 단수사증
- (체류관리 등) 일반 기준

5) 고객상담 사무원(3991)

- (직종설명) 각 업체에 소속되어 국제용역, 해외영업에 한하여 종사하는 자로 외국인 고객을 대상으로 각종 서비스 홍보, 전화판촉, 영업 등의 업무를 수행하는 자. 서비스

대상을 선정하고 스크립터를 작성한 후 전화, 이메일, SNS를 통하여 여러 가지 상품에 대한 서비스 내용을 제공하고, 구매·이용·사용·상담·불만접수 등의 처리를 담당

- **(도입가능 분야)** 국제용역 수행 및 해외 영업을 위한 온라인 상담 사무원. 단, 해당직무가 국민의 대체성이 사실상 없음을 증명하여야 함
  - 제외자 : 텔레마케터, 방문·노점·이동 판매원(지정 근무처 이외 장소 금지), 홍보 도우미, 판촉원 등
- **(국민고용 보호 심사기준)** 적용대상 (별도 기준 적용)
  - **(고용업체 요건)** 아래의 요건을 모두 충족할 것
    - ⅰ) 국제용역 계약에 따라 해외 국가 국민에 대해 서비스를 제공하거나 국내에서 해외에 서비스를 제공 할 것
    - ⅱ) 상시근로자 500명 이상이고, 국제용역계약 또는 국제용역 서비스 제공에 따른 전년도 매출액이 50억원 이상 일 것
      (해외업체의 용역을 수주하였거나, 해외사업 진출 업체임을 입증하여야함)
    - ⅲ) 업체가 직접고용(아웃소싱 금지)하고 별도의 사무공간을 갖추었을 것(원격근무 금지)
  - **(임금요건)** 월평균 총 급여가 전년도 동일 사업장내의 동일 업무수행 내국인 평균임금 이상일 것
  - **(기타사항)** 업체규모, 고용비율, 최저임금 등 별도로 국민고용 보호 내용이 없는 경우 일반기준 전면 적용
- **(학력 및 경력 요건)** 별도 요건 적용, 단, 관계부처 고용추천이 있는 경우 학력, 경력요건 면제
  - ⅰ) 국내 전문학사 이상 학력 소지자
  - ⅱ) 해외 학사 학력 소지자로 해당분야 경력 1년 이상인자 또는 석사 학력 이상인 자
- **(자격요건)** 한국어 능력시험(TOPIK) 2급 이상 또는 KIIP 2단계 이수 또는 토익 (TOEIC) 730점 이상 자격 소지자
- **(사증발급 및 체류관리 등)** 일반기준을 적용하되 사후관리 강화
  - **(사증발급인정서)** 체류기간 상한 1년의 단수사증 발급
  - **(체류기간연장)** 체류기간 연장 심사시 전년도 급여기록을 확인하여 임금요건을 미충족 시 체류허가 등 제한
    - 요건미비 외국인에 대해서는 연장허가 기간 단축 부여 또는 체류허가 제한
    - 제출된 고용계약서에 따라 임금을 지급하지 않고 이를 위반·남용한 해당 기업에 대해서는 신규 초청(취업) 제한
  - **(근무처 변경)** 근무처 변경 및 추가를 원칙적으로 제한하며, 휴폐업 및 경영악화 등으로

부득이한 근무처 변경 시에만 예외적으로 허용하고, 근무처 변경 시에는 출국 후 사증을 발급 받아 재입국

- **(자격외 활동)** 자격외 활동 허가 제한
- **(추가 제출서류)** 국제용역계약서, 사무공간 확보 증빙서류, 한국어 능력 입증서류, 실적 입증서류

• **(허용인원 기준)**
- 국제용역 매출 실적이 50억 이상 ~100억 이하인 경우 최대 40명 이내
- 국제용역 분야 매출액이 100억원 이상인 경우 인원제한 없음, 단, 해당분야 고용인력 70% 이내에서 허용

나. 서비스 종사자 (5개 직종)

1) 운송 서비스 종사자(431)

• **(직종설명)** 선박 등에서 여객의 안락과 안전을 확보하고 여객의 편의를 도모하는 자
• **(도입 가능직업 예시)** 국제 여객선 승무원(금강산 관광선 등), 국제선 항공사 객실승무원, 국내 운수회사 선박 등의 승무원　　※ 도입 불가 : 선박 웨이터
• **(자격요건)** 석사 이상, 학사 및 경력 1년 이상, 경력 3년 이상
• **(사증발급)** 체류기간 상한 2년 내의 단수사증 (체류기간 1년 이하의 단수사증은 공관장 재량 발급)
• **(체류관리 등)** 일반 기준 적용
　　※ 국내 운영 대한민국선박에 근무하는 외국인선원 체류자격 구분
• **(전문인력)** 선원법 제3조제2호 규정에 의한 선장, 동조 제4호 규정에 의한 직원 (항해사, 기관장, 기관사, 통신사, 운항사, 어로장, 사무장, 의사)
　▶ 대한민국법률에 의하여 인정된 외국의 국가공인자격증을 소지하고 대한민국법률에 따라 해당업무를 수행할 수 있는 선장 등 : 전문직업(E-5)
　▶ 정기여객선 승무원, 금강산관광선 승무원, 항공사승무원과 같이 승객에게 직접적으로 서비스를 제공하는 자로서 학위증 및 이력서 등을 통하여 전문서비스 종사자로 판단되는 경우 : 특정활동(E-7)
• **(비전문인력)** 물건운송, 하역, 주방보조, 청소 등 단순노무에 종사하는 부원과 어선원 등 : 선원취업(E-10)

2) 관광통역 안내원(43213)

• **(직종설명)** 국내를 여행하는 외국인에게 외국어를 사용하여 관광지 및 관광대상물을 설명하거나 여행을 안내하는 등 여행 편의를 제공하는 자

- (도입 가능직업 예시) 관광통역 안내원
- (고용추천서 발급) 문화체육관광부장관(관광산업과) ※ 필수
- (자격요건) 석사 이상, 외국대학 '한국학' 관련 학사 및 경력 1년 이상, 국내대학 관광·역사 계열학과 졸업자(졸업예정자 포함), 전문대학 이상 졸업자로서 국내 관광통역안내사 자격증 취득자
- (첨부서류) 관광사업자등록증 사본(일반여행업), 외국인관광객 유치실적 증빙자료 추가
- (고용업체 기준) 관광사업등록을 필하고 최근 2년 평균 연간 외국인 관광객 유치실적이 2,000명 이상(한국여행업협회 발급 외국인 관광객 유치실적 증명서 제출) 또는 이에 상응하는 실적*을 갖춘 일반여행업체
  * 해외 전세기 유치실적, 외국인 관광객 유치 관련 지자체 감사패, 우수여행사(문체부 지정) 또는 우수여행상품 보유 여행사(한국여행업협회 지정 등)
  – (기타사항) 업체규모, 고용비율, 최저임금 등 별도로 국민고용 보호 내용이 없는 경우 일반기준 전면 적용
- (업체당 허용인원 기준) **고용업체 기준을 충족하는 경우 업체당 최대 2명**
  * 단, 외국인관광객 유치실적이 2,000명 이상인 경우 상기 허용인원에서 외국인관광객 2,000명 당 1명씩 추가고용 허용
- (사증발급) 체류기간 상한 2년의 단수사증*
  * 단, 우리국민을 안내원으로 종사하도록 허용하지 않는 국가에 대해서는 상호주의를 적용하여 억제
- (체류관리 등) 일반 기준 적용

3) 카지노 딜러(43291)
- (직종설명) 카지노에서 승부도박을 진행하는 자
- (도입 가능직업 예시) 카지노 딜러
- (고용추천서 발급) 문화체육관광부장관(관광산업과)
- (자격요건) 별도 요건 적용, 경력 5년 이상
- (사증발급) 체류기간 상한 2년의 단수사증
- (체류관리 등) 일반 기준 적용

4) 주방장 및 조리사(441)
- (직종설명) 호텔, 음식점, 선박 등에서 조리계획을 세우고 음식점 및 기타 시설 안에서 조리사와 조리실 보조의 작업을 감독, 조정하는 자(주방장) 및 직접 음식을 만들기 위하여 각종 식료품을 준비하고 조리하는 자

- (도입 가능직업 예시) 양식 주방장 및 조리사, 중식 주방장 및 조리사, 일식 주방장 및 조리사, 기타 국가 음식 주방장 및 조리사
  ※ 도입 불가 : 한식 주방장 및 조리사, 분식·커피·전통차 조리사[한식조리사(4411)·음료조리사(4415)·기타 조리사(4419)]
- (국민고용 보호 심사기준) 적용 대상 (별도 기준 적용)
  − (기타사항) 업체규모, 고용비율, 최저임금 등 별도로 국민고용 보호 내용이 없는 경우 일반기준 전면 적용
- (자격요건 및 검증방법) 국내·외 교육기간, 입상경력, 자격증 수준 등에 따라 달리 정함
① 국제적으로 인정되는 국내·외 요리경연대회 입상경력자 : 자격증 및 경력요건 면제*
  * 수상경력 입증서류는 아포스티유 확인 또는 영사확인을 받아 제출하게 하되, 언론 보도 등으로 명백하게 확인이 되는 경우에는 영사확인 등 생략 가능
② 국외 자격증, 교육, 경력(해당 자격증 취득이후) 소유자

자격증 + 교육	경력	비고
중급 이상의 자격증	경력요건 면제	중국 : 1~2급 대만 : 갑(甲)급
초급 수준 자격증	경력 3년 이상	중국: 3급~4급 대만 : 을(乙)급, 병(丙)급
6개월 이상 교육이수자	경력 5년 이상*	
기타	경력 10년 이상**	중식, 일식, 양식 제외

  * 조리사 자격증, 경력증명서, 교육 이수증은 아포스티유 확인 또는 주재국 한국공관 영사확인을 받아 제출(단, 관광진흥법시행규칙 제25조에 따라 5성급으로 인정받은 호텔에서 직접 확인절차를 거쳐 선발한 주방장이나 전문 요리사의 경우에는 영사확인 등 생략 가능)
  ** 정규과정이 없는 현지 향토음식 등의 경우에만 허용
③ 국내 교육 + 자격증, 경력 소유자
 − 학,석사 이상 : 전공 불문 + 한국산업인력공단에서 조리관련 기능사 이상의 자격증 취득 + 경력 2년(단, 국내 교육기간이 2년 이상인 경우 면제)
 − 전문학사 : **관련분야 학위** + 한국산업인력공단에서 조리관련 기능사 이상의 자격증 취득 + 경력 2년(단, 국내 교육기간이 2년 이상인 경우 면제)
 − 사설기관 연수 : 관련 분야 연수(D-4-6) + 한국산업인력공단에서 조리관련 기능사 이상의 자격증 취득 + 경력 2년(단, 국내에서 D-4-6 사증을 소지한 동시에 20개월 이상 관련분야 연수를 이수한 경우 경력 면제)

– (제한대상) 한식 관련 전공자 연수자 및 한식 조리사 자격증 취득자에 대해서는 적용하지 않음
- **(고용업체 일반요건)** 관광호텔, 관광식당, 외국인관광객 전문식당, 항공사 기내식 사업부, 관광편의시설 지정은 받지 않았지만 최소 사업장면적·부가세액*·국민고용기준을 모두 갖춘 외국음식 전문식당
  - * 부가세액은 관할 세무서장 발행 '부가가치세과세표준증명'상의 '납부세액'의 연간 합계액을 말함
- **(고용업체별 사업장 면적 등 최소요건)**

구 분	사업장 면적	연간 부가세	내국인 고용인원
중식당	200㎡ 이상	500만원 이상	3명(고용보험가입자명부에 3개월 이상 등재된 국민·화교 등 영주권자·결혼이민자)
일반식당	60㎡ 이상	300만원 이상	2명(상동)
규제특구 지역 내 식당*	30㎡ 이상	200만원 이상	1–2명(상동) (면적 151㎡ 이상, 부가세 750만 원 이상 시만 적용)

  * 안산 다문화마을 특구 내 식당, 인천 중구 차이나타운 특구 내 중식당
– **(관광편의시설업 지정업체)** 관광편의시설업 지정을 받은 업체는 사업장 면적요건이 최소기준의 50% 이상이면 연간 부가세액과 내국인 고용요건을 갖춘 경우 인정
  ※ 단, 안산 다문화마을 특구 내 업체 및 인천 중구 차이나타운 특구 내 중식당은 상기 표와 같이 완화된 기준 적용(관광편의시설업 지정업체에 대한 특례와 중복 적용 불가)
– **(내국인 고용인원 산정)** 고용보험가입자명부에 3개월* 이상(신규업체는 3개월 이내) 등재된 국민·화교 등 영주권자·결혼이민자를 모두 포함
* 개업일이 신청일 기준 3개월 이내이거나, 내국인 고용인원 최소기준을 충족한 업체가 추가 또는 대체인력 신청 시에는 고용보험 가입기간을 적용하지 않음
– **(최소요건 심사기준)** 형식상 최소요건을 갖추었다 하더라도 외국인관광객 등 이용 현황 및 유치 가능성이 전무하고, 저임금 외국인요리사 활용 목적으로 판단되는 경우에는 원칙적으로 초청을 제한
- **(심사기준)** 기본원칙
  ① 사업장면적·부가세납부액*·고용인원별 허용인원의 합계 평균치로 산정하되 내국인 고용인원에 따른 허용인원을 초과하지 않도록 함

* (예외)부가세납부액 확인이 불가능한 신규 설립업체, 세금환급 또는 면세로 매출대비 정상 부가세 납부액 확인이 곤란한 경우 등은 동종 유사규모업체의 평균부가세납부액 또는 현재까지의 월 평균 부가세납부액을 연간 부가세납부액으로 환산하여 산정하거나, 부가가치세과세표준증명의 매출과세표준(수입금액)의 계(과세분+면세분)에 해당하는 연간합계 금액을 기준으로 산정할 수 있음
② (체류 관리부실 업체 고용 제한) 신청일 기준 임금체불 등으로 인하여 기타(G-1)자격으로 변경한 외국인이 있거나, 이탈자가 있는 업체에 대해서는 해당 인원수를 자격변경일 또는 이탈일로부터 1년 간 고용허용인원에서 공제
③ (내국인 고용인원) 신청일 기준 고용보험가입자명부에 3개월 이상 등재 + 법정 최저임금 이상의 월 급여를 지급(직원급여지급명세서로 시급과 월급 모두 충족)하는 경우에 한하여 내국인 고용인원으로 산정
※ 외국인단체관광객 전용식당, 외국인관광객 유치 등 우수업체, 관광편의시설지정업체 등에 대해서는 신청일 기준 고용보험가입자명부에 3개월 이상 등재되고, 법정 최저임금 미만의 월 급여(시급은 최저임금 요건을 충족할 것)를 지급받는 사람 2명을 내국인 고용인원 1명으로 환산하여 계산
④ (상시근로 어려운 업체 및 파견근로의 고용 제한) 웨딩홀, 출장뷔페, 이벤트 업체 등
• (업체별 허용인원 산정기준) 최소요건을 갖추고 외국인요리사 채용의 필요성이 인정될 때 아래 산정 기준표에 따라 허용인원 산정

업체 유형별 외국인 요리사 고용허용인원 산정기준

구분 / 허용 인원		1	2	3	4	5	6	7	8	9	10	11	12
① 사업장 면적(㎡)	중식당	200~	250~	300~	350~	400~	500~	600~	700~	800~	900~	1,00 0~	1,00 0~
	일반 식당	60~	70~	100~	150~	200~	250~	300~	350~	400~	500~	600~	700~
② 납세실적 (부가세) 단위: 만원374)	중식	500~	600~	800~	1,0 00	1,5 00	2,0 00	2,5 00	3,00 0~	3,50 0~	4,00 0~	5,00 0~	6,00 0~
	일반	300~	500~	600~	800~	1,0 00~	1,5 00	2,0 00	2,50 0~	3,00 0~	3,50 0~	4,00 0~	5,00 0~
매출과세표준 합계 (단위 : 억원)		0.6~	0.7 5~	1억~	2억~	3억~	4억~	5억~	6억~	7억~	9억~	11억~	12억~

③ 내국인 고용 인원 (단위: 명)	중식당	3~4	5	6	7	8	9	10	11~12	13~15	16~17	18~19	20~
	일반식당	2	3	4	4	5	6	7	8	9	10	11	12~

안산 다문화마을 및 인천 중구 차이나타운 특구 내 기준

구분 \ 허용인원	1명	2명	3명	4명	5명
사업장 면적	30~50㎡	51~100㎡	101~150㎡	151~200㎡	200㎡초과
연간 부가세납부액	200만 원 이상	250만 원 이상	500만 원 이상	750만 원 이상	1,000만 원 이상
매출과세표준 합계	4천만원 이상	5천만원 이상	1억원 이상	1억5천만원 이상	2억원 이상
내국인 고용인원	–	–	–	1명	2명

- (추가 첨부서류)
  - ▸ 요리사 자격요건 입증서류 : 택1
    - – 국내외 인정되는 요리경연대회 입상서류(원본제시, 사본제출)
    - – 자격증(원본제시, 사본제출) 및 경력증명서 (3년 또는 5년)
    - – 경력증명서 (10년, 향토음식에 한함)
  - ▸ 고용업체 요건 서류 :
    - – 고용보험 가입자 목록(공통)
    - – 사업장용 고용보험피보험자격 취득 내역(공통)
    - – 사업장 면적 입증서류(공통)
    - – 부가가치세과세표준증명(세무서장 발행, 공통)
    - – 관광편의시설업 지정 서류 (해당자에 한함)
    - – 외국인관광객 면세판매장(세무서장 지정) 또는 보세판매장(세관장 특허) 서류 (해당업체에 한함)
- (사증발급) 체류기간 상한 2년의 단수사증
- (체류관리 등) 일반 기준 적용

5) 요양보호사(42111)

- (직종설명) 식사, 목욕, 대소변 처리, 옷 갈아입기, 이동, 체위교환과 산책, 병원동행,

보행훈련 등 간단한 재활훈련과 같은 신체활동과 일상생활을 지원하며, 대화 상대가 되어주는 등 기타 심리적 지원을 위한 서비스를 제공하는 자

- (도입 가능직업 예시) 요양보호사
- (국민고용 보호 심사기준) 일반 기준 적용
  - 업체당 고용인원 : 국민고용인원 대비 20% 한도 내에서 허용
- (소득요건) 당해연도 최저임금 이상
- (자격요건) 아래 요건 모두 충족 필요
  - (학력) 국내 대학 전문학사 이상 학위 소지
  - (자격증) 요양보호사 자격증 소지
    ※ 한국보건의료인국가시험원 홈페이지(www.kuksiwon.or.kr)를 통해 진위여부 확인 가능
  - (한국어 능력) 사회통합프로그램(KIIP) 3급 이상 이수 또는 사전평가 61점 이상 또는 한국어능력시험(TOPIK) 3급 이상
- (제출서류) 학위증, 요양보호사 자격증, 한국어능력 증빙서류 등
- (허용인원 상한) 시범운영기간('24~'25년) 중 연간 총 400명 범위 내 도입·초청 허용
  ※ 사증발급인정서 발급 및 체류자격 변경 접수·심사 → 본부(체류관리과)에 쿼터 배정 요청 → 쿼터 번호 발부 → 허가
- (고용업체 기준) 「노인복지법」에 따른 노인의료복지시설
  ※ 관할 시·군·구에서 발급한 장기요양기관지정서 (기관기호가 1로 시작하는 시설)
- (체류관리 등) 일반기준 적용
  - (근무처 변경) 휴·폐업, 경영악화, 고용계약 만료 등 외국인 근로자의 귀책사유가 없는 경우 근무처 변경을 허용

Ⅳ. 기능인력에 대한 세부기준

1. 적용대상자

- (일반 기능인력) '한국표준직업분류' 상 대분류 항목 6(농림어업 숙련 종사자) 및 항목 7(기능원 및 관련 기능 종사자)직종 중 법무부 장관이 선정한 9개 직종
- (숙련기능인력 점수제) '한국표준직업분류' 상 대분류 항목 6(농림어업 숙련 종사자) 및 항목 7(기능원 및 관련 기능 종사자)직종 중 점수제 평가에 따라 E-9, E-10, H-2 자격에서 체류자격변경이 허용되는 법무부장관이 선정한 3개 직종
  ※ 국내 체류 중 음주운전, 폭행, 절도 등 형사범죄경력이 있는 경우 사증발급인정서 발급 억제대상임

2. 직종별 세부 심사기준

가. 일반 기능분야 종사자 (9개 직종, E-7-3)

1) 동물사육사(61395)

- **(직종설명)** 동물원, 경마장, 경주용 동물 등을 전문적으로 사육하는 농장 등에서 풍부한 전문지식과 경험을 바탕으로 동물들에게 먹이를 주며 건강상태를 상세히 체크하고, 동물의 습성과 성향을 숙지하고 훈련시키는 자
- **(도입 가능직업 예시)** 동물사육사
- **(자격요건)** 일반 요건 적용
- **(사증발급)** 체류기간 상한 2년의 단수사증
- **(체류관리 등)** 일반 기준 적용

2) 양식기술자(6301)

- **(직종설명)** 해삼양식장에서 해삼 종묘 생산 및 해삼 사료의 개발과 가공에 종사하면서 관련 기술을 전수하고 제공하는 자
- **(도입 가능직업 예시)** 해삼양식 기술자 또는 새우양식 기술자만 허용
- **(국민고용 보호 심사기준)** 적용 대상(별도 기준 적용)
  - **(고용업체 기준)** 해양수산부에서 정하는 요건을 구비한 업체*
  * 해양수산부는 수산종자산업육성법에 따라 발급된 수산종자생산업허가증, 사업계획서, 중국기업 등기부등본 사본, 고용계약서, 재직(경력)증명서, 이력서, 졸업증명서 등을 제출받아 심사 후 고용추천서 발급
  - **(급여요건)** 월 급여는 전년도 월 평균 GNI 80% 이상
- **(고용추천서 발급)** 해양수산부 장관(양식산업과) ※ **필수**
- **(자격요건)** 수산분야 학사이상 학위, 수산분야 전문학사학위 + 해당 양식기술 분야 2년 이상 경력, 해당 양식기술 분야 5년 이상 경력
- **(추가 제출서류)** 종묘생산(또는 양식) 어업허가증 사본, 신원보증서, 수산종자생산업 허가증(해당자에 한함)
- **(허용인원 기준)** 1개 업체당 3명 이내 (단, 해양수산부와 법무부가 협의하여 달리 정한 경우는 예외)
- **(사증발급)** 체류기간 상한 2년의 단수사증
- **(체류관리 등)** 일반 기준 적용

3) 할랄 도축원(7103)

- **(직종설명)** 이슬람 율법에 따라 도축(도계)할 수 있는 자격과 경력을 갖추고 국내 할랄

도축(도계)장에서 도축 등의 업무에 종사하는 자
- (도입 가능직업 예시) 도축원, 도살원
- (국민고용 보호 심사기준) 적용 대상(별도 기준 적용)
  - (고용업체 요건) 한국이슬람교중앙연합회(KMF) 또는 해외 국가별 주요 인증기관에서 할랄 도축(도계)장 인증을 받은 업체*
  * 할랄 전용 도축(도계)장 또는 전용라인을 설치하고 최소 3인의 무슬림 도축인력을 확보한 업체에 대해 인증서 발급
    - (업체당 허용인원) 연간 매출액 기준으로 80억 원 이하인 업체는 3명 이내, 80억 원을 초과하는 업체는 7명 이내
    - (기타사항) 업체규모, 고용비율, 최저임금 등 별도로 국민고용 보호 내용이 없는 경우 일반기준 전면 적용
- (고용추천서 발급) 농림축산식품부 장관(축산정책과) ※ 필수
- (자격요건) 고등학교 이상 졸업 + 5년 이상 할랄 도축 경력(단, 관련 자격증 소지자의 경우에는 3년 이상 근무경력)
- (사증발급) 체류기간 상한 2년 이내의 단수사증
- (체류관리 등) 일반 기준 적용

4) 악기 제조 및 조율사(7303)
- (직종설명) 악기 제조사에서 나무나 플라스틱, 철 등의 원료를 가공하여 피아노, 바이올린 등 각종 악기를 제조하거나 조율하는 자
- (도입 가능직업 예시) 악기 제조사, 조율사
- (자격요건) 경력 10년 이상
- (사증발급) 체류기간 상한 2년의 단수사증
- (체류관리 등) 일반 기준 적용

5) 조선용접공(7430)
- (직종설명) 조선 분야 등의 비철금속 성형 및 제조에 관한 숙련 기능을 보유한 자
- (도입 가능직업 예시) 조선분야 숙련용접공(Tig 용접, CO2용접, 알곤용접)
- (국민고용 보호 심사기준) 일반 기준 적용
- (소득요건) 전년도 1인당 국민총소득(GNI)의 80% 이상
- (도입 절차)
  - (기량검증) 산업통상부 지정 기관(예 : 조선해양플랜트협회)에서 기량검증단을 구성하여 조선 용접분야 현지 기량검증 실시 후 통과자들에게 기량검증 확인서 발급

- **(고용추천서 발급)** 산업통상자원부장관(조선해양플랜트과) ※ 필수
  - 출입국관리법 시행령 제7조제6항에 따라 추천서 발급 기준, 기량검증 절차 등은 산업통상자원부 장관이 법무부 장관과 협의하여 따로 정함
- **(자격요건)** 중급이상 조선용접공 자격증 취득 후 2년 이상 경력 + 현지 기량검증 통과
  - **(용접자격증)** 국내 조선소에서 일반적으로 통용되는 AWS 등*의 기준을 적용하여 발급된 중급**이상의 FCAW, GMAW, GTAW 용접기술 분야의 자격증(신원, 기량수준, 적용기준 등이 명시되어 있으며, 발급처의 직인 또는 책임자의 서명 등이 포함된 출입증(또는 사원증), 시험결과지 및 재직증명서 등을 포함)으로 한정
    * AWS(미국용접협회), ASME(미국기계기술자협회), ISO(국제표준화기구), EN(유럽표준), 국제선급협회[한국선급(KR), 미국선급(ABS), 영국선급(LR), 노르웨이·독일선급(DNVGL) 등]
    ** 용접자세 중 아래보기(일반적으로 F, 1G로 표기) 및 수평(일반적으로 H, 2G로 표기)을 제외
- **(유학생 특례)** 국내 대학에서 이공계 전문학사 이상 학위를 취득한 외국인 유학생이 조선업체 취업이 확정되고 산업통상자원부 장관의 고용추천을 받은 경우 체류자격 변경을 허용
- **(제출서류)** 국제선급회사 등 발급 자격증, 기량검증단 발급 기량검증확인서, 학위증(해당자) 추가
  ※ 송출국 정부에서 발행한 자격증 및 경력사항이 포함된 확인서를 아포스티유(또는 영사확인) 받아 제출하는 경우에도 인정
- **(고용업체 기준)** 조선소, 선박관련 블록제조업 및 조선 기자재 업체* 중 최근 1년 간 연평균 매출액이 10억원 이상 + 상시 근로자 10인 이상 + 최근 2년 이내 법 위반 및 이탈자가 발생하지 않은 업체**
  * 조선업 전업률이 50% 이상임을 산업통상자원부가 지정하는 기관에서 발행하는 확인서를 통해 확인된 조선 기자재 업체(확인기관, 확인절차 등 세부 사항은 산업부장관이 정함)
  ** 다만, 이탈자가 발생한 경우라도 초청 업체가 업체의 건전성(납세실적, 국민고용 유지 여부), 근로자 관리 의무 이행 사실 및 근로자 활용 능력을 입증할 경우 이탈일로부터 2년 간 이탈 인원 수를 고용 허용인원에서 공제한 뒤 고용 허용
    ※ 제출서류 및 전산기록 등으로 대상 외국인 및 고용업체의 요건 등을 심사하고, 실태조사가 특히 필요하다고 판단되는 경우 실태조사 실시
- **(사증발급)** 체류기간 상한 2년의 단수사증
- **(체류관리 등)** 일반 기준 적용하되, 사후관리 강화*

- **(사회통합프로그램)** 국내 입국 후 1년 이내에 사회통합프로그램 사전평가 21점 이상 취득 또는 사회통합프로그램 1단계 이상 이수 여부 확인(유학생 특례 적용 대상자들은 이수 불필요, '24.1.1. 이후 입국자부터 적용)

  * 조선협회 주관으로 체류자 대상 한국어교육 및 기량 미달자에 대한 사내(위탁)기술교육을 실시하고, 휴·폐업 및 임금체불 등으로 정상근무가 어려운 경우 조선용접공 추가 채용이 필요한 관리우수업체로 재취업 유도

- **(근무처 변경)** 근무처 변경은 휴·폐업, 경영악화 등 부득이한 경우 또는 외국인의 귀책사유가 없는 경우에 한정하며, 근무처 변경 허가 시 해당 외국인의 자격요건, 고용업체 기준, 업체당 허용인원 등은 사증발급 기준에 준하여 심사

  ※ 근무처 변경 시 조선해양플랜트협회 발급서류(고용추천서 및 기업체 현장실사 보고서(부득이한 근무처 변경 시)) 필수

- **(기타사항)** 업체규모, 고용비율, 최저임금 등 별도로 국민고용 보호 내용이 없는 경우 일반기준 전면 적용

6) 선박 전기원(76212)

- **(직종설명)** 케이블 가설, 화재경보장치, 내부통신 시설 등의 선박 내 배선 및 장치를 설치하고 수리하는 자
- **(도입 가능직업 예시)** 선박전기원, 선박전기 수리원
- **(국민고용 보호 심사기준)** 일반 기준 적용
- **(소득요건)** 전년도 1인당 국민총소득(GNI)의 80% 이상
- **(자격요건)** 아래 중 하나의 요건을 구비하고 산업통상자원부 장관으로부터 조선해양플랜트분야 고용추천을 받은 기업에 고용된 자
  - ① 관련 분야 학사 학위 이상을 소지한 해당분야 1년 이상 경력자
  - ② 관련 분야 전문학사 학위 이상을 소지한 해당분야 5년 이상 경력자
  - **(기량검증 특례)** 산업통상자원부 지정 기관(예 : 조선해양플랜트협회)의 조선분야 전기설비 현지 기량 검증을 통과한 사람에 대해(기량검증확인서 확인) 경력 요건 완화
    - ① 관련 분야 학사 학위 이상 소지자 : 경력 면제
    - ② 관련 분야 전문학사 학위 소지자 : 해당 분야 2년 이상 경력
- **(유학생 특례)** 국내 대학에서 이공계 전문학사 이상 학위를 취득한 외국인 유학생이 조선업체 취업이 확정되고 산업통상자원부 장관의 고용추천을 받은 경우 체류자격 변경을 허용
- **(고용추천서 발급)** 산업통상자원부 장관(조선해양플랜트과) ※ 필수
  - 출입국관리법 시행령 제7조제6항에 따라 추천서 발급 기준, 기량검증 절차 등은 산업통상자원부 장관이 법무부 장관과 협의하여 따로 정함

- (사증발급) 체류기간 상한 2년의 단수사증
- (체류관리 등) 일반 기준 적용
  - (사회통합프로그램) 국내 입국 후 1년 이내에 사회통합프로그램 사전평가 21점 이상 취득 또는 사회통합프로그램 1단계 이상 이수 여부 확인(유학생 특례 적용 대상자들은 이수 불필요, '24.1.1. 이후 입국자부터 적용)
  - (근무처 변경) 근무처 변경은 휴·폐업, 경영악화 등 부득이한 경우 또는 외국인의 귀책사유가 없는 경우에 한정하며, 근무처 변경 허가 시 해당 외국인의 자격요건, 고용업체 기준, 업체당 허용인원 등은 사증발급 기준에 준하여 심사
  ※ 근무처 변경 시 조선해양플랜트협회 발급서류(고용추천서 및 기업체 현장실사 보고서(부득이한 근무처 변경 시)) **필수**
  - (사전·사후 관리감독 강화) 법무부·산업부 합동으로 국내·외 기량검증 과정, 체류·근무 현황을 점검하여 제도 남용을 방지
- (기타사항) '22. 7. 1.부터 상시 운영

7) 선박 도장공(78369)

- (직종설명) 도장용구를 사용해 페인트, 래커, 에나멜 등을 건축, 선박 등에 도장하는 자로서, 도장하기 위해 표면을 손질하거나 선박의 목조 부분 및 내부장치를 도장하는 자 등이 포함됨
- (도입 가능직업 예시) 선박 도장공(도장 전처리, 도료 작업, 타이코트(서로 다른 도료 간 접착력 향상) 작업 등 도장 공정 전 과정 포함)
  * 실무상 스프레이 사수, 터치업조 롤러, LQC(Line Quality Control) 등으로 지칭될 수 있음
- (국민고용 보호 심사기준) 일반 기준 적용
  - 업체당 고용인원 : 국민고용인원 대비 20% 한도 내에서 허용
  - 소득요건 : 전년도 1인당 국민총소득(GNI)의 80% 이상
- (자격요건) 선박도장 관련 전문학사 이상의 학위를 소지하고, 관련 분야에서 일정기간 근무한 경력이 있는자

  - 학력 : 선박도장 관련 전문학사 이상의 학위소지

▶ 전공명 : 화학, 화학공학, 재료공학, 조선공학, 건축공학, 자동차공학, 기계공학
▶ 상기 전공명에 해당하지 않으나 관련성이 있다고 판단되는 전공인 경우, 도장 관련 과목을 3과목 이상 이수한 경우 인정 가능
  * 도장관련 과목(예시) : 건축재료 계획, 건축시공, 자동차튜닝, 도장실무 등

– 경력 : 도장 관련 분야에서 아래에 해당하는 기간 이상 근무

▸ 전문학사 : 5년 이상
▸ 학사 이상 : 1년 이상
▸ 경력 판단기준 : 해당업체의 업종, 담당직무 등을 종합하여 판단

– 기량검증 특례 : 산업통상자원부 지정 기관(예 : 조선해양플랜트협회)의 도장분야 기량 검증을 통과한 자에 대해서는 경력 요건 완화

▸ 전문학사 : 2년 이상 경력
▸ 학사 이상 : 경력 면제
▸ 경력 판단기준 : 해당업체의 업종, 담당직무 등을 종합하여 판단

– 유학생 특례 : 국내 대학에서 이공계 전문학사 이상 학위를 취득한 외국인 유학생이 조선업체 취업이 확정되고 산업통상자원부 장관의 고용추천을 받은 경우 체류자격 변경을 허용

▸ 기량검증기관 : 산업부 지정기관 (예: 조선해양플랜트협회)
▸ 기량검증기준 : 산업부 장관이 정하는 기준을 통과한 자
 – (예–시험형) 관련 전공자가 기량검증 시험에 곧바로 응시하는 유형
 – (예–교육형) 관련 전공자가 일정시간의 선박도장 분야 실무교육을 이수한 후, 기량검증 시험에 응시하는 유형

• (추가 제출서류) 산업부장관 업체 추천서, 기량검증통과자는 산업부 지정기관의 기량검증 확인서 추가
• (고용업체 기준) 산업통상자원부장관으로부터 외국인 도장기술자 초청이 적합하다고 추천을 받은 업체
 – 업종 : 사업자등록증 상 사업종류가 '기타 선박 건조업', '선박구성 부분품 제조', '선박도장', '도장' 등으로 등록되어 있는 업체
※ 한국표준산업분류 상 31113(선박 건조), 31114(선박구성부분품 제조), 42411(도장 공사업)
 – 원청업체 협력 : 도장기술자의 초청 및 입국 후 관리를 위한 원청업체와의 협력체계가

확인되는 업체

− 출입국관리법 시행령 제7조제6항에 따라 추천서 발급 기준, 기량검증 절차 등은 산업통상
자원부 장관이 법무부 장관과 협의하여 따로 정함

• **(사증발급)** 체류기간 상한 2년의 단수사증

• **(체류관리 등)** 일반 기준 적용

− **(근무처 변경)** 근무처 변경은 휴·폐업, 경영악화 등 부득이한 경우 또는 외국인의 귀책사유
가 없는 경우에 한정하며, 근무처 변경 허가 시 해당 외국인의 자격요건, 고용업체 기준,
업체당 허용인원 등은 사증발급 기준에 준하여 심사

※ 근무처 변경 시 조선해양플랜트협회 발급서류(고용추천서 및 기업체 현장실사 보고서
(부득이한 근무처 변경 시)) 필수

− **(사회통합프로그램)** 국내 입국 후 1년 이내에 사회통합프로그램 사전평가 21점 이상
취득 또는 사회통합프로그램 1단계 이상 이수 여부 확인(유학생 특례 적용 대상자들은
이수 불필요, '24.1.1. 이후 입국자부터 적용)

8) 항공기 정비원(7521)

• **(직종설명)** 항공기(헬리콥터 포함)의 동력장치, 착륙장치, 조종 장치, 기체, 유압 및
기압 시스템 등의 고장여부, 범위, 정도 등을 파악하여 안전하게 운행할 수 있도록 조립,
조정, 정비하는데 관련된 제반업무를 수행하는 자

• **(도입 가능직업 예시)** 비행기 정비원, 헬리콥터 정비원

• **(고용추천서 발급)** 국토교통부장관(항공기술과) ※ 필수

• **(자격요건)** 일반요건 적용

• **(사증발급)** 체류기간 상한 2년의 단수사증

• **(체류관리 등)** 일반 기준 적용

9) 항공기(부품) 제조원(S8417)

• **(직종설명)** 항공기 및 부분품*을 제조·조립하고 도장·판금 등의 직무를 수행하는 자
* 기체구조물, 동력장치, 착륙장치, 조종장치, 기체·유압·기압 시스템, 전자장비, 소재
류 등

• **((도입 가능직업 예시)** 항공기구조물조립원, 항공기기계가공원, 항공기판금가공원, 항공
기(부품)도장원, 항공용복합재료가공원, 항공기부품열처리원, 항공기부품화공 처리원
등

• **(국민고용 보호 심사기준)** 일반 기준 적용

− 업체당 고용인원 : 국민고용인원 대비 20% 한도 내에서 허용

- **(소득요건)** 전년도 1인당 국민총소득(GNI)의 80% 이상
- **(자격요건)** 아래 요건 중 하나를 충족하는 자
  - 이공계 석사 이상 학위 소지
  - 이공계 학사 이상 학위 소지 + 해당분야 1년 이상 경력
  - 해당분야 5년 이상 경력
    ※ 해당업체의 업종, 담당직무 등을 종합하여 경력요건 충족 여부를 판단하되, 학위 취득 후의 경력만 인정
- **(제출서류)** 학위증, 경력 증명서
    ※ 해외 발급 서류는 아포스티유 확인 또는 대한민국 공관의 영사확인 필수
- **(유학생 특례)** 국내대학에서 이공계 전문학사 이상 학위를 취득한 외국인 유학생이 항공기(부품) 제조업체 취업이 확정되고 산업통상자원부 장관의 고용추천을 받은 경우 경력요건 면제
- **(허용인원 상한)** 시범운영기간('24~'25년) 중 연간 총 300명 범위 내 도입·초청 허용
- **(고용추천서 발급)** 산업통상자원부 장관(기계로봇항공과) ※ 필수
- **(고용업체 기준)** 항공기(부품) 제조업체* 중 최근 1년간 연평균 매출액 10억원 이상 + 상시 근로자 10인 이상 + 최근 2년 이내 법 위반 및 이탈자가 발생하지 않은 업체**(다만, 외국인력을 고용한 업체가 폐업한 경우, 동 업체를 승계하여 신규 설립한 업체의 경우 예외적으로 외국인 고용 허용)
    * 산업통상자원부가 지정하는 기관에서 발행하는 확인서를 통해 확인된 항공기(부품) 제조업체(확인기관 및 확인절차 등 세부 사항은 산업부 장관이 정함)
    ** 다만, 이탈자가 발생한 경우라도 초청업체가 업체 건전성(납세실적, 국민고용 유지 여부), 근로자 관리의무 이행 사실 및 활용 능력을 입증하는 경우 이탈일로부터 2년 간 이탈 인원 수를 고용 허용인원에서 공제한 뒤 고용 허용
- **(사증발급)** 체류기간 상한 2년의 단수사증
- **(체류관리 등)** 일반기준 적용
  - (근무처 변경) 휴·폐업, 경영악화, 고용계약 만료 등 외국인 근로자의 귀책사유가 없는 경우에 한정하며, 근무처 변경 허가 시 해당 외국인의 자격요건, 고용업체 기준, 업체당 허용인원 등은 사증발급 기준에 준하여 심사
  - (사전·사후 관리감독 강화) 법무부·산업부 합동으로 체류·근무 현황을 점검하여 제도 남용을 방지
- **(사회통합프로그램)** 국내 입국 후 1년 이내에 사회통합프로그램 사전평가 21점 이상 취득 또는 사회통합프로그램 1단계 이상 이수 여부 확인(유학생 특례 적용 대상자들은 이수 불필요)

10) 송전 전기원(76231)

- **(직종설명)** 송전을 위한 철탑 건설·조립 및 완성된 철탑 간 전선 가선 작업 등의 직무를 수행하는 자
- **(도입 가능직업 예시)** 송전설비 전기원
- **(국민고용 보호 심사기준)** 별도 기준 적용
  - **(업체당 고용인원)** 업체당 최대 30명까지 고용 허용. 단, 무단이탈자 발생 시 이탈일로부터 1년 간 이탈한 인원수를 고용허용 인원에서 공제
- **(소득요건)** 당해연도 최저임금 이상
  - ※ 단, 고위험 특수 분야임을 고려하여, 연 4,200만원 상당(월 350만원)의 급여 지급 여부 확인('24년도 기준)
- **(자격요건)** 아래 요건 중 하나를 충족하는 외국인 근로자
  - 유효한 자격증을 소지한 해당분야 1년 이상 경력자
  - 해당분야 5년 이상 경력자
- **(기량검증)** 산업통상자원부 지정 기관·단체에서 구성한 기량검증단*을 통한 현지 기량검증 실시 후 통과한 외국인에게 기량검증 확인서 발급
- **(제출서류)** 유효한 자격증(해당자), 경력 증명서, 기량검증 확인서
  - ※ 해외 발급 서류는 아포스티유 확인 또는 대한민국 공관의 영사확인 필수
- **(허용인원 상한)** 시범운영기간('24~'25년) 중 연간 총 300명 범위 내 도입·초청 허용
- **(고용추천서 발급)** 산업통상자원부 장관(전력계통혁신과) ※ 필수
- **(고용업체 기준)** 한국전력공사로부터 송전공사를 수주한 건설업체
  - ※ 한국전력공사(발주자)와 체결한 송전공사 계약서 및 「전기공사업법」 제4조에 따른 전기공사업 등록증 제출 필요
- **(사증발급)** 체류기간 상한 2년의 단수사증
- **(체류관리 등)** 일반기준 적용
  - **(근무처 변경)** 휴·폐업, 경영악화, 고용계약 만료 등 △외국인 근로자의 귀책사유가 없는 경우 또는 △해당 공구 내 송전 전기원이 필요한 공사가 완료된 경우(이적동의서 필수) 다음 공구 투입을 위한 근무처 변경을 허용. 단, 근무처 변경 시 해당 외국인의 자격요건, 고용업체 기준, 업체당 허용인원 등은 사증발급 기준에 준하여 심사
  - **(사전·사후 관리감독 강화)** 법무부·산업부 합동으로 체류·근무 현황을 점검하여 제도 남용을 방지

나. 숙련기능 점수제 종사자 (3개 직종, E-7-4)

1) 뿌리산업체 숙련기능공(S740)
- (직종설명) 주조, 금형, 소성가공, 용접, 표면처리, 열처리 등 공정기술을 활용하여 소재를 부품으로, 부품을 완제품으로 생산하는 뿌리산업체에서 필요로 하는 기술이나 숙련된 기능을 보유하고, 생산현장에서 단순노무인력을 지도·관리하며 생산활동을 주도하는 자
- (도입 가능직업 예시) 주철관·주철제 제조업체, 회·가단·구상흑연·보통강·특수강(합금강)·알루미늄·동·기타 비철금속 주물업체, 주물주조기계 제조업체, 프레스용·플라스틱용·기타 금형 제조업, 몰드 베이스·기타 주형 관련 부속품 제조업체, 공업용 노·전기노 제조업체, 노 부속품 및 부품 제조업체, 금속 표면처리용 화합물 제조업체, 도금업체, 도장 및 기타 파막처리업체, 기타 금속처리 제품 제조업체, 페놀·에폭시 동박적층판 제조업체, 전기도금 및 전기분해용 기기 제조업체, 금속 표면처리기 제조업체, 분말야금 제품 제조업체, 보통강·특수강·기타 철강·스테인레스·알루미늄·동·기타 비철금속 단조물 제조업체, 자동차용 프레스·기타 프레스 가공품 제조업체, 액압·기계프레스 제조업체, 금속 단조기·금속 일반기 제조업체, 나사 전조기·금속선 가공기·기타 금속 성형기계·금속성형기계의 부품 제조업체, 천연·합성수지 접착제 제조업체, 접착 테이프·기타 1차 비철금속 제품 제조업체, 용접봉 제조업체, 아크·저항·기타 전기 용접기 제조업체, 가스 용접 및 절단기 제조업체, 반도체 조립장비 제조업체, 칩 마운터 제조업체 등(뿌리산업법 시행령 제2조 별표 세세분류)
- (국민고용 보호 심사기준) 적용 대상 (별도 기준이 설정된 경우를 제외하고 일반기준 전면 적용)
- (유형별 자격요건 및 허가절차) 현지 선발자와 국내 전문대학 이상 졸업자, 비전문취업(E-9)자 등 각각의 특성에 부합하도록 자격요건 및 허가절차 등 별도 설정
  ① 현지 선발자 : 관계부처 및 단체 등과 협의하여 세부사항 등 결정 후 별도 시행 예정
  ② 뿌리산업 인력 양성대학 졸업자 : 체류자격변경(원칙)
  – (자격요건) 뿌리산업학과 전공 + 뿌리산업 분야 기능사 이상 자격증 취득 또는 정부·업계 등으로 구성된 기량검증단의 기량검증 통과
  – (허가절차 등) 계약기간 범위 내에서 최대 2년의 체류기간을 부여(연간 300명 한도에서 체류자격 변경을 허용)
  ③ 국내 체류 E-9, E-10, H-2 자격자 : 체류자격 변경(원칙)
  ※ '23.9.25. 이후 E-7-4 체류자격 변경의 경우 '숙련기능인력 혁신적 확대(K-point E74)' 관련 하이코리아 공지사항 참조
  – (자격요건)숙련기능인력 점수제 해당자
  – 내국인 구직기피 관련 관계부처 확인대상

ⅰ) 점수요건을 충족한 뿌리산업 및 제조업의 성실재입국자로 고용노동부 장관의 추천
*을 받은 자 350명

ⅱ) 점수요건을 충족한 뿌리산업 및 농림축산어업의 재입국특례 외국인근로자 중 산업
통상자원부, 농림축산식품부, 해양수산부 장관의 고용 추천을 받은 자 420명(산업
부 120명, 농림부/해수부 각 150명)

- **(제출서류)** 기량검증단 발급 기량검증확인서*, 뿌리산업체증명서, 체류자격 변경허가
요건 구비 입증서류 등 추가

  * 기량검증 확인서는 원칙적으로 유효기간 내에서 유효함. 단, ⅰ)국내에서 해당 업종에
  계속 근무중인 경우, ⅱ) 직종에 종사하지 않지만 국내 계속 체류하며 발급 후 3년
  이내인 경우 등 유효기간이 만료되었더라도 해당 분야 기량을 보유하고 있다고 인정되
  는 경우 유효하다고 인정 가능함

- **(고용업체 기준)** 아래 요건을 충족하는 업체

  ① 선발자 및 양성대졸업자 등 : 국민고용 피보험자 수가 10명 이상인 업체(단 뿌리산업체
  인 경우 국민고용 피보험자 수가 5명 이상)

  ② E-9 등 자격변경자 : 신청일 기준 현재 E-9,E-10 외국인 근로자를 1인 이상 고용
  중인 업체

- **(업체당 허용인원 기준)**

  – **뿌리 양성대학 졸업자 : 내국인 고용비율 20% 이내에서 별도 허용**

- **(사증발급)** 예외적으로 사증발급인정서 (기술인력 양성대학 졸업생)발급

  – 체류기간 상한 2년의 단수사증 발급(단, E-9 등이 사증발급인정서 발급 희망 시에는
  체류기간 1년의 단수로 발급)

- **(체류관리 기준)** 동일 업체에 계속 취업을 전제로 체류기간을 연장하고, 근무처 변경·추가
  는 사전허가사항으로 이 경우 요건(점수제) 충족여부를 재심사

  – **(근무처변경 및 추가)** 원칙적으로 근무처 변경 및 추가 제한, 원 근무처장의 동의가
  있거나, 근로계약기간이 만료된 경우, 고용업체가 휴폐업 및 경영악화 등으로 계속
  고용이 어렵거나 임금 체불 및 인권침해 등 부득이한 사유가 있는 경우에는 근무처변경
  을 허용

  – **(다른 직종으로의 변경)** 일반 제조업체나 다른 직종으로 변경하는 것도 엄격하게 제한,
  원칙적으로 E-7-4 이외의 다른 직종(E-7-1)으로 자격변경은 불가하며, 사증발급을
  통해 다른 직종으로 재입국 허용

    · E-7-4내의 구직을 위해 D-10으로 자격 변경시 최초 3개월(E-9 준용)을 부여하고
    최대 6개월을 넘을 수 없으며, 6개월이 넘는 경우에는 출국 후 사증발급인정서를 통해
    재입국 허용

- (기간연장) 기간연장시 자격변경에 준하여 요건을 재심사하여 점수요건 미충족시 체류기간 연장 허가 제한

  ※ 단, 2017년 8월1일 이전 E-7 자격으로 변경 한 외국인이 동일 요건(근무처 변경 없이)을 유지하고 있는 경우에 한하여 기존 요건을 준용하여 체류기간 연장, 근무처 변경 등 새로운 허가를 요할 경우에는 개정된 점수제 요건을 적용하여 심사, '19.1.1 부터는 모든 E-7-4 자격자의 기간연장 요건 심사시 점수표 전면적용

2) 농림축산어업 숙련기능인(S610)

※ '23.9.25. 이후 E-7-4 체류자격 변경의 경우 '숙련기능인력 혁신적 확대(K-point E74)' 관련 하이코리아 공지사항 참조

- (직종설명) 농산물 생산과 원예, 조경, 가축 번식 및 사육, 낙농제품생산, 어패류 양식 등에 필요한 지식과 경험을 바탕으로 현장에서 주도적으로 활동을 기획하고 수행하는 자
- (도입 가능직업 예시) 곡식작물 재배원, 채소 및 특용작물 재배원, 과수작물 재배원, 원예작물 재배원, 조경원, 낙농업 관련 종사원, 가축 사육 종사원, 어패류 양식원
- (자격요건) 숙련기능인력 점수제 해당자
- (허가절차) 뿌리산업체 숙련기능공(S740) 기준 준용
- (고용업체당 허용인원) 뿌리산업체 숙련기능공(S740) 기준 준용
- (사증발급) 체류자격 변경 원칙
- (체류관리 기준) 동일 업체에 계속 취업 시 1년 단위로 체류기간 연장을 허가하며, 근무처 변경·추가 시에도 사전허가를 받도록 함
  - 원칙적으로 근무처 변경을 제한 (단, 고용업체가 휴폐업 및 경영악화 등으로 계속 고용이 어렵거나 임금 체불 및 인권침해 등 부득이한 사유가 있는 경우에는 예외적으로 허용)
  - 농축어업 분야가 아닌 제조업 등 다른 직종으로 변경은 원칙적으로 금지

3) 일반 제조업체 및 건설업체 숙련기능공(S700)

※ '23.9.25. 이후 E-7-4 체류자격 변경의 경우 '숙련기능인력 혁신적 확대(K-point E74)' 관련 하이코리아 공지사항 참조

- (직종설명) 뿌리산업체를 제외한 일반 제조업체 및 건설업체에서 필요로 하는 기술이나 숙련된 기능을 보유하고, 생산현장에서 생산 활동을 주도하고 단순노무인력을 지도하며 관리하는 자
- (도입 가능직업 예시) 뿌리산업체를 제외한 일반 제조업체, 건설업체

- (국민고용 보호 심사기준) 적용 대상, 허용인원 별도 기준 적용
- (고용업체당 허용인원) => 뿌리산업체 숙련공 부분 참조
- (자격요건) 후단의 숙련기능인력 점수제 해당자
- (허가절차 및 체류관리 기준) 뿌리산업체 숙련기능공(S740) 관리기준 준용

V. 네거티브 방식의 전문인력 비자(E-7-S)

1. 적용 대상자

- (고소득자) 소득이 전년도 1인당 국민 총소득(GNI)의 3배 이상인 전문인력
- (첨단산업 분야 종사자) 산업발전법 제5조에 따라 고시되는 첨단 기술분야 종사(예정) 전문인력

2. 유형별 세부 기준

- 고소득자(E-7-S1) : 학력, 경력, 분야에 관계없이 사증(E-7) 발급
  - (자격요건, 사증발급 및 체류관리 기준) ①소득이 전년도 1인당 국민 총소득(GNI)의 3배 이상일 것 ②제한되는 직종*에 취업하지 않을 것
  * 한국표준직업분류 상의 사무종사 및 단순노무 업종, 선량한 풍속에 반하는 업종 및 그 밖에 기타 관계 법령에서 국가 안보 등의 이유로 외국인의 취업을 제한하는 분야(예: 뉴스통신사업자의 대표이사 등)
  - (국민고용 보호 심사 기준) 비적용
- 첨단산업분야 종사 예정자(E-7-S2) : E-7 도입직종에 해당되지 않는 경우에도 E-7-S 체류자격 허용 가능
  - (자격요건, 사증발급 및 체류관리 기준) ①점수 요건을 60점 이상 충족하면서 ②소득이 전년도 1인당 국민총소득(GNI)의 1배 이상이고 ③첨단산업 분야*에 종사할 것 ④제한되는 직종에 취업하지 않을 것
    * 산업발전법 제5조에 따라 고시되는 첨단기술로 반도체, 바이오, 디스플레이, 신재생 에너지 등
  - (첨단산업분야 인정 기준) 산업발전법 제5조 및 「첨단기술 및 제품의 범위」(산업통상자원부 고시 제2022-36호)에 따른 3,043개 첨단기술·제품과 정확히 일치하는 분야의 기술·제품 등을 보유하였거나 그 분야에 직접적으로 종사 중인 경우로 한정
    ※필요 시 산업통상자원부의 '첨단기술·제품 확인서' 보유 여부 확인
  - (국민고용 보호 심사 기준) 비적용

3. 거주(F-2) 및 영주(F-5) 자격 취득에 대한 특례

- 점수제 거주(F-2-7) 자격변경에 대한 특례
  - (대상) 네거티브 방식의 전문인력(E-7-S) 자격으로 국내에서 1년 이상 체류했으며, 현재 정상적으로 취업 활동 중인 자
  - (요건) ①E-7-S2 점수제 요건(60점 이상)을 충족하고(E-7-S1은 소득만 확인) ②사회통합프로그램 3단계 이상 이수 또는 배정
  - (내용) 점수제 거주(F-2-7) 점수제 요건 적용 면제
    ※ 단, 점수제 요건 외의 요건(품행, 취업제한분야에 종사한 사실이 없을 것 등)은 적용
- 점수제 영주(F-5-16) 자격변경에 대한 특례
  - (대상) 네거티브 방식의 전문인력(E-7-S) 자격에서 점수제 거주(F-2-7)로 자격 변경하여 국내에 3년 이상 체류했으며, 현재 취업 중인 자
  - (요건) ①E-7-S1에서 점수제 거주(F-2-7)로 자격 변경한 자는 소득 요건(GNI 3배 이상)을 충족할 것 ②E-7-S2에서 점수제 거주(F-2-7)로 자격 변경한 자는 E-7-S2 점수제 요건(60점 이상)을 충족할 것
  - (내용) E-7-S2에서 거주(F-2-7) 자격 변경한 자에 대해 완화된 생계유지 요건* 적용
    * 전년도 1인당 국민 총소득(GNI) 2배 이상 → 1배 이상

첨단산업 분야 네거티브 비자 점수표

1. 필수항목
- 소득 : 연령과 연동하여 최대 45점

소득 \ 나이	20~29세	~35세	~39세	40세 이상
9,000만원 이상	45	40	35	30
8,000만원 이상 ~ 9,000만원 미만	40	35	30	25
7,000만원 이상 ~ 8,000만원 미만	35	30	25	20
6,000만원 이상	30	25	20	15

~ 7,000만원 미만				
5,000만원 이상 ~ 6,000만원 미만	25	20	15	10
전년도 GNII 1.배 이상 ~ 5000만원 미만	20	15	10	0
기준	○ (최초 사증 발급 시) 고용계약서 상 급여 기준 ○ (체류기간 연장 시) 전년도 소득금액증명원			

2. 미래 기여 가능성 항목
2-1. 연령 : 최대 20점

구분	20~29세	~35세	~39세	40세 이상
점수	20	15	10	5
기준	○ 만 나이 기준			

2-2. 학력 : 최대 30점

구분	박사 학위		석사 학위		학사 학위		전문학사 학위	
	첨단분야 /2개 이상	일 반	첨단분야 /2개 이상	일 반	첨단분야 /2개 이상	일반	첨단분야 /2개 이상	일반
점수	30	25	25	20	20	15	15	10
기준	○ 복수 학위(다른 분야의 동일 학위)에 따른 점수 합산 인정 ○ 다수의 학위(예: 석사, 학사)를 취득한 경우 가점이 가장 높은 항목만 배점							

2-3. 근무 경력 : 최대 25점

구분	9년 이상	7년 이상 ~ 9년 미만	5년 이상 ~ 7년 미만	3년 이상 ~ 5년 미만	1년 이상 ~ 3년 미만
점수	25	20	15	10	5
기준	○ 첨단산업분야 근무 경력만 인정 ○ 학위 취득 전의 경력도 인정 ○ 정규직으로 근무한 경력만 인정				

2-4. 한국어 능력 : 최대 20점

항목 1	TOPIK 5급	TOPIK 4급	TOPIK 3급	TOPIK 2급
점수	20	15	10	5
항목 2	사회통합 프로그램 5급	사회통합 프로그램 4급	사회통합 프로그램 3급	사회통합 프로그램 2급
점수	20	15	10	5
기준	○ 항목 1, 항목 2 점수 중 가장 높은 항목의 배점만 인정			

2-5. 국내 유학 경력 : 최대 20점

구분	박사 학위	석사 학위	학사 학위	전문학사 학위
점수	20	15	10	5
기준	○ 다수의 학위를 취득한 경우 가장 높은 항목의 배점만 인정 ○ 원격형태의 대학에서 학위취득 시 유학 경력으로 인정 X			

3. 가점 항목 : 최대 40점

구분	우수대학 졸업자	코트라(KOTRA) 고용 추천	중소·벤처기업 채용	연구실적 가점
점수	10	10	10	10
기준	○ (우수대학) 타임즈(Times Higher Education)선정 200대 대학, QS에서 선정한 상위 500위 대학 (국내대학도 인정) ○ (코트라 고용추천) 코트라(KOTRA)에서 고용 추천을 받은 자 ○ (중소·벤처기업 채용 가점) 중소기업기본법에 따른 중소기업, 벤처기업법에 따른 벤처기업에 근무 예정인 사람 ※ 중소기업확인서, 벤처기업확인서로 확인 가능한 기업 ○ (연구실적) 최근 5년 이내에 SCI,SCIE, SSCI, A&HCI에 논문 1편 이상 게재한 자(제1저자, 또는 교신저자만 인정)			

---

372) 법무부 출입국·외국인정책본부, 「외국인체류 안내매뉴얼」, 2024.8.16., 217면~276면 참조.

373) 18.5. 신설시 내국인 고용보호를 위해 고용부에서 학력 제한이 필요하다는 의견을 제출하여 학사학위자는 발급대상에서 제외됨

374) 환급을 받은 경우는 실적금액에서 제외하고 실제로 납부한 실적을 의미함. 환급 등으로 납세실적입증이 어려운 경우에는 매출과세 표준액을 기준으로 산정함. 납세실적 제출이 원칙이며, 보조적으로 매출과세 표준합계 적용

제8장 전자사증 제도[375]

> 전자사증 제도는 해외 우수인력 유치 지원을 위한 사증발급 절차 간소화의 일환으로 영사
> 인터뷰가 필요 없는 교수, 연구원 등에 대해 재외공관 방문 없이 온라인으로 사증을 발급
> 받을 수 있는 제도이다.

1. 발급대상

- 전문인력(E-1, E-3, E-4, E-5, 첨단과학기술분야 고용추천서(GOLD CARD)를 발급받은 E-7)과 그 동반가족(F-3), 의료관광객 및 동반가족·간병인(C-3-3, G-1-10), 상용빈번 출입국자 (C-3-4), 단체관광객(C-3-2)* 및 공익사업 투자예정자(C-3-1)**
  - '공관장 재량으로 발급할 수 있는 자' 및 '사증발급인정서 발급대상자' 모두 해당 되며, 각 해당자 제출서류도 동일
    * 재외공관장이 지정(법무부장관 승인)한 국외 전담여행사가 사증신청을 대행하는 단 체관광객
    ** 법무부장관이 지정한 공익사업투자이민 유치기관이 사증신청을 대행하는 공익사 업 투자예정자

2. 발급권자

법무부장관

3. 신청주체

- 외국인 본인
- 외국인을 초청하려는 자(대리신청)

---

375) 법무부 출입국·외국인정책본부, 「사증발급 안내매뉴얼」, 2024.7.26, 129면-132면 참조.

4. 신청방법

(1) 외국인 본인신청

• (회원가입) 대한민국비자포털(www.visa.go.kr)에 회원가입

  ※ 회원가입 승인은 서울 출입국·외국인청장이 담당

• 신청사항 입력 등

  - 대한민국비자포털에 접속, 온라인 개인회원 전자사증 신청화면(신청서)에 신청사
    항 입력 및 첨부서류 등재

  - (입력항목) 입국목적, 체류자격, 초청자정보, 개인정보, 여권정보, 고용관계정보,
    사증 종류 등 입력

  ※ 초청자 정보는 사업자등록번호로 자동 호출(초청자는 기업회원으로 가입 필수)

  - (첨부서류) 신청화면에 해당 체류자격에 필요한 서류 목록이 자동 표출

• 수수료 납부

• 초청기업의 사증신청 확인

  - (확인목적) 초청기업에서 외국인의 전자사증 신청사항을 확인하도록 하여 브로커
    등이 초청기업의 명의를 도용하는 사례 차단

  - 신청인이 수수료를 납부하면 신청내용이 초청기업에 자동 전송되며 초청기업은
    초청 사실 및 외국인의 신청내용 등을 확인한 후 우리부에 최종 전송

(2) 초청기업 대리신청

• (회원가입) 대한민국비자포털(www.visa.go.kr)에 회원가입

  ※ 회원 가입 승인은 사업장 소재지 관할 출입국·외국인청(사무소·출장소)장이 담당

• 신청사항 입력 등

  - 대한민국비자포털에 접속하여 온라인 기업회원 전자사증 신청화면(신청서)에 신
    청사항 입력 및 첨부서류 등재

  - (입력항목) 입국목적, 체류자격, 초청자정보, 개인정보, 여권정보, 고용관계정보,

사증종류 입력

  - (첨부서류) 신청화면에 해당 체류자격에 필요한 서류 목록이 자동 표출
• 대리 신청

5. 수수료 납부에 관한 사항

(1) 납부대상

외국인 본인 또는 초청기업(대리인)

(2) 납부액

• 「출입국관리법」시행규칙 제71조(사증 등 발급신청 심사 수수료)에 따라 부과(해당 체류 자격별로 수수료 액수가 화면에 자동표출)
• 업무처리비용(전자결제 이용수수료) 별도 부과
  - 「전자정부법」제9조5항(방문에 의하지 아니하는 민원처리) 규정에 따라 수수료 이 외에 전자결제 이용수수료(3.3%) 부과

(3) 납부 및 환불 절차

• (납부) 해외사용이 가능한 신용카드로 각 국가 및 사증종류(단·복수)별 해당금액을 미화 (US$)로 전자결제
• (환불) 본부 접수 전에는 신청을 취소하고 수수료 환불 가능(접수 이후에는 환불 불가)

6. 심사 진행사항 및 결과 통보

(1) 통보 내용

전자사증 발급 심사 상황 및 발급 여부 등을 신청자(대리인 포함)에게 통보

(2) 통보 방법

• 대한민국비자포털(www.visa.go.kr)을 통하여 진행 상황 제공

• 접수 및 발급 완료시에는 문자(SMS) 및 이메일로 통보

7. 전자사증 발급확인서 출력

> **"전자사증 발급확인서"**는 법무부장관이 전자사증을 발급하였음을 확인해 주는 문서로 **"사증"** 자체를 의미하지 않음

(1) 전자사증 발급확인서

• 전자사증 발급확인서를 소지한 외국인은 원칙적으로 입국심사 시 심사관에게 제시하여야 함

• 특히, 자국민의 출국을 제한하는 국가에서 출국시 또는 항공사에 전자사증 발급 소명 자료로 활용

(2) 출력 방법 등

• (출력가능 시점) 전자사증 발급을 허가(통보) 받은 후부터 출력 가능

• 대한민국비자포털(www.visa.go.kr)에 접속하여 직접 출력

  - 외국인 본인이 신청한 경우에는 직접 출력하고, 초청기업이 대리신청한 경우에는 초청기업 또는 해당 외국인이 출력

  ※ 초청기업이 대리 신청한 경우 해당 외국인이 출력하는 방법

    ① 대한민국비자포털(www.visa.go.kr)에 접속 (회원가입 필요없음)

    ② 대한민국비자포털 메인 화면 "전자사증 발급 확인서 출력 메뉴" 클릭

    ③ 초청자로부터 통보받은 전자사증번호, 초청자 사업자등록번호, 여권번호, 생년월일을 입력하여 출력

• 출력 제한
  - 전자사증발급 확인서 출력횟수는 1회로 제한하고 전자사증으로 입국한 이후에는 출력 불가
  - 분실 등으로 재출력이 필요한 경우, 초청자 또는 해당 외국인이 휴넷을 통하여 출력제한 해제 요청
  ※ 본부담당자는 해제 요청사유를 시스템에 입력하고 출력 제한 해제

8. 전자사증 발급 확인 시스템

> **"전자사증 발급 확인 시스템"**은 사증을 소지하지 아니한 외국인의 입국을 방지할 의무가 있는 운수업자가 직접 외국인의 전자사증 소지 여부를 확인할 수 있도록 대한민국비자포털 (www.visa.go.kr)에 구축한 시스템

(1) 이용 대상

국내에 취항하는 항공사 등 운수업자

(2) 확인 요령

• (이용계정 부여) 본부에서 운수업자에게 이용 계정 부여
  ※ 운수업자는 항공사운영협의회 등을 통하여 출입국·외국인청(사무소·출장소)를 거쳐 본부에 계정 신청
• (전자사증 발급확인) 대한민국비자포털 (www.visa.go.kr)에서 발급 확인
  - 이용 계정을 부여받은 운수업자가 대한민국비자포털 (www.visa.go.kr)에 로그인 〉 전자사증발급확인 메뉴 클릭 〉 사증번호, 여권번호, 생년월일 입력 〉 방법으로 조회
  - 확인내용 : 전자사증 발급 여부, 사증종류, 사증만료일

제8편

기타 취업사증

제1장 거주(F-2)[376][377]

I. 개요

1. 활동범위

영주자격을 부여받기 위하여 국내 장기체류하려는 자

2. 해당자

가. 국민의 미성년 외국인 자녀 또는 영주(F-5) 체류자격을 가지고 있는 사람의 배우자 및 그의 미성년 자녀

나. 국민과 혼인관계(사실상의 혼인관계를 포함한다)에서 출생한 사람으로서 법무부장관이 인정하는 사람

다. 난민의 인정을 받은 사람

라. 「외국인투자 촉진법」에 따른 외국투자가 등으로 다음 어느 하나에 해당하는 사람

  1) 미화 50만 달러 이상을 투자한 외국인으로서 기업투자(D-8) 체류자격으로 3년 이상 계속 체류하고 있는 사람

  2) 미화 50만 달러 이상을 투자한 외국법인이 「외국인투자 촉진법」에 따른 국내 외국인 투자기업에 파견한 임직원으로서 3년 이상 계속 체류하고 있는 사람

  3) 미화 30만 달러 이상을 투자한 외국인으로서 2명 이상의 국민을 고용하고 있는 사람

마. 영주(F-5) 체류자격을 상실한 사람 중 국내 생활관계의 권익보호 등을 고려하여 법무부장관이 국내에서 계속 체류하여야 할 필요가 있다고 인정하는 사람(강제퇴거된 사람은 제외한다)

바. 외교(A-1)부터 협정(A-3)까지의 체류자격 외의 체류자격으로 대한민국에 7년 이상 계속 체류하여 생활 근거지가 국내에 있는 사람으로서 법무부장관이 인정하는 사람(다만, 교수(E-1)부터 전문직업(E-5)까지 또는 특정활동(E-7) 체류자격을 가진 사람에

---

[376] 법무부 출입국·외국인정책본부, 「사증발급 안내매뉴얼」, 2024.7.26, 234면-238면 참조.
[377] 법무부 출입국·외국인정책본부, 「외국인체류 안내매뉴얼」, 2024.7.26, 307면-367면 참조.

대해서는 최소 체류기간을 5년으로 한다]

사. 〈삭제〉

아. 「국가공무원법」 또는 「지방공무원법」에 따라 공무원으로 임용된 사람으로서 법무부
장관이 인정하는 사람

자. 나이, 학력, 소득 등이 법무부장관이 정하여 고시하는 기준에 해당하는 사람

차. 투자지역, 투자대상, 투자금액 등 법무부장관이 정하여 고시하는 기준에 따라 부동산
등 자산에 투자한 사람

카. 법무부장관이 대한민국에 특별한 기여를 했거나 공익의 증진에 이바지했다고 인정하
는 사람

타. 자목부터 카목까지의 규정에 해당하는 사람의 배우자 및 자녀(법무부장관이 정하는
요건을 갖춘 자녀만 해당한다)

파. 「국가균형발전 특별법」 제2조제9호에 따른 인구감소지역 등에서의 인력 수급과 지역
활력 회복을 지원하기 위하여 법무부장관이 대상 업종·지역, 해당 지역 거주·취업
여부 및 그 기간 등을 고려하여 고시하는 기준에 해당하는 사람

II. 체류기간

1. 1회 부여 체류기간의 상한

5년

2. 체류기간 연장허가

(1) 아래 해당자에 대한 체류기간연장 시 제출서류

국민의 미성년자녀 (F-2-2)	① 신청서(별지 34호 서식), 여권 및 외국인등록증, 수수료 ② 가족관계 입증 서류
영주권자의 배우자 및 미성년자녀	① 신청서(별지 34호 서식), 여권 및 외국인등록증, 수수료 ② 혼인사실이 등재된 가족관계 기록사항에 관한 증명서

(F-2-3)	③ 체류지 입증서류(임대차계약서 등)
난민인정자 (F-2-4)	① 신청서(별지 34호 서식), 여권 및 외국인등록증, 수수료 ② 체류지 입증서류(임대차계약서, 숙소제공 확인서, 체류기간 만료예 고 통지우편물, 공공요금 납부영수증, 기숙사비 영수증 등)
고액투자자 (F-2-5)	
기타 장기체류자 (F-2-99)	① 신청서(별지 34호 서식), 여권 및 외국인등록증, 수수료 ② 신원보증서 ③ 연간소득 관련 서류(해당자) ④ 경제활동 입증서류(해당자) ⑤ 기본소양 입증서류(해당자) ⑥ 체류지 입증서류(임대차계약서, 숙소제공 확인서, 체류기간 만료예 고 통지우편물, 공공요금 납부영수증, 기숙사비 영수증 등) ⑦ 기타 심사에 필요하다고 인정하는 서류

(2) 숙련생산기능 외국인력에 대한 체류기간연장

• 숙련생산기능 거주인력 체류자격은 '19. 10. 1.부로 폐지되었기에 기존에 허가받은 숙련
생산기능 거주 외국인력은 기타 장기체류자에 대한 거주 체류기간 연장허가의 규정에
따름

• 기존 숙련생산기능 거주 외국인력 체류자격은 기타 장기체류자 거주자격으로 직권 정정됨

(3) 점수제에 의한 우수인재 체류기간연장

가. 체류기간 연장대상

• 점수제 우수인재 체류자격 외국인(F-2-7, F-2-7S)

• 점수제 우수인재의 배우자 및 미성년 자녀로서 거주 체류자(F-2-71)

• 점수제 우수인재의 배우자 및 미성년 자녀로서 방문동거 체류자(F-1-12)

나. 허가요건(각종 세부사항은 체류자격 연장 규정 참고)

1) 점수제 우수인재(F-2-7)

① 결격사유에 해당하지 않을 것

② 점수표 상 배점의 합산 점수가 80점 이상인 외국인 중 합산 점수 또는 연간소득 점수 중 신청인에게 유리한 점수를 적용하여 체류기간 차등 부여

합산점수	또는	연간소득점수	체류기간
130점 이상	또는	50점 이상	5년
120점 ~ 129점	〃	45점 이상	3년
110점 ~ 119점	〃	40점 이상	2년
80점 ~ 109점	〃	30점 이하	1년

※ 한국전 참전 우수인재 : 20점(참전국 우수인재) 가점 처리 및 주체류자격자의 전년도 소득이 1인당 GNI 이하일지라도 동반가족에 대해 F-2-71 부여

③ (유예기간 부여) 취득 점수가 80점 미만일지라도 현재 취업 중인 자로 최저임금 이상의 급여를 받는 경우 1년 연장하여 유예기간을 부여(배우자와 미성년 자녀는 주체류자와 같은 기간동안 F-2-71자격 유지)

④ (연간소득 기준 연장 제한) 합산점수 80점 이상 여부와 상관없이 체류기간연장 신청 시 실직 상태인 경우 또는 최저임금 이하의 소득을 제출하는 경우 각서* 징구 후 6개월씩 2회 체류기간 연장 허가(배우자와 미성년 자녀는 F-2-71자격 유지)하고 3회째에도 소득요건 미달 시 체류기간연장을 불허하고 구직(D-10, 최대 1년)으로 자격변경 허용(배우자와 미성년 자녀는 동반(F-3)자격을 부여)

* 각서 : 실직상태 또는 최저임금 이하 소득요건 제출시, 소득요건 미충족 상태가 1년 이상 지속되는 경우 체류기간연장을 불허할 수 있음을 안내받음

※ 단, 다음의 경우는 소득이 없을지라도 자격변경 후 해당 기간 동안 체류기간연장을 허가하며 소득이 발생하는 경우에는 공통 기준에 따라 연장

① 참전국 우수인재 : 3년, ② 잠재적 우수인재(F-2-7S)* : 5년 ③ 상장법인·유망산

업 종사 예정자, 유학인재 등 취업예정자로 고용계약서를 제출한 사람 1년

 * 주체류자가 F-2-7S일 경우, 주체류자의 소득요건과 무관하게 그 배우자 및 미성년자 자녀는 주체류자의 체류기간과 동일하게 F-2-71자격 유지, 주체류자가 F-2-7S자격으로 5년 경과 후 체류기간연장 시에는 점수제 우수인재의 배우자와 미성년자녀도 점수제 우수인재의 체류기간연장 요건에 따라 심사 진행

⑤ 임신, 출산 또는 육아휴직 등으로 소득요건을 충족하지 못하는 경우 체류만료일로부터 1년 연장하여 유예기간을 부여하고 거주(F-2)자격자의 배우자와 미성년 자녀도 주체류자의 체류자격, 체류기간과 동일하게 연장

⑥ 주체류자(F-2-7, F-2-7S)에 대한 체류기간연장 불허 시 해당 배우자와 미성년 자녀 (F-2-71 또는 F-1-12)의 체류기간연장 동시 불허

⑦ 체류실태에 따른 체류기간 차등 부여

• 신청일 이전 3년 이내 취업 제한 분야【붙임 5】에 취업하였을 경우 체류허가 불허(취소)

• 신청일 이전 6개월 이내 국내 노동시장·사회경제질서에 부정적 영향을 미칠 수 있는 직종에 취업한 경우 사안에 따라 허가 및 체류기간 별도 부여

 2) 점수제 우수인재의 배우자 및 미성년 자녀로서 거주자(F-2-71)

  ① 신청자(우수인재의 배우자 및 미성년 자녀) 요건

   ㉮ 국내에 합법체류 중일 것

   ㉯ 결격사유에 해당하지 않을 것

   ㉰ 국내 노동시장·사회경제질서에 부정적 영향을 미칠 수 있는 직종에 취업한 사실이 없을 것

  ② 주체류자(우수인재 거주자) 요건

   ㉮ 점수제 평가항목별 합산 점수가 80점 이상일 것

   ㉯ 연간소득이 한국은행이 최근 고시한 전년도 1인당 국민총소득(GNI) 이상일 것*

    * 체류자격 변경 부분의 연간소득 산정 방법에 따름

3) 점수제 우수인재의 배우자 및 미성년 자녀로서 방문동거자(F-1-12)

- 2)의 요건 중 '주체류자 연간소득이 1인당 GNI 이상' 요건(②,㉯)을 제외하고 나머지
  요건 충족
  - ☞ 연장 심사시 '주체류자 연간소득이 1인당 GNI 이상' 요건(②,㉯)을 충족하는 경우
    F-2-71 체류자격 변경 심사 절차를 진행 가능(단, 기존 체류기간 연장 신청을 체류
    자격 변경신청으로 변경하여 신청하여야 함)

다. 제출 서류

1) 점수제 우수인재(F-2-7)

- 기본서류와 점수제 평가를 위한 서류 제출
  - ☞ 단 점수제 거주 자격을 취득한 후 6개월 이상 연속하여 해외에서 체류하지 않은
    경우 해외범죄경력증명서는 생략 가능

2) 점수제 우수인재의 배우자 및 미성년 자녀로서 거주(F-2-71) 또는 방문동거(F-1-12)
   체류자

- 기본서류와 점수제 평가를 위한 서류 제출
  - ☞ 단 점수제 거주 자격을 취득한 후 6개월 이상 연속하여 해외에서 체류하지 않은
    경우 해외범죄경력증명서는 생략 가능

라. 체류기간 연장 불허 관련 사항

- 주체류자(F-2-7)에 대한 체류기간 연장 불허시 해당 배우자와 미성년 자녀(F-2-71
  또는 F-1-12)의 체류기간도 연장 불허
- 연장 불허된 사람이 다른 체류자격 요건을 충족하는 경우 해당 체류자격으로 변경
  신청 가능
- 다음 요건을 갖춘 주체류자는 구직(D-10) 체류자격으로 변경 허가 가능
  - 합산점수 80점 이상 여부와 상관없이 체류기간연장 신청 시 실직 상태인 경우 또는

최저임금 이하의 소득을 제출하는 경우 각서* 징구 후 6개월씩 2회 체류기간 연장 허가(배우자와 미성년 자녀는 F-2-71자격 유지)하고 3회째에도 소득요건 미달 시 체류기간연장을 불허하고 구직(D-10, 최대 1년)으로 자격변경 허용

☞ 구직(D-10) 체류자격으로는 최대 1년 체류 가능(추가 연장 불가)

- 구직(D-10) 체류자격을 받은 사람의 배우자 및 미성년자녀는 동반(F-3) 체류자격 변경 허가 가능

☞ 동반(F-3) 체류자의 최대 체류 만료기간은 주체류자인 구직(D-10)의 체류기간 이내로 함

• 준법시민교육 시행

가) 대상 : 거주(F-2)자격 변경 및 연장 허가 예정자 중 국내법 위반 사실이 확인된 자.

※ 제외 대상 : 법 위반 횟수가 1회 이하이며 100만원 이하의 벌금·범칙금·과태료를 부과(처분·부과 면제 포함)받은 지 10년(자변) 또는 5년(연장)이 경과된 자

나) 지침 시행 후 준법시민교육대상자가 최초 연장 신청시 다음 연장시까지 준법 시민교육을 이수해야 함, 그 이후(2회부터) 법 위반사항 적발시 준법 시민교육을 이수해야 연장 가능

다) 범위반사항 기간

- 자격변경시 사건종결일(불기소처분일, 벌금 등 납부일)부터 10년이내

- 체류기간연장시 사건종결일(불기소처분일, 벌금 등 납부일)부터 5년이내

라) 교육신청

(가) 사회통합정보망 개선 전

- 방문신청 : 대상자는 민원신청시 교육(3시간) 신청 접수 후 접수증 수령

- e-mail신청 : 신청인이 관할 출입국관서의 이민통합지원센터의 e-mail로 교육 신청서 접수

(나) 사회통합정보망 개선 후 : 사회통합정보망(www.socinet.go.kr)에서 온라인 신청

III. 사증 발급 대상자 및 필요 서류

1. 공관장 재량으로 발급할 수 있는 사증

(1) 영주(F-5) 자격 소지자의 배우자에 대한 체류기간 1년 이하의 거주(F-2-3) 단수사증

첨부서류

① 사증발급신청서 (별지 제17호 서식), 여권, 표준규격사진 1매, 수수료
② 국내 배우자의 신원보증서
③ 초청장(붙임1 양식), 혼인배경 진술서(붙임2 양식)
④ 초청인 및 피초청인 양국 간 혼인관계 입증서류
 − 결혼증명서, 가족관계 기록에 관한 증명서 등
⑤ 재정(소득) 입증서류
 − 소득금액증명원(세무서 발행), 재직증명서, 계좌거래내역 등
⑥ 초청인의 신용정보조회서(전국은행연합회 발행)
⑦ 국적국 또는 거주국의 관할 기관이 발급한 초청인 및 피초청인 쌍방의 '범죄경력에 관한 증명서'
 − 영주(F-5)자격 소지자 본인이 영주자격 변경 시 '범죄 경력에 관한 증명서'를 이미 제출한 경우에는 본인에 한해 제출 생략 가능. 단, 영주자격 변경 후 해외에서 6개월 이상 체류한 경우에는 해외 체류기간 동안의 체류국 정부가 발행한 범죄경력에 관한 증명서를 제출해야 함
⑧ 초청인 및 피초청인 쌍방의 건강진단서
 − 의료법 제3조제2항제3호에 따른 병원급 의료기관이나 지역보건법 제7조에 따른 보건소가 발행한 것. 다만, 피초청인의 경우에는 해당 보건국 또는 거주국에서 통용되는 유사한 입증자료로 갈음할 수 있음
⑨ 과거 혼인기록이 있는 경우 혼인 해소 여부를 입증할 수 있는 서류(이혼증 등)

※ 재외공관의 장은 입국목적, 초청의 진정성, 초청자 및 피초청자의 자격 확인 등을 심사하기 위해 필요한 경우 첨부서류를 일부 가감할 수 있음

(2) 국민의 미성년 외국인자녀에 대한 체류기간 90일 이하의 거주(F-2-2) 단수사증

• 국내입국 방편으로 입양된 경우는 사증발급 억제

  ※ 대한민국국적을 보유한 복수국적자는 「복수국적자의 출입국 및 체류에 관한 지침」 적용

첨부서류

① 사증발급신청서 (별지 제17호 서식), 여권, 표준규격사진 1매, 수수료
② 국민의 미성년 자녀임을 입증할 수 있는 공적 서류
③ 대한민국 국민과 해당 미성년자의 관계 및 양육권 보유관계를 입증할 수 있는 서류
④ 양육권을 가진 대한민국국민인 부 또는 모의 신원보증서(그 부 또는 모가 배우자가 있을 경우 그 배우자의 신원보증서도 필요)
⑤ 양육권 보유관계를 입증할 수 없을 경우에는 해당 미성년자와 동일한 국적을 보유한 해당 미성년자의 친권자 또는 후견인의 동의서(친권자 또는 후견인이 없는 경우 친권자·후견인이 없다는 사실을 입증할 수 있는 관련국의 공적 서류 또는 공증증서)

※ 재외공관의 장은 입국목적, 초청의 진정성, 초청자 및 피초청자의 자격 확인 등을 심사하기 위해 필요한 경우 첨부서류를 일부 가감할 수 있음

(3) 국민과 혼인관계(사실상의 혼인관계 포함)에서 출생한 자녀에 대한 5년간 유효한 체류기간 1년 이하의 거주(F-2-2) 복수사증

※ 국민과 혼인관계에서 출생한 자녀에 대한 거주(F-2) 사증발급 제외대상자

- 병역 이행 또는 면제처분을 받지 않은 상태에서 대한민국 국적을 이탈 또는 상실하여 외국인이 된 남성에 대해 40세 되는 해의 12월 31일까지 거주(F-2-2)자격 부여 제한

  → 개정법 시행일('18. 5. 1.) 이후 최초로 국적을 이탈하였거나 국적을 상실한 사람부터 적용

  ('18.4.30. 이전 자에 대해서는 과거 재외동포 자격부여 제한 기준 적용)

① 사증발급신청서 (별지 제17호 서식), 여권, 표준규격사진 1매, 수수료
② 초청장
③ 국민과 해당 미성년자와의 관계입증 서류
  - 유전자 검사확인서류 또는 출생증명서 등 친자관계를 입증할 수 있는 서류
④ 대한민국 국민인 부 또는 모의 신원보증서

※ 재외공관의 장은 입국목적, 초청의 진정성, 초청자 및 피초청자의 자격 확인 등을 심사하기 위해 필요한 경우 첨부서류를 일부 가감할 수 있음

2. 사증발급인정서 발급대상

(1) 점수제 우수인재(상장법인·유망산업분야 종사자에 한함) 및 점수제 우수인재의 배우자 및 미성년 자녀

1) 대상

- 상장법인 종사자 : ① 국내 유가증권시장(KOSPI) 또는 코스닥(KOSDAQ)에 상장된 법인 종사자 또는 고용계약을 체결하여 취업이 확정된 외국인 ② 통계청 고시 '한국표준직업분류'에 따른 관리자, 전문가 및 관련 종사자에 해당하는 직종에 취업 중이거나 고용계약을 체결하여 취업이 확정된 외국인

- 유망산업분야 종사자 : 산업통상자원부 고시 제2020-40호, 2020.3.31., 「첨단기술 및 제품의 범위」에 따른 IT, 기술경영, 나노, 디지털전자, 바이오, 수송 및 기계, 신소재, 환경 및 에너지 등의 산업 분야 종사자 또는 고용계약을 체결하여 취업이 확정된 외국인으로 소득금액증명원 상의 전년도 소득이 국민 1인당 GNI 1.5배 이상일 것(취업 예정자는 고용계약서상의 연봉으로 갈음)

- 점수제 우수인재의 배우자 및 미성년 자녀 : 점수제 우수인재 체류자격*을 받은 사람(이하 '주체류자' 라 함)의 배우자** 또는 미성년 자녀***

  * 점수제 평가항목별 합산 점수가 80점 이상임을 검증받고 점수제 우수인재 체류자격 (F-2-7)을 받은 사람을 의미함(즉, F-2-71은 대상 아님)

** 법률상 배우자로서 진정한 혼인관계를 유지하여야 함(사실혼 불인정)

*** 주체류자가 미성년 자녀에 대한 친권 및 양육권을 가지고 있어야 함

※ 초청자가 F-2-7S일 경우 : 초청자가 자격변경허가를 받은 날부터 5년 동안 소득요건 심사 없이 F-2-71(단수, 90일), 5년 경과 후 소득요건 심사 후 충족시 F-2-71(단수, 90일),

2) 신청 방법(사증발급인정서 발급)

- 상장 법인·유망산업분야 종사자 : 사업장 주소지를 관할하는 출입국·외국인청(사무소·출장소) 방문 신청 또는 온라인(대한민국비자포털) 신청(F-2-7, 단수, 90일)

- 점수제 우수인재의 배우자 및 미성년 자녀 : 초청자(F-2-7 체류자격자)의 주소지 관할 출입국·외국인청(사무소·출장소) 방문 신청 또는 온라인(대한민국비자포털) 신청(F-2-71, 단수, 90일)

※ 주체류자의 소득기준(GNI이상) 미충족(다른허가요건 충족)시 F-1-12(단수, 90)

첨부서류

1) 상장 법인·유망산업분야 종사자

① 사증발급인정신청서 (별지 제21호 서식), 여권, 외국인등록증(주체류자가 외국인등록을 마친 사람만 해당), 표준규격사진 1매

② 결핵 진단서(「외국인 결핵환자 사증발급 및 체류관리 지침 등」에 따름)

③ 신청자의 고용계약서, 재직증명서, 사업자등록증, 법인등기부등본, 소득금액증명*, 학위취득(예정)증명서, 졸업(예정)증명서 등(해당자)

☞ **유가증권시장(KOSPI) 또는 코스닥(KOSDAQ) 상장된 법인에 취업한(취업 예정 포함)사람으로서 소득금액증명 제출이 불가능한 경우에 한하여, 예외적으로 고용계약서상의 기재된 연봉 상당 금액으로 연간소득을 산정**

④ 신청인이 해당하는 점수를 기재한 점수표

⑤ 신청인이 기재한 평가 항목별 점수를 입증하는 서류

⑥ 체류지 입증서류

⑦ 심사관이 추가 제출을 요구한 서류

2) 점수제 우수인재의 배우자 및 미성년 자녀

① 사증발급인정신청서 (별지 제21호 서식), 여권, 외국인등록증(주체류자가 외국인등록을
   마친 사람만 해당), 표준규격사진 1매

② 결핵 진단서(「외국인 결핵환자 사증발급 및 체류관리 지침 등」에 따름)

③ 주체류자의 고용계약서, 재직증명서, 사업자등록증, 법인등기부등본, 소득금액증명*,
   학위취득(예정)증명서, 졸업(예정)증명서 등(해당자)

☞ **유가증권시장(KOSPI) 또는 코스닥(KOSDAQ) 상장된 법인에 취업한(취업 예정 포함)사**
   람으로서 소득금액증명 제출이 불가능한 경우에 한하여, 예외적으로 고용계약서상의 기재
   된 연봉 상당 금액으로 연간소득을 산정

④ 가족관계 소명 서류(주체류자와의 법률상 가족관계 입증서류여야 함)

⑤ 점수제 평가를 위한 점수를 기재한 점수표

⑥ 신청인 본인이 기재한 평가 항목별 점수를 소명하는 서류

⑦ 체류지 입증서류

⑧ 심사관이 추가 제출을 요구한 서류

※ 출입국·외국인청(사무소·출장소)장은 초청의 진정성, 초청자 및 피초청자의 자격 확인
   등을 심사하기 위해 첨부서류의 일부를 가감할 수 있음(사본 제출시 원본 제시)

* 신청일 기준 2년 이내 세무서에서 발급한 가장 최신년도의 소득금액증명

IV. 취업활동

1. 기타 장기체류자(F-2-99)의 체류자격외 활동허가 기준

○ **취업활동은 법령에 인정되는 경우***로 한정되며, 거주자격 취득 직전 분야의 활동여부**에
　따라 체류자격외 활동허가를 받아야 하는 경우와 받지 않은 경우로 구분
　*「출입국관리법 시행령」 별표 1 중 5. 단기취업(C-4), 별표 1의2 중 14. 교수(E-1)부터
　　22. 선원취업(E-10), 29. 방문취업(H-2) 체류자격상의 취업활동
　** 출입국관리법 시행령」 제23조에 따르면 거주자격 '바'목(기타 장기거주)에 해당하는
　　사람은 종전 체류자격에 해당하는 동일 분야 활동을 계속 하여야 체류자격외 활동허가
　　없이 시행령 23조 제①항의 취업활동이 가능함

(1) 체류자격외 활동허가가 필요하지 않는 경우

거주자격 취득 직전 체류자격에 해당하는 분야의 취업 등의 활동을 하면서 다른 취업활동을
하고자 하는 경우

예시) ① 회화지도(E-2) 자격자가 ② 기타 장기거주 체류자격 취득 후 ③ 회화지도 활동을
　　　하는 경우 체류자격외 활동허가 없이 「출입국관리법 시행령」 별표 1 중 5. 단기취업
　　　(C-4), 별표 1의2 중 14. 교수(E-1)부터 22. 선원취업(E-10), 29. 방문취업(H-2)
　　　체류자격상의 취업활동을 할 수 있음

(2) 체류자격외 활동허가가 필요한 경우

• 장기거주(F-2-99) 자격 취득 직전 체류자격에 해당하는 분야의 취업 등의 활동을 하지
　않고 다른 취업활동을 하고자 하는 경우
　- 허가 대상인 취업활동을 규정하는 지침에 따라 허가 여부 결정하되 해당 지침에 별도
　　규정이 없는 경우 허가
• 거주자격 취득 직전 동반가족(배우자 또는 미성년 자녀)으로서 장기거주(F-2-99) 체류
　자격을 받은 사람이 취업활동을 하고자 하는 경우

- 허가 대상인 취업활동을 규정하는 지침에 따라 허가 여부 결정하되 해당 지침에 별도 규정이 없는 경우 허가

2. 점수이민제 우수인재(F-2-7)의 체류자격외 활동허가 기준

• 점수제 우수인재 비자 소지자가 연간 소득요건을 충족하는 경우에 한하여 동반가족도 거주가족(F-2-71)을 받은 후 취업*이 가능함

* 출입국관리법 시행령 23조 제②에 규정된 취업활동에 한함

• 우수인재 비자 소지자가 연간 소득요건을 충족하지 못하는 경우, 동반가족은 방문동거 (F-1) 자격으로 체류할 수 있으나 취업 및 각종 영리활동이 금지됨

- 단, 외국어회화강사(E-2), 외국인학교교사(E-7), 국가기관, 공공단체 등에서 교열요 원(E-7)의 요건을 갖춘 경우 사전에 체류자격외 활동허가를 받아 취업(편람의 방문· 동거(F-1) 체류자격외활동허가 참고)

• 취업제한 분야* 또는 국내 노동시장·사회경제질서에 부정적 영향을 미칠 수 있는 직종에 취업한 경우, 체류기간 연장 제한 또는 체류허가 취소 가능

---

*취업제한 분야

○ 「사행행위 등 규제 및 처벌 특례법」 제2조제1항제1호 및 동법 시행령 제1조의2 등에서 규정하고 있는 사행행위 영업

○ 「식품위생법」 제36조 및 동법시행령 제21조제8호 등에서 규정하고 있는 단란주점영업, 유흥주점영업

○ 「풍속영업의 규제에 관한 법률」 제2조 및 동법시행령 제2조 등에서 규정하고 있는 풍속영업 중 선량한 풍속에 반하는 영업

 - 「식품위생법 시행령」 제21조제8호 다목에 따른 단란주점영업 및 같은 호 라목에 따른 유흥주점영업

 - 불특정한 사람 사이의 신체적인 접촉 또는 은밀한 부분의 노출 등 성적 행위가 이루어지거나 이와 유사한 행위가 이루어질 우려가 있는 서비스를 제공하는 영업으로서 청소년보호위원

회가 결정하고 여성가족부장관이 고시한 청소년 출입·고용금지업소

– 청소년유해매체물 및 청소년유해약물 등을 제작·생산·유통하는 영업 등 청소년의 출입과 고용이 청소년에게 유해하다고 인정되는 영업으로서 대통령령으로 정하는 기준에 따라 청소년보호위원회가 결정하고 여성가족부장관이 고시한 청소년 출입·고용금지업소

청소년 출입·고용금지업소 결정 고시

제정 2011. 7. 6. 여성가족부고시 제2011-30호
개정 2013. 8. 13. 여성가족부고시 제2013-52호
개정 2023. 5. 25. 여성가족부고시 제2023-25호

「청소년 보호법」 제2조제5호에 따라 청소년보호위원회는 다음 제1호 형태의 시설 내에 제2호 각 목 유형 중 어느 하나의 설비를 갖추고 제3호 각 목 형태 중 어느 하나로 운영되는 영업을 "청소년 출입·고용금지업소"로 결정하고 다음과 같이 고시한다.

– 다 음 –

1. 시설형태
 가. 밀실이나 밀폐된 공간 또는 칸막이 등으로 구획하거나 이와 유사한 시설
  단, 장소 제공을 주된 목적으로 하는 영업(예시: 룸카페 등)의 경우 아래 ①에서 ④까지를 모두 충족한 시설은 제외한다.
   ① (벽면) 통로에 접한 1면은 바닥으로부터 1.3m이상부터 2m 이하의 부분에 대해 전체가 투명(창 또는 개방, 개별실을 구획하는 좌에서 우까지 전체 면에 적용하되, 건축물의 구조상 주요한 기둥 등 안전 확보에 필요한 면적은 제외함)하여야 함
   ② (출입문) 출입문 바닥에서 1.3m 높이 부분부터 출입문 상단까지 전체가 투명(창 또는 개방)하여야 함
   ③ (잠금장치) 없어야 함
   ④ (가림막) ①벽면과 ②출입문의 투명창 일부 또는 전체에 커튼류, 블라인드류, 가림막, 반투명·불투명 시트지 등 어떠한 것(탈부착 또는 이동이 가능한 것 포함)도 설치되어 있거나 가려져 있지 않아야 함

2. 설비유형
 가. 화장실, 욕조 등 별도의 시설을 설치한 것

나. 침구, 침대 또는 침대형태로 변형이 가능한 의자·소파 등을 비치한 것

다. 컴퓨터·TV·비디오물 시청기자재·노래방기기 등을 설치한 것

라. 성인용 인형(리얼돌) 또는 자위행위 기구 등 성관련 기구를 비치한 것

3. 영업형태

가. 입맞춤, 애무, 퇴폐적 안마, 나체쇼 등 신체적 접촉이 이루어지거나 성관련 신체 부위를 노출하거나 성행위 또는 유사성행위가 이루어질 우려가 있는 영업

나. 성인용 영상물 또는 게임물, 사행성 게임물 등 주로 성인용 매체물이 유통될 우려가 있는 영업

다. 성인용 인형(리얼돌) 또는 자위행위 기구 등 성관련 기구를 이용할 수 있는 영업

[영업 예시] 키스방, 대딸방, 전립선마사지, 유리방, 성인PC방, 휴게텔, 인형체험방 등

> 업소의 구분은 그 업소가 영업을 할 때 다른 법령에 따라 요구되는 허가·인가·등록·신고 등의 여부와 관계없이 실제로 이루어지고 있는 영업행위를 기준으로 한다.

4. 결정일 : 2023. 4. 21.

5. 효력발생일 : 이 고시는 고시한 날부터 시행한다.

○ 기타 체류자의 신분을 벗어난 활동 및 기타 법무부장관이 그 취업을 제한할 필요가 있다고 인정되는 분야

제2장 재외동포(F-4)378)

I. 재외동포(F-4) 자격 기본 대상

• 출생에 의하여 대한민국의 국적을 보유하였던 사람(대한민국정부 수립 전에 국외로 이주
 한 동포를 포함)으로서 외국국적을 취득한 사람

• 위에 해당하는 사람의 직계비속으로서 외국국적을 취득한 사람

 ※ '18.5.1. 개정 재외동포법 시행으로 '18.5.1. 이후 최초로 대한민국 국적을 이탈하였
  거나 국적을 상실한 남성은 병역이행 또는 면제처분이 없으면 40세 되는 해 12월
  31일까지 재외동포(F-4) 체류자격 부여 제한

II. 재외동포(F-4) 자격 사증발급 등 절차

1. 공통 제출서류 (사증발급·체류자격변경)

① 한국어능력 입증서류

 한국어능력 입증서류 제출기준 참조 〈별첨 2〉

② 해외 범죄경력증명서

 해외 범죄경력증명서 제출기준 참조 〈별첨 1〉

③ 아래 대상에 해당하는 사람이 가족관계기록사항에 관한 증명서, 제적등본, 호구부, 거민
 증 및 출생증명서 등으로 외국국적동포임을 증명하는 서류

---

378) 법무부 출입국·외국인정책본부, 「알기쉬운 외국국적동포 업무 매뉴얼」, 2024.7, 15면-22면 참조.
 제2장 재외동포(F-4)에서 "별첨"이라고 기재되어 있는 문서들은 모두 "알기쉬운 외국국적동포 업무
 매뉴얼"에 첨부되어 있는 문서를 뜻함.

2. 재외동포 사증발급 세부대상 및 추가 신청서류

사증발급신청 등 첨부서류 관련 법무부장관이 고시한 국가[379] (21개국)

중국, 필리핀, 인도네시아, 방글라데시, 베트남, 몽골, 태국, 파키스탄, 스리랑카, 인도, 미얀마, 네팔, 이란, 우즈베키스탄, 카자흐스탄, 키르키즈스탄, 우크라이나, 나이지리아, 가나, 이집트, 페루

"사증발급신청 등 첨부서류에 관한 고시"국가 외의 외국국적동포

대　　상	제출서류
① 출생에 의하여 대한민국 국적을 보유하였던 자로서 외국국적을 취득한 사람 (F-4-11)	• 본인이 대한민국의 국민이었던 사실을 증명하는 서류 – 가족관계기록사항에 관한 증명서, 제적등본 또는 폐쇄등록부 기타 본인이 대한민국의 국민이었던 사실을 증명하는 서류 • 외국국적을 취득한 원인 및 연월일을 증명하는 서류
② ①의 직계비속으로서 외국국적을 취득한 사람 (F-4-12)	• 직계존속이 대한민국의 국민이었던 사실을 증명하는 서류 – 가족관계기록사항에 관한 증명서, 제적등본 또는 폐쇄등록부 기타 직계존속이 대한민국의 국민이었던 사실을 증명하는 서류 • 여권 등 본인과 직계존속의 외국국적 취득원인 및 연월일을 증명하는 서류 • 직계존비속의 관계임을 증명하는 서류 （출생증명서 등）

---

[379] 「출입국관리법 시행규칙」 제76조제1항 별표5 " 사증발급신청 등 첨부서류"에 관한 고시 (법무부고시 제2011-534호, '11.10.17.)

○ 세부대상 및 제출서류

세부대상	제출서류
① 문화예술(D-1) 및 취재(D-5) 내지 무역 경영(D-9), 교수(E-1) 내지 특정활동(E-7) 자격으로 국내에서 6개월 이상 체류한 사실이 있는 사람(F-4-13)	• 대상 여부는 출입국정보시스템으로 확인
② 국내·외 전문학사(2년제 이상 졸업자)이상 학위소지자 및 국제교육진흥원 등 정부초청 장학생 (F-4-14) ※ 국외 전문학사 소지자는 한국어능력시험(TOPIK) 3급 이상 소지 또는 사회통합프로그램 4단계 이상 이수자에 한함	• 재학증명서 또는 졸업증명서 • 정부초청 장학생은 그 사실을 입증하는 서류 • 국외 전문학사 소지자는 한국어 능력 등 입증자료
③ OECD 국가의 영주권 소지자(F-4-15)	• 각 국의 해당기관에서 작성한 영주권자임을 확인하여 주는 문서
④ 법인기업체 대표 및 등기임원 및 관리직 직원 (F-4-16) - 법인 기업체 대표 및 등기임원은 제한없고, 관리직 직원의 경우 1개 기업 당 전체 2명 범위내 재외동포 자격 부여 ※ 법인기업체 대표, 임원 또는 직원에 대한 재외동포 자격부여는 신청당시 법인 설립 후 1년 이상 경과한 기업체에 한하며, 대표자를 제외한 임원은 6개월 이상, 직원은 1년 이상 재직한 경우에 한하여 재외동포 자격부여 가능	• 법인대표 및 등기임원 경우 - 법인 등기부등본에 상응하는 해당국의 공적 서류, 재직증명서 및 재외동포(F-4) 취업활동 제한직업 비취업서약서(별첨 4) • 법인기업체 소속직원의 경우 - 법인대표의 국내거소신고증 사본 또는 재외동포(F-4) 사증발급 사항 사본, 소속업체 법인등기부등본, 재직증명서, 기업대표의 신원 보증서(별첨 5) 및 재외동포(F-4) 취업활동 제한직업 비취업서약서(별첨 4) ※ 법인대표가 재외동포 사증을 발급받지 않은 경우 법인대표와 함께 재외동포(F-4) 비자를 신청하는 경우에 한하여 소속직원 사증발급 가능

⑤ 전년도 기준 매출액이 미화 10만 불 이상의 개인기업(자영업대표)(F-4-17)	• 매출실적 증빙자료, 영업직조 등 사업자등록증에 상응하는 증명서
⑥ 다국적기업 임직원(별첨5), 언론사 임원과 기자, 변호사, 회계사, 의사, 거주국 정부공인 1급 (대학교수 상당) · 2급(대학 부교수에 상당) 예술가, 산업 상 기술연구 개발연구원, 중급 이상 농업 기술자, 선박 또는 민간항공 분야 고급 기술자(F-4-18)	• 재직증명서 및 소속단체 등의 사업자등록증 사본 기타 직업별 해당 자격증 • 농업기술자의 경우 중급 이상의 전문기술 자격증, 선박 또는 민간항공 분야 고급 기술자의 경우 관련 기술 자격증
⑦ 거주국에서 공인한 동포단체 또는 문화 ·예술단체(협회)의 대표 및 부대표(F-4-19) – 단체 당 소속 직원 또는 회원 10명 ※ 동포단체로는 각지역 조선족기업가 협회, 세계한인무역협회, 연변조선족 자치주 미술가협회, 연변조선족전통요리협회, 북경고려문화경제연구회 등 거주국 정부 등록동포단체 및 협회 등을 말함 – 법무부가 동포체류지원센터로 지정한 단체 소속 직원은 1개 단체당 2명 까지 가능 – 법무부가 동포체류지원센터로 지정한 단체 소속 자원봉사자*는 1개 단체당 연간 최대 4명까지 가능 * 한국중앙자원봉사센터(☎1365) 발급 실적 확인서로 6개월 이상에 걸쳐 봉사시간 200 시간 이상 확인되는 자에 한함 (1일 봉사시간 최대 6시간 까지 인정) ※ 동포단체 등 "직원"은 재직기간이 1년 이상 된 자에 한함(국내 동포지원단체는 제외)	• 소속단체 등록증명서 및 재직증명서 〈국외 동포단체 직원 또는 회원의 경우〉 – 소속단체 등록증명서, 동포단체 현황표, 동포단체 대표 추천서, 재직증명서, 재외동포(F-4) 취업활동 제한직업 비취업서 약서(별첨 4) 〈국내 동포지원단체 소속 직원의 경우〉 – 동포체류지원센터 지정서(지정기간 확인), 사업자등록증 또는 고유번호증, 대표명의 추천서, 재외동포(F-4) 취업활동 제한직업 비취업서약서(별첨 4) 〈국내 동포지원단체 소속 자원봉사자의 경우〉 – 동포체류지원센터 지정서(지정기간 확인), 사업자등록증 또는 고유번호증, 대표명의 추천서, 한국중앙자원봉사센터(☎1365) 발급 실적확인서, 재외동포(F-4) 취업활동 제한직업 비취업서약서(별첨 4)
⑧ 전·현직 국회의원, 5년 이상 재직 공무원 및 국영기업체 직원(F-4-20)	• 재직증명서
⑨ 대학교수(부교수, 강사 포함), 중고등학교 또는 초등학교 교사(F-4-21)	• 재직증명서, 주재국 정부 임명장 또는 고등 및 중등 전문학교 강사 자격증, 교사 자격증

⑩ 국내에서 개인 사업체를 경영하고자 하는 사람 (F-4-22)	• 본인의 자산으로 3억 이상 투자자 또는 2억 이상 (1인 이상 국민을 6개월 이상 계속 고용하고자 하는 경우) 투자자 입증서류 예) 투자기업등록신청서, 송금 및 반입자금 내역, 환전증명 및 사용명세서, 사업장 임대차 계약서 및 보증금 송금내역 등 2억 이상 투자자(자격부여 신청시) 국민고용 예정서약서 ※ 국내에서 형성된 자산인 경우 투자기업등 록신청서 제출 불요 • 최초 자격 변경 시 체류기간 1년 이내 부여 – 국민고용예정서약서 제출자가 1년 이내 서약사항을 이행하지 못한 경우 기존투자 금액 (3억)을 충족해야 체류기간연장 허용 • 기간 연장 시 사업자등록증, 납세자료 등 사업체 정상 운영 여부 확인 • 동 지침 시행 이전 재외동포 자격 취득자는 사업체 정상 운영 여부 확인 후 기간 연장 (투자금액은 기존 지침(1억) 적용)
⑪ 방문취업자격자로서 육아도우미*·농축 산업·어업·뿌리산업·지방 소재 제조업 의 동일 사업장에서 계속하여 2년 이상 근 무하고 있는 자 (F-4-24) – 방문취업자격자로서 지역 및 업종에 관계 없이 동일 사업장에서 계속하여 4년 이상 근무하고 있는 사람 – 계절근로를 참여한 동포(G-1-19) 중 180 일(6개월) 이상 근무한 사람 ※ 2년의 근무기간은 고용관계가 지속되는 근속기간임 (단, 산재 등 업무상의 부상 또는 질병으로 휴업한 기간은 1년의 범위 내에서 기간 인정)	• 최근 2년간 해당 업종 계속 고용관계 증명서 류 (근로소득원천징수영수증), 사업자등 록증 사본, 뿌리기업확인서 • 교육이수증(육아도우미에 한함)

⑫ 60세 이상 외국국적동포(F-4-25) ※ 순수관광 제외	• 대상 여부는 동포입증 서류로 확인
⑬ 한·중 수교 전 입국하여 특별체류허가 및 사증을 받아 방문취업 자격으로 체류 중인 자 (F-4-26) ※ 신규 사증발급 및 자격변경 중단	• 대상 여부는 출입국정보시스템으로 확인
⑭ 국내 공인 국가기술자격증(기능사 이상) 취득자 (F-4-27) (별첨6) ※ 금속재창호 종목은 2013년 취득자까지만 인정 - 60일 이상 계절근로를 참여한 동포(G-1-19) 중 국가기술자격증을 취득한 사람 (‘22. 1. 3. 이전 취득자에 한함)	• 자격증 사본(원본제시)
⑮ 사회통합프로그램 4단계 이상 이수한 사람 (F-4-28) 아래 어느 하나에 해당하는 사람 - 사회통합프로그램 4단계 이상 이수한 사람 - 사회통합프로그램 사전평가에서 5단계를 배정받은 사람 - 사회통합프로그램을 이수하지 않았으나 귀화허가 신청을 하고 귀화용 종합평가에서 합격하여 5단계를 배정받은 사람	• 대상 여부는 사회통합정보망(Soci-Net)에서 확인 • 참고사항 - 4단계 이상 이수는 별도의 유효기간이 없으며, 사전평가 및 귀화용 종합평가 합격에 따른 5단계 배정은 평가 결과발표일로부터 2년 간 유효 - 사전평가 또는 귀화용 종합평가 합격으로 5단계를 배정받은 사람은 외국인등록일로부터 1년 경과 후 자격변경 신청 가능 (단, 재외공관 사증발급 시에는 별도의 신청 제한기간 없음)
⑯ 국내 고등학교 졸업자 (F-4-29) 아래 어느 하나에 해당하는 사람 - 「초·중등교육법」 제3호의 고등학교(고등기술학교)를 졸업한 사람 - 「초·중등교육법」 제4~5호 특수학교, 각종학교 (대안학교, 외국인학교) 중 고등학	• 졸업증명서 또는 검정고시 합격증명서 • 외국인학교·외국교육기관·제주국제학교 졸업자 국내 학력인정 교과목(국어, 사회, 국사, 역사 등) 이수 입증서류 또는 한국어

교에 준하는 학교를 졸업한 사람 – 고등학교 졸업학력 검정고시 합격자 – 교육부 인가를 받은 외국교육기관, 제주국 　제학교 고등교육과정 졸업자 –「평생교육법」제31조 학력인정 평생교육 　시설(학교형태의 평생교육시설) 중·고등 　학교 졸업의 학력이 인정되는 시설로 지정 　된 과정을 졸업한 사람	능력 입증서류
⑰ 국내 초·중·고교 재학 동포 자녀(F-4-30) – 부 또는 모가 외국인등록(거소신고)를 하고 　국내 체류 중인 동포의 자녀로서 다음 어느 　하나에 해당하는 사람 ㉠ 국내 초·중·고교(1)에 재학 중인 사람 ㉡ 장기 질병치료 또는 중증 장애 등으로 부득 　이하게 학교 재학이 어려운 만 6세 ~ 18세 　동포(2) (1)「초·중등교육법」제2조 각 호 어느 하나에 　해당하는 학교 (2) 단, 외국인등록일로부터 6개월 경과 후 자 　격변경 신청 가능 • (코로나19 관련 특례) 단기 체류자격이나 　코로나19 관련 '출국을 위한 체류기간 연장' 　및 '출국기한 유예' 중이라도 자격변경 신청 　가능 ※ 단, 신청인의 부 또는 모는 장기 체류자격에 　서 코로나19 관련 '출국을 위한 체류기간 　연장' 또는 '출국기한 유예'가 된 경우만 부 　또는 모의 체류자격 요건(외국인등록·거 　소신고)을 충족한 것으로 봄 • (부모 요건의 예외) 국내 초·중·고교에 6개 　월 이상 재학중인 사람은 동포인 부 또는 모 　가 부득이한 사유로 국내 체류중이 아니라 　하더라도 대상자를 양육할 비동포 부·모나	• 재학증명서 등 학교장이 발급한 재학여부 　증빙서류 • 의료법 제3조제2항제3호에 따른 병원급 　의료기관이 발급한 진단서 • (동포 증명서류 간소화) 자격변경 신청일 　기준 부 또는 모가 동포 자격*으로 외국인등 　록(거소신고)하고 국내 체류 중인 경우 대상 　자의 체류자격에 따라 다르게 동포증명서 　류 제출 면제 또는 간소화 – (F-1-9, F-1-11) 외국국적동포임을 증 　명하는 공적서류 제출 면제 – (그 외) 동포인 부 또는 모와 신청인과의 가족 　관계 증명서류만 제출 * 방문취업(H-2), 재외동포(F-4), 동포영 　주(F-5-6, F-5-7, F-5-14) • 참고사항 – 체류기간 연장 시 국내 초·중·고교에 1년 　이상 재학 (재학기간 증빙서류 필수)하고 　있거나, 장기 질병치료 또는 중증 장애 등 　으로 부득이하게 학교 재학이 어려움을 증 　빙할 수 있어야 함

조부모가 있는 경우 자격변경 신청 가능	
⑱ 국가전문자격증 취득자(F-4-31)	• (인정분야) 노인복지법에 따른 요양보호사 • (제출서류) 자격증 사본(원본 제시)
⑲ 과거 재외동포(F-4) 자격 소지자 　(F-4-99) 　– 과거 재외동포(F-4) 자격으로 체류하였 　　으나 상기 ①~⑱의 세부 대상자격에 해당 　　하지 않는 사람 　※ 과거 재외동포(F4) 자격으로 체류하다가 　　범법행위 등으로 그 자격이 상실된 자(강 　　제퇴거자) 등은 제외	• 외국국적동포 입증서류 • 재외동포 자격부여 입증서류(필요시)

III. 재외동포(F-4) 자격 변경 절차

상기 세부대상자 중 대상별 제출서류가 국내에서 발급되거나 출입국정보시스템으로 확인이 가능한 경우에 한하여 국내에서 자격변경가능 (국내 대학 졸업자, 국가기술자격 취득자, 외국인등록자(재외동포 자격부여 세부대상자 ①에 해당하는 자, 과거 등록 포함), 국내에서 개인사업체를 경영하고자 하는 사람, 국내 동포체류지원센터 소속 직원 및 동포체류지원센터 자원봉사자, 국내 고교졸업자, 국내 초·중·고교 재학자, 요양보호사 자격 취득자 등)

IV. 재외동포 자격 체류관리 절차

재외동포(F-4) 사증으로 입국한 동포는 체류지 관할 출입국·외국인청(사무소·출장소)에 거소신고를 해야한다. 재외동포 사증으로 입국한 동포의 체류관리 절차는 다음과 같다.

1. 국내 거소신고 절차

• 90일 이상 체류하고자 하는 경우 입국일부터 90일 이내 거소신고

• 제출서류 : 사진1매(여권용사진), 수수료

• 체류지 입증서류

2. 재외동포(F-4)가 국내에서 계속 체류하고자 할 때는 체류기간연장 허가를 받아야 한다.

1회에 부여하는 체류기간은 원칙적으로 3년 이내

※ 단, '국내 초·중·고교 재학 동포 자녀'(F-4-30)는 최초 부여 시 2년 이내에서 3월 말 또는 9월 말까지로 부여하고, 체류기간 연장 시마다 2년 부여

• 법을 위반한 사람은 체류기간연장허가가 제한될 수 있음을 유의해야 한다.

• 체류기간연장 신청 시 제출서류는 다음과 같다.

  - 신청서, 수수료, 체류지 입증서류(임대차 계약서 등)

3. 재외동포(F-4) 자격 소지자의 취업활동범위는 다음과 같다.

• 재외동포(F-4) 소지자는 아래의 경우 취업할 수 없다.[380]

  - 단순노무행위를 하는 경우

  - 사행행위 등 선량한 풍속 기타 사회질서에 반하는 행위를 하는 경우

  - 기타 공공의 이익이나 국내 취업질서 등의 유지를 위하여 그 취업을 제한할 필요가 있다고 인정되는 경우

• 상기 경우를 제외하고는 취업 활동의 제한을 받지 않는다.

  ※ 다만, 허용되는 취업활동이라도 국내법령에 의하여 일정한 자격을 요하는 때에는 그 자격을 갖추어야 함

4. 재외동포(F-4) 자격부여 등 제한대상은 다음과 같다.

• 재외동포법 제5조 제2항 제1호에 해당하는 경우

• 재외동포법 제5조 제2항 제2호에 해당하는 경우

• 국내에서 체류 중 아래의 법 위반 사실이 있는 사람

  - 「특정강력범죄의 처벌에 관한 특례법」제2조에서 규정한 특정강력범죄의 어느 하나에 해당하는 범죄로 인하여 형을 선고를 받은 사람

  - 사회적 중대범죄(마약, 보이스피싱, 상습(3회 이상) 음주운전)에 해당되는 범죄로 인하여 금고 이상의 형의 선고를 받은 사람

  - 최근 5년 이내에 상기 이외의 범죄로 금고 이상의 형의 선고를 받은 사람

  - 최근 3년 이내 법을 위반하여 합산 금액이 700만 원 이상의 벌금형을 선고받은 사실이 있는 사람

  - 최근 3년 이내 출입국관리법을 위반하여 합산 금액이 700만 원 이상 범칙금 처분을 받은 사람

• 해외 범죄경력이 있는 경우

  - 해외 범죄경력증명서 제출기준 참조 〈별첨 1〉

---

380) 법무부고시 제2023-187호, 재외동포(F-4) 자격의 취업활동 제한범위 고시.

V. 재외동포 취업활동

재외동포(F-4) 외국인의 경우, 아래 법무부장관이 제한하는 업종 외의 모든 업종에 자유롭게 취업이 가능하다.

◉ 법무부고시 제2023-187호

재외동포(F-4) 자격의 취업활동 제한범위 고시

「출입국관리법」제18조제1항, 동법 시행령 제23조제3항, 동법 시행규칙 제27조의2에 따라 '재외동포(F-4) 자격의 취업활동 제한'에 관한 구체적 범위를 지정하여 다음과 같이 고시합니다.

2023년 5월 1일
법무부장관

▢ 재외동포(F-4) 자격의 취업활동 제한범위

1. 일반 기준
 가. 단순노무행위를 하는 경우(【붙임 1】참조)
 나. 선량한 풍속이나 그 밖의 사회질서에 반하는 행위를 하는 경우
  - 「사행행위 등 규제 및 처벌 특례법」제2조제1항제1호 및 동법 시행령 제1조의2 등에서 규정하고 있는 사행행위 영업장소 등에 취업하는 행위
  - 「식품위생법」제36조제3항 및 동법 시행령 제21조제8호 등에서 규정하고 있는 유흥주점 등에서 유흥종사자로 근무하는 행위
  - 「풍속영업의 규제에 관한 법률」제2조 및 동법 시행령 제2조 등에서 규정하고 있는 풍속영업 중 선량한 풍속에 반하는 영업장소 등에 취업하는 행위
 다. 그 밖에 공공의 이익이나 국내 취업질서 등을 유지하기 위하여 그 취업을 제한할 필요가 있다고 인정되는 경우(【붙임 2】참조)
2. 예외 기준
 ○ 「출입국관리법 시행령」제23조제3항제1호 관련
  - 「국가균형발전 특별법」제2조제9호에 따른 인구감소지역 중 법무부장관이 정한 지역 특화형 비자 사업 대상 시·군·구에 거소를 두고 거소가 속한 광역시 또는 도 내에서 제1호 가목 또는 다목의 취업활동을 하는 재외동포(F-4)는 취업활동의 제한을 받지

않음(다만, 나목은 제한)

□ 재검토기한
　○ 법무부장관은 「훈령·예규 등의 발령 및 관리에 관한 규정」에 따라 이 고시에 대하여 2023년 1월 1일을 기준으로 매 3년이 되는 시점(매 3년째의 12월 31일까지를 말한다)마다 그 타당성을 검토하여 개선 등의 조치를 하여야 함

□ 다른 규정의 폐지
　○ 재외동포(F-4)의 취업활동 제한범위 고시(법무부고시 제2018-70호, '18. 3. 26.)는 이 고시 시행과 동시에 폐지함

□ 시행일 : 2023. 5. 1.부터

【붙임 1】

단순노무행위에 해당하는 세부 직업

구분	종류	상 세 설 명
단순노무 종사자 (대분류 9)	(1) 건설 단순 종사원 (91001)	건축 및 토목공사와 관련하여 육체적인 노동으로 단순하고 일상적인 업무에 종사하는 자를 말한다. 【직업 예시】 • 건물건축 운반인부　　　• 보석 단순노무원 • 해체작업 단순노무원　　• 토목건설 단순노무원 • 수로정비 단순노무원　　• 관정 단순노무자 • 댐건설 단순노무원　　　　• 건물정비잡역부 【제외】 • 전통건물 건축원(77241)• 조적공(77251)• 건물해체원(77293)

(2) 광업 단순 노무원 (91002)	광산 또는 채석장의 폐쇄된 작업장에서 목제 및 철제 지주를 제거, 노천광에서 백악, 점토, 자갈 또는 모래를 채굴하는 일에 부속된 단순하고 일상적인 일을 수행하는 자를 말한다. 【직업 예시】 • 채석장 굴삭 단순노무자　　• 채광 단순노무자 【제외】 • 광원(77411)　　　　　　　• 채석원(77412)
(3) 하역 및 적재 관련 단순 종사원 (92101)	각종 제조업체, 시장, 부두, 화물운송업체 등에서 상품을 포장, 선적, 하역 및 적재하는 업무를 수행하는 자를 말한다. 【직업 예시】 • 적재원　　　　• 하역원　　　　• 육상화물하역원 • 부두노무원　　• 선박하역원　　• 제품운반원
(4) 이삿짐 운반원 (92102)	이삿짐을 포장, 선적, 하역 및 적재하는 등 운반업무를 수행하는 자를 말한다. 【직업 예시】 • 이삿짐 운반원
(5) 그 외 하역 및 적재 단순 종사원 (92109)	상기 세세분류 어느 항목에도 포함되지 않은 유사한 직무를 수행하는 자를 말한다. 한 장소에서 다른 장소로 운반하기 위하여 사무실 또는 가정용 가구 및 기기를 운반, 하역하는 직무가 여기에 포함된다. 【직업 예시】 • 가구 운반원　　• 가구 하역원　　• 냉동물 운반원 • 과실 운반원　　• 어류 운반원　　• 고기 운반원 • 식료품 운반원　• 창고 운반원
(6) 우편	우체국의 관할구역에 설치되어 있는 우체통에서 우편물을 수집하고, 관할 구역에 송달할 우편물을 표기 주소지에 배달하는 자를 말한다.

집배원 (92210)	【직업 예시】 • 우체부 • 우편물 집배원 • 우편배달원
(7) 택배원 (92221)	차량을 이용하여 고객들이 주문·구매한 상품을 고객이 원하는 장소로 운반하는 자를 말한다. 【직업 예시】 • 택배 배달원
(8) 그 외 택배원 (92229)	의뢰인이 요청한 문서, 문서철, 소포 및 통신문 등의 물품을 수령자에게 빠르게 배달하는 자를 말한다. 【직업 예시】 • 퀵서비스 배달원 • 오토바이 퀵서비스 배달원
(9) 음식 배달원 (92230)	각종 음식점 등에서 고객의 요구에 따라 해당 요리를 특정장소까지 배달하는 자를 말한다. 【직업 예시】 • 식사배달원 • 야식배달원 • 요리배달원 • 도시락배달원 • 중국음식 배달원 • 분식배달원 • 음식배달원 • 치킨 배달원 • 피자 배달원
(10) 음료 배달원 (92291)	우유, 녹즙, 발효유 등을 정기적으로 배달하는 자를 말한다. 【직업 예시】 • 우유 배달원(방문판매 제외) • 야쿠르트 배달원(방문판매 제외) • 녹즙 배달원(방문판매 제외)
(11) 신문 배달원	가정이나 사무실 등 정기 구독자가 요구한 장소로 신문을 배달하는 자를 말한다. 신문대금을 징수하기도 한다.

(92292)	【직업 예시】 • 신문 배달원(방문판매 제외)
(12) 그 외 배달원 (92299)	상기 세세분류 어느 항목에도 포함되지 않은 유사한 직무를 수행하는 자를 말한다.
(13) 수동 포장원 (93001)	자재나 제품을 상자, 가방 및 기타 출하 또는 저장용 용기에 담아 손으로 포장하는 자를 말한다. 【직업 예시】 • 수동 포장원
(14) 수동 상표부착 원 (93002)	수동으로 상표나 라벨을 부착하는 자를 말한다. 【직업 예시】 • 수작업라벨부착원 • 수작업상표부착원
(15) 건물 청소원 (94111)	공공건물, 사무실, 상업건물, 아파트 등의 건물을 청소, 정돈하는 자를 말한다. 【직업 예시】 • 사무실 청소원 • 공공건물 청소원 • 오피스텔 청소원 • 아파트 청소원 • 병원 청소원 • 호텔 청소원
(16) 운송장비 청소원 (94112)	비행기, 선박, 기관차의 외부, 바닥, 유리창을 청소하는 자를 말한다. 【직업 예시】 • 기관차 청소원 • 선박 청소원 • 비행기 청소원 • 버스 청소원
(17) 그 외	상기 세세분류 어느 항목에도 포함되지 않은 유사한 직무를 수행하는

청소원 (94119)	자가 여기에 분류된다.	
(18) 쓰레기 수거원 (94121)	건물, 야적장, 거리 및 기타 공공장소에서 빗자루, 봉투, 집게, 플라스틱 통 등의 쓰레기 수거용구를 이용하여 쓰레기를 수집하고 제거하는 자를 말한다. 분뇨 수거도 여기에 포함된다. 【직업 예시】 • 쓰레기 수거원　• 쓰레기 청소부　• 분뇨 수거원	
(19) 거리 미화원 (94122)	거리, 공항, 역 및 기타 공공장소를 청소하는 자를 말한다. 【직업 예시】 • 거리 미화원　　　　　　• 공원 청소원	
(20) 재활용품 수거원 (94123)	건물 및 기타 공공장소에서 재활용품을 수거하여 재활용하거나 간단한 수리를 거쳐 판매하는 자를 말한다. 【직업 예시】 • 재활용품 수거원	
(21) 그 외 환경 미화원 및 재활용품 수거원 (94129)	상기 세세분류 어느 항목에도 포함되지 않은 유사한 직무를 수행하는 자가 여기에 분류된다.	
(22) 아파트 경비원 (94211)	아파트의 내·외부를 순찰하고 출입자를 통제하며 각종 시설물을 유지 및 관리하는 자를 말한다. 【직업 예시】 • 아파트경비원　　　　　　• 빌라경비원	
(23)	학교의 내·외부를 순찰하고 출입자를 통제하며 각종 시설물을 유지	

건물 경비원 (94212)	및 관리하는 자를 말한다. 또한 일반적인 빌딩이나 업무 공간 및 공장의 내·외부를 순찰하고 출입자를 통제하며 각종 시설물을 유지 및 관리한다. 【직업 예시】 • 청사경비원　　• 학교경비원　　• 상가경비원 • 건물경비원　　• 병원경비원　　• 빌딩경비원 • 빌딩시설경비원　• 빌딩보안원　　• 시장경비원 • 공장경비원　　• 공사현장경비원　• 공사경비원
(24) 그 외 건물관리 원 (94219)	상기 세세분류 어느 항목에도 포함되지 않은 유사한 직무를 수행한다. 【직업 예시】 • 교회 관리인　　• 성당지기　　• 공원순찰원 • 공원안전요원　　• 공원관리인　　• 공원질서요원 • 놀이시설질서유지원　• 별장 관리인
(25) 검표원 (94220)	공원, 영화관, 공연장, 운동 경기장, 유원지, 전시장 등 입장객의 표를 확인하고 입장시키는 업무를 하는 자를 말한다. 【직업 예시】 • 고속버스검표원　• 극장검표원　　• 놀이공원검표원 • 통행료검표원　　• 승차권검표원　　• 사우나검표원
(26) 주유원 (95310)	주유소나 가스충전소에 고용되어 연료 및 기타 자동차 소모품 등을 판매하는 자를 말한다. 【직업 예시】 • 주유원　　　　　　• 가스충전원
(27) 매장 정리원 (95391)	도소매업체에서 매장에 진열되어 판매될 제품을 운송하거나 쇼핑카터 등의 운송수단 등을 정리하는 자를 말한다. 【직업 예시】

	• 매장정리원　　• 상품운반원　　• 판매보조원 • 상품진열원　　• 쇼핑카터운반　• 정리원
(28) 전단지 배포원 및 벽보원 (95392)	각종 점포나 상품의 광고 전단지를 거리나 지하철역, 버스 정류장에서 행인들에게 배포하는 자를 말한다. 포스터와 같은 홍보물을 전봇대나 벽 또는 지정된 게시판 등에 붙인다. 【직업 예시】 • 카달로그 배포원　　• 벽보원　　　　• 광고스티커 부착원 • 포스터 부착원　　　• 홍보지 배포원　• 스티커 부착원
(29) 그 외 판매관련 단순 종사원 (95399)	상기 세세분류 어느 항목에도 포함되지 않은 유사한 직무를 수행하는 자가 여기에 분류된다. 【직업 예시】 • 휴대품 보관소 접수원　　• 헬스클럽 탈의실 보관원
(30) 산불 감시원 (99104)	산불의 예방 진화작업에 참여하는 산불 감시원도 여기에 분류 된다. 【직업 예시】 • 산불 감시원
(31) 계기 검침원 (99211)	가스·수도·전력사용량을 검침하기 위하여 수용가를 방문하여 계량기를 검침하여 기록하는 자를 말한다. 【직업 예시】 • 계기 검침원(가스, 수도, 전기 등) • 전기 안전 점검원
(32) 가스 점검원 (99212)	도시가스 또는 LP가스를 사용하는 가정 및 사업체를 방문하여 가스누출 여부 등 가스사용의 안전을 점검하고, 경우에 따라 필요한 조치를 요구한다. 【직업 예시】

	• 가스 점검원
(33) 자동판매 기관리원 (99220)	각종 대금의 수금업무를 담당한다. 자동판매기를 유지·관리하며 수금하는 자를 말한다. 【직업 예시】 • 자동판매기 유지 및 수금원
(34) 주차 관리원 (99231)	차량의 무료 또는 유료 주차시설을 운용·관리·안내하는 자를 말한다. 【직업 예시】 • 주차관리원 • 주차장 관리원
(35) 주차 안내원 (99232)	차량의 무료 또는 유료 주차시설을 안내하는 자를 말한다. 【직업 예시】 • 주차 안내원
(36) 구두 미화원 (99910)	사무실이나 식당 등을 방문하여 구두를 수집하고, 구두를 닦아주거나 광내고 간단한 수선을 실시하는 자를 말한다. 【직업 예시】 • 구두 미화원 • 구두닦이
(37) 세탁원 및 다림질원 (99920)	의류, 섬유직물 및 유사물품을 손으로 세탁 또는 구김을 펴는 정도의 단순한 다림질하는 자를 말한다. 【직업 예시】 • 손 세탁원 • 단순 다림질원 【제외】 • 드라이클리닝기 조작원(82301) • 그 외 세탁기계 조작원(82309)

(38) 환경 감시원 (99991)	자연환경 보호를 위하여 감시업무를 수행하는 자를 말한다. 쓰레기 투석, 낚시, 물놀이, 폐수방류 등에 대한 단속을 위하여 도보 및 차량을 이용하여 순회하며 주변을 감시하고 단속한다. 환경을 오염시키는 자를 단속하여 보고하고 관련기관에 고발조치 한다. 투석된 오염물질을 제거하도록 관련 부서에 보고한다. 기타 주변 환경보호를 위한 감시활동을 수행한다. 【직업 예시】 • 환경 감시원	
(39) 그 외 서비스관 련 단순 종사원 (99999)	상기 세세분류 어느 항목에도 포함되지 않은 유사한 직무를 수행하는 자가 여기에 분류된다. 【직업 예시】 • 심부름원	• 사환

그 밖에 공공의 이익이나 국내 취업질서 유지 등을 유지하기 위하여 그 취업을 제한할 필요가 인정되는 세부 직업

구 분	종 류	상 세 설 명
서비스 종사자 (대분류 4)	(1) 피부 관리사 내 발 관리사 (42231)	신체의 각 기관과 관계있는 발바닥의 특정부위를 지압, 마사지, 자극함으로써 피로를 풀어주고, 혈액 순환을 촉진하여 질병을 예방하며 건강유지에 도움을 주는 일을 하는 자를 말한다. 【직업 예시】 • 발 마사지사　　　　　　• 발 관리사
	(2) 목욕 관리사 (42234)	손님이 목욕하는 것을 도와주며, 피로를 풀 수 있도록 안마, 미용서비스를 하는 자를 말한다. 【직업 예시】 • 목욕관리사
	(3) 혼례 종사원 (42320)	결혼식을 진행하기 위하여 의자, 카펫 등을 정리하고 필요한 서류를 준비하며, 예식 진행과정을 신랑·신부의 의상과 행동을 교정해주는 자를 말한다. 요청 시 주례업무를 대행하는 사람도 이 직종에 포함한다. 【직업 예시】 • 예식진행 보조원　　　　• 예식종사원 • 폐백종사원　　　　　　• 전문 주례사
	(4) 노래방 서비스원 (43232)	노래방에서 고객의 편의를 위하여 기기의 사용을 도와주거나 음료를 판매하는 등 각종 서비스를 제공하는 자를 말한다. 【직업 예시】 • 노래방 종사원　　　• 노래방 관리인
	(5) 그 외 오락시설	상기 세세분류 어느 항목에도 포함되지 않은 기타 오락시설 종사자가 여기에 분류된다.

	서비스원 (43239)	【직업 예시】 • PC방종사원　　　• PC방관리인　　　• 비디오방 종사원 • 비디오방 관리인　• 만화방 관리인
	(6) 골프장 캐디 (43292)	골프장에서 골프 치는 사람들을 위해 골프백이나 골프기구를 정리하고, 거리에 따라 알맞은 골프기구를 선정해 주고, 골프코스나 골프장의 지형지물에 대해 조언하고 즐거운 골프가 될 수 있도록 골퍼들에게 서비스를 제공하는 자를 말한다. 【직업 예시】 • 캐디　　　　　　　　• 골프진행 도우미
	(7) 주류 서비스 종사원 (44223)	주점, 클럽 등의 주류 접객업소에서 주류의 선택을 도와 제공하고, 고객에게 주류 목록을 제시하는 자를 말한다. 또한 주류의 특성에 관한 질문 등에 답하고, 요리와 잘 어울리는 주류를 추천하기도 한다. 【직업 예시】 • 소믈리에　　　　　　• 와인스튜어드 • 호스트(식음료관련)
판매 종사자 (대분류 5)	(8) 노점 및 이동 판매원 (53220)	일정 매장을 개설하지 않고, 일정한 구역의 노상에 노점 등 임시매장을 설치하거나 순회하면서 각종 상품을 판매하는 자를 말한다. 【직업 예시】 • 노점상　　　　　　　• 노점 판매원 • 신문가두 판매원　　　• 열차객실 판매원

제3장 영주(F-5)³⁸¹⁾³⁸²⁾

I. 개요

1. 활동범위

체류자격의 구분에 따른 활동의 제한을 받지 않음. 즉, 대한민국 국민과 동일하게 취업활동이 가능함.

2. 해당자

법 제46조제1항 각 호의 어느 하나에 해당하지 않는 사람으로서 다음 각 호의 어느 하나에 해당하는 사람

1. 대한민국 「민법」에 따른 성년으로서 별표 1의2 중 10. 주재(D-7)부터 20. 특정활동(E-7)까지의 체류자격이나 별표 1의2 중 24. 거주(F-2) 체류자격으로 5년 이상 대한민국에 체류하고 있는 사람
2. 국민 또는 영주자격(F-5)을 가진 사람의 배우자 또는 미성년 자녀로서 대한민국에 2년 이상 체류하고 있는 사람 및 대한민국에서 출생한 것을 이유로 법 제23조에 따라 체류자격 부여 신청을 한 사람으로서 출생 당시 그의 부 또는 모가 영주자격(F-5)으로 대한민국에 체류하고 있는 사람 중 법무부장관이 인정하는 사람
3. 「외국인투자 촉진법」에 따라 미화 50만 달러를 투자한 외국인투자가로서 5명 이상의 국민을 고용하고 있는 사람
4. 별표 1의2 중 26. 재외동포(F-4) 체류자격으로 대한민국에 2년 이상 계속 체류하고 있는 사람으로서 대한민국에 계속 거주할 필요가 있다고 법무부장관이 인정하는 사람
5. 「재외동포의 출입국과 법적 지위에 관한 법률」 제2조제2호의 외국국적동포로서 「국적법」에 따른 국적 취득 요건을 갖춘 사람
6. 종전 「출입국관리법 시행령」(대통령령 제17579호로 일부개정되어 2002. 4. 18. 공포·시행되기 이전의 것을 말한다) 별표 1 제27호란의 거주(F-2) 체류자격(이에 해당되는

---

381) 법무부 출입국·외국인정책본부, 「사증발급 안내매뉴얼」, 2024.7.26, 241면-246면 참조.
382) 법무부 출입국·외국인정책본부, 「외국인체류 안내매뉴얼」, 2024.7.26, 371면-418면 참조.

종전의 체류자격을 가진 적이 있는 사람을 포함한다)이 있었던 사람으로서 대한민국에 계속 거주할 필요가 있다고 법무부장관이 인정하는 사람

7. 다음 각 목의 어느 하나에 해당하는 사람으로서 법무부장관이 인정하는 사람

　가. 국외에서 일정 분야의 박사 학위를 취득한 사람으로서 영주자격(F-5) 신청 시 국내 기업 등에 고용된 사람

　나. 국내 대학원에서 정규과정을 마치고 박사학위를 취득한 사람

8. 법무부장관이 정하는 분야의 학사 학위 이상의 학위증 또는 법무부장관이 정하는 기술자 격증이 있는 사람으로서 국내 체류기간이 3년 이상이고, 영주자격(F-5) 신청 시 국내기 업에 고용되어 법무부장관이 정하는 금액 이상의 임금을 받는 사람

9. 과학·경영·교육·문화예술·체육 등 특정 분야에서 탁월한 능력이 있는 사람 중 법무부장 관이 인정하는 사람

10. 대한민국에 특별한 공로가 있다고 법무부장관이 인정하는 사람

11. 60세 이상으로서 법무부장관이 정하는 금액 이상의 연금을 국외로부터 받고 있는 사람

12. 별표 1의2 중 29. 방문취업(H-2) 체류자격으로 취업활동을 하고 있는 사람으로서 같은 표 중 24. 거주(F-2)란의 사목 1)부터 3)까지의 요건을 모두 갖추고 있는 사람 중 근속기간이나 취업지역, 산업 분야의 특성, 인력 부족 상황 및 국민의 취업 선호도 등을 고려하여 법무부장관이 인정하는 사람

13. 별표 1의2 중 24. 거주(F-2) 자목에 해당하는 체류자격으로 대한민국에서 3년 이상 체류하고 있는 사람으로서 대한민국에 계속 거주할 필요가 있다고 법무부장관이 인정하 는 사람

14. 별표 1의2 중 24. 거주(F-2) 차목에 해당하는 체류자격을 받은 후 5년 이상 계속 투자 상태를 유지하고 있는 사람으로서 대한민국에 계속 거주할 필요가 있다고 법무부장관이 인정하는 사람과 그 배우자 및 자녀(법무부장관이 정하는 요건을 갖춘 자녀만 해당한다)

15. 별표 1의2 중 11. 기업투자(D-8) 다목에 해당하는 체류자격으로 대한민국에 3년 이상 계속 체류하고 있는 사람으로서 투자자로부터 3억원 이상의 투자금을 유치하고 2명 이상의 국민을 고용하는 등 법무부장관이 정하는 요건을 갖춘 사람

16. 5년 이상 투자 상태를 유지할 것을 조건으로 법무부장관이 정하여 고시하는 금액 이상을 투자한 사람으로서 법무부장관이 정하는 요건을 갖춘 사람

17. 별표 1의2 중 11. 기업투자(D-8) 가목에 해당하는 체류자격을 가지고 「외국인투자촉진 법 시행령」 제25조제1항제4호에 따른 연구개발시설의 필수전문인력으로 대한민국에 3년 이상 계속 체류하고 있는 사람으로서 법무부장관이 인정하는 사람

18. 별표 1의2 중 24. 거주(F-2) 다목에 해당하는 체류자격으로 2년 이상 대한민국에 체류하고 있는 사람

3. 1회에 부여할 수 있는 체류기간 상한

상한 없음

4. 체류자격외 활동

해당사항 없음

5. 근무처의 변경·추가

해당사항 없음

II. 사증 발급 대상자 및 필요서류

1. 공관장 재량으로 발급할 수 있는 사증

(1) 고액투자외국인에 대한 영주사증 발급

가. 대상(출입국관리법 시행령 별표 1의3의 3호)

영주자격 신청 시 외국인투자촉진법에 따라 미화 50만 불 이상을 투자한 외국투자가로 국민을 5인 이상 고용한 자

첨부서류

① 사증발급신청서 (별지 제17호 서식), 여권, 표준규격사진 1매, 수수료
② 외국인투자기업 등록증명서 사본
③ 신원보증서
④ 사업자 등록증 사본 및 법인 등기사항전부증명서
⑤ 신청자 본인의 소득금액 증명원(세무서 발급) 및 고용 내국인 5인 이상의 소득금액 증명원(세무서 발급)
⑥ 고용 내국인의 정규직(전일제 상용고용 형태) 고용 입증서류(고용계약서, 정규직 고용확인서 등)

---

(2) 특정분야의 능력소유자에 대한 영주사증 발급 : 법무부장관 승인 필요

가. 대상(출입국관리법 시행령 별표1의3 9호)

• 과학·경영·교육·문화예술·체육 등 특정 분야에서 탁월한 능력이 있는 사람 중 법무부장관이 인정하는 사람

나. 요건(생계유지능력요건 면제)

• 필수항목 중 1개 이상의 요건을 갖추고, 필수항목과 선택항목의 합산 점수가 다음 어느 하나에 해당할 것

필수항목 합	필수항목과 선택항목 합	국내 체류 기간
30점 이상	50점 이상	국내 체류기간과 관계없이 취득
20~29점	100점 이상	〃
10~19점	100점 이상	외국인등록 후 1년 이상 국내 체류

○ 필수항목 및 선택항목 별 내용과 점수는 다음과 같이 구분함

특정분야 능력소유자에 대한 점수제 항목 및 점수

▫ 필수항목 : 총 245점

단일 항목	구 분		점수
	기본사항	세부 추가사항	
세계적 저명 인사 (50)	정치, 경제, 사회, 문화, 과학 등의 분야에서 세계적인 명성과 권위를 가진 저명인사	전직 국가원수나 국제기구 전직대표 등	50
		노벨상, 퓰리처상, 서울평화상, 괴테상 등 수상자	40
세계적 연구 실적 (30)	최근 5년 이내에 SCI(과학기술논문인용색인), SCIE(과학기술논문인용색인확장판), SSCI(사회과학논문인용색인), A&HCI(예술인문과학인용색인)	국내·외 4년제 대학의 해당분야 정교수 이상으로 5년 이상 근무 경력	30
		국내·외 4년제 대학의 해당분야 정교수 이상으로 3년 이상 5년 미만 근무 경력	20
		대한민국 국가 연구기관 또는 이에 준하는 수준의	20

		국내·외 연구기관에 고용되어 해당분야에서 5년 이상 연구경력	
	에 논문 게재	대한민국 국가 연구기관 또는 이에 준하는 수준의 국내·외 연구기관에 고용되어 해당 분야에서 3년 이상 5년 미만 연구경력	15
세계적 스포츠 스타 (30)	대규모 국제대회 입상 운동선수 또는 지도자	올림픽 동메달 이상	30
		세계선수권대회, 아시안 게임 또는 이와 동등한 수준의 대회에서 동메달 이상	20
세계적 대학 강의 경력 (30)	QS(Quacquarelli Symonds), THE(Times Higher Education), ARWU(Academic Ranking of World University), CWUR(Center for World University Rankings) 등 세계적 권위의 대학평가 기관에서 최근 3년 이내 선정된 200대 대학 근무 경력	해당 대학에서 정교수로 5년 이상 근무	30
		해당 대학에서 정교수로 3년 이상 5년 미만 근무	20
		해당 대학에서 정교수를 제외한 강사 이상으로 3년 이상 근무	15
세계적 기업 근무경력 (30)	UNCTAD, FORTUNE, FORBES, BUSINESS WEEK(미국), ECONOMIST(영국) 등 세계 유수 경제 전문지가 선정한 최근 3년 이내 세계500대 기업에서 근무 경력	해당 기업에서 상근이사 이상의 직으로 1년 이상 근무	30
		해당 기업에서 지배인 또는 경영간부 이상의 직으로 3년 이상 근무	25
		해당 기업에서 정규직으로 7년 이상 근무	20
		해당 기업에서 정규직으로 5년 이상 7년 미만 근무	15
대기업 근무 경력 (25)	국내 상시 근로자수 300인 이상으로 국내 자본금 80억을 초과하는 국내·외 기업 근무 경력	해당 기업에서 상근이사 이상의 직으로 2년 이상 근무	25
		해당 기업에서 정규직으로 10년 이상 근무	20
		해당 기업에서 정규직으로 7년 이상 10년 미만 근무	15
지식 재산권 보유 (25)	국내·외 지식재산권 보유 (특허권·실용신안권·디자인권만 해당) ☞ 발명권자는 대상 아님	특허권 2개 이상 보유	25
		특허권 1개 보유	20
		실용신안권 또는 디자인권 1개 이상 보유 및 관련 사업체 운영경력 1년 이상	15
우수 재능	과학·경영·교육·문화예술·체육 등의 분야에 우수한 재능 보유	국제적으로 인지도가 높은 각종 대회에서 입상하거나 시상식에서 수상한 경력 또는 이에 준하는	25

	국제적 인지도 보유	
보유 (25)	해당 분야에 국제적으로 공인된 단체로부터 인증 받은 세계기록 보유	15
	국제적 권위 있는 전시회, 박람회, 공연회 등에 작품 전시 또는 공연 경력이 있거나 심사위원단 참여 경력	10

※ 적용되는 단일항목이 여러 개일 경우 모두 합산하되, 단일항목 내에서 점수가 중복될 경우 높은 점수 하나만 점수로 인정

□ **선택항목 : 총 205점**

선택 항목	구분별 점수			
국내 연간 소득 (30)	전년도 일인당 GNI 4배 이상	전년도 일인당 GNI 3배 이상 4배 미만	전년도 일인당 GNI 2배 이상 3배 미만	전년도 일인당 GNI 이상 2배 미만
	30	20	10	5
국내 자산 (30)	10억원 이상	7억원 이상 10억원 미만	5억원 이상 7억원 미만	3억원 이상 5억원 미만
	30	20	10	5
학력 (20)	박사	석사	학사	✕
	20	15	10	✕
기본소양 (15)	사회통합프로그램 5단계 이수	사회통합프로그램 교육에 참여하지않고 종합평가만 합격	사회통합프로그램 4단계 이수	사회통합프로그램 3단계 이수
	15	10	8	5

가 점 (110)	국민 고용	경영 경력	추천서	납세 실적
	5~30	5~30	20	10
	사회 봉사	국내 유학	일·학습연계유학	
	5, 10	5	5	

※ 적용되는 선택항목이 여러 개일 경우 모두 합산하되, 선택항목 내에서 점수가
중복될 경우 높은 점수 하나만 점수로 인정(단, 가점 항목은 모두 합산 인정)

선택항목 상세
- **연간소득** : 한국은행고시 전년도 일인당 국민총소득(GNI) 기준, 신청인(동반가족 등
제외)의 국내 소득(세무서장 발급 '소득금액증명' 기준) 만 해당
- **국내자산** : 신청인 명의의 동산, 부동산 모두 포함하되 부채 등을 제외한 순자산만 해당(신용
정보조회서 등으로 채무불이행 여부 및 부채 확인)
- **학   력** : 국내·외 학위 모두 포함하며, 이미 취득한 경우만 해당(취득 예정 제외)
  ☞ (국내 학위) 「고등교육법」 제2조에 따라 인정되는 학교의 과정 수료 후 취득한 것만 인정
  (국외 학위) 국내 고등교육법상에 학교에 준하는 정식 교육기관에서 과정 수료 후 취득한
  것만 인정
- **기본소양** : 법무부 주관 사회통합프로그램 이수 또는 이수하지 않은 상태에서 종합평가
합격
- **국민고용** : 신청일 현재 6개월 이상 정규직(전일제 상용고용 형태)으로 계속 고용 중인
국민 수에 따라 다음과 같이 가점 부여

고용된 국민수	1~5명	6~10명	11~15명	16~20명	21~25명	26명 이상
국민고용 가점	5점	10점	15점	20점	25점	30점

- **경영경력** : 신청일 현재 3년 이상 국내 사업체에 본인의 자본금을 투자한 대표자

본인 자본금	1~5억	6~10억	11~15억	16~20억	21~25억	26억 이상
경영경력 가점	5점	10점	15점	20점	25점	30점

- **추 천 서** : 헌법기관장, 중앙부처 장관(급), 국회의원, 광역자치단체장
  ☞ 단, 가점 부여에 대한 최종적인 판단은 법무부 장관이 결정

- **납세실적** : 신청일이 속하는 연도(年度)의 이전 2년간 연평균 납부한 소득세 400만원 이상
  예시) 영주자격 신청일이 2022.1.1.인 사람과 2022.12.31.인 사람 모두 2020.1.1.
~ 2021.12.31.까지의 총 납부세액을 2로 나눔
- **사회봉사** : 신청일 이전 최근 1~3년 이내 봉사 활동으로, 해당 연도 당 최소 6회 이상 참여하고 총 50시간 이상 활동 시 5점을 인정하되, 연도별 총 합산 점수는 최대 10점까지만 인정
  ☞ 1365자원봉사포털 (www.1365.go.kr), 사회복지자원봉사 인증 관리 시스템(www.vms.or.kr)을 통해 확인되는 경우에만 인정
- **국내유학** : 국내 대학에서 4년 이상 유학하면서 학사 이상의 학위 취득
  ☞ 유학 체류자격(D-2)의 대상이 되는 학교*에서 공부한 경우 인정됨
  *「고등교육법」제2조 1호부터 4호 학교, 특별법 규정에 의하여 설립된 전문대학 이상(야간 대학원 포함)의 학교, 한국폴리텍대학의 다가능기술학위과정
- **일·학습연계유학** : 선발될 당시 해당 학위과정을 정상적으로 졸업

첨부서류

① 신청서, 여권, 표준규격사진 1매, 수수료
② 신원보증서
③ 점수제 해당항목 입증서류

2. 사증발급인정서 발급대상

사증발급인정서 발급대상 아님

3. 영주(F-5) 자격자 자녀에 대한 영주(F-5)자격 부여

대한민국에서 체류하고 있는 영주(F-5) 자격의 부 또는 모가 대한민국에서 출생한 자녀에 대하여 체류자격부여를 신청한 경우 영주(F-5)자격 부여

가. 출생한 날부터 90일 이내에 체류자격 부여신청

　　※ 해외에서 출생한 자녀는 제외

나. 제출서류

　　① 신청서(별지 34호 서식), 여권, 표준규격사진 1매, 수수료

　　② 가족관계 입증서류(출생증명서 등)

　　③ 국적국의 신분을 증명하는 서류

III. 체류자격 변경 허가

영주(F-5) 체류자격 변경에 관한 구체적인 내용은 '외국인체류 안내매뉴얼', '알기쉬운 외국국적동포 업무 매뉴얼' 등을 참조하면 된다.

제4장 결혼이민(F-6)[383][384]

I. 활동범위 및 해당자

1. 활동범위 및 해당자

• 한국에서 혼인이 유효하게 성립되어 있고, 우리 국민과 결혼생활을 지속하기 위해 국내
체류를 하고자 하는 사람

• 국민과 혼인관계(사실상의 혼인관계*를 포함한다)에서 출생한 자녀를 양육하고 있는
부 또는 모로서 법무부장관이 인정하는 사람

> * 사실혼은 주관적으로 혼인의 의사가 있고, 또 객관적으로는 사회통념상 가족질서의 면에서
> 부부공동생활을 인정할 만한 실체가 있는 경우에 성립(대법원98므961, 1998.12.08)
> 예) 혼인의사 없이 단순 동거를 한 경우, 법률상 보호를 받을 수 없는 중혼적 사실혼 관계인
>   경우에는 사실혼 관계로 볼 수 없음

• 국민인 배우자와 혼인한 상태로 국내에 체류하던 중 그 배우자의 사망이나 실종, 그 밖에
자신에게 책임이 없는 사유로 정상적인 혼인관계를 유지할 수 없는 사람으로서 법무부장
관이 인정하는 사람

2. 체류자격 세부약호

약호	분류 기준
F-6-1	양 당사자 국가에 혼인이 유효하게 성립되어 있고, **우리 국민과 결혼생활을 지속하기 위해 국내 체류를 하고자 하는 외국인**
F-6-2	국민과 혼인관계(사실상의 혼인관계를 포함)에서 출생한 **미성년 자녀를 혼인관계 단절 후 국내에서 양육하거나 양육하려는 부 또는 모**
F-6-3	국민인 배우자와 혼인한 상태로 국내에 체류하던 중 그 **배우자의 사망·실종, 그 밖에 자신에게 책임이 없는 사유로 정상적인 혼인관계를 유지할 수 없는 사람**

---

383) 법무부 출입국·외국인정책본부, 「사증발급 안내매뉴얼」, 2024.7.26, 247면-258면 참조.
384) 법무부 출입국·외국인정책본부, 「외국인체류 안내매뉴얼」, 2024.7.26, 419면-443면 참조.

3. 1회에 부여할 수 있는 체류기간 상한

3년

4. 체류기간 연장허가

체류기간 연장허가에 관한 구체적인 내용은 '외국인체류 안내매뉴얼'을 참조하면 된다.

5. 체류자격외 활동

체류자격 구분에 따른 취업활동의 제한을 받지 않음

6. 근무처의 변경·추가

해당사항 없음

II. 사증 발급 대상자 및 필요서류

1. 공관장 재량으로 발급할 수 있는 사증

(1) 국민의 배우자(F-6-(1)에 대한 체류기간 90일 이하의 단수사증 발급

  (단, 미국인에 대해서는 복수사증 발급)

  ☞ 입국 후 90일 이내에 외국인등록 및 체류기간 연장

제출 서류

※ 접수 및 심사과정에서 일부서류 가감될 수 있음

가. 국제결혼 안내프로그램 대상 국가

1. 기본서류				
번호	서류종류	비고	발급받는 곳	체크리스트
1-1	비자 신청서(사증발급 신청서)		대사관 및 하이코리아 홈페이지	□
1-2	여권용 사진 1매	신청서에 부착		□
1-3	신청인(외국인 배우자) 여권 원본	잔여 유효기간 6개월 이상		□
1-4	신청인 여권 사본 1부	인적사항면 복사		□
1-5	비자 신청 수수료	(예) 30달러(비자신청센터 수수료 40만동 별도), 2000페소 등		□
작성하는 서류 (가장 중요한 서류이며, 반드시 정해진 양식에 맞춰 빠짐없이 작성하세요)				
1-6	외국인 배우자 초청장	한국인 배우자가 한글로 작성	대사관 및 하이코리아 홈페이지	□
1-7	신원보증서			□
1-8	외국인 배우자의 결혼배경진술서	외국인 배우자가 영어로 작성		□
한국인 배우자가 준비해야 하는 기본 서류				
1-9	한국인 배우자 여권 사본 1부	인적사항면 복사		□
1-10	기본증명서(상세)	한글 원본 각 1부씩 발급일로부터 3개월 이내	주민센터 방문 또는 민원24 홈페이지	□
1-11	혼인관계증명서(상세)			□
1-12	가족관계증명서(상세)			□
1-13	주민등록등본 원본			□
1-14	국제결혼 안내프로그램 이수증	국제결혼 안내프로그램 면제 대상자(#1 참조)는 제출 불필요	출입국·외국인관서	□

1-15	건강진단서 원본	아래 #2 참조, 면제 대상자(#1 참조)는 제출 불필요	병원/보건소	□
외국인 배우자가 준비해야 하는 기본 서류			
1-16	결혼증명서 원본(정식 명칭 병기) (예 필리핀 PSA 결혼증명서)	선택사항(본국에서의 중혼 여부 등을 확인하기 위해 필요한 경우에 한함)	(발급기관)	□
1-17	범죄경력증명서 원본(정식명칭 병기)(예 필리핀 NBI Clearance)	발급일로부터 3개월 이내, 아래 #3 참조	(발급기관)	□
1-18	건강진단서 원본	아래 #4 참조	병원	□
1-19	해당 국가에 특별히 적용되는 서류 (예 필리핀의 "CFO 교육이수증 원본 및 사본 1부")			□

* #1 (국제결혼안내프로그램 면제 대상자)
　① 외국인 배우자의 국가에서 6개월 이상 또는 제3국에서 유학, 파견근무 등을 위해 장기사증으로 계속 체류하면서 외국인 배우자와 교제한 사실을 입증할 수 있는 자
　② 외국인 배우자가 「출입국관리법 시행령」 [별표 1의 2] 장기체류자격으로 91일 이상 합법 체류하면서 초청인과 교제한 사실을 입증할 수 있는 자
　③ 임신, 출산 그 밖에 인도적인 고려가 필요하다고 인정되는 사람
* #2 (한국인 배우자 건강진단서 관련) 병원급 의료기관, 보건소, 「공무원채용신체검사규정」 제3조에 따른 신체검사 실시 검진기관에서 공무원채용 응시 건강검진표 양식으로 발급되어야 하며, 사증 신청일로부터 6개월 이내 발급된 것이어야 한다. 국제결혼 안내프로그램 면제 대상이라면 제출이 면제된다.

* #3 (외국인 배우자 범죄경력증명서 관련) 한국인 배우자가 국제결혼 안내프로그램 면제 대상이라면 외국인 배우자도 범죄경력증명서 제출이 면제된다.

* #4 (외국인 배우자 건강진단서 관련) 사증 신청일로부터 6개월 이내 발급된 것으로서 병원명, 주소, 연락처, 담당의사의 서명이 기재되어야 하고, 컴퓨터로 작성되어야 한다. 건강검진항목 예시에 포함된 검진항목 외에 결핵(TB) 검사 항목도 포함되어야 합니다. 한국인 배우자가 국제결혼 안내프로그램 면제 대상이라면 외국인 배우자도 건강진단서 제출이 면제되나 결핵 관련한 진단서는 제출하여야 한다. (임신으로 결핵 진단이 곤란한 경우 별도 문의 바람)

2. 한국인 배우자의 소득요건 관련 서류

※ 주의 : 소득요건 관련 서류는 아래의 모든 서류를 준비하실 필요는 없으며(단, '공통 필수' 항목의 서류는 필수) 초청인이 소득요건을 충족하기 위하여 활용하는 항목에 따라 선택적으로 준비하시기 바랍니다.
※ 소득요건 면제 대상자는 아래 서류를 제출할 필요가 없습니다. (아래 #1 참조)

번호	구분	서류종류	비고	체크리스트
2-1	공통 필수	소득금액증명 원본	국세청 홈택스 홈페이지 또는 세무서 민원실 발급	☐
2-2		신용정보조회서 1부	한국신용정보원 홈페이지 발급	☐
2-3	근로소득 활용 시	근로소득 원천징수부	현 근무지 또는 과거 근무지에서 발급	☐
2-4		재직증명서		☐
2-5		사업자등록증 사본		☐
2-6		소득입증 서류 (선택사항)	위 서류들로 소득요건 충족을 입증하지 못하는 경우 이를 보완하는 서류	☐
2-7	사업소득 활용 시 (아래 #2, #3 참조)	사업자등록증 사본	농림수산업 종사자는 예외	☐
2-8		소득입증 서류 (선택사항)	소득금액증명상 금액이 소득요건을 충족하지 못하는 경우 이를 보완하는 서류	☐
2-9	기타 소득 활용 시	소득 입증서류	(예시) 임대소득 : 등기부등본, 임대차계약서, 이자소득 : 은행거래내역서 등	☐
2-10	재산 활용 시	예금, 보험, 증권, 채권,	100만원 이상으로 6개월 이상 지속된 것만 인정 부동산의 경우 등기부등본과 공시가격표 제출	☐
2-11		부동산		☐

번호	구분	서류종류	비고	체크리스트
2-12	가족의 소득 또는 재산 활용 시	외국인 배우자 초청인의 가족소득 현황 진술서	재외공관 또는 하이코리아 홈페이지 양식에 따라 기재 (아래 #4 참조)	☐
		입증 서류	근로, 사업, 기타소득 또는 재산 여부에 따라 위 항목 참조하여 준비	☐

* #1 (소득요건 적용 면제) ① 부부 사이에 태어난 자녀가 있는 경우 ② 부부가 비자 신청일로부터 1년 이상 외국에서 동거하여 최근 1년간 국내 소득이 없는 경우 ③ 과거 외국인 배우자가 결혼이민(F-6) 자격으로 한국에서 체류한 적이 있는 경우(단, 배우자가 변경되었거나 동일한 배우자라도 혼인이 중단된 적이 있다면 제외). 단, ①에 해당하는 자는 자녀 명의 가족관계증명서(혼인 전 출생하여 국적취득 전일 경우 출생증명서), ②에 해당하는 자는 동거 관련 입증서류를 제출하여야 한다.

* #2 (사업소득 관련 주의사항 1) 사업소득은 원칙적으로 국세청 소득금액증명에 기재된 금액을 기준으로 판단한다. 만약 실제 소득이 소득금액증명상 금액보다 많다면 소득을 과소 신고한 것에 해당될 수 있으므로 세무서에 수정 신고한 후 수정된 소득금액증명을 제출해야 한다.

* #3 (사업소득 관련 주의사항 2) 원칙적으로 신청일 기준 1년 전 소득 관련 자료를 제출해야 하나 사업소득의 경우 다음 연도 5월에 소득신고가 이루어지는 특징이 있다. 이를 감안하여 소득금액증명상의 가장 최근 연도의 소득이 정해진 소득요건을 충족하고, 한국인 배우자가 동일한 사업을 지속하고 있다면 신청일 기준 1년 전 소득이 아니더라도 예외를 인정한다.(단, 경우에 따라 실태조사가 실시될 수 있다.)

* #4 (소득요건 보충이 가능한 가족의 범위) 한국인 배우자와 주민등록표상 세대를 같이 하는 직계가족(부모, 조부모, 자녀 등) 또는 초청을 받는 결혼이민자만 소득요건을 보충할 수 있다.(대한민국 내 과거 1년 간의 소득 또는 재산만 인정) 직계가족이라도 주민등록표상 세대를 같이 하지 않으면 소득요건 보충이 불가하며, 형제나 자매는 직계가족이 아니므로 역시 소득요건 보충이 불가하다.

※ 참고 : 2024년 기준 소득요건 : 초청인의 과거 1년 간 연간소득(세전)이 아래 표에 해당되는 금액 이상이어야 함

구분	2인 가구	3인 가구	4인 가구	5인 가구	6인 가구	7인 가구
소득기준	22,095,654	28,287,942	34,379,478	40,174,410	45,710,214	51,089,964

* 8인 가구 이상의 소득기준 : 가구원 추가 1인당 5,379,750원씩 증가

3. 외국인 배우자의 의사소통 요건 관련 서류

※ 주의 : 아래 서류 중 하나를 선택하여 제출하시기 바랍니다. 의사소통 면제 대상에 해당되지 않음에도 아래 서류 중 어느 하나라도 제출하지 못하는 경우 재외공관에서 실시하는 평가 결과 따라 요건 충족 여부가 결정됩니다.
※ 의사소통 면제 대상자는 아래 서류를 제출할 필요가 없습니다. (아래 #1 참조)

번호	구분	서류종류	비고	체크 리스트
3-1	한국어	한국교육원(한국어강좌 2단계) 수료증, 세종학당(초급1A+1B) 수료증	120시간 이상	□
3-2		한국어능력시험(TOPIK) 성적증명서	TOPIK 1급 이상인 경우 인정	□
3-3				
3-4		지정된 한국어 교육기관 이수증	해당국가에 지정된 교육기관이 있는 경우 인정(기관명 기재)	□
3-5		한국어 관련 대학(원) 학위증		□
		외국국적동포 입증서류	필요시 한국어구사 능력 확인	□
3-6		외국인 배우자가 한국에서 1년 이상 계속 체류 입증서류	출입국 사실증명 또는 자필진술서(양식 불문)	□
3-7	외국인 배우자의 언어	한국인 배우자가 외국인 배우자의 언어가 공용어인 국가에서 1년 이상 계속 체류 입증서류	해당 국가의 출입국 사실증명 또는 자필진술서(양식 불문)	□
3-8		한국인 배우자가 외국인 배우자의 언어가 공용어인 국가 출신 귀화자임을 입증하는 서류		□
3-9	그 외 언어	한국인 배우자와 외국인 배우자가 해당 언어가 공용어인 국가에서 1년 이상 계속 체류 입증서류	해당 국가의 출입국 사실증명 또는 자필진술서(양식 불문)	□
3-10	공통	그 밖의 의사소통 가능 입증서류	아래 #2 참조	□

* #1 (의사소통 요건 적용 면제) ① 부부 사이에 태어난 자녀가 있는 경우 ② 과거 외국인 배우자가 결혼이민(F-6) 자격으로 한국에서 체류(장·단기 불문)한 적이 있는 경우(단, 배우자가 변경되었거나 동일한 배우자라도 혼인이 중단된 적이 있다면 제외)에는 의사소통 관련 서류제출이 면제된다.

* #2 (그 밖의 의사소통 가능 입증서류) 한국인 배우자 또는 외국인 배우자가 ① 일정 수준 이상의 해당 언어 능력시험 점수를 제출하는 경우 ② 대사관에서 해당 언어로 실시하는 인터뷰에 합격한 경우에는 의사소통 요건을 갖추었다고 인정받을 수 있다.

4. 한국인 배우자의 주거요건 관련 서류

※ 주의 : 주거요건을 충족하기 위해 제출한 곳의 주소지는 주민등록등본(1-13)상의 주소지와 동일해야 합니다.

번호	구 분	서류종류	비고	체크 리스트
4-1	자가인 경우	등기부등본		☐
4-2	임대인 경우	등기부등본		☐
4-3		임대차계약서 사본 1부		

* #1 (주거요건) 주거요건으로 제출한 주거지는 한국인 배우자 또는 한국인 배우자의 직계가족, 형제, 자매 명의로 소유 또는 임차한 곳이어야 한다. 제3자 명의로 소유 또는 임차한 경우 원칙적으로 주거요건을 충족하지 못한 것으로 판단하나, 회사 제공 사택 등 사회통념상 인정 가능한 장소인 경우 예외를 인정한다.

5. 교제 입증 서류

번호	구분	서류종류	비고	체크 리스트
5-1	공통 필수	교제 경위, 혼인의 진정성을 입증할 수 있는 서류	교제 사진, 가족 사진, SNS 대화 내역 등 자유롭게 A4용지에 편집하여 제출 (5쪽 이내)	☐
5-2	결혼중개업체를 통해 만난 경우	결혼중개업체 등록증 사본	제출이 어려운 경우 사유서 제출 (단, 부부 사이에 출생한 자녀가 있거나, 과거 혼인의 중단 없이 동일한 국민과 결혼이민(F-6)자격으로 한국에서 체류한 적이 있는 경우에는 면제)	☐
		보증보험증권 사본		☐
		계약서 사본		☐
5-3	지인 소개로 만난 경우	소개자 신분증 사본		☐

* #1 (소개 경위 서류 면제) ① 부부 사이에 태어난 자녀가 있는 경우 ② 과거 외국인 배우자가 결혼이민(F-6) 자격으로 한국에서 체류(장·단기 불문)한 적이 있는 경우 (단, 배우자가 변경되었거나 동일한 배우자라도 혼인이 중단된 적이 있다면 제외)

서류 간소화 사례별 구비서류 목록

□ 부부 사이에 출생한 자녀가 있는 경우 구비서류 목록

구 분	서류 목록	
기본서류	신청서, 여권용 사진, 신청인(외국인 배우자) 여권 원본 및 사본 1부, 신청 수수료	□
	외국인 배우자 초청장, 신원보증서, 외국인 배우자의 결혼배경진술서	□
	(한국인 배우자) 여권 사본 1부, 기본증명서(상세) 1부, 혼인관계증명서(상세) 1부, 가족관계증명서(상세) 1부, 자녀 명의 가족관계증명서(상세) 1부(불가 시 출생증명서), 주민등록등본(한글원본) 1부	□
	(외국인 배우자) 본국 결혼증명서(필요한 경우에 한함) 1부, 결핵 관련 진단서(결핵 고위험 국가에 한함) 1부, 기타 해당 국가에 특별히 적용되는 서류(예 필리핀 CFO 교육 이수증 원본 및 사본 1부)	□
주거요건	자가인 경우 : 등기부등본 임대인 경우 : 등기부등본, 임대차계약서 사본 1부	□
교제 입증서류	공통 필수 서류	□

□ 국제결혼 안내프로그램 면제 대상자(임신 등) 구비서류 목록(한국인 배우자와 외국인 배우자의 건강진단서 및 범죄경력증명서 제출 전부 면제 대상자 포함)

구 분	서류 목록	
기본서류	신청서, 여권용 사진, 신청인(외국인 배우자) 여권 원본 및 사본 1부, 신청 수수료	□
	외국인 배우자 초청장, 신원보증서, 외국인 배우자의 결혼배경진술서	□
	(한국인 배우자) 여권 사본 1부, 기본증명서(상세) 1부, 혼인관계증명서(상세) 1부, 가족관계증명서(상세) 1부, 주민등록등본(한글원본) 1부	□
	(외국인 배우자) 본국 결혼증명서(필요한 경우에 한함) 1부, 결핵 관련 진단서(결핵 고위험 국가에 한함) 1부, 기타 해당 국가에 특별히 적용되는 서류(예 필리핀 CFO 교육 이수증 원본 및 사본 1부)	□
소득요건	상세 내용 위 소득요건 항목 참조	□
한국어 구사요건	상세 내용 위 한국어 구사요건 항목 참조	□

주거요건	자가인 경우 : 등기부등본 임대인 경우 : 등기부등본, 임대차계약서 사본 1부	☐
교제 입증서류	공통 필수 서류/교제 경위별 서류	☐

☐ 과거 한국에서 결혼이민(F-6) 자격으로 체류(장·단기 불문)한 적이 있는 경우

구 분	서류 목록	
기본서류	신청서, 여권용 사진, 신청인(외국인 배우자) 여권 원본 및 사본 1부, 신청 수수료	☐
	외국인 배우자 초청장, 신원보증서	☐
	(한국인 배우자) 여권 사본 1부, 기본증명서(상세) 1부, 혼인관계증명서(상세) 1부, 가족관계증명서(상세) 1부, 주민등록등본(한글원본) 1부	☐
	(외국인 배우자) 본국 결혼증명서(필요한 경우에 한함) 1부, 결핵 관련 진단서(결핵 고위험 국가에 한함) 1부, 기타 해당 국가에 특별히 적용되는 서류(예 필리핀 CFO 교육 이수증 원본 및 사본 1부)	☐
주거요건	자가인 경우 : 등기부등본 임대인 경우 : 등기부등본, 임대차계약서 사본 1부	☐
교제 입증서류	공통 필수 서류	☐

※ 단, 배우자가 변경되었거나 동일한 배우자라도 혼인이 중단된 적이 있다면 해당 없음

나. 국제결혼 안내프로그램 대상 국가 이외

1. 기본서류				
번호	서류종류	비고	발급 받는 곳	체 크 리 스 트
1-1	비자 신청서(사증발급 신청서)		대사관 및 하이코리아 홈페이지	☐
1-2	여권용 사진 1매	신청서에 부착		☐
1-3	신청인(외국인 배우자) 여권 원본	잔여 유효기간 6개월 이상		☐

1-4	신청인 여권 사본 1부	인적사항면 복사		☐
1-5	비자 신청 수수료			☐
작성하는 서류 (가장 중요한 서류이며, 반드시 정해진 양식에 맞춰 빠짐없이 작성하세요)				
1-6	외국인 배우자 초청장	한국인 배우자가 한글로 작성	대사관 및 하이코리아 홈페이지	☐
1-7	신원보증서			☐
1-8	외국인 배우자의 결혼배경진술서	외국인 배우자가 영어로 작성		☐
한국인 배우자가 준비해야 하는 기본 서류				
1-9	한국인 배우자 여권 사본 1부	인적사항면 복사		☐
1-10	기본증명서(상세)		주민센터 방문 또는 민원24 홈페이지	☐
1-11	혼인관계증명서(상세)	한글 원본 각 1부씩 발급일로부터 3개월 이내		☐
1-12	가족관계증명서(상세)			☐
1-13	주민등록등본 원본			☐
1-14	건강진단서 원본	아래 #1 참조 면제 대상자(#2 참조)는 제출 불필요	병원/보건소	☐
외국인 배우자가 준비해야 하는 기본 서류				
1-15	결혼증명서 원본(정식 명칭 병기)	선택사항(본국에서의 중혼 여부 등을 확인하기 위해 필요한 경우에 한함)		☐
1-16	범죄경력증명서 원본(정식명칭 병기)	발급일로부터 3개월 이내, 아래 #3 참조	(발급기관)	☐
1-17	건강진단서 원본	아래 #4 참조	병원	☐
1-18	해당 국가에 특별히 적용되는 서류			☐

* #1 (한국인 배우자 건강진단서 관련) 병원급 의료기관, 보건소, 「공무원채용신체검사규정」 제3조에 따른 신체검사 실시 검진기관에서 공무원채용 응시 건강검진표 양식으로 발급되어야 하며, 사증 신청일로부터 6개월 이내 발급된 것이어야 한다.

* #2 (한국인 배우자 건강진단서 제출 면제)
① 외국인 배우자의 국가에서 6개월 이상 계속 체류하거나 제3국에서 유학·파견근무 등 목적의

장기사증으로 계속 체류하면서 초청인과 피초청인이 교제한 사실을 입증할 수 있는 자

② 외국인 배우자가 「출입국관리법 시행령」 [별표 1의2]에 따른 장기체류자격으로 91일 이상 합법 체류하면서 초청인과 교제한 사실을 입증할 수 있는 자

③ 한국인 배우자 또는 외국인 배우자에게 임신·출산 그 밖에 인도적인 고려가 필요하다고 인정되는 자

* #3 (외국인 배우자 범죄경력증명서 관련) 한국인 배우자가 건강진단서 제출 면제 대상(#2)이라면 외국인 배우자의 범죄경력증명서는 제출이 면제된다.

* #4 (외국인 배우자 건강진단서 관련) 사증 신청일로부터 6개월 이내 발급된 것으로서 병원명, 주소, 연락처, 담당의사의 서명이 기재되어야 하고, 컴퓨터로 작성되어야 한다. 건강검진항목 예시에 포함된 검진항목 외에 결핵(TB) 검사 항목도 포함되어야 한다. 한국인 배우자가 건강진단서 제출 면제 대상(#2)이라면 외국인 배우자도 건강진단서 제출이 면제되나 결핵 관련한 진단서는 제출하여야 한다. (임신으로 결핵 진단이 곤란한 경우 별도 문의 바람)

2020.04.01. 기준 결핵 고위험 국가(35개국)

① 네팔 ② 동티모르 ③ 러시아 ④ 말레이시아 ⑤ 몽골 ⑥ 미얀마 ⑦ 방글라데시 ⑧ 베트남 ⑨ 스리랑카 ⑩ 우즈베키스탄 ⑪ 인도 ⑫ 인도네시아 ⑬ 중국 ⑭ 캄보디아 ⑮ 키르기스 ⑯ 태국 ⑰ 파키스탄 ⑱ 필리핀(이상 '16.3.2.) ⑲ 라오스 ⑳ 카자흐스탄 ㉑ 타지키스탄 ㉒ 우크라이나 ㉓ 아제르바이잔 ㉔ 벨라루스 ㉕ 몰도바공화국 ㉖ 나이지리아 ㉗ 남아프리카공화국 ㉘ 에티오피아 ㉙ 콩고민주공화국 ㉚ 케냐 ㉛ 모잠비크 ㉜ 짐바브웨 ㉝ 앙골라 ㉞ 페루 ㉟ 파푸아뉴기니

---

2. 한국인 배우자의 소득요건 관련 서류

※ 주의 : 소득요건 관련 서류는 아래의 모든 서류를 준비하실 필요는 없으며(단, '공통 필수' 항목의 서류는 필수) 초청인이 소득요건을 충족하기 위하여 활용하는 항목에 따라 선택적으로 준비하시기 바랍니다.

※ 소득요건 면제 대상자는 아래 서류를 제출할 필요가 없습니다. (아래 #1 참조)

번호	구 분	서류종류	비고	체크리스트
2-1	공통 필수	소득금액증명 원본	국세청 홈택스 홈페이지 또는 세무서 민원실 발급	□
2-2		신용정보조회서 1부	한국신용정보원 홈페이지 발급	□
2-3	근로소득 활용 시	근로소득 원천징수부	현 근무지 또는 과거 근무지에서 발급	□

2-4		재직증명서		☐
2-5		사업자등록증 사본		☐
2-6		소득입증 서류 (선택사항)	위 서류들로 소득요건 충족을 입증하지 못하는 경우 이를 보완하는 서류	☐
2-7	사업소득 활용 시 (아래 #2, #3 참조)	사업자등록증 사본	농림수산업 종사자는 예외	☐
2-8		소득입증 서류 (선택사항)	소득금액증명상 금액이 소득요건을 충족하지 못하는 경우 이를 보완하는 서류	☐
2-9	기타 소득 활용 시	소득 입증서류	(예시) 임대소득 : 등기부등본, 임대차계약서, 이자소득 : 은행거래내역서 등	☐
2-10	재산 활용 시	예금, 보험, 증권, 채권,	100만원 이상으로 6개월 이상 지속된 것만 인정	☐
2-11		부동산	부동산의 경우 등기부등본과 공시가격표 제출	☐

2-12	가족의 소득 또는 재산 활용 시	외국인 배우자 초청인의 가족소득 현황 진술서	재외공관 또는 하이코리아 홈페이지 양식에 따라 기재 (아래 #4 참조)	☐
		입증 서류	근로, 사업, 기타소득 또는 재산 여부에 따라 위 항목 참조하여 준비	☐

* #1 (소득요건 적용 면제) ① 부부 사이에 태어난 자녀가 있는 경우 ② 부부가 비자 신청일로부터 1년 이상 외국에서 동거하여 최근 1년간 국내 소득이 없는 경우 ③ 과거 외국인 배우자가 결혼이민(F-6) 자격으로 한국에서 체류(장·단기 불문)한 적이 있는 경우(단, 배우자가 변경되었거나 동일한 배우자라도 혼인이 중단된 적이 있다면 제외). 단, ①에 해당하는 분은 자녀 명의 가족관계증명서(혼인 전 출생하여 국적취득 전일 경우 출생증명서), ②에 해당하는 분은 동거 관련 입증서류를 제출하여야 한다.

* #2 (사업소득 관련 주의사항 1) 사업소득은 원칙적으로 국세청 소득금액증명에 기재된 금액을 기준으로 판단한다. 만약 실제 소득이 소득금액증명상 금액보다 많다면 소득을 과소 신고한 것에 해당될 수 있으므로 세무서에 수정 신고한 후 수정된 소득금액증명을 제출하여야 한다.

* #3 (사업소득 관련 주의사항 2) 원칙적으로 신청일 기준 1년 전 소득 관련 자료를 제출해야 하나 사업소득의 경우 다음 연도 5월에 소득신고가 이루어지는 특징이 있다. 이를 감안하여 소득금액증명상의 가장 최근 연도의 소득이 정해진 소득요건을 충족하고, 한국인 배우자가 동일한 사업을 지속하고 있다면 신청일 기준 1년 전 소득이 아니더라도 예외를 인정한다.(단, 경우에 따라 실태조사가 실시될 수 있다.)

* #4 (소득요건 보충이 가능한 가족의 범위) 한국인 배우자와 주민등록표상 세대를 같이 하는 직계가족(부모, 조부모, 자녀 등) 또는 초청을 받는 결혼이민자만 소득요건을 보충할 수 있다.(대한민국 내 과거 1년 간의 소득 또는 재산만 인정) 직계가족이라도 주민등록표상 세대를 같이 하지 않으면 소득요건 보충이 불가하며, 형제나 자매는 직계가족이 아니므로 역시 소득요건 보충이 불가하다.

※ 참고 : 2024년 기준 소득요건 : 초청인의 과거 1년간 연간소득(세전)이 아래 표에 해당되는 금액 이상이어야 함

구분	2인 가구	3인 가구	4인 가구	5인 가구	6인 가구	7인 가구
소득기준	22,095,654	28,287,942	34,379,478	40,174,410	45,710,214	51,089,964

* 8인 가구 이상의 소득기준 : 가구원 추가 1인당 5,379,750원씩 증가

3. 외국인 배우자의 의사소통 요건 관련 서류

※ 주의 : 아래 서류 중 하나를 선택하여 제출하시기 바랍니다. 의사소통 면제 대상에 해당되지 않음에도 아래 서류 중 어느 하나라도 제출하지 못하는 경우 재외공관에서 실시하는 평가 결과에 따라 요건 충족 여부가 결정됩니다.
※ 의사소통 면제 대상자는 아래 서류를 제출할 필요가 없습니다. (아래 #1 참조)

번호	구분	서류종류	비고	체크리스트
3-1	한국어	한국교육원(한국어강좌 2단계) 수료증, 세종학당(초급1A+1B) 수료증	120시간 이상	□
3-2		한국어능력시험(TOPIK) 성적증명서	TOPIK 1급 이상인 경우 인정	□
3-3		지정된 한국어 교육기관 이수증	해당국가에 지정된 교육기관이 있는 경우 인정(기관명 기재)	□
3-4				□
3-5		한국어 관련 대학(원) 학위증		□
		외국국적동포 입증서류	필요시 한국어구사 능력 확인	□
3-6		외국인 배우자가 한국에서 1년 이상 계속 체류 입증서류	출입국 사실증명 또는 자필진술서(양식 불문)	□
3-7	외국인 배우자의 언어	한국인 배우자가 외국인 배우자의 언어가 공용어인 국가에서 1년 이상 계속 체류 입증서류	해당 국가의 출입국 사실증명 또는 자필진술서(양식 불문)	□

3-8		한국인 배우자가 외국인 배우자의 언어가 공용어인 국가 출신 귀화자임을 입증하는 서류		☐
3-9	그 외 언어	한국인 배우자와 외국인 배우자가 해당 언어가 공용어인 국가에서 1년 이상 계속 체류 입증서류	해당 국가의 출입국 사실증명 또는 자필진술서(양식 불문)	☐
3-10	공통	그 밖의 의사소통 가능 입증서류	아래 #2 참조	☐

* #1 (의사소통 요건 적용 면제) ① 부부 사이에 태어난 자녀가 있는 경우 ② 과거 외국인 배우자가 결혼이민(F-6) 자격으로 한국에서 체류(장·단기 불문)한 적이 있는 경우(단, 배우자가 변경되었거나 동일한 배우자라도 혼인이 중단된 적이 있다면 제외)에는 의사소통 관련 서류제출이 면제된다.

* #2 (그 밖의 의사소통 가능 입증서류) 한국인 배우자 또는 외국인 배우자가 ① 일정 수준 이상의 해당 언어 능력시험 점수를 제출하는 경우 ② 대사관에서 해당 언어로 실시하는 인터뷰에 합격한 경우에는 의사소통 요건을 갖추었다고 인정받을 수 있다.

4. 한국인 배우자의 주거요건 관련 서류

※ 주의 : 주거요건을 충족하기 위해 제출한 곳의 주소지는 주민등록등본(1-13)상의 주소지와 동일해야 합니다.

번호	구 분	서류종류	비고	체크 리스트
4-1	자가인 경우	등기부등본		☐
4-2	임대인 경우	등기부등본		☐
4-3		임대차계약서 사본 1부		

* #1 (주거요건) 주거요건으로 제출한 주거지는 한국인 배우자 또는 한국인 배우자의 직계가족, 형제, 자매 명의로 소유 또는 임차한 곳이어야 한다. 제3자 명의로 소유 또는 임차한 경우 원칙적으로 주거요건을 충족하지 못한 것으로 판단하나, 회사 제공 사택 등 사회통념상 인정 가능한 장소인 경우 예외를 인정한다.

5. 교제 입증 서류

번호	구분	서류종류	비고	체크 리스트
5-1	공통 필수	교제 경위, 혼인의 진정성을	교제 사진, 가족 사진, SNS 대화	☐

		입증할 수 있는 서류	내역 등 자유롭게 A4용지에 편집하여 제출 (5쪽 이내)	
5-2	결혼중개업체를 통해 만난 경우	결혼중개업체 등록증 사본	제출이 어려운 경우 사유서 제출 (아래 #1에 해당하는 사람은 면제)	☐
		보증보험증권 사본		☐
		계약서 사본		☐
5-3	지인 소개로 만난 경우	소개자 신분증 사본		☐

* #1 (소개 경위 서류 면제) ① 부부 사이에 태어난 자녀가 있는 경우 ② 과거 외국인 배우자가
  결혼이민(F-6) 자격으로 한국에서 체류(장·단기 불문)한 적이 있는 경우 (단, 배우자가
  변경되었거나 동일한 배우자라도 혼인이 중단된 적이 있다면 제외)

서류 간소화 사례별 구비서류 목록

☐ 부부 사이에 출생한 자녀가 있는 경우 구비서류 목록

구 분	서류 목록	
기본서류	신청서, 여권용 사진, 신청인(외국인 배우자) 여권 원본 및 사본 1부, 신청 수수료	☐
	외국인 배우자 초청장, 신원보증서, 외국인 배우자의 결혼배경진술서	☐
	(한국인 배우자) 여권 사본 1부, 기본증명서(상세) 1부, 혼인관계증명서(상세) 1부, 가족관계증명서(상세) 1부, 자녀 명의 가족관계증명서(상세) 1부(불가 시 출생증명서), 주민등록등본(한글원본) 1부	☐
	(외국인 배우자) 본국 결혼증명서(필요한 경우에 한함) 1부, 결핵 관련 진단서(결핵 고위험 국가에 한함) 1부, 기타 해당 국가에 특별히 적용되는 서류(예 필리핀 CFO 교육 이수증 원본 및 사본 1부)	☐
주거요건	자가인 경우 : 등기부등본 임대인 경우 : 등기부등본, 임대차계약서 사본 1부	☐
교제 입증서류	공통 필수 서류	☐

□ 한국인 배우자와 외국인 배우자의 건강진단서 및 범죄경력증명서 제출 전부 면제 대상자 구비서류

구 분	서류 목록	
기본서류	신청서, 여권용 사진, 신청인(외국인 배우자) 여권 원본 및 사본 1부, 신청 수수료	□
	외국인 배우자 초청장, 신원보증서, 외국인 배우자의 결혼배경진술서	□
	(한국인 배우자) 여권 사본 1부, 기본증명서(상세) 1부, 혼인관계증명서(상세) 1부, 가족관계증명서(상세) 1부, 주민등록등본(한글원본) 1부	□
	(외국인 배우자) 본국 결혼증명서(필요한 경우에 한함) 1부, 결핵 관련 진단서(결핵 고위험 국가에 한함) 1부, 기타 해당 국가에 특별히 적용되는 서류(예 필리핀 CFO 교육 이수증 원본 및 사본 1부)	□
소득요건	상세 내용 위 소득요건 항목 참조	□
한국어 구사요건	상세 내용 위 한국어 구사요건 항목 참조	□
주거요건	자가인 경우 : 등기부등본 임대인 경우 : 등기부등본, 임대차계약서 사본 1부	□
교제 입증서류	공통 필수 서류/교제 경위별 서류	□

□ 과거 한국에서 결혼이민(F–6) 자격으로 체류(장·단기 불문)한 적이 있는 경우

구 분	서류 목록	
기본서류	신청서, 여권용 사진, 신청인(외국인 배우자) 여권 원본 및 사본 1부, 신청 수수료	□
	외국인 배우자 초청장, 신원보증서	□
	(한국인 배우자) 여권 사본 1부, 기본증명서(상세) 1부, 혼인관계증명서(상세) 1부, 가족관계증명서(상세) 1부, 주민등록등본(한글원본) 1부	□
	(외국인 배우자) 본국 결혼증명서(필요한 경우에 한함) 1부, 결핵 관련 진단서(결핵 고위험 국가에 한함) 1부, 기타 해당 국가에 특별히 적용되는 서류(예 필리핀 CFO 교육 이수증 원본 및 사본 1부)	□
주거요건	자가인 경우 : 등기부등본 임대인 경우 : 등기부등본, 임대차계약서 사본 1부	□
교제 입증서류	공통 필수 서류	□

※ 단, 배우자가 변경되었거나 동일한 배우자라도 혼인이 중단된 적이 있다면 해당 없음

다. 기타 재외공관의 장이 심사에 필요하다고 인정하는 서류

개별 심사 과정에서 사증심사의 정확성과 효율성을 위해 규정된 서류 이외에 추가서류 제출을 요구할 수는 있음

라. 각 서류의 유효기간

초청장 및 혼인관계증명서 등 제출 서류의 유효기간은 이 지침에서 별도로 규정하지 않는 한 작성일, 발급일로부터 3개월 이내임

(2) 자녀양육 (F-6-2)을 위해 입국하고자 하는 자에 대한 체류기간 90일 이하의 단수사증 발급

(단, 미국인에 대해서는 복수사증 발급)

☞ 입국 후 90일 이내에 외국인등록 및 체류기간 연장 고지

첨부서류

① 사증발급신청서 (별지 제17호 서식), 여권, 표준규격사진 1매, 수수료
② 가족(친자)관계 입증서류
  - 자녀의 기본증명서, 출생증명서, 유전자 검사 확인서류 등 가족관계를 확인할 수 있는 서류
    ※ 사실혼 관계에서 자녀가 출생한 경우 그 사실을 증명하는 서류
③ 자녀양육을 입증할 수 있는 서류
  - 양육권내용이 포함된 판결문 등, 자녀의 5촌 이내의 한국인 친척(부 또는 모 포함)의 양육 입증 확인서 등 기타 이에 준하는 서류
④ 범죄경력증명서 및 건강진단서

※ 재외공관장은 특히 필요하다고 인정되는 경우 **제출서류 일부 가감 및 추가 서류 징구 가능**

2. 사증발급인정서 발급대상

사증발급인정서 발급 대상 아님

III. 체류자격 변경 허가

체류자격 변경에 관한 구체적인 내용은 '외국인체류 안내매뉴얼'을 참조하면 된다.

※ 참고

> Q. 국민의 배우자인 외국인이 대한민국에서 1년간 체류할 예정이라며 결혼사증을 신청하는
>   경우에는 어떻게 하여야 하나?
>
> A. 국민의 배우자에 대해서는 체류기간 90일 이하의 단수사증에 한하여 재외 공관장의
>   권한으로 위임되어 있음. 따라서 재외공관에서는 **체류기간 90일 이하의 결혼사증을**
>   **발급**하여야 함. 다만, 해당외국인이 사증에 기재된 체류기간을 초과하여 체류하려면
>   우리나라에 입국한 후, **관할 출입국·외국인청(사무소·출장소)에서 체류기간연장허가**
>   를 받으면 됨

제5장 관광취업(H-1)[385][386]

I. 개요

1. 활동범위

- 관광이 주된 목적이어야 하며, 취업 또는 학업활동에 전념하거나 취재, 정치활동 등 협정의 취지에 부합하지 않은 활동은 금지됨

- 취업활동 기준

  - 상대 국가에서 우리국민 대상 취업 기간을 변동한 경우 상호주의에 따라 동일하게 취업기간을 변동하되 1주당 최대 취업 가능시간은 25시간 이내로 함

국가별 취업기간

협정체결 국　가	취업 기간	최대 취업 가능 시간	
		1주당	최대
○ 이스라엘	3개월	25시간	300시간(25시간×12주)
○ 호주*, 이탈리아, 벨기에	6개월	25시간	625시간(25시간×25주)
○ 덴마크*	9개월	25시간	950시간(25시간×38주)
○ 캐나다	H-1 체류기간	40시간	2,080시간(40시간×52주)
○ 그 외 국가**	H-1 체류기간	25시간	1,300시간(25시간×52주)

  - 취업형태 : 계약직, 시간제 아르바이트 등 고용형태와 무관

  - 취업 제한 직종 (E-1 ~ E-7자격)

    ‣ 접객원, 무용수, 가수, 악사, 곡예사 등 유흥접객업소에 종사 직종 (E-6)

    ‣ 일정한 자격 요건을 갖추어야 하는 전문 직종(의사, 변호사, 교수, 항공기조종사, 회화

---

385) 법무부 출입국·외국인정책본부, 「사증발급 안내매뉴얼」, 2024.7.26, 266면-272면 참조.
386) 법무부 출입국·외국인정책본부, 「외국인체류 안내매뉴얼」, 2024.7.26, 460면-463면 참조.

강사 등)과 E-7(특정활동) 직종에 해당하는 직종

‣ 사행행위나 선량한 풍속 등에 반하는 업종

○ 사행행위 등 규제 및 처벌 특례법 제2조제1항제1호 및 동법 시행령 제1조의2 등에서 규정하고 있는 사행행위 영업
○ 식품위생법 제36조 및 동법시행령 제21조제8호 등에서 규정하고 있는 단란주점영업, 유흥주점영업
○ 풍속영업의 규제에 관한 법률 제2조 및 동법시행령 제2조 등에서 규정하고 있는 풍속영업 중 선량한 풍속에 반하는 영업
 – 식품위생법 시행령 제21조제8호 다목에 따른 단란주점영업 및 같은 호 라목에 따른 유흥주점영업
 – 불특정한 사람 사이의 신체적인 접촉 또는 은밀한 부분의 노출 등 성적 행위가 이루어지거나 이와 유사한 행위가 이루어질 우려가 있는 서비스를 제공하는 영업으로서 청소년보호위원회가 결정하고 여성가족부장관이 고시한 청소년 출입·고용금지업소
 – 청소년유해매체물 및 청소년유해약물등을 제작·생산·유통하는 영업 등 청소년의 출입과 고용이 청소년에게 유해하다고 인정되는 영업으로서 대통령령으로 정하는 기준에 따라 청소년보호위원회가 결정하고 여성가족부장관이 고시한 청소년 출입·고용금지업소
○ 학원의 설립·운영 및 과외교습에 관한 법률에서 규정하고 있는 개인과외 교습 행위
○ 기타 체류자의 신분을 벗어난 활동 및 기타 법무부장관이 그 취업을 제한할 필요가 있다고 인정되는 분야

※ 여성가족부장관이 고시한 청소년 출입·고용 금지 업소
(제2013–52호, 2013. 8. 13.)

1. 시설형태
 가. 밀실이나 밀폐된 공간 또는 칸막이 등으로 구획하거나 이와 유사한 시설
2. 설비유형
 가. 화장실, 욕조 등 별도의 시설을 설치한 것
 나. 침구, 침대 또는 침대 형태로 변형이 가능한 의자·소파 등을 비치한 것
 다. 컴퓨터·TV·비디오물 시청기자재·노래방기기 등을 설치한 것
 라. 성인용인형(리얼돌) 또는 자위행위 기구 등 성관련 기구를 비치한 것
3. 영업형태
 가. 입맞춤, 애무, 퇴폐적 안마, 나체쇼 등 신체적 접촉이 이루어지거나 성관련

신체부위를 노출하거나 성행위 또는 유사성행위가 이루어질 우려가 있는 영업

나. 성인용 영상물 또는 게임물, 사행성 게임물 등 주로 성인용 매체물이 유통될 우려가 있는 영업

다. 성인용 인형(리얼돌) 또는 자위행위 기구 등 성관련 기구를 이용할 수 있는 영업

【영업 예시】키스방, 대딸방, 전립선마사지, 유리방, 성인PC방, 휴게텔, 인형체험방 등

• 학업활동 기준

 - 상대 국가에서 우리국민 대상 학업기간을 변동한 경우 상호주의에 따라 동일하게 변동

국가별 학업기간

협정체결 국가	학업 기간
○ 호 주*	4개월
○ 캐나다, 아일랜드, 덴마크, 홍콩, 오스트리아, 이스라엘, 벨기에, 뉴질랜드	6개월
○ 그 외 국가	H-1 체류기간

 - 학업형태 : 학원수강, 어학연수 등 학업 활동

 - 제한 학업 형태

   ‣ D-2(유학)활동에 해당하는 정규 학업과정

   ‣ 외국어 교육 보조 활동을 겸하면서 행하는 학업

 예시) 관광취업 외국인이 학원에서 한국어를 학습할 때 한국인과 외국어 회화과정을 포함한 경우 외국인의 자신의 한국어 학습이 아닌 한국인에 대한 회화강사 활동

(회화지도 체류자격 필요)에 해당되기에 금지

2. 해당자

대한민국과 관광취업에 관한 협정이나 양해각서를 체결한 국가의 국민으로서 관광을 주된 목적으로 하면서 이에 수반되는 관광경비 충당을 위하여 단기간 취업 활동을 하려는 자

II. 체류기간

1. 1회 부여 체류기간의 상한

협정상의 체류기간

2. 체류기간 연장허가

• 입국한 날로부터 1년 범위 내에서 연장

 - 단, 협정에 따라 미국 1년 6개월, 영국·캐나다는 2년까지 연장 가능

III. 사증 발급 대상자 및 필요 서류

1. 공관장 재량으로 발급할 수 있는 사증

가. 신청 기관

• 협정체결국을 관할하는 재외공관

 - 다만, 오스트리아 국민은 협정에 따라 주일본 대사관, 주중국 대사관, 주상하이 총 영사관, 주홍콩 총영사관, 주타이베이 대표부에서 사증발급 신청가능

나. 발급내용

협정체결 국가별 사증종류, 유효기간, 체류기간

협정체결 국 가	사 증		체류기간
	종류(단·복수)	유효기간	
홍 콩	H-1(복수)	3개월	1년
일 본	H-1(단수)	1년	1년
미 국	H-1(복수)	1년 6개월	1년 6개월
캐나다, 영국	H-1(복수)	2년(24개월)	2년(24개월)
그 외 국가	H-1(복수)	1년	1년

○ 사증발급 수량(쿼터)

국가	호주	캐나다	뉴질 랜드	일본	미국	프랑스	독일	아일 랜드	스웨덴
쿼터	무제한	12,000	3,000	10,000	2,000	2,000	무제한	800	무제한
국가	덴마크	홍콩	대만	체코	이탈 리아	영국	오스 트리아	헝가리	이스 라엘
쿼터	무제한	1,000	800	300	500	5,000	300	100	200
국가	네덜 란드	포르 투갈	벨기에	칠레	폴란드	스페인	아르 헨티나	안도라	
쿼터	200	200	200	100	200	1,000	200	50	

다. 수수료

• 상대 국가에서 우리나라 국민에게 수수료(워킹홀리데이 사증 관련)를 징수할 경우 상호
주의에 따라 상대 국가 국민에게도 수수료 징수

※ 2018년 기준 일본, 프랑스, 칠레, 홍콩, 스페인은 우리나라 국민에게 워킹홀리데이
사증 심사 수수료를 받지 않고 있어, 해당국가 국민에게도 동일하게 사증 심사수수료
면제

라. 제출서류

제출 서류 등	비 고
○ 사증발급신청서, 사진, 여권, 왕복항공권	○ 왕복항공권이 없는 경우 상당금액 예치서류 인정
○ 예금잔고증명서 등 일정기간(3개월) 체류할 수 있는 경비 입증서류 ○ 범죄경력증명서, 건강진단서 ○ 보험증서 ○ 재학증명서 또는 최종학력증명서	○ 상호주의에 따라 제출 여부 결정 ※ 단, 미국은 한–미 WEST 프로그램 양해 각서에 따름
○ 관광취업 활동계획서	○ 대략적인 내용도 가능하며 인터뷰 등을 통하여 확인된 경우에는 제출 생략 가능
○ 기타 서류	○ 기타 재외공관장이 필요하다고 인정하는 서류

2. 심사기준

가. 협정국가 국민일 것

• 협정국에서 인정한 난민, 무국적자, 영주권자 등은 협정국의 국적이 아니기 때문에 신청 대상 아님

• 다음 국가 국민의 경우는 추가 요건을 충족하여야 함

국 가	추가 요건
뉴질랜드	사증 신청 시 6개월 이상 뉴질랜드에 거주할 것
홍 콩	중화인민공화국 홍콩특별행정구에 일반 거주자 일 것
대 만	대만에 호구등록(household registration)이 되어 있을 것
미 국	고등교육 과정 재학 중이거나 최근 1년 이내 대학을 졸업할 것

나. 협정국가의 유효한 여권을 소지할 것

• 여권 및 제출서류 진위여부 확인(필요시 주재국 관계기관 조회)

- 홍콩은 중화인민공화국 홍콩특별행정구 여권 또는 영국 해외여권(BNO) 모두 인정
- 여권 잔여 유효기간은 사증 신청 당시 6개월 이상일 것
  - 단, 협정문에 여권 잔여 유효기간이 6개월 미만으로 규정된 경우(현재 칠레는 3개월 이상)에는 협정문에 따른 상호주의 적용
  ※ 여권 및 사증의 유효기간 이내에 대한민국에 입국하여야 하고, 여권의 유효기간 이내에 여권을 재발급 또는 갱신하도록 안내

다. 사증발급 신청시 18세 이상 30세 이하일 것
- 대만, 포르투갈, 아일랜드, 아르헨티나는 34세까지 신청 가능, 미국은 연령기준을 적용하지 않음
- 영국, 캐나다는 35세까지 신청 가능
  ※ 호주, 일본은 협정문에 18 ~ 25세로 규정되어 있으나 상호협의에 따라 30세 이하로 확대하였으므로 사증발급 신청 시 18세 이상 30세 이하인 것을 확인한 경우 사증발급

라. 중대한 범죄경력이 없을 것
- 주재국이 발행한 범죄경력증명서를 확인하여 벌금 300만원 이상 선고받아 확정된 사실이 있는 경우 사증발급 불허
  - 다만, 우리나라 국민에게 범죄경력증명서 제출을 요구하지 않은 나라(2018년 기준 호주, 홍콩, 체코, 폴란드)의 국민에게는 범죄경력증명서 요구를 생략하고 재외공관에서 인터뷰 또는 진술서를 통해 사증발급 가능
- 과거 대한민국 체류 시 국내법을 위반한 사람에 대해서는 입국규제 여부에 따라 입국 규제가 없을 경우 사증발급

마. 신체 건강할 것
- 건강검진 결과 공중위생상 위해를 끼칠 염려가 있다고 재외공관장이 판단하는 경우 사증 발급 불허

- 신체건강 유무는 건강검진 서류로 확인하는 것을 원칙으로 함
  ※ 재외공관장은 필요에 따라 건강검진 병원 지정 가능
- 다만, 주재국에서 우리나라 국민에게 건강검진 서류를 요구하지 않는 경우 상호 주의를 고려하여 우리나라 재외공관도 상대국가 국민에게 건강검진 서류 요구를 생략하고 인터뷰로 확인 가능
- 대한민국 내에서 보장이 가능한 의료보험에 가입한 사람에 대해서도 신체 건강한 사람으로 간주하고 건강검진 서류 제출 생략 가능
• 건강검진 내용은 주재국에서 우리나라 국민에게 요구하는 내용과 동일하게 실시할 수 있으며, 전염병 등 특정 질병에 대한 검진이 필요할 경우 추가 가능

바. 의료보험 등에 가입할 것
• 대한민국 체류기간 중 보장액 4,000만원 이상 의료보험 등에 가입
  (병원치료와 본국 후송 비용 보장 목적)
  ※ 보험금 4,000만원 이상 보험가입을 권장하나, 상호주의에 따라 보험증서 제출여부 및 보험 보장액 결정 가능

사. 부양가족 등을 동반하지 않을 것

아. 관광취업프로그램에 참여한 경험이 없을 것
• 협정에 명시되어 있지 않은 아일랜드, 스웨덴, 미국의 경우 상호주의에 따라 유경험자에 게도 사증발급 가능
- 다만, 협정에 명시되어 있지 않은 국가 중 일본, 호주, 뉴질랜드, 네덜란드는 2018년 기준 우리나라 국민에 대해서 참여 경험이 없을 것을 요구하고 있으므로 동일하게 상호주 적용
• 쿼터 적용을 받는 국가의 경우 관광취업비자를 발급받은 후 입국하지 않은 자는 관광취업프로그램 비자 재신청 제한(쿼터 무제한, 프로그램 유경험자 사증발급 가능 국가 국민 제외)

※ 관광취업 사증 발급 후 미입국으로 인해 비자가 만료된 경우, 해당국 쿼터가 50%
이상 충분한 여유가 있으면 공관장의 재량으로 관광취업 비자 재발급 가능

자. 체재비 등 재정 능력이 있을 것
• 왕복항공권*과 예금잔고증명서 등 일정기간(3개월) 체류할 수 있는 경비** 소지 입증서류
  * 왕복항공권이 없는 경우 이에 상당한 금액을 예치한 사람은 발급 가능
  ** 협정국별 요구하는 체류비 금액량은 상호주의를 적용하지 않고 한화 기준으로 300만
  원 이상의 경비가 있는 사람을 대상으로 발급

차. 관광이 주된 목적일 것
• (기 준) 취업 또는 학업활동에 전념하거나 취재, 정치활동 등 협정의 취지에 부합하지
  않는 활동을 하려는 외국인은 사증발급 제한
• 취업활동 기준
  - 상대 국가에서 우리국민 대상 취업 기간을 변동한 경우 상호주의에 따라 동일하게
  취업기간을 변동하되 1주당 최대 취업 가능시간은 25시간 이내로 함

국가별 취업기간

협정체결 국가	취업 기간	최대 취업 가능 시간	
		1주당	최대
○ 이스라엘	3개월	25시간	300시간(25시간×12주)
○ 호주*, 이탈리아, 벨기에	6개월	25시간	625시간(25시간×25주)
○ 덴마크*	9개월	25시간	950시간(25시간×38주)
○ 캐나다	H-1 체류기간	40시간	2,080시간(40시간×52주)
○ 그 외 국가**	H-1 체류기간	25시간	1,300시간(25시간×52주)

  - 취업형태 : 계약직, 시간제 아르바이트 등 고용형태와 무관

- 취업 제한 직종 (E-1 ~ E-7자격)

  ‣ 접객원, 무용수, 가수, 악사, 곡예사 등 유흥접객업소에 종사 직종 (E-6)

  ‣ 일정한 자격 요건을 갖추어야 하는 전문 직종(의사, 변호사, 교수, 항공기조종사, 회화 강사 등)과 E-7(특정활동) 직종에 해당하는 직종

  ‣ 사행행위나 선량한 풍속 등에 반하는 업종

○ 사행행위 등 규제 및 처벌 특례법 제2조제1항제1호 및 동법 시행령 제1조의2 등에서 규정하고 있는 사행행위 영업

○ 식품위생법 제36조 및 동법시행령 제21조제8호 등에서 규정하고 있는 단란주점영업, 유흥주점영업

○ 풍속영업의 규제에 관한 법률 제2조 및 동법시행령 제2조 등에서 규정하고 있는 풍속영업 중 선량한 풍속에 반하는 영업

– 식품위생법 시행령 제21조제8호 다목에 따른 단란주점영업 및 같은 호 라목에 따른 유흥주점영업

– 불특정한 사람 사이의 신체적인 접촉 또는 은밀한 부분의 노출 등 성적 행위가 이루어지거나 이와 유사한 행위가 이루어질 우려가 있는 서비스를 제공하는 영업으로서 청소년보호위원회가 결정하고 여성가족부장관이 고시한 청소년 출입·고용금지업소

– 청소년유해매체물 및 청소년유해약물등을 제작·생산·유통하는 영업 등 청소년의 출입과 고용이 청소년에게 유해하다고 인정되는 영업으로서 대통령령으로 정하는 기준에 따라 청소년보호위원회가 결정하고 여성가족부장관이 고시한 청소년 출입·고용금지업소

○ 학원의 설립·운영 및 과외교습에 관한 법률에서 규정하고 있는 개인과외 교습 행위

○ 기타 체류자의 신분을 벗어난 활동 및 기타 법무부장관이 그 취업을 제한할 필요가 있다고 인정되는 분야

※ 여성가족부장관이 고시한 청소년 출입·고용 금지 업소(제2013-52호, 2013. 8. 13.)
1. 시설형태
가. 밀실이나 밀폐된 공간 또는 칸막이 등으로 구획하거나 이와 유사한 시설
2. 설비유형
가. 화장실, 욕조 등 별도의 시설을 설치한 것
나. 침구, 침대 또는 침대형태로 변형이 가능한 의자·소파 등을 비치한 것
다. 컴퓨터·TV·비디오물 시청기자재·노래방기기 등을 설치한 것
라. 성인용 인형(리얼돌) 또는 자위행위 기구 등 성관련 기구를 비치한 것
3. 영업형태

가. 입맞춤, 애무, 퇴폐적 안마, 나체쇼 등 신체적 접촉이 이루어지거나 성관련 신체부위를 노출하거나 성행위 또는 유사성행위가 이루어질 우려가 있는 영업
나. 성인용 영상물 또는 게임물, 사행성 게임물 등 주로 성인용 매체물이 유통될 우려가 있는 영업
다. 성인용 인형(리얼돌) 또는 자위행위 기구 등 성관련 기구를 이용할 수 있는 영업
【영업 예시】 키스방, 대딸방, 전립선마사지, 유리방, 성인PC방, 휴게텔, 인형체험방 등

• 학업활동 기준
  - 상대 국가에서 우리국민 대상 학업기간을 변동한 경우 상호주의에 따라 동일하게 변동

3. 사증발급인정서 발급대상

사증발급인정서 발급대상 아님

IV. 근무처의 변경·추가

• 별도의 근무처 추가 또는 변경없이 취업 활동 가능
  - 다만, 일정한 자격요건, 자격증을 요하거나 E-7(특정활동) 직종에 해당하는 직종에 취업하고자 할 경우에는 제한

V. 체류자격 외 활동

해당사항 없음

VI. 체류자격 변경 허가

• (기준) 원칙적으로 자격변경 제한
• (전문자격 등으로 변경) 일정한 자격요건을 갖추어야 하는 전문 직종(의사, 변호사, 교수,

항공기조종사, 회화강사 등)과 특정활동(E-7)의 경우, 요건을 갖춘 경우 자격 변경 가능

　- 단, 영국, 프랑스, 아일랜드, 덴마크, 칠레, 이탈리아, 이스라엘, 벨기에 제외

• (기타) 다른 체류자격에서 관광취업자격으로 자격변경 불가

제9편

외국인의 체류

제1장 외국인 등록제도[387]

대한민국에서 90일을 초과하여 체류하고자 하는 외국인에게 외국인 등록 의무를 부과하고 있다. 따라서 90일 이내의 범위 내에서 국내에 거주 하는 외국인은 외국인 등록 의무를 부담하지 아니한다(출입국 관리법 제31조 제1항). 출입국관리법령에서는 단기 체류와 장기 체류라는 용어를 규정하고 있지 아니 하나, 실무상 관행으로 외국인등록의 기준이 되는 90일을 기준으로 장·단기를 구분하고 있다. 참고로 UN 권고안에 따르면 3개월 미만 단기 체류 외국인은 이주자에 포함되지 아니하고, 3개월에서 1년 미만 거주하는 자를 단기 이주자, 1년 이상 거주하는 자를 장기 이주자로 구분하고 있으며, 2009년 개정된 일본의 출입국 관리 및 난민 인정에 관한 법률 은 3개월 이상 거주 외국인을 '중장기 체류자'로 정하고 있다.[388]

---

387) 이에 관한 자세한 내용은 '제2편 IV. 외국인등록' 참조.
388) 법무부 출입국·외국인정책본부, 「2011년 개정판 출입국관리법 해설」, 2011.1, 293면 참조.

제2장 체류자격외 활동[389]

I. 개념[390]

체류자격외 활동이란 대한민국에서 체류하는 외국인이 원래부터 부여받은 체류자격에 해당하는 활동을 유지하면서, 다른 체류자격에 해당하는 활동을 추가적으로 하는 것을 말한다(출입국 관리법 제20조). 체류자격은 1인 1체류자격이 국제적인 관례이며, 우리의 경우에도 명문으로 규정하고 있지는 않지만 관행으로 제도화된 원칙이다. 체류자격외 활동은 이 원칙의 예외라고 볼 수 있다. 대한민국에 체류하는 외국인은 기존에 부여받은 체류자격에 해당하는 활동과 병행하여 부수적으로 다른 체류자격에 해당하는 활동을 하기 위해서 미리 법무부장관에게 '체류자격 외 활동허가'를 받아야 한다. '체류자격외활동허가'는 등록외국인에 한정되는 개념이 아님에 유의하여야 한다.

II. '체류자격 변경허가'와의 구별

체류자격외활동허가는 자신의 체류자격에 해당하는 활동(주된 활동)과 병행하는 부수적인 활동을 하기 위한 것이므로, 부수적인 활동의 범위를 넘어서는 경우에는 체류자격 변경허가를 받아야 한다(출입국 관리법 시행규칙 제29조). 현행 법령과 지침에서는 '부수적인' 활동을 판단할 명확한 기준이 규정되어 있지 않다. 따라서 활동의 형태, 영리활동 유무, 활동의 정도 등을 종합적으로 고려하여 그 판단을 하여야 한다.

III. 체류자격외 활동 허가의 대상

체류자격외활동허가를 받아야 하는 활동의 범위를 취업 등 영리활동으로 한정할 것인지 영리 여부와 관계없이 모든 활동으로 해석하여야 할 것인지의 문제가 있다. 문리적으로는 영리활동에 한정하지 않고 있으나, 영리 목적이 아닌 활동(자원봉사, 유학 등)이나 인간으로서 당연히 누려야 할 활동(관광, 종교활동 등)은 '체류자격외 활동허가'를 받아야 하는

---

389) 차용호, 「한국이민법」, 법문사, 2015.1, 353면-355면 참조.
390) 법무부 출입국·외국인정책본부, 「2011년 개정판 출입국관리법 해설」, 2011.1, 262면-263면 참조.

활동에서 당연히 제외되는 것이 합리적이라고 「2011년 개정판 출입국관리법 해설」은 서술하고 있다.

IV. 체류자격외 활동 허가 절차

1. 신청

(1) 신청자

체류자격외 활동허가의 신청이나 수령은 본인이 직접하거나 법무부장관이 정하는 자가 대리하게 할 수 있다(출입국관리법 시행규칙 제34조 제1항 제2호). 대리신청 및 수령에 관하여 필요한 사항은 법무부장관이 따로 정한다(출입국관리법 시행규칙 제34조 제2항). 이를 위하여 '각종 체류허가 등의 신청 및 수령의 대리에 관한 규정[법무부고시 제2020-520호, 2020. 12. 9., 일부개정]'이 있다. 그리고 체류자격외 활동허가를 받아야 할 자가 17세 미만인 경우 본인이 그 허가 등의 신청을 하지 아니하면 그의 부모나 그 밖에 대통령령으로 정하는 자가 그 신청을 하여야 한다(출입국관리법 제79조 제1호).

(2) 체류자격외 활동허가 신청서

외국인이 그 체류자격에 해당하는 활동과 함께 다른 체류자격에 해당하는 활동을 허가 받으려는 경우에는 체류자격외 활동허가 신청서에 법무부령이 정하는 서류를 첨부하여 출입국관리청장·사무소장 또는 출장소장에게 제출하여야 한다(출입국관리법 시행령 제25조 제1항).

2. 송부

출입국관리청장·사무소장 또는 출장소장은 체류자격외 활동허가의 신청서를 제출받은 때에는 의견을 붙여 지체 없이 법무부장관에게 보내야 한다(출입국관리법 시행령 제25조 제2항).

3. 허가

출입국관리청장·사무소장 또는 출장소장은 법무부장관이 체류자격외 활동허가 신청에 대하여 허가한 때에는 여권에 체류자격외 활동허가인을 찍거나 체류자격외 활동허가 스티커를 붙여야 한다. 다만, 여권이 없거나 그 밖에 필요하다고 인정할 때에는 체류자격외 활동허가인을 찍는 것과 체류자격외 활동허가 스티커를 붙이는 것을 갈음하여 체류자격외 활동허가서를 발급할 수 있다(출입국관리법 시행령 제25조 제3항). 출입국관리청장·사무소장 또는 출장소장은 체류자격외 활동을 허가하는 때에는 이를 허가대장에 기재하여야 한다(출입국관리법 시행규칙 제35조).

V. 권한의 위임

1. 법적 근거

법무부장관은 출입국관리법에 따른 권한의 일부를 대통령령으로 정하는 바에 따라 지방출입국·외국인관서의 장에게 위임할 수 있다(출입국관리법 제92조 제1항). 이에 따라 법무부장관은 체류자격외 활동 허가의 권한을 법무부령으로 정하는 바에 따라 출입국외국인청장·사무소장·출장소장 또는 보호소장에게 위임한다(출입국관리법 시행령 제96조 제1항).

2. 범위[391]

법무부장관은 체류자격외 활동허가의 권한을 출입국외국인청장·사무소장·출장소장에게 출입국관리법 시행규칙 별표6의 범위 내에서 위임한다(출입국관리법 시행규칙 제78조 제6항). 첫째, 문화예술(D-1), 유학(D-2), 일반연수(D-4), 기업투자(D-8)[392], 계절근로(E-8) 체류자격의 경우 다른 체류자격에서 해당 체류자격으로의 체류자격외 활동 허가 권한이 출입국관리사무소장 또는 출장소장에게 위임되어 있다. 법무부장관의 허가를 별도

---

391) 개정된 출입국관리법 시행규칙 [별표 6]〈개정 2023.6.30.〉을 반영하여 수정함.
392) 「외국인투자 촉진법」에 따른 외국인투자기업의 경영·관리 또는 생산·기술 분야에 종사하려는 필수전문인력으로서 법무부장관이 인정하는 사람[외국인이 경영하는 기업(법인은 제외한다)에 투자한 사람 및 국내에서 채용된 사람은 제외한다]

로 받을 필요가 없다. 둘째, 단기취업(C-4), 종교(D-6), 주재(D-7), 교수(E-1), 회화지도(E-2), 연구(E-3), 기술지도(E-4), 전문직업(E-5), 예술흥행(E-6), 특정활동(E-7), 비전문취업(E-9), 선원취업(E-10), 방문취업(H-2) 체류자격의 경우 법무부장관이 정하여 고시하는 사무의 일부를 출입국외국인청장·사무소장·출장소장에게 위임한다. 다만, 기술연수(D-3), 취재(D-5), 무역경영(D-9) 체류자격의 경우 법무부장관의 권한으로 출입국외국인청장·사무소장·출장소장에게 위임되어 있지 않다.

VI. 위반 및 처벌

외국인이 원래부터 부여된 체류자격에 해당하는 활동과 병행하여 다른 체류자격에 해당하는 활동을 하기 위하여는 미리 법무부장관의 체류자격외 활동 허가를 받아야 한다. 이를 위반하여 체류자격외 활동허가를 받지 아니하고 다른 체류자격에 해당하는 활동을 한 경우에는 그 외국인은 위반의 정도에 따라 대한민국에서 대한민국 밖으로 강제로 퇴거되거나(출입국관리법 제46조 제1항 제8호) 또는 출국권고 되고(출입국관리법 제67조 제1항 제1호), 3년 이하의 징역 또는 3천만원 이하의 벌금에 처하게 된다(출입국관리법 제94조 제12호).

제3장 근무처의 변경·추가[393]

I. 개념

근무처의 변경이란 대한민국에 체류하는 외국인이 원래부터 부여된 그 체류자격을 유지하면서 원래부터 지정된 그의 근무처에서 새로운 근무처로 근무처를 변경하는 것을 말한다(출입국관리법 제21조). 근무처의 추가란 대한민국에 체류하는 외국인이 원래부터 부여된 그 체류자격을 유지하면서 원래부터 지정된 그의 근무처에서 근무하면서 다른 근무처에 추가적으로 근무하는 것을 말한다(출입국관리법 제21조).

II. 근무처

근무처란 취업활동을 할 수 있는 체류자격이 있는 외국인이 근무하는 특정 장소를 말한다. 근무처는 고용과 관련된 개념이므로 고용주와의 고용계약 범위 내에서 체류자격에 해당하는 활동을 할 수 있는 장소를 포함한다. 또한 근무처는 근로자 수와 상관없이 모든 사업자 또는 사업장을 의미하는 것으로 해석된다.

III. 절차

1. 신청

(1) 신청자

근무처의 추가·변경의 허가의 신청은 본인이 직접하거나 법무부장관이 정하는 자가 대리하게 할 수 있다(출입국관리법 시행규칙 제34조 제1항 제2호). 대리신청 및 수령에 관하여 필요한 사항은 법무부장관이 따로 정한다(출입국관리법 시행규칙 제34조 제2항). 이를 위하여 '각종 체류허가 등의 신청 및 수령의 대리에 관한 규정[법무부고시 제2020-520호, 2020. 12. 9., 일부개정]'이 있다.

---

393) 차용호, 「한국이민법」, 법문사, 2015.1, 361면-365면 참조.

(2) 근무처 추가·변경 허가 신청서

대한민국에 체류하는 외국인이 그 체류자격의 범위에서 그의 근무처를 변경 또는 추가하고 자 하는 경우에는, 근무처 변경·추가허가 신청서에 법무령이 정하는 서류를 첨부하여 출입 국관리청장·사무소장 또는 출장소장에게 제출하여야 한다(출입국관리법 시행령 제26조 제2항).

2. 송부

출입국관리청장·사무소장 또는 출장소장은 근무처 변경·추가허가 신청서를 제출받은 때 에는 제출받은 신고서와 첨부서류를 지체없이 법무부장관에게 보내야 한다(출입국관리법 시행령 제26조 제3항).

3. 허가

출입국관리청장·사무소장 또는 출장소장은 법무부장관이 근무처 변경허가 신청에 대하 여 허가한 때에는 여권에 근무처 변경허가인을 찍고 변경된 근무처와 체류기간을 적거나 근무처 변경허가 스티커를 붙여야 한다(출입국관리법 시행령 제26조 제3항). 출입국관리 청장·사무소장 또는 출장소장은 법무부장관이 근무처 추가허가 신청에 대하여 허가한 때 에는 여권에 근무처 추가허가인을 찍고 추가된 근무처와 유효기간을 적거나 근무처 추가허 가 스티커를 붙여야 한다(출입국관리법 시행령 제26조 제4항). 출입국관리청장·사무소장 또는 출장소장은 근무처의 변경 또는 근무처의 추가를 허가하는 때에는 이를 허가대장에 기재하여야 한다(출입국관리법 시행규칙 제35조).

IV. 권한의 위임

1. 법적 근거

법무부장관은 출입국관리법에 따른 권한의 일부를 대통령령으로 정하는 바에 따라 지방출입국·외국인관서의 장에게 위임할 수 있다(출입국관리법 제92조 제1항). 이에 따라 법무부장관은 근무처 변경·추가 허가의 권한을 법무부령으로 정하는 바에 따라 출입국외국인청장·사무소장·출장소장 또는 보호소장에게 위임한다(출입국관리법 시행령 제96조 제1항).

2. 범위[394]

법무부장관이 근무처 변경·추가 허가의 권한을 출입국관리사무소장 또는 출장소장에게 위임하는 범위는 별표6의 범위 내에서 정한다(출입국관리법 시행규칙 제78조 제6항). 첫째, 문화예술(D-1), 유학(D-2), 기업투자(D-8)[395], 회화지도(E-2), 계절근로(E-8), 관광취업(H-1) 체류자격의 경우 각 동일한 체류자격에서 근무처 변경·추가에 대한 허가 권한이 출입국외국인청장·사무소장·출장소장에게 위임되어 있다. 법무부장관의 허가를 별도로 받을 필요가 없다. 둘째, 단기취업(C-4), 종교(D-6), 주재(D-7), 무역경영(D-9), 교수(E-1), 연구(E-3), 기술지도(E-4), 전문직업(E-5), 예술흥행(E-6), 특정활동(E-7), 비전문취업(E-9), 선원취업(E-10) 체류자격의 경우 법무부장관이 고시하는 사무의 일부를 출입국외국인청장·사무소장·출장소장에게 위임한다. 다만, 기술연수(D-3), 취재(D-5) 체류자격의 경우 법무부장관의 권한으로 출입국외국인청장·사무소장·출장소장에게 위임되어 있지 않다.

---

[394] 개정된 출입국관리법 시행규칙 [별표 6]〈개정 2023.6.30.〉을 반영하여 수정함.
[395] 외국인투자 촉진법에 따른 외국인투자기업의 경영·관리 또는 생산·기술 분야에 종사하려는 필수전문인력으로서 법무부장관이 인정하는 사람[외국인이 경영하는 기업(법인은 제외한다)에 투자한 사람 및 국내에서 채용된 사람은 제외한다]

V. 사전허가의 예외(사후신고)

전문적인 지식·기술 또는 기능을 가진 사람으로서 대통령령으로 정하는 사람은 근무처를 변경하거나 추가한 날부터 15일 이내에 대통령령으로 정하는 바에 따라 법무부장관에게 신고하여야 한다(출입국관리법 제21조 제1항 단서). 대통령령이 정하는 자란 교수(E-1)부터 특정활동(E-7)까지의 체류자격 중 어느 하나의 체류자격을 가진 외국인으로서 법무부장관이 고시396)하는 요건을 갖춘 사람을 말한다(출입국관리법 시행령 제26조의2 제1항).

VI. 위반 및 처벌

지방출입국·외국인관서의 장은 미리 법무부장관으로부터 근무처의 변경허가 또는 추가허가를 받지 아니한 자를 불법고용·알선한 외국인을 대한민국 밖으로 강제퇴거시킬 수 있다(출입국관리법 제46조 제1항 제9호). 근무처의 변경허가 또는 추가허가를 받지 아니한 자의 고용을 업으로 알선한 자(국민 포함)는 3년 이하의 징역 또는 3천만원 이하의 벌금에 처한다(출입국관리법 제94조 제13호). 또한 지방출입국·외국인관서의 장은 근무처의 변경허가 또는 추가허가를 받지 아니하고 근무처를 변경·추가한 외국인을 대한민국 밖으로 강제퇴거시킬 수 있다(출입국관리법 제46조 제1항 제9호).

다만, 다른 법률에 따라 고용을 알선하는 경우에는 법무부장관으로부터 근무처의 변경허가·추가허가를 받지 아니한 외국인을 고용하거나 고용을 알선할 수 있다(출입국관리법 제21조 제2항 단서).

---

396) 출입국관리법시행령 제26조의2제1항에 따라 신고만으로 근무처 변경·추가를 할 수 있는 외국인의 요건 고시[시행 2020. 6. 22.] [법무부고시 제2020-212호, 2020. 6. 22., 일부개정]

제4장 체류자격의 변경[397)

I. 개념[398)

체류자격의 변경이란 대한민국에 체류하는 외국인이 그 체류자격과는 다른 체류자격에 해당하는 활동을 하기 위하여 종전의 체류자격을 변경하는 것을 말한다(출입국관리법 제24조). 국내에 체류하는 외국인이 기존 체류자격에 해당하는 활동을 마치고 다른 체류자격에 해당하는 활동을 하려는 경우, 원칙적으로는 출국하여 새로 사증을 발급받아 입국하는 절차를 거쳐야 하지만, 출입국관리법 제24조는 당해 외국인의 편의 및 국가 이익 등을 고려하여 국내에 체류하면서 그의 체류자격을 변경할 수 있도록 허가하기 위한 규정이다.

II. 절차

1. 신청

(1) 신청자

체류자격 변경 허가의 신청은 본인의 직접 하거나 법무부장관이 정하는 자가 대리하게 할 수 있다(출입국관리법 시행규칙 제34조 제1항 제2호). 대리신청에 관하여 필요한 사항은 법무부장관이 따로 정한다(출입국관리법 시행규칙 제34조 제2항). 이를 위하여 '각종 체류허가 등의 신청 및 수령의 대리에 관한 규정[법무부고시 제2020-520호, 2020. 12. 9., 일부개정]'이 있다.

(2) 체류자격 변경허가 신청서

대한민국에 체류하는 외국인이 그 체류자격과 다른 체류자격에 해당하는 활동을 하기 위해 체류자격 변경허가를 받고자 하는 경우에는, 체류자격 변경허가 신청서에 법무부령이 정하는 서류를 첨부하여 출입국관리청장·사무소장 또는 출장소장에게 제출하여야 한다(출

---

397) 차용호, 「한국이민법」, 법문사, 2015.1, 법문사, 369면-374면 참조.
398) 법무부 출입국·외국인정책본부, 「2011년 개정판 출입국관리법 해설」, 2011.1, 271면-272면 참조.

입국관리법 시행령 제30조 제1항).

2. 송부

출입국관리청장·사무소장 또는 출장소장은 체류자격 변경 허가 신청서를 제출받은 때에는 의견을 붙여 지체 없이 법무부장관에게 보내야 한다(출입국관리법 시행령 제30조 제2항).

3. 허가

출입국관리청장·사무소장 또는 출장소장은 법무부장관이 체류자격 변경 허가 신청에 대하여 허가한 때에는 여권에 체류자격 변경허가인을 찍고 체류자격, 체류기간 및 근무처 등을 적거나 체류자격 변경허가 스티커를 붙여야 한다(출입국관리법 시행령 제30조 제3항 본문). 다만, 외국인등록증을 발급 또는 재발급할 때에는 외국인등록증의 발급 또는 재발급으로 이를 갈음한다(출입국관리법 시행령 제30조 제3항 단서). 출입국관리청장·사무소장 또는 출장소장은 근무처의 변경 또는 근무처의 추가를 허가하는 때에는 이를 허가대장에 기재하여야 한다(출입국관리법 시행규칙 제35조).

III. 외국인등록 면제자의 신분변경

외국인등록 면제자가 퇴직 또는 이혼 등의 사유로 그 신분이 변경되어 체류자격을 변경하려는 경우 그 신분이 변경된 날로부터 30일 이내에 법무부장관의 체류자격 변경허가를 받아야 한다(출입국관리법 제24조 제2항). 그리고 신분변경으로 체류자격 변경허가를 받는 자로서 입국한 날부터 90일을 초과하여 체류하게 되는 자는 체류자격 변경허가를 받는 때에는 외국인등록을 하여야 한다(출입국관리법 제31조 제3항).

IV. 권한의 위임

1. 법적 근거

법무부장관은 출입국관리법에 따른 권한의 일부를 대통령령으로 정하는 바에 따라 지방출입국·외국인관서의 장에게 위임할 수 있다(출입국관리법 제92조 제1항). 이에 따라 법무부장관은 체류자격 변경 허가의 권한을 법무부령으로 정하는 바에 따라 출입국외국인청장·사무소장·출장소장 또는 보호소장에게 위임한다(출입국관리법 시행령 제96조 제1항).

2. 범위[399]

법무부장관이 체류자격 변경 허가의 권한을 출입국외국인청장·사무소장·출장소장에게 위임하는 범위는 별표6의 범위 내에서 위임한다(출입국관리법 시행규칙 제78조 제65항), 첫째, 외교(A-1), 공무(A-2), 협정(A-3), 기업투자(D-8)[400], 구직(D-10), 동반(F-3), 재외동포(F-4) 체류자격의 경우 체류자격 변경 허가의 권한이 출입국외국인청장·사무소장·출장소장에게 위임되어 있다. 법무부장관의 별도 허가를 받을 필요가 없다. 둘째, 단기취업(C-4), 문화예술(D-1), 유학(D-2), 기술연수(D-3), 일반연수(D-4), 취재(D-5), 종교(D-6), 주재(D-7), 무역경영(D-9), 교수(E-1), 회화지도(E-2), 연구(E-3), 기술지도(E-4), 예술흥행(E-6), 특정활동(E-7), 비전문취업(E-9), 선원취업(E-10), 방문동거(F-1), 거주(F-2), 영주(F-5), 결혼이민(F-6), 기타(G-1), 방문취업(H-2) 체류자격의 경우 법무부장관이 정하여 고시하는 사무의 일부를 출입국외국인청장·사무소장·출장소장

---

[399] 개정된 출입국관리법 시행규칙 [별표 6]〈개정 2023.6.30.〉을 반영하여 수정함.

[400] ① 「외국인투자 촉진법」에 따른 외국인투자기업의 경영·관리 또는 생산·기술 분야에 종사하려는 필수전문인력으로서 법무부장관이 인정하는 사람[외국인이 경영하는 기업(법인은 제외한다)에 투자한 사람 및 국내에서 채용된 사람은 제외한다], ② 지식재산권을 보유하는 등 우수한 기술력으로 「벤처기업 육성에 관한 특별법」 제2조의2제1항제2호다목에 따른 벤처기업을 설립한 사람 중 같은 법 제25조에 따라 벤처기업 확인을 받은 사람 또는 이에 준하는 사람으로서 법무부장관이 인정하는 사람, ③ 다음의 어느 하나에 해당하는 사람으로서 지식재산권을 보유하거나 이에 준하는 기술력 등을 가진 사람 중 법무부장관이 인정한 법인 창업자 1) 국내에서 전문학사 이상의 학위를 취득한 사람, 2) 외국에서 학사 이상의 학위를 취득한 사람, 3) 관계 중앙행정기관의 장이 지식재산권 보유 등 우수한 기술력을 보유한 사람으로 인정하여 추천한 사람.

에게 위임한다. 다만, 관광통과(B-2), 일시취재(C-1), 단기방문(C-3), 전문직업(E-5) 체류자격의 경우 법무부장관의 권한으로 출입국외국인청장·사무소장·출장소장에게 위임되어 있지 않다.

V. 위반 및 처벌

출입국관리법 제24조(체류자격 변경허가)를 위반하여 체류자격 변경허가를 받지 아니하고 다른 체류자격에 해당하는 활동을 한 자는 대한민국 밖으로 강제퇴거 되거나(출입국관리법 제46조 제1항 제8호), 3년 이하의 징역 또는 3천만원 이하의 벌금에 처하게 된다(출입국관리법 제94조 제16호).

제5장 체류기간의 연장401)

I. 개념402)

체류기간의 연장이란 당초에 부여하였던 체규기간의 범위를 초과하여 대한민국에서 체류할 수 있도록 새로운 체류기간을 부여하는 것을 말한다(출입국관리법 제25조). 출입국관리법에서는 "외국인이 체류기간을 초과하여 계속 체류하려면 대통령령으로 정하는 바에 따라 체류기간이 끝나기 전에 법무부장관의 체류기간 연장허가를 받아야 한다."라고 규정하고 있다(출입국관리법 제25조 제1항)

체류기간 연장허가의 신청은 그의 체류기간이 끝나기 전에 신청하여야 한다. 체류자격과 체류기간은 불가분의 관계로서 외국인은 주어진 체류기간까지 체류할 권리는 인정되지만 연장 받을 권리는 인정되지 아니하고, 체류기간은 외국인이 일정한 목적으로 입국하여 그 활동목적이 달성되면 출국하여야 한다는 전제에 입각한 것으로 외국인의 활동 목적, 고용관계 등을 고려하여 시행규칙 별표에 규정하고 있다. 따라서 원칙적으로 외국인은 정해진 체류기간 이내에 출국할 의무가 있다. 또한, 체류기간이 종료되면 그때부터 체류자격을 잃는다고 본다(1981.9.12. 일본 요꼬하마지판 결정 참조).403)

II. 절차

1. 신청

(1) 신청자

체류기간 연장 허가의 신청은 본인이 직접 하거나 법무부장관이 정하는 자가 대리하게

---

401) 차용호, 「한국이민법」, 법문사, 2015.1, 377면-383면 참조.
402) 법무부 출입국·외국인정책본부, 「2011년 개정판 출입국관리법 해설」, 2011.1, 273면-274면 참조.
403) 다만, 출입국관리법 시행규칙 제32조는 체류자격에 해당하는 활동을 종료하고 출국하려고하나 ⅰ) 국내 여행, 신병 정리 등을 위해 일시적으로 체류하고자 하는 경우, ⅱ) 출국할 항공, 선박 등이 없어 부득이하게 일시 체류하고자 할 경우에는 예외적으로 출국을 위한 체류기간연장허가를 받을 수 있도록 규정하고 있다.

할 수 있다(출입국관리법 시행규칙 제34조 제1항 제2호). 대리신청에 관하여 필요한 사항은 법무부장관이 따로 정한다(출입국관리법 시행규칙 제34조 제2항).

(2) 체류기간 연장허가 신청서

대한민국에 체류하는 외국인이 체류기간을 초과하여 계속 체류하고자 하는 경우에는, 체류기간이 끝나기 전에 체류기간 연장허가 신청서에 법무부령으로 정하는 서류를 첨부하여 출입국관리청장·사무소장 또는 출장소장에게 제출하여야 한다(출입국관리법 시행령 제31조 제2항).

2. 송부

출입국관리청장·사무소장 또는 출장소장은 체류기간 연장 허가 신청서를 제출받은 때에는 의견을 붙여 지체 없이 법무부장관에게 보내야 한다.

3. 허가

출입국관리청장·사무소장 또는 출장소장은 법무부장관이 체류기간 연장허가 신청에 대하여 허가한 때에는 여권에 체류기간 연장허가인을 찍고 체류기간을 적거나 체류기간 연장허가 스티커를 붙여야 한다. 다만, 외국인등록을 마친 사람에 대하여 체류기간 연장을 허가한 때에는 외국인등록증에 허가기간을 적음으로써 이를 갈음한다(출입국관리법 시행령 제31조 제3항). 출입국관리청장·사무소장 또는 출장소장은 근무처의 변경 또는 근무처의 추가를 허가하는 때에는 이를 허가대장에 기재하여야 한다(출입국관리법 시행규칙 제35조).

III. 권한의 위임

1. 법적 근거

법무부장관은 출입국관리법에 따른 권한의 일부를 대통령령으로 정하는 바에 따라 지방출입국·외국인관서의 장에게 위임할 수 있다(출입국관리법 제92조 제1항). 법무부장관은 체류자격 연장 허가의 권한을 법무부령으로 정하는 바에 따라 출입국외국인청장·사무소장·출장소장 또는 보호소장에게 위임한다(출입국관리법 시행령 제96조 제1항).

2. 범위[404]

법무부장관이 체류기간 연장 허가의 권한을 출입국외국인청장·사무소장·출장소장에게 위임하는 범위는 별표6의 범위 내에서 위임한다(출입국관리법 시행규칙 제78조 제6항), 첫째, 외교(A-1), 공무(A-2), 협정(A-3), 사증면제(B-1), 관광통과(B-2), 일시취재(C-1), 단기방문(C-3), 단기취업(C-4), 문화예술(D-1), 유학(D-2), 기술연수(D-3), 일반연수(D-4), 취재(D-5), 종교(D-6), 주재(D-7), 기업투자(D-8)[405], 무역경영(D-9), 구직(D-10), 교수(E-1), 회화지도(E-2), 연구(E-3), 기술지도(E-4), 전문직업(E-5), 예술흥행(E-6), 특정활동(E-7), 계절근로(E-8), 비전문취업(E-9), 선원취업(E-10), 방문동거(F-1), 거주(F-2), 동반(F-3), 재외동포(F-4), 결혼이민(F-6), 기타(G-1), 방문취업(H-2) 체류자격의 경우 체류기간 연장 허가의 권한이 출입국외국인청장·사무소장·출장소장에게 위임되어 있다. 법무부장관의 허가를 별도로 받을 필요가 없다. 둘째, 관광취업(H-1) 체류자격의 경우 법무부장관이 정하여 고시하는 사무의 일부를 출입국외국인청장·사무소장·출장소장에게 위임한다.

---

404) 개정된 출입국관리법 시행규칙 [별표 6]〈개정 2023.6.30.〉을 반영하여 수정함.
405) ① 「외국인투자 촉진법」에 따른 외국인투자기업의 경영·관리 또는 생산·기술 분야에 종사하려는 필수전문인력으로서 법무부장관이 인정하는 사람[외국인이 경영하는 기업(법인은 제외한다)에 투자한 사람 및 국내에서 채용된 사람은 제외한다], ② 지식재산권을 보유하는 등 우수한 기술력으로 「벤처기업 육성에 관한 특별법」 제2조의2제1항제2호다목에 따른 벤처기업을 설립한 사람 중 같은 법 제25조에 따라 벤처기업 확인을 받은 사람 또는 이에 준하는 사람으로서 법무부장관이 인정하는 사람, ③ 다음의 어느 하나에 해당하는 사람으로서 지식재산권을 보유하거나 이에 준하는 기술력 등을 가진 사람 중 법무부장관이 인정한 법인 창업자 1) 국내에서 전문학사 이상의 학위를 취득한 사람, 2) 외국에서 학사 이상의 학위를 취득한 사람, 3) 관계 중앙행정기관의 장이 지식재산권 보유 등 우수한 기술력을 보유한 사람으로 인정하여 추천한 사람.

IV. 위반 및 처벌

출입국관리법 제25조를 위반하여 체류기간이 끝나기 전에 법무부장관의 체류기간 연장 허가를 받지 아니하고 체류기간을 초과하여 계속 체류한 자는 대한민국 밖으로 강제퇴거 되거나(출입국관리법 제46조 제1항 제8호), 3년 이하의 징역 또는 3천만원 이하의 벌금에 처하게 된다(출입국관리법 제94조 제17호).

V. 기타

체류기간 연장 신청을 불허하는 때에는 체류기간연장 불허결정 통지서를 교부하고 그 발급 일로부터 14일 이내의 출국기한을 명시하여야 하나, 필요한 경우에는 기존 체류기간의 만료일을 출국기한으로 정할 수 있다. 또한, 체류 기간연장 불허결정 통지서를 받은 자, 출입국관리법 제67조에 따라 출국권고를 받은 자, 출입국관리법 제68조에 따라 출국명령 을 받은 자가 출국할 선박 등이 없거나 질병, 그 밖에 부득이한 사유로 기한 내에 출국할 수 없음이 명백한 경우에는 소명자료를 받아 선박 등이 없는 경우에는 법무부장관이 정하는 기간까지, 그 밖의 경우에는 그 사유가 소멸할 때까지 출국기한을 유예할 수 있도록 하고 있다.

제10편

붙임자료

제1절 외국인 근로자 4대보험

I. 산재보험

아래 제외 대상 근로자를 제외한 모든 외국인 근로자는 산재보험에 가입해야 한다.[406]

산재보험 가입 제외 대상 근로자

「공무원 재해보상법」 또는 「군인 재해보상법」에 따라 재해보상이 되는 자

「선원법」 또는 「어선원 및 어선재해보상보험법」에 따라 재해보상이 되는 자

「사립학교교직원연금법」에 따라 재해보상이 되는 자

II. 고용보험

외국인 근로자는 체류자격에 따라 고용보험 적용 여부가 결정된다.[407]

〈출입국관리법 시행령에 따른 외국인 체류자격별 고용보험 적용〉

체류자격	고용보험 적용여부	체류자격	고용보험 적용여부
1. 외 교(A-1)	×	19. 교 수(E-1)	△(임의)
2. 공 무(A-2)	×	20. 회화지도(E-2)	△(임의)
3. 협 정(A-3)	×	21. 연 구(E-3)	△(임의)
4. 사증면제(B-1)	×	22. 기술지도(E-4)	△(임의)
5. 관광통과(B-2)	×	23. 전문직업(E-5)	△(임의)
6. 일시취재(C-1)	×	24. 예술흥행(E-6)	△(임의)
7. 단기상용(C-2)	삭제〈2011.11.1.〉	25. 특정활동(E-7)	△(임의)
8. 단기종합(C-3)	×	25의2. 계절근로(E-8)	△(임의)
9. 단기취업(C-4)	△(임의)	25의3. 비전문취업(E-9)	△(임의)

---

406) 근로복지공단, 「2024 산재·고용보험 가입 및 부과업무 실무편람」, 2024.1., 18면 참조.
407) 근로복지공단, 「2024 산재·고용보험 가입 및 부과업무 실무편람」, 2024.1., 19면 참조.

10. 문화예술(D-1)	×	25의4. 선원취업(E-10)	△(임의)
11. 유 학(D-2)	×	26. 방문동거(F-1)	×
12. 산업연수(D-3)	×	27. 거 주(F-2)	○(당연)
13. 일반연수(D-4)	×	28. 동 반(F-3)	×
14. 취 재(D-5)	×	28의2. 재외동포(F-4)	△(임의)
15. 종 교(D-6)	×	28의3. 영 주(F-5)	○(당연)
		28의4. 결혼이민(F-6)	○(당연)
16. 주 재(D-7)	★(상호주의)	29. 기 타(G-1)	×
17. 기업투자(D-8)	★(상호주의)	30. 관광취업(H-1)	×
18. 무역경영(D-9)	★(상호주의)	31. 방문취업(H-2)	△(임의)
18-2. 구직(D-10)	×		

① ○ : 의무적으로 가입

② × : 적용제외

③ △ : 근로자가 신청을 원하는 경우 가입(E-9, H-2의 경우 고용안정·직업능력개발사업은 당연적용, 실업급여 사업만 임의가입)

④ ★(상호주의) : 국가 간 상호주의 원칙에 따라 법적용(해당 외국인의 본국법이 대한민국 국민에게 보험을 적용하지 아니하는 경우 제외)

III. 국민연금[408]

1. 외국인 사업장가입자 관리

가. 외국인 사업장가입자 적용 대상여부 확인

(1) 외국인 사업장가입자 적용대상

① 「국민연금법」을 적용받는 사업장에 종사하는 18세 이상 60세 미만의 외국인 사용자 또는 근로자(내국인과 동일하게 적용)

② 「무국적자의지위에관한협약」과 「난민의지위에관한협약」에 따라 내국민과 동등 대우를 받도록 되어 있는 무국적자나 난민

(2) 외국인 사업장가입자 적용제외대상

---

[408] 국민연금공단, 「2024 알기쉬운 국민연금 사업장 실무안내」, 2023.12., 38면-43면 참조.

① 다른 법령 또는 조약(협약)에서 「국민연금법」 적용을 배제한 자예) 외교관, 영사기관원과 그 가족 등

② 해당 외국인의 본국법이 「국민연금법」에 의한 "국민연금에 상응하는 연금"에 관하여 대한민국 국민에게 적용되지 않는 경우

③ 체류기간 연장허가를 받지 않고 체류하는 자

④ 외국인등록을 하지 않거나 강제퇴거 명령서가 발부된 자

⑤ 체류자격이 문화예술(D-1), 유학(D-2), 기술연수(D-3), 일반연수(D-4), 종교 (D-6), 방문동거(F-1), 동반(F-3), 기타(G-1)인 자

나. 외국인 사업장가입자 신고관련 사항

(1) 외국인 사업장가입자 자격취득신고

① 신고의무자 : 가입대상 외국인이 종사하는 국민연금적용사업장의 사용자

② 제출서류 : 사업장가입자 자격취득신고서 1부

※ 외국국적동포는 법률상 외국인이므로 외국인등록을 해야 하나, 외국국적동포가 국내거소신고를 할 경우 외국인등록을 한 것으로 간주하므로 '외국인등록증'이나 '외국국적동포 국내거소신고증'으로 확인 가능

(2) 외국인 사업장가입자관련 기타신고사항은 내국인 업무처리기준을 준용하여 처리

〈외국 연금제도 조사 내용 (2023.9월 기준 현재 134개국)〉

구분	국가
사업장·지역 당연적용국 (76개국)	가이아나, 카보베르데(까뽀베르데), 그리스, 네덜란드, 노르웨이, 뉴질랜드, 도미니카(연방), 독일, 덴마크, 라트비아, 러시아, 루마니아, 룩셈부르크, 리비아, 리투아니아, 리히텐쉬타인(리히텐슈타인), 모나코, 모로코, 모리셔스, 몬테네그로, 몰도바, 몰타, 미국, 바베이도스, 바하마, 버뮤다, 벨기에, 불가리아, 브라질, 세르비아, 수단, 세인트빈센트그레나딘, 스위스, 스웨덴, 스페인, 슬로바키아(슬로바크), 슬로베니아, 아르헨티나, 아이슬란드, 아일랜드, 알바니아, 아제르바이잔, 에스토니아, 영국, 오스트리아, 오스트레일리아(호주), 우루과이, 우즈베키스탄, 우크라이나, 이스라엘, 이집트, 이탈리아, 일본, 자메이카, 중국, 체코, 칠레, 캐나다, 콜롬비아, 크로아티아, 키프로스, 탄자니아, 토고, 튀니지, 튀르키예(터키), 트리니다드토바고, 파나마,

	팔라우, 페루, 포르투갈, 폴란드, 프랑스, 핀란드, 필리핀, 헝가리, 홍콩
사업장당연적용, 지역적용제외국 (37개국)	가나, 가봉, 그레나다, 타이완(대만), 라오스, 레바논, 멕시코, 몽골, 바누아투, 베네수엘라, 벨리즈, 볼리비아, 부룬디, 부탄, 솔로몬군도, 스리랑카, 시에라리온, 아이티, 알제리, 에콰도르, 엘살바도르, 예맨(공화국), 요르단, 우간다, 인도, 인도네시아, 짐바브웨, 카메룬, 케냐, 코스타리카, 코트디부아르, 콩고, 키르기스스탄, 타이(태국), 파라과이, 베트남, 캄보디아
사업장·지역 적용제외국 (21개국)	나이지리아, 남아프리카공화국, 네팔, 티모르민주공화국(동티모르), 말레이시아, 몰디브, 미얀마, 방글라데시, 벨로루시, 브루나이, 사우디아라비아, 싱가포르, 스와질란드(스와질랜드), 아르메니아, 에티오피아(이디오피아), 이란(사회보장협정에 의함), 조지아(그루지야), 카자흐스탄, 통가, 파키스탄, 피지

※ 연금제도가 확인되지 않은 국가의 외국인은 국민연금 당연가입대상이며, 해당국가의 연금제도에 따라 향후 변경될 수 있음.

※ 베트남 : 사업장 적용제외, 지역 적용제외 → 사업장 당연적용, 지역 적용제외 (2022.1.1.)

　　캄보디아 : 사업장 적용제외, 지역 적용제외 → 사업장 당연적용, 지역 적용제외 (2023.3.29.)

　　솔로몬군도 : 사업장 당연적용, 지역 당연적용 → 사업장 당연적용, 지역 적용제외 (2023.7.11.)

2. 사회보장협정 관련사항

가. 체결목적

협정 당사국의 연금제도 간에 서로 다른 점을 상호 조정하여 양 당사국 국민에게 다음과 같은 혜택을 부여하기 위함

(1) 단기파견 근로자의 연금보험료 이중납부 문제 해소 (보험료 면제, 이중가입 배제)

(2) 외국 연금제도에 보험료를 납부한 경우 양국 가입기간을 합산하여 연금을 받을 수 있도록 함 (가입기간 합산)

(3) 협정상대국 국민에 대해서는 연금 수급권 취득, 급여지급 등 법령 적용에 있어 자국민과 동등한 대우를 해주도록 함 (동등 대우)

나. 사회보장협정 형태 및 협정체결 국가

사회보장협정은 대부분 양 당사국의 정부 간에 체결되고 있으며, 그 형태는 협정의 적용 범위에 따라 "가입기간 합산 협정(보험료면제 포함)"과 "보험료면제 협정" 으로 구분

2023.9월 기준

구 분	국 가	협정발효일	파견근로자 면제기간	협정형태
협정발효 (38개국)	이 란	1978. 06. 01.	기간제한 없음	• 보험료 면제협정
	캐나다	1999. 05. 01.	5년(합의시 1년 연장 가능)	• 가입기간 합산협정(보험료 면제 포함)
	영 국	2000. 08. 01.	5년(합의시 3년 연장 가능)	• 보험료 면제협정
	미 국	2001. 04. 01.	5년(4년 연장 가능)	• 가입기간 합산협정(보험료 면제 포함)
	독 일	2003. 01. 01.	2년(합의시 6년 연장 가능)	• 가입기간 합산협정(보험료 면제 포함)
	네덜란드	2003. 10. 01.	5년 (합의시 1년 연장 가능)	• 보험료 면제협정
	일 본	2005. 04. 01.	5년(합의시 3년 연장 가능)	• 보험료 면제협정
	이탈리아	2005. 04. 01.	3년(3년 연장 가능)	• 보험료 면제협정
	우즈베키스탄	2006. 05. 01.	5년 (합의시 3년 연장 가능)	• 보험료 면제협정(E-8, E-9는 가입증명 없이 면제)
	몽 골	2007. 03. 01.	5년(4년 연장 가능)	• 보험료 면제협정
	헝가리	2007. 03. 01.	3년(합의시 3년 연장 가능)	• 가입기간 합산협정(보험료 면제 포함)
	프랑스	2007. 06. 01.	3년(합의시 3년 연장 가능)	• 가입기간 합산협정(보험료 면제 포함)
	호 주	2008. 10. 01.	5년(합의시 4년 연장가능)	• 가입기간 합산협정(보험료 면제 포함)
	체 코	2008. 11. 01.	5년(합의시 3년 연장 가능)	• 가입기간 합산협정(보험료 면제 포함)
	아일랜드	2009. 01. 01.	5년(합의시 연장가능)	• 가입기간 합산협정(보험료 면제 포함)
	벨기에	2009. 07. 01.	5년(합의시 1년 연장 가능)	• 가입기간 합산협정(보험료 면제 포함)
	폴란드	2010. 03. 01.	5년(합의시 3년 연장 가능)	• 가입기간 합산협정(보험료 면제 포함)
	슬로바키아	2010. 03. 01.	5년(2년 6개월 연장 가능)	• 가입기간 합산협정(보험료 면제 포함)
	불가리아	2010. 03. 01.	3년(합의시 2년 연장 가능)	• 가입기간 합산협정(보험료 면제 포함)
	루마니아	2010. 07. 01.	3년(합의시 2년 연장 가능)	• 가입기간 합산협정(보험료 면제 포함)
	오스트리아	2010. 10. 01.	5년(합의시 3년 연장 가능)	• 가입기간 합산협정(보험료 면제 포함)
	덴마크	2011. 09. 01.	5년(합의시 연장 가능)	• 가입기간 합산협정(보험료 면제 포함) -반환일시금 지급 불가
	인도	2011. 11. 01.	5년(3년 연장 가능)	• 가입기간 합산협정(보험료 면제 포함)
	중국	2013. 01. 16.	파견자 : 5년(합의시 8 년 연장가능) 현지채용자 : 5년	• 보험료 면제협정(동 개정협정 발효로 '03년 중국 잠정조치협정 종료)
	스페인	2013. 04. 01.	5년(3년 연장 가능)	• 가입기간 합산협정(보험료 면제 포함)
	스위스	2015. 06. 01	6년	• 보험료 면제협정
	터키	2015. 06. 01	3년(합의시 4년 연장 가능)	• 가입기간 합산협정(보험료 면제 포함)
	스웨덴	2015. 06. 01	2년(합의시 6년 연장 가능)	• 가입기간 합산협정(보험료 면제 포함)
	브라질	2015. 11. 01	5년(합의시 3년 연장 가능)	• 가입기간 합산협정(보험료 면제 포함)
	칠레	2017. 02. 01.	5년(합의시 2년 연장 가능)	• 보험료 면제협정
	핀란드	2017. 02. 01.	5년(합의시 3년 연장 가능)	• 가입기간 합산협정(보험료 면제 포함)
	퀘벡	2017. 09. 01.	5년(합의시 3년 연장 가능)	• 가입기간 합산협정(보험료 면제 포함)
	페루	2019. 01. 01.	4년(합의시 1년 연장 가능)	• 가입기간 합산(보험료 면제 포함)
	룩셈부르크	2019. 09. 01.	5년(합의시 연장 가능)	• 가입기간 합산(보험료 면제 포함)
	슬로베니아	2019. 10. 01.	5년(합의시 연장 가능)	• 가입기간 합산(보험료 면제 포함)
	크로아티아	2019. 11. 01.	5년(합의시 연장 가능)	• 가입기간 합산(보험료 면제 포함)
	우루과이	2021. 11. 01.	5년(합의시 연장 가능)	• 가입기간 합산(보험료 면제 포함)
	뉴질랜드	2022. 03. 01.	-	• 가입기간 합산(보험료 면제 제외)

※ 가입기간 합산 협정국이나 반환일시금 미지급 국가(6개국) : 아일랜드, 덴마크, 스페인, 스웨덴, 핀란드, 뉴질랜드

※ 협정과 관련된 자세한 사항은 공단 홈페이지(www.nps.or.kr)-[연금정보]-[사회보장협정]에서 확인가능

다. 보험료 면제 요청

■ 보험료 면제 절차

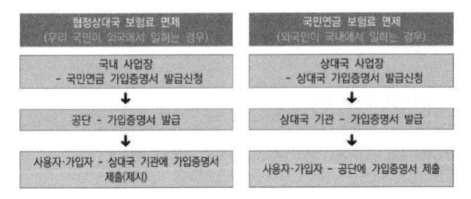

■ 국민연금 가입증명서 발급 신청

- 국내에서 협정상대국으로 일정기간(스위스는 6년, 캐나다·영국·미국·독일·네덜란드·
  일본·우즈베키스탄·아일랜드·벨기에·슬로바키아·폴란드·오스트리아·몽골·체코·
  호주·덴마크·인도·중국·스페인·브라질·칠레·핀란드·퀘벡,   룩셈부르크·슬로베니
  아·크로아티아·우루과이는 5년, 페루는 4년, 이탈리아·헝가리·프랑스·불가리아·루
  마니아, 튀르키예는 3년, 독일·스웨덴은 2년) 동안 파견된 근로자
- 국내에서 협정상대국으로의 파견이 일정기간 연장된 자(중국은 파견근로자의 경우 8년,
  독일·스웨덴은 6년, 미국·호주·몽골·튀르키예 4년, 영국·헝가리·프랑스·독일·일본·
  이탈리아·체코·폴란드·오스트리아·스페인·핀란드·퀘벡·브라질·인도는 3년, 슬로
  바키아는 2년 6개월, 불가리아·루마니아·칠레·크로아티아는 2년, 캐나다·네덜란드·
  벨기에·페루는 1년)

※ 미국, 몽골, 이탈리아, 인도, 헝가리, 스페인, 루마니아, 슬로바키아를 제외한 국가는
연장시 별도 합의 절차 필요

(1) 신청서 제출기관 : 국민연금공단 국제협력센터(전화 063-713-7101)

(2) 제출서류

- 국민연금 가입증명 발급 신청서 1부

• 파견근무 명령서 등 파견을 입증할 수 있는 증빙서류 1부

※ 중국, 오스트리아, 스페인 등 일부 국가는 산재 등 추가서류 필요

(3) 제출방법 : 내방, 팩스(063-900-3404, 중국전용 063-900-3405), EDI, 우편

■ 협정상대국 가입증명서 제출

(1) 신청서 제출기관 : 국민연금공단 국제협력센터

(2) 제출서류

• 협정상대국 가입증명서(협정합의서식) 원본(사본 불가) 1부

• 해당 사업장 면제요청공문(임의양식) 및 외국인등록증 사본 각1부

※ 몽골 등은 면제기간 내 취득이 불가하고, 중국은 면제신청서 접수일 익월부터 면제 가능

  함(단, 근로 시작일부터 3개월내 제출 시 소급 면제가능)

  - 중국 현지채용자와 협정국 파견근로자는 사업장 변동 시 면제 기간이 남아있더
    라도 증명서를 다시 제출해야 면제 가능

(3) 제출방법 : 내방 또는 우편

라. 급여 지급 요청

■ 가입기간 합산 절차

가입기간 합산 연금	협정에 의한 반환일시금
연금 수급을 위한 가입기간이 부족한 경우 - 상대국 연금기관에 정보제공 요청 양국 가입기간을 합산하여 가상 연금액 산정 합산 가입기간 대비 국민연금 가입기간 비율에 따른 비례연금액 지급	● 외국인에 대한 반환일시금은 기본적으로 '상호주의'에 의하나, ● 가입기간 합산 협정상대국 국민에게는 귀국, **지급연령** 도달등 반환일시금 수급사유가 발생되면 우리나라 국민과 동등하게 반환일시금이 지급됨(단, 아일랜드, 덴마크, 스페인, 스웨덴, 핀란드, **뉴질랜드**는 제외)

■ 외국인에 대한 반환일시금

(1) 대상

① 외국인의 본국법에서 우리나라 국민에게 반환일시금에 상응하는 급여를 주는 경우

② 반환일시금 지급에 관한 사회보장협정이 체결된 경우

③ 체류자격이 E-8(연수취업), E-9(비전문취업), H-2(방문취업)인 경우

※ 2019.12.24. 신설된 E-8(계절근로) 체류자격은 반환일시금 지급대상이 아님

(2) 제출서류

• 급여지급청구서, 신분증(여권, 외국인등록증), 예금계좌, 비행기티켓(1개월 이내 출국)

• 해외송금 신청시 해외송금신청서 추가

■ 반환일시금지급대상 국가 : 48개국(2023. 9. 30. 기준)

국적에 상관없이 반환일시금이 지급되는 외국인의 체류자격	사회보장협정에 의한 대상국 (22개국)	상응성 인정에 의한 대상국 (26개국)		
		최소 가입기간 6개월 이상 (1개국)	최소 가입기간 6개월 이상 (1개국)	최소 가입기간 관계없이 인정 (18개국)
E-8 * (연수취업), E-9 (비전문취업), H-2 (방문취업)	독일, 미국, 캐나다, 체코, 헝가리, 호주, 프랑스, 벨기에, 불가리아, 폴란드, 슬로바키아, 루마니아, 오스트리아, 인도, 튀르키예, 스위스, 브라질, 페루, 룩셈부르크, 슬로베니아, 크로아티아, 우루과이	벨리즈	그레나다, 요르단, 세인트빈센트그라나딘, 짐바브웨, 카메룬, 태국, 부탄	가나, 말레이시아, 바누아투, 버뮤다, 솔로몬군도, 수단, 스리랑카, 엘살바도르, 우간다, 인도네시아, 카자흐스탄, 캄보디아, 케냐, 콜롬비아, 튀니지, 트리니다드토바고, 필리핀, 홍콩

* E-8(연수취업 체류자격 삭제, 2007.6.1.개정, 2010.10.1.시행), 출입국관리법 시행령 부칙 제2조에 의해(2007.6.1.개정) 당시 연수취업(E-8)체류자격을 가지고 있는 자는 비전문취업(E-9) 체류자격을 가지고 있는 것으로 보며, 이후 출입국관리법 시행령

(2019.12.24.개정 및 시행)에 따라 계절근로(E-8) 체류자격이 신설되었으나 반환일시금 지급 대상이 아님

IV. 건강보험[409]

〈국내체류 외국인 등의 건강보험 직장자격 취득〉

■ 건강보험 가입

1. 대상

　- 외국인 : 「출입국관리법」 제31조의 규정에 의한 외국인 등록을 한 자

　- 외국국적동포 : 「재외동포의 출입국과 법적지위에 관한 법률」 제6조의 규정에 의하여 국내거소신고를 한외국국적동포

　- 재외국민 : 「주민등록법」 제6조제1항제3호에 따라 재외국민 주민등록을 한 사람

2. 자격취득일

　- 직장가입자 : 사업장에 사용된 날 또는 공무원·교직원으로 임용·채용된 날

　※ 단, 「국민건강보험법」 제109조(외국인 등에 대한 특례), 시행규칙 제61조 제2항에 의거하여 체류기간이 만료된 경우 직장가입 대상이 아님

　- 피부양자 : 외국인 등록일 또는 국내거소 신고일

3. 신고서식: 직장가입자 자격취득신고서(피부양자 있는 경우)

　※ 피부양자를 가입자와 별도로 신고하는 경우는 '피부양자 자격(취득·상실)신고서' 제출

4. 증빙서류

　- 외국인 : 외국인등록증(외국인등록사실증명 포함) 사본 1부

　- 외국국적동포 : 국내거소신고증(국내거소신고사실증명 포함) 사본 1부

　- 재외국민 : 주민등록증(주민등록표등본 포함) 사본 1부

　※ 공단이 법 제96조에 따라 국가 등으로부터 제공받은 자료로 국내거소신고 및 외국

---

[409] 국민건강보험공단, 「2024 사업장업무편람」, 2023.12., 42면 참조.

인등록 사실을 확인할 수 있는 경우에는 해당서류를 첨부하지 아니 함

■ 건강보험 가입 제외 … 2007. 7. 31.부터 시행

1. 대상 : 외국의 법령 및 보험 또는 사용자와의 계약에 따라 의료보장을 받는 경우(법 제109
조제5항제2호, 시행규칙 제61조의4, 고시 제3조, 제4조의2)

2. 신고서류(시행규칙 제61조의4)

  - 외국의 법령에 따라 의료보장을 받는 경우

• 외국법령의 적용대상 여부에 대한 확인서 등 국내에서 의료보장을 받을 수 있음을 증명하
는 서류(한글번역본 포함) 1부

• 재외국민 및 외국인 건강보험 가입제외 신청서 1부

  ※ 프랑스는 국적확인, 일본은 일본건강보험증 사본 제출로 적용제외신청 가능

  - 외국의 보험 및 사용자와의 계약에 따라 의료보장을 받는 경우

• 「국민건강보험법」 제41조에 따른 요양급여에 상당하는 의료보장을 받을 수 있음을 증명
하는 서류(한글번역본 포함) 1부

• 근로계약서 및 사용자가 의료비를 지급한 사실을 증명하는 서류(한글 번역본 포함) 1부

• 재외국민 및 외국인 건강보험 가입제외 신청서 1부

3. 자격상실일 : 가입제외를 신청한 날. 다만, 직장가입자 자격취득 신고를 한 날부터 14일
이내에 가입제외를 신청한 경우에는 자격취득일

4. 유의사항

  - 외국의 보험은 외국인등록, 국내거소신고, 재외국민 주민등록 이전에 가입한 경
우만 인정 - 외국의 보험 또는 사용자와의 계약에 따라 가입제외 되는 기간은 한
번에 최대 1년(※ 가입제외 기간이 종료된 날의 다음 날로 직장가입자 자격을 취
득하거나, 다시 가입제외를 신청할 수 있음)

  - 사용자와의 계약으로 가입제외 되고 사업장이 변경되는 경우에는 가입제외 기간
이 남아있더라도 새로운 사업장에 입사한 날부터 직장가입자로 자격취득 됨

■ 장기요양 가입제외 신청 … 2009. 9. 19.부터 시행

1. 대상 : 직장가입자인 외국인 중 D-3(기술연수, 〈구〉산업연수), E-9(비전문취업), H-2

(방문취업)

2. 신청절차 : '외국인 근로자 장기요양보험 가입제외신청서'를 사용자에게 제출하고, 사용
   자는 공단에 제출

   - 장기요양보험만 가입제외되며, 건강보험 가입은 유지됨. 또한 직장가입자가 장
     기요양보험에서 제외된 경우 그 직장가입자의 피부양자도 장기요양보험에서 제
     외됨

   - 상기체류자격 변경 시 공단에 재가입신청을 해야 함

   - 상기체류자격 이외의 직장가입자 및 지역가입자인 외국인, 재외국민은 신청대상
     이 아님

3. 자격상실일 : 신청한 날 다만, 자격취득 신고일부터 14일 이내에 외국인근로자 장기요양
   보험 가입제외 신청서를 공단에 제출한 경우에는 자격취득일

제2절 체류 · 사증 업무 시 1인당 국민총소득(GNI) 적용기준 알림[410]

각종 체류 · 사증 업무 시 소득 · 재정능력 요건 등에 활용되는 1인당 국민총소득(GNI)의
적용기준을 아래와 같이 알려드립니다.

– 아 래 –

○ 전년도 1인당 국민총소득(GNI)이 최초 발표되는 3월 발표 기준을 발표되는 날의
  다음달 첫째 날 부터 적용하여 다음연도 3월 까지 적용

○ '24년 3월 발표로 6월 까지 유예하여 7월부터 적용되는 1인당 국민총소득(GNI) 4,405.
  1만원을 '25년 3월 까지 적용

---

410) 하이코리아(https://hikorea.go.kr/), 뉴스·공지〉공지사항(2024.6.26.), '체류·사증 업무 시 1인당
    국민총소득(GNI) 적용기준 알림' 참조.

제3절 외국인 결핵환자 사증 및 체류관리 지침 개정(안)(체류관리과-1066, 2020.2.13.)

Ⅰ. 개정 이유

• '19. 5월 「결핵예방관리 강화대책*」 중 ① 결핵 고위험국가 지정 확대 검토 ② 국내 체류 시 결핵검진 강화 ③ 치료목적 단기 입국자 유입 방지 등 우리 부 관련 사항 추진 필요

* 제78회 국정현안점검조정회의 안건

Ⅱ. 주요 개정 내용

1. 결핵검사 의무화 대상국가 확대

가. (배경) 세계보건기구(WHO)가 '글로벌 결핵 보고서'에서 발표한 결핵 고위험국가 목록 을 우리 부 결핵지침에 반영

※ 질병관리본부 협의 필

나. (개선) 기존 19개국에서 35개국으로 확대

현행(19개국)	변경(35개국)
① 네팔 ② 동티모르 ③ 라오스 ④ 러시아 ⑤ 말레이시아 ⑥ 몽골 ⑦ 미얀마 ⑧ 방글라데시 ⑨ 베트남 ⑩ 스리랑카 ⑪ 우즈베키스탄 ⑫ 인도 ⑬ 인도네시아 ⑭ 중국 ⑮ 캄보디아 ⑯ 키르기스 ⑰ 태국 ⑱ 파키스탄 ⑲ 필리핀	현행 19개국 + ⑳ 나이지리아 ㉑ 남아프리카공화국 ㉒ 벨라루스 ㉓ 모잠비크 ㉔ 몰도바공화국 ㉕ 아제르바이잔 ㉖ 앙골라 ㉗ 에티오피아 ㉘ 우크라이나 ㉙ 짐바브웨 ㉚ 카자흐스탄 ㉛ 콩고민주공화국 ㉜ 케냐 ㉝ 파푸아뉴기니 ㉞ 타지키스탄 ㉟ 페루

2. 사전 결핵검증 강화 (사증신청 시 결핵진단서 제출 대상 확대)

가. (현 실태) 결핵진단서 제출대상을 체류자격이 아닌 체류기간(91일이상)으로 정하고 있어 방문동거(F-1-11, 90일) 등 일부 장기사증이 국내 입국 후 결핵진단서를 제출하

고 있음

나. (개선) 결핵진단서 제출대상을 원칙적으로 출입국관리법 제10조의2 제1항 제2호(장기체류자격)에 따른 사증 신청자로 규정하여 국내 입국 전 사증 신청단계부터 결핵 검증 강화

3. "다제내성 환자" 체류자격 변경 불허 및 출국조치 규정 신설

가. (현 실태) 입국 후 결핵검진에서 "다제내성 결핵환자"로 판정된 외국인에 대해 장기체류자격을 허용할 경우 치료과정에서 고액의 국가부담 수반

나. (개선) 단기체류자격에서 장기체류자격으로 변경 시 "다제내성 결핵환자"로 판정된 경우에는 체류자격 변경 불허 및 강제퇴거 조치

※ 단기체류자격 다제내성 결핵 치료비용(질병관리본부)
- (기존) 국립결핵병원 예산으로 무료치료
- (변경) 전염력 소실 시까지 입원치료 후 출국 조치(전액 본인부담)

---

4. 결핵감염자 출입국관리 강화

가. (현 실태) 결핵감염자에 대한 입국규제가 중점관리대상 위주로 관리되고 있어 완치 확인 없이 입출국을 허용하고 있어 감염 확산 우려

○ 입국규제

- (보건복지부) 단기·장기 체류자격 구분 없이 결핵치료 비순응자는 중점관리대상(8D), 비순응자 강제퇴거자는 입국금지(1D)자로 지정

- (법무부) 단기·장기 체류자격 구분 없이 체류, 조사 업무 시 결핵감염자로 확인되거나 보건소 통보자에 대해 중점관리대상(8S)자로 지정

○ 출입국심사

- 중점관리대상(8D, 8S)로 지정된 결핵환자가 단기사증(복수)을 소지하거나 사증

면제 또는 무사증으로 입국을 시도할 경우 입국불허 근거 미비

나. (개선)

• 입국규제

- (단기체류자격 소지자) 치료순응·비순응, 일반결핵·다제내성결핵 구분 없이 입국 금지(보건복지부 1D, 법무부 1S)

- (장기체류자격 소지자) 일반결핵·다제내성 결핵 감염자 중 치료 비순응자 (보건복지부 1D, 단, 결혼이민, 영주자격은 8D)와 치료 순응자(법무부 8S)를 구분하여 입국규제

• 출입국심사

- (단기체류자격 소지자) 결핵 감염으로 입국규제(입국금지, 중점관리대상)자 발견 시 입국 불허 후 재외공관 완치 증명 소명 및 규제 해제 안내

- (장기체류자격 소지자) 치료 순응자(8S), 치료 비순응자 중 결혼이민 (F-6)·영주자격(F-5)*을 제외한 나머지는 입국 불허 후 재외공관 완치 증명 소명 및 규제 해제 안내

* 출입국심사 시 치료예정서약서 제출자만 입국 허가, 관할 보건소에 통보

5. 결핵진단서 대체서류 인정 (사증신청 시)

가. (현 실태)

• 결혼이민(F-6) : 결혼이민(F-6) 지침과 결핵지침 상 검진항목 등이 달라 중복징구 등 업무혼선

※ 결혼이민(F-6) 지침 : 법무부장관 고시국가(국제결혼안내 프로그램 이수 대상국가, 7개국, 7개국 모두 결핵검사 의무화 대상 국가) 국민은 성병감염, 결핵감염, 정신질환 여부 등이 포함된 건강진단서 제출, 유효기간 6월)

※ 결핵지침 : 결핵검사 의무화 대상 국가, 검사항목은 결핵으로 특정, 유효기간 3개월

• 비전문취업(E-9) : 재외공관 결핵검진과 별도로 송출기관 주관 건강검진을 3회 실시함에 따라 송출기관 건강검진 결과 인정 여부 검토 필요

비전문취업(E-9) 건강검진 절차

(1차) 구직신청 前 건강검진(송출기관 지정병원, 결핵포함)

(2차) 구직자명부 등재 前 건강검진(송출기관 지정병원, 결핵포함)

(3차) 고용계약 체결 후 사증신청 前 건강검진

※ 송출기관 지정병원이 재외공관 결핵검진기관과 일치하면 건강검진서 외에 결핵 진단서만 따로 사증신청 시 제출하고, 재외공관 결핵검진기관과 일치하지 아니하면 재외공관 지정병원에서 추가로 결핵만 검사해야함

(4차) 입국 後 산업인력관리공단에서 건강검진 추가 실시(결핵포함)

※ 산업인력관리공단은 송출기관 건강검진 결핵검진 신뢰성 확보를 위해 결핵검진 결과를 국내 결핵협회에서 이중 판독 후 오류(양성을 음성으로 판독) 시 송출기관 건강검진 기관을 제재하고 있음

나. (개선) 결혼이민(F-6) 사증신청 시 제출하는 건강진단서와 비전문취업 (E-9) 사증신청 시 송출기관 지정 병원의 건강진단서도 결핵진단서로 인정 제출양식 명칭 변경 및 개선

가. (현 실태) 재외공관에서 사증신청 시 제출하는 결핵 확인 전용서류의 명칭이 '건강진단서'로 명칭 부적합

※ 국내 체류허가 시 제출하는 '건강진단서'와 명칭 동일

• 또한 체류허가 신청 시 결핵확인 절차변경으로 기존 양식 분리 필요

나. (개선) 명칭변경 및 분리

• 사증신청 시

– (기존) 건강진단서

- (변경) 결핵진단서
- 체류허가 신청 시(명칭변경 및 분리) - (기존) 결핵 (검진·치료경과) 확인서 - (변경) 결핵진단서, 결핵 치료경과 확인서

7. 기타

- 재외공관 지정병원 관리 규정 보완
  - '허위검진서 발급, 검진결과 오류, 검진서 발급비용 폭리 등 위법 또는 사회적 물의 등이 확인 될 경우 조사 후 취소' 규정 신설
- 6세 소아의 결핵진단서 징구 시기 명확화
  - 6세 미만의 소아는 결핵진단서 제출을 면제하되, 6세 이상이 된 후 최초 체류허가 신청 시 결핵진단서 제출 의무화
- 결핵검사 의무화 대상국가 이외의 국가 국민에 대한 '입국규제 해제 절차' 근거 마련
  - 결핵검사 의무화 대상 국가 이외의 국민이 결핵으로 입국이 규제된 경우 규제해제 절차 등 처리기준이 없어, 결핵검사 의무화 대상국가 국민의 '규제해제 절차'를 준용하도록 근거 규정 마련

Ⅲ. 행정 사항

- 시행일 : '20. 4. 1.(수)
- 행정사항
  - 재외공관은 지침 시행일까지 결핵검진 지정병원을 지정하고 공관 홈페이지 등에 안내문을 부착하여 장기체류 사증 신청자가 결핵진단서를 제출할 수 있도록 조치 (지정결과 본부[체류관리과]보고)
- 이 지침 시행과 동시에 기존 지침(체류관리과-1034, '18.2.19.)은 폐지

---

411) 하이코리아(https://www.hikorea.go.kr/), 뉴스·공지〉공지사항(2018.10.26.), '결핵고위험 국가 및 대상자 안내(20.4.1. 개정 시행)' 참조.

대한민국 비자 관련 외국인 결핵검진 제도 변경 안내문[411]

법무부는 2020년 4월 1부터 외국인 결핵환자의 국내 유입 차단을 강화하기 위하여 질병관리본부와 협의하여 결핵검사 의무화 대상 국가를 기존 19개 국가에서 35개 국가로 확대합니다. 결핵검사 의무화 대상 국가 국민은 대한민국 입국을 위하여 장기체류사증을 신청할 때 '결핵진단서'를 제출하여야 하며, 결핵환자는 완치 시까지 사증발급이 제한됩니다.

① 결핵검사 의무화 대상국가

현행(19개국)		변경(35개국)	
① 네팔	② 동티모르	현행 19개국	
③ 라오스	④ 러시아	+	
⑤ 말레이시아	⑥ 몽골	⑳ 나이지리아	㉑ 남아프리카공화국
⑦ 미얀마	⑧ 방글라데시	㉒ 벨라루스	㉓ 모잠비크
⑨ 베트남	⑩ 스리랑카	㉔ 몰도바공화국	㉕ 아제르바이잔
⑪ 우즈베키스탄	⑫ 인도	㉖ 앙골라	㉗ 에티오피아
⑬ 인도네시아	⑭ 중국	㉘ 우크라이나	㉙ 짐바브웨
⑮ 캄보디아	⑯ 키르기스	㉚ 카자흐스탄	㉛ 콩고민주공화국
⑰ 태국	⑱ 파키스탄	㉜ 케냐	㉝ 파푸아뉴기니
⑲ 필리핀		㉞ 타지키스탄	㉟ 페루

② 비자신청 시 결핵진단서 제출 대상
- 결핵검사 의무화 대상 국가 국민이 결핵검사 의무화 대상 국가 소재 재외공관에 아래 체류자격의 비자를 신청할 경우 결핵진단서 제출

아 래
단기취업(C-4, 계절근로자만 해당), 문화예술(D-1), 유학(D-2), 기술연수(D-3), 일반연수(D-4), 취재(D-5), 종교(D-6), 주재(D-7), 기업투자(D-8), 무역경영(D-9), 구직(D-10), 교수(E-1), 회화지도(E-2), 연구(E-3), 기술지도(E-4), 전문직업(E-5), 예술흥행(E-6), 특정활동(E-7), 계절근로(E-8), 비전문취업(E-9), 선원취업(E-10), 방문동거(F-1), 거주(F-2), 동반(F-3), 재외동포(F-4), 영주(F-5), 결혼이민(F-6), 관광취업(H-1), 방문취업(H-2), 기타(G-1)

※ 결핵진단서 제출이 면제되는 사증 및 대상
– 외교(A-1), 공무(A-2), 협정(A-3), 일시취재(C-1), 단기방문(C-3), 단기취업(C-4)
– 6세 미만 아동, 임산부

③ 결핵진단서 발급
• 재외공관에서 지정한 결핵검진기관에서 발급한 결핵진단서만 인정
※ 각 재외공관 지정 결핵검진기관 확인 : 해당 재외공관 홈페이지(http://overseas.mof
 a.go.kr)
• 결핵진단서 유효기간 : 발급일로부터 3개월

④ 비자변경 시 결핵진단서 제출 대상(국내)
• 결핵검사 의무화 대상국가 국민 중 결핵진단서 제출이 면제되는 사증 및 사증없이 입국한
 사람이 비자신청 시 결핵진단서 제출 대상 체류자격으로 변경하고자 하는 사람
※ '20.04.01.부로 결핵검사 의무화 대상국가로 지정된 국가의 국민이 '20.04.01.이전에
 비자를 받고 입국하였다면 최초 체류민원 신청 시 결핵검진서 제출해야함
• 결핵검진기관 : 보건소, 법무부 지정병원(www.hikorea.go.kr)

외국인 결핵진단서 제출 의무화 대상자 추가 알림[412]

법무부는 **외국인 결핵환자 관리를 강화하기 위해** '22. 12. 1.부터 **복수사증을 소지하고
사증발급일로부터 6개월이 지나서 입국하는 외국인 및 결핵 고위험국가에 6개월 이상 장기체
류한 등록외국인**에게 **결핵진단서 제출을 의무화**하기로 하였음을 알려드립니다.

□ 결핵진단서 제출 의무화 대상자(추가)
– 기존 결핵진단서 제출 대상자 외에 <u>아래 대상자도 제출 의무화</u>
① (복수사증 소지자) 결핵 고위험국가 국민이 장기체류 가능한 복수사증을 소지하고 **사증
 발급일로부터 6개월이 지나서 입국**한 경우, 외국인등록 시 **결핵진단서 제출 의무화**
※ 장기체류 가능한 복수사증으로 외국인등록 후 완전출국 한 뒤 완전출국일로부터 6개월

이 지나서 동일한 복수사증으로 입국하여 외국인등록을 하려는 경우에도 결핵진단서 제출

②(등록외국인) 결핵 고위험국가 출신 등록외국인이 **체류기간 연장** 또는 **체류자격 변경** 민원 신청 시, **신청일 기준 1년 이내 연속으로 6개월 이상 결핵 고위험국가에 장기체류**한 경우 **결핵진단서 제출 의무화**

※ **출국 행선지가 결핵 고위험국가가 아닌 경우 결핵진단서 제출 대상 아님** (출국 행선지 확인이 불가한 경우 결핵진단서 제출을 원칙으로 하되 본인이 결핵 고위험국가를 방문하지 않았음을 소명하는 경우 제출 면제 가능)

▫ 결핵 고위험국가(35개국)

• 네팔, 동티모르, 러시아, 말레이시아, 몽골, 미얀마, 방글라데시, 베트남, 태국, 스리랑카, 우즈베키스탄, 인도, 인도네시아, 중국, 캄보디아, 키르기스스탄, 파키스탄, 필리핀, 라오스, 카자흐스탄, 타지키스탄, 우크라이나, 아제르바이잔, 벨라루스, 몰도바공화국, 나이지리아, 남아프리카공화국, 에티오피아, 케냐, 콩고민주공화국, 모잠비크, 짐바브웨, 앙골라, 페루, 파푸아뉴기니

▫ 문의사항 : 국번없이 1345 (외국인종합안내센터)

---

412) 하이코리아(https://www.hikorea.go.kr/), 뉴스·공지〉공지사항(2022.11.24.), '외국인 결핵진단서 제출 의무화 대상자 추가 알림' 참조.

〔붙임 1-1〕 결핵진단서 (재외공관용, 한·영)

결핵진단서[413]
Certificate of TB (tuberculosis) Screening

성명(Name)	성별(Sex) □ 남(M) □ 여(F)	사진 (Photo) 3.5cm×4.5cm
생년월일(Date of Birth)	전화번호(Phone Number)	※ 철인 압인(간인) 날인
여권번호(Passport Number)	주소(Address)	

I. 검사 내용(Medical examination results)

1. 과거 결핵 치료력(TB treatment history):
   A. 없음(No) □   B. 있음(Yes) □   C. 치료 중(Under treatment)) □

2. 결핵 의심증상(Signs & Symptoms suggestive of TB): A. 없음(No) □   B. 있음(Yes) □

3. 흉부X선 검사 일자(Date of Chest X-ray): __dd / mm / yyyy__
   A. 정상(Normal) □   B. 완치 또는 비활동성결핵(Cured or Inactive TB) □
   C. 결핵 유소견(Suspected active TB) □

4. 객담검사 일자(Date of sputum examination): __dd / mm / yyyy__
   1) 객담도말검사(Sputum AFB smear): A. 음성(Negative) □ B. 양성(Positive) □
   2) 객담배양검사(Sputum *M. Tuberculosis* culture): A. 음성(Negative) □ B. 양성(Positive) □
   3) 핵산증폭검사(TB PCR): A. 음성(Negative) □ B. 양성(Positive) □ C. 미시행(Not done) □

II. 결과(Interpretation)

1. 결핵환자 아님(No active TB) □
2. 활동성 결핵 또는 결핵 의심(Active TB or suspected TB) □

위와 같이 검사하였습니다.
   The examination was performed as above

면허번호(License No.) :   / 의사성명(Name of Physician) :   (서명 또는 인/signature)

---

413) 주몽골 대한민국 대사관(https://overseas.mofa.go.kr/mn-ko/brd/m_372/view.do?seq=131
9812&srchFr=&srchTo=&srchWord=&srchTp=&multi_itm_seq=0&

검사결과 (Summary of the examination)	
위 피검사자의 한국체류에 대한 의견 (Remarks about examinee's domestic stay)	
추가 정밀검사 필요성 (Additional close examination)	* 필요시 의사 의견서 첨부 (Attach doctor's opinion letter, if needed)

위 사람에 대한 건강 상태 평가 결과를 위와 같이 확인합니다.
We hereby certify that the examinee's heath status is assessed as above.

dd. mm. yyyy.

○ ○ ○ ○ 의료기관장   (날인)
(○ ○ ○ ○ Chief of Hospital)   (signature)

---

amp;itm_seq_1=0&itm_seq_2=0&company_cd=&company_nm=),
영사·재외국민보호〉양식다운로드(2022.12.01.), '결핵진단서 서식 및 결핵진단 절차 안내' 참조.

제4절 체류자격별 체류기간의 상한

■ 출입국관리법 시행규칙 [별표 1] 〈개정 2023. 6. 30.〉

체류자격별 체류기간의 상한 (제18조의3 관련)

체류자격(기호)	체류기간의 상한	체류자격(기호)	체류기간의 상한
외교(A-1)	재임기간	구직(D-10)	6개월
공무(A-2)	공무수행기간	교수(E-1)	5년
협정(A-3)	신분존속기간 또는 협정 상의 체류기간	회화지도(E-2)	2년
		연구(E-3)	5년
문화예술(D-1)	2년	기술지도(E-4)	5년
유학(D-2)	2년	전문직업(E-5)	5년
기술연수(D-3)	2년	예술흥행(E-6)	2년
일반연수(D-4)	2년	특정활동(E-7)	3년
		계절근로(E-8)	5개월
취재(D-5)	2년	비전문취업(E-9)	3년
종교(D-6)	2년	선원취업(E-10)	3년
주재(D-7)	3년	방문동거(F-1)	2년
기업투자(D-8)	영 별표 1의2 11. 기업투자(D-8)란의 가목에 해당하는 사람 : 5년	거주(F-2)	5년
		동반(F-3)	동반하는 본인에 정하여진 기간
		재외동포(F-4)	3년
	영 별표 1의2 11. 기업투자(D-8)란의 나목·다목에 해당하는 사람 : 2년	결혼이민(F-6)	3년
		기타(G-1)	1년
		관광취업(H-1)	협정 상의 체류기간
무역경영(D-9)	2년	방문취업(H-2)	3년

※ 위 별표에도 불구하고 법무부장관은 필요하다고 인정하는 경우 법 제25조에 따라 체류기간의 상한을 초과하여 체류를 허가할 수 있음.

제5절 사증발급 신청 등 첨부서류

■ 출입국관리법 시행규칙 [별표 5] 〈개정 2023. 12. 14.〉

사증발급 신청 등 첨부서류(제76조제1항 관련)

유의 사항

1. 재외공관의 장 또는 청장·사무소장·출장소장은 특히 필요하다고 인정되는 때에는 첨부서류의 일부를 더하거나 뺄 수 있다.
2. 재입국허가의 신청은 첨부서류 없이 한다. 다만, 외교(A-1)·공무(A-2)·협정(A-3) 체류자격 소지자는 재직을 증명하는 서류를 첨부하여야 한다.
3. 신청인이 체류자격 외 활동허가 등 대한민국에서 체류허가를 신청 할 때 이미 제출하여 출입국·외국인청, 출입국·외국인사무소 또는 출장소에 보관 중인 서류는 제출을 생략할 수 있다.
4. 첨부서류 중 분량이 많은 서류는 이를 발췌하여 사용하게 하는 등 필요 없는 서류를 제출하게 하는 일이 없도록 하여야 한다.
5. 신원보증서의 보증기간이 4년 이상인 때에도 4년을 한도로 하여 이를 인정하고, 각종 허가를 할 때의 허가기간은 신원보증서의 보증기간을 초과할 수 없다.

체류자격 (기호)	첨부 서류
공통 사항	○ 여권 및 여권사본 ○ 재외공관 지정병원에서 발급한 결핵 건강진단서 - 결핵 고위험 국가에 거주하는 결핵 고위험 국가의 국민이 대한민국에 90일을 초과하여 체류할 목적으로 사증을 신청하는 등 법무부장관이 정하는 요건에 해당하는 경우에만 제출한다.
외교 (A-1)	○ 파견·재직을 증명하는 서류 또는 해당국 외교부장관의 협조공한(신분사실 증명의 제시 등에 의하여 해당 신분임이 확인되는 때에는 구술서로 갈음할 수 있음) ※ 외교관여권 소지여부 확인. 다만, 일반여권을 소지한 사람은 외교업무

	수행자 및 그 가족에 한정한다.
공무 (A-2)	○ 파견·재직을 증명하는 서류 또는 해당국 외교부장관이나 소속부처 장관의 공한(공무수행임을 입증하는 내용을 명시하여야 한다) ※ 관용여권 또는 신분증명서 소지여부 확인. 다만, 일반여권을 소지한 사람은 공무수행자 또는 국제기구 근무자 및 그 가족에 한정한다.
협정 (A-3)	○ 파견·재직을 증명하는 서류 또는 해당국 외교부장관이나 소속부처 장관의 공한 ※ 관용여권 또는 신분증명서 소지여부 확인
일시취재 (C-1)	○ 소속회사의 파견증명서·재직증명서 또는 외신보도증 사본
단기방문 (C-3)	○ 상용목적 등 입국목적을 증명할 수 있는 서류
단기취업 (C-4)	○ 고용계약서 또는 용역계약서 등 ○ 소관 중앙행정기관의 장의 고용추천서[「공연법」에 따른 공연활동의 경우에는 「영화 및 비디오물의 진흥에 관한 법률」에 따른 영상물등급위원회(이하 "영상물등급위원회"라 한다)의 공연추천서]·협조공문 또는 고용의 필요성을 입증할 수 있는 서류
문화예술 (D-1)	○ 초청장 ○ 문화예술단체임을 입증하는 서류 － 전문가의 지도인 경우에는 그 사람의 경력증명서 ※ "전문가"란 무형문화재 또는 국가공인 기능보유자 등을 말한다. ○ 이력서 또는 경력증명서 ○ 체류 중 일체의 경비지급능력을 증명하는 서류
유학 (D-2)	1. 정규과정의 교육을 받고자 하는 경우 ○ 수학능력 및 재정능력 심사결정 내용이 포함된 표준입학허가서(총·학장 발행) 2. 특정의 연구를 하고자 하는 경우 ○ 연구활동임을 입증하는 서류 ○ 최종학력증명서 ○ 신원보증서 또는 재정입증 관련서류
기술연수	○ 연수산업체가 작성한 연수계획서

(D-3)	○ 임금 또는 급여대장 사본 ○ 외국인 기술연수 해당 산업체임을 입증할 수 있는 서류 ○ 신원보증서

일반연수
(D-4)
	1. 대학부설 어학원에서 어학을 배우는 학생 또는 대학 간 학술교류협정으로 산학연수를 위한 교환학생의 경우
	○ 입학 또는 재학을 입증하는 서류
	○ 재정입증 관련서류 또는 대학 간 학술교류협정 서류
	○ 신원보증서(학비 등 체류 중 필요한 경비지급능력을 입증하지 못하거나 법무부장관이 특히 필요하다고 인정하는 경우에 한정한다)
	2. 초·중·고등학교에 재학하는 학생의 경우
	○ 입학허가서
	○ 재학증명서 또는 졸업증명서
	○ 재정입증 관련서류
	3. 그 밖의 연수의 경우
	○ 연수를 증명하는 서류
	○ 연수기관의 설립 관련서류
	○ 재정입증 관련서류
	  - 연수기관이 체류경비 등을 부담하는 경우는 경비 부담 확인서
	  - 그 밖의 경우에는 국내송금이나 환전 증명서
	○ 신원보증서(연수비용 등 체류 중 필요한 경비 지급 능력을 증명하지 못하거나 법무부장관이 특히 필요하다고 인정하는 경우에만 해당한다)

취재 (D-5)	○ 파견명령서 또는 재직증명서 ○ 국내 지국·지사의 설치허가증이나 국내 지국·지사의 운영자금 도입실적 증빙서류
종교 (D-6)	○ 파견명령서 ○ 종교단체 설립허가서 또는 사회복지단체 설립허가서 사본 ○ 소속단체의 체류경비 지원 관련서류
주 재 (D-7)	1. 영 별표 1의2 중 10. 주재(D-7)란의 가목에 해당하는 사람 ○ 외국 소재 회사 등 재직증명서 ○ 인사명령서(파견명령서) ○ 국내 지점 등 설치 입증서류 ○ 외국환 매입증명서 등 영업자금 도입실적 입증서류(또는 사업계획서)

	2. 영 별표 1의2 중 10. 주재(D-7)란의 나목에 해당하는 사람 ○ 본사의 등기사항전부증명서 ○ 해외 직접투자신고 수리서 또는 해외지점 설치신고 수리서 ○ 해외 송금사실 입증서류 ○ 해외지사의 법인등기사항전부증명서 또는 사업자등록증 ○ 해외지사에서의 재직증명서 및 납부내역증명서 ○ 인사명령서(파견명령서)
기업투자 (D-8)	1. 영 별표 1의2 중 11. 기업투자(D-8)란의 가목에 해당하는 사람 ○ 파견명령서 또는 재직증명서 ○ 외국인투자신고서(법인등기사항전부증명서 또는 사업자등록증 사본) 또 는 투자기업등록증 사본 2. 영 별표 1의2 중 11. 기업투자(D-8)란의 나목에 해당하는 사람 ○ 벤처기업확인서 또는 이에 준하는 서류 ○ 지식재산권, 그 밖에 이에 준하는 기술과 그 사용에 관한 권리 등을 보유하고 있음을 입증하는 서류 3. 영 별표 1의2 중 11. 기업투자(D-8)란의 다목에 해당하는 사람 ○ 학력증명서 ○ 지식재산권 보유 또는 이에 준하는 기술력 등 입증서류 ○ 법인등기사항전부증명서
무역경영 (D-9)	1. 선박건조·설비제작 감독 또는 수출설비(기계)의 설치·운영·보수 업무를 하려는 경우 ○ 재직증명서 ○ 법인등기사항전부증명서 또는 사업자등록증 사본 ○ 영업자금 도입실적 증빙서류 또는 사업계획서 사본 ○ 연간 납세증명서 2. 회사경영, 영리사업을 하는 경우 ○ 사업자등록증 사본 ○ 사업자금 도입관련 입증서류 ○ 사업장 존재 입증서류 3. 한국무역협회장으로부터 무역업 고유번호를 부여받고 무역업을 하는 경우 ○ 사업자등록증 사본 ○ 무역업 고유번호부여증(한국무역협회 발행)

	○ 사업장 존재 입증서류 ○ 무역업 점수제 해당 점수 입증서류
구 직 (D-10)	1. 영 별표 1의2 중 13. 구직(D-10)란의 가목에 해당하는 사람 ○ 학력증명서 또는 경력증명서 2. 영 별표 1의2 중 13. 구직(D-10)란의 나목에 해당하는 사람 ○ 학력증명서 ○ 창업준비 계획서
교수 (E-1)	○ 경력증명서 ○ 고용계약서 또는 임용예정 확인서
회화지도 (E-2)	1. 교육부 또는 시·도 교육청 주관으로 모집·선발되어 초·중등학교에서 외국어 　회화지도에 종사하려는 사람 ○ 학위증(졸업증명서) 또는 재학증명서(자국 소재 대한민국 공관 확인 필요) ○ 시·도 교육감이나 국립국제교육원장이 발급한 합격통지서·초청장 또는 　시·도 교육감의 고용추천서 2. 그 밖의 기관·단체에서 외국어 회화지도에 종사하려는 사람 ○ 학위증 사본(자국 소재 대한민국 공관이 확인한 것을 말한다) ○ 국적국의 관할 기관이 발급한 범죄경력에 관한 증명서(국적국 정부, 국적국 　주재 대한민국 공관 또는 국내 국적국 공관이 확인한 것을 말한다) ○ 건강확인서(별지 제21호의3서식) ○ 고용계약서 ○ 학원 또는 단체 설립 관련서류
연구 (E-3)	○ 초청기관 설립 관련서류 ○ 학위증 및 경력증명서 ○ 고용계약서
기술지도 (E-4)	○ 파견명령서 또는 재직증명서 ○ 기술도입 계약 신고수리서·기술도입 계약서(또는 용역거래인증서) 또는 　방위산업체 지정서 사본 ○ 사업자등록증, 법인등기사항전부증명서 등 공공기관·민간단체 설립사실 　에 관한 입증서류
전문직업 (E-5)	○ 학위증 및 자격증 사본 ○ 소관 중앙행정기관의 장의 고용추천서(경제자유구역 내에서 취업활동을

	하려는 사람은 관할 특별시장·광역시장·도지사의 고용추천서) 또는 고용의 필요성을 입증할 수 있는 서류 ○ 고용계약서
예술흥행 (E-6)	1. 「공연법」에 따라 공연을 하고자 하는 경우 ○ 영상물등급위원회의 공연추천서 ○ 공연계획서 2. 「관광진흥법」에 따른 호텔업시설, 유흥업소 등에서 제1호를 제외한 공연 또는 연예활동에 종사하고자 하는 경우 ○ 영상물등급위원회의 공연추천서 ○ 연예활동 계획서 ○ 자격증명서 또는 경력증명서 ○ 신원보증서 3. 그 밖의 경우 ○ 소관 중앙행정기관의 장의 고용추천서 또는 고용의 필요성을 입증할 수 있는 서류 ○ 자격증명서 또는 경력증명서
특정활동 (E-7)	○ 학위증 또는 자격증 사본 ○ 고용계약서 ○ 소관 중앙행정기관의 장의 고용추천서(경제자유구역 내에서 취업활동을 하려는 사람은 관할 특별시장·광역시장·도지사의 고용추천서) 또는 고용의 필요성을 입증할 수 있는 서류 ○ 사업자등록증, 법인등기사항전부증명서 등 공공기관·민간단체 설립사실에 관한 입증서류 ○ 신원보증서(법무부장관이 고시한 근무처 변경·추가 신고가 제한되는 직종의 종사자만 해당한다)
계절근로 (E-8)	○ 고용계약서 ○ 건강확인서(별지 제21호의3서식) ○ 국적국의 권한 있는 기관이 발급한 공적 문서로서 국적국 내에서의 범죄경력이 포함 되어 있는 증명서 ○ 그 밖에 법무부장관이 필요하다고 인정하는 서류
비전문취업 (E-9)	○ 「외국인근로자의 고용 등에 관한 법률」 제8조에 따른 외국인근로자 고용허가서

	○ 표준근로계약서 ○ 사업자등록증, 법인등기사항전부증명서 등 사업 또는 사업장 관련 입증서류 ○ 국적국의 권한 있는 기관이 발급한 공적 문서로서 국적국 내에서의 범죄경력이 포함되어 있는 증명서 ○ 건강확인서(별지 제21호의3서식) ○ 신원보증서 ○ 그 밖에 법무부장관이 필요하다고 인정하는 서류
선원취업 (E-10)	○ 선원근로계약서 ○ 「해운법」에 따른 내항여객운송사업 면허증·내항화물운송사업 등록증·순항여객운송사업 면허증 또는 「수산업법」에 따른 정치망어업 면허증[관리선 사용지정(어선사용승인)증을 포함한다]·근해어업 허가증 ○ 「선원법」 제2조제18호에 따른 해양항만관청의 고용추천서 ○ 국적국의 권한 있는 기관이 발급한 공적 문서로, 국적국 내에서의 범죄경력이 포함되어 있는 증명서 ○ 건강확인서(별지 제21호의3서식) ○ 신원보증서 ○ 그 밖에 법무부장관이 필요하다고 인정하는 서류
방문동거 (F-1)	1. 국내에 거주하는 가족 또는 친족을 방문하는 경우 ○ 가족 또는 친족 관계 입증서류(결혼증명서·가족관계기록사항에 관한 증명서 또는 출생증명서) ○ 신원보증서 ※ 해외입양인의 경우 입양기관의 확인서 또는 양부모 진술서 2. 초·중·고등학교에 재학하는 학생의 경우 ○ 가족 또는 친족 관계 입증서류(가족관계기록사항에 관한 증명서 또는 출생증명서) ○ 입학허가서 ○ 입학 또는 재학을 증명하는 서류 ○ 재정입증 관련서류 3. 영 별표 1의2 중 1. 외교(A-1) 또는 2. 공무(A-2)자격을 가지고 있는 사람의 가사보조인의 경우 ○ 외국공관의 요청 공문 ○ 고용계약서

	○ 고용인의 신분증명서 사본
	4. 미화 50만불 이상 투자한 사람의 가사보조인의 경우
	○ 외국인투자신고서(법인등기사항전부증명서 또는 사업자등록증 사본) 또는 투자기업등록증 사본
	○ 고용인의 재직증명서
	○ 고용계약서
	5. 영 별표 1의2 중 10. 주재(D-7), 12. 무역경영(D-9) 및 14. 교수(E-1)부터 20. 특정활동(E-7)까지의 체류자격에 해당하거나 같은 체류자격에서 같은 표 중 24. 거주(F-2)란의 바목 또는 영 별표 1의3 영주(F-5)란의 제1호로 체류자격을 변경한 사람의 가사보조인인 경우
	○ 고용계약서
	○ 고용인의 신분증명서
	○ 고용인의 재직증명서
	○ 신원보증서
	6. 그 밖의 경우
	○ 영 제12조에 따른 방문동거 자격을 입증하는 서류
	○ 신원보증서
거주 (F-2)	1. 영 별표 1의2 중 24. 거주(F-2)란의 가목에 해당하는 사람
	○ 결혼증명서 또는 가족관계기록에 관한 증명서
	○ 출생증명서(자녀초청인 경우에만 해당한다)
	○ 소득금액증명 등 소득요건 입증서류
	○ 국내 배우자의 신원보증서[영 별표 1의3 영주(F-5) 체류자격 소지자의 배우자만 해당한다]
	○ 외국인 배우자 초청장(해당자에 한함)
	○ 초청인의 신용정보조회서[한국신용정보원(「신용정보의 이용 및 보호에 관한 법률」 제25조제2항제1호에 따른 종합신용정보집중기관으로 허가를 받은 기관을 말한다. 이하 같다)이 발행한 것을 말한다]
	○ 국적국 또는 거주국의 관할 기관이 발급한 혼인 당사자의 범죄경력에 관한 증명서
	○ 혼인당사자의 건강진단서(「의료법」 제3조제2항제3호에 따른 병원급 의료기관이나 「지역보건법」 제10조에 따른 보건소가 발행한 것을 말한다. 다만, 외국인 배우자는 해당 국적국 또는 거주국에서 통용되는 유사한 입증자료로 갈음할 수 있다)

	○ 외국인 배우자의 결혼배경 진술서 ○ 주거요건 입증서류 ○ 한국어 구사요건 관련 입증서류 2. 영 별표 1의2 중 24. 거주(F-2)란의 나목에 해당하는 사람 ○ 가족관계기록사항에 관한 증명서 ○ 출생증명서 ※ 국민과의 사실상의 혼인관계에서 출생한 자녀인 사실을 입증하는 서류 3. 영 별표 1의2 중 24. 거주(F-2)란의 라목·마목 또는 바목에 해당하는 사람 ○ 재정입증 관련 서류 ○ 신원보증서 4. 삭제 〈2023. 12. 14.〉
동반 (F-3)	○ 가족관계 입증서류(결혼증명서·가족관계기록사항에 관한 증명서 또는 출생증명서) ○ 초청자의 재직증명서 및 소득금액증명 등 가족부양능력 입증서류
재외동포 (F-4)	○ 출생에 따라 대한민국의 국적을 보유하였던 사람으로서 외국국적을 취득한 사람 – 가족관계기록사항에 관한 증명서 또는 제적등본 그 밖에 본인이 대한민국의 국민이었던 사실을 증명하는 서류 – 외국국적을 취득한 원인 및 그 연월일을 증명하는 서류 – 납부내역증명서, 소득금액증명원 등 체류기간 중 단순노무행위 등 영 제23조제3항 각 호에서 규정한 취업활동에 종사하지 아니할 것임을 소명하는 서류(법무부장관이 고시하는 불법체류가 많이 발생하는 국가의 외국국적동포에 한정한다) – 그 밖에 법무부장관이 필요하다고 인정하는 서류 ○ 출생에 따라 대한민국의 국적을 보유하였던 사람의 직계비속으로서 외국국적을 취득한 사람 – 직계존속이 대한민국의 국민이었던 사실을 증명하는 서류 – 본인과 직계존속이 외국국적을 취득한 원인 및 그 연월일을 증명하는 서류 – 직계존비속의 관계임을 증명하는 서류(출생증명서 등) – 납부내역증명, 소득금액증명 등 체류기간 중 단순노무행위 등 영 제23조제3항 각 호에서 규정한 취업활동에 종사하지 아니할 것임을 소명하는 서류(법무부장관이 고시하는 불법체류가 많이 발생하는 국가의 외국국적동포에

	한함) - 그 밖에 법무부장관이 필요하다고 인정하는 서류
영주 (F-5)	1. 영 별표 1의3 영주자격(F-5)란의 제3호에 해당하는 사람 ○ 외국인투자기업 등록증명서 ○ 법인등기사항전부증명서 또는 사업자등록증 ○ 소득금액증명 등 소득입증서류 2. 영 별표 1의3 영주자격(F-5)란의 제9호에 해당하는 사람 ○ 점수제 해당항목 입증서류
결혼이민 (F-6)	1. 영 별표 1의2의 27. 결혼이민(F-6)의 가목에 해당하는 사람 ○ 혼인성립을 증명하는 서류 ○ 한국인 배우자의 가족관계증명서 및 기본증명서 ○ 제9조의5제4호에 따른 소득 요건을 입증하는 서류 ○ 초청인의 신용정보조회서(한국신용정보원이 발행한 것을 말한다) ○ 한국인 배우자의 신원보증서(보증기간은 입국일부터 2년 이상이어야 한다) ○ 외국인 배우자 초청장 ○ 외국인 배우자의 결혼배경 진술서 ○ 제9조의5제6호에 따른 한국어 구사요건 관련 입증서류 ○ 제9조의5제7호에 따른 주거 요건을 입증하는 서류 ○ 국적국 또는 거주국의 권한 있는 기관이 발급한 공적 문서로서 혼인당사자의 　범죄경력에 관한 증명서 ○ 다음의 요건을 모두 충족하는 혼인당사자의 건강진단서 - 후천성면역결핍증 및 성병감염, 결핵감염, 정상적인 결혼생활에 지장을 　초래할 수 있는 정신질환 여부 등에 관한 사항을 포함할 것 - 병원급 의료기관, 「공무원 채용 신체검사 규정」 제3조에 따른 신체검사 　실시 검진기관 또는 「지역보건법」 제10조에 따른 보건소가 발행한 건강진 　단서일 것. 이 경우 외국인 배우자는 해당 국적국 또는 거주국에서 통용되는 　유사한 입증자료로 갈음할 수 있다. 2. 영 별표 1의2의 27. 결혼이민(F-6)의 나목에 해당하는 사람 ○ 가족관계기록사항에 관한 증명서(국민과 사실상 혼인관계임을 증명하는 　서류를 포함한다) ○ 자녀 양육을 증명할 수 있는 서류 ○ 국적국 또는 거주국의 권한 있는 기관이 발급한 공적 문서로서 국적국 또는

	거주국 내에서의 범죄경력이 포함되어 있는 증명서 ㅇ 재외공관 지정병원에서 발급한 건강진단서
기타 (G-1)	ㅇ 입국목적을 소명하는 서류(법원 등의 출석요구서 또는 담당 의사의 소견서 등) ㅇ 소송 또는 치료경비 등의 지급능력을 입증하는 서류
관광취업 (H-1)	ㅇ 왕복항공권 ㅇ 일정기간 체류할 수 있는 경비소지 입증서류 ㅇ 여행일정 및 활동계획서
방문취업 (H-2)	ㅇ 공통서류 - 국적국의 권한 있는 기관이 발급한 공적 문서로, 국적국 내에서의 범죄경력 이 포함되어 있는 증명서. 다만, 영 별표 1의2 중 29. 방문취업(H-2)란의 가목3), 4)에 해당하는 사람과 만 60세 이상인 사람은 제외한다. - 건강확인서(별지 제21호의3서식 사용). 다만, 영 별표 1의2 중 29. 방문취업 (H-2)란의 가목3), 4)에 해당하는 사람은 제외한다. ㅇ 출생 당시에 대한민국 국민이었던 사람으로서 가족관계등록부·폐쇄등록부 또는 제적부에 등재되어 있는 사람 - 가족관계기록사항에 관한 증명서 또는 제적등본. 다만, 가족관계등록부·폐 쇄등록부 또는 제적부가 없는 경우에는 이주일자 또는 국적국에서의 출생일 자 및 동포임을 증명하는 국적국의 공적 서류 등 법무부장관이 인정하는 서류로 대체할 수 있다. ㅇ 출생에 따라 대한민국의 국적을 보유하였던 사람의 직계비속 - 가족관계기록사항에 관한 증명서 또는 제적등본 등 직계존속이 대한민국 국민이었던 사실을 증명하는 서류 - 직계존비속 관계를 증명할 수 있는 서류(출생증명서 등) ㅇ 국내에 주소를 둔 대한민국 국민과 친족관계에 있는 사람 중 가족관계등록 부·폐쇄등록부 또는 제적부에 등재되지 아니한 사람으로서 그 친족의 초청 을 받은 사람 - 친족의 가족관계기록사항에 관한 증명서, 친족과의 관계를 증명하는 서류, 초청사유서, 초청자의 신원보증서 ㅇ 국가(독립)유공자 및 유족 등 - 독립유공자증·국가유공자증 또는 독립유공자유족증·국가유공자유족증 등 국가(독립)유공자 또는 그 유족임을 증명하는 서류[유족증서가 없는 경우 국가(독립)유공자와의 유족 또는 가족관계를 증명할 수 있는 서류]

– 재외동포임을 증명하는 국적국의 공적 서류 등 법무부장관이 인정하는 서류

○ 대한민국에 특별한 공로가 있거나 대한민국의 국익증진에 기여한 사람

– 훈·포장 증서 또는 중앙행정기관의 장이 수여한 표창장

– 재외동포임을 증명하는 국적국의 공적 서류 등 법무부장관이 인정하는 서류

○ 영 별표 1의2 중 5. 유학(D-2) 체류자격으로 대한민국에 체류 중인 사람의 부·모 및 배우자

– 재학증명서

– 유학 중인 사람과의 관계를 증명할 수 있는 서류

– 동포임을 증명하는 국적국의 공적 서류 등 법무부장관이 인정하는 서류

○ 국내 외국인의 체류질서 유지를 위하여 법무부장관이 정하는 기준 및 절차에 따라 자진하여 출국한 사람

– 청장·사무소장 또는 출장소장이 발급한 출국확인서 등 사실관계 확인서류

– 동포임을 증명하는 국적국의 공적 서류 등 법무부장관이 인정하는 서류

○ 국내에 친족이 없고 가족관계등록부·폐쇄등록부 또는 제적부에 등재되지 아니한 사람

– 동포임을 증명하는 국적국의 공적 서류 등 법무부장관이 인정하는 서류

– 그 밖에 법무부장관이 필요하다고 인정하는 서류

제6절 체류자격 외 활동허가 신청 등 첨부서류

■ 출입국관리법 시행규칙 [별표 5의2] 〈개정 2023. 12. 14.〉

체류자격 외 활동허가 신청 등 첨부서류 (제76조제2항 관련)

유의사항

○ 각 체류자격별 "체류자격 외 활동허가"란은 대한민국에 체류하는 외국인이 그가 현재 가지고 있는 체류자격에 해당하는 활동과 병행하여 해당 체류자격 외 활동허가란에 있는 활동을 하려는 경우에 제출해야 하는 첨부서류를 정한 것이다.

○ 각 체류자격별 "근무처의 변경·추가 허가"란은 대한민국에 체류하는 외국인이 그가 현재 가지고 있는 체류자격의 활동범위에서 근무처를 변경하거나 추가하려는 경우에 제출해야 하는 첨부서류를 정한 것이다.

○ 각 체류자격별 "체류자격 변경허가"란은 대한민국에 체류하는 외국인이 그가 현재 가지고 있는 체류자격과는 다른 아래의 해당 체류자격 변경허가란에 있는 체류자격으로 변경하려는 경우에 제출해야 하는 첨부서류를 정한 것이다.

○ 각 체류자격별 "체류자격 부여"란은 대한민국 국적을 잃거나 대한민국에서 출생하였거나 그 밖의 사유로 법 제10조의 체류자격을 가지지 못하고 체류하게 되는 외국인이 아래의 해당 체류자격 부여란에 있는 체류자격을 받으려는 경우에 제출해야 하는 첨부서류를 정한 것이다.

○ 각 체류자격별 "체류기간 연장허가"란 및 "외국인등록"란은 대한민국에 체류하는 외국인이 그의 현재 체류자격을 유지하는 것을 전제로 제출해야 하는 첨부서류를 정한 것이다.

○ 제출서류 중 「전자정부법」 제36조제1항에 따른 행정정보의 공동이용을 통하여 담당 공무원이 정보의 내용을 확인할 수 있는 경우에는 제출하지 아니한다. 다만, 정보주체가 이에 동의하지 않을 때에는 해당 서류를 첨부해야 한다.

○ 제출서류 중 해외에서 발급된 서류는 자국 정부의 아포스티유(Apostille) 확인 또는 주재국 대한민국 공관의 영사확인을 받아 첨부해야 한다.

○ 청장·사무소장 또는 출장소장은 접수 및 심사과정에서 신분관계 확인 등을 위하여 특히 필요하다고 인정될 때에는 별표 5에 준하여 첨부서류를 더하거나 뺄 수 있다.

○ 첨부서류는 원본을 제출해야 하며, 부득이한 경우 심사관이 원본 확인 후 반환한다. 이 경우 필요하면 사본에 접수 담당자의 원본대조필 도장을 찍는다. 다만, 영 제94조의3에 따른 전자민원창구를 통한 신청 시에는 본인의 원본대조 서명으로 대신한다.

체류자격 (기호)	신청구분	첨부서류
공통사항	전체 공통사항	○ 여권, 외국인등록증, 재학 증명서 ※ 외국인등록증은 외국인등록을 한 경우에만 제출하고, 재학증명서는 「초·중등교육법」 제2조 각 호의 어느 하나에 해당하는 학교를 재학하고 있는 경우에만 제출한다.
	체류기간 연장허가	○ 체류지 입증서류
	체류자격 변경허가	○ 보건소 등이 발급한 결핵확인서(법 제10조의2제1항제1호에 따른 단기체류자격으로 입국한 결핵 고위험 국가의 국민이 90일을 초과하여 체류하기 위해 체류자격 변경허가를 신청하는 등 법무부장관이 정하는 요건에 해당하는 경우에 해당한다)
	출국을 위한 체류기간 연장허가	○ 출국예약 항공권 사본
	외국인 등록	○ 여권용 사진(3.5cm×4.5cm) 1장 [외국인등록용 표준사진규격] – 여권용 사진(3.5cm×4.5cm)으로 얼굴 길이가 2.5cm ~ 3.5cm 사이일 것 – 무배경 또는 흰색배경에 테두리가 없을 것 – 외국인등록증 신청일 전 6개월 이내에 촬영되고 정면을 응시하고 있을 것 – 색안경, 모자 등 얼굴 일부가 가려지는 장식용 물품을 착용하지 아니할 것. 다만, 시각장애인 등이 의료목적으로 착용하는 경우는 제외한다. ○ 체류지 입증서류
외교 (A-1)	체류자격 부여	○ 본인인 경우 – 자국 대사관의 협조공문 ○ 피부양가족인 경우 – 출생증명서 등 신분관계 증명서류 – 부양자의 외교관신분증

	체류자격 변경허가	○ 본인인 경우 – 자국 대사관의 협조공문 ○ 피부양가족인 경우 – 출생증명서 등 신분관계 증명서류 – 부양자의 외교관신분증
공무 (A-2)	체류자격 부여	○ 본인인 경우 – 파견·재직을 증명하는 서류 또는 자국 소속부처의 장의 협조공문 ○ 피부양가족인 경우 – 출생증명서 등 신분관계 증명서류 – 부양자의 공무수행을 증명하는 신분증
	체류자격 변경허가	○ 본인의 경우 – 파견·재직을 입증하는 서류 또는 자국 소속 부처의 장의 협조공문 ○ 피부양가족의 경우 – 출생증명서 등 신분관계 증명서류 – 부양자의 공무수행을 증명하는 신분증
협정 (A-3)	체류자격 부여	○ 본인인 경우 – 신분증명서 – 초청계약자 등이 발급한 복무확인서, 재직증명서 또는 초청계약서 ○ 피부양가족인 경우 – 출생증명서 등 가족관계 증명서류 – 부양자의 신분증명서 – 초청계약자 등이 발급한 복무확인서, 재직증명서 또는 초청계약서
	체류자격 변경허가	○ 본인인 경우 – 신분증명서 – 초청계약자 등이 발급한 복무확인서, 재직증명서 또는 초청계약서 ○ 피부양가족인 경우 – 출생증명서 등 가족관계 증명서류 – 부양자의 신분증명서 – 초청계약자 등이 발급한 복무확인서, 재직증명서 또는 초청계약서
사증 면제 (B-1)	체류기간 연장허가	○ 체류기간 연장의 필요성을 소명하는 서류

관광· 통과 (B-2) 일시 취재 (C-1) 단기 방문 (C-3)		
단기 취업 (C-4)	근무처의 변경· 추가 허가	○ 첨단기술 분야에 종사하는 경우 – 고용계약서 – 회사 설립 관련 서류 – 첨단기술 분야 증명서류
	체류자격 변경허가	○ 노벨상 수상자 등 저명인사가 강연 등의 활동을 하려는 경우 – 소명자료 – 활동계획서
	체류기간 연장허가	○ 체류기간 연장의 필요성을 소명하는 서류
문화 예술 (D-1)	체류자격 변경허가	○ 연수기관이 작성한 연수일정표 ○ 사업자등록증(법인인 경우에는 법인등기사항전부증명서) 등 문 화예술단체 증명서류
	체류기간 연장허가	○ 연수기관이 작성한 연수일정표 ○ 사업자등록증(법인인 경우에는 법인등기사항전부증명서) 등 문 화예술단체 증명서류
	외국인 등록	○ 사업자등록증(법인인 경우에는 법인등기사항전부증명서) 등 문 화예술단체 증명서류
유학	체류자격	○ 수학능력 및 재정능력 심사결정 내용이 포함된 표준입학허가서

(D-2)	변경허가	(총장·학장 발행) ○ 등록금 납입 증명서 또는 장학금 수혜 증명서
	체류기간 연장허가	○ 전문대학 이상의 정규과정 교육을 받는 경우 – 재학증명서(석사·박사 논문을 준비하고 있는 경우에는 지도교수 의 추천서 또는 정부초청 장학생 확인서로 갈음할 수 있다) – 재정(학비, 체재비) 입증 관련서류 ○ 특정 연구를 하고 있는 경우 – 연구 활동을 증명하는 서류
	외국인 등록	○ 재학증명서 ○ 건강진단서

기술
연수
(D-3)
	체류기간
	연장허가
		○ 해당 산업체가 발급한 연수기간 연장신청 사유서 및 연수실적
		  평가서
		○ 국내 산업체의 사업자등록증(법인인 경우에는 법인등기사항전
		  부증명서) 및 「산업집적활성화 및 공장설립에 관한 법률」에 따른
		  공장등록증(또는 공장등록증명서)
		○ 국내 산업체의 납부내역증명서
		○ 해외 현지법인의 납세사실 관련 증명서류
		○ 연수생에 대한 연수수당 등 지급 확인서류
		○ 산업재해보상보험, 국민건강보험 가입증명서류 및 연수수당 등
		  체불에 대비한 보증보험 가입 증명서류
		○ 신원보증서

	외국인 등록	○ 사업자등록증(법인인 경우에는 법인등기사항전부증명서) ○ 채용신체검사서 ○ 산업재해보상보험 또는 보증보험 가입 증명서류

일반
연수
(D-4)
	체류자격
	변경허가
		○ 대학 부설 어학원에서 어학 연수를 받거나 초·중·고등학교에 재
		  학하려는 경우
		– 재학증명서
		– 국내체재경비 입증서류 또는 신원보증서(학비 등 체류 중에 필요
		  한 경비 지급능력을 증명하지 못하거나 법무부장관이 특히 필요
		  하다고 인정하는 경우에만 해당한다)
		○ 그 밖에 일반연수를 받는 경우

		− 연수기관 설립 관련 서류 − 연수기관장의 추천서 − 연수기관 작성 연수계획서 − 국내체재경비 입증서류 또는 신원보증서(연수비용 등 체류 중에 필요한 경비 지급능력을 증명하지 못하거나 법무부장관이 특히 필요하다고 인정하는 경우에만 해당한다)
	체류기간 연장허가	○ 대학 부설 어학원에서 어학 연수를 받는 경우 또는 초·중·고등학교에 재학하는 학생의 경우 − 재학증명서 ○ 그 밖의 연수를 받는 경우 − 연수증명(계획)서 또는 재학증명서
	외국인 등록	○ 대학 부설 어학원에서 어학 연수를 받는 경우 또는 초·중·고등학교에 재학하는 학생인 경우 − 재학증명서 − 건강진단서 ○ 그 밖에 일반연수를 받는 경우 − 연수기관 설립 관련 서류
취재 (D-5)	체류자격 변경허가	○ 파견명령서 ○ 지국·지사의 설치허가증 또는 사업자등록증(법인인 경우에는 법인등기사항전부증명서)
	체류기간 연장허가	○ 재직증명서 또는 파견명령
	외국인 등록	○ 지국·지사의 설치허가증 또는 사업자등록증(법인인 경우에는 법인등기사항전부증명서). 다만, 국내에 지국이나 지사가 없는 경우에는 본사의 파견명령서 및 해외홍보원 등 관련 기관 추천서로 갈음할 수 있다.
종교 (D-6)	체류자격 외 활동 허가	○ 파견명령서 ○ 원 근무처 장의 동의서(원 근무처가 있는 경우에만 제출한다) ○ 원 근무처와 같은 재단임을 증명하는 서류 ○ 단체설립허가(인가) 관련 서류

	체류기간 연장허가	○ 재직증명서 또는 파견명령서
	외국인 등록	○ 종교단체 또는 사회복지단체 설립 관련 서류
주재 (D-7)	체류자격 외 활동 허가	○ 영 별표 1의2 중 10. 주재(D-7)란의 가목에 해당하는 사람 – 인사명령서(파견명령서) – 원 근무처와 같은 계열사임을 증명하는 서류(법인등기사항전부증명서 등) – 외국기업의 국내지사 설치신고(허가) 관련 서류 – 원 근무처 장의 추천서 – 영업 정상운영 입증서류
	체류자격 변경허가	○ 영 별표 1의2 중 10. 주재(D-7)란의 가목에 해당하는 사람[영 별표 1의2 중 11. 기업투자(D-8) 체류자격 소지자가 같은 계열 외국기업 국내지사에 근무하려는 경우에만 해당한다] – 인사명령서(파견명령서) – 외국기업의 국내지사 설치신고(허가) 관련 서류 – 같은 계열 외국기업임을 증명하는 서류 – 납세증명서 또는 외국환 매입증명서 등 영업자금 도입실적 증명서류 – 사무실 임대차계약서
	체류기간 연장허가	○ 영 별표 1의2 중 10. 주재(D-7)란의 가목에 해당하는 사람 – 인사명령서(파견명령서) – 외국기업의 국내지사 설치신고(허가) 관련 서류 – 외국환 매입증명서 등 영업자금 도입실적 증명서류 – 납세증명서 ○ 영 별표 1의2 중 10. 주재(D-7)란의 나목에 해당하는 사람 – 재직증명서 – 납세증명서
	외국인 등록	○ 사업자등록증(법인인 경우에는 법인등기사항전부증명서)
기업 투자	체류자격 외 활동	○ 영 별표 1의2 중 11. 기업투자(D-8)란의 가목에 해당하는 사람 – 「외국인투자 촉진법」에 따른 외국인투자기업 등록증명서

(D-8)	허가	– 사업자등록증(법인인 경우에는 법인등기사항전부증명서) – 파견명령서(투자자를 제외한 임직원만 해당한다) – 영업실적(수출입실적)증명서
	체류자격 변경허가	○ 영 별표 1의2 중 11. 기업투자(D-8)란의 가목에 해당하는 사람 – 「외국인투자 촉진법」에 따른 외국인투자기업 등록증명서 – 사업자등록증(법인인 경우에는 법인등기사항전부증명서) – 사무실 임대차계약서 – 영업실적(수출입실적) 증명서 ○ 영 별표 1의2 중 11. 기업투자(D-8)란의 나목에 해당하는 사람 – 벤처기업 확인서 또는 이에 준하는 서류 – 지식재산권, 그 밖에 이에 준하는 기술과 그 사용에 관한 권리 　등을 보유하고 있음을 증명하는 서류 ○ 영 별표 1의2 중 11. 기업투자(D-8)란의 다목에 해당하는 사람 – 학력증명서 – 지식재산권 보유 또는 이에 준하는 기술력 등 입증서류 – 법인등기사항전부증명서
	체류기간 연장허가	○ 영 별표 1의2 중 11. 기업투자(D-8)란의 가목에 해당하는 사람 – 파견명령서 또는 재직증명서(투자자를 제외한 임직원만 제출한다) – 사업자등록증(법인인 경우에는 법인등기사항전부증명서) – 개인 납세사실 증명서류 또는 부가가치세 과세표준 확인증명 　관련 서류 – 영업실적(수출입실적) 증명서 ○ 영 별표 1의2 중 11. 기업투자(D-8)란의 나목 또는 다목에 해당하 　는 사람 – 사업실적관련 입증서류 – 납세증명서
	외국인 등록	○ 사업자등록증(법인인 경우에는 법인등기사항전부증명서)
무역 경영	체류자격 변경허가	○ 선박건조·설비제작 감독 또는 수출설비(기계)의 설치·운영·보 　수 업무를 하려는 경우

(D-9)		– 파견명령서 또는 본사 발급 재직증명서 – 선박수주 계약서 또는 설비도입 계약서 – 사업자등록증(법인인 경우에는 법인등기사항전부증명서) – 납세사실 증명서류 ○ 회사경영, 영리사업을 하는 경우 – 사업자등록증 사본 – 사업자금 도입관련 입증서류 – 사업장 존재 입증서류 ○ 한국무역협회장으로부터 무역업 고유번호를 부여받고 무역업을 하는 경우 – 사업자등록증 사본 – 무역업 고유번호부여증(한국무역협회 발행) – 사업장 존재 입증서류 – 무역업 점수제 해당 점수 입증서류

	체류기간
	연장허가
		○ 선박건조·설비제작 감독 또는 수출설비(기계)의 설치·운영·보
		   수 업무를 하는 경우
		– 재직증명서 또는 본사 발급 파견명령서
		– 선박수주 계약서 또는 설비도입 계약서
		– 사업자등록증(법인인 경우에는 법인등기사항전부증명서)
		– 개인 납세사실 증명서류
		○ 회사경영, 무역, 영리사업을 하는 경우
		– 재직증명서
		– 사업자등록증(법인인 경우에는 법인등기사항전부증명서)
		– 개인 납세사실 증명서류
		– 사업장 존재 입증서류
		○ 한국무역협회장으로부터 무역업 고유번호를 부여받고 무역업을
		   하는 경우
		– 사업자등록증 사본
		– 무역업 고유번호부여증(한국무역협회 발행)
		– 사업장 존재 입증서류
		– 무역업 점수제 해당 점수 입증서류

	외국인 등록	○ 사업자등록증(법인인 경우에는 법인등기사항전부증명서)
구직 (D-10)	체류자격 변경허가	○ 영 별표 1의2 중 13. 구직(D-10)란의 가목에 해당하는 사람 – 학력증명서 또는 경력증명서 ○ 영 별표 1의2 중 13. 구직(D-10)란의 나목에 해당하는 사람 – 학력증명서 – 창업준비 계획서
교수 (E-1)	체류자격 외 활동 허가	○ 고용계약서 ○ 원 근무처의 장의 동의서 ○ 대학 또는 단체설립 관련 서류(사업자등록증, 연구기관 증명서류 등) ○ 원 근무처와 동일재단 증명서류
	근무처의 변경· 추가 허가 또는 신고	○ 원 근무처의 장의 동의서(원근무처의 휴·폐교 및 계약기간 만료일 또는 쌍방이 근무하기로 합의한 날짜까지 근무한 경우에는 제외 한다) ○ 고용계약서 ○ 사업자등록증(법인인 경우에는 법인등기사항전부증명서)
	체류자격 변경허가	○ 회사 설립 관련 서류[사업자등록증(법인인 경우에는 법인등기사 항전부증명서), 연구기관 증명서류] ○ 고용계약서 ○ 학위증 또는 경력증명서 ○ 원 근무처 장의 동의서(원 근무처가 있는 경우에만 제출한다) ※ 이공계대학 졸업 유학생 중 교육·과학기술 분야의 연구·지도 활동에 종사하려는 경우(석사 이상의 학위 취득자만 해당한다) – 졸업증명서 – 고용계약서 – 총장·학장의 고용추천서 – 사업자등록증(법인인 경우에는 법인등기사항전부증명서)
	체류기간 연장허가	○ 고용계약서
	외국인 등록	○ 사업자등록증(법인인 경우에는 법인등기사항전부증명서)

회화 지도 (E-2)	체류자격 외 활동 허가	○ 교육부 또는 시·도 교육청 주관으로 모집·선발되어 초·중등학교 에서 외국어 회화지도에 종사하려는 사람 – 학위증(졸업증명서) 또는 재학증명서 – 고용계약서 – 시·도 교육감이나 국립국제교육원장이 발급한 합격통지서 또는 초청장 – 사업자등록증 ○ 그 밖의 기관·단체에서 외국어 회화지도에 종사하려는 사람 – 학위증 – 고용계약서 – 국적국의 관할 기관이 발급한 범죄경력에 관한 증명서(국적국 정부, 국적국 주재 대한민국 공관 또는 국내 국적국 공관이 확인한 것을 말한다). – 법무부장관이 지정하는 의료기관이 발행한 마약류검사 결과가 포함된 채용신체검사서 – 학원 및 단체 설립 관련 서류
	근무처의 변경·추가 허가 또는 신고	○ 고용계약서 ○ 사업자등록증 및 「학원의 설립·운영 및 과외교습에 관한 법률」에 따른 학원설립·운영등록증, 「평생교육법」에 따른 평생교육시설 등록(신고)증 등 단체 설립 관련 서류 ○ 원 근무처 장의 동의서(원 근무처가 휴·폐업한 경우 및 계약기간 만료일 또는 쌍방이 근무하기로 합의한 날짜까지 근무한 경우는 제외한다)
	체류자격 변경허가	○ 교육부 또는 시·도 교육청 주관으로 모집·선발되어 초·중등학교 에서 외국어 회화지도에 종사하려는 사람 – 고용계약서 – 시·도 교육감이나 국립국제교육원장이 발급한 합격통지서 또는 초청장 – 사업자등록증(법인인 경우에는 법인등기사항전부증명서) ○ 그 밖의 기관·단체에서 외국어 회화지도에 종사하려는 사람 – 고용계약서 – 국적국 정부 또는 국적국 주재 대한민국 공관 등의 확인을 받은

		학력입증서류(학위증 사본, 학위취득증명서 또는 학위취득사실이 기재된 졸업증명서)
		− 국적국의 관할 기관이 발급한 범죄경력에 관한 증명서(국적국 정부, 국적국 주재 대한민국 공관 또는 국내 국적국 공관이 확인한 것을 말한다)
		− 법무부장관이 지정하는 의료기관이 발행한 마약류검사 결과가 포함된 채용신체검사서
		− 학원 및 단체 설립 관련 서류
	체류기간 연장허가	○ 고용계약서 ○ 사업자등록증(법인인 경우에는 법인등기사항전부증명서)
	외국인 등록	○ 사업자등록증(법인인 경우에는 법인등기사항전부증명서) ○ 법무부장관이 지정하는 의료기관이 발행한 마약류검사 결과가 포함된 채용신체검사서(교육부 또는 시·도 교육청 주관으로 모집·선발되어 초·중등학교에서 외국어 회화지도에 종사하려는 사람은 제외한다)
연구 (E-3)	체류자격 외 활동 허가	○ 고용계약서 ○ 원 근무처 장의 동의서(원 근무처가 있는 경우에만 제출한다) ○ 회사설립 관련 서류(사업자등록증 및 연구기관 증명서류)
	근무처의 변경· 추가 허가 또는 신고	○ 원 근무처 장의 동의서(원 근무처가 휴·폐업한 경우 및 계약기간 만료일 또는 쌍방이 근무하기로 합의한 날짜까지 근무한 경우에는 제외한다) ○ 고용계약서 ○ 사업자등록증(법인인 경우에는 법인등기사항전부증명서)
	체류자격 변경허가	○ 회사설립 관련 서류[사업자등록증(법인인 경우에는 법인등기사항전부증명서) 및 연구기관 증명서류] ○ 고용계약서 ○ 학위증 또는 경력증명서 ○ 원 근무처 장의 동의서(원 근무처가 있는 경우에만 제출한다)
	체류기간 연장허가	○ 고용계약서 ○ 사업자등록증(법인인 경우에는 법인등기사항전부증명서)

	외국인 등록	○ 사업자등록증(법인인 경우에는 법인등기사항전부증명서)
기술 지도 (E-4)	체류자격 외 활동 허가	○ 원 근무처 장의 동의서(원 근무처가 있는 경우에만 제출한다) ○ 기술도입계약서, 기술도입계약 신고를 증명하는 서류, 용역 수출 입 관련 확인 서류 또는 「방위사업법」에 따른 방위산업체 지정서 ○ 공공기관·민간단체 설립 관련 서류
	근무처의 변경·추가 허가 또는 신고	○ 기술도입계약서, 기술도입계약 신고를 증명하는 서류, 용역 수출 입 관련 확인 서류 또는 「방위사업법」에 따른 방위산업체 지정서 ○ 사업자등록증(법인인 경우에는 법인등기사항전부증명서) ○ 원 근무처 장의 동의서(원 근무처가 휴·폐업한 경우 및 계약기간 만료일 또는 쌍방이 근무하기로 합의한 날짜까지 근무한 경우에 는 제외한다)
	체류자격 변경허가	○ 파견명령서 ○ 기술도입계약서, 기술도입계약 신고를 증명하는 서류, 용역 수출 입 관련 확인 서류 또는 「방위사업법」에 따른 방위산업체 지정서 ○ 사업자등록증(법인인 경우에는 법인등기사항전부증명서)
	체류기간 연장허가	○ 파견명령서 또는 재직증명서 ○ 기술도입계약서, 기술도입계약 신고를 증명하는 서류, 용역 수출 입 관련 확인 서류 또는 「방위사업법」에 따른 방위산업체 지정서 ○ 사업자등록증(법인인 경우에는 법인등기사항전부증명서)
	외국인 등록	○ 사업자등록증(법인인 경우에는 법인등기사항전부증명서)
전문 직업 (E-5)	체류자격 외 활동 허가	○ 고용계약서 ○ 학위증 또는 자격증 ○ 사업자등록증(법인인 경우에는 법인등기사항전부증명서)

	근무처의 변경·추가 허가 또는 신고	○ 소관 중앙행정기관의 장의 고용추천서(경제자유구역에서 취업 활동을 하려는 사람은 관할 특별시장·광역시장·도지사의 고용 추천서) 또는 고용의 필요성을 증명하는 서류 ○ 고용계약서 ○ 원 근무처 장의 동의서(계약기간 만료일 또는 쌍방이 근무하기로 합의한 날짜까지 근무한 경우는 제외한다)
	체류기간 연장허가	○ 고용계약서 ○ 사업자등록증(법인인 경우에는 법인등기사항전부증명서)
	외국인 등록	○ 사업자등록증(법인인 경우에는 법인등기사항전부증명서)
예술 흥행 (E-6)	체류자격 외 활동 허가	○ 고용·공연 추천서[문화체육관광부·영상물등급위원회·방송통 신위원회 또는 관련협회(연맹)에서 발급한 것을 말한다] ○ 공연 및 고용계약서 ○ 원 근무처 장의 동의서(원 근무처가 있는 경우에만 제출한다) ○ 사업자등록증(법인인 경우에는 법인등기사항전부증명서)
	근무처의 변경· 추가 허가 또는 신고	1. 「공연법」에 따라 공연을 하려는 경우 - 공연 및 고용계약서 - 영상물등급위원회의 공연추천서(원 근무처와 같은 조건의 근무 처 추가 허가를 신청하는 경우는 제외한다) - 원 근무처 장의 동의서(원 근무처가 휴·폐업한 경우 및 계약기간 만료일 또는 쌍방이 근무하기로 합의한 날짜까지 근무한 경우는 제외한다) - 사업자등록증(법인인 경우에는 법인등기사항전부증명서) 2. 「관광진흥법」에 따른 호텔업시설, 유흥업소 등에서 제1호를 제외 한 공연 또는 연예활동에 종사하려는 경우 - 공연 및 고용계약서 - 영상물등급위원회의 공연추천서 - 연예활동계획서 - 원 근무처 장의 동의서(원 근무처가 휴·폐업한 경우 및 계약기간 만료일 또는 쌍방이 근무하기로 합의한 날짜까지 근무한 경우는 제외한다) - 신원보증서

		– 사업자등록증(법인인 경우에는 법인등기사항전부증명서) 3. 그 밖의 경우 – 공연 및 고용계약서 – 소관 중앙행정기관의 장의 고용추천서 또는 고용의 필요성을 입증할 수 있는 서류 – 원 근무처 장의 동의서(원 근무처가 휴·폐업한 경우 및 계약기간 만료일 또는 쌍방이 근무하기로 합의한 날짜까지 근무한 경우는 제외한다) – 사업자등록증(법인인 경우에는 법인등기사항전부증명서)
	체류기간 연장허가	○ 고용·공연추천서[문화체육관광부·영상물등급위원회·방송통신위원회 또는 관련 협회(연맹)에서 발급한 것을 말한다] 또는 고용의 필요성을 입증할 수 있는 서류 ○ 공연 및 고용계약서 ○ 신원보증서(「관광진흥법」에 따른 호텔업시설, 유흥업소 등에서의 공연 또는 연예활동 종사자만 제출한다) ○ 사업자등록증(법인인 경우에는 법인등기사항전부증명서)
	외국인 등록	○ 사업자등록증 ○ 채용신체검사서(「관광진흥법」에 따른 호텔업시설, 유흥업소 등에서의 공연 또는 연예활동 종사자만 제출한다)
특정 활동 (E-7)	체류자격 외 활동 허가	○ 소관 중앙행정기관의 장의 고용추천서(경제자유구역에서 취업활동을 하려는 사람은 관할 특별시장·광역시장·도지사의 고용추천서) 또는 고용의 필요성을 증명하는 서류 ○ 고용계약서 ○ 원 근무처 장의 동의서(원 근무처가 있는 경우에만 제출한다) ○ 사업자등록증(법인인 경우에는 법인등기사항전부증명서)

	근무처의 변경· 추가 허가 또는 신고	○ 소관 중앙행정기관의 장의 고용추천서(경제자유구역에서 취업 활동을 하려는 사람은 관할 특별시장·광역시장·도지사의 고용추천서) 또는 고용의 필요성을 증명하는 서류 ○ 고용계약서 ○ 원 근무처 장의 동의서(원 근무처가 휴·폐업한 경우 및 계약기간 만료일 또는 쌍방이 근무하기로 합의한 날짜까지 근무한 경우는 제외한다) ○ 사업자등록증(법인인 경우에는 법인등기사항전부증명서) ○ 신원보증서(신고가 제한되는 직종의 종사자만 제출한다)
	체류자격 변경허가	○ 소관 중앙행정기관의 장의 고용추천서(경제자유구역에서 취업 활동을 하려는 사람은 관할 특별시장·광역시장·도지사의 고용추천서) 또는 고용의 필요성을 증명하는 서류 ○ 고용계약서 ○ 학력 및 경력입증서류 ○ 졸업증명서, 총장·학장 추천서(이공계대학 졸업 유학생 중 첨단 기술 분야 또는 자연과학 분야에 종사하려는 경우에만 제출한다) ○ 원 근무처 장의 동의서(원 근무처가 휴·폐업한 경우 및 계약기간 만료일 또는 쌍방이 근무하기로 합의한 날짜까지 근무한 경우는 제외한다) ○ 사업자등록증(법인인 경우에는 법인등기사항전부증명서) ○ 신원보증서(신고가 제한되는 직종의 종사자만 제출한다)
	체류기간 연장허가	○ 고용계약서 ○ 신원보증서(신고가 제한되는 직종의 종사자만 제출한다) ○ 납부내역증명서 ○ 사업자등록증(법인인 경우에는 법인등기사항전부증명서)
	외국인 등록	○ 사업자등록증
계절 근로 (E-8)	체류자격 외 활동허가	○ 지방자치단체의 장이 발급한 계절근로자 입증 서류

	외국인 등록	○ 지방자치단체의 장이 발급한 계절근로자 입증 서류 ○ 법무부장관이 지정한 병원에서 발급한 마약검사확인서 ○ 산업재해보상보험 또는 상해보험 가입증명원
	근무처의 변경· 추가 허가 또는 신고	○ 원 근무처 고용주의 동의서(원 근무처가 휴·폐업한 경우 및 계약기 간 만료일 또는 쌍방이 근무하기로 합의한 날짜까지 근무한 경우는 제외한다) ○ 고용계약서 ○ 지방자치단체의 장이 발급한 근무처 변경·추가 관련 입증 서류
	체류기간 연장허가	○ 고용계약서 ○ 지방자치단체의 장이 발급한 계절근로자 체류기간 연장 추천서
비전문 취업 (E-9)	근무처의 변경허가	○ 고용허가서 ○ 근로계약서 ○ 사업자등록증(법인인 경우에는 법인등기사항전부증명서) 또는 고용주의 주민등록표 등본 ○ 신원보증서
	체류기간 연장허가	○ 고용허가서 ○ 근로계약서 ○ 취업기간 만료자 취업활동 기간 연장 확인서 ○ 신원보증서
	외국인 등록	○ 사업자등록증(법인인 경우에는 법인등기사항전부증명서) ○ 법무부장관이 지정한 병원에서 발급한 마약검사확인서
선원 취업 (E-10)	근무처의 변경허가	○ 선원근로계약서 ○ 「선원법」 제2조제18호에 따른 해양항만관청의 고용추천서 ○ 사업자등록증(법인인 경우에는 법인등기사항전부증명서) 및 선 박검사증서 ○ 신원보증서

	체류기간 연장허가	○ 선원근로계약서 ○ 신원보증서
	외국인 등록	○ 내항여객운송사업 면허증 또는 내항화물운송사업 등록증 ○ 산업재해보상보험 또는 상해보험 가입증명원 ○ 법무부장관이 지정한 병원에서 발급한 건강진단서 ○ 법무부장관이 지정한 병원에서 발급한 마약검사확인서
방문 동거 (F-1)	체류자격 부여	○ 출생증명서(한국에서 출생한 경우에만 제출한다) ○ 가족관계기록사항에 관한 증명서 등 친인척관계 입증서류 ○ 친인척 등의 주민등록표 등본
	체류자격 변경허가	○ 친인척 방문 목적으로 입국한 사람인 경우 - 친인척 관계 증명서류(친인척의 가족관계기록사항에 관한 증명 서 또는 주민등록표 등본 등) - 신원보증서(성년인 사람만 제출한다) ○ 귀화허가 또는 국적회복허가 신청자 - 신원보증서 ○ 미화 50만달러 이상 투자자(그 투자기업 임직원을 포함한다) 또는 전문인력의 가사보조인인 경우 - 가사보조인을 고용한 사람의 외국인투자기업 등록증 또는 재직 증명서 - 고용계약서 - 신원보증서 ○ 주한외국공관원의 동반가족 또는 가사보조인인 경우 - 공관원 신분증 및 주한대사관의 협조공문 - 가족 또는 친족 관계 입증서류 - 고용계약서(가사보조인인 경우만 제출한다)
	체류기간 연장허가	○ 국내 친인척 방문 목적으로 입국한 사람인 경우 - 국내 친인척의 주민등록표 등본 - 신원보증서(성년인 사람만 제출한다) ○ 미화 50만달러 이상 투자자(그 투자기업 임직원을 포함한다) 또는 전문인력의 가사보조인인 경우 - 고용계약서 - 신원보증서

		○ 주한외국공관원의 동반가족 또는 가사보조인인 경우
		– 공관원 신분증 및 주한대사관 협조공문
		– 고용계약서(가사보조인인 경우만 제출한다)
거주 (F-2)	체류자격 변경허가	○ 영 별표 1의2 중 24. 거주(F-2)란의 가목에 해당하는 사람 – 결혼증명서, 가족관계기록에 관한 증명서 – 출생증명서(자녀초청인 경우에만 해당한다) – 소득요건 입증서류 – 국내 배우자의 신원보증서[영 별표 1의3 영주(F-5) 체류자격 소지자의 배우자만 해당한다] – 국내 배우자의 신용정보조회서(한국신용정보원이 발행한 것을 말한다) – 국적국 또는 거주국의 관할 기관이 발급한 혼인 당사자의 범죄경 력에 관한 증명서 – 혼인당사자의 건강진단서(「의료법」제3조제2항제3호에 따른 병원급 의료기관이나 「지역보건법」제10조에 따른 보건소가 발 행한 것을 말한다. 다만, 외국인 배우자의 경우에는 해당 국적국 또는 거주국에서 통용되는 유사한 입증자료로 갈음할 수 있다) – 외국인 배우자 초청장 – 외국인 배우자의 결혼배경 진술서 – 주거요건 입증서류 – 한국어 구사요건 관련 입증서류 ○ 영 별표 1의2 중 24. 거주(F-2)란의 나목에 해당하는 사람 – 가족관계기록사항에 관한 증명서, 출생증명서 ※ 국민과 사실상의 혼인관계에서 출생한 자녀인 사실을 입증하 는 서류 – 재정입증 관련 서류 ○ 영 별표 1의2 중 24. 거주(F-2)란의 라목·마목 또는 바목에 해당 하는 사람 – 재정입증 관련 서류 – 신원보증서 ○ 영 별표 1의2 중 24. 거주(F-2)란의 아목에 해당하는 사람 – 공무원증 또는 공무원 임용예정 확인서 – 신원보증서

		○ 영 별표 1의2 중 24. 거주(F-2)란의 자목에 해당하는 사람 – 학위증 – 한국어능력 입증 서류 – 소득 관련 입증 서류 – 경력증명서 – 연령·학력·소득 등 법무부장관이 고시하는 기준의 해당 여부에 대한 판단에 필요한 증빙자료 – 그 밖에 고용계약서 등 대한민국에서 거주할 필요가 있음을 입증하는 서류 ○ 영 별표 1의2 중 24. 거주(F-2)란의 차목에 해당하는 사람 – 투자사실 입증 서류 ○ 영 별표 1의2 중 24. 거주(F-2)란의 카목에 해당하는 사람 – 결혼증명서, 가족관계기록에 관한 증명서, 출생증명서(자녀초청인 경우에만 해당한다)
	체류기간 연장허가	○ 영 별표 1의2 중 24. 거주(F-2)란의 가목 또는 나목에 해당하는 사람 – 가족 또는 친족 관계 증명 서류 – 배우자의 신원보증서[영 별표 1의3 영주(F-5) 체류자격 소지자의 배우자만 해당한다] ○ 영 별표 1의2 중 24. 거주(F-2)란의 차목에 해당하는 사람 – 투자사실 입증서류 ○ 그 밖의 경우 – 영 별표 1의2 중 24. 거주(F-2) 체류자격을 계속 유지하여야 할 필요가 있음을 입증하는 서류
동반 (F-3)	체류자격 부여	○ 출생증명서
	체류자격 변경허가 또는 체류자격 연장허가	○ 가족관계 입증서류(결혼 또는 출생증명서 등)
재외 동포 (F-4)	체류자격 변경허가	○ 가족관계기록에 관한 증명서 또는 제적등본 ○ 외국국적 취득을 증명하는 서류(시민권증서 사본 등)

		※ 2018년 5월 1일 이후 최초로 대한민국 국적을 이탈하거나 상실한 남성인 경우 병적증명서 또는 병역사항이 포함된 주민등록초본 ㅇ 그 밖에 법무부장관이 필요하다고 인정하는 서류
	체류기간 연장허가	ㅇ 국적을 이탈하거나 상실한 사실이 적힌 가족관계기록에 관한 증명서 또는 제적등본(최초로 체류기간 연장허가를 신청하는 사람만 해당한다) ㅇ 2005년 12월 29일 이후 최초로 체류기간 연장허가를 신청하는 사람으로서 만 18세 ~ 38세 남성인 경우에는 병역 기피 목적으로 대한민국 국적을 이탈하거나 상실한 것이 아니라는 사실을 증명하는 서류를 추가로 제출하여야 한다. 다만, 병역을 마쳤거나 면제처분을 받은 사람 및 제2국민역에 편입된 사람은 제외한다.
영주 (F-5)	체류자격 부여	ㅇ 대한민국에서 출생 당시 그의 부 또는 모가 영 별표 1의3 영주(F-5) 체류자격으로 체류하고 있는 사람 - 가족관계 입증서류 - 출생증명서 - 국적국의 신분을 증명하는 서류 ㅇ 그 밖의 경우에는 영 별표 1의3 영주(F-5) 체류자격에 해당됨을 증명하는 서류
	체류자격 변경허가	ㅇ 영 별표 1의3 영주(F-5)란의 제3호에 해당하는 사람 - 외국인투자기업 등록증명서 - 법인등기사항전부증명서 또는 사업자등록증 - 근로소득 원천징수 영수증 또는 소득금액 증명원 ㅇ 영 별표 1의3 영주(F-5)란의 제10호에 해당하는 사람 - 해당 분야 수상경력 또는 경력증명서 - 과학기술논문 인용색인(SCI) 등 논문게재 또는 연구실적 증명서류 - 그 밖에 과학, 경영 등 특정 분야에서 인정받았음을 증명하는 서류 ㅇ 영 별표 1의3 영주(F-5)란의 제14호에 해당하는 사람 - 투자사실 증명서류 ㅇ 영 별표 1의3 영주(F-5)란의 제15호에 해당하는 사람 - 투자금을 유치하였다는 사실을 입증하는 서류 - 근로소득 원천징수영수증 등 국민 고용사실을 입증하는 서류

		○ 그 밖의 해당자의 경우
		– 영 별표 1의3 영주(F-5) 체류자격에 해당됨을 증명하는 서류
		※ 영 별표 1의3 영주자격(F-5)란의 제1호, 제2호 전단, 제4호부터 제6호까지, 제8호, 제11호부터 제14호까지 또는 제15호에 해당하는 사람의 경우에는 국적국의 권한 있는 기관이 발급한 공적 문서로, 국적국 내에서의 범죄경력이 포함되어 있는 증명서를 추가로 제출하여야 한다.
결혼 이민 (F-6)	체류자격 변경허가	1. 영 별표 1의2의 27. 결혼이민(F-6)의 가목에 해당하는 사람
		○ 혼인성립을 증명하는 서류
		○ 한국인 배우자의 가족관계증명서 및 기본증명서
		○ 제9조의5제4호에 따른 소득 요건을 입증하는 서류
		○ 초청인의 신용정보조회서(한국신용정보원이 발행한 것을 말한다)
		○ 한국인 배우자의 신원보증서(보증기간은 2년 이상이어야 한다)
		○ 외국인 배우자 초청장
		○ 외국인 배우자의 결혼배경 진술서
		○ 제9조의5제6호에 따른 한국어 구사요건 관련 입증서류
		○ 제9조의5제7호에 따른 주거 요건을 입증하는 서류
		○ 국적국 또는 거주국의 권한 있는 기관이 발급한 공적 문서로서 혼인당사자의 범죄경력에 관한 증명서
		○ 다음의 요건을 모두 충족하는 혼인당사자의 건강진단서
		– 후천성면역결핍증 및 성병감염, 결핵감염, 정상적인 결혼생활에 지장을 초래할 수 있는 정신질환 여부 등에 관한 사항을 포함할 것
		– 병원급 의료기관, 「공무원 채용 신체검사 규정」 제3조에 따른 신체검사 실시 검진기관 또는 「지역보건법」 제10조에 따른 보건소가 발행한 건강진단서일 것. 이 경우 외국인 배우자는 해당 국적국 또는 거주국에서 통용되는 유사한 입증자료로 갈음할 수 있다.
		2. 영 별표 1의2의 27. 결혼이민(F-6)의 나목에 해당하는 사람
		○ 가족관계기록사항에 관한 증명서(국민과 사실상 혼인관계임을 증명할 수 있는 서류를 포함한다)
		○ 자녀 양육을 증명할 수 있는 서류
		○ 국적국 또는 거주국의 권한 있는 기관이 발급한 공적 문서로서

		국적국 또는 거주국 내에서의 범죄경력이 포함되어 있는 증명서 ○ 병원급 의료기관, 「공무원 채용 신체검사 규정」 제3조에 따른 신체검사 실시 검진기관 또는 「지역보건법」 제10조에 따른 보건 소가 발행한 건강진단서 3. 영 별표 1의2의 27. 결혼이민(F-6)의 다목에 해당하는 사람 ○ 사망·실종 사실을 증명할 수 있는 서류 또는 그 밖에 본인의 귀책사 유 없이 혼인관계가 단절되었음을 증명할 수 있는 서류 ○ 국적국 또는 거주국의 권한 있는 기관이 발급한 공적 문서로서 국적국 또는 거주국 내에서의 범죄경력이 포함되어 있는 증명서 ○ 병원급 의료기관, 「공무원 채용 신체검사 규정」 제3조에 따른 신체검사 실시 검진기관 또는 「지역보건법」 제10조에 따른 보건 소가 발행한 건강진단서
	체류기간 연장허가	1. 영 별표 1의2 중 27. 결혼이민(F-6)란의 가목에 해당하는 사람 ○ 한국인 배우자의 혼인관계 증명서 ○ 한국인 배우자의 주민등록등본 2. 영 별표 1의2 중 27. 결혼이민(F-6)란의 나목에 해당하는 사람 ○ 가족관계기록에 관한 증명서 ○ 자녀양육을 증명할 수 있는 서류 3. 영 별표 1의2 중 27. 결혼이민(F-6)란의 다목에 해당하는 사람 ○ 사망·실종 사실을 증명할 수 있는 서류 또는 그 밖에 본인의 귀책사 유 없이 혼인관계가 단절되었음을 증명할 수 있는 서류
기타 (G-1)	체류자격 변경허가	○ 산업재해·질병 또는 사고 등 인도적으로 고려할 만한 사유가 발생 한 경우 - 산업재해보상보험급여 지급확인원 또는 사고발생사실 확인원 - 진단서 또는 소견서 - 신원보증서(산업재해를 입은 사람은 제외한다) - 가족관계 입증서류 등 체류자격 변경 필요성을 증명하는 서류 ○ 체불임금과 관련하여 「근로기준법」에 따른 중재와 소송을 진행하 는 경우 - 체불임금 확인서류 - 소송제기 관련 증명서류 - 신원보증서

	체류기간 연장허가	○ 체류자격 변경허가 신청 시의 첨부서류 ○ 신원보증서
관광 취업 (H-1)	체류기간 연장허가	○ 활동계획서가 포함된 여행일정표
	외국인 등록	○ 활동계획서가 포함된 여행일정표
방문 취업 (H-2)	체류자격 변경허가	○ 조기적응프로그램 이수증 ○ 범죄경력에 관한 증명서 ○ 그 밖에 법무부장관이 필요하다고 인정하는 서류
	체류기간 연장허가	○ 영 별표 1의2 중 5. 유학(D-2) 체류자격 소지자의 재학증명서(유학 자격 소지자의 부모 또는 배우자로서 영 별표 1의2 중 29. 방문취업(H-2) 사증을 소지하고 입국한 경우만 해당한다)
	외국인 등록	○ 조기적응프로그램 이수증 ○ 법무부장관이 지정한 병원에서 발급한 건강진단서 ○ 영 별표 1의2 중 5. 유학(D-2) 체류자격 소지자의 재학증명서(유학 자격 소지자의 부모 또는 배우자로서 영 별표 1의2 중 29. 방문취업(H-2) 사증을 소지하고 입국한 경우만 해당한다)

제7절 각종 체류허가 등의 신청 및 수령의 대리에 관한 규정

◉ 법무부고시 제2020 - 520호

「출입국관리법 시행규칙」제34조의 규정에 따라 제정 시행중인 각종 체류허가 등의 신청 및 수령의 대리에 관한 규정(법무부고시 제2020-386호, 2020. 10. 12. 개정)을 다음과 같이 개정하여 고시합니다.

2020년 12월 9일

법 무 부 장 관

각종 체류허가 등의 신청 및 수령의 대리에 관한 규정

제1조(목적) 이 지침은 「출입국관리법 시행규칙」 제34조의 규정에 의한 각종 허가 등의 신청 및 수령의 대리에 관하여 필요한 사항을 규정함을 목적으로 한다.

제2조(대리인의 자격) 「출입국관리법 시행규칙」 제34조 제1항의 규정에 의한 각종 허가 등의 신청과 수령을 대리할 수 있는 "법무부장관이 정하는 자(이하 "대리인"이라한다)"라 함은 별표와 같다.

제3조(대리신청 등의 절차) ① 대리인이 각종 허가 등을 신청하는 경우에는 민원신청에 필요한 구비 서류 외에 아래 각호의 증명서 및 서류 등을 출입국·외국인청장·사무소장 또는 출장소장(이하 "청장 등"이라 한다)에게 제출하여야 한다.

1. 주민등록증, 운전면허증, 여권 또는 외국인등록증(국내거소신고증을 포함한다) 등 대리인 의 신원확인이 가능한 증명서
2. 위임장
3. 가족관계기록사항에 관한 증명서, 주민등록표등(초)본, 재직증명서 등 본인과의 관계를 증명할 수 있는 서류

② 청장 등은 제1항의 규정에 불구하고 아래 각호의 경우에는 제1항 제2호의 위임장을 제출하지 아니하도록 할 수 있으며, 「출입국관리법」제31조에 따른 외국인등록사항 또는 「재외동포의 출입

국과 법적 지위에 관한 법률」제6조에 따른 국내거소신고사항을 통해 대리인과 본인의 관계를 명백히 확인할 수 있다고 인정하는 경우에는 제1항 제3호의 본인과의 관계를 증명하는 서류를 제출하지 아니하도록 할 수 있다.

1. 배우자·직계혈족 또는 형제자매가 가족구성원에 대하여 신청하거나 소속기관·단체의 장이 소속 직원 등을 대리하는 경우
2. 고용허가제 대행기관, 한국해운조합, 수산업협동조합의 직원이 각종 체류허가 신청 등의 업무대행 계약을 체결한 업체의 근로자 등을 대리하는 경우

③ 대리인이 각종 허가 등을 수령하는 경우에는 제1항 제1호의 증명서와 체류허가 신청확인서(접수증)를 제출하여야 한다.

제4조(대리신청의 제한) ① 청장 등은 각종 허가 등의 신청사유, 신청인의 체류실태 등을 심사하기 위하여 본인의 출석이 필요하다고 인정되는 경우에는 대리인의 신청을 제한할 수 있다.
② 제1항에 의하여 대리인의 신청을 제한하는 경우에는 청장 등은 그 사유 및 본인이 직접 신청하여야 한다는 뜻을 대리인 또는 본인에게 지체 없이 통지하여야 한다.

제6조(재검토기한)「훈령·예규 등의 발령 및 관리에 관한 규정」(대통령훈령 제248호)에 따라 2019년 7월 1일 기준으로 매 3년이 되는 시점(매 3년째의 6월 30까지를 말한다)마다 그 타당성을 검토하여 개선 등의 조치를 하여야 한다.

부   칙

이 규정은 2020. 12. 10.(목)부터 시행한다.

【별 표】 각종 허가 등의 신청 및 수령의 대리인

대상 체류자격	대 리 인
외 교 (A-1)	• 외교사절단이나 영사기관의 직원 • 국내에서 활동하는 외국인(이하 **"본인"**이라 한다)과 동일세대에 속하는 가족의 구성원
공 무 (A-2)	• 외국정부 또는 국제기구의 국내주재 직원 • 본인과 동일세대에 속하는 가족의 구성원
협 정 (A-3)	• 본인이 소속된 기관의 직원 • 본인과 동일세대에 속하는 가족의 구성원

일시취재 (C-1) 취 재 (D-5)	• 본인이 소속되거나 본인과 계약을 맺은 국내보도기관이나 외국보도기관의 국내주재기관 직원 • 본인이 소속되거나 본인과 계약을 맺은 외국보도기관의 업무를 대행해 주는 국내의 회사·기관 또는 단체 (이하 **"단체"**라고 한다)의 직원
의료관광 (C-3-3, G-1-10)	• 외국인 환자 초청 의료관광 유치기관의 전담직원 • 중증환자 등 거동할 수 없는 환자를 치료하는 의료기관의 대표(법인의 경우 외국인 환자 총괄부서의 장) 또는 소속직원 • 외국인 환자 본인의 치료 등으로 거동이 불편한 경우 국내에 거주하는 본인의 동반가족(배우자나 직계가족) 또는 간병인
단기상용 (C-3-4)	• 본인이 소속된 단체의 국내지사, 자회사, 주재사무소(이하 **"지사 등"**이라 한다)의 직원 • 본인이 소속된 단체와 거래관계가 있는 국내단체의 직원
단기방문 (C-3)	• 본인의 국내활동과 관계있는 단체나 지사 등이 있는 때에는 그 단체 등의 직원 • 본인의 입국목적이 관광, 통과, 요양, 친지방문 등인 경우에는 국내에 거주하는 본인의 가족(민법제779조 제1항 각호에 해당하는 자)
단기취업 (C-4) 교 수 (E-1) 회화지도 (E-2) 연 구 (E-3) 기술지도 (E-4) 전문직업 (E-5) 예술흥행 (E-6) 특정활동 (E-7) 계절근로 (E-8) 비전문취업 (E-9) 내항선원 (E-10)	• 본인이나 본인이 소속된 단체와 계약을 맺은 국내단체의 직원 • 본인이 고용되어 활동하거나 활동하게 될 국내단체의 직원 • 본인을 고용한 자나 그 단체 직원 • 관할 지역 지방자치단체의 담당직원(계절근로 C-4, E-8에 한함) • 고용허가제 대행기관의 직원(E-9자격에 한함) • 한국해운조합·수산업협동조합의 직원 또는 동 조합과 선원관리계약을 체결한 선원관리업체의 직원(E-10자격에 한함)
문화예술 (D-1)	• 본인이 소속되어 문화 활동을 하거나 하게 될 단체의 직원 • 본인을 지도하거나 지도할 전문가 • 국내에 거주하는 본인의 가족(민법제779조 제1항에 해당하는 자) • 신원보증인이 있는 경우 그 신원보증인
유 학 (D-2)	• 본인이 교육을 받거나 받게 될 국내 단체의 직원 • 본인의 학비나 국내 체재경비를 지불하는 단체의 직원 또는 개인 • 국내에 거주하는 본인의 가족(민법제779조 제1항 각호에 해당하는 자)
기술연수 (D-3)	• 기술연수를 시키고 있는 업체의 직원

일반연수 (D-4)	• 본인이 연수하거나 연수하게 될 단체의 직원
	• 본인의 연수경비나 국내 체재경비를 지불하는 자
	• 국내에 거주하는 본인의 가족(민법제779조 제1항 각호에 해당하는 자)
종 교 (D-6)	• 본인을 파견한 외국 종교단체 또는 사회복지단체의 국내지사 또는 유관 종교단체의 직원
	• 본인을 초청한 국내의 종교단체 또는 사회복지단체의 직원
주 재 (D-7)	• 본인이 소속된 외국단체의 국내지사 등의 직원
	• 단체의 설립절차를 대행하는 자
기업투자 (D-8)	• 본인이 근무하거나 근무할 외국인 투자기업의 직원
	• 기업의 설립절차를 대행하는 자
무역경영 (D-9)	• 본인이 경영하거나 필수 전문인력으로 종사하는 단체의 직원
	• 본인이 산업설비제작 감독 등을 위하여 파견되어 근무하고자 하는 단체의 직원
	• 단체의 설립절차를 대행하는 자
구직(D-10)	• 본인이 연수하거나 연수할 기업체 등의 직원
	• 국내에 거주하는 본인의 가족(민법 제779조 제1항 각호에 해당하는 자
방문동거 (F-1) 거 주 (F-2) 동 반 (F-3) 재외동포 (F-4)	• 국내에 거주하는 본인의 가족(민법 제779조 제1항 각호에 해당하는 자)
	• 국내에서 본인을 부양하거나 초청한 자
	• 본인을 고용한 자 또는 고용한 자의 위임을 받은 소속단체의 직원 (F-1 자격 중 가사보조인에 한함)
	• 본인이 소속된 단체 등의 직원(재외동포 자격 및 고액투자·점수제로 F-2 자격을 취득한 자에 한함)
	• 신원보증인이 있는 경우 그 신원보증인
	• 원자격자(D-1 내지 E-7, 단 D-3는 제외)의 소속단체(회사) 직원 (F-3 자격 소지자에 한함)
영주(F-5)	• 국내에 거주하는 본인의 가족(민법 제779조 제1항 각호에 해당하는 자)
결혼이민(F-6)	• 국내에 거주하는 본인의 가족(민법 제779조 제1항 각호에 해당하는 자)
기 타 (G-1)	• 본인을 초청한 자
	• 본인을 치료하는 자
	• 본인의 소송대리인
	• 신원보증인이 있는 경우 그 신원보증인
관광취업 (H-1) 방문취업 (H-2)	• 본인을 고용한 단체의 직원 또는 본인을 고용한 자
	• 국내에 거주하는 본인의 가족(민법 제779조 제1항 각호에 해당하는 자)

제8절 출입국민원 대행기관 관리지침

[시행 2021. 11. 8.] [법무부고시 제2021-447호, 2021. 11. 8., 일부개정]

◉ 법무부고시 제2021 - 447호

「출입국관리법 시행규칙」 제68조의4에 따라 출입국민원 대행업무 처리를 위한 '출입국민원 대행기관 관리지침(법무부고시 제2021-1호, '21.1.27.)'을 다음과 같이 개정하여 고시합니다.

2021년 11월 8일

법 무 부 장 관

제1장 총칙

제1조(목적) 이 지침은 「출입국관리법」(이하 "법"이라 한다) 제79조의2(각종 신청 등의 대행) 및 제79조의3(대행기관에 대한 등록 취소 등)에 따라 출입국민원 대행제도의 원활한 운영과 대행기관의 적정한 관리를 위하여 필요한 세부 사항을 규정하는 것을 목적으로 한다.

제2조(용어의 정의) 이 규정에서 사용하는 용어의 정의는 다음과 같다.

1. '출입국민원 대행기관'(이하 '대행기관'이라 한다)은 출입국 관련 각종 허가의 신청 및 신고업무를 대행하기 위해 출입국·외국인청, 사무소 또는 출장소에 등록한 변호사[414], 행정사[415], 변호사 또는 행정사의 인력을 갖춘 법인, 행정사합동사무소를 말한다. 단, 행정사 중 기술행정사, 외국어번역행정사는 제외된다.
2. '출입국민원 대행기관 구성원'(이하 '구성원'이라 한다)은 법인, 행정사합동사무소의 대표자 이외의 변호사 또는 행정사를 말한다.
3. '출입국민원 대행기관 소속직원'(이하 '소속직원'이라 한다)은 변호사법 제22조에 따라 채용된 대한민국 국적을 보유한 사무직원(단, 외국인은 영주자격자 포함)으로서 대행기관을 보조[416]하여 출입국관련 각종 허가의 신청 및 신고업무를 할 수 있도록 청·사무소·출장소에

---

[414] 변호사법 제7조의 규정에 따라 대한변호사협회에 등록한 변호사를 말한다.
[415] 행정사법 제10조 규정에 따라 영업소 소재지의 시장,군수,구청장(자치구의 구청장에 한함)에게 행정사업무신고서를 제출한 자를 말한다.
[416] 변호사 사무직원은 변호사법에 따라, 엄격한 자격 및 결격사유 등으로 관리되고 있으므로, 변호사 사무직원에 대해서만 출입증 발급이 가능. 변호사 사무직원은 서류의 작성, 보관, 제출, 기록관리,

등록한 사람을 말한다.

4. '출입국민원 대행업무'(이하 '대행업무'라 한다)는 대행기관이 체류외국인 등을 위하여 대행하는 출입국 관련 각종 허가의 신청 또는 신고업무 중 법 제79조의2와 같은 법 시행규칙(이하 "규칙"이라 한다) 제68조의3에서 정하는 업무를 말한다.

제3조(대행기관의 책무) ① 대행기관은 대행업무를 수행함에 있어 관련 법령 및 규칙에 따라 공정하게 업무를 처리하여야 한다.

② 대행기관은 대행업무를 수행함에 있어 공공성, 운영의 투명성, 신의성실의 원칙에 따라 의뢰인의 권익보호 등을 위하여 적극 노력하여야 한다.

③ 대행기관, 구성원, 소속직원은 법무부의 외국인 관련 각종 정책시행에 적극 협조하여야 한다.

제2장 대행기관 업무범위

제4조(대행기관의 대행업무 범위) ① 외국인 등은 법 제79조의2 제1항 및 규칙 제68조의3에 해당하는 아래의 업무를 대행기관에게 대행하게 할 수 있다

1. 법 제9조에 따른 사증발급인정서 발급신청
2. 법 제19조제1항(같은 조 제2항에 따라 준용하는 경우를 포함한다)에 따른 신고
3. 법 제19조의4제2항에 따른 신고
4. 법 제20조에 따른 활동허가의 신청
5. 법 제21조제1항 본문에 따른 근무처 변경·추가 허가의 신청
6. 법 제21조제1항 단서에 따른 근무처 변경·추가의 신고
7. 법 제23조제1항에 따른 체류자격 부여의 신청
8. 법 제24조에 따른 체류자격 변경허가의 신청
9. 법 제25조제1항에 따른 체류기간 연장허가의 신청
10. 법 제30조제1항에 따른 재입국허가의 신청
11. 법 제33조제1항 본문에 따라 발급된 외국인등록증의 수령 및 출입국관리법 시행령(이하 "영"으로 한다) 제42조에 따라 재발급된 외국인등록증의 수령
12. 법 제33조제3항에 따라 발급된 영주증의 수령 및 영 제42조의2에 따라 재발급된 영주증의 수령
13. 법 제35조에 따른 외국인등록사항 변경신고
14. 법 제36조제1항에 따른 체류지 변경의 신고

② 출입국관리공무원은 제1항에도 불구하고 신청인 본인의 출석이 필요하다고 인정되는 경우 대행기관에 의뢰인의 직접 출석을 요청할 수 있으며, 대행기관은 이에 대해 협조하여야 한다.

서무, 기타 변호사 업무를 보조하는 것이며, 변호사 권한을 위임받은 것은 아님.

제5조(외국인등록증 등 발급의 대행) ① 법무부장관은 제4조에 따른 대행업무 수행을 위하여 필요한 범위 내에서 다음 각 호의 업무를 대행하게 할 수 있다.

　　1. 법 제31조에 따른 외국인등록 신청

　　2. 재외동포법 제6조에 따른 국내거소신고 신고

　　3. 영 제42조에 따른 외국인등록증 재발급 신청. 다만 분실의 경우에는 제외

　　4. 재외동포법 시행령 제13조에 따른 국내거소신고증 재발급. 다만 분실의 경우에는 제외

② 대행기관이 제1항의 업무를 수행함에 있어 외국인은 출입국관리공무원이 정하는 기한 내에 법 제38조의 지문수집, 본인확인 요구에 응하여야 하며, 기한내 응하지 않을 경우 해당 신청건에 대해서는 신청을 반려할 수 있다.

제3장 대행기관 등의 등록

제6조(등록자격) 출입국민원 대행기관으로 등록신청할 수 있는 자는 다음 각 호와 같다.

　　1. 변호사, 법무법인

　　2. 행정사법 시행령 제3조 1호의 일반행정사[417] 및 이를 구성원으로 하는 행정사 법인

　　3. 행정사법 제14조에 따른 행정사합동사무소

제7조(대행기관 등록신청 및 제출서류) ① 대행기관으로 등록하려는 자는 규칙 제68조의2에 따라 사무소 소재지를 관할하는 청, 사무소 또는 출장소에 신청하여야 한다.

② 규칙 제68조의2 제1항, 제68조의4 제3항에 따른 대행기관 등록 시 제출하는 공통서류는 각 호와 같다.

　　1. 대행기관 등록을 위한 통합신청서(별지 서식1)[418] 및 반명함판 사진 1매[419]

　　2. 「변호사법」제15조 따른 개업신고 확인서류 또는 「행정사법」제12조에 따른 행정사업무신고확인증[420]

　　3. 대한변호사협회 발행 변호사신분증 또는 행정사 자격증

　　4. 사업자등록증 사본[421]

　　5. 교육 수료증명서[422]

---

417) 기술행정사, 번역행정사는 등록대상에서 제외되며, 번역행정사의 경우 본인이 번역한 문서에 대한 서류의 제출에 대해서만 행정사법 시행령 제3조제3호에 의거 예외적으로 대행이 허용됨

418) 별지 서식 1 출입증신청 서식과 병행하여 사용하며, 기관 등록시 출입증발급신청도 함께 함

419) 여권 사진 규정에 따라 촬영방식에 따라 촬영된 것으로 규격은 가로3㎝ , 세로4㎝ 임

420) 단, 행정사 합동사무소의 경우 행정사법 제12조에 따른 행정사 합동사무소(분사무소) 설치 신고확인증, 행정사법인의 경우 행정사법 제25조4에 따른 법인업무신고확인증

421) 사업자등록증 상 사업장 명칭이 제2호의 명칭과 상이할 경우, 대표자 인적사항 및 사업장 소재지 확인 등을 통해 동일업체인지 여부를 확인할 것

422) 변호사, 법무법인의 경우 대표자(또는 위임 받은 변호사)의 교육수료증은 필수이며, 법인 소속직원의

6. 이력서(사업자등록증상의 대표자)

7. 신분증 사본[423]

③ 기관 유형별 추가 입증서류는 다음 각 호와 같다.

1. 분사무소임을 입증하는 서류(변호사법 제48조에 따른 법무법인의 분사무소 또는 행정사법
   제25조의2에 따른 행정사법인의 분사무소인 경우)

2. 법인등기부 등본(법인인 경우)

3. 경력증명서(시험면제자인 경우)[424]

4. 운영규약(합동행정사의 경우)

제8조(등록심사) ① 청장·사무소장·출장소장은 다음 각 호의 등록 요건을 갖추지 못하였음을
확인한 때에는 등록을 거부하여야 한다.

1. 자격증 유효성

2. 휴·폐업 사실 여부

3. 등록에 필요한 교육 이수 여부

4. 제출서류에 허위사실 기재 여부

5. 대행기관 사무소 명칭이 대행기관 지정 취지에 적합한지 여부[425]

6. 기타 이 지침에 따른 위반사항이 있는지 여부

② 출입국관리공무원은 제출된 서류만으로 대행기관 심사요건의 충족 여부를 확인하지 못하는
경우 등록을 위한 실태조사를 할 수 있다.

③ 청장·사무소장·출장소장은 제1항에 따른 등록거부 시 거부에 대한 사유를 서면으로 적어
교부하여야 하며, 교부 방식은 직업, 우편, 공시송달 등 출입국관리법에 따른다.

제9조(등록거부에 대한 이의신청) ① 등록 거부처분을 받은 경우 거부처분 통지를 받은 60일
이내에 불복이유를 밝혀 처분청에 이의신청을 할 수 있다.

② 처분청은 이의신청 심사결과를 이의신청인에게 문서로 통보하고, 이의신청을 수용한 경우
즉시 등록처리한다.

교육 수료 증명서는 출입증 발급시 필요함

[423] 사업자등록증상 대표자의 신분증으로 주민등록증, 운전면허증 등 공적 신분증을 제출

[424] 공직 퇴직자로 최종 퇴직기관에서 발행한 것으로 퇴직일, 최종 퇴직기관, 퇴직사유 및 담당자 연락처가
기재 된 것에 한하여 유효함. 행정사법 제9조 제3항에 따르면, 징계처분을 받거나, 파면 해임된
자는 시험이 면제되지 않음.

[425] ○○공인중개사, ○○여행사, ○○노무사, ○○법무사, ○○회계사 등에 대한 등록은 제한되나, 행정사
표시를 하고 다른 직업명(ex, ○○행정사/노무사)을 병기하는 경우에는 예외적으로 허용. 그러나
서울출입국행정사, 하이코리아행정사, 1345행정사, 외국인종합안내센터행정사 등에 대한 등록은
제한

제10조(등록증의 교부) ① 청장·사무소장·출장소장은 등록이 완료되면 등록번호가 부여된 등록증을 대행기관에 교부하여야 한다.

 ② 등록번호의 구성은 연도, 등록지(기관), 연번 등으로 구성한다426)

 ③ 대행기관이 등록증을 분실한 경우 등록기관에 재발급을 요청할 수 있다.

 ④ 등록에 관한 증명서를 별도로 발급하지 않으며, 등록증으로 갈음한다.

제11조(등록증의 관리) ① 대행기관은 등록증을 양도 또는 대여하여서는 아니 되며, 누구든지 양수받거나 대여 받아서는 안 된다.

 ② 등록증은 사무실에 민원인이 볼 수 있는 곳에 게시하며 등록지 이외의 장소에 게시하여서는 아니 된다.427)

제12조(등록사항 등 변경신고) ① 대행기관은 다음 각 호의 어느 하나에 해당하는 사유가 발생하면 그 사유가 발생한 날로부터 15일 이내에 등록한 청장·사무소장·출장소장에게 신고하여야 한다. 단, 사무소의 소재지가 변경된 경우에는 변경된 사무소의 소재지를 관할하는 출입국·외국인관서에 신고하여야 한다.

   1. 휴업, 영업정지(이 법에 따라 대행업무가 정지된 경우는 제외한다. 이하 같다) 및 폐업 사실, 등록철회(반납)

   2. 상호, 대표자, 주소, 사업자등록번호가 변경된 경우

   3. 대행기관의 구성원 및 소속직원의 신분 변동(휴직, 퇴직 또는 그 밖에 업무 수행이 어려운 사유가 발생한 경우) 사실

 ② 대행기관은 제1항 각 호의 사실을 신고하는 때에는 다음 각 호의 서류를 첨부하여야 한다.

   1. 대행기관 등록사항 등 변경신고서(별지 서식 2)

   2. 사유 입증서류(변경 내용이 기재된 사업자등록증, 행정사업무신고확인증 등)

   3. (필요 시) 대행기관 출입증 (재)발급 신청서

 ③ 대행기관은 제1항 각 호의 사실을 신고하는 때에는 제23조에 따른 출입증을 분실한 경우 외에는 출입증을 모두 반납하여야 한다. 제1항제3호의 사실을 신고한 경우에는 해당 직원에게 발급된 출입증만을 반납한다.

 ④ 휴업 또는 영업정지 사실을 신고한 대행기관이 영업을 재개하려는 경우에는 영업 재개 15일 전에 영업재개 신고서(별지 서식 3) 및 제2항제2호 내지 제3호에 해당하는 서류를 영업소 소재지를 관할하는 청장·사무소장·출장소장에게 제출하고 재개를 신청하여야 한다.

---

426) 예시 : 21(연도)-서울(등록지)-문서유형-001(등록순번)
427) 등록증을 지정된 사무소 이외에 여행사 등에 게시하는 행위의 금지

제4장 대행기관 교육

제13조(대행기관 교육의 종류) ① 법무부 장관은 규칙 제68조의2 제3항, 제6항, 제68조의4 제2항[428]에 따른 대행기관 교육을 실시한다.

② 대행기관 교육의 종류 및 참여 가능 대상자는 다음 각 호와 같다.

    1. 대행기관 등록을 위한 교육 : 변호사, 행정사, 법인·행정사합동사무소의 대표자. 단, 법무법인은 대표 변호사 또는 대표 변호사가 위임한 소속 변호사, 파트너 변호사는 해당 변호사, 행정사합동사무소·행정사법인은 대표 행정사

    2. 출입증 발급을 위한 교육 : 대행기관 구성원, 소속직원. (다만, 대행기관 등록을 위한 교육을 이수한 자는 출입증 발급을 위한 교육을 이수하지 않더라도 출입증 발급 신청 가능)

    3. 보수교육 : 출입증을 발급받은 대행기관 및 그 구성원과 소속직원

③ 대행기관 교육은 다음 각 호의 내용으로 4시간 이상으로 구성한다.

    1. 직무 교육 : 출입국관리법, 체류관리정책, 사증발급정책, 이민정책(난민, 국적, 동포, 통합 등)의 이해

    2. 실무 교육 : 출입국민원 대행제도, 표준업무 처리절차 등

제14조(교육의 실시) ① 법무부장관은 교육계획을 월별 또는 분기별로 하이코리아 등 인터넷 홈페이지 등에 교육장소, 일시, 접수기간을 공고한다.[429]

② 대행기관 교육은 권역별로 시행되며, 교육 신청자는 대행기관 사무소의 주소지를 관할하는 청·사무소·출장소에 해당하는 권역의 교육장소에서만 신청할 수 있다. 단, 서울권역 이외의 권역에 해당하는 신청자도 서울권역에서 실시하는 교육에 참여할 수 있다.

권역	출입국·외국인관서
서울	서울청, 제주청, 남부소, 양주소, 춘천소, 세종로출, 고양출, 동해출, 속초출
인천	인천청, 안산출
수원	수원청, 평택출

---

[428] 제68조의2(대행기관의 등록절차 등) ③ 대행기관으로 등록하려는 자(법인인 경우에는 변호사 또는 행정사 자격을 갖춘 소속 직원을 말한다)는 법 제79조의2제2항제2호에 따라 법무부장관이 시행하는 대행업무에 필요한 교육을 4시간 이상 이수해야 한다.

    ⑥ 제1항부터 제5항까지에서 규정한 사항 외에 대행업무에 필요한 대행기관의 등록, 교육의 일정·장소·과목, 등록증 및 출입증의 발급·재발급 등에 필요한 사항은 법무부장관이 정한다.

    제68조의4(대행업무처리 표준절차 등) ② 법무부장관은 대행기관의 대행업무 수행에 필요한 경우 출입국 관련 법령의 변경 사항, 대행업무처리 절차 등 대행업무에 필요한 교육을 실시할 수 있다.

[429] 권역별 출입국·외국인관서, 개최 주기 등은 교육장소 사정에 따라 변동될 수 있으므로, 자세한 사항은 별도 공고한 내용을 참고하여야 함

대전	대전소, 청주소, 당진출, 서산출, 천안출
부산	부산청, 울산소, 대구소, 창원소, 김해출, 구미출, 포항출, 사천출, 통영출
광주	광주소, 전주소, 여수소, 광양출, 목포출, 거제출, 군산출

③ 교육 신청은 접수기간 내에 하여야 하며, 신청 시 대행기관 교육 신청서(별지 서식 5), 신분증 사본430), 대행기관 사업자등록증 사본 이외의 첨부서류는 다음 각호와 같다.

  1. 변호사, 행정사 : 행정사 자격증 또는 변호사신분증 사본
  2. 법인 또는 합동사무소의 구성원 : 행정사 자격증 또는 변호사신분증 사본, 소속기관 확인 서류(운영규약, 법인 등기부등본 등)
  3. 소속직원 : 재직증명서

④ 교육신청자는 교육 시작 30분 전까지 교육장소에 도착하여 시작 10분 전까지 출석부에 서명하고, 교육 종료 시까지 성실히 참석한 후 수료증을 받아야 한다.

⑤ 등록이 취소된 대행기관은 취소된 날로부터 6개월간 등록을 위한 교육을 신청할 수 없다.

제15조(기존 등록기관 특례) 출입국관리법 개정법률(제17365호, `20.12.10.시행) 시행 이전에 등록된 대행기관은 부칙규정에 따라 법률 시행한 날로부터 1년 이내에 등록을 위한 교육을 이수하고 이수증을 제출하여야 한다.

제5장 출입증 발급 및 관리

제16조(출입증 발급의 신청 등)431) ① 대행기관으로 등록한 변호사, 행정사, 법인·행정사합동사무소의 대표자는 등록한 청·사무소·출장소 또는 법무부장관이 정하는 정보통신망에 다음 각 호의 서류를 제출하여 대행기관 출입증을 신청할 수 있다. 다만, 등록을 위한 교육을 이수하지 않은 변호사 또는 행정사는 출입증 발급을 위한 교육을 이수하여야 출입증을 신청할 수 있다.

  1. 공통서류 : 대행기관(소속직원 등) 출입증 (재)발급 신청서(별지 서식 4), 소속기관 사업자등록증, 교육 수료증명서, 이력서, 신분증 사본432), 반명함판 사진 1매
  2. 행정사합동사무소 또는 행정사법인의 구성원 : 행정사 자격증, 행정사합동사무소설치신고확인증(합동사무소) 또는 법인업무신고확인증(행정사법인), 경력증명서(공직퇴직자의 경우)

---

430) 주민등록증, 운전면허증 등 공적 신분증
431) 대행기관 등록신청 시, 출입증을 신청하는 경우에는 통합신청서에 모두 표시 가능
432) 주민등록증, 운전면허증 등 공적 신분증

3. 법무법인의 구성원 : 대한변호사협회 발행 변호사신분증, 재직증명서

4. 소속직원 : 변호사 협회 발행 사무직원 신분증

② 청장·사무소장·출장소장은 법률사무소 또는 법무법인의 사무직원으로서 일정요건을 갖춘 경우 신청에 의하여 출입증을 발급할 수 있다.

③ 출입증 발급권자는 대행기관이 등록한 청장·사무소장·출장소장이 된다.

제17조(소속직원에 대한 출입증 발급) ① 출입증 발급을 신청할 수 있는 소속직원의 수는 다음 각 호와 같다.

1. 단독 법률사무소 : 1명

2. 법무법인·법무법인(유한)·법무조합 : 2명 이내. 다만, 소속변호사[433]가 20명 ~ 49명인 경우 3명, 50명 ~ 99명인 경우 4명, 100명 이상인 경우 5명 이내로 함

② '20.12.10. 개정 법률 시행 이전에 출입증발급 허용인원을 초과하여 출입증을 발급받은 대행기관은 '21.12.9.까지 허용인원을 초과하는 인원의 출입증을 반납하여야 하며, 반납하지 않을 경우에는 해당 인원의 출입증은 무효화 된다.

③ 변호사(법률사무소)는 제1항에 따라 등록한 소속 직원을 지도·감독할 책임이 있으며, 소속직원의 행위는 그를 고용한 대행기관의 행위로 본다.

제18조(출입증 발급 심사기준 및 이의신청) ① 청장·사무소장·출장소장은 출입증을 발급하는 경우에는 출입증에 발급번호, 발급 대상자의 사진, 발급 기관, 발행일, 상호, 주소 등 필요한 사항을 기재하여 발급할 수 있다. 다만, 다음 각 호에 해당하는 대행기관에 대하여는 출입증을 발급하지 아니한다.

1. 대행기관이 대행업무정지 처분을 받고 있는 경우

2. 대행기관 등록취소처분을 받은 날로부터 6월이 경과하지 아니한 경우

3. 대행기관이 휴·폐업한 경우

4. 기관명칭이 대행기관 지정 취지에 부적합한 경우

5. 소속직원·구성원의 경우 최근 5년 이내 출입국관리법령을 위반(500만원 이상의 범칙금)한 경우

6. 소속직원·구성원의 경우 출입증 발급을 위한 교육 미이수 경우

7. 소속직원의 경우 기타 청·사무소·출장소 출입이 적절하지 아니한 상당한 이유가 있다고 청장·사무소장·출장소장이 인정하는 경우

8. 기타 이 지침에 따른 위반사항이 있는 경우

② 출입증 발급 심사 결과 발급 거부하는 경우, 신청인에게 발급거부 사유를 기재한 발급거부통지서를 직접 또는 등기우편으로 교부하여야 한다.

---

[433] 대표변호사가 2명 이상인 경우에도 동일하게 적용

③ 출입증 발급거부통지서를 받은 신청인은 통지서를 받은 날로부터 60일 이내에 이유를 밝혀 처분청에 이의신청을 할 수 있다.

제19조(출입증 재발급) ① 출입증 기재사항의 변동, 출입증의 분실·훼손 등의 사유로 출입증을 재발급 받고자 하는 사람은 신청 서류를 갖추어 재발급 신청하여야 한다.
② 분실을 제외하고는 기존 출입증을 청장·사무소장 또는 출장소장에게 반납하여야 한다.

제20조(패용 및 제시) ① 대행업무 수행을 목적으로 청·사무소·출장소에 출입하려는 대행기관 및 그 구성원, 소속직원은 출입증을 패용하여야 한다.
② 신규 또는 재발급 신청으로 출입증 발급이 진행 중인 경우, '출입국민원 대행기관 등록증'사본으로 출입증을 대체할 수 있다.
③ 출입증은 출입국관리공무원이 대행기관임을 확인할 수 있도록 외부에 보이도록 패용하는 것을 원칙으로 한다.
④ 대행업무 수행 시 출입증을 함께 제시하여야 하며, 출입증을 휴대하지 않은 경우 출입국관리공무원은 대행업무 수행을 제한할 수 있다.

제21조(대여의 금지 등) ① 출입증은 대행업무 수행을 위해 등록기관에 출입하려는 용도로만 사용할 수 있으며, 이를 타인에게 대여하거나 양도할 수 없다.
② 타인의 출입증을 패용한 사실을 발견한 출입국관리공무원은 즉시 출입증을 회수하고 해당 사실을 발급기관에 통보하여야 한다.

제22조(관리, 반납, 폐기) ① 출입증을 발급받은 자는 분실 또는 훼손되지 않도록 하여야 한다.
② 대행기관은 등록취소, 대행업무 정지, 폐업(휴업), 퇴직 등의 사유가 발생한 때에는 즉시 발급권자에게 출입증을 반납하여야 한다.434)

제23조(출입증 분실 등의 신고) ① 대행기관은 다음 각 호의 어느 하나에 해당하는 사유가 발생하면 그 사유가 발생한 날로부터 15일 이내에 대행기관 등록사항 등 변경신고서(별지서식2)에 사유 발생 사실을 소명하는 서류를 첨부하여 등록한 청장·사무소장·출장소장에게 신고하여야 한다.
1. 출입증의 분실·훼손 사실
2. 출입증을 발급 대상자가 아닌 사람이 행사한 경우

---

434) 규칙 제68조의2(대행기관의 등록절차 등) ⑤ 대행기관은 등록증 및 출입증의 기재사항에 변동이 있거나, 등록증 및 출입증을 분실 또는 훼손한 경우 등에는 제1항에 따라 등록하였던 청장·사무소장 또는 출장소장에게 신청하여 등록증 및 출입증을 다시 발급받아야 한다.

② 대행기관은 제1항 각 호의 사실을 신고하는 때에는 출입증을 분실한 경우 외에는 출입증을 모두 반납하여야 한다.

제6장 대행기관 전용 민원창구 및 전자민원 대행

제24조(대행기관 전용 민원창구) ① 유효한 출입증을 소지한 대행기관은 청·사무소·출장소에서 운용하는 대행기관 전용창구를 이용할 수 있다.

② 청장·사무소장·출장소장은 관서별 상황에 따라 전용창구 이용시간, 창구 수 등 이용절차를 정할 수 있으며, 대행기관은 이에 따라야 한다.

③ 대행기관은 전용창구를 계속 이용하기 위해서는 대행기관으로 등록한 날로부터 대행기관(대표자), 출입증을 발급받은 그 구성원과 소속직원 모두 2년마다 4시간 이상 보수교육을 이수하여야 한다.

제25조(대행기관 전자민원 대행) ① 대행기관으로 등록 후 3개월이 지난 기관은 법무부 전자민원(hikorea.go.kr)을 대행할 수 있다.

② 전자민원 대행을 위해 ID와 기업정보 등 입력하여 회원가입을 신청하여야 한다.

③ 유효한 출입증을 소지한 대행기관은 회원가입을 한 후 기업공인인증서를 통해 대행신청을 할 수 있다.

제26조(전자민원의 대행의 제한) 법무부장관은 다음 각 호의 경우에 해당하는 경우 제25조 3항에도 불구하고 전자민원 대행을 제한할 수 있다.
1. 대행정지 처분을 받은 날로부터 1년간
2. 등록취소 처분을 받은 날로부터 2년간
3. 전자민원 대행업무 이용을 승인받은 대행기관이 아닌 자가 사용한 경우 2년간
4. 전자민원 대행업무 아이디를 악용 또는 부정사용하였음이 사실조사 등을 통해 확인된 경우 2년간
5. 대행기관 등록한 날로부터 대행기관(대표자), 출입증을 발급받은 그 구성원과 소속직원 모두 2년마다 4시간 이상 보수교육을 받지 않은 경우

제27조(기존 대행기관 특례) 제24조 제3항과 제26조 제5호의 '2년'과 관련하여 출입국관리법 개정법률(제17365호, '20.12.10.시행) 시행 이전에 등록된 대행기관은 다음 각 호 기준에 따라 교육을 수료한 경우 최초 1회에 한하여 각 호에서 정한 기간안에 보수교육을 받아야 한다. 이후부터는 2년으로 한다.

1. '21. 6월 이전까지 수료한 경우 2년 6개월

2. '21. 8월 이전까지 수료한 경우 2년 4개월

3. '21.12.9.까지 수료한 경우 2년

제7장 대행업무 표준처리 절차

제28조(원칙) 대행기관은 법 제79조의2제3항 및 규칙 제68조의4(대행업무 표준처리절차 등)[435] 【별표4】에서 정하는 대행업무 표준처리 절차를 준수하여야 한다.

제29조(대행업무 처리절차) ① 대행기관은 출입국민원을 대행 의뢰한 외국인을 기준으로 관할 청·사무소·출장소에서 대행업무를 처리한다.

② 유효한 출입증을 소지한 대행기관은 대행업무 수행을 위하여 청·사무소·출장소에 방문하는 경우 방문하기 전날까지 온라인 방문예약을 하거나, 청장·사무소장·출장소장이 지정하는 대행기관 전용 민원창구를 이용할 수 있다.

③ 대행기관은 2항에 따른 대행업무 수행을 위해 청·사무소·출장소를 방문할 경우에는 반드시 출입증을 패용하고, 서류 제출 시에는 출입증 및 대행업무 수행확인서(별지 서식 6-1)을 제시 및 제출하여야 한다.

④ 대행기관은 출입국관리공무원이 체류허가 신청 접수 및 심사를 위해 대행의뢰 외국인에게 질문 또는 인터뷰하는 것을 방해하여서는 안 된다.

⑤ 대행기관은 제30조에 따른 민원처리대장을 영업 사무소내에 비치하여야 한다.

제30조(민원처리대장의 비치) ① 대행기관은 영업소에 대행업무 처리대장을 비치하고, 업무의 내용, 신청 외국인의 성명, 생년월일, 주소, 연락처 및 업무처리결과를 대장에 기재하여야 하여야 한다.

② 대행업무 처리대장(별지 서식 7)은 업무처리가 종결된 날로부터 3년간 보관하여야 한다.

③ 대행기관은 출입국관리공무원이 대행업무와 관련하여 필요하다고 요청하는 경우 이를 제출하여야 한다.

---

[435] 제68조의4(대행업무처리 표준절차 등) ① 법 제79조의2제3항에 따른 대행업무처리 표준절차는 별표 4와 같다.

② 법무부장관은 대행기관의 대행업무 수행에 필요한 경우 출입국 관련 법령의 변경 사항, 대행업무처리 절차 등 대행업무에 필요한 교육을 실시할 수 있다.

③ 제1항 및 제2항에서 규정한 사항 외에 대행업무 처리에 필요한 세부 절차는 법무부장관이 정한다.

제8장 대행기관의 일반적 준수사항

제31조(수수료) 대행기관은 사회 통념상 정당한 수수료를 받아야 한다.

제32조(대행기관 표시) ① 대행기관은 등록된 대행기관임을 외부에 표시할 수 있고, 사무실 내부에 등록증을 게시하여 출입국민원 대행기관 위임자가 대행기관임을 확인할 수 있어야 한다.
② 대행기관은 법무부 등록기관임을 표시할 수 있으나, 법무부 지정기관임을 표시하여서는 아니 된다.

제33조(손해배상) 대행기관은 업무수행과정에서 고의 또는 과실로 위임인에게 재산상 손해를 끼친 경우 그 손해를 배상하여야 한다.

제34조(처리 과정 개입 금지) 대행기관은 업무범위를 벗어나 민원사무 처리과정에 개입하여서는 아니 된다.

제35조(대표자의 책임) 대행기관 소속직원 등 권한이 없는 자가 부당한 방법으로 대행기관 업무의 위임을 유치하는 행위를 하는 경우 대행기관의 대표자가 책임을 부담한다.

제9장 대행기관에 대한 행정제재

제36조(실태 점검 등) ① 청장·사무소장·출장소장은 소속직원으로 하여금 대행기관을 방문하여 관계서류를 점검하거나 관계인에게 질문 등을 하게 할 수 있다.
② 대행기관은 제1항에 따라 점검·질문을 받는 경우 적극 협조하여야 한다.

제37조(등록취소 등) ① 청·사무소·출장소장은 법 제79조의3(대행기관에 대한 등록취소 등)[436]

---

[436] 제79조의3(대행기관에 대한 등록취소 등) ① 법무부장관은 대행기관이 다음 각 호의 어느 하나에 해당하는 경우에는 등록취소, 6개월 이내의 대행업무정지 또는 시정명령을 할 수 있다. 다만, 제1호 또는 제2호에 해당하는 경우에는 대행기관의 등록을 취소하여야 한다.
  1. 거짓이나 그 밖의 부정한 방법으로 등록한 경우
  2. 대행업무정지 기간 중 대행업무를 한 경우
  3. 제79조의2제2항에 따른 등록요건에 미달하게 된 경우
  4. 제79조의2제3항에 따른 대행업무처리 표준절차를 위반한 경우
  5. 시정명령을 받고도 이행하지 아니한 경우
  6. 외국인등에게 과장 또는 거짓된 정보를 제공하거나 과장 또는 거짓된 정보를 제공하여 업무 대행을 의뢰받은 경우

에 따라 법무부장관의 위임을 받아 대행기관에 대한 시정명령·6개월 이하의 대행업무 정지 또는 등록취소 등의 처분을 할 수 있다.

② 제1항에 따른 행정처분은 규칙 제68조의5(대행기관에 대한 등록취소 등)【별표 4의2】의 세부 제재 기준에 따른다.

③ 청·사무소·출장소장은 행정제재 시 그 내용과 이의신청에 관한 사항을 대행기관에 서면으로 교부하여야 한다.

④ 대행등록 취소사유인 경우에는 청문일 10일 전까지 대행기관에 통지하며, 청문에 참가해야 하는 대행기관이 정당한 사유없이 청문기일에 출석하지 못하거나 의견서를 제출하지 못한 경우에는 청문절차가 종료된다.

⑤ 행정처분을 받은 대행기관은 제재를 받은 날로부터 10일 이내에 이의신청할 수 있으며, 이의신청을 접수한 날로부터 10일 이내 심사하여 그 결과를 서면으로 회신하여야 한다. 이의신청한 경우에도 대행업무 정지 등의 행정제재는 계속 유지 된다.

⑥ 처분의 효력 승계와 관련하여서는 행정사법 제33조[437]를 준용한다.

제10장 보칙

제38조(업무협조 요청 등) 출입국관리공무원은 이 지침이 규정한 범위 내에서 대행기관에 직무명령을 구두로 발할 수 있으며, 직무명령을 받은 대행기관이 서면으로 고지할 것을 요청할 경우 서면으로 명령서를 교부하여야 한다.

제39조(대행기관 명단 게시) 청장·사무소장·출장소장은 등록된 대행기관의 대행기관명, 주소, 연락처 등을 기재한 대행기관 명단을 홈페이지 또는 청사 내 게시판 등에 게시할 수 있다.

---

7. 위조·변조된 서류 또는 거짓된 사실이 기재된 서류를 작성하거나 제출하는 경우
8. 외국인등이 맡긴 서류를 분실·훼손하거나 외국인등의 출입국이나 체류와 관련된 신고·신청을 위하여 제출하여야 할 서류의 작성·제출을 게을리 하는 등 선량한 관리자의 주의의무를 다하지 아니하는 경우

② 제1항에 따른 행정처분의 세부기준은 법무부령으로 정한다.
③ 법무부장관은 제1항에 따라 대행기관 등록을 취소할 경우에는 청문을 실시하여야 한다.

[437] 제33조(행정제재처분효과의 승계 등) ① 제16조(제25조의13제1항에서 준용하는 경우를 포함한다)에 따라 폐업신고를 한 후 업무를 다시 시작하는 신고를 한 행정사(행정사법인을 포함한다. 이하 이 조에서 같다)는 폐업신고 전 행정사의 지위를 승계한다. 〈개정 2020. 6. 9.〉
② 제1항의 경우 폐업신고 전의 행정사에 대하여 제32조제1항 각 호의 위반행위를 사유로 한 행정처분의 효과는 그 처분일부터 1년간 업무를 다시 시작하는 신고를 한 행정사에게 승계된다.
③ 제1항의 경우 업무를 다시 시작하는 신고를 한 행정사에 대하여 폐업신고 전 행정사의 제32조제1항 각 호의 위반행위를 사유로 행정처분을 할 수 있다. 다만, 폐업신고를 한 날부터 업무를 다시 시작하는 신고를 한 날까지의 기간이 1년을 넘은 경우는 그러하지 아니하다.
④ 제3항에 따라 행정처분을 하는 경우에는 폐업한 기간과 폐업의 사유 등을 고려하여 업무정지의 기간을 정하여야 한다.

부   칙 〈2021-1호, 2021. 1. 27.〉
제1조 (시행일) 이 지침은 2021년 1월 27일부터 시행한다.
제2조 (적용대상) 이 지침 시행 전에 출입국기관에 등록한 대행기관에 대하여도 이 규정을 적용한다.
제3조 (등록 취소 등에 관한 경과조치) 이 지침 시행 이전의 위법행위에 대한 행정제재는 행위 당시의 지침을 적용한다.

부   칙 〈2021-447호, 2021. 11. 8.〉
제1조 (시행일) 이 지침은 2021년 11월 8일부터 시행한다.

[별표 1] 대행업무처리 표준절차 〈생략〉
[별표 2] 출입국민원 대행기관 행정재재 기준 〈생략〉
[별표 3] 각 기관별 대행기관 전용창구 운영현황 〈생략〉
[별지 1] 대행기관 등록신청서 〈생략〉
[별지 2] 대행기관 등록사항 등 변경신고서 〈생략〉
[별지 3] 영업재개 신고서 〈생략〉
[별지 4] 대행기관(소속직원 등) 출입증 (재)발급 신청서 〈생략〉
[별지 5] 대행기관 교육 신청서 〈생략〉
[별지 6의1] 대행업무 수행확인서 〈생략〉
[별지 6의2] 대행업무 수행확인서(외국인등록증 등 수령) 〈생략〉
[별지 7] 출입국민원 대행 접수대장 〈생략〉

제9절 외국인유학생 시간제 취업(아르바이트)[438]

가. 기본원칙

○ 통상적으로 학생이 행하는 시간제취업 (단순노무 등) 활동에 한정

  ※ 출입국관리법 시행령 [별표1-2] 에 해당하는 취업활동에 종사하고자 할 경우 해당자
   격별 개별 지침 적용 (예시, 대통령 영어봉사장학생, 회화지도강사, 전문통번역 등)

  ※ 개인과외 교습행위는 그 행위의 장소, 대상 등 특수성을 고려하여 엄격 제한

【허가절차】

고용계약서 작성	시간제취업확인서 작성	신청	허가, 불허
고용 당사자간 고용계약 (표준근로계약서, 시급기재)	별지서식, 대학 유학생 담당자가 작성	첨부서류, 온라인 또는 방문 신청	허가 스티커 부착 또는 온라인 허가서 출력

나. 대 상

○ 다음 중 일정수준의 한국어 능력을 보유하고 대학 유학생 담당자의 확인을 받은 사람

 - 유학 체류자격 중 세부 체류자격 D-2-1~D-2-4, D-2-6, D-2-7 해당자

 - 어학연수(D-4-1, D-4-7)자격 및 방문학생(D-2-8)자격 변경일(사증소지자는 입국
   일)로부터 6개월이 경과된 사람

○ 유학과정 경과(전문학사 2년, 학사 4년) 후 학점미달 등으로 졸업요건을 갖추지 못하
   여 예외적으로 체류허가를 받은 자는 허가 대상에서 제외

 - 다만, 석·박사과정 종료자에 한해 정규과정 수료 후 논문준비생도 허용할 수 있으며,
   이 경우 학점미달, 출석률 미달 등 불성실한 학업으로 인한 졸업지연이 명백한 경우에
   는 제외

 ☞ 위와 같이 허용하는 경우도 주당 30시간에 한하며, 휴무일, 공휴일, 방학기간 중
   무제한 허용 규정은 적용 배제

---

438) 법무부 출입국·외국인정책본부, 「외국인체류 안내매뉴얼」, 2024.7.26, 36면-40면 참조.

792 │ 외국인 고용 매뉴얼

다. 허용범위

〈한국어 능력별, 학위과정별 허용시간('23. 7. 시행)〉

과정	학년	한국어 능력 기준 ①TOPIK, ②사회통합프로그램, ③세종학당		시작 시기	허용 시간		인증대학·성적우수, 한국어우수 (주중)
					주중	주말·방학	
어학연수	-	① 2급	X	6개월 이후 가능	10시간		10시간
		② 2단계 이상 이수 또는 사전평가 41점 이상 ③ 초급2 이상 이수	O		20시간		25시간
전문학사	-	① 3급	X	즉시 가능	10시간		10시간
		② 3단계 이상 이수 또는 사전평가 61점 이상	O		25시간	무제한	30시간
학사	1~2학년	③ 중급1 이상 이수	X	즉시 가능	10시간		10시간
			O		25시간	무제한	30시간
	3~4학년	① 4급	X	즉시 가능	10시간		10시간
		② 4단계 이상 이수 또는 사전평가 81점 이상	O		25시간	무제한	30시간
석·박사	-	③ 중급2 이상 이수	X	즉시 가능	15시간		15시간
			O		30시간	무제한	35시간

※ 영어트랙 과정 : 학년에 관계 없이 TOEFL 530(CBT 197, iBT 71), IELTS 5.5, CEFR B2, TEPS 601점(NEW TEPS 327점) 이상 자격증 소지자, 영어 공용국가는 자격증 제출 면제

〈허용분야(예시)〉

○ 일반 통역·번역, 음식업 보조, 일반 사무보조 등

○ 관광안내 보조 및 면세점 판매 보조 등

  ※ 단, 상기 시간제취업 허용분야에서 종사하고자 하는 경우라도 국내법에 따라 일정한 자격요건을 갖추어야 하는 직종에 취업하는 경우에는 그 자격요건을 갖추어야 함

○ 사업자등록증을 기준으로 제조업, 건설업이 있는 경우 원칙적 제한

  ※ 단, 제조업의 경우 토픽 4급(KIIP 4단계 이수)을 소지한 경우 예외적으로 허용

○ 시간제 또는 전일제 계절근로 활동

○ 방학기간 중 학위과정(D-2) 유학생의 전문분야(E-1~E-7) 인턴*활동(단, 국내법에 따라 일정한 자격요건을 갖추어야 하는 직업에 취업하는 경우에는 그 자격요건을

갖추어야 함)

* 소정의 연수 수당을 받고 전문분야(E-1~E-7) 허용 분야에서 연수·수습 등 인턴사원 형태로 근무하기로 계약을 체결한 경우

〈장소변경〉: 고용주를 달리하여 근무장소가 변경되는 경우에는 사전에 새로이 시간제 취업허가를 받아야 함

〈허가 기준 등〉

O 제한대상

- 신청일 기준 직전학기 평균 성적이 C학점(2.0) 미만인 자로 학업과 취업의 병행이 곤란하다고 판단되는 경우(어학연수과정은 전체 이수학기 평균 출석률 90% 미만이면 제한)

- 불성실 신고자 : 시간제 취업허가를 받지 않았거나 허가 조건 위반자, 신청사항(장소, 근무시간 등) 부실 입력자 등은 해당 처리기준에 따라 조치(내부기준)

- 직종제한 : E-1 ~ E-7 전문분야, E-9, E-10 비전문분야

- 미성년 학생 대상 외국어 교육 유관 시설*에서의 시간제취업활동 제한(단, 영어키즈카페, 영어캠프에서 안전보조원, 놀이보조원 등의 활동(회화지도(E-2) 활동은 제외)을 하려는 사람이 공적 확인을 받은 자국정부 발급 범죄경력증명서 및 법무부장관 지정 의료기관 발행 채용신체검사서(마약검사 결과 포함)를 제출하는 경우)

* 영어키즈카페, 영어캠프, 외국어회화학원 등

- 다음 중 어느 하나에 해당하는 근무형태 제한

① 택배기사, 배달대행업체 라이더, 대리기사, 보험설계사, 학습지 교사, 방문판매원 등 특수형태근로종사자의 활동

② 파견, 도급, 알선 관계에 따른 취업활동

③ 원거리 근무

O 처리요령

- 어학연수생(D-4): 체류기간 내에서 최장 6개월, 장소 1곳 한정

- 유학생(D-2): 체류기간 내에서 최장 1년, 시간제 취업허가 허용 시간 범위 내 동시에

취업할 수 있는 장소 2곳으로 한정

라. 신청서류
 ○ 여권, 외국인등록증, 신청서
 ○ 외국인 유학생 시간제취업 확인서 (붙임3), 성적 또는 출석 증명서 (FIMS 확인이 될
   경우 제출에 갈음), 한국어 능력 증빙서류(해당자에 한함)
 ○ 사업자등록증 사본, 표준근로계약서
 ○ 외국인 유학생 시간제취업 요건 준수 확인서(해당자에 한함) (붙임4)

마. 시간제 취업허가의 특례 (허가를 받지 않아도 되는 대상)
 ○ 유학자격의 본질적 사항을 침해하지 아니하는 범위 내에서 일시적 사례금, 상금 기타
   일상생활에 수반되는 보수를 받고 행하는 활동은 허가대상에서 제외

바. 허가를 받지 않고 취업한 자의 위반자 처리기준
 ○ 건설업 분야의 경우 적발횟수와 관계없이 1차 적발 시 예외 없이 출국명령, 입국규제
   는 유예

사. 유학생(D-2)의 수익적 연구 활동
 ○ (소속대학 내 연구활동) 대학 및 산학협력단으로부터 연구 수당을 지급받는 경우로서,
   ⅰ) 학업과 연계된 연구·인턴 참여: 시간제취업허가 면제
   ⅱ) 학업과 무관한 연구·인턴 참여: 시간제취업허가 필요
 ○ (소속대학 외 연구활동) 대학 외부 기관으로부터 연구비를 지급받는 경우로서,
   ⅰ) 학업과 연계된 연구·인턴 참여: 시간제취업허가 필요
   ⅱ) 학업과 무관한 연구·인턴 참여: 체류자격외활동허가(E-3) 필요

아. 현장실습학기제 운영에 따른 현장실습 활동

○ (대상활동)「대학생 현장실습학기제 운영규정」(교육부고시 제2022-1호) 제2조에서 규정한 '표준 현장실습학기제' 및 동 고시 제3조에서 규정한 '필수적으로 이수하여야 하는 실습형태 교육과정'은 시간제 취업허가 면제(단, 자율 현장실습은 시간제 취업허가 필요)

제10절 건설 외국인근로자 고용허가 제한 관련 지침 개정

> ❖ 관련:「건설현장 불법부당행위 근절대책*('23.2.21. 관계부처 합동)」
> * (외국인 불법채용 적발시) 사업장 단위로의 고용제한 범위 축소, 고용제한 기간 완화

☐ 건설업 고용허가 제한 범위 변경

가. 개정 필요성

ㅇ 현재 건설업종의 경우 특정 현장에서 고용제한 사유가 발생하였더라도, 동일 법인 전체 현장에 대해 고용제한 조치하고 있음

  * 제조업 등에 대해서는 장소적으로 분리되고, 별도 고용보험관리번호로 관리되는 등 사업장(지사, 공장 등)의 독립성이 인정되는 경우 사업장 단위 고용제한

ㅇ 건설업의 경우 장소적으로 분리된 현장 단위로 고용허가서가 발급* 되고, 현장별로 고용보험 사업개시신고번호가 부여되며,

  * 내국인구인노력도 현장 단위로 이루어지며, 현장 단위로 고용가능인원이 산정됨

    - 동일 법인 내 현장 간 자유로운 이동*이 금지되는 등 동일 법인이라고 하더라도 현장 간 사실상 독립성이 인정됨

  * 동일 법인 내 현장 간 이동을 위해서는 공사중단(일시적 중단 포함) 사유 및 지방관서에 별도 신고(정보변동신고) 필요

ㅇ 또한, 현행과 같이 특정 현장에서 발생한 고용제한 사유가 동일 법인 전체 현장에 영향을 미치는 경우,

    - 건설 현장의 구인난을 고려할 때, 고용제한 상태에서 불가피하게 외국인근로자를 불법 고용하는 구조적 악순환*이 지속될 우려

  * 내국인 구인난 등으로 고용제한 기간 중 고용허가를 받지 않고 외국인력을 고용→ 과태료 및 추가 고용제한 처분 반복 → 고용제한 상태 지속

나. 개정 내용

o 건설업의 경우 동일 법인이 여러 개의 현장을 운영하고 있더라도 고용제한 사유가 발생한 현장(사업장) 단위로 고용 제한 조치

고용허가제 업무매뉴얼(2023)(p.473) 개정사항

> o 고용제한 조치 처리 시 법인 기업의 경우에는 그 법인, 개인 기업(개인, 개인 사업체 포함)의 경우에는 그 개인에 고용 제한
> * 다만, 법인이 여러 개의 사업장으로 구성된 경우라도 각 사업장별로 인사·노무·회계 등이 독립적으로 운영될 경우 각 개별 사업장 별로 고용제한
> – 건설업의 경우 동일 법인이 여러 개의 현장을 운영하고 있더라도 고용 제한 사유가 발생한 현장(사업장) 단위로 고용 제한 조치

o 고용제한 조치 처리 시 법인 기업의 경우에는 그 법인, 개인 기업(개인, 개인 사업체 포함)의 경우에는 그 개인에 고용 제한

* 다만, 법인이 여러 개의 사업장으로 구성된 경우라도 각 사업장별로 인사·노무·회계 등이 독립적으로 운영될 경우 각 개별 사업장 별로 고용제한

- 건설업의 경우 동일 법인이 여러 개의 현장을 운영하고 있더라도 고용 제한 사유가 발생한 현장(사업장) 단위로 고용 제한 조치

나. 개정 내용

o 「외국인근로자 고용 등에 관한 법률」제20조제1항제1호의 고용 제한 사유 최초 적발 시 1년 간 고용제한

고용허가제 업무매뉴얼(2023)(p.466) 개정사항

> 1. 허가 없이 외국인근로자를 고용한 경우
> – 허가 없이 외국인근로자를 고용한 경우 최종 고용일(해당 외국인근로자의 최종 근무일)부터 3년의 범위에서 고용제한 통지일부터 1년간 고용제한 (고용제한 통지일 현재 고용제한 사유발생일부터 3년 만료일까지의 잔여 기간이 1년 미만인 경우 잔여기간만 고용제한)

다. 지침 적용 시기: '23.6.30.

* 단, 지침 적용 시기 기준 이미 고용제한 사유가 발생한 경우는 기존 지침 적용

□ 행정 사항

o 지방관서*는 고용제한 해제 조치 사업장 안내 공문 발송

  * 안내 공문 발송 지방관서는 고용제한 사유가 실제 발생한 현장 관할 지방 관서임(한고원은 고용제한 해제 조치 후 고용제한이 해제되는 사업주(법인) 명단을 작성하여 지방관서 송부→지방관서는 해당 법인에 대해서만 공문 송부)

공문 내용(예시)
제목: 고용제한 해제 안내 1. 귀 사업장을 발전을 기원합니다. 2. 건설업 고용제한 적용 범위 지침 변경(법인 전체 현장→위반 현장)에 따라, ㅁㅁㅁㅁ 공사 현장의 고용제한(처분일: '00.00.00.자)으로 인해 현재 고용제한 조치 중인 귀 법인의 타 현장에 대한 고용제한을 해제하였사오니, 향후 업무 처리에 착오없으시기 바랍니다. 3. 향후, 「외국인근로자의 고용 등에 관한 법률」 제20조에 따른 고용제한 사유에 해당되지 않도록 외국인근로자 고용허가 신청, 노무 관리 등 철저를 기하여 주시기 바라며, 고용제한 해제 관련 문의사항은 000-000-0000로 연락주시기 바랍니다.

o 개정내용 홍보: 지방관서, 한국산업인력공단, 대행기관, 외국인노동자 지원센터는 기관 홈페이지, 각종 교육 및 간담회 시 개정 내용 안내

o 전산시스템 개편: 한국고용정보원은 지침 개정내용을 외국인고용 관리시스템(EPS)에 반영해 시행에 차질이 없도록 조치

※ 참고 : 외고법 상 고용제한 사유별 제한기간(개정 후)

고용허가 제한 사유	고용허가제한 기간	비고
고용허가서 발급받지 않고 외국인근로자 고용 (법 20조제1항제1호)	1년	허가없이 고용한 외국인근로자의 최종 근무일부터 3년의 범위에서 고용제한 통지일부터
고용허가 취소-허위로 고용허가서 발급 (법 20조제1항제2호 및 법 19조제1항제1호)	1년	고용허가가 취소된 경우 취소 처분일부터 3년의 범위
고용허가 취소-임금 등 근로조건 위반 (법 20조제1항제2호 및 법 19조제1항제2호)		
고용허가 취소-임금체불 등 노동관계법 위반 (법 20조제1항제2호 및 법 19조제1항제3호)		
외고법 또는 출입국관리법 위반으로 처벌받은 자 (법 20조제1항제3호)	3년 * 500만원 미만의 벌금의 경우 1년간	외고법 위반) 500만원 이상의 벌금 또는 징역형을 선고받은 경우 형벌확정일부터 3년간
		(출입국관리법 위반) 500만원 이상의 벌금 또는 징역형을 선고받거나, 500만원 이상의 범칙금을 납부한 경우 범칙금 납부일 또는 형벌확정일부터 3년간
6개월 내 내국인근로자 이직 (법 20조제1항제4호 및 시행령 25조제1호)	1년	이직일부터 3년의 범위
근로계약에 명시된 사업, 사업장 외 근로 (법 20조제1항제4호 및 시행령 25조제2호)	1년	근로계약에 명시된 사업장 외에서 근로를 제공하게 한 사실을 적발한 경우, 해당 외국인 근로자의 최종 근로제공일부터 3년의 범위
외국인 도입 중 불가피한 사유없이 근로계약해지 (법 20조제1항제4호 및 시행령 25조제3호)	1년	1회 해지시 해지일부터 3년의 범위

* 각 사유별 고용제한 기간 중 추가 고용제한 사유가 발생하는 경우 고용제한 통지일부터 추가사유 발생 후 3년이 만료되는 날까지 고용제한

제11절 고용허가제 자율점검 체크리스트[439)

┌───┐
│   │
│   ┌───────────────────────────────────────┐   │
│   │   「자율점검」 체크리스트   │   │
│   └───────────────────────────────────────┘   │
│   │
│   │
│   □ 사업장명: │
│   │
│   │
│   □ 자율진단일: │
│   │
│   │
│   │
│   □ 확 인 자: 직 책   │
│   │
│   성 명   (인)   │
│   │
└───┘

---

439) 고용노동부 대구서부고용노동지청 홈페이지(https://www.moel.go.kr/local/daeguseobu/info/
dataroom/view.do?bbs_seq=20200601251), 정보공개-부서별자료실-"[고용허가제]외국인근
로자(E-9,H-2) 고용관리 가이드북 배포" 게시물(2020. 6. 19.) 첨부자료

① 일반 현황

□ 사업장

사업장명		전화번호 (fax)	
소 재 지		업 종	
대 표 자		근로자수	
자율점검일자	20 . . . ~ 20 . . .		

□ 노동조합

명 칭	대 표 자	조합원 수	설 립 일	단체(임금) 협약만료일

□ 근로자 현황

근 무 형 태 별 근로자수 (단위 : 명)	구분	계	주간 근무	2교대 근무	3교대 근무	격일제 근무	탄력적 근무시간	선택적 근무시간	재량 근로
	남								
	여								

유 형 별 근로자수 (단위 : 명) (중복가능)	구분	외국인			연소 자	장애인	기간제	단시간	파견	도급 (용역)	일용	기타
		E-9	H-2	기타								
	남											
	여											

② 자율점검 체크리스트

□ 외국인고용법

관련 법 조항	진단 사항	진단 방법	진단 결과
1. 고용절차			
제9조1항 (근로계약)	■ 표준근로계약서를 사용하여 근로계약을 체결하고 있는지? * 500만원 이하의 과태료	■ 근로계약서를 서면으로 작성하였는지 확인	□ 준수하고 있음 □ 준수하고 있지 않음
제11조2항 (취업교육 방해)	■ 외국인근로자가 입국일로부터 15일 이내에 취업교육을 받을 수 있도록 조치하였는지? * 500만원 이하의 과태료	■ 취업교육 이수증을 지참하고 있는지 확인	□ 준수하고 있음 □ 준수하고 있지 않음
제12조3항 (특례고용가능 확인서 발급)	■ 특례고용가능확인을 받은 후 방문취업(H-2) 외국인근로자를 고용하였는지? * 500만원 이하의 과태료 및 고용제한	■ 특례고용가능 확인서를 받았는지 확인	□ 준수하고 있음 □ 준수하고 있지 않음
제12조4항 (구직자명부등재)	■ 구직자명부 미등록자 채용였는지? * 500만원 이하의 과태료	■ 방문취업(H-2) 외국인근로자가 취업교육 수료후 구직등록하였는지 확인	□ 준수하고 있음 □ 준수하고 있지 않음
	■ 건설업취업인정증 미소지자를 채용하였는지?(건설업에 한함) * 500만원 이하의 과태료	■ 방문취업(H-2) 외국인근로자가 건설업취업인정증 소지 여부 확인	□ 준수하고 있음 □ 준수하고 있지 않음
제12조4항 (근로개시신고)	■ 방문취업(H-2) 외국인근로자에 대하여 근로개시신고 하였는지? * 500만원 이하의 과태료	■ 외국인근로자 근로개시신고를 고용센터에 하였는지, 또는 외국인근로자가 출입국관리사무소에 취업개시신고를 하였는지 확인	□ 준수하고 있음 □ 준수하고 있지 않음
2. 고용관리			
제13조1항 (출국만기보험)	■ 출국만기보험을 가입하였는지? * 500만원 이하의 벌금	■ 모든 외국인근로자에 대하여 출국만기보험을 가입하였는지 확인	□ 준수하고 있음 □ 준수하고 있지 않음
	■ 출국만기보험료를 매월 납부하였는가? * 500만원 이하의 과태료	■ 매월 출국만기보험료를 납부하고 있는지 확인	□ 준수하고 있음 □ 준수하고 있지 않음

제15조1항 (귀국비용보험)	▪ 외국인근로자가 귀국비용보험에 가입하였는지? 있는지? * 500만원 이하의 과태료(근로자)	▪ 외국인근로자가 귀국비용 보험에 가입하였는지 확인	□ 준수하고 있음 □ 준수하고 있지 않음
제16조 (귀국에 필요한 조치)	▪ 근로관계 종료, 체류기간의 만료 등 으로 귀국하는 경우 귀국하기 전에 임금 등 금품관계를 청산하는 등 조 치를 하였는지? * 1년 이하의 징역 또는 1천만원 미만 의 벌금	▪ 귀국하는 근로자에 대한 임금 등 금품을 전액 청산 하였는 지를 확인	□ 준수하고 있음 □ 준수하고 있지 않음
제17조1항(고 용변동신고)	▪ 근로계약 해지, 외국인근로자 사망, 5일 이상 무단결근또는 소재불명, 사용자 또는 근무처 명칭 변경, 근무 장소 변경 등 사유발생시 신고하였 는지? * 500만원 이하의 과태료	▪ 근로계약 해지 등 고용변 동 신고 사유가 발생한 날 로부터 15일 이내에 신고 하였는지 확인	□ 준수하고 있음 □ 준수하고 있지 않음
제19조1항 (고용허가 또는 특례고용가능 취소)	▪ 고용허가 취소 또는 특례고용가능 확인 사유에 해당하는 내용이 있는 지? * 고용허가 취소	▪ 거짓이나 그 밖의 부정한 방법으로 고용허가나 특 례고용가능확인을 받았는 지 확인	□ 준수하고 있음 □ 준수하고 있지 않음
		▪ 입국 전에 계약한 임금 또 는 그 밖의 근로조건을 위 반하였는지 확인	□ 준수하고 있음 □ 준수하고 있지 않음
		▪ 금품체불 또는 그 밖의 노 동관계법 위반 등으로 근 로계약을 유지하기 어렵 다고 인정할 사유가 있는 지 확인	□ 준수하고 있음 □ 준수하고 있지 않음
제19조2항 (근로계약 종료)	▪ 고용허가 취소 또는 특례고용가능 취소 후 해당 외국인근로자 계속 고 용하고 있는지? * 1년 이하의 징역 또는 1천만원 미만 의 벌금	▪ 고용허가 취소 또는 특례 고용가능 취소 된 날로부 터 15일 이내에 근로계약 관계를 종료하였는지 확 인	□ 준수하고 있음 □ 준수하고 있지 않음
제20조1항 (고용제한)	▪ 고용제한 사유에 해당하는 사유가 있는지?	▪ 고용허가 또는 특례고용 가능 확인을 받지 않고 외 국인근로자를 고용하였는	□ 준수하고 있음 □ 준수하고 있지 않음

		지 확인	
		■ 외국인고용법 또는 출입국관리법 위반으로 처벌을 받았는지 확인	□ 준수하고 있음 □ 준수하고 있지 않음
		■ 고용허가서 발급 또는 근로개시된 날로부터 6개월 이내에 내국인 고용조정으로 이직이 있었는지 확인	□ 준수하고 있음 □ 준수하고 있지 않음
	* 고용허가 제한	■ 외국인근로자로 하여금 근로계약에 명시된 사업 또는 사업장에 근로를 제공한 사실이 있는지 확인	□ 준수하고 있음 □ 준수하고 있지 않음
		■ 근로계약이 체결된 이후부터 외국인취업교육을 마칠 때까지의 기간동안 불가피한 사유없이 근로계약을 해지한 사실이 있는지 확인	□ 준수하고 있음 □ 준수하고 있지 않음
	3. 노동자 보호		
제22조 (차별금지)	■ 외국인 근로자라 는 이유로 부당하게 차별하여 처우하고 있지 않은지?	■ 외국인근로자를 이유로 부당하게 차별하고 있지 않은지 확인	□ 준수하고 있음 □ 준수하고 있지 않음
제22조2 제1항 (기숙사 시설기준)	■ 근로기준법 시행령 55조부터 58조의2에 맞는 기준을 준수하고 있는지? * 500만원 이하의 벌금	■ 근로기준법 시행령에 규정된 기숙사의 구조와 설비, 설치장소, 주거환경, 면적, 사생활 보호 등의 조치가 되어 있는지 확인	□ 준수하고 있음 □ 준수하고 있지 않음
제22조2 제2항 (기숙사 사전 정보제공)	■ 기숙사를 제공하는 경우 근로계약을 체결할 때 외국인근로자에게 기숙사 정보를 사전에 제공하였는지? * 외국인근로자 사업장변경	■ 근로계약시에 외국인근로자에게 기숙사 시설정보를 제공하였는지 확인	□ 준수하고 있음 □ 준수하고 있지 않음
		■ 기숙사 시설정보가 변경될 때 변경정보를 외국인근로자에게 제공하였는지	□ 준수하고 있음 □ 준수하고 있지 않음

		확인	
제23조1항 (보증보험)	■ 임금체불에 대비하여 외국인근로 자를 위한 보증보험에 가입하였는 가? * 500만원 이하의 벌금	■ 외국인근로자에 대한 보 증보험에 가입하였는지 확인	□ 준수하고 있음 □ 준수하고 있지 않음
제23조2항 (상해보험)	■ 외국인근로자는 질병·사망 등에 대 비한 상해보험에 가입하였는지? * 500만원 이하의 벌금 (근로자)	■ 외국인근로자가 상해보험 에 가입하였는지 확인	□ 준수하고 있음 □ 준수하고 있지 않음

□ 출입국관리법 및 국민건강보험법

관련 법 조항	진단 사항	진단 방법	진단 결과
출입국관리법 제18조 (불법체류자 고용)	■ 출입국관리법에 따른 취업할 수 있는 체류자격을 갖춘 외국 인근로자를 고용하였는지? * 3년이하의 징역 및 2천만원 이 하의 벌금	■ 외국인근로자가 사업 장에 근로할 수 있는 체류자격인지를 확인	□ 준수하고 있음 □ 준수하고 있지 않 음
출입국관리법 제21조 (근무처변경 미허가)	■ 근무처 변경 허가를 받지 않은 외국인근로자를 고용하고 있는 지? * 1년이하의 징역 및 1천만원 이 하의 벌금	■ 고용중인 외국인근로 자가 근무처 변경허 가를 받았는지 확인	□ 준수하고 있음 □ 준수하고 있지 않 음
출입국관리법 제33조의3 (외국인등록증 등 보관금지)	■ 외국인근로자의 여권이나 외국 인등록증을 취업에 따른 계약 등의 이행확보를 위해 보관하 고 있는지? * 3년이하의 징역 및 2천만원 이	■ 외국인근로자의 여권 이나 외국인등록증을 사용자가 보관하고 있 는지 학인	□ 준수하고 있음 □ 준수하고 있지 않 음

관련 법 조항	진단 사항	진단 방법	진단 결과
		■ 외국인근로자가 외국인등록증을 발급받았는지 확인	
출입국관리법 제31조 (외국인등록)	■ 외국인근로자가 입국일로부터 90일 이내에 외국인등록을 하였는지? * 1년이하의 징역 및 1천만원 이하의 벌금(근로자)	■ 외국인근로자가 외국인등록증을 발급받았는지 확인	□ 준수하고 있음 □ 준수하고 있지 않음
국민건강보험법제 93조 (근로자의 권익보호)	■ 외국인근로자를 피보험자로 국민건강보험에 가입시켰는지? * 1년이하의 징역 및 1천만원 이하의 벌금(근로자)	■ 외국인근로자가 건강보험에 가입하였는지 확인	□ 준수하고 있음 □ 준수하고 있지 않음

□ 근로기준법 등 노동관계법 등

관련 법 조항	진단 사항	진단 방법	진단 결과
1. 근로조건 서면 명시			
근로기준법 제17조 (근로조건 명시)	■ 근로계약 체결시 임금, 근로시간, 주요 근로조건을 명시하고 있는지? * 5백만원 이하의 벌금	■ 근로계약서를 서면으로 작성하였는지 확인	□ 준수하고 있음 □ 준수하고 있지 않음
		■ 근로계약서 상의 근로조건이 법 규정대로 명시되어 있는지 확인	□ 준수하고 있음 □ 준수하고 있지 않음
2. 근로자 명부 및 계약서류 보존			
근로기준법 제41조 (근로자명부)	■ 근로자 명부를 작성·관리하고 있는지? * 5백만원 이하의 과태료	■ 근로기준법 시행령제20조에 따른 기재사항이 포함된 근로자 명부를 작성·관리하고 있는지 확인	□ 준수하고 있음 □ 준수하고 있지 않음
근로기준법 제42조(계약서류 보존)	■ 근로자 명부와 근로계약에 관한 중요한 서류를 3년간 보존하였는지? * 5백만원 이하의 과태료	■ 근로기준법 시행령에서 정한 근로계약에 관한 중요한 서류를 보존하고 있는지 확인	□ 준수하고 있음 □ 준수하고 있지 않음
근로기준법 제48조	■ 임금 대장을 작성·관리하고 있는지?	■ 임금대장을 작성·관리하고 있는지 확인	□ 준수하고 있음 □ 준수하고 있지

			않음
(임금대장)	* 5백만원 이하의 과태료	■ 근로기준법 시행령 제27조에 따른 임금대장 필수 기재사항이 포함되어 있는지 확인	□ 준수하고 있음 □ 준수하고 있지 않음
3. 임금 등 각종 금품 지급			
근로기준법 제36조 (금품 청산)	■ 퇴직자에 대한 임금, 보상금 기타 일체의 금품을 법정 기일 내에 지급하였는지? * 3년이하의 징역 또는 3천만원 이하의 벌금	■ 퇴직자에 대한 임금, 보상금 기타 일체의 금품을 법정 기일 내에 지급하였는지 확인	□ 준수하고 있음 □ 준수하고 있지 않음
근로기준법 제43조 (임금 지급)	■ 임금을 통화로 직접 근로자에게 전액 지급하였는지? ■ 매월 1회 이상 일정한 기일을 정하여 지급하였는지? * 3년이하의 징역 또는 3천만원 이하의 벌금	■ 임금을 통화로 직접 근로자에게 전액 지급하고 있는지 확인	□ 준수하고 있음 □ 준수하고 있지 않음
		■ 매월 1회 이상 일정한 기일을 정해 지급하고 있는지 확인	□ 준수하고 있음 □ 준수하고 있지 않음
근로기준법 제46조 (휴업수당)	■ 사용자 귀책사유로 휴업한 경우 휴업수당을 지급하였는지? * 3년이하의 징역 또는 3천만원 이하의 벌금	■ 사용자 귀책사유로 휴업한 경우 휴업수당을 지급하였는지 확인	□ 준수하고 있음 □ 준수하고 있지 않음
근로기준법 제56조 (연장·야간 및 휴일근로)	■ 통상임금의 50%를 가산하여 연장·야간·휴일근로수당을 지급하였는지? * 3년이하의 징역 또는 3천만원 이하의 벌금	■ 연장·야간·휴일근로에 따른 할증수당을 지급하고 있는지 확인	□ 준수하고 있음 □ 준수하고 있지 않음
4. 근로시간 및 연장근로 한도 위반			
근로기준법 제50조 (근로시간)	■ 법정 근로시간을 준수하고 있는지? * 2년이하의 징역 또는 2천만원 이하의 벌금	■ 출퇴근 기록부 등 근로시간 관리시스템이 구축되어 있는지 확인	□ 준수하고 있음 □ 준수하고 있지 않음
근로기준법 제53조 (연장근로의 제한)	■ 연장근로 제한 규정을 준수하고 있는지? ■ 연장근로에 대한 당사자 합의 및 1주간 12시간 제한을 준수하고 있는지? * 2년이하의 징역 또는 2천만원 이하의 벌금	■ 연장근로에 대해 근로자 합의 여부 확인	□ 준수하고 있음 □ 준수하고 있지 않음
		■ 출퇴근 기록부 등을 통해 연장근로시간 기재 여부 확인	□ 준수하고 있음 □ 준수하고 있지 않음
5. 휴게시간 부여			
근로기준법 제54조(휴게)	■ 휴게시간을 준수하고 있는지? * 2년이하의 징역 또는 2천만원 이하의 벌금	■ 근로시간 4시간 당 30분의 휴게시간 부여 여부 확인	□ 준수하고 있음 □ 준수하고 있지 않음

6. 유급휴일 부여			
근로기준법 제55조(휴일)	■ 유급 휴일 규정을 준수하고 있는지? * 2년이하의 징역 또는 2천만원 이하의 벌금	■ 유급 주휴일을 부여하고 있는지 확인	□ 준수하고 있음 □ 준수하고 있지 않음
7. 연차유급휴가 부여			
근로기준법 제60조 (연차유급휴가)	■ 연차유급휴가 규정을 준수하고 있는지? * 2년이하의 징역 또는 2천만원 이하의 벌금	■ 1년간 80% 이상 출근한 근로자에게 15일의 연차유급휴가를 부여하고 있는지 확인	□ 준수하고 있음 □ 준수하고 있지 않음
8. 모성 보호			
근로기준법 제70조 (야간근로와 휴일근로의 제한)	■ 18세 이상 여성의 야간 및 휴일근로시 동의를 받았는지?	■ 18세 이상 여성의 야간 및 휴일근로시 동의를 받았는지 확인	□ 준수하고 있음 □ 준수하고 있지 않음
	■ 임산부와 18세 미만인 자의 야간 및 휴일근로시 고용노동부장관의 인가를 받았는지? * 2년이하의 징역 또는 2천만원 이하의 벌금	■ 임산부와 18세 미만인 자의 야간 및 휴일근로시 고용노동부장관의 인가를 받았는지 확인	□ 준수하고 있음 □ 준수하고 있지 않음
근로기준법 제71조 (시간외 근로)	■ 산후 1년이 경과되지 아니한 여성의 연장근로 시간이 1일 2시간, 1주 6시간, 1년 150시간을 초과하였는지? * 2년이하의 징역 또는 2천만원 이하의 벌금	■ 산후 1년이 경과되지 아니한 여성의 연장근로 시간이 1일 2시간, 1주 6시간, 1년 150시간을 초과한 사실이 있는지 확인	□ 준수하고 있음 □ 준수하고 있지 않음
근로기준법 제74조 (임산부의 보호)	■ 출산전후 90일의 휴가를 부여하였는지? ■ 근로자 청구시 유산·사산휴가를 부여하였는지? ■ 최초 60일은 유급으로 휴가를 부여하였는지? ■ 임신 중인 여성 근로자에게 시간외 근로를 시켰는지? ■ 임신 중인 여성 근로자가 요구한 경우 쉬운 종류의 근로로 전환하였는지? * 2년이하의 징역 또는 2천만원 이하의 벌금	■ 임산부 보호를 위해 근로기준법 관련 규정에서 정하고 있는 내용에 따라 조치를 하고 있는지 확인	□ 준수하고 있음 □ 준수하고 있지 않음
남녀고용평등법 제18조의2 (배우자 출산휴가)	■ 배우자 출산휴가 10일의 유급휴가를 부여하였는지? * 5백만원 이하의 과태료 ■ 배우자 출산휴가를 이유로 근로자를 해고하거나 불리한 처	■ 배우자 출산휴가 지급여부 (고용보험법상 최초 5일분 포함) 및 배우자 출산휴가를 사유로 불이익 처분한 사실이 있는지 확인	□ 준수하고 있음 □ 준수하고 있지 않음

	우를 한 사실이 있는지? * 3년이하의 징역 또는 3천만원 이하의 벌금		
남녀고용평등법 제19조 (육아휴직)	▪ 만 8세이하 또는 초등학교 2학년 이하의 자녀 양육을 위해 육아휴직를 허용하였는지? * 5백만원 이하의 벌금 ▪ 육아휴직을 이유로 근로자를 해고하거나 불리한 처우를 한 사실이 있는지? * 3년이하의 징역 또는 3천만원 이하의 벌금	▪ 육아휴직을 허용하지 않거나 육아휴직을 사유로 불이익 처분한 사실이 있는지 확인	▫ 준수하고 있음 ▫ 준수하고 있지 않음
남녀고용평등법 제19조의2 (육아기 근로시간 단축)	▪ 만 8세이하 또는 초등학교 2학년 이하의 자녀 양육을 위해 육아기 근로시간 단축을 허용하였는지? * 5백만원 이하의 과태료 ▪ 육아기 근로시간 단축을 이유로 근로자를 해고하거나 불리한 처우를 한 사실이 있는지? * 3년이하의 징역 또는 3천만원 이하의 벌금	▪ 육아기 근로시간 단축을허용 하지 않거나 육아기 근로시간 단축을 사유로 불이익 처분한 사실이 있는지 확인	▫ 준수하고 있음 ▫ 준수하고 있지 않음
9. 취업규칙 작성 · 신고			
근로기준법 제93조 (취업규칙의 작성 · 신고)	▪ 상시근로자수가 10인 이상인 사업장으로서 취업규칙 작성 및 신고를 하였는지? * 5백만원 이하의 과태료	▪ 취업규칙을 작성하여 신고하였는지 확인	▫ 준수하고 있음 ▫ 준수하고 있지 않음
근로기준법 제94조 (취업규칙의 작성, 변경 절차)	▪ 취업규칙 작성 · 변경시 법정 절차를 이행하였는지? * 5백만원 이하의 벌금	▪ 취업규칙 작성 · 변경시 근로자 의견을 청취하였는지 확인	▫ 준수하고 있음 ▫ 준수하고 있지 않음
		▪ 불이익 변경시 동의 여부 확인	▫ 준수하고 있음 ▫ 준수하고 있지 않음
10. 퇴직금 지급			
퇴직급여보장법 제9조(퇴직금)	▪ 지급사유 발생일로부터 14일 이내에 지급하였는지? * 3년이하의 징역 또는 3천만원 이하의 벌금	▪ 퇴직일로부터 14일 이내에 법정 퇴직금을 지급하였는지 확인	▫ 준수하고 있음 ▫ 준수하고 있지 않음
11. 직장 내 괴롭힘 예방			
근로기준법 제76조의2 및 76조의3 (직장 내	▪ 직장 내 괴롭힘이 발생한사례가 있는지? ▪ 직장 내 괴롭힘 예방을 위한 활동을 적절히 실시하였는지?	▪ 취업규칙에 직장 내 괴롭힘 예방 및 발생시 조치 등에 관한 사항이 포함되어 있는지 확인	▫ 준수하고 있음 ▫ 준수하고 있지 않음

괴롭힘의 금지)	■ 직장 내 괴롭힘이 접수되었을 때 조사 및 적절한 조치를 하였는지? ■ 직장 내 괴롭힘 발생사실을 신고한 근로자 및 피해근로자 등에게 해고 등 불리한 처우를 한 사실이 있는지?(3년이하의 징역 또는 3천만원 이하의 벌금)	■ 취업규칙에 따라 직장 내 괴롭힘 예방 및 발생시 적정하게 조치를 하였는지 확인	□ 준수하고 있음 □ 준수하고 있지 않음
		■ 직장 내 괴롭힘 발생 신고를 이유로 불이익한 조치를 하였는지 확인	□ 준수하고 있음 □ 준수하고 있지 않음
12. 최저임금 준수			
최저임금법 제6조 (최저임금의 효력)	■ 근로자에게 최저임금액 이상을 지급하고 있는지? * 3년이하의 징역 또는 2천만원 이하의 벌금	■ 근로계약서, 임금대장을 토대로 최저임금액 이상을 지급하고 있는지 확인	□ 준수하고 있음 □ 준수하고 있지 않음
최저임금법 제11조 (주지 의무)	■ 최저임금액 게시 등 적당한 방법을 통해 근로자에게 최저임금을 주지시키고 있는지? * 1백만원 이하의 과태료	■ 최저임금액, 최저임금액의 산입범위 등을 근로자에게 주지하였는지 확인	□ 준수하고 있음 □ 준수하고 있지 않음
13. 직장 내 성희롱 예방			
남녀고용평등법 제12조 (직장 내 성희롱 금지)	■ 직장 내 성희롱은 있지 않는지? * 1천만원 이하의 과태료	■ 직장 내 성희롱 사실이 있는지 확인	□ 준수하고 있음 □ 준수하고 있지 않음
남녀고용평등법 제13조 (직장 내 성희롱 예방교육)	■ 직장 내 성희롱 예방교육을 실시하고 있는지? * 5백만원 이하의 과태료	■ 직장 내 성희롱 예방교육을 적정한 방법을 통해 실시하였는지 확인	□ 준수하고 있음 □ 준수하고 있지 않음
남녀고용평등법 제14조 (직장 내 성희롱 발생 시 조치)	■ 직장 내 성희롱 발생 시 조치 의무를 이행하고 있는지? * 5백만원 이하의 과태료 내지 3년이하의 징역 또는 3천만원 이하의 벌금(항별로 다름)	■ 직장 내 성희롱 발생시 시 실관계 확인을 위한 조사, 사실관계 확인 시 가해자 조치 및 피해자 보호조치, 피해 근로자 등 불이익 처분 금지, 성희롱 사건 관련 비밀누설 금지 등을 이행하였는지 확인	□ 준수하고 있음 □ 준수하고 있지 않음
14. 차별 금지			
근로기준법 제6조 (균등한 처우)	■ 성별, 국적, 신앙 또는 사회적 신분을 이유로 차별적 처우를 하는지? * 5백만원 이하의 벌금	■ 성별, 국적, 신앙 또는 사회적 신분을 이유로 차별적 처우한 내용이 있는지 확인	□ 준수하고 있음 □ 준수하고 있지 않음
15. 기타			
근로기준법	■ 폭행, 협박, 감금, 그 밖에 정	■ 폭행, 협박, 감금, 그 밖에	□ 준수하고 있음

제7조 (강제근로)	신상 또는 신체상의 자유를 부당하게 구속하는 수단으로 근로자의 자유의사에 반하여 근로를 강요하는지? * 5년 이하의 징역 및 5천만원 이하의 벌금	정신상 또는 신체상의 자유를 부당하게 구속하는 수단으로 근로자의 자유의사에 반하여 근로를 강요하였는지 확인	□ 준수하고 있지 않음
근로기준법 제8조 (폭행금지)	■ 사고의 발생이나 그 밖의 어떠한 이유로도 근로자를 폭행하였는지? * 5년 이하의 징역 및 5천만원 이하의 벌금	■ 근로자를 폭행한 사실이 있는지 확인	□ 준수하고 있음 □ 준수하고 있지 않음
근로기준법 제100조 (기숙사)	■ 부속 기숙사에 대하여 시설기준을 준수하고 있는지? * 5백만원 이하의 벌금	■ 침실 하나에 15명이하 거주, 화장실과 세면, 목욕시설, 채광과 환기를 위한 설비, 적절한 냉난방설비 또는 기구, 화재예방 및 화재 발생시 안전조치를 위한 설비 또는 장치를 갖추고 있는지 확인	□ 준수하고 있음 □ 준수하고 있지 않음
		■ 침실은 남녀 구분, 작업시간을 달리하는 2개조 이상의 근로자들이 같은 침실 사용불가, 감염병에 걸린 경우 소독을 하였는지 확인	□ 준수하고 있음 □ 준수하고 있지 않음
		■ 침실의 넓이는 1인당 2.5 제곱미터 이상을 준수하고 있는지 확인	□ 준수하고 있음 □ 준수하고 있지 않음
		■ 기숙사의 침실, 화장실 및 목욕시설에 잠금장치 설치, 근로자의 개인용품을 정돈하여 두기 위한 수납공간을 갖추고 있는지 확인	□ 준수하고 있음 □ 준수하고 있지 않음

참고문헌

고용노동부, 「2019 알기쉬운 고용허가제」, 2019.

고용노동부, 「고용허가제 업무매뉴얼」, 2023.

고용노동부, 「고용허가제 업무편람」, 2019.

고용노동부, 「사업장변경분쟁 공인노무사지원단 교육 자료」, 2024.9.

고용노동부, 「외국인근로자 고용관리 가이드」, 2020.

국민건강보험공단, 「2024 사업장업무편람」, 2023.12.

국민연금공단, 「2024 알기쉬운 국민연금 사업장 실무안내」, 2023.12.

근로복지공단, 「2024 산재·고용보험 가입 및 부과업무 실무편람」, 2024.1.

박진규·조용준, 「외국인어선원 제도개선 및 운영 효율화 방향」, 수산업협동조합중앙회 수산경제연구원,
　　　　2023.5.

법무부 출입국·외국인정책본부, 「2011년 개정판 출입국관리법 해설」, 2011.1.

법무부 출입국·외국인정책본부, 「2023 출입국·외국인정책 통계연보」, 2024.6.

법무부 출입국·외국인정책본부, 「국적법 해설」, 2007.

법무부 출입국·외국인정책본부, 「사증발급 안내매뉴얼」, 2024.7.26./2024.8.12./2014.8.16.

법무부 출입국·외국인정책본부, 「알기쉬운 외국국적동포 업무 매뉴얼」, 2024.7.

법무부 출입국·외국인정책본부, 「외국인체류 안내매뉴얼」, 2024.7.26./2024.8.12./2014.8.16.

법무부 출입국·외국인정책본부, 「재외동포용: 법&생활」, 2009.12.

법무부 출입국·외국인정책본부, 「출입국·외국인정책 통계월보 2024년 6월호」, 2024.7.

법무부·행정안전부, 「지방자치단체 공무원을 위한 외국인 업무 지침서」, 2024.1.

서울지방변호사회, 「이주민사건 법률지원 매뉴얼」, 2018.11.

외교통상부, 「여권실무편람」, 2010.

유민이 외, 「무사증 입국제도의 현황과 개선방안」, 이민정책연구원, 2019.

윤자호, 「한국 이주노동자 실태와 고용허가제의 현황 ─비전문취업자(E-9), 방문취업자(H-2)를 중심으로
　　　　─」, 한국노동사회연구소, 2021.

정봉수 외, 「알기쉬운 외국인고용과 비자 실무 가이드(제2개정판)」, 강남 노무법인, 2020.

중소기업중앙회, 「중소기업을 위한 2021년 외국인근로자 관리실무」, 2021.

중소기업중앙회, 「중소기업을 위한 2022년 외국인근로자 관리실무」, 2022.

최서리·현채민, 「국내 외국인선원(E-10) 체류관리의 문제점과 개선방안」, IOM이민정책연구원, 2018.3.

차용호, 「한국이민법」, 법문사, 2015.1.

한국산업인력공단, 「외국인근로자 전용보험 안내서」.

저자 조금표

제18회 공인노무사 시험 합격

전남대학교 철학과 학사

서울시립대학교 경영대학원 경영학 석사(인사조직)

노무법인 지안 파트너 노무사

노사발전재단 일터혁신팀 책임컨설턴트(전)

노무법인 길 책임노무사(전)

노무법인 인의 책임노무사(전)

시앤피컨설팅(주) 수석컨설턴트(전)

외국인 고용 매뉴얼

2024년 11월 10일 초판 1쇄 인쇄
2024년 11월 20일 초판 1쇄 발행

저 자 조금표
발 행 인 김용성
발 행 처 법률출판사
　　　　서울시 동대문구 휘경로2길 3, 4층
　　　　☎ 02) 962-9154　　　팩스 02) 962-9156
등 록 번 호 제1- 1982호
ISBN 978-89-5821-444-1 13320
e-mail : lawnbook@hanmail.net